Sally Placksin · FRAUEN IM JAZZ

Sally Placksin

FRAUEN IM JAZZ

Von der Jahrhundertwende bis zur Gegenwart

IHRE WORTE, IHR LEBEN, IHRE MUSIK

Aus dem Amerikanischen übersetzt von Lore Boas

hannibal

Meinem Vater
Samuel Zadek Placksin
(1908 - 1980)

Originalausgabe Wideview Books/A Division of PEI Books Inc.

Robert Azderball, Hannibal Verlag, Postfach 208, A-1091 Wien
Covergestaltung: Lochmann´s Studio, D-6000 Frankfurt/Main
Typografie: Andrea Pokorny, A-2500 Baden bei Wien
Druck: Druckhaus Nonntal Ges.m.b.H., A-5010 Salzburg
ISBN 3-85445-044-3

Inhalt

Vorwort und Danksagungen

Bessie und Billie, das war schon immer die Basis, (wie Billie zu sagen pflegte, “Bessie für das Feeling, Louis für den Stil” - und beide zusammen für den Sound). Was nun die Sängerinnen betraf, so gab es für jeden Count, King und Duke im Jazz - also Graf, König und Herzog - eine Empress, eine Queen und eine Divinity - also Kaiserin, Königin und Gottheit. Da waren auch am Klavier Frauen, deren Namen ich schon immer gekannt zu haben schien - Mary Lou Williams, Hazel Scott, Cleo Brown, Dorothy Donegan, Barbara Carroll,um nur einige zu nennen.

Eines Tages dann, 1978, hörte ich zufällig eine Platte von 1928 mit einer Sängerin, die ich nie zuvor gehört hatte: es war Rosa Henderson, die einen Song brachte “Strut Yo' Puddy” in einer Anthologie mit seltenen Aufnahmen von Frauen, “hot vocals”, und sie war wunderbar. Wer war sie? fragte ich mich. Gab es noch andere Aufnahmen? Ich griff zu den Standard-Jazzenzyklopädien. Da war wenig zu finden. (Als ich die Henderson entdeckte, war Sheldon Harris' “Blues Who's Who” noch nicht erschienen). Nach vielem Suchen gelang es mir, einen ungefähren Abriss ihres Lebens zusammenzustellen und ich erfuhr,daß die Blütezeit des klassischen Blues in den Zwanziger Jahren die Henderson eine der populärsten Entertainerinnen war und fast hundert Schallplatten aufgenommen hatte.

Kurz nachdem ich die Herderson entdeckt hatte und noch einige andere, noch bedeutendere Sängerinnen aus der Frühzeit des Jazz, - Ida Cox and her Raisin' Cain Company, die Pianistin Sweet Emma Barrett, die Trompeterinnen Dyer und Dolly Jones - hörte ich eine Platte von der großen Ma Rainey von 1928 mit dem “Traveling Blues”:

I went down to the deh-pot
Looked up and down the board.
I went down to the deh-pot
Looked up and down the board.
I asked the ticket agent,
Is my town on the road?

(“Ich ging zum Bahnhof und las den Fahrplan rauf und runter. Ich fragte am Schalter, ob meine Stadt an dieser Strecke liegt.”)

Die Worte schienen mir eine ironische Metapher zu sein für all die Namen, die Lebensläufe und die Musik, über die ich so viel mehr wissen wollte und so schwer etwas finden konnte. Ihre Städte lagen an der Strecke, sicher, aber wo und in welchem Umfeld?

Wie so ein Name zum anderen kam, beschloß ich, systematisch auf die Suche nach Informationen über Frauen zu gehen, die zum Jazz beigetragen haben. Ich las

Plattentexte, Nachrufe, Ausschnitte aus der weißen und schwarzen zeitgenössischen Presse, Diskographien, Aufzeichnungen, (noch auf dem Markt oder schon vergriffen), Magazine, Bücher und - was das Wichtigste war - ich wandte mich an die Musikerinnen selbst oder diejenigen, die sie noch gekannt hatten.

Es wurde mir bald klar, daß Frauen nicht nur eine reiche und breit gefächerte Geschichte als Vocalistinnen und Pianistinnen haben, sie haben auch eine lange, obwohl durch und durch im Dunkeln liegende Geschichte als Musikerinnen auf Instrumenten, die von jeher als für die Frauen ungeeignet und unpassend angesehen wurden: Blech- und Holzblasinstrumente, Schlagzeug, Bass. Dieses Erbe reichte zurück bis zum Congo Square des frühen 19. Jahrhunderts. Man kann es zurückverfolgen bis zu den schwarzen Frauen-Brassbands des 19. Jahrhunderts durch die Ragtime-Ära, die des Vaudeville und des Swing zum Be-Bop, Free Jazz, und der "neuen" Musik, ein kleiner Teil davon erhalten auf Platten, einiges im Film, aber das meiste einfach untergegangen, denn viele der Instrumentalistinnen, die ich interviewt habe, haben nie Platten gemacht und einige waren auch schon lange nicht mehr aktiv. So war es nicht möglich, sich anzuhören, wie sie geklungen haben. Die bloße Tatsache, daß so viele von ihnen nie eine Platte gemacht haben, offenbart auch noch einen anderen wichtigen Aspekt ihrer gemeinsamen wie auch ihrer individuellen Geschichte. Die Art und Weise, wie diese Frauen erzählten, allein schon der Rhytmus ihrer Sprache, wurde in gewisser Weise zu ihrer Musik, und schließlich, wie spärlich auch immer ihre Geschichte aufgezeichnet sein mag, ihre Geschichten sind darum nicht weniger wertvoll.

Obwohl ich Sängerinnen und Pianistinnen in dieses Buch mit aufgenommen habe, waren es doch die Instrumentalistinnen, die mich besonders faszinierten. Aus welchem Stoff bestand ihr Leben wirklich, hinter dem Mythos und der glitzernden Fassade für das Puplikum, in einer weitgehend ungesicherten - sogar unpopulären und leicht anrüchigen - amerikanichen Kunstform, die zum allergrößten Teil ohnehin als Domäne der Männer angesehen wurde? Wie hatten sie angefangen und wie überlebt? Wie hatte sich eine tief verwurzelte westliche Tradition auf sie ausgewirkt, nach der Frauen nicht einmal Blech- oder Holzblasinstrumente spielen sollten, geschweige denn bedeutende Bandleader, Solisten oder Innovatoren auf ihren Instrumenten werden könnten? Wie hatten sich die Bedingungen, Aussichten und die Haltung der Frauen selbst auf diesem Gebiet im Laufe der Jahrzehnte verändert? Was die Sängerinnen betraf, wie sah die wirkliche Geschichte aus, hinter dem kommerziellen Erfolg und den Jahren, die sie "da drinhingen"?

Nachdem ich fast fünfzig Musikerinnen und fünfundzwanzig Musiker interviewt hatte, stellte ich mit Erstaunen fest, wie verschiedenartig die Lebensumstände waren, aus denen die Frauen in die Welt des Jazz gekommen waren. Sie kamen aus allen Rassen und Religionen; einige hatten einen akademischen Grad oder ein Konservatoriumsexamen, andere lernten ihr Handwerk gleich in der Praxis beim Umherziehen von Engagement zu Engagement; einige hörten schon früh auf, um sich ihrer Familie zu widmen, andere blieben dabei und nahmen ihre Kinder mit auf Tournee. Das vielleicht erstaunlichste und dabei allen gemeinsame Charakteristikum, dem ich begegnete, war ihre Hingabe und der Wille zum Überleben samt dem nötigen Einfallsreichtum, den diese Frauen besaßen. Unter den hunderten von Frauen, die die "verborgene Geschichte" der klassischen Musik Amerikas schrieben, gab es besessene Musikerinnen, Showtalente, Entertainerinnen, schöpferisch Tätige, Erzieherinnen, Komponistinnen und harte Geschäftsfrauen, denen es gelang, zu überleben und in ihrer aktiven Zeit den größtmöglichen Beitrag zu leisten auf diesem selbsgewählten und so schwierigen Feld und trotz einer Gesellschaft, die ihnen Mut zur eigenen Ausdrucksform und künstlerischen Individualität zu nehmen versuchte. Bei der Unterhaltung mit diesen Frauen über ihr Leben und ihre Erfahrungen fiel mir auf, daß sie unweigerlich auf die Namen von anderen Jazzerinnen kamen, die sie kannten und deren Leben und Leistungen es auch verdienten, erzählt zu werden. Aus Gründen der Zeit und der Länge war es jedoch nötig, den Umfang des Buches in Grenzen zu halten. Was nach zweieinhalb Jahren der Forschung herausgekommen ist, ist die erzählte Geschichte, das mündliche Portrait einer repräsentativen Gruppe von Frauen, die eine bedeutende Rolle im Jazz gespielt haben und noch spielen, die aber selten, wenn überhaupt, die Gelegenheit gehabt haben, offen und ehrlich über ihr Leben zu sprechen. Ich hoffe, daß dieses Buch nicht nur einen Einblick in die Geschichte der amerikanischen Frauen im Jazz über sieben Jahrzehnte hinweg gibt, sondern auch einigen dieser Frauen ein Forum bietet, auf dem sie über das Wie und Was ihres Tuns sprechen können, eine Einführung in ein reiches und weitgehend unerforschtes Gebiet der amerikanischen Musikgeschichte, Einladung und Ausgangspunkt für weitere Erforschung und Dokumentation und endlich auch ein Tribut an die vielen Frauen, die Jahre ihres Lebens oder sogar ihr ganzes Leben damit verbracht haben, dem Jazz Dauer zu verleihen, oft genug ohne öffentlichen Beifall oder auch nur angemessene Anerkennung und Belohnung. In all der Zeit, die ich an diesem Projekt gearbeitet habe, gab es viele Menschen, deren Großzügigkeit und Beistand in vielfältiger Hinsicht mir unendlich wertvoll waren. So möchte ich meiner Agentin Katinka Matson, daß sie mich ermutigt hat, dieses Buch zu schreiben, meiner Verlegerin Anne Kostick und ihrem Assistenten Cameron Barry für Ihre Unterstützung und Mitarbeit daran und meiner Korrektorin Susan Philipson für ihren sorgfältigen Blick und die genaue Beachtung der Details, danken.

Vor allem aber schulde ich Dank den Frauen, die mich an ihrem Leben und ihren Erinnerungen teilnehmen ließen und ohne die diese Geschichte nicht entstanden wäre. Ihre Wärme, ihre Offenheit, ihr Enthusiasmus und ihr außerordentlich großzügiger Aufwand an Zeit und Geist sind wirklich ohnegleichen. Mein Dank geht an: Marge Creath Singleton, Irma Young, Norma Teagarden, Audrey Hall Petroff, Peggy Gilbert, Ernestine "Tiny" Davis, Betty Sattley Leeds, Estelle Slavin, Jane Sager, Maxine Sullivan, Helen Oakley Dance, Pauline Braddy Williams, Evelyn McGee Stone, Helen Jones Woods, Helen Saine Coston, Anna Mae Winburn, Lorraine Brown, Clora Bryant, Fagle Liebman, Flo Dreyer, Norma Carson, June Rotenberg, Bridget O'Flynn, Rose Gottesman, Lucille Dixon, Melba Liston, Mary Osborne, Carline Ray, Dorothy Donegan, Sarah McLawler, Norma Shepherd, Martha Young Jane Jarvis, Flo Jones, Hetty Smith Pasco, Sheila Jordan, Willane Barton, Jean Davis, Dottie Dodgion, Dorothy Ashby, Corky Hale, Gloria Coleman, Della Griffin,

Lodi Carr, Barbara Donald, Patti Bown, JoAnne Brackeen, Fostina Dixon, Erica Lindsay, Jane Ira Bloom und Janice Robinson.

Sonstige Musiker und andere Leute, die nicht der Hauptgegenstand dieses Buches waren, ließen mich ebenso großzügig an ihren Erinnerungen und Einblicken teilhaben, und ohne ihren Beitrag wäre das Gesamtbild weit weniger vollständig geworden. Ich möchte meinen tief empfundenen Dank aussprechen an Clyde Bernhardt, Andy Kirk, Eddie Durham, Roy Eldridge, Doc Cheatham, Jonah Jones, Dick Vance, George Clarke, George James, George Kelly, Lee Young, Paul Quinichette, Eddie Barefield, den inzwischen verstorbenen Snub Mosley, Floyd Turnham Jr., Tommy Benford, den ebenfalls verstorbenen Walter "Foots" Thomas, Jimmy Rowles, Ikey Robinson, Jesse Stone, Francis Wiliams, Walther Bishop Sr., Hollis M. Peavey, Arthur Herzog Jr., Leonard Kunstadt, Callie Arter, Irv. Kratka, Dianne Gregg, Elden Kitchings und Joseph Attles.

Besondere Anerkennung schulde ich Dan Morgenstern, Direktor des "Institute of Jazz Studies" der Rutgers University, dem Kurator Ed Berger, Bob Kenselaar (der nicht mehr dem Institut angehört), Marie Griffin, Jeanette Gayle und Ron Welburn, Koordinator für das "National Endowment for the Art's Jazz Oral History Project" an dem Institut, für die überaus große Hingabe und ihren Kenntnisreichtum in der Unterhaltung eines einzigartigen Jazzarchivs und für ihre vielen Freundlichkeiten bei der Nachforschung für dieses Buch. Ebenso danke ich Vincent Pelote und Walter Parker vom gleichen Institut für ihre unendliche Geduld und ihre wertvolle Hilfe, wenn es um Fakten ging, die in letzter Minute noch überprüft werden mußten. Dazu möchte ich auch noch meine Anerkennung an die Belegschaft der Abteilung Musik und den "Rogers and Hammerstein Archives of Recorded Sound" in der "Lincoln Center Library for the Performing Arts", Mr. Ernest Kaiser und der Belegschaft des "Schomberg Center for Research in Black Culture", Frankie MacCormick und der "Songwriters Hall of Fame", Cobi Narita und der "Universal Jazz Coalition", Dianne Gregg und Carol Comer vom "Women's Jazz Festival, inc." und Deborah Morgan und dem "J & R Music World Jazz Outlet", aussprechen.

Ich danke auch allen, die mir in so großzügiger Weise ihre Zeit, ihr Wissen und ihre Unterstützung zukommen ließen: Jeff Atterton, David Chertok, dem inzwischen verstorbenen Jon Saunders, Pastor John Garcia Gensel und der Kirche von St. Peter, Stanley Dance, Kenn Freeman, Diane Reverand, Dr. Albert Vollmer, Peter Carr, Arthur Newman, Jack Bradley, Alan Sukoenig, Raymond Ross, James K. Davis, Carol Sloane, Sidney Placksin, Frances Ehrlich, Mary Lyn Maiscott, Yale Evelev, Morton Savada, Max Herman, Emil Faustin, Synthia Kelsh, Judy Small, Charlotte Watson und Judy José Scalero. Besonderen Dank schulde ich Dr. Jo Grieder für ihre einfühlsamen und konstruktiven Kommentare zu diesem Manuskript, Phil Schaap dafür, daß er mich auf wichtige Quellen hinwies, Brooks Kerr für seine enthusiastische Hilfe bei der Suche nach einzelnen wichtigen Leuten und dafür, daß er mir aus seiner Privatkollektion Plattenmaterial zugänglich machte, Janie Rockhold und Carroll Canover für ihre Aufmerksamkeit und ihren Beistand in besonders schwierigen Zeiten, ganz besonders aber Judy Ehrlich für ihre unerschütterliche Unterstützung und Freundschaft.

Zum Schluß möchte ich noch fünf Menschen erwähnen, die meine ganz besondere Dankbarkeit verdienen: meinen Vater, Samuel Placksin, dem es nicht vergönnt war, die Fertigstellung des Buches noch zu erleben, dessen Begeisterung, Unterstützung und dessen unbedingter Glaube an dieses Vorhaben aber vom ersten Tag an unerschütterlich waren; meine Mutter, Edith Chochlow Placksin, für ihre ständige Unterstützung und dafür, daß sie alle ihre Gedanken darauf richtete, wichtige Hinweise und Informationen aufzutreiben, dazu noch Donald Bogle, Phyllis Gaudia und Eddie Durham, ihre Freundschaft, Ermutigung und Großzügigkeit, mit denen sie mich an ihrem Wissen, an ihrer Einsicht und ihrer Weisheit teilhaben ließen, Geschenke, die, um mit Duke Ellington zu sprechen, wirklich "beyond category" sind, also über alles Vergleichbare hinausgehen.

Anmerkungen zu den Abkürzungen.

Zitate aus Artikeln des "Institute of Jazz Studies" der Rutgers University die ohne nähere Bezeichnung sind, werden im Text unter der Abkürzung (IJS) angeführt.

Zitate aus Artikeln ohne nähere Angaben aus der Bibliothek des "Lincoln Center for the Performing Arts" tragen im Text die Abkürzung der Kollektion, in der sie gefunden wurden:

Billy Rose Theater Collection: (LCL-T)

Music Division: (LCL-M)

Den Zitaten aus Aufnahmen des "National Endowment for the Arts'Jazz oral History Program" am "Institute of Jazz Studies" der Rutgers Universitiy folgt im Text die Abkürzung (JOHP).

Alles Andere nicht näher bezeichnete Material stammt aus den eigenen Interviews der Autorin.

Vorgeschichte

(1619 - 1900)

...Die Musik der Schwarzen ist im Wesentlichen Ausdruck einer Haltung - oder einer Vielzahl von Haltungen - der Welt gegenüber, erst an zweiter Stelle steht die Auffassung, wie diese Musik gemacht werden sollte.

Leroy Jones (Amiri Baraka)
"Jazz and the White Critic"

Der eigentliche Ursprung des amerikanischen Jazz war das Spiritual. Die Rythmen, mit denen der (die) tief religiöse schwarze Amerikaner(in) diese einflußreiche Kraft durchdrang, reichten tief ins Innerste seines (ihres) Wesens und ließen die sonst unterdrückten Freudenschreie heraus, die dann als Jazz bekannt wurden.

Mary Lou Williams
"The History of Jazz"

Einige unserer Mütter und Großmütter bewegten sich nach einer Musik, die noch garnicht geschrieben war.

Alice Walker
"In Search of our Mothers' Gardens"

Im Jahre 1619 landeten in der Siedlung Jamestown, Virginia, eine schwarze Sklavin namens Isabelle, die erste schwarze Frau, die nach Amerika verschleppt wurde.

Von diesem Zeitpunkt an haben schwarze Frauen im Norden und im Süden, geistliche und weltliche, Sklavinnen und Freie, teilgehabt am Schaffen und an der Entwicklung schwarzer Musik in Amerika - und aus diesem musikalischen Erbe und seiner Ausdrucksform entstand der Jazz.

Schwarze Männer und Frauen brachten das Erbteil und den Ritus der Musik schon im Blut mit- das Erbteil der Improvisation und des Rythmus, den Wechselgesang ("call-and-response") und eine musikalische Leidenschaftlichkeit, die Amerikas bleibender Besitz werden sollten. (Jahrhunderte später wurden gerade Improvisation, Rhythmus und Phrasierung, eben das, was der Musik den "Swing" gab, zum Merkmal des Jazz, das ihn von der üblichen Tanzmusik unterschied). Aber schon in seinen ersten Jahren in Amerika bekam dieses musikalische Erbe eine neue Bedeutung, bei der es um Leben und Tod ging. In den "hush harbours", geheimen Orten, an denen sich die Schwarzen zum Gebet versammelten, - manchmal nichts als das Gestrüpp einer Fuchsrebe im Wald mit ihren dicken Wurzeln, - ob in städtischen Fabriken, auf ländlichen Feldern oder bei Festivitäten im läßlicheren Norden, nahm die schwarze Musik immer mehr eine verborgene Bedeutung an, eine Mischung aus Schmerz, Glaube, "unzulässiger" Freude, ein geistiges und kulturelles Sich-Bestätigen, das weit tiefer ging, als der Weiße je begreifen konnte. Oft enthielt sie, (so wie später die Sprache der Schwarzen), auch noch eine sachliche, kodierte Botschaft, etwa durch einen leicht geänderten Text oder eine Metapher, die der Welt der Weißen unverständlich bleiben sollte, die aber dem Schwarzen eine lebensentscheidende Information übermitteln konnte: den Ort eines religiösen oder eines Voodoo-Treffens, Zeit und Plan eines Fluchtweges nach "Kanaan", für jeden Schwarzen, der es in einem Spiritual hörte, "der Norden".

Die schwarzen Frauen in Amerika improvisierten nun keine Lieder mehr vom "armen weißen Mann, der keine Mutter hat, ihm Milch zu bringen, kein Weib, sein Korn zu mahlen", wie einst in Afrika, wo der Vorsänger Stehgreiflieder von den Tagesereignissen sang und die Gruppe einfiel. (Der schottische Arzt Mungo Park hatte dieses Lied gehört und aufgeschrieben, als er 1795 Afrika bereiste). In Amerika improvisierten die schwarzen Frauen Nachrichten über den "grapevine telegraph", Flüsterpropaganda "am Weinstock entlang" sozusagen, dem geheimen Kommunikationssystem der Sklaven. In New Orleans, wo der streng verbotene Voodoo-Kult nichtsdestoweniger im ganzen 19. Jahrhundert in Blüte stand, "konnte eine Nachricht an einem Tag von einem Ende der Stadt zum anderen gelangen, ohne daß auch nur ein Weißer etwas merkte," schrieb Lyle Saxon in "Fabulous New Orleans". Er erzählt, daß eine Schwarze bei der Küchenarbeit ein Lied sang, "das für den Weißen völlig unverfänglich klang, am Schluß der Strophe sang sie dann die paar Worte, die die Nachricht enthielten." Eine Sklavin, die nicht weit davon entfernt arbeitete, paßte genau auf und achtete auf die Wiederholung der Nachricht am Ende der zweiten Strophe, "ging dann wieder an ihre Arbeit und sang nun ihrerseits das gleiche Lied. Ihre Stimme hörten wiederum die Diener im Nebenhaus. So, durch ein Lied, wurde die Botschaft vom Voodoo-Treffen von einem Ende der Stadt zum anderen getragen, und in der betreffenden Nacht schlüpften die Schwarzen, Männer und Frauen, vor Mitternacht noch aus dem Bett und versammelten sich zu ihren Zeremonien."

Die Musik war in New Orleans nicht nur wichtig für die Sklaven und die Frauen an der Peripherie des Voodoo, sie war das Herzstück der Versammlungen und Zeremonien selbst. Eine ganz besondere Gruppe Frauen aber stand im Zentrum des Voodoo-Kultes: die Voodoo-Queens von New Orleans.

Man weiß wenig von den frühesten dieser Königinnen - Sanité Dédé, Marie Saloppé und die berühmteste und langlebigste von allen, Marie Laveau. Im frühesten 19. Jahrhundert schon begannen diese "Queens", - freie farbige Frauen, hinreißend schön, stolz, perfekt, in ihrer "show" wie auch gerissen und klug in geschäftlichen Dingen, - Macht an sich zu ziehen, nachdem im Zuge des "Louisiana Purchase" (der Verkauf Louisianas an Amerika durch die Franzosen) 1803 die einst so strengen Gesetze gegen den Voodoo-Kult gelockert worden waren. "Vodun" in Afrika hatte noch einen König und eine Königin, in Amerika hingegen entwickelte sich der Kult mehr und mehr zum Matriarchalischen hin, da die schwarzen Frauen weit mehr Möglichkeiten hatten als die schwarzen Männer, auch außerhalb der religiösen

Hierarchie eine Machtposition zu erlangen. Zu einer Zeit, als vielen Schwarzen keinerlei alternatives Religionsleben, keine emotionelle Befreiung gestattet wurde, hatten die Voodoo-Queens eine wichtige Funktion als religiöse und geistige Führer. Sie hatten, wie die Schriftstellerin Susan Cavin feststellte, großen Einfluß auch auf die musikalische Gestaltung der Voodoo-Zeremonien und -Rituale, aus denen dann später der Jazz hervorging. "Marie Laveau", schreibt Cavin über die Frau, die die Voodoo-Anbetung vom Teufel zum Herrn hinwandte, "war nicht nur eine Schlüsselfigur des Voodoo sondern möglicherweise auch des Jazz."

Nach 1817 fanden die Voodoo-Zeremonien meistens öffentlich am Place Congo (oder Congo Square) in New Orleans statt. Sonntags nachmittags versammelten sich die Sklaven zu Gesängen und Tänzen, maßvoll gehalten, die sechs afrikanische Stämme repräsentieren sollten. (Ängstliche Stadtväter hatten die Versammlungen auf diese Zeit und diesen Ort beschränkt, aber die geheimen, das sinnliche weit mehr betonenden Riten fanden trotzdem weiter statt, irgendwo längs des Seeufers oder in Marie Laveaus "Maison Blanche"). Der kreolische Jazzmusiker Sidney Bechet wuchs heran mit der Musik des Congo Square im Ohr. "Improvisationen" nannte er sie. Genau das war sie. Sie war rauh und primitiv, aber ganz tief drinnen, wo sie anfängt, ihr eigenes Gesicht zu kriegen, findet man das gleiche wie auf dem Grunde des Ragtime. Das war alles schon geboren und im Werden in der Musik, die am Congo Square gespielt wurde."

Wie Susan Cavin hervorhebt, gehen Jazzhistoriker und-forscher mit stillschweigender Selbstverständlichkeit davon aus, daß nur Männer die Musik am Congo Square gemacht haben. Die Frauen waren aber auch dabei. Sie waren dabei nicht nur als Teilnehmer sondern auch als Vorsänger und sogar Schlagzeuger, spielten also das Instrument, das im Voodoo, auf Haiti z.B., die Personifikation der männlichen Gottheit war und das in Afrika allein den Stammeshäuptlingen vorbehalten war.

Schon 1819 nahm Benjamin Latrobe an einem Tanz am Congo Square teil und schrieb, er habe da eine Kalebasse gesehen "mit einem runden, mit Mesingnägeln gespickten Loch, die von einer Frau mit zwei kurzen Stöcken gespielt wurde." 1825 beschrieb D.W. Buel eine Zeremonie am Seeufer, die von der ersten namentlich bekannten Queen geleitet wurde, Sanité Dédé. Buel beobachtete da "eine Negerin, die mit den Schenkelknochen eines Bussards oder Truthahnes auf den Seiten eines zylindrischen Instrumentes eine Begleitung trommelte."

Die Voodoo-Queens waren nicht nur ein bedeutender Machtfaktor in den schwarzen Gemeinden; zu einer Zeit, als schwarze und weiße Frauen in Amerika beherrscht und manipuliert wurden von dem, was Adrienne Rich die Strategie des "Teile und Herrsche" genannt hat, erfunden und getragen weitgehend von den weißen Männern der Südstaaten, bot der geheime Voodoo-Kult schon früh eine Basis, auf der Frauen beider Rassen sich begegnen konnten, denn einige der Frauen, die an den Geheimriten teilnahmen, waren Weiße. Zeitungsberichte sprachen von einem Skandal, als man weiße Frauen bei den Zeremonien entdeckte. (Ein Mann beging tatsächlich Selbstmord, als seine Frau bei einem solchen Treffen gesehen wurde und die Neuigkeit am anderen Tag in der Morgenzeitung stand.)

Im Gerichtssaal machten einige Frauen (mit Erfolg) geltend, Voodoo sei eine "religiöse" Praktik und das Gericht habe zu einer solchen Haltung ihnen gegenüber keinerlei Berechtigung," während in einer anderen Gruppe, bei der "mehrere weiße Frauen zugegen waren, die weißen Ladies behaupteten, sie seien nur wegen der außerordentlichen Hitze so spärlich bekleidet gewesen und sie seien auch nur deshalb dabeigewesen, weil sie alle gleichzeitig vor der Tür der Voodoofrau zusammengebrochen seien." (Dem Bericht zufolge belegte man die weißen Frauen nur mit einer Geldstrafe und schickte sie nach Hause.)

Von allen Songs mag ich "Poor Rosy" am liebsten, "sagte eine ehemalige Sklavin, "aber man kann es nur mit vollem Herzen und bekümmerten Gemüt singen."

"Denkt einmal darüber nach, falls ihr die Vorstellung ertragen könnt," schrieb Alice Walker, " was wohl dabei herausgekommen wäre, wenn auch das Singen gesetzlich verboten worden wäre. Hört euch die Stimmen an von Bessie Smith, Billie Holiday...(oder Dinah Washington, Ella Fitzgerald, Betty Carter, Sarah Vaughan) und stellt euch vor, diese Stimmen (und all die unbekannten Stimmen der frühen Jahre) wären fürs ganze Leben erstickt worden."

Zur Zeit der Jahrhundertwende traten die schwarzen Frauen hervor aus dieser reichen musikalischen Tradition und fingen an, wie sie es früher in Afrika in der Gruppe getan hatten, nun auch als Einzelwesen von ihren individuellen Gefühlen und alltäglichen Erlebnissen zu singen. Mit Beginn des 20. Jahrhunderts begannen sie in Amerika, der Welt vom Blues zu singen und zu erzählen.

Die Zwanziger Jahre

Die Bluessängerinnen

"Den Blues muß man mit seinem ganzen Körper singen, von den Zehenspitzen bis zum Scheitel. An den sogenannten "flat tones" (etwas unter der genauen Tonhöhe liegende tiefere Töne)... zeigt sich die Freiheit des Bluesgesangs. Man sollte nie vorher wissen, wann sie herauskommen. Das Herz wird es der Stimme schon sagen."
Victoria Regina Spivey

Während die Spirituals der Campmeetings im 19. Jahrhundert und die Hymnen der schwarzen Kirchen für den Beistand und die Bestätigung sorgten, die die schwarze Welt brauchte, mußten die Menschen indes auch etwas Irdischeres haben, wie E. Simms Campbell schrieb,etwas, daß ihr persönliches Leben näher anging. Sowie nach der Emanzipation der freie Ausdruck des Einzelnen möglich wurde, gesellte sich zu dem kollektiven Aufschrei der Ausdruck individueller Isolation, harter Zeiten, der Verlassenheit, des Schmerzes, der Leiden, der Hoffnungen, der Freude, des Humors, der Weisheit, des Übermutes und der Träume. Zusätzlich zu den biblischen Themen, Landschaften und der Sprache der Spirituals gab es nun auch eine Szenerie und einen Maßstab, weniger himmlisch, dafür bescheidener und menschlicher. Die Metaphern wurden zwar beibehalten, aber der Einzelne und seine oder ihre Gefühle, die alltäglichen Lebensumstände und die Persönlichkeit traten mehr in den Vordergrund, und er oder sie wurden zum Helden oder zum Opfer. Schwarze Frauen begannen, ihre persönlichen Notlagen und Empfindungen, wie immer sie gewesen sein mögen, einzubringen und sich darüber auszulassen, angefangen vom Dinner, das ihnen angebrannt war, bis zum Tode eines Verwandten und dem Liebeskummer um einen hartherzigen, unzugänglichen Mann. (W.C. Handy erinnert sich in seiner Autobiographie "Father of the Blues", daß eine Frau, die er irgendwo unterwegs singen hörte, ihn zu seinem berühmten St. Louis Blues inspirierte.)

Während zehn goldener Jahre des Aufbaus - die "mystischen Jahre", wie sie W.E. DuBois genannt hat - blühten schwarzes Leben und schwarze Kultur, bis das gleichzeitige Heraufkommen des Ku Klux Klan 1877 sie neuen Formen der Gewalt, der wirtschaftlichen Unterdrückung und des Mordes unterwarf. Trotzdem bestanden die schwarzen Minstreltruppen fort, die in den Sechziger Jahren begonnen hatten und gegen Ende des 19. Jahrhunderts, als man den weiblichen Entertainern die Türen öffnete, erschloß die Bühne der Krativität der Frauen einen wichtigen Weg. Ma Raineys Großmutter soll schon zur Zeit der " Reconstruction" - den Jahren des Aufbaus - auf der Bühne gestanden haben; die Pianistin Edythe Turnham fing um 1900 in den Minstrel-Shows an und es geht die Sage, daß die große Ma Rainey selbst bereits 1902 auf der Bühne Bluessongs (die Vorläufer der traditionellen Bluesform) gebracht hatte und damit ihren Ruf als "Mother of the Blues" begründete.

In den ersten beiden Jahrzehnten des 20. Jahrhunderts zogen weibliche Entertainer wie Ma Rainey, Bessie Smith, Ida Cox und andere über die Dörfer und durch die Städte des Südens und sangen den Blues, in Zelten, im Zirkus, auf Jahrmärkten oder in den Theatern der schwarzen TOBA-Route, (einer Agentur namens "Theater Owner's Booking Association", auch "Tough on Black Asses" oder "Toby Time" genannt, eine bissige Anspielung auf die großen Härten, denen die schwarzen Künstler dabei ausgesetzt waren). Sie sangen Lieder aus Lustspielen und Schwänken, Schlager und Balladen, sie spielten dramatische und Komödienrollen, sie sangen Bluessongs und Blues. Indem sie die ländliche Bluestradition mit den komplexeren und raffinierteren Formen der Vaudeville-Bühne mischten und weil der Blues immer noch die populärste Trumpfkarte und die reinste Ausdrucksform blieb (besonders nach 1920, als die erste Bluesplatte aufgenommen wurde), wurden sie im Lauf der Zeit bekannt als die "klassischen Bluessängerinnen". Die besten dieser Künstlerinnen - Ma Rainey, Bessie Smith, Ida Cox, Victoria Spivey, Alberta Hunter, Sippie Wallace - sangen nicht nur die Kompositionen anderer, sondern sie schrieben auch ihre eigenen, und die waren oft ihre besten und bekanntesten.

In Pullmanzügen, in Bussen, in Autos reisten die berühmtesten der Minstreltruppen - "Rabbit Foots", die "Florida Cotton Blossoms", das Georgia Smart Set", " Silas Green of New Orleans" zu Auftritten aus Zuckerrohrfeldern, in Fabrikstädten und in den Theatern der größeren Städte und legten so ein breites Fundament für den Blues unter der Bevölkerung. Sie folgten der Tabakernte im Frühling, der Baumwollernte im Herbst, kamen zu den Kohlengruben und den Inseln vor der Küste von Georgia, sie kamen immer dann, wenn die Leute die Taschen voll Geld hatten und ausgehen und feiern wollten. Sobald die Truppen angekommen waren, wurden die Zelte aufgerichtet, die Bands marschierten durch die Stadt, Handzettel wurden ausgeteilt, und allsbald ging die Show los. Die Zuschauer kamen in solchen Massen, daß, wie sich Brother John Sellers erinnert, "sie sich drängten wie Reis in dr Schüssel".

Der Blues und die umherziehenden Truppen waren schon zwei Jahrzehnte lang ein wesentlicher und unerläßlicher Bestandteil der schwarzen Welt, als 1920 ein Ereignis eintrat, das zu einem Meilenstein werden sollte, der sowohl die Unterhaltungsindustrie wie auch den Alltag der Schwarzen veränderte, besonders in den städtischen Bezirken; auch entwickelte sich dadurch auf breiter Basis eine neue Ausdrucksform, ein Idiom nicht nur der schwarzen Welt im allgemeinen, sondern auch der Frauen im besonderen.

1919 nahm Mary Straine eine Vaudeville-Nummer mit dem legendären Bert Williams auf und wurde damit die zweite schwarze Frau, die jemals eine Platte aufgenommen hat. (Die erste schwarze Sängerin auf Platte war Arabelle Fielder 1907). Aber es dauerte noch eine Zeit, bis eine schwarze Bluessängerin eine Platte machen durfte. Nachdem sich die schwarzen Musikexperten lange und hartnäckig bemüht hatten, das weiße Musikestablishment zur Aufnahme einer schwarzen Bluessängerin zu überreden, bekam 1920 Mamie Smith ihre Chance: die Plattenfirma Okeh ließ sie den "Crazy Blues" aufnehmen Durch den Erfolg dieser Platte - sie wurde im ersten Monat, nachdem sie auf den Markt kam, über 100.000 mal verkauft - wurde Okeh (was passenderweise das Wort für "Es sei" oder "So ist es" in der Sprache der Chocktaw-Indianer ist) ein ernstzunehmender Rivale von Paramount und Columbia und Öffnete den Bluesaufnahmen der Zwanziger Jahre Tür und Tor.

Der sensationelle Erfolg des "Crazy Blues" markierte den Anfang der Dekade der klassischen Bluessängerinnen, da die weißen Plattenfirmen nun die neuen und höchst lukrativen "race market", wie man es nannte, entdeckten - das schwarze Puplikum, bestellte eifrig Platten nach Versandkatalog, die Plattenläden in schwarzen Wohnvierteln oder auch die Schlafwagenschaffner der Pullman-Eisenbahnen, die aus dem Norden kamen, verkauften Stöße von Platten. Der Posaunist Clyde Bernhardt, damals noch ein junges Kerlchen in Badin, South Carolina, erinnert sich, daß kurz nach Veröffentlichung des "Crazy Blues" ein Mann in die Stadt kam mit 200 Kopien dieser Platte, die er für 1,10 $ verkaufte (Ladenpreis 1 $). Im März 1921 war Bernhardt in Harrisburg, Pennsylvania. Überall, sagte er, hätte man nur noch diesen Song gehört, auf den Straßen, in den schwarzen Vierteln, in den gemischten, manchmal klang aus vier oder fünf Wohnungen die gleiche Platte in verschiedenen Geschwindigkeiten, Sonoa Victrolas, zum Aufziehen."

Als die Plattenfirmen sicher waren, daß die starke Anziehungskraft des Blues mehr war als nur eine vorübergehende Erscheinung, fingen sie an, Stadt und Land abzugrasen, sie schickten örtliche Aufnahmeteams los und sahen sich um nach Talenten, um ihre Kataloge damit aufzufüllen. Sogar klassisch geschulte Sängerinnen versuchten sich am manchmal recht anzüglichen, aber lukrativen Blues. Manche der bekannteren Bluessängerinnen benutzten die große Nachfrage auf dem Markt, um unter vier, fünf oder noch mehr Pseudonymen für ebenso viele Plattenfirmen aufzunehmen. (Es gab damals keine Tantiemen, nur Gagen pro Plattensitzung).

Mamie Smith hatte nicht nur eine Industrie ins Leben gerufen und neue Arbeitsmöglichkeiten für junge schwarze Frauen überall im Land, sie hat auch den Weg geebnet für Sängerinnen wie Gladys Bentley, die Blues- und Vaudeville-Sängerin Lizzie Miles, Country Blues-Sängerinnen wie Lucille Bogan oder die Sängerin und Gitarristin Memphis Minnie Douglas, die über 200 Platten aufnahm und einige der ideenreichsten Bluesklänge kreierte. Mamie Smith machte den Blues in der ganzen Nation bekannt und trug dazu bei, die schwarze Musik und Kultur auch an die Leute - schwarz wie weiß - heranzubringen, die sonst wenig oder gar keinen Zugang dazu gefunden hätten. Schließlich sollte man noch erwähnen, daß all diese Bluessängerinnen einige der besten Jazzmusiker ihrer Zeit zur Begleitung heranzogen - Louis Armstrong, Coleman Hawkins, Sidney Bechet, Tommy Ladnier, Joe Smith, Charly "Big" Green, Fletcher Henderson, um nur einige zu nennen - und es uns dadurch ermöglichen, einige der frühesten Soli dieser großen Könner auf Platten zu hören.

Wie nun die "königliche Familie" der Sängerinnen wuchs, kamen die Leute alsbald in Scharen, um sie Ihre Hits singen zu hören: die elegante, schöne Mamie Smith, die zierliche, populäre Princess White mit der großen Stimme, die "Empress" Bessie Smith, die Personifikation des Blues, für viele die erste Jazzsängerin überhaupt, die dramatische Sarah Martin mit ihrem "Death Sting Me Blues", Sippie Wallace mit ihrer Eigenkomposition "Up the Country Blues", den hohen Tönen des wie Weinen klingenden "Mighty Tight Woman" und ihrem tiefen, feierlichen, vom Gospel beeinflußten "Flood Blues", Ethel Waters mit ihrer Kombination aus erdigen Blues und Shakes und den mit hoher Stimme gesungenen Vaudeville-Nummern, die mehr urbane Ida Cox (man nannte sie später oft die "Spia Mae West"), Bertha "Chippie" Hill mit dem "Pratt City Blues" und "Trouble in Mind", Songs, die sie mit einem noch sehr jungen Louis Armstrong aufgenommen hat, Victoria Spivey mit ihren klagenden "Texas Moans", die geradezu magnetische Alberta Hunter, Clara Smith, Bessie Smith' Rivalin, was die Plattenmenge angeht, Trixie Smith, Laura Smith (keines der Smith girls war mit dem anderen verwandt), Mattie Hite, Mary Stafford, Edith Wilson, Lucille Hegamin...

In ihren Songs behandelten die Bluessängerinnen eine ungeheure Vielzahl von Themen und Empfindungen und brachen mit ihrer freimütigen Offenheit so manches sexuelle und soziale Tabu der Zeit. Sie sangen von Liebe, von unerwiderter Liebe, von mörderischer Rache, Wut, Prostitution, Gefängnis, Verlassenheit, Einsamkeit, Krankheit, Alkohol, Überschwemmungen, Reisen, Heimat, Laune, Eisenbahnen, Sex, Schiffen, Aberglauben, Unglück, Tod, Träumen, Voodoo, Friedhöfen, lesbischer Liebe, männlicher Homosexualität, Sadomasochismus, Gewalttätigkeit und sogar von schmerzenden Füßen. Sie waren rüde, zotig, und ganz irdisch und die Art ihrer Präsentation sowie das Material, das sie präsentierten, spiegelte die Erfahrung des Publikums und schnitt tief in deren eigenes Leben hinein.

Die Live-Auftritte der Bluesqueens wurden zu einem geradezu hypnotischen, kathartischen Ritual, vergleichbar den Voodooriten ein Jahrhundert zuvor. (So wie die Voodoo-Queens den Abgrund zwischen den weißen und schwarzen Frauen bis zu einem gewissen Grad überbrückt hatten, so auch die Bluesqueens, von denen weiße Sängerinnen wie Connie Boswell und Sophie Tucker beeinflußt wurden und die auch gelegentlich vor weißem Puplikum auftraten). Jede Künstlerin hatte ihre eigene Art, das Puplikum in Bann zu schlagen, es mit in das Geschehen einzubeziehen. Frauen schrien ihre Zustimmung heraus, wenn die Sängerin davon erzählte, wie schlecht ihr Mann sie behandelte, sie bestätigten es lautstark, wenn Bessie Smith ihren "Young Woman's Blues" sang oder wenn Ma Rainey mit majestätischer Gebärde ihren Mann fallen ließ im "Titanic Man Blues" und sie trauerten mit beim "Backwater Blues", Bessies Version von der Tragödie der Delta-Überschwemmung. Männer und Frauen wurden angerührt und belebt von diesen Bluespriesterinnen, die eine freche (manchmal auch elegante) Art von Befreiung anboten, die den Geist und das Herz der schwarzen Welt festigen und befruchten.

An manchen Abenden, wenn die Versammlung in der mystischen Gegenwart einer Ma Rainey oder Miss "Bessie" wie gebannt saß, folgte den Rufen tiefe Stille. Wie alle Künstler, Musiker, Schauspieler und Showleute in jenen Jahren, wurden auch die Bluessängerinnen von vielen, auch in den schwarzen Gemeinden, als das "Letzte vom Letzten" angesehen. Trotzdem prunkten Sie mit raffinierten Kostümen, Juwelen, Federn und Federbüschen und boten ein phantastisches Bild von Glanz, Sex und Macht zu einer Zeit, in der Frauen nur selten auf ihrem Lebensweg einen solchen

Status erreichten. Es ging wie ein tiefer, elektrischer Strom von der Künstlerin zum Publikum.

Albert Murray hat einmal gesagt, der Blues sei "eine Methode, das Beste aus einer schlimmen Lage zu machen", ohne seine persönliche Integrität preiszugeben und der Held ist der, dem dieses Kunststück "unter Mithilfe der widrigen Lebensumstände" gelingt. Es war diese "Mithilfe widriger Lebensumstände" in Amerika, die das Beste in den Bluesqueens herausbrachte, ihr Talent formte und ihrer Ironie den Schliff gab (durch die ständige Konfrontation mit den rassistischen Themen und Stereotypen und deren Überwindung) und so wurde aus diesen Frauen, von denen die meisten als Kinder schon von zu Hause weggelaufen waren zum TOBA, Göttinnen in jeder Welt.

Manchmal sangen sie ihre Botschaft auch über die Ozeane hinweg, wie Ida Cox im "Broadcast Blues", manchmal telegraphierten sie sie, wie Ma Rainey im " Rough and Tumble Blues" (das Verbreiten von Worten war ein allgemein vertrautes Bluesmuster). Ein anderes Mal sangen sie den Blues im stillen Kämmerlein, mit dem Gesicht zur Wand und nur dem Publikum als Ohrenzeugen. Aber wie auch immer sie ihre Mitteilungen zur Kenntnis brachten, sobald sie die Welt da mit hineingezogen hatten als Mitleidende und Mitverschwörer, gelang es ihnen, eben die Leiden zu besiegen - oder wenigstens zu lindern -, von denen sie sangen (oder ihre Freuden erst richtig zu feiern). Wohl mögen sie verlassen, hoffnungslos gewesen sein, zu müde selbst zum Selbstmord (oder stellten sie nur demonstrativ ihr Temperament zur Schau und waren im Grunde voller Hoffnung auf bessere Tage, bessere Zeiten, bessere Männer schon in nächster Zukunft?) Ihre Aussage war wohl oft eindrucksvoll, wie in Bessie Smith "Poor Man's Blues" oder Victoria Spiveys "T.B. Blues". Aber selbst wenn ihnen nichts in der Welt geblieben war - keine neue Liebe, keine neue Hoffnung, kein neues Podium - so hatten sie doch immer noch ihren Gesang und so lange hatten sie Macht. Das Singen dieser Songs selbst wurde zum Gegenmittel gegen die Leiden des Blues.

Um 1928 nahm die nahezu zehn Jahre währende Begeisterung für den Blues allmählich ab und das Geschäft ging zurück. Viele Schwarze vom Lande fühlten sich von ihren ländlichen Wurzeln abgeschnitten, während die städtische Hörerschaft anspruchsvollere, raffiniertere Ware haben wollte. Plattenfirmen annullierten die Verträge der Bluesqueens oder unterließen es einfach, sie zu erneuern. Einige dieser Frauen paßten sich der neuen Zeit und ihren Trends an und blieben durch die ganze Zeit der Depression aktiv.Sie zogen mit ihren eigenen Shows quer durch das Land (wie z.B. Ida Cox) oder versuchten sich im Film (wie Victoria Spivey und Bessie Smith). Andere zogen sich aus dem Geschäft zurück oder überlebten, so gut es eben ging.

So um 1939 waren die beiden größten Bluessängerinnen, Ma Rainey und Bessie Smith, bereits tot, andere - Rosa Henderson, Mamie Smith, Clara Smith - verschwanden spurlos oder starben. Wieder andere - Alberta Hunter, Victoria Spivey, Sippie Wallace - fuhren fort, in reichem Maße ihren Beitrag zu dieser einzigartigen amerikanischen Kunstform zu leisten.

Für eine Weile zogen sie sich zurück, um dann wiederzukommen und nicht nur ihre eigene klassische Musik wieder aufleben zu lassen, sondern sie schrieben auch neue, schöne Songs brachten sie zu Gehör und nahmen sie auf Platte auf.

Gertrude "Ma" Rainey

O Ma Rainey,
Sing yo' song;
Now you's back
Whah you belong,
Git way inside us,
Keep us strong...
O Ma Rainey,
L'il an' 'low;
Sing us 'bout de hard luck
'roun' our do';
Sing us 'bout de lonesome road
We mus' go...

"Ma Rainey"
von Sterling Brown

(O Ma Rainey, sing dein Lied; nun bist du wieder, wo du hingehörst, geh in uns ein und mach uns stark,... O Ma Rainey, klein und schlicht, sing uns vom Unglück vor unserer Haustür; sing uns von dem einsamen Weg, den wir gehen müssen...)

Heute ist "Ma" Rainey die anerkannte "Mutter des Blues" - "Mother of the Blues" –. Ihr Beitrag als Innovatorin, Dichterin, Lyrikerin, Komponistin, Mentorin, Bühnenkünstlerin und als geradezu mystische Persönlichkeit, deren Gegenwart alles überstrahlte, ist ebenfalls allgemein anerkannt. Trotzdem, als 1939 Ma Rainey in Rome, Georgia, starb, wurde ihr Tod von niemandem in der gesamten Musikwelt zur Kenntnis genommen. Sie war erst vier Jahre aus dem Showgeschäft verschwunden, aber auf ihrem Totenschein stand "Haushälterin".

Aus dem, was von ihrer Musik - fast hundert Titel sind auf Platten erhalten - noch vorhanden ist und was wir noch von ihrem Leben wissen, können wir die Macht und die Bedeutung der "Königinmutter des Blues" noch einmal lebendig werden lassen und würdigen.

Gertrude Pridgett wurde 1886 als zweite von fünf Kindern geboren. Ihre Eltern, Thomas und Ella Allen Pridgett, waren von Alabama nach Rome, Georgia, gezogen. Sie wurde in der "First African Baptist Church" getauft, der ihr Bruder später als Diakon angehörte. Ihre Großmutter soll schon nach der Sklavenbefreiung auf der Bühne gestanden haben und soll, wie der Posaunist Al Wynn sagt, eine "sehr stattliche Dame" gewesen sein. Auch sollen beide Eltern schon in Minstrel-Shows aufgetreten sein.

In diese Umgebung hineingeboren, wurde Gertrude Pridgett bereits als Kind in Gesang und Tanz ausgebildet, wobei ihr Talent schon früh offenbar wurde, ebenso auch ihre entschiedene Vorliebe für die Buntheit und den überladenen Prunk, durch die sich die damaligen Bühnenauftritte auszeichneten. Mit vierzehn Jahren hatte sie ihr Debut als Tänzerin und Sängerin in "The Bunch of Blackberries", einer lokalen Talentshow im Springer Opera House in Columbus, Georgia. Danach muß sie wohl in Tentshows" - Darbietungen in Zelten - aufgetreten sein, wie man annimmt.

Man erzählt sich, sie hätte 1902 eines Tages eine Frau von dem Mann singen gehört, den sie verloren hatte, ein zu Herzen gehender Song, von dem die junge Pridgett so ergriffen wurde, daß sie ihn auswendig lernte und in ihren Auftritt einbaute. Sie sagte später, sie hätte auf ihren Reisen in der folgenden Zeit oft ähnliche Songs gehört. Obwohl der erste Blues, den man offiziell so nannte, W.C. Handys "Memphis Blues" - erst 1914 erschien, nahm das Publikum den Song besonders enthusiastisch auf, den die Pridgett "The Blues" nannte und der wurde immer am Schluß der Vorstellung gebracht.

Am 22. April 1904 heiratete Gertrude Pridgett einen älteren Vaudeville-Künstler aus der berühmten Truppe der "Rabbit Foot Minstrels", Will "Pa" Rainey, und zusammen ging das Paar dann auf Tournee, die achtzehnjährige Pridgett nun als "Madame Gertrude Rainey". Ihr Auftritt bestand aus komischen Nummern, Gesang und Tanz, aber die Hauptfigur war Madame Rainey - liebevoll "Ma" genannt.- Die nächsten Jahre reiste das Paar mit der Moses Stokes Show (bei der auch Bessie Smith ihren ersten Job hatte), den Rabbit Foot Minstrels, Tolliver's Circus (dort wurden sie angekündigt als "Rainey and Rainey, Mörder des Blues"), "Silas Green from New Orleans", den "Florida Cotton Blossoms", dem "Smart Set" und anderen Minstreltruppen. Um 1917 zog Ma Rainey mit ihrer eigenen Truppe - "Ma Rainey and her Georgia Smart Set" - durch den Süden und Pa Rainey war weder Teil des Bühnenaktes noch der Show insgesamt.

Im gleichen Jahr trat Raineys "Smart Set" in Badin, South Carolina, auf, der Vaterstadt des Posaunisten Clyde Bernhardt, der damals noch ein Kind war. Badin war zu der Zeit eine moderne Stadt mit Schwung und Tempo, in der es hoch herging. Der Aloa-Betrieb beschäftigte fast 6000 Leute, und wenn die Wagen mit der Minstrel-Show keinen Parkplatz in Badin finden konnten, fuhren sie eben weiter nach Albemarle, sieben Meilen entfernt. In einer oder der anderen der beiden Städte sah Clyde Berndardt sämtliche Zirkus- und Kirmesshows und hörte auch alle Bluessängerinnen. In den Tagen vor Mamie Smith' großem Hit, sagt Bernhardt, war Ma Rainey die "Queen of the Blues", sie war der "große Name".

Clyde Bernhardt hat nicht nur Ma Rainey 1917 zum ersten Mal gesehen, er machte auch Besorgungen für sie, holte ihre Coca-Cola (mehrmals am Tage) und tat, worum immer sie ihn bat. "Manchmal spielte sie vier Wochen lang, und drei- bis viermal die Woche wechselte sie mitunter die Shows. Das Zelt war jeden Abend brechend voll, und sie war nicht nur auf die Farbigen allein angewiesen", erinnert er sich, denn eine Hälfte des Zeltes war für die Weißen, die andere für die Schwarzen. Über Tag hielt Ma Rainey Proben ab. "Sie konnte keine Noten lesen. Sie spielte mit ihren eigenen Musikern. Sie hatte einen Pianisten, einen Schlagzeuger, einen Geiger, einen

Bassisten und einen Cellisten. Sie hatte also, was man damals eine "Stringband", eine Streichergruppe nannte. Ich weiß nicht, ob einer von ihnen Noten lesen konnte. Ich glaube, der Pianist konnte Noten lesen, und die anderen hatten gute Ohren und hingen sich drauf. Er wußte, was sie haben wollte und sagte den Anderen in der Band Bescheid. Ich bin oft dabeigewesen, wenn die Show geprobt wurde. Manchmal haben sie zwei bis drei Stunden geprobt, um am nächsten Abend eine neue Show auf die Bühne bringen zu können."

Ma Rainey arbeitete auch mit den Chorusgirls, die bei Ihr dunkler als die üblichen milchkaffeefarbenen waren, denn sie sollten auf der Bühne nicht heller aussehen als sie selbst. Während der Zehner und Zwanziger Jahre boten die "Chorus lines" ein Hauptbetätigungsfeld für junge Frauen der Unterhaltungsbranche, und die "Milchkaffee"-Tradition führte zurück bis zum Jahr 1842, als der englische Autor Charles Dickens Mulattinnen tanzen sah in der Almack's Tavern im New Yorker Vergnügungsviertel zu einer Musik, die die "Hotmusik" der damaligen Zeit war, gespielt von Trompete, Schlagzeug, vielleicht noch Geige und Tamburin, und das alles für die exklusive feine Gesellschaft. Wie Clyde Bernhardt betont, waren Frauen wie Ma Rainey, Ida Cox und Bessie Smith so besonders wichtig, weil sie, selbst von dunkler Hautfarbe, nichts für die allgemein genährte Vorliebe für hellhäutige Choristinnen übrig hatten. "Bei ihnen bakam einfach jedes Mädchen einen Job und eine Chance, wenn sie Talent hatte und etwas konnte. "

Eine typische Rainey-Show dauerte etwa zwei Stunden. Es war die Zeit, als grelle Buntheit, überladener Prunk und groteske Effekte und Darbietungen die Kassen füllten und das Publikum sich lautstark und demonstrativ äußerte, positiv oder negativ. Man kann sich einige der Rainey-Auftritte gut vorstellen; das Publikum kam meilenweit angepilgert ("...Flivverin in/Or ridin' mules,/Or packed in trains,/Pickninkin' fools..." - ("...brummen herein in ihren Blechkisten, oder reiten auf Mauleseln, kommen in vollgepackten Zügen, die Amüsier-Idioten..."); das Zelt füllte sich allmählich, Schwarze auf der einen, Weiße auf der anderen Seite - manche wollten einen Platz in der schwarzen Sektion haben, wenn die Sitze mit der Aufschrift "Nur für Weiße" alle besetzt waren (die meisten Berichte besagen, daß Ma Rainey schwarzes Publikum bevorzugte); und dann die große Ma Rainey selbst, die hinter der Bühne beim Make up allein eine Stunde brauchte, um Schminke und hellen Puder aufzutragen - und nachher, sagt Bernhardt, brauchte sie genau so lange, um sich wieder abzuschminken.

Draußen wartete das Publikum. Die Band fing gewöhnlich mit einer Instrumentalnummer an, gefolgt von der Tanzgruppe - in der ungewohnten Kombination von hellhäutigen Männern und sehr dunkelhäutigen Frauen - die "Strut Miss Lizzie" tanzten oder "Cut out" oder vielleicht "Pickin' Peaches", die Frauen in knielangen Röcken und hochhackigen Schnürstiefeln. Dann kamen die Comedians, eine Art Alleinunterhalter, die die Leute mit ethnischen Witzen und saftigen Späßen in Stimmung brachten; danach sang die Soubrette eine schnelle Nummer wie "Ballin' the Jack", in der der Chor dann einfiel. Die Comedians traten wieder auf, und dann kam Ma Rainey endlich selbst, witzelte über ihr eigenes Verlangen nach "Schweinefleisch" und "Geflügelleber", d.h. nach jungen und appetitlichen Männern. "Ich erzähl euch jetzt von meinem Mann" sagte sie dann und fing an "A Good Man is hard to find!, wohl mit Begleitung ihrer Band." (Später, nach ihren ersten Platten, kam sie gewöhnlich aus einem riesigen Victrola-Trichter auf die Bühne und warf Kußhände ins Publikum). Artiebelle McGinty, die mit ihr auf Tournee war, erinnert sich: "Wenn ihre letzte Nummer kam, wartete alles schon und richtig, es war ein Blues." - für gewöhnlich "C.C. Rider", eine unfehlbare Zugnummer, die das Publikum zum Rasen brachte.

Ma Rainey hat sich nie von ihren musikalischen und geistigen Wurzeln gelöst. Obwohl sie auch im Mittelwesten und im Norden - Chicago, New York, Philadelphia - auftrat, zu allererst war sie für ihr Südstaatenpublikum da, aus ihm lebte sie. "Ma hat ihre Leute wirklich gekannt," sagte einmal der Dichter Sterling Brown, "sie war ein Mensch aus dem Volk, ganz einfach und direkt. Sie sang ein Klagelied, und das Publikum klagte mit. Sie fraßen ihr aus der Hand."

Erst ziemlich spät in ihrem Leben als Bluesqueen begann Ma Raineys Plattenkarriere. Als um 1920 herum die Bluesbegeisterung anfing, war Ma Rainey schon 34 Jahre alt, und erst drei Jahre später, Dezember 1923, machte sie ihre ersten Aufnahmen bei Paramount, der einzigen Plattenfirma, bei der sie je aufnahm. In den nächsten Jahren nahm sie über einhundert Titel auf, von denen achtundsechzig heute noch immer erhältlich sind. Vierundzwanzig dieser Titel schrieb sie selbst. Rudi Blesh schreibt: "Mehr als irgendeine andere hat sie dafür gesorgt, daß die Begleitung immer komplexer und vielfältiger wurde, von der einfachen Gitarre mit Klavier bis zur vollen instrumentalen Jazzbegleitung, was diesen Aufnahmen ihre zeitlose Tiefe, Weite und ihren Reichtum gibt." Während ihrer Plattenkarriere hatte sie Musiker von legendärem Format zur Seite: Louis Armstrong bei "Countin' the Blues", "Jelly Bean Blues" und "See See Rider" (sic), Tampa Red bei "Daddy Goodby Blues" und "Runaway Blues", Tommie Ladnier und Lovie Austin bei "Boweavil Blues" und Charlie Green bei "Chain Gang Blues".

Ihre Themen reichen von "Jeder Frau's" Liebeskummer und Einsamkeit bis zur wilden Auflehnung gegen den Mann, der sie hintergangen hat, von der trostlosen Verlassenheit bis zur mörderischen Rache. Sie rät den Frauen "Traut keinem Mann" - nicht mal dem eigenen - und gibt den Männern den Rat, bloß nicht im Schlaf zu sprechen; sie stellte ihnen manchmal ein Ultimatum, und sie sprach frei und kühn in ihren Liedern über Homosexualität, lesbische Liebe, Sadomasochismus und sexuelle Gewalt. Während die Mädchen, von denen die verschiedenen Versionen des "Hustlin' Blues" handelten, "in einsamen, verregneten Nächten" auf Kundenfang gingen, zitternd vor Angst, daß sie mit leeren Händen zu ihrem Freund (und Zuhälter) zurückkämen, porträtiert Ma Rainey in ihrem "Hustlin` Blues" ein Straßenmädchen, das schließlich erklärt:

O judge, tell him I'm through
O judge, tell him I'm through
I'm tired of this life,
That's why I brought him to you.

(Richter, sag ihm, mir reicht's Richter, sag Ihm, mir reicht's, ich hab genug von diesem Leben, deshalb hab ich ihn dir hergebracht).

Ein anderer Ma Rainey-Song (zusammen mit Bessie Smith geschrieben) zeigt uns die ebenso witzig-trockene wie lebendige Poesie des Blues:

If you don't like my ocean
Don't fish in my sea,
Stay away from my valley
And let my mountain be.

(Wenn dir mein Ocean nicht paßt, dann fisch auch nicht in meinem See, bleib weg aus meinem Tal und laß meine Berge in Ruh.)

1928 lief Ma Raineys Kontrakt aus und da es mit der Bluesbegeisterung auch allmählich bergab ging, weigerte sich Paramount, ihren Vertrag zu erneuern. (Einer der Angestellten, den man in den Fünfziger Jahren befragte, erklärte dazu, "ihre altmodischen, typisch ländlichen Südstaatenthemen waren nicht mehr gefragt"). Sie hatte nie aufgehört, Tourneen zu machen, (obwohl sie ihrer Familie in Georgia ein Haus gekauft hatte und selbst eine Wohnung in Chicago besaß) und so blieb sie auch weiterhin mit ihrer Truppe, der "Arkansas Swift Foot Review", auf Reisen, bis diese auseinanderfiel. Dann schloß sie sich der "Al Gaines Carnival Show" an, die mit ihrer Zeltshow im Südwesten herumzog.

1935 starben sowohl Ma Raineys Mutter wie auch ihre Schwester, und die "Mother of the Blues" zog sich in ihr Heim in Columbus, Georgia zurück, um dort ihrem Bruder, Thomas Bridgett, den Haushalt zu führen. Hervorragende Geschäftsfrau, die sie war, unterhielt sie auch noch zwei Theater, die ihr gehörten, das Lyric und das Airdrome, und nahm außerdem noch an kirchlichen Aktivitäten teil. 1939 im Alter von dreiundfünfzig Jahren erlitt Ma Rainey einen Herzinfarkt und starb im City Hospital. Sie wurde im Familiengrab auf dem Porterdale Cemetery in Columbus beigesetzt.

"Bessie und alle, die nach ihr kamen, lernten ihre Kunst und ihr Handwerk, dirket oder indirekt, von Ma Rainey" schrieb Dan Morgenstern. Ihr kluges Management und ihr Geschick in der Verwaltung ihrer Tourneen waren erstklassig. (Sie behandelte ihre Musiker gut, kaufte ihnen Instrumente und blieb niemals je eine Gage schuldig). Als Bühnenerscheinung wußte sie genau was ihr Publikum wollte - prunkvolle Kostüme, besetzt mit Bergkristall, die Kette aus 20-Dollar-Goldstücken und ihr mit Gold und Diamanten verziertes Gebiß - so hielt sie ihr Publikum in Atem. Der Jazzhistoriker Charles Edward Smith hat einmal über Ma Rainey geschrieben: "Sie war die Stimme der Südstaaten, sie sang vom Süden und für den Süden" Heute hat Ma Rainey solche territorialen Grenzen weit hinter sich gelassen und ihre Botschaft ist wieder lebendig geworden, fünfzig Jahre nach dem Höhepunkt ihrer Karriere.

Bessie Smith

Als Liedermacherin und Innovatorin, Schauspielerin, Komödiantin, Tänzerin und Mimin war Bessie Smith der Inbegriff der Bluessängerin, die imstande war, die Massen zu hypnotisieren, predigend wie eine "Voodoo-Queen". Ihre Stimme war gewaltig. Sie konnte den Blues "growlen", ihn röhren wie in einer Kneipe, ihm Schönheit, Majestät, Würde und gleichzeitig eine tiefe Schlichtheit geben. Sie besaß eine stille, eindringliche Geistigkeit (und Verletzlichkeit), gepaart mit einer sicheren Begabung und einer Haltung des "Mir ist alles egal". Dies alles kam dann auf der Bühne mit der Wucht eines Naturereignisses zum Ausbruch - ein Erdbeben, eine Überschwemmung, ein Vulkan.

Bessie Smith' Werk übte einen ungeheuren Einfluß auf die Musiker ihrer Epoche aus und auch auf die Musiker der folgenden Jahrzehnte. Von den einhundertundachtzig Titeln, die sie für Columbia aufnahm, sind einhundertsechzig heute noch erhältlich. Ungleich dem der anderen Bluessängerinnen, ist Bessie Smith' Leben genau erforscht und in einer vollständigen Biographie dokumentiert. Auch sind Diskussionen über ihr Werk und ihre Bedeutung sogar in solchen Büchern enthalten, in denen keine der anderen Sängerinnen erwähnt wird. Linda Hopkins porträtierte sie am Broadway in "Me and Bessie", auf Platten und bei Bühnenauftritten wurde ihrer Musik Tribut gezollt von Sängerinnen wie Juanita Hall, Dinah Washington und Carrie Smith.

Bessie Smith wurde in Chattanooga, Tennessee, als Tochter des Baptisten-Hilfspredigers William Smith und seiner Frau Laura geboren. Sie war noch keine neun Jahre alt, als ihre Eltern starben. Die Kinder wurden dann von ihrer älteren Schwester Viola in einer, nach Bessies Worten, "baufälligen kleinen Hütte" großgezogen. Bessie selbst begann dann auf Chattanoogas 9th Street für ein paar Fünf- und Zehncentstücke zu singen, wobei sie ihr Bruder Andrew auf der Gitarre begleitete. Ein anderer Bruder, Clarence, der bei der "Moses Stokes' Traveling Show" eingestiegen war, arrangierte für sie einen Probeauftritt, und so trat sie 1912 in die Truppe ein, vorwiegend als Tänzerin. Hier in der Stokes Show traf sie das erste Mal mit Ma und Pa Rainey zusammen, und von dieser Begegnung leitet sich wahrscheinlich die Sage her, die Königinmutter des Blues hätte ihren jungen Schützling gekidnappt.

Im selben Jahr tanzte Bessie auch kurze Zeit in einer der Shows von Irvin C. Miller, wurde aber wieder entlassen, weil sie nicht in das Schema "Glorifying the Brownskin Girl" (Verherrlichung der braunhäutigen Mädchen) paßte. Im Jahr darauf spielte sie in Atlanta im Theater "81", und ihr Ruf begann sich zu verbreiten. Am Tage trainierte sie die Tanzgruppe, und am Abend trat sie im Straßenkleid auf und sang ihre große Nummer, den "Weary Blues". Ihr Verdienst war zehn Dollar die Woche plus Trinkgeld. In den späten Zehner und frühen Zwanziger Jahren schloß sie sich dem TOBA-Ring an und ging mit solchen Gruppen wie den "Rabbit Foot Minstrels", den "Florida Cotton Blossoms" und "Silas Green" auf Tournee, arbeitete in verschiedenen Clubs und hatte zusätzlich noch ihre eigene Revue, die "Liberty Belles", in der sie als Sängerin,

Tänzerin und Herrenimitator auftrat. 1922 war sie schon nach Philadelphia gezogen und hatte sich bereits eine ansehnliche Gefolgschaft geschaffen, quer durch den Süden und an der Ostküste entlang.

1920, mitten in der ersten Bluesbegeisterung, nahm Columbia Bessie Smith unter Vertrag, nachdem drei Plattenfirmen sie abgelehnt hatten. Emerson mochte sie nicht, Okeh auch nicht, bei der sie ein Testpressing gemacht hatte, "Sister Kate" mit Sidney Bechet. Black Swan, die einzige Plattenfirma in schwarzem Besitz, mochte sie nicht, weil sie für ihren Geschmack "zu ungeschliffen" war. Die erste Platte, die sie dann endlich aufnahm, war eine neue Version vom "Downhearted Blues", den Alberta Hunter ein Jahr vorher geschrieben und aufgenommen hatte mit Lovie Austin am Klavier. Sie verkaufte sich außerordentlich gut und als Bessie Smith kurz nach Veröffentlichung der Platte zum Theater "81" zurückkehrte, wurde der erste Abend zu einem Triumph, und am zweiten Abend ging die Musik dann über den Rundfunk zu einer vorwiegend weißen Hörerschaft. In den nächsten Jahren sollte Bessie Smith noch insgesamt einhundertundachtzig Titel aufnehmen.

In all diesen Jahren reiste Bessie Smith neben ihren Plattenaufnahmen unentwegt weiter herum mit ihrer gesamten Truppe in einem Pullman-Wagen und trat in Zelten, Theatern und Revuen auf. Frank Schiffman, der Inhaber des Apollo-Theaters, sagte einmal, niemand hätte es so wie Bessie verstanden, das Publikum in den Griff zu kriegen. Auch hatte sie, mehr als jede andere Bluessängerin, eine Macht über das ganze Haus, die etwas Religiöses, Verkünderhaftes zu haben schien. "Da war ein Stück Kirche mit drin", bemerkte der Gitarrist Danny Barker einmal. (Wenn die Truppe tatsächlich einmal Sonntags zur Zeit des Gottesdienstes in eine Stadt kam, ging Bessie zur Kirche). "Sie war Gott wirklich nahe, sehr religiös", sagte der Schlagzeuger Zutty Singleton. "Sie erwähnte immer den Namen des Herrn. Darum waren ihre Blues auch immer fast wie Hymnen". Willie the Lion Smith schrieb dazu: "Mag sie noch so viel gegrölt, getrunken und es toll getrieben haben, man sah in ihr immer eine tiefgläubige, religiöse Frau - ein wirkliches Kind Gottes. Die große Gospelsängerin unserer Tage, Mahalia Jackson, stellte sich außerdem an ein Theater in New Orleans, um Bessie zu hören und ließ sich von dem, was sie da hörte, in hohem Maße inspirieren."

Einmal wurde bei einer Show auf der Bühne ein Aufnahmestudio nachgestellt und Bessie erklärte dem Publikum, wie es bei ihren Aufnahmen zuging. (Die wurden dann später im Foyer verkauft). Bei einem anderen Auftritt trug sie ein "Aunt Jemima" - Kostüm - auch ein Südstaaten-Cliché der schwarzen Frau - (später raste sie darin die Straße runter in ein Hotel, in dem ihr Mann ein Rendezvous mit einem Chorusgirl haben sollte). Allmählich wurden die Kostüme mit ihren Säumen aus Glasperlen und den spanischen Schals immer kunstvoller ausgeschmückt, sie fügte Pferdehaarperücken hinzu und behing ihren Kopfputz mit Lampenschirmfransen. Zur Zeit der Depression verschwand der helmverzierte Prunk und machte einer betonten Einfachheit Platz mit einem schlichten schwarzen Kleid und kurzgeschnittenem Haar, das eng am Kopf anlag. Immer jedoch war sie majestätisch. Albert Murray nannte sie "urköniglich".

Auf der Bühne ließ sie keine Riffs und keine doppeldeutigen Anspielungen über ihren "Pig-meat-man" los, wie das andere Frauen, Ma Rainey und Clara Smith z. B., machten. Bessie stand nur fest und ruhig da und sang. Und was immer sie auch sang, von schnellen Jazznummern wie "Alexander's Ragtime Band" bis zu den banalsten Tagesschlagern und ihren eigenen klassischen Blues - "Young Woman's Blues", "Back Water Blues", "Poor Man's Blues" - die Themen waren immer bestimmt, oder auch neu bestimmt, durch ihre unnachahmliche Phrasierung, ihr Feeling, ihren Stil. Sie glitt zwischen den Noten durch, verschleifte sie und sang um die Gruppe von Noten herum, die Richard Hadlock die "Zentraltöne" genannt hat, die für die Intensität und die Präsentation am wichtigsten waren, da sie ohne Megaphon oder Mikrophon sang. (Hadlock hat zwar durchaus recht, wenn er Bessie Smith' Bedeutung für die Frühgeschichte des Blues und Jazz hervorhebt, läßt aber leider allzu vorschnell alle anderen Sängerinnen und Musikerinnen der Zeit völlig außer acht und stellt nur fest, Bessie Smith sei die einzige Frau gewesen, die für die Entwicklung des Jazz in den Zwanziger Jahren von Bedeutung war.

Der Geist der Unabhängigkeit, der in ihren Texten zum Ausdruck kommt, offenbart sich gleichermaßen in ihrem Leben. Nicht nur wählt sie erstklassige Jazzmusiker zur Begleitung aus (Coleman Hawkins, James P. Johnson, Charlie Green, Louis Armstrong) "sie bestand auch darauf, die Dinge auf ihre Art zu handhaben", wie Hadlock anmerkt - sie nahm z. B. nur selten einen Schlagzeuger dazu - und darin erkannten die frühen Jazzmusiker, lange bevor Louis Armstrong nach New York kam, eine Eigenständigkeit, wie auch sie sie auf ihren Blas- und Saiteninstrumenten ausdrücken wollten."

Am Ende der Zwanziger Jahre war Bessie Smith ein Superstar- der höchstbezahlte schwarze Künstler des Jahrzehnts und die erste "dunkle Diva", deren Ruhm und Ruf die "herrschende Kultur" erreichte und beeinflußte. bei alledem vergaß sie nie, wo sie herkam. Sie zog einfache Feten, wo man schlicht Eisbein aß, den schwarzen oder weißen Snobs vor, die sich bemühten, sie zu hofieren. ("Ihr hättet mal sehen sollen, wie diese Weißen mich angestarrt haben wie einen dressierten Affen", war ihr Kommentar, als sie auf einer Party bei dem Schriftsteller und Photographen Carl van Vechten gesungen hatte und nach sechs oder sieben Whisky dessen zierliche Frau beim Rausgehen einfach umgestoßen hatte.)

Als die Blues-Aera zu Ende ging und das Jahr des Börsenkrachs an der Wall Street heraufkam, trat Bessie gerade in einem erfolglosen Broadwaystück auf, "Pansy", versuchte sich aber auch im neuen Medium Film. In dem 17 Minuten Kurzfilm "St. Louis Blues" stellt sie eine Frau dar, die von ihrem Liebhaber ausgenützt und verlassen wird und ihren Kummer in Blues und Schnaps ertränkt. Im Hintergrund an den Tischen der Bar singt der Hall Johnson Chor, und am Klavier sitzt James P. Johnson. Obwohl die Familie Handy damals gegen die Kneipenumgebung protestierte, gelang es Bessie Smith dennoch, die Begrenztheit ihrer Rolle zu überschreiten in dem einzigen Abbild, das uns auf Zelluloid von ihr geblieben ist.

In den Dreißiger Jahren hatte Bessie zwar immer noch Arbeit, trotz der harten Zeiten für die Bluesqueens im allgemeinen. Sie bekam nur noch die Hälfte der Gage, die sie früher bekommen hatte, - 2000 $ die Woche -, und man sagte, sie sei völlig am Ende. Was aber das Schlimmste war, sie verlor ihren Mann und ihren Adoptivsohn. Jack Gee hatte sie verlassen wegen des Broadwaystars Gertrude Saunders (mit Bessies Geld finanzierte er Gertrude Saunders' Show) und ließ ihr später noch Jack Jr. wegnehmen. Bessie war mit einem anderen Mann liiert, Richard Morgan, und obwohl sie noch Arbeit hatte, waren die Zeiten des großen Geldes vorbei.

1933 arrangierte der Produzent und Schriftsteller John Hammond eine Plattensitzung bei Okeh für Bessie Smith in New York (für die Bessie nur 37,50 $ pro Seite bekam). Entschlossen, sich der Zeit und der Stimmung des Publikums der Depressionszeit anzupassen, forderte Bessie ausdrücklich Schlagertitel im Gegensatz zum Blues, und das Ergebnis der Session war "Do Your Duty", "Gimme a Pigfoot and a Bottle of Beer", "Take Me for a Buggy Ride" und "Down in the Dumps".

Es war klar, daß sich Bessie Smith der veränderten Trends in der Musik bewußt war und versuchte, damit Schritt zu halten. In den Jahren 1935, 1936 und 1937 trat sie regelmäßig in New York auf. 1935 schrieb die Zeitung "New York Age", "Bessie Smith, von der Schule des alten Blues, ist wohl die erste ihres Clans, die ihren Gesangsstil modernisiert hat". 1935 trat sie zum ersten und einzigen Mal auf New Yorks "Swing Street" (52nd Street, zu der Zeit die Heimstätte vieler der wichtigsten Jazzclubs) bei einer Sonntag-Nachmittag-Jamsession auf. Bessie Smith kam herein, sang, ging wieder und ließ die Zuhörer verwirrt und benommen zurück. Mildred Bailey (eine gute Freundin von Bessie) weigerte sich, nach ihr zu singen. Sie fürchtete, den Bann zu brechen, den die "Empress", die Kaiserin, über alle gelegt hatte.

1937 war Bessie mit der Revue "Broadway Rastus" im Süden auf Tournee. Am 26. September starb sie bei der Ausfahrt mit Richard Morgan aus Memphis, als ihr Wagen mit einem Laster kollidierte. Die Kontroverse um die medizinische Versorgung, die ihr zuteil wurde - oder auch nicht zuteil wurde, weil sie schwarz war - hat der Toten einen mythischen Nimbus verliehen, wie ihn die Lebende nie gehabt hat. (Später wurde mit Gewißheit festgestellt, daß sie "so schnell wie möglich" ins Afro-American Hospital gebracht worden war, wo sie jedoch an inneren Verletzungen und am Blutverlust starb).

"Es war, als hätte sie diese Wunde schon immer in sich gehabt", schrieb Sidney Bechet, "sie mußte sie einfach gewahr werden." Ob es "ihr Gefühl war, nicht gebraucht zu werden, ob sie außer sich war oder glücklich ... was auch immer es war, es wurde lebendig; nichts war ihr fremd, sie kannte alles. Man kann es so ausdrücken oder anders. Wenn man es begreift, dann ist es da und wenn man es nicht begreift, dann ist man gar nicht gemeint. Bessie war großartig. Sie war die Größte."

1970 lenkte eine Frau in Philadelphia die Aufmerksamkeit der Presse darauf, daß Bessie Smith in einem Grab lag, dem jede nähere Bezeichnung fehlte. Bald darauf kamen zwei andere Frauen überein, sich die Kosten für einen Grabstein, wie hoch sie immer sein mochten, zu teilen. Die beiden Frauen waren Janis Joplin und Juanita Green, die als Kind Bessies Küche geschrubbt hatte und später Krankenschwester und Präsidentin der NAACP (Organisation zur Förderung der Farbigen), Abteilung North Philadelphia, geworden war. Am 7. August 1970 wurde der Stein enthüllt. Janis Joplin blieb dem Ereignis fern, da sie die Aufmerksamkeit nicht von der "Empress" ablenken wollte. In den Stein war eingraviert, dreiundvierzig Jahre nach ihrem Tod: "Die größte Bluessängerin der Welt wird niemals aufhören zu singen."

"Ich erinnere mich", sagt der Trompeter Doc Cheatham in Erinnerung an die große Zeit des klassischen Blues, "wenn im Bijou-Theater Bessie oder Clara (Smith, keine Verwandte) auftauchten, war das Theater gerammelt voll mit den rüdesten Typen von Nashville. Ab und an sah ich auch ein paar Lehrer von meiner Schule, aber die hielten sich die Zeitung vors Gesicht, damit sie nicht erkannt wurden. Oh ja, sie mochten es wohl, aber gesehen werden wollten sie da drin nicht ..."

"Es gibt viele Sängerinnen, die Bessie Smith zu kopieren suchen. Hier und da laufen sie einem über den Weg. Es sind eine ganze Menge. Aber niemand kommt Bessie gleich. Ich weiß nicht, warum. Ich nehme an, es hat etwas mit dem Individuellen, mit der Persönlichkeit zu tun - ein ganz persönliches Feeling dafür, wie man den Blues singt. Sie hatte eben etwas, das keiner imitieren kann. Das ist alles."

Mamie Smith

Mamie Smith war die erste unter den Schwarzen - ob Mann oder Frau -, die auf einer Platte Blues gesungen hat. Der Erfolg des 1920 aufgenommenen "Crazy Blues", der sich wie ein Waldbrand ausbreitete, war der unmittelbare Anlaß zur Geburt der Bluesplattenindustrie, und Mamie Smith gelang es, als Pionier den schwarzen Frauen der frühen Zwanziger Jahre einen wichtigen künstlerischen und ökonomischen Weg zu bahnen.

Um 1883 im schwärzesten Viertel von Cincinatti, dem "Black Bottom", geboren, bekam Mamie Smith ihren ersten professionellen Job schon sehr früh, 1893. Gertrude Pridgett war erst sieben Jahre alt, als die zehn Jahre alte Mamie anfing, als Tänzerin mit den "Four Dancing Mitchells" herumzureisen, und als Gertrude Pridgett 1900 ihr Debut am Springer Opera House gab, war Mamie schon seit sieben Jahren ein Showbusiness-Veteran. 1912 war sie auf Tournee mit dem "Smart Set", und 1913 kam sie nach Harlem mit ihrem Mann William Smith, einem Tenor, der auch als "Sweet Singing Smitty" bekannt war. Sie sang in Clubs wie Barron's, Leroy's, Edmund's und Percy Brown's, dann auch in Perry Bradfords Revue "Made in Harlem" und "wurde eine der populärsten Sängerinnen und Entertainerinnen in der Stadt", erinnert sich Willie "the Lion" Smith.

Nachdem sich die schwarze Musikwelt lange bemüht hatte, einmal eine schwarze Bluessängerin aufzunehmen, gelang es endlich dem schwarzen Komponisten und Musikverleger Perry Bradford, 1920 eine Plattensitzung mit Mamie Smith zu arrangieren, trotz der Protestbriefe aus Nord und Süd, in denen mit einem Boykott der Okeh-Phonographen und -Platten gedroht wurde, falls man eine schwarze Sängerin aufnähme. (Mamie Smith' erste Aufnahme galt jedoch nicht dem Blues, sondern sie ergab sich, als Sophie Tucker, die eigentlich die Platte machen sollte, in letzter Minute krank wurde. Bradford überredete Okeh, Mamie Smith einspringen zu lassen und man machte an diesem Tag zwei relativ unbedeutende Aufnahmen - mit einer weißen Begleitband -, die immerhin noch respektabel genug ausfielen, um Mamie sechs Monate später mit einer schwarzen Band ins Studio zu holen und Blues singen zu lassen).

Der Pianist Willie "the Lion" Smith, Kornettist Addington Major, Posaunist Ward "Dope" Andrews, Klarinettist Ernest "Sticky" Elliott und der Geiger Leroy Parker waren dabei, und der Lion beschreibt die Sitzung: "Ich brachte den Leuten in der Band an Hand der Klaviernoten, die mir Miß Smith gegeben hatte, ihren Part bei. Mit Ausnahme des Lion standen sie alle vor einem großen megaphonartigen Horn und Mamie legte mit ihrer schönen Kontraaltstimme los." Jeder bekam 25 $ für die Sitzung, aber, fügte er hinzu, es gab keine Vereinbarungen über Tantiemen, und es vergingen zwei Monate, bevor auch nur einer der Künstler sein Geld bekam.

Nach Willie the Lion war der Song selbst "nur irgend so eine gewöhnliche Bluesmelodie, die schon in anderen Songs verwendet worden war. Mamie sagte, sie hätte sie zum ersten Mal in der Show Maid of Harlem (sic) im Lincoln Theater unter dem Titel ‚Harlem Blues' benutzt. James P. Johnson behauptete einmal, er hätte dieselbe Melodie in seinem ‚Mama's and Papa's Blues' verwendet, den er schon 1916 komponiert hatte. Andere Pianisten erinnerten sich, daß ein Teil der Melodie von einem alten, ziemlich zweideutigen Song stammte, der in den Bordellen gespielt wurde; ‚Baby, Get that Towel Wet'."

Wo immer die verschiedenen Versionen auch herkamen, der "Crazy Blues" war die erste Version auf Wachs, und auf Grund dieses Erfolges gingen Mamie Smith und ihre "Jazz Hounds" auf Tournee. Perry Bradford nahm den Platz des Lion ein, der nicht durch den Süden reisen wollte und da Mamie ihre Begleitung oft auswechselte, spielten zu verschiedenen Zeiten solche legendären Musiker in ihrer Band wie Johnny Dunn, Bubber Miley, Joe Smith, Sidney Bechet, Curtis Mosby und sogar ein sehr junger Coleman Hawkins am Tenorsaxophon.

Pianist und Arrangeur Jesse Stone erinnert sich an Mamie Smith' Gruppe und auch an die Wirkung, die ihr ausgezeichneter Geschmack in der Auswahl ihrer Musiker auf seine eigene Band, die "Blues Serenaders", zu dieser Zeit hatte: "Nun, Mamie hatte zu der Zeit die allerbesten schwarzen Musiker in den USA. Um eine wirklich große Band auf die Beine zu stellen, die auch Noten lesen konnte, plünderte Fletcher Henderson ihre Band und nahm Mamie alle diese Jungs wie Coleman Hawkins und all die anderen großartigen Musiker weg. Aber zuerst waren sie bei Mamie. Übrigens, bevor er zu Mamie ging, hat Coleman Hawkins bei mir gespielt. Er hat versucht, mich als Arrangeur für sie an Land zu ziehen, aber ich wollte nicht, ich wollte meine eigene Band haben. Wissen Sie, sie konnte mehr zahlen, als ich ihnen zahlen konnte, und so hat sie meine Band kaputtgemacht."

Nach dem Erfolg des "Crazy Blues", so wird berichtet, sei Mamie Smith der höchstbezahlte schwarze Künstler ihrer Zeit gewesen. (Für einen Abend in "Billy Sunday's Tabernacle" in Virginia bekam sie 2000 $; sie trug ein Cape mit Straußenfedern im Wert von 3000 $, und in ihrem Appartement in New York soll in jedem Raum ein Klavier gestanden haben). Die ganzen Zwanziger Jahre war Mamie Smith auf Tournee und nahm Platten auf. Leonard Kunstadt und Bob Colton schrieben, daß auf dem Höhepunkt ihrer Karriere "ihr Name gleichbedeutend war mit dem Begriff Erfolg. Ihre Pelze, ihre Juwelen, ihre Appartementhäuser, ihr Streit mit den jeweiligen Liebhabern, ihre Revolvereskapaden erregten reichlich viel Aufmerksamkeit in der Öffentlichkeit. Eine Plattensitzung mit Mamie reichte schon fast aus, um den Tag in den schwarzen Vierteln der Nation zu einem Festtag zu machen."

Mamie Smith war immer ein Entertainer großer Klasse und ihre anspruchsvolle, kultivierte Art, den Blues zu interpretieren, übte auf das Publikum, schwarz und weiß, einen gewaltigen Einfluß aus. In New Orleans hörte die junge Connie Boswell Mamie Smith in einem schwarzen Theater, das an jedem Freitag abend auch für Weiße geöffnet war, und erlag ihrem Einfluß. Im Houston City Auditorium gab eine Vorstellung von Mamie Smith in den frühen Zwanziger Jahren den Ausschlag, daß Victoria Spivey sich entschloß, selbst auch eine Karriere als Bluessängerin zu versuchen.

In den späten Zwanziger Jahren heiratete Mamie ihren dritten Mann, einen der Goldberg-Brothers, Manager und Inhaber der "Seven Eleven" Truppe, bei der sie auftrat (damals nur mit Klavier, Schlagzeug und einem Horn als Begleitung). Obwohl sie das schwarze Publikum auch während der Depression noch anlocken konnte, wandte sich das Glück allmählich. 1931 nahm sie ihre letzten Platten auf und brachte es damit auf eine Hinterlassenschaft von mehr als achtzig Titeln, darunter solche wie "You Can Have Him, I Don't Want Him, Didn't Love Him Anyhow", "Get Hot", "Don't Mess with Me", "Don't You Advertise Your Man" und "I'm Free, Single, Disengaged, and Looking For Someone to Love." Trotz weiterer Auftritte in New York, Florida, sogar in Europa war der allmähliche Abstieg nicht aufzuhalten.

"Ich glaube, es war so etwas wie eine Verschwörung gegen sie im Gange vor dem Hintergrund von Geschäftsinteressen", meint Jesse Stone, "denn für ihre Zeit war sie in Geschäftsdingen viel zu intelligent. In den Tagen damals hatte man etwas dagegen, daß Frauen sich in Geschäftsdingen so auskannten. Frauen hatten sich noch nicht einmal alle diese großen Musiker zusammenzusuchen und auszuwählen, wie sie das tat ... Nachdem sie ihr ihre Band weggekapert hatten, versuchte sie es als Sängerin solo, aber auf die Höhe, die sie mit ihrer Band erreicht hatte, konnte sie nie wieder kommen. Sie hat noch einiges aufgenommen danach, aber es sieht so aus, als hätte man sie künstlich niedergehalten, denn die besseren Plattenfirmen wollten mit ihr nach allem nichts mehr zu tun haben. Erst war sie bei Okeh, und sie war die einzige Künstlerin bei Okeh, die überall in den Staaten verkauft wurde, bei Weiß und Schwarz. Ich weiß, sie versuchte es nochmal mit einer Plattenfirma namens Vocalion ... aber danach war es vorbei mit ihr.

Das letzte Mal habe ich sie auf der 52nd Street gesehen. Ich war da, als man sie mit einer kleinen Band vorsingen ließ für ein Engagement auf der 52nd Street, und dann nahmen sie statt ihrer jemanden anderen. Maxine Sullivan - sie nahmen Maxine Sullivan an ihrer Statt. Und Maxine und ihr Mann (John Kirby) wurden sehr berühmt. Das war das letzte Mal, daß ich sie gesehen habe."

In den frühen Vierziger Jahren erschien Mamie Smith kurz in einigen Filmen - "Mystery in Swing" (1940), "Murder on Lenox Avenue (1941), "Sunday Sinners" (1941) und 1943 noch einen Kurzfilm mit Lucky Millinder "Because I Love You". 1946 starb sie in einem Krankenhaus in Harlem nach langer Krankheit, ohne einen Pfennig Geld, und wurde auf dem Frederick Douglas Cemetery in einem nicht näher bezeichneten Grab, beigesetzt. 1964 hörte Günter Boas vom Hot Club Iserlohn (Westdeutschland) von dem Stand der Dinge, sammelte das Geld für einen Grabstein und ließ ihn per Schiff nach Amerika bringen. Mit Hilfe der Bluessängerin Victoria Spivey, Leonard Kunstadt vom Record Research, dem Filmveteranen Leigh Whipper und Entertainern wie Jimmy Rushing, Maxine Sullivan und Lucille Hegamin, die in einem Benefiz-Konzert auftraten, wurde das Geld aufgebracht, mit dem Mamie Smith auf einen anderen Friedhof umgebettet werden sollte. Inzwischen, so erinnert sich Lennie Kunstadt, waren bürokratische Fehler (und Konfusion in der Friedhofsverwaltung darüber, welche Mamie Smith eigentlich auf dem Frederick Douglas Cemetery beerdigt worden ist) aufgetreten und hinderten den Fortgang der Umbettung. Bis zum heutigen Tag ist die Situation nicht geklärt, noch ist eine Gedenktafel aufgestellt zur Erinnerung an - wie der Hot Club uns ins Gedächtnis ruft - "America's First Lady of the Blues".

Ethel Waters

In "American Singers" führt Whitney Balliett drei Sänger an, die als Pioniere im amerikanischen Bluesgesang gelten: Ethel Waters, Louis Armstrong und Billie Holiday. Ethel Waters begann als Bluessängerin unter dem Namen "Sweet Mama Stringbean", und obwohl sie nie die Stimmgewalt eines "Blues Shouters" hatte, gab sie dem Bluesgesang der Zwanziger Jahre doch etwas stilistisch Neues. "Die Quelle ihrer schöpferischen Eigenart", so schrieb ein Kritiker, "lag in der Vermischung der Gegensätze (IJS): einer Kombination von Erdhaftigkeit und Spiritualität, von Rüpelhaftigkeit und Sanftmut, all das zusammengefügt und geformt von einem alles beherrschenden Sinn für das Dramatische, mit dem Ethel Waters jedes Wort und jede Story durchdrang, was immer sie auch sang.

"Als ich anfing", erklärte Ethel Waters in der Zeitschrift "Down Beat" Anfang der Fünfziger Jahre, "war ich eine der ersten, den Leuten zu zeigen, wie individuell man mit Texten und Rhythmen umgehen kann." (IJS) Sie hätte nicht eigentlich gesungen, sagt Ethel Waters, sie hätte ihre Musik 'rezitiert'. "Ich will diese Geschichte erzählen. Ich will, daß ihr sie auch fühlt und erlebt." (IJS)

Mit ihrer individuellen Auffassung machte Ethel Waters ihre Songs zu Standard-Modellen für alle Zeit und legte damit das Fundament im Jazz und der populären Musik, das auf zahllose andere Sänger einwirkte, von Maxine Sullivan bis zum "Blues-Shouter" Big Joe Turner, der Ethel Waters die einzige Sängerin nannte, die er je bewundert habe. Unter den Songs, die Ethel Waters kreiert hat und die ihr praktisch "gehörten", waren "Dinah", "Am I Blue", "Stormy Weather" und, aus der Blütezeit des Blues, "Down Home Blues", "One Man Nan", "Oh Daddy", "The DaDa Strain", "You Can't Do What Last Man Did", "The New York Glide" und "Jazzin' Babies Blues".

Ethel Waters wurde 1896 in Chester, Pennsylvania, geboren. Wie sie in ihrer Autobiographie schrieb, war sie schon immer ein Außenseiter, nie wirklich geliebt, nie wirklich gebraucht. Ihre Großmutter mütterlicherseits, genannt "Mom", ging arbeiten und versuchte verzweifelt, ihr Heim, ihre drei Töchter und die Enkelin zusammenzuhalten und tat ihr Bestes, Ethel von Laster, Sauferei und Ausschweifung fernzuhalten, die im Vergnügungsviertel, dem "Red Light District", grassierten, in dem sie wohnten. Schon früh, schrieb Ethel Waters, machte Gott sie "hart, eigensinnig und anpassungsfähig ... meine böse Zunge war mein Schild, Härte mein Panzer."

Die einzige Zuflucht in Ethels frühen Jahren war das Singen. Sie erinnert sich, daß sie im allgemeinen beim Zuhören mehr von den Geschichten fasziniert war, die die Lieder erzählten, als von irgend etwas anderem. Alle in ihrer Familie konnten singen, schrieb sie, und die anderen Familien in ihrer Straße sangen Harmonien ohne Instrumentalbegleitung. (Wenn die Polizei anrückte, so erinnert sie sich, warnten die Kinder in der Gegend die Prostituierten mit den Texten von Kinderliedern. Als sie fünf Jahre alt war, bekam Ethel Waters ihren ersten professionellen Job, angekündigt als

"Baby Star", im Kinderprogramm einer Kirche in Philadelphia. Mit acht sah sie ihre ersten Vaudeville-Shows und fing an, die Songs, die sie gehört hatte, zu imitieren - "Lovie Joe" und "Barbershop Chord". Mit neun hatte sie die katholische Kirche für sich entdeckt, die ihr bis zum Ende ihres Lebens zum Bollwerk wurde. Mit dreizehn war sie verheiratet, mit vierzehn schon wieder getrennt und zu verschiedenen Zeiten arbeitete sie als Putzfrau, Küchenmädchen, Wäscherin, Tellerwäscherin und Kellnerin. Einmal arbeitete sie als Kammerzofe und verbrachte dabei viel Zeit vor dem Spiegel, wobei sie sich einbildete, sie stünde vor einer Menge jubelnder Leute. Das war so die Zeit, sagte sie, als sie anfing, sich Theaterallüren anzugewöhnen.

1917 gab sie ihr Debut als Sängerin auf einer lokalen Halloween-Party (dem Abend vor Allerheiligen). Man kannte sie vorher schon als "Chester's champion shimmy-shaker", die sogar Spagat konnte, aber an diesem Halloween war es das erste Mal, daß sie mit Hilfe ihrer Stimme Freunde und Bewunderer gewann. Braxton und Nugent, Inhaber einer kleinen Vaudeville-Truppe, die anwesend waren, boten ihr einen Job an. Ethel Waters nahm an und wurde die erste Frau (und zweite Person überhaupt), die jemals den "St. Louis Blues" auf einer professionellen Bühne gesungen hat - in einem Kleid, das sie auf einem Ramschverkauf erstanden hatte, eierschalenfarbener Satin, vorne durchgeknöpft.

Von der Braxton und Nugent-Truppe ging Ethel Waters zu den Hill Sisters, wo sie Songs brachte wie "Baby Doll" und "Come Right In and Stay a While, There Ain't Nobody Here But Me". Aber trotz ihres großen Erfolges als Sweet Mama Stringbean hatte Ethel Waters immer noch den einen, alles andere überlagernden Ehrgeiz: Zofe bei einer Damezu werden, die sie mitnehmen würde rund um die Welt. Glücklicherweise wurde dieser Traum nie wahr und Ethel Waters fuhr fort, dem Bluesgesang neue Wege zu erschließen, auf der Vaudeville-Route durch die Südstaaten, in Chicagos alten Monogram-Theater und in Zelten; oft mußte sie mit den anderen Mitgliedern der Truppe irgendwo unterwegs im Bordell wohnen, wenn niemand sonst sie aufnahm.

1919 ging Ethel Waters nach New York und arbeitete dort in Cabarets (Lokale mit Musikeinlagen) und in ihrer ersten Bühnenshow "Hello 1919!" im "Edmund's Cellar" hörte sie dann auch ein Talentsucher der Cardinal Records, und zwei Jahre später machte sie ihre ersten Platten, "At the New Jump Steady Ball" und "The New York Glide". Im gleichen Jahr holte sie derselbe Talentsucher für Aufnahmen bei der Plattenfirma Black Swan, und nach dem Erfolg ihrer ersten vier Titel schickte die Firma sie mit Fletcher Henderson und den Black Swan Troubadours auf Tournee. Clyde Bernhardt erinnert sich, ihre Show 1921 im Chestnut Street Auditorium in Pennsylvania gesehen zu haben. Ethel Waters war damals sehr schlank und schön, und Clyde Bernhardt beschreibt den Abend, wie er ihn in Erinnerung hat:

"Joe Smith stand oben auf der Galerie und spielte den "Bugle Call Rag" - das war die Eröffnungsnummer - mit diesem wunderschönen melancholischen Ton. Dann noch eine Instrumentalnummer. Dann ‚Ladies und Gentlemen, wir präsentieren Ihnen Miß Ethel Waters, die berühmte Bluessängerin. Miß Ethel Waters!' Und dann kam sie auf die Bühne, und sie hatte ein ganz eng anliegendes Kleid an, und sie fing an mit dem "Down Home Blues".

Ethel Waters sang an diesem Abend in der Show vier Nummern, ihre vier großen Hits: "Down Home Blues", "One Man Nan", "Oh Daddy" und "The DaDa Strain". "Sehen Sie", fuhr Bernhardt fort, "Ethel Waters hatte nie eine starke, weithin schallende Stimme wie Bessie oder Clara Smith oder Princess White. Aber sie hatte eine gute, eine schöne Stimme. Sie konnte Blues singen und schnelle Jazznummern, aber dann konnte sie umsteigen und eine Schnulze, eine Ballade singen, und es klang wunderschön."

Ethel Waters hat die ganzen Zwanziger Jahre hindurch Platten gemacht, einen Hit nach dem anderen. Was sie auch immer sang, sie sang es mit Würde und Autorität, und ihre Stimme, ihre Diktion, ihre Phrasierung, ihre ganze Persönlichkeit wandelte sich mit ihren Songs und paßte sich ihnen an. Sie sang ihre Songs, rezitierte sie aber auch gelegentlich, wie sie selbst sagt; immer bestimmte ihr Sinn für Dramatisches und Intimes die Form, die sie ihrem Material gab, die Tonfärbung und die Fülle ihres tiefen Registers. Sie gab dem Blues eine neue Kultiviertheit und Klasse. Die besten weißen Vaudeville-Künstler der Zeit kamen, um ihre Auftritte zu erleben und Sophie Tucker bezahlte Ethel Waters sogar dafür, daß sie zu ihr ins Hotel kam, damit sie ihren Stil studieren konnte.

1925, als Josephine Baker den Plantation Club verließ, um nach Paris zu gehen, hatte man erst Ethel Waters ins Ausland schicken wollen, sie hatte aber abgelehnt. Sie wollte "lieber erst mal Amerika sehen". Wie der Schauspieler Joseph Attles bemerkt, hat Ethel Waters es in der Heimat geschafft und nicht, wie viele andere schwarze Künstler ihrer Zeit, sich erst mal im Ausland einen Namen gemacht, um dann zurückzukommen. 1925 ging sie auf eine Vaudeville-Tour vor weißem Publikum, zuerst nach Chicago, wo die verhaltene Reaktion des Publikums sie glauben ließ, sie hätte versagt - bis der Manager hinter die Bühne kam und ihr für die nächste Woche 35 $ bot. Sie wurde dann schließlich die erste schwarze Frau, deren Namen an erster Stelle groß auf dem Plakat des Palace in New York erschien, zusammen mit solchen Zugnummern wie Jack Benny, Van and Schenk und Olson und Johnson; als sie allerdings später gerufen wurde, um die langsam eingehende Plantation Club Revue zu retten, war sie für die weißen Frauen in der Show immer noch, wie sie sagte, nichts weiter als "auch so eine TOBA-Sängerin". Der scharfe Kritiker Ashton Stevens jedoch nannte sie in seiner begeisterten Besprechung die "Yvette Guilbert" ihrer Rasse und über Nacht wurde sie berühmt als die "Ebony Nora Bayes".

In den späten Zwanziger Jahren, als sie für die Keith und Orpheum-Kette unterwegs war, schrieb sie, daß es ihr in New York am meisten Freude machte, für Columbia (unter Exklusivvertrag) mit Musikern wie Benny Goodman, Joe Venuti und den Dorseys Aufnahmen zu machen, die mit ihr improvisieren und schnellen Harmoniewechseln folgen konnten. 1929 dann, in dem gleichen Jahr, in dem Bessie Smith den "St. Louis Blues" machte und King Vidor das erste schwarze Musical filmte, "Hallelujah", unterschrieb Ethel Waters bei Daryl F. Zanuck den Vertrag für ihren ersten Film "On With the Show" mit einer Garantiegage von 5000 $ im Monat. (In diesem Film sang sie zum ersten Mal "Am I Blue?").

1930, mit 34 Jahren, war Ethel Waters müde und brauchte Ruhe. Sie nahm ihr Patenkind, Algretta Holmes, mit nach Europa und schrieb später in ihrer Autobiographie: “Mein Ziel war, Algretta so zu erziehen, daß jeder sie so liebte, wie ich als Kind nie geliebt worden bin. Einmal wollte auch ich all die kleinen Dinge tun, die jede andere Frau Zeit ihres Lebens jeden Tag tut. Ich glaubte, Frau und Mutter zu sein, könnte mich davon überzeugen, daß auch ich zur menschlichen Rasse gehöre.”

Als Ethel Waters nach Amerika zurückkehrte, war die Depression in vollem Gange. Aber für Ethel Waters begann nun die goldene Zeit des Theaters, als die Liste ihrer Premieren und Triumpfe in der Musik und auf der Bühne immer länger wurde. Erst kam die “Rhapsody in Black”. Sie war die erste schwarze Frau, die ernste Monologe auf der Bühne sprach, und die Kritiker verglichen sie mit Cornelia Otis Skinner und Ruth Draper. 1933 gab sie in einer Cotton Club Revue “Stormy Weather”, einen Song, der nach ihren Worten das Elend ihrer damaligen Situation widerspiegelte. “Mein Liebesleben, meine Ehe waren gerade damals wahnsinnig stürmisch. Ich hatte das Gefühl, ich arbeitete mir die Seele aus dem Leib und wurde doch nicht richtig glücklich dabei... “Stormy Weather' war der vollkommene Ausdruck meiner Stimmung und es gab mir ein Gefühl der Erleichterung, es jeden Abend zu singen.”

1934 kam Irving Berlins “As Thousends Cheer” heraus, worin Ethel Waters “Supper Time” aus der Taufe hob, den erschütternden Song über eine schwarze Frau, die gerade erfahren hat, daß ihr Mann gelyncht worden ist. Ethel Waters sagte, ihr sei, als sänge sie es für ihr Volk und sie wurde mit dieser völlig neuen Art von Song, der zum Glazpunkt der Show wurde, die höchstbezahlte Frau am Broadway und noch dazu Mitglied der ersten gemischtrassigen Besetzung, die im Süden auf Tournee ging. 1939 spielte sie in “Mamba's Doughters” in der ersten ernsten Rolle für eine schwarze Frau am Broadway. Ethel Waters stellte Hagar dar, eine Frau, die, wie sie sagte, “die Verlorenheit und Einsamkeit aller Negerinnen insgesamt in der feindseligen Welt des weißen Mannes in sich vereinigte.” Sie war für den Part von dem Direktor Guthrie McLintock ausgewählt worden, da sie seinem Gefühl nach nichts weiter zu tun hatte, als “der Rolle das gleiche Verständnis, das gleiche 'timing', die gleiche verhaltene Emotionalität zu geben, die sie auch in ihre Songs einbrachte.” Ethel Waters bekam bei der Premiere siebzehn Vorhänge. “Ich hatte allen gezeigt”, schrieb sie Jahre später, “was es heißt, eine schwarze Frau zu sein, dumpf unwissend, in sich verschlossen und alles mit einer Intensität empfindend, daß sie davon halb wahnsinnig wird.” Endlich hatte sie die Lebensgeschichte ihrer Mutter “der feinen Gesellschaft direkt ins Gesicht, erzählt.” Am Premierenabend sagte sie noch: “Wenn ich hier und jetzt sterben müßte, dann würde ich mich nicht beklagen... Endlich einmal hatte ich die Erfüllung.”

Ethel Waters' Ruf im Film, im Theater und im Fernsehen verbreitete sich immer mehr: “The Member of the Wedding”, “Cabin in the Sky”, “Pinky”, “Tales of Manhattan”, “At Home with Ethel Waters” und schließlich die Kreuzzüge mit Billy Graham. So wie ihre Kunst eine Projektion von Gegensätzen war, so waren auch ihr Leben und ihre Karriere eine Mischung von erhebenden Glücksmomenten und Tragödien. Verschuldet, vom IRS (Finanzamt) bedrückt, wann auch immer es Krisen gab, sie fand Zuflucht im Gesang und in ihren Clubauftritten. Ihre geliebte “Mom” starb, bevor sie den großen Erfolg ihrer Enkelin erleben konnte, und die Liebe ihrer Mutter, die sie kurz vor deren Tod errungen hatte, war das größte Geschenk, das sie sich vorstellen konnte. Ihre Affären mit Männern waren im allgemeinen gekennzeichnet durch Aufruhr und Enttäuschung und Magazine wie "Ebony" und "Tan" verbreiteten Geschichten über ihr tragisches Liebesleben.

"In die zweiunddreißig Takte kurzen Chorusse dieser kurzen Songs konnte Ethel Waters alle ihre Erinnerungen an Kummer, Sorge und Einsamkeit einfließen lassen und sie zu unvergeßlichen Vignetten von großer dramatischer Intensität machen", schrieb Langston Hughes. Die Bühne, sagt Joseph Attles, war ihr "Thronsitz".

Ethel Waters war ein Teil des Quells, aus dem der amerikanische Gesang strömt. In dem Begleittext zu "The Greatest Hits of Ethel Waters" schreibt John S. Wilson, daß die Songs, die dem Zeitraum von 1925 bis 1934 angehören, "zu einer faszinierenden Entdeckungsreise werden für alle, die den Wurzeln des zeitgenössischen Stils und Materials nachspüren wollen." Die Entwicklung und der Fortgang ihrer Karriere als Sängerin, sagt Whitney Balliett, spiegelt die Entwicklung des populären Songs.

Nach langer Krankheit starb Ethel Waters 1977 in Kalifornien.

Ida Cox

Ida Cox war eine der meist bewunderten Bluessängerinnen und eine erfahrene Entertainerin, deren ausgeprägter Geschäftssinn und Unverwüstlichkeit es ihr möglich machten, eine Karriere von vierzig Jahren erfolgreich durchzuhalten, obwohl die Bluesära in den späten Zwanziger Jahren langsam zu Ende ging. Sie war stärker von Vaudeville und MusicHall geprägt als von der Bluestradition, die eine Bessie Smith und Ma Rainey hervorgebracht hatte. Ihr Bluesstil hatte eine mehr urbane Färbung, war raffinierter, wie sie auch allem, was sie sang, eine feine, schmerzhaft-ironische Gespanntheit zu geben wußte.

Einige von Ida Cox'Blues waren lebensnah und kühn, mit einem Schuß Boshaftigkeit; andere waren tief bedrückend und voll Trauer. Sie konnte ihren Blues wie ein Meer so aufwühlen, daß die ganze US-Flotte zu Hilfe und Rettung nötig gewesen wäre. Mit einer einzigen Wendung sah dann der Blues plötzlich wieder wie ein Kinderspiel aus, wenn sie uns wissen ließ "Wild Women Don't Have the Blues", als ob es den Blues gar nicht geben müßte.

Als White and Clark's Minstrels nach Cedartown, Georgia, kamen, einer kleinen Stadt, fünfzig Meilen von Atlanta entfernt, packte die vierzehnjährige Ida Prather eines Tages ihre Sachen und lief mit der Minstrel-Truppe davon und als die Mutter den Zug von der Polizei durchsuchen ließ, versteckte sie sich auf der Toilette. Das war im Jahre 1903. Ein Jahr vorher hatte Ma Rainey den Blues "gesellschaftsfähig" gemacht, indem sie ihn auf die Vaudeville-Bühne brachte. Obwohl Ida Prather ursprünglich mehr von den Tänzerinnen angelockt wurde, die sie in der White and Clark-Truppe gesehen hatte, gab sie nach der Ankunft in Clarksville ihr Debut als Sängerin mit "Put Your Arms Around Me, Honey", und sang wie eine Professionelle. Von diesem Tage an bestand ihr Repertoire aus Blues, Rags und ihrem berühmten "Hard, Oh Lord", das sie von ihrem Bruder gelernt hatte.

Von White and Clark's ging Ida Prather zu Pete Werleys berühmten Florida Cotton Blossoms und später zu den Rabbit Foot Minstrels. Nach ihrer Heirat mit Adler Cox übernahmen die beiden das Douglass-Hotel in Macon, Georgia, gleich neben dem berühmten Douglass Theater. Durch Gäste wie Bessie Smith und Ma Rainey, die in ihrem Hotel wohnten, wann immer sie in Macon spielten, riß die Verbindung mit den reisenden Truppen nie ab, und als Ida Cox' Mutter 1920 starb, ging sie nach Atlanta und zurück in die Welt des Entertainment. Sie arbeitete am "81" Theater auf der Decatur Street, begleitet von Jelly Roll Morton, und "Jelly Roll Blues" wurde ihre erste große Nummer.

Ida Cox war 1923 die erste Bluessängerin, die für die in Chicago ansässige Plattenfirma Paramount aufnahm, sechs Monate früher als Ma Rainey. (Die beiden Frauen wurden zusammen zur größten Attraktion der Firma). Ida Cox nahm zwischen 1923 und 1929 achtundachzig Titel auf, begleitet von Musikern wie Lovie Austin, (die die Paramount-Hausband leitete), Tommy Ladnier und Fletcher Henderson. Ihre berühmtesten Nummern - "Wild Women Don't Have the Blues" und "Four

Day Creep" - und später noch "One Hour Mama", enthielten eine laute, unmißverständliche Aussage über die grundlegenden Praktiken und Kräfte, die das Überleben ermöglichten, mit Stolz präsentiert und gefeiert im kühnsten Jargon, der einer Bluessängerin zu Gebote stand. Andere Nummern sprachen von Tod, Verlust, Aberglauben und Notzeiten

Als der Börsenkrach an der Wallstreet den Bluessängerinnen der Zwanziger Jahre das Stergbeglöckchen läutete, war Ida Cox eine der wenigen, die es fertigbrachten, zu überleben. 1929 nahm sie ihre letzten Titel für Paramount auf, dann ging sie hin und stellte ihre eigene Show auf die Beine, Ida Cox and her Raisin' Cain Company. Sowohl Victoria Spivey wie Lovie Austin bezeugten, daß es eine der besten Shows war, die auf Tour waren; die attraktive, stattliche Ida Cox gab ohne weiteres 1500 $ allein für einen Unterrock aus; ihre Tanzgruppe bestand aus siebzehn erstklassigen Tänzerinnen; Ida Cox' Ehemann und Begleiter Jesse Crump war auch dabei, und so zogen sie mit der Raisin'Cain Company in Zelten und Theatern herum quer durch das Land.

Doc Cheatham, der in den Jahren der Depession für Ida Cox' große Show spielte, erinnert sich, daß die Show ganz großartig und Ida Cox eine erstklassige Geschäftsfrau war, die den ganzen Betrieb allein leitete;

"Oh, Ida war schön. Eine fabelhafte Frau. Ida hatte die Verantwortung für die Show. Wissen Sie, in den Tagen war das eine große Verantwortung, besonders, da ja die Showleute bezahlt werden mußten, man mußte sehen, daß der Transport klappte, daß sie alle ihre Züge kriegten und pünktlich zu den Proben kamen. Geld war knapp. Die Shows hatten zu kämpfen; manchmal war mit den Theatern kein Geschäft zu machen, dann mußten sie weiterziehen zum nächsten Theater und die Agentur (TOBA), wissen Sie, die bezahlten einem immer die Hälfte diese Woche und versprachen einem die andere Hälfte für die nächste Woche... und nach einiger Zeit war man dann so weit im Hintertreffen, daß es auch den Frömmsten bösartig machen konnte. Man kam sehr selten klar, herausbekommen hat man nie etwas. Ich bin mit drei oder vier Shows gereist und eigentlich auch nie richtig bezahlt worden. Man kriegte gerade mal am Wochenende ein bißchen Geld. Die volle Gage bekam man nie. Aber etwas anderes gab es nicht für die Leute - die Showleute. Sie nahmen, was sich bot und sahen zu, daß sie irgendwie durchkamen.."

Dagegen waren auch die größten Bluesqueens nicht gefeit: "Nun also, die Stars - Stars waren sie alle - die hatten ganz genau dieselben Probleme mit dem Geld. Wenn man die Leute anzog, das Publikum, und ein volles Haus hatte, ja, dann brauchte man sich um Geld keine Sorgen zu machen. Aber in manchen Wochen war das Haus voll und in manchen nicht. Ja, dann dachten diese Leute gar nicht daran, dich zu bezahlen. Dann gaben sie einem ein bißchen, damit man sich beruhigte und schickten einen zum nächsten Haus, und man hoffte wie der Teufel, daß man die Leute ins Theater locken könnte... Sie verließen sich gewissermaßen auf die Samstage, die sie herausreißen konnten, denn im ersten Teil der Woche war überhaupt keiner im Theater. Man mußte schon eine sagenhafte Zugnummer sein, ganz groß, damit am Montag jemand kam. Es war ein hartes Leben."

Rivalitäten unter den Bluessängerinnen, sagt Cheatham, flammten gewöhnlich darüber auf, wer den größten Publikumszulauf hatte:
"Eifersüchtig waren sie in gewisser Weise schon. Also, wenn man sagte, Bessie (Smith) wäre das größte Geschäft, zöge mehr Leute ins Theater als Clara (Smith), ja, dann kriegte man Krach. Und das ging so die ganze Reihe runter. Sie versuchten andauernd, herauszufinden, wer das meiste Publikum anlocken konnte."

1934 kam die Show "Fan Waves" ins Apollo Theater mit der Ankündigung einer geheimnisvollen Attraktion: "The Sepia Mae West, die Sensation von Chicago". ("Die Ironie an der Geschichte war", schrieb Chris Albertson, "daß die weißen Stars eigentlich nur blasse Versionen der schwarzen Künstler waren, die sie imitierten - Harlem hatte seine Mae Wests und Sophie Tuckers lange, bevor diese beiden Damen auf der Szene erschienen".) Bessie Smith sollte in "Fan Waves" auftreten, aber zu der Zeit hatte noch nicht einmal sie eine Ahnung, daß diese "Chicago Sensation" niemand anders war als die frühere Bluesqueen Ida Cox.

Drei Jahre später war Ida Cox der Mittelpunkt der "Darktown Scandals" im Roxy Theater in Salt Lake City. Die Show war um Ida Cox herum aufgebaut, und die Zeitung "Variety" schrieb (am 1. Dezember 1937): "In Ida Cox hat die Truppe einen Star". Diesmal wurde sie als die "Ebenholz-Ausgabe von Sophie Tucker" gepriesen, (die, man erinnere sich, ihre Lektionen von Ethel Waters gelernt hatte). Die "stämmige, Blues trällernde Sängerin", so fuhr der Kritiker fort, machte dann Witzchen über ihre "bulligen Hüften", sang My Handy Man" und setzte allem die Krone auf mit einem "shiver dance", der das Haus zum Toben brachte. Nur zwei Jahre waren Bessie Smith und Ma Rainey bereits tot, und Ida Cox hatte sich weitgehend aus dem Showgeschäft zurückgezogen. Mit fünfzig hatte sie das ganze Land durchzogen und war die Vaudeville-Attraktion. Fast ein Jahrzehnt lang war sie Paramounts zweitgrößter Star gewesen. Sie hatte die Depression überlebt, ihre Tochter aufs College geschickt und sich als eine der weniger Entertainer erwiesen, die zäh, unternehmend und wendig genug waren, um den Schlag, der die Bluesqueens am Ende ihres goldenen Jahrzehnts traf, heil zu überstehen. Als John Hammond in diesem Jahr sein "Spirituals to Swing"-Konzert auf die Bühne brachte, das der Erinnerung an Bessie Smith gewidmet war, trat Ida Cox auf und sang ihren großen Hit "Four Day Creep". Bald darauf begann Barney Josephsons Café Society alle die Künstler zu engagieren, die an diesem ungeheuer erfolgreichen Konzert teilgenommen hatten, darunter auch Ida Cox. Dann wurde sie krank, und ihr Ersatz, die junge Hazel Scott, wurde so populär, daß der Club sich entschied, sie zu behalten. Ida Cox ging dann wieder auf Tournee und nahm andere Engagements an bis 1944, als sie auf der Bühne in Buffalo einen Schlaganfall erlitt. 1950 zog sie sich völlig zurück und ging nach Tennessee.

In dem Plattentext zum "Spiritual to Swing"- Album schreibt John Hammond, daß Ida Cox' Aufenthaltsort nicht bekannt sei und daß man nur hoffen könne, daß die Gerüchte von ihrem Tod falsch seien. 1961 fand er sie dann schließlich; sie lebte bei ihrer Tochter in einem ruhigen Wohnviertel von Knoxville. Chris Albertson, der damals bei Riverside Records war, setzte sich mit ihr in Verbindung und überredete sie, nach New York zu kommen und eine Platte zu machen. "The Afro-American" vom 15. April brachte einen Artikel über ihr Comeback, und die "New York Times" brachte ein Photo von Ida Cox, Coleman Hawkins und Roy Eldrige bei der Aufnahme - "Miß Idas letzte Aussage" nannte es die Sängerin.

"The New Yorker" (29. April 1961) schilderte ebenfalls ihren Besuch: "Ziemlich groß, grauhaarig, von gut proportionierter Figur und sehr gerader Haltung, trug Miß Cox eine Art Lehrerinnen-Brille, ein schickes braunes Kleid und rote Pantoffeln und sah mehrere Jahrzehnte jünger aus, als sie war." So der Reporter. Als sie dann später im Studio auf die anderen Musiker warteten, fragte er sie noch, wie ihr denn im Gedanken an die Plattensession zu Mute sei. Sie antwortete: "Du lieber Gott, da hab ich nicht mehr dran gedacht, seit ich mich schließlich entschlossen hatte es zu machen. Erst dachte ich ja, ich könnte es nicht. Seit dem Schlaganfall in Buffalo 1944 war meine Gesundheit nicht mehr so gut. Ich ging da in einem Nightclub aufs Podium und da verschwand auf einmal alles vor mir, alles wurde dunkel. Seitdem habe ich keinen Ton mehr gesungen und ich danke Gott, daß er mich solange erhalten hat. Natürlich, jetzt bin ich hier und ich werde mein Bestes tun, aber dann geht's wieder ab nach Hause - wie der Blitz. Ich werde einige meiner eigenen Blues aufnehmen "Fore (sic) Day Creep, Moanin' Groanin' Blues", "Cherry Pickin' Blues", "Graveyard Dream Blues". An die Worte kann ich mich noch gut erinnern, wenn auch fast alles andere - die Leute und alles, was ich so im Leben gemacht habe - irgendwie verschwunden ist."

Ida Cox wußte in der Tat die Worte noch, machte die Aufnahmen (ihre Stimme war vielleicht ein bißchen spröder geworden, mit einem feinen, dem Blues angemessenen Klageton darin) und fuhr dann umgehend nach Hause.

Am 10. November 1967 starb Ida Cox in Knoxville an Krebs.

Rosa Henderson

Wie so viele der großen Bluessängerinnen, kam auch Rosa Henderson aus der Tradition der Music Hall, der Travelling-Shows, der TOBA. Eine begabte Entertainerin, Zugnummer der komödiantischen Musicals und eine mitreißende Sängerin mit starker, volltöniger Stimme, nahm Rosa Henderson zwischen 1923 und 1931 ungefähr hundert Titel auf, (nur wenige davon existieren heute noch in irgendwelchen Anthologien). Nach dem plötzlichen Tod ihres Mannes und Partners 1927 zog sie sich nach und nach völlig zurück und geriet allmählich gänzlich in Vergessenheit, aber auf dem Höhepunkt der Bluesära war die Stimme Rosa Hendersons eine der lautesten und stärksten auf Platten oder auf der Bühne.

1896 in Henderson, Kentucky, geboren, trat Rosa Henderson mit dreizehn Jahren in die reisende Truppe ihres Onkels ein und sang ein Bluesrepertoire in Zelten und auf Plantagen im gesamten Süden, davon fünf Jahre allein in Texas. 1918 verließ sie die Show ihres Onkels als erfahrener Veteran von zweiundzwanzig und landete schließlich mit ihrem Mann, dem Comedian und Showman Slim Henderson, auf der Vaudeville-Bühne in New Orleans. Slim schloß sich dann John Mason an, und die neue Henderson und Mason-Truppe trat überall im ganzen Land auf. An vielen der größten Theater waren sie die Hauptattraktion. Rosa Henderson war auch der Star einiger eigenständiger musikalischer Komödien der Zwanziger Jahre: "The Harlem Rounders", "The Seventh Avenue Strollers" und "Ramblin' Around", in der sie und Slim den absoluten Hit der Show brachten, "On a South Sea Isle".

Zusätzlich zu ihrer Bühnenkarriere machte Rosa Henderson noch fleißig Plattenaufnahmen. Ihr Material reichte vom Blues bis zu Vaudeville-Nummern, und begleitet wurde sie von so erstklassigen Musikern wie James P. Johnson, Coleman Hawkins und Fletcher Henderson. Innerhalb von acht Jahren nahm sie bei fast einem Dutzend verschiedener Plattenfirmen, unter mindestens einem halben Dutzend Pseudonymen auf - darunter "Flora Dale" (auf Domino), "Mamie Harris" und "Josephine Thomas" (auf Pathé und Perfect) und "Sally Ritz", der Name ihrer Schwester, (auf Banner). Ihre erste Aufnahme war "I Ain't No Man's Slave" und eine ihrer letzten "I Can't Be Bothered with No Sheik", und sie war genauso geschickt in der Behandlung einer so ernst-verhaltenen Nummer wie "I'm Good Gal but I'm a Thousand Miles from Home" (wobei es ihr gelang, sich über die rassistischen Implikationen darin zu erheben), wie sie das erdhafte, aufreizende "Strut Yo' Puddy" sang.

1927, als Rosa Hendersons Karriere als Entertainerin ihren Höhepunkt erreichte, gerade da starb ihr Mann, ganz plötzlich. Sie nahm noch ein paar Engagements bei John Mason an und trat in einer Frank Montgomery-Produktion in Atlantic City auf, im Grunde aber begannen ihr Schwung und ihre Energie für das Theater dahinzuschwinden. 1932 erschien sie in der New Yorker Revue "Yeah-Man" (Mantan Moreland war auch darin), in der sie eine traurige Ballade sang als ein "Stück Treibholz von Harlem" (LCL-T), den "Spell of Those Harlem Nights" (den Zauber der Harlemer Nächte) betrauernd. 1939 machte sie ihre letzte Aufnahme für Columbia mit James P. Johnson am Klavier und wurde dann in New York ansässig, wo sie in einem Warenhaus arbeitete, um ihre Familie zu erhalten und ihre Tochter aufzuziehen, die später eine erstklassige Revuetänzerin wurde.

Anfang der Fünziger Jahre Machte sich Leonard Kunstadt auf die Suche nach ihr und erfuhr von Fletcher Henderson (keine Vrwandtschaft), daß Rosa Henderson verstorben sei. Es vergingen nahezu fünfzehn Jahre, bevor Kunstadt herausfand, daß sie in der Tat noch am Leben war. Ihre Tochter vermittelte ihm 1963 ein Interview. "Die Comedienne gibt es nicht mehr", Notiert Kunstadt in seinem Bericht über das Treffen. In den Sechziger Jahren sang Rosa Henderson noch einmal bei verschiedenen Wohltätigkeitsveranstaltungen, im Mai 1968 starb sie dann im Alter von einundsiebzig Jahren.

Victoria Spivey

Victoria Spivey machte ihre ersten Platenaufnahmen 1926. Als Liedermacherin sehr produktiv, eine vollendete Vertreterin der in Texas heimischen "flat tones and moans", hatte sie unter allen Bluessängerinnen eine der längsten und vielseitigsten Karrieren. Die Menschen, Ereignisse und Gefühle ihres Alltags wurden ihr zur wichtigsten Inspiration. Von Victoria Spivey stammen nahezu 1500 Songs, von denen ihr viele nicht einmal zugeschrieben werden. "Viele ihrer Blues waren düstere Erzählungen von Tod, Verzweiflung, Grausamkeit und Seelenqual, untermalt von ihrem schwermütigen Klavier und finsteren Klagen, den "Texas moans", schrieb ein Kritiker. "Auf der Bühne war sie abwechselnd fröhlich, trübsinnig, schüchtern und dann wieder funkelnd und laut.

Vichtoria Spivey trat auf der Bühne und im Film auf, arbeitete als Bandmanager und als Kolumnistin für das Magazin "Record Research", wurde dann 1962 als einzige Bluesqueen Inhaberin einer eigenen Plattenfirma. Auf ihrem "Spivey Label" konnte sie einige ihrer früheren Bluesklassiker wieder veröffentlichen, darunter "The Alligator Pond Went Dry", "How Do You (They) Do It That Way, "Telephoning the Blues", "Organ Grinder Blues" und "Murder in the First Degree", weiter konnte sie solche Künstler wie Lonnie Johnson, Memphis Slim, Sonny Greer, Buddy Tate, Eddie Barefild, Danny Russo und Brenda Bell aufnehmen und zwei ihrer zeitgenössischen Blues Sisters - Lucille Hegamin und Hannah Sylvester - noch einmal ins Aufnahmestudio bringen.

1906 in Houston, Texas, geboren, war sie eines von acht Kindern. Zwei ihrer Schwestern, Addie ("Sweet Peas") und Elton, sangen ebenfalls, und Vater und Bruder hatten eine Streicherkapelle. Sie war gerade acht Jahre alt, als eine ihrer Schwestern sie mitnahm in ein kleines Amüsierlokal im ersten Bezirk, wo sie in dem Freund ihrer Schwester, Robert Calvin, denjenigen kennenlernte, der zu ihrer ersten Inspiration auf dem Klavier wurde und wo sie Klavierspielen lernte, bevor ihre Füße überhaupt die Pedale erreichten. Mit zwölf spielte sie die Begleitung zu den Stummfilmen in Houstons Lincoln Theater und arbeitete später als Vokalistin mit den Texas Jazz and Blues Bands von Lazy Da$dy Filmore und L.C. Tolen. Während die meisten Frauen nicht in die finsteren Spelunken in und um Houston und Galveston gingen, sah man Victoria Spivey öfters dort, wo sie Bluessängern wie Blind Lemon Jefferson, Joe Pullum, Bernie Edwards oder ihrer Cousine Sippie Wallace zuhöhrte.

Nachdem sie eine Vorstellung von Mamie Smith im Houston City Auditorium gesehen hatte, beschloß sie, sich mit Bluessingen eine Karriere aufzubauen. Mit sechzehn reiste sie nach St. Louis, um dem Talentsucher und Inhaber des De Luxe Music Shop, dem führenden Laden für Bluesplatten in der Stadt, Jesse Johnson, vorzusingen. "Ich ging in die Central Station auf der Market Street," erzählte Victoria Spivey später, "und hatte große Angst, aber das ließ ich keinen merken."

Johnson war zwar nicht im Geschäft, aber Victoria Spivey bekniete die anwesende Frau so hartnäckig, daß sie sie schließlich ans Klavier ließ. "Ich war ganz schön mutig, wissen Sie. Ich setzte mich also hin und fing an, den alten "Black Snake Blues" runterzuhämmern." Zwei Tage später fuhr Johnson zum Haus von Victorias Schwester in Moberly, Missouri, und gab Victoria einen Vertrag, und binnen fünf Tagen war die Aufnahme vom "Black Snake Blues" fertig. Sie wurde gleich im ersten Monat 150.000 mal verkauft. Victoria Spivey sagte, der Song sei eigentlich nur als Witz gemeint gewesen, inspiriert von dem abfälligen Spitznahmen, den ihre Schwester ihrem Freund, dem Pianisten Robert Calvin, gegeben hatte. "Ich habe das Ding selbst geschrieben", sagte Victoria Spivey, "er (Calvin) hat mir immer die Melodie gezeigt, aber ich hab erst den Rhytmus da reingebracht - die von allen Blues mit Rhytmus."

"Mit dem "Black Snake Blues", schrieb Leonhard Kunstadt, "hat sie dem Blues ein anderes Zeitmaß gegeben, Musik, mit der man eine Verdoppelung des Textes begleiten konnte, mit einem bis dato unbekannten Zusatz von vier Takten zu dem schon reichlich oft benutzten zwölftaktigen Schema. Ihre Tonverschiebungen und Pausen müssen in der Mitte der Zwanziger Jahre recht avantgardistisch gewirkt haben." Der Song sicherte der sechzehnjährigen Victoria Spivey einen festen Platz im Kreis der Bluesleute, wurde dann auch bald von Bands und Vokalisten aufgenommen und schließlich in das Repertoire von Blues-Künstlern wie Leadbelly und Josh White eingeschlossen.

Der Erfolg, der quasi über Nacht kam, veranlaßte Victoria Spivey, nach New York zu ziehen, wo sie in den nächstenn drei Jahren einige ihrer berühmtesten Titel schrieb und aufnahm: "Hoodoo Man Blues", "Spider Web Blues", "Dope Head Blues", "Number 12 Let Me Roam", "Murder in the First Degree" und "No Papa No". Immer noch kamen ihre Lieder aus den Alltagserfahrungen ihres Lebens: "T.B. Blues" handelte vom Tod eines Spielkameraden aus der Kinderzeit und war ein früher, lautstarker Protest gegen eine Gesellschaft, die die Opfer der Tuberkulose ausstieß: "Number 12" war ein Zug nach Chicago, der einen Freier entführte. "Als ich den Abfahrtspfiff höhrte", erinnert sie sich, "überkam mich eine solche Traurigkeit, daß ich mir meine Ukulele schnappte und eine Weile vor mich hin jammerte."

In den späten Zwanziger Jahren teilte Victoria Spivey ihre Zeit ein in Auftritte in St. Louis, in New York, und in Chicago. Wöchentlich erschien ihr Name in Artikeln der schwarzen Presse, und sie machte Aufnahmen mit den besten Jazzmusikern ihrer Zeit: Louis Armstrong, Luis Russel, Red Allen, Zutty Singleton, King Oliver und Lonnie Johnson. Sie arbeitete auch als Liedermacher für die St. Louis Music Company, für die sie mehr als hundert Songs schrieb.

Am Ende des Jahrzehnts ging Victoria Spivey nach Hollywood, um die Rolle der Miss Rose zu übernehmen, der braven Unschuld in King Vidors phantasievollem, nur mit Schwarzen besetztem Musical "Hallelujah". Obwohl der Film eine durchaus stereotype und oberflächliche Sicht des schwarzen Lebens bot, wie Alain Locke und Sterling Brown in ihrer Kritik anführten, erwähnen sie doch zum Schluß, die größte Authentizität sei der hypnotische Effekt von Victoria Spiveys Klagelied "He's Gone"

- ein Gesang, der die unheimlichen Wehklagen in Erinnerung ruft, die den Namen dieser jungen Künstlerin im Volk sprichwörtlich gemacht haben.

In den Dreißigern fuhr Victoria Spivey fort, zu schreiben und aufzunehmen, wobei die Themen ihrer Songs von Strafanstalten bis zu Drogen und lesbischer Liebe reichten. Sie war Manager für die Lloyd Hunter's Serenaders, eine Band aus Omaha, Nebraska, war die Attraktion in "Dallas Tan Town Topics", arbeitete als Manager, Agent, und Talentsucher, spielte dann mit ihrem Mann, dem Tänzer Billy Adams, viereinhalb Jahre lang in "Hellzapoppin'". Bis 1950 reiste sie durch die Clubs des Landes, dann zwangen private Verpflichtungen sie, sich für ein Jahrzehnt fast ganz zurückzuziehen. 1961 war sie wieder da und trat im Gerde's Folk City in New York auf, unternahm dann 1962 einen großen Schritt vorwärts und sicherte sich ihre künstlerische Freiheit durch die Gründung ihrer eigenen Schallplattenfirma.

Manchmal, so erinnert sich Leonhard Kunstadt, saß Victoria Spivey im Auto an der Ecke der 8. Straße in New York City, sah sich das Leben auf der Straße an und schrieb einen Blues. Manche ihrer frühen Songs - der originale "Black Snake Blues" oder "13 1/2 Cents a Pound" - entstanden bei einer einzigen Sitzung; in späteren Jahren, sagt Kunstadt, arbeitete sie an einigen ihrer stärksten Songs über einen langen Zeitraum. Für "Grant Spivey", eine bewegende Blueserzählung über ihren Vater, der auf dem Galveston-Kai Aufseher war, brauchte sie fast ein ganzes Jahr bis zur Vollendung. Sie schrieb ihre Kompositionsentwürfe phonetisch und in Reimen, in späteren Jahren fing sie dann an, mit dem Tonbandgerät zu arbeiten. (Viele dieser Tonbänder werden in absehbarer Zeit veröffentlicht, sagt Kunstadt). Victoria Spiveys spätere Kompositionen waren wie ihre frühen, zutiefst persönlich und ganz unkonventionell in der Form - "Tongedichte in Blues gesetzt". Sie machte nicht nur Platten auf Spivey Records, sondern auch auf Folkways (The Blues is Life) und Bluesville (Woman Blues!)

Bei einem Gespräch über den Blues sagte Victoria Spivey einmal: "Wenn man den standardisierten Bluestönen und Takten zu viel Aufmerksamkeit schenkt, verdirbt man sich selber die unmittelbare Einwirkung des Gefühls... Am stärksten muß man es im Herzen fühlen, nicht im Verstand oder im Interesse für den Geldbeutel. Laß deinen Manager sich um deinen Geldbeutel kümmern. "Flat tones", ob sie nun hart oder sanft sind, zeigen die Freiheit des Bluesgesangs. Man sollte nie wissen, wann sie herauskommen. Das Herz wird es der Stimme schon sagen, wann."

Im letzten Jahrzehnt ihres Lebens brachte Victoria Spivey die Botschaft ihres Blues nach Europa, ins Radio, ins Fernsehen und in ausgewählte Clubs und College-Engagements. Sie starb 1976 im Beekman Hospital in New York im Alter von siebzig Jahren.

Alberta Hunter

Das Comeback der Alberta Hunter 1977 war eines der spektakulärsten in der Geschichte des Showbuisness. Mit 82 Jahren begann sie ein Gastspiel in Barney Josephsons Cookery in New York, nachdem sie zwanzig Jahre der Öffentlichkeit ferngeblieben war und während dieser ganzen Zeit nicht eine Note gesungen hatte.

Als eine der ersten Frauen, die mit Bluesaufnahmen in den Zwanziger Jahren angefangen hatten war Alberta Hunter auch die Komponistin des "Downhearted Blues" - dieser Song war Bessie Smith' erster großer Hit - und sie kam in die Cookery mit einem Repertoire, bestehend aus altem und neuem Material. Sie sang "Downhearted Blues" und so erlesene "unanständige" Bluesnummern wie "My Particular Man" und "Handy Man" (Weisen, die sie zwar ein bißchen schlüpfrig, aber keineswegs "risqué", also zu gewagt, nannte und die sie ursprünglich nur aufgenommen hatte, weil die Plattenfirma damit Geld machte.) Als Bühnenerscheinung ungestüm, magnetisch, predigerhaft, wandte sie sich an das Publikum und sang mit einer deutlichen Warnung in ihrem strengen, tiefklingenden Vibrato "You Reap Just What You Sow" (Du erntest, was Du säst.) Sie singt ebenso ergreifend in Yiddisch oder Französisch wie in Englich, und unter den neuesten Titeln in ihrem Repertoire ist eine bedrückende, empfindsame Version ihres eigenen "Remember My Name" (komponiert für den Robert Altmann-Film gleichen Namens) und eine langsame, rockende Nummer "The Love I Have for You".

Seit Alberta Hunters Erfolg in der Cookery sind ihre klassischen Aufnahmen aus den Dreißiger Jahren wieder veröffentlicht worden (inclusive "You Can't Tell the Difference After Dark" und ihrer jetzigen Erkennungsmelodie "My Castle's Rocking"), und 1980 ist ein neues Album herausgegeben worden. Sie war im Fernsehen und im Radio, über sie ist in fast allen größeren Zeitungen und Illustrierten berichtet worden, und sie hat aus aller Welt Einladungen zu einem Auftritt bekommen, auch aus dem Weißen Haus. Einmal allerdings mußte sie dem Weißen Haus absagen: die Einladung, sagte sie, fiel auf ihren freien Tag.

In Memphis, Tennessee, geboren als Tochter von Charles Hunter und Laura Peterson Hunter, war Alberta eines von vier Kindern. Wie Alberta Hunter die Geschichte - wie sie ins Showbuisness geriet - erzählt, überredete sie eines Tages ihre Lehrerin, die nach Chicago ging, sie mitzunehmen, landete in der "Windy City", nahm irgendeinen Bus in der Stadt und stieg aufs Geratewohl aus, ausgerechnet und rein zufällig vor dem nämlichen Gebäude, indem das einzige Mädchen arbeitete, das sie in Chicago kannte. Zwar hatte ihre Freundin an dem Tage gerade frei, aber Alberta Hunter trieb sie doch auf, bekam auch selbst einen Job, Kartoffelschälen für sechs Dollar die Woche, entdeckte dann aber, daß sie mit Singen in Nachtclubs zehn Dollar die Woche verdienen konnte. Da sie in Memphis schon in einigen Konzerten gesungen hatte, wählte sie diese lukrative Route und bekam 1912 einen Job bei Dago Frank, wo sie für ein Stammpublikum von Nutten und Zuhältern sang. Ein

Pianist hatte ihr zwei Songs beigebracht, die sie dann in hohem Sopran sang, da sie ihren Kontraalt noch nicht entdeckt hatte. Sie konnte eine Note nicht von der anderen unterscheiden, sagt sie, und die "leichten Mädchen" halfen ihr weiter, bis sie allmählich "klarkam".

Als Dago Frank's von der Polizei geschlossen wurde, ging sie weiter zu Hugh Hoskins's, wo sie von 1914 bis 1916 arbeitete. Das Publikum da hatte etwas mehr Klasse, und einige Leute von "Downtown" kamen, um sie zu höhren, denn ihr Ruf breitete sich langsam aus. Von Hoskin's wechselte sie über zum Panama, dem De Luxe, dem Pekin und dem Elite No.2, wo sie mit dem Pianisten Tony Jackson arbeitete und wo Stars wie Al Jolson und Sophie Tucker manchmal auftauchten, um ihren Auftritt mitzubekommen. 1920 arbeitete sie in Chicagos luxuriösestem Club, dem Dreamland, wo King Olivers Band mit Louis Armstrong und Lil Hardin spielte. Das Publikum war gemischt, und das Lokal war groß und laut, aber, sagt Alberta Hunter, ihrer Stimme habe es nie etwas ausgemacht, ohne Mikrophon zu singen; oft genug wären die Bluessängerinnen so laut gewesen, daß sie ihre Stimmen hätten dämpfen müssen. Alberta Hunter erhielt für gewöhnlich eine Gage zwischen 17.50 $ und 35 $ die Woche, aber mit den Trinkgeldern der großzügigen Gangster, die den Club in der Hand hatten, kam sie meist auf 400 $ bis 500 $ pro Abend nach Hause.

1921 ging Alberta Hunter, bekannt als "das Sweetheart von der Southside", nach New York zu ihren ersten Plattenaufnahmen. Sie nahm einige Titel in dem kleinen Black Swan-Studio auf und startete im nächsten Jahr die Zwölftausender Serie der Paramount mit ihrem eigenen "Downhearted Blues". "Als ich noch ein Kind war", erzählt Alberta Hunter, "nahm ich immer einen Finger und schlug irgendeinen Ton auf dem Klavier an. Wenn dann der Ton kam und es war nicht der, den ich wollte, schlug ich den nächsten an, nicht wahr, bis ich den hatte, den ich haben wollte. So bin ich auf den "Downhearted Blues" gekommen.

Lovie Austin, Pianistin im Monogram Theater und Hauspianistin der Paramount, hörte eines Tages Alberta Hunter mit diesem Song und war so beindruckt, daß sie ihr zuredete, ihre Urheberrechte zu sichern. Alberta Hunter konnte ihn aber leider nicht zu Papier bringen und da Lovie Austin ihn für sie niederschrieb, gestand sie ihr die Anerkennung als Komponistin des Songs zu. Sie war "eine gute, ehrliche Frau", sagt Alberta Hunter über Lovie Austin, "ein anderer hätte mir möglicherweise das ganze geklaut".

Alberta Hunter nahm weiterhin für Paramount, durch die ganzen Zwanziger Jahre auf und ging auch für die Keith and Orpheum-Kette auf Tournee. 1923 hatte sie dann ihr Broadway-Debut als Ersatz für Bessie Smith in "How Come?" (in dem auch Sidney Bechet einen wichtigen Part hatte), und von da an gingen Plattenaufnahmen, Theater und Auftritte in den elegantesten und weltläufigsten Clubs nebeneinander her. 1927 nach einer Ehe, die nicht lange dauerte, die Ansprüche, die Berufsleben und Terminkalender an sie stellten, waren zu groß, als daß diese Ehe ein Erfolg hätte werden können - machte sie Ferien in Europa. Während ihres Aufenthalts in Europa bat sie Noble Sissle, zu einem Konzert nach England zu kommen. Dort hörten sie Oscar Hammerstein und Jerome Kern und luden sie zu einer Probe für die neue Produktion von "Showboat" ein. Ihre Konkurrentin war eine Weiße, aber sie bekam die Rolle, und die Show lief eineinhalb Monate. In den frühen Dreißiger Jahren hatte sich Alberta Hunter zu einer, wie Chris Albertson das nannte, "erstklassigen Kosmopolitischen Sängerin" entwickelt, die an Orten wie der National Scala in Kopenhagen auftrat und Josephine Baker im Casino de Paris ablöste.

Zurück in den USA machte Alberta Hunter Radiosendungen wie die "Alberta Hunter Show" und die "Kammermusikvereinigung der Lower Basin Street", trat dann 1939 auch in "Mamba's Doughters" neben Ethel Waters auf. Als die USA in den Krieg eintraten, ging sie mit der ersten schwarzen USO-Einheit nach China, Burma, Indien und der ETO. Sie reiste in Übersee genauso herum wie zu Hause und wurde auch angefordert zu einer Vorstellung vor Eisenhauer und Marschall Shukow in Deutschland. "Sie sagten, Angsthasen könnten sie da nicht brauchen", erinnert sich Alberta Hunter, "da haben sie mich rübergeschickt, weil sie meinten, ich hätte Courage genug".

1954 starb ihre Mutter, und da beschloß Alberta Hunter, das Singen aufzugeben. "Ich wollte das, was ich erreicht hatte, nicht aufs Spiel setzen," sagte sie zu Chris Albertson, "ich wollte nicht, daß man eines Tages sagte, "Ist die immer noch da?" Am Tage nach dem Tod ihrer Mutter trug sie sich an der Schwesternschule der YMCA auf der 137.Straße in New York ein, arbeitete dann die nächsten zwanzig Jahre als Krankenschwester in einem Hospital in der Bronx. Zwar machte sie in diesen Jahren ein paar Aufnahmen - 1961 mit Lovie Austin und noch einmal 1962 mit der Gruppe von Jimmy Archey - aber im großen und ganzen, sagte sie, hätte sie nie gesungen noch auch nur zu Hause eine Melodie gesummt und hätte sich möglichst bedeckt gehalten aus Angst, man könnte ihr Alter entdecken und das Hospital sie dann entlassen.

Sie komponiert immer noch, und sie sagt, die Musik käme ihr wie eh und je, in der Morgendämmerung vielleicht, oder so um vier, fünf in der Frühe: "Ich hab dann wohl eine Idee, und dann fallen mir die Worte ein", erklärt sie weiter, "und die Melodie fällt mir gleich mit ein. Ich steh dann früh auf, gehe in die Stadt, lasse mir von irgendjemandem die Noten aufschreiben und setze die Worte dazu."

Alberta Hunter ist nach dem Grundsatz erzogen worden, daß nur, wenn man sich selber achtet, man auch Achtung von anderen entgegengebracht bekommt. "Ich war immer schon ein freier Mensch", sagte sie, "weil ich immer schon auf eigenen Füßen gestanden habe, sehen Sie, ich war immer unabhänging und habe nie jemanden um irgendetwas gebeten und habe auch nie gewollt, daß mir irgendwer etwas gab."

Clara Smith

Clara Smith, die “Queen of the Moaners”, gehörte zu den Sängerinnen mit den meisten Plattenaufnahmen in der gesamten Bluesära. Zusammen mit denen von Bessie Smith bildeten ihre Platten den Hauptbestandteil des Bluesrepertoires der Columbia. Heute ist hierzulande nichts davon mehr erhältlich, mit Ausnahme zweier Duette, die sie mit Bessie Smith gemacht hat, und einer britischen Wiederveröffentlichung von vierzehn Aufnahmen, die 1923 entstanden sind.

Clara Smith wurde 1894 in Spartanburg, South Carolina, geboren. Wenige Einzelheiten ihres Lebens sind uns bekannt. Sie begann um 1910, für diverse Theateragenturen zu arbeiten und war 1918 die Hauptattraktion bei TOBA mit Auftritten an Stätten wie dem Lyric Theater in New Orleans. 1923 begannen ihre Aufnahmen bei Paramount, und ihr erster Song war “Every Woman's Blues”. (Insgesamt nahm Clara Smith einhundertdreiundzwanzig Titel auf).Im gleichen Jahr ließ sie sich in New York nieder und arbeitete in Flüsterkneipen und Kellerclubs, eröffnete aber auch den “Clara Smith Theatrical Club”.

In der Mitte der Zwanziger Jahre, erinnert sich Clyde Bernhardt, trat Clara Smith in einer Garderobe auf, die zum Auffallendsten gehörte, was damals auf der Bühne zu sehen war. “Und dann kam sie raus und erzählte, wie sie ihren Mann herausgeputzt hatte und die Leute bogen sich vor Lachen.

Sie flirtete mit den Männern in den vorderen Reihen und sagte den Frauen “Ich weiß, ich mache mehr Geld als ihr und kann ihm mehr bieten als ihr”. Clara Smith' Publikum war hart und rüde und, wie Doc Cheatham sagt, je “übler” ihr Auftritt und ihr Gesang wurde, desto begeisterter war das Publikum. “Je schlimmer sie sang, desto besser kam sie an. Oh, sie war schon ganz was Besonders. Wenn Clara von der Bühne kam, hab ich mich kaum rausgetraut.”

Einer hat einmal geschrieben, auf dem Gipfel ihrer Karriere in den späten Zwanziger Jahren sei Clara Smith DIE vollkommene Bühnenkünstlerin gewesen. “Sie konnte einem gewagten Song eine Spritze durchtriebenen Humors geben, Wärme und sprühendes Leben ausstrahlen, wo es hinpaßte, und doch die ganze Emotionalität des Blues wiedergeben.” In dieser Vielseitigkeit, schrieb er, wurde sie “von keiner der anderen Künstlerinnen der Zeit” erreicht. Carl van Vechten, der Clara Smith' Werk auch kannte, schrieb: “Ihre Stimme ist, je nachdem, machtvoll und dann wieder melancholisch. Sie läßt einem das Blut in den Adern erstarren.”

Auf ihren Platten hat Clara Smith einen Eindruck dieser Macht vermittelt. Die langsamen Songs, für die sie eine Vorliebe hatte, zeigen ihre Beherrschung und ihren Instinkt für Phrasierung und Zeitmaß. In Titeln wie “I Got Everything a Woman Needs” und “Waitin” for the Evenin' Mail” ist ihre Stimme voll und offen, ihre verzogenen Töne und ihre Tonfärbungen zeigen deutlich ihr langsam swingendes Feeling für den Blues.

Obwohl Publikum und Plattenkäufer sie liebten, scheint Clara Smith doch die Öffentlichkeit gescheut zu haben und die Aufmerksamkeit, wie sie den meisten anderen "Queens" zuteil wurde. Man weiß, daß sie 1926 einen Ex-Baseballmanager namens Charles Wesley geheiratet hat und auch, daß sie, wie Ma Rainey, es vorzog, in der Nähe des TOBA circuit und im Süden zu bleiben. Als dann die Depression hereinbrach, arbeitete Clara Smith gerade in Revuen und Clubs an der Ostküste und sogar in einem Western mit rein schwarzer Besetzung, "Trouble on the Ranch" und machte eine schwere Zeit durch. Clyde Bernhardt erinnert sich, sie in einem schlichten schwarzen Kleid und einer Baskenmütze gesehen zu haben," bei 35 $ in der Woche im Jahr 1928 und war noch froh, daß sie wenigstens das bekam." Clara Smith sollte das harte Leben in der Depression nur noch drei Jahre zu ertragen haben. 1935 starb sie an Herzversagen und wurde auf dem Lincoln Cemetery in Macomb County, Michigan, beerdigt. Clara Smith war einundvierzig Jahre alt.

Die Instrumentalistinnen

In den Zwanziger Jahren, als Frauen wie Bessie Smith und Ma Rainey als große Stars über die Bühnen paradierten, Blues sangen, tanzten, in komödiantischen und dramatischen Szenen glänzten, als andere, wie Gertrude Saunders, Florence Mills und Adelaide Hall, am Broadway Hits sangen, da waren es vielfach Frauen, die ihnen am Klavier und sogar an Blasinstrumenten und Schlagzeug den musikalischen Rahmen gaben.

Was das Thema Frauen und Musikinstrumente betrifft, gab es in der westlichen und der afrikanischen Tradition auffallende Paralellen. Es galt als ausgemacht, daß nur Tasten- und Saiteninstrumente den Frauen angemessen seien, wogegen Hörner und Schlagzeug den Männern vorbehalten waren. Zur Zeit der Sklaverei in den Südstaaten jedoch hatten weder Sklaven noch Sklavinnen Zugang zu irgendeinem Klavier. Einem Sklaven wurde wohl hier und da erlaubt, sich so etwas wie eine Fiedel zu basteln (gelegentlich mochte er wohl auch eine Geige von seinem Herrn erhalten, der es in gesellschaftlicher und ökonomischer Hinsicht ganz nützlich fand, einen Sklaven mit musikalischen Fähigkeiten zu besitzen), Sklavinnen war der Zugang zu Saiten- und allen anderen Instrumenten verwehrt. Einigen Slaven, das sollte auch noch angemerkt werden, war es mit der Zeit sogar möglich, genug Geld mit der Musik zu verdienen, um sich freizukaufen und aus der Musik einen Beruf zu machen, Sklavinnen hatten keinerlei Möglichkeit dazu.

Nach der Befreiung offenbarte sich sogleich, was den Schwarzen das Wichtigste war. Viele von denen, die gerade erst ihre Freiheit erlangt hatten, waren noch nicht in der Lage, sich Möbel für ihr Heim zu kaufen, schafften es aber irgendwie, sich eine kleine Orgel oder ein Klavier zuzulegen, entschlossen, ihren Kindern den Zugang zur Musik und den Instrumenten zu verschaffen, den man ihnen als Sklaven verwehrt hatte. Andere Frauen, wie z.B. die Mutter von W.C. Handy, zeigten eine Vorliebe für die Gitarre, nur verbot ihnen nun die Kirche das Spielen von Saiteninstrumenten.

In jener Zeit - in Gegenden wie Philadelphia, dem kulturellen Zentrum der freien Schwarzen in der Mitte des 19. Jahrhunderts, auch schon früher - gehörte es für die bessere Gesellschaft der Schwarzen zur Allgemeinbildung der jungen Frauen, Klavier oder irgendein anderes Instrument spielen zu lernen, ganz wie ihre weißen Vorbilder. Einem Beobachter zufolge lernten schon 1842 die jungen Frauen in Philadelphia, "Klavier, Gitarre oder ein anderes passendes Instrument" zu spielen. Dieses Training war natürlich nicht zur beruflichen Anwendung gedacht, es sollte lediglich den Status der Frauen als Damen, Ehefrauen und Mütter heben.

Außerhalb der gehobenen Klassen konnten es sich viele Frauen nicht leisten, zu Hause zu bleiben - oder wollten es nicht. Beschäftigungsmöglichkeiten waren begrenzt, die häufigsten waren Krankenschwester, Lehrerin, Fabrikarbeiterin, Näherin, Hausmädchen oder Wäscherin. Da bot dann die Welt des Showbuisness noch einen anderen, wenn auch nicht ganz so respektablen Weg, und schon um 1860 herum, wie D. Antoinette Handy in "Black Women in America's Bands and Orchestras" schreibt, wurden einige schwarze Frauen Pianistinnen in Minstrel-Bands, oft an der Seite ihres Mannes oder eines anderen Familienmitglieds. A. Handy merkt an, daß Mrs. Henry Hart in den Sechziger und Siebziger Jahren bei den Alabama Minstrels ihres Mannes gearbeitet hat und Mrs. Theodore Finney in der Quadrille Band ihres Mannes in Detroit während der Achziger Jahre.

Im frühen zwanzigsten Jahrhundert gab es überall im Lande schwarze Frauen, die Musik studiert hatten, entweder zu Hause oder in der Schule, und sich praktische Erfahrung in den Kirchen erworben hatten. Einige der Frauen hatten nicht nur dieses klassische Training und das in der Kirche, sie lernten auch den Ragtime kennen, die synkopierte Musik, die von Sedalia und St. Louis ausging; diese Frauen waren dadurch besonders geeignet, die steigende Nachfrage nach Pianisten in Theatern und Cabarets zu befriedigen.

Mit Beginn des ersten Weltkriegs und dem gleichzeitigen Rückgang der Einwanderung fanden sich mehr und mehr Frauen auf dem Arbeitsmarkt mit einer immer weiter reichenden Vielzahl von Berufen. In manchen Städten arbeiteten schwarze Frauen nicht nur in den vor dem Krieg üblichen Berufen, sie arbeiteten auch als Gleisarbeiter, in Munitionsfabriken, als Kontrolleure und Schaffner, Eisverkäufer und Fahrstuhlführer. Eine Frau konnte in einer Wäscherei sieben Dollar in der Woche plus einem Bonus von zwei Dollar im Monat verdienen, aber dreißig Cent die Stunde mit Hacke und Schaufel auf der Straße. Mit solchen Jobs und denen, die sie schon vor dem Krieg ausgeübt hatten, waren die schwarzen Frauen auf dem Weg zu dem, was W.E.B. Dubois in "The Damnation of Women" so beschrieben hat: "Eine Gruppe von Arbeiterinnen im Kampf um das tägliche Brot, unabhängig und auf dem Weg zu wirtschaftlicher Freiheit."

Direkt nach dem Krieg gab es erst recht Anreize, sich in die Welt des schwarzen Entertainment zu stürzen. Viele neue schwarze Theater wurden eröffnet, und der belebende Jazz Beat begleitete das Orchester des Nachkriegsjubels im ganzen Land. Um 1920 hatten die Bluesqueens den Grundstein der Bluesplattenindustrie gelegt und wenn man die begrenzte Auswahl und das Zermürbende der Jobs ansah, die erreichbar waren, dann war es begreiflich, daß talentierte und unternehmungslustige junge Frauen den neuen und vielversprechenden Pfad der Musik einschlugen. Schwarze Frauen machten ihren Weg in Cabarets, Zeltshows, Theatern, Hotbands und gepflegten Unterhaltungs- und Tanzorchestern. Überall in den Städten des Landes gab es Ansammlungen von klavierspielenden Frauen, die in die Orchester und kleinen Combos jener Zeit berufen wurden, da sie ja Notenlesen gelernt hatten (die Männer, die ihre Hörner in Logenbruderschaften und Organisationen gelernt hatten, konnten das nicht.).Diejenigen, die eine "gute linke Hand hatten und einen soliden, festen Takt halten konnten, die den anderen Instrumenten eine harmonische Basis geben konnten und über den Bläsern immer noch hörbar waren, waren dauerend gefragt.

New Orleans konnte sich einer Dolly Adams rühmen, einer Jeanette Salvant Kimbal, Olivia Cook, Camilla Todd und Billie Pierce. Edna Thomas spielte schon 1919 mit Louis Armstrong im Red Onion Café und Mamie Desdoumes, der zwei Finger an der rechten Hand fehlten, sang und spielte den Blues in den üppigen Villen des Storyville-Viertels (dem "Red Light District") und den Tanzsälen auf der Perdido Street. Mamie Desdoumes war es auch, die Jelly Roll Morton zuerst auf den Blues brachte und sein berühmter "Mamie's Blues" basiert auf etwas, das er sie singen gehört hatte.

Kansas City, das unter Tom Pendergast, dem politischen Oberhaupt der Stadt, dem Nachtleben und allem Laster weit offenstand, war in den Zehner und Zwanziger Jahren auch ein Mekka für Jazzmusiker. Eine der populärsten Künstlerinnen an den Tasten war Julia E. Lee. Julia Lee trat 1920 in die Band ihres Bruders ein und reiste mit ihm durch das "territory" genannte Gebiet, "dünn besiedelte Gegenden des Mittelwestens, finstere Provinz mit ganz kleinen Städten (gewöhnlich auch mit sehr wenig schwarzer Bevölkerung), schlechten Straßen und eisigkalten, schneereichen Wintern." Die sogenannten "Territory Bands" waren die Unterliga der Bigbands, ein Betätigungsfeld für aufstrebende junge Leute, die sich da einen Namen machen konnten. 1933 verließ Julia Lee die Band, um als Solistin zu arbeiten. In den Vierzigern und Fünfzigern nahm sie eine große Menge Platten auf, unter denen ausgesprochene Hits waren wie die etwas zweideutigen "King Size Papa" und "You Gotta Gimme What You Got". Bis zu ihrem Tod im Jahr 1958 fuhr sie fort, ihren Kansas City "blues-shouting" -Stil zu präsentieren.

Ein anderes Zentrum des Entertainment war Chicago in den Zwanziger Jahren. In der Mitte des Jahrzents waren viele der größten New Orleans-Musiker nach Norden gewandert, um im berühmten Dreamland und anderen Clubs in Chicago zu spielen. Auf der 135th Street, erinnert sich der Saxophonist George James, war fast jede Haustür ein Clubeingang", und ein bedeutender Beitrag zum Jazzleben in der Stadt wurde von Frauen geleistet. Pianisten und Bandleader Garvinia Dickerson arbeitete da ebenso wie Cleo Brown. Deren Aufnahme des Titels "Boogie Woogie" von dem legendären Pianisten Pinetop Smith machte zuerst den Stil des "eight-beat-to-the-bar" populär. James erinnert sich noch an zwei weitere Pianistinnen und Bandleader jener Tage: Lottie Hightower, eine "echte Ragtime-, Boogie-Woogie- und Bluespianistin", die ihre eigene Band, die "Eudora Nighthawks" leitete, und an Ida Maples, die die "Melody Makers" leitete. "Maples" sagt James, "war nicht nur eine fabelhafte Pianistin, sondern auch eine ebenso fabelhafte Geschäftsfrau."

In der "Windy City" waren auch viele der Bluesplattenfirmen der Zwanziger Jahre zu Hause, bei denen Lovie Austin, die Hauspianistin der Paramount Records und des Monogram Theaters, die höchste Achtung genoß. Da saß Lovie Austin im Orchestergraben des TOBA-Theaters in Pittsburgh, "die Beine übereinander geschlagen, Zigarette im Mund, dirigierte sie eine Gruppe von fünf oder sechs Mann, spielte dabei mit der linken Hand die Show und schrieb mit der rechten die Noten für den nächsten Akt", sie war es, die eine sehr junge Mary Lou Williams inspirierte. "Sie war eine sagenhafte Frau und eine sagenhafte Musikerin", sagte Mary Lou Williams einmal von Lovie Austin. "Ich glaube nicht, daß es heute irgend eine Frau gibt, die es mit ihr aufnehmen könnte. Sie war größer als viele Männer dieser Zeit":

Auf Platten begleitete Lovie Austin einige der größten Bluessängerinnen ihre Zeit. Sie nahm eine Studioband dazu, schrieb aber die Orchestrierungen gewöhnlich selbst. Ihr außerordentliches Können als Pianistin in einer kleinen Besetzung demonstrierte sie als Leiterin ihrer eigenen Gruppe, den Blues Serenaders (in der die besten der zeitgenössischen Jazzmusiker spielten und die auch viele ihrer eigenen Kompositionen aufnahm).

An der Ostküste, in New York, gab es die dynamische Stride-Pianistin Alberte Simmons, von der man sagt, sie habe James P. Johnson unterrichtet. Dann war da noch Mazie Mullins, die berühmte Organistin des Lincoln Theaters, die den Teenager Thomas "Fats" Waller so beeindruckte, daß er so lange im Theater herumhing, bis sie ihm das Klavierspielen beibrachte. In Washington, D.C., war Gertie Wells, die Duke Ellington als "großartige Pianistin" in Erinnerung hatte, obwohl sie "außerhalb Washingtons nie beruflich gearbeitet hat. An der Westküste gab es Bertha Gonsoulin, die in den Zwanziger Jahren kurze Zeit mit King Olivers Band gespielt, aber später nur noch unterrichtet hat. Aus Texas war Arizona Dranes, eine blinde Kirchensängerin und Pianistin, die in die sakrale Musik, die sie zwischen 1926 und 1928 aufnahm, einen rockenden, überschäumenden Beat einbrachte, "Wenn man sie spielen hört, sieht man ganz klar die Beziehung zwischen Gospel, Blues und Boogie Woogie, wie sie von ganzen Gruppen von Pianisten gespielt wurden, die in den Zwanzigern und noch bis zum zweiten Weltkrieg in den größeren Städten herumzogen."

In jenen Tagen begann in Philadelphia die Karriere einer anderen jungen Pianistin, die sich zu einer ganz Großen des Jazz entwickeln sollte. Mary Lou Williams, als zweite von zwölf Kindern in Georgia geboren, fing schon als Dreijährige mit der Musik an durch ihre Mutter, die in der Kirche Klavier spielte und ihr Töchterchen beim Üben auf dem Schoß hielt. Als Mary Lou fünf Jahre alt war, zog die Familie nach Pittsburgh. Mary Lou Williams'Mutter ließ keine Musiklehrer ins Haus (sie glaubte, das Studiu streng nach der Regel habe ihr die Fähigkeiten zur Improvisation ruiniert), aber Musiker durften kommen. Einer der ersten, die den Einfluß auf sie gewannen, war der wuchtige Boogie Woogie-Pianist Jack Howard. "Von ihm habe ich eine Menge Fachwissen bekommen, das ich alleine erst in vielen, vielen Jahren erworben hätte" - zum Beispiel, daß man immer mit der linken Hand lauter spielen soll als mit der rechten ,"denn darin sitzen der Beat und das Feeling," sagte M.L. Williams. "Es ist genau wie bei einer Trommel mit einem gleichmäßigen Takt." Als sie sechs Jahre war, bekam sie bereits ihre ersten professionellen Jobs. Sie spielte für Leute der Gesellschaft wie die Mellons und brachte Taschentücher voll Geld heim. Den Fingersatz lernte sie von Fats Wallers Pianorollen, und dafür, daß sie die Lieblingsstücke ihrer Familie spielte - Irische Lieder, klassische Stücke und Boogie Woogie - bekam sie von ihr ein wöchentliches Taschengeld.

Als sie noch in der vierten und fünften Kalsse war, nahm sie schon Jobs mit den McKinney's Cotton Pickers an, wenn sie in die Städte kamen, (der Tenorsaxophonist Chu Berry nahm sie mit) und es kam der Zeitpunkt, wo sie von zu Hause fortlief, "denn ich hatte wohl so eine Art Zigeunerblut in mir. Ich wollte nur raus und spielen, bei den Musikern sein." Mary Lou Williams ging mit der Home Talent Show und einer Truppe namens Hottentots, rauhe und ziemlich billige Vaudeville-Truppen. Sie beschreibt diese Art der Existenz dann auch als "Hundeleben". Sie war noch keine Zwanzig, als sie den Saxophonisten John Williams heiratete und Mitglied bei seinen Syncopators wurde. Mit ihm zusammen reiste sie mit Buzz n' Harris, einer Vaudevilleshow, und später mit Seymour and Jeanette auf dem TOBA- und Keith circuit. Schließlich nahm die Truppe Memphis zum Standquartier, wo Mary Lou Williams dann fest arbeitete, während ihr Mann nach Texas zur T. Holder Band ging, die aber bald von dem Bandleader Andy Kirk übernommen wurde. Kaum war Mary Lou wieder mit ihrem Mann zusammen, hatte sie auch schon Arbeit für die Band - sie nähte, damit die Band Geld für Banduniformen hatte, schleppte Wasser an beim Baseballspiel, machte Maniküren für fünf Cent und schrieb außerdem noch Arrangements und sprang gelegentlich in die Bude mit Stücken wie ihrem eigenen "Froggy Bottom".

1930 nahm Mary Lou Williams ihr historisch gewordenes Pianosolo "Night Life" auf, das sie nur so vor sich hin improvisiert hatte, ohne zu ahnen, daß es aufgenommen wurde. Mit dem deutlich erkennbaren Williams-Touch und den Tonfärbungen, der starken, antreibenden linken Hand ist dieses aufrechte, fröhliche Stück Pianospiel ein Vorgeschmack von dem, was der Kansas City "Swing" - Stil in den Dreißiger Jahren sein würde. Innerhalb eines Jahres nach der Aufnahme sollte Mary Lou Williams ein vollwertiges Mitglied der Kirk-Band werden und eine der stärksten, wegweisenden Kräfte in der Musik.

Während einige der Frauen, die in den Zwanziger Jahren Klavier spielten, eine lebenslange Karriere im Jazz verfolgten, verschwanden andere aus dem Berufsleben, sobald sie geheiratet hatten und eine Familie gründeten. Manche heirateten einen anderen Musiker und zogen sich zurück. Manche blieben aktiv in der Musik, wo und wann immer sie konnten. Ob sie nun beim Jazz blieben oder sich der Klassik oder Kirchenmusik in ihrem späteren Leben zuwandten, alle waren einst ein integrer Teil des Netzes, das der Jazz über dieses Jahrzehnt ausgespannt hatte.

Das akzeptierte Territorium der Frauen und Mädchen war das Klavier, - sogar Jelly Roll Morton gab zu, daß er Bedenken hatte, dieses Instrument zu wählen "aus Angst, man könnte ihn mißverstehen" - Blechbläser und andere Instrumente aus der Tradition der Militär- und Marschmusik wurden als ausschließliche Domäne der Jungen und Männer angesehen.

Um die Jahrhundertwende erschienen die Brassbands der diversen Bruderschaften regelmäßig bei den Begräbnissen, Paraden, Straßenfesten und den Picknicks am See. Frauen fehlten selbstverständlich bei diesen Versammlungen (die ihnen "angemessenen" Instrumente - Klavier und Streicher - natürlich auch). Nichtsdestoweniger erzwangen sich wagemutige schwarze weibliche Pioniere doch einen Zugang zu Holz- und Blechblasinstrumenten und Schlagzeug. D. Antoinette Handy erwähnt, daß bereits 1880 Viola Allen eine sechzehnköpfige schwarze Frauen-Brassband in Michigan dirigierte und Ethel Hill leitete das Hill's Astoria Ladies' Orchestra. Wie sich W.C. Handy erinnert, spielte 1896 Nettie Goff Posaune bei den berühmten Mahara's Minstrels, und im Laufe der Zeit arbeiteten Frauen auch bei Vaudeville-Gruppen, wie die Seven Musical Spillers, zu deren Mitgliedern die begabte Musikerin und Dirigentin Isabelle Taliaferro Spiller sowie die Schlagzeugerin und Holzbläserin Alice Calloway gehörten. Frauen arbeiteten in Zirkus- und Kirmesbands, wie die Young Family Band, oder sie bekamen Jobs beim TOBA circuit im Orchester oder auf der Bühne.

Der Posaunist Clyde Bernhardt erinnert sich noch an die Posaunistin und Geigerin Della M. Sutton, die er in einer reisenden Show, "Roy White and His Style of Stepping", gesehen hat. "Das war das erste Mal, daß ich eine Frau an der Posaune gehört hatte," sagt Bernhardt. "Singen konnte sie auch und die Leute unterhalten. Aber auf die Bühne holte man sie nicht. Sie spielte nur unten im Orchestergraben." Das war in den späten Zehner Jahren; in den späten Zwanzigern und frühen Dreißigern leitete auch die in New York geborene Della Sutton ihre eigene, nur aus Frauen bestehende Band.

Bevor das berühmte Storyville in New Orleans von dem Navy Department 1917 geschlossen wurde, bezeichnete sich Antonia Gonzales, eine der berühmtesten "Madams", als die einzige Frau, die zugleich Opernsängerin und Cornettistin war. "Miss Antonia selbst soll eine äußerst tüchtige Instrumentalistin gewesen sein," schrieb Al Rose," und soll manches Duett mit dem Professor (Pianist Tony Jackson) gespielt haben; trotz aller Angebote, auf Tourneen aufzutreten, zog es Antonia Gonzales doch vor, in ihrer komfortablen Villa zu bleiben und ihren Geschäften nachzugehen.

Andere Städte boten den schwarzen Instrumentalistinnen andere Möglichkeiten. In New York bildete das Lafayette Ladies' Orchestra junge Frauen dazu aus, in Theaterorchestern der Elite Amusement Corporation zu spielen. Mary Lucas aus der berühmten Theaterfamilie ("Minstrel man" und Schauspieler Sam Lucas war ihr Vater, Toni Lucas ihr Onkel) war für das Programm verantwortlich. Marie Lukas hatte in Europa studiert, kehrte dann nach dem ersten Weltkrieg nach Amerika zurück und wurde ein prominentes Glied der New Yorker Musikwelt. Der Pianist Willie the Lion Smith erzählt, wie nach dem Krieg das Publikum in Scharen ins Leroy's kam und erwähnt dabei auch die Posaunistin, Pianistin, und Leiterin der Band Marie Lucas, die er zu Harlems "echten Begabungen" zählt und sie in eine Reihe stellt mit Leuchten wie Bill Robins, Bert, Williams, Florence Mills und Ethel Waters.

Um die gleiche Zeit spielte Hattie McDaniel - die spätere Mammy "Vom Winde verweht" - in Denver gelegentlich Schlagzeug in George Morrisons Band; in Kansas City war es Josie Williams' Union Band, die "vom Blatt spielen und Musik für alle Gelegenheiten bieten konnte." In Chicago leiteten Estella Harris und Mea Brady ihre eigenen Gruppen, und Alice Calloway spielte Schlagzeug in einem Trio mit dem Saxophonisten George James und der Trompeterin Dolly Jones.

Für alle diese Frauen war das Showbuisness zweifellos eine Erfahrung, die vollgepackt war mit Widerwärtigkeiten, Abenteuer und manchmal auch Gefahr. James erinnert sich, was für ein Risiko es war, im Chicago der Prohibitionszeit zu arbeiten. (Bei diesem speziellen Job war Alice Calloway am Schlagzeug):

Wir spielten drüben in Cicero, dem Hauptquartier von Al Capones Mob. Es war ein ganz guter Gig. Wir haben eine Menge Geld verdient. In den Gangsterkneipen konnte man alles mögliche Geld machen, besonders Trinkgelder und so. Das einzige war, man war dauernd in Gefahr, daß einem was passierte, daß der Laden in die Luft flog oder zusammengeschossen wurde bei so einem Job. Wenn man die Gefahr aushalten konnte, war alles in Ordnung. Wir blieben da draußen vier oder fünf Wochen, da fuhr eines Tages einer über den Highway her und schoß den Laden kaputt. Wir waren gerade nach hinten zum Abendessen ins Restaurant gegangen, da hörten wir all die Schüsse und alles stürzte in die Küche, da blieben wir dann und als wir wieder rauskamen, da war der ganze vordere Teil des Lokals kaputtgeschossen, weil die nämlich gerade Krieg darum führten, welches Bier da serviert werden sollte, - Capones oder wessen sonst. Das war dann das Ende unseres guten Gigs."

In den frühen Zwanziger Jahren traten allmählich die ersten Jazzsolisten, die Pioniere, hervor, beginnend mit (auf Platten) Louis Armstrong und Sidney Bechet. Da standen die Frauen ironischerweise einem neuen Hindernis gegenüber: nicht nur mußten sie sich mit dem alten Begriff von "maskulinen" contra "femininen" Instrumenten herumschlagen, sie sahen sich auch der weit verbreiteten und tiefsitzenden Vorstellung gegenüber, daß Frauen keine bedeutenden Solisten werden könnten. Trotz allem traten während den Zwanziger Jahren drei Instrumentalistinnen hervor: die Trompeterin Dyer Jones, ihre Tochter Dolly Jones und die Altsaxophonistin Irma Young. Von diesen dreien hatte nur Dolly Jones Gelegenheit, Platten aufzunehmen.

Edythe Turnham

(Klavier/Bandleader)

Edythe Turnham war als Pianistin und Bandleader einer der Pioniere des frühen Zwanzigsten Jahrhunderts. Um 1890 als Edythe Payne in Topeka, Kansas, geboren, fing sie ungefähr mit drei Jahren an, Klavier zu spielen. "Sie verließ Topeka so um 1900," sagt ihr Sohn, Floyd Turnham, Jr., Saxophonist bei Barry Martin's Legends of Jazz, "und sie kam mit ihrem Vater rauf nach Spokane. Da oben in Spokane, Idaho, zog sie mit so einer Art Minstrels durch den ganzen Norden, für die spielte sie Klavier. Ihre Schwester war mit in der Show. Sie waren so acht oder zehn (Frauen) in der Show und zwei Black Face Comediens. Sie mußten tanzen, singen und erzählten am Rande noch Witze."

Edythy Turnham heiratete etwa 1907 oder 1908. 1909 wurde ihr Sohn, Floyd, geboren (E. Turnham hatte auch eine Tochter). "Mein Vater war Zimmermann beim Streckenbau," erinnert sich Floyd. "Dann fing er als Kellner im Silver Girl an". (Er war schließlich auch Drummer in der Familienband.) "so um 1923", sagt Floyd, "setzte sie mich ans Saxophon. Ich wollte sie dazu bringen, daß ich Klavier lernen durfte, aber sie wollte immer nur, daß ich saxophon spielte." Edythe Turnham brachte ihrem Sohn das Notenlesen bei und wenn er mal eine Note vergessen hatte, "nahm sie das Buch mit den Saxophonübungen raus und schrieb mir in die Noten, wieviele Klappen ich runterdrücken mußte für diese Note."

In den frühen Zwanziger Jahren spielte Edythe Turnham als Solistin in und um Spokane; dann zog die Familie fort. "Wir zogen über das weite Land von Spokane nach Tacoma, da gingen wir auch wieder weg und weiter nach Seattle. Wir blieben dann immer in der Gegend von Seattle." Sie arbeitete auch in der Gegend von Seattle, spielte Klavier für eine Tanzschule da draußen, meine Schwester lernte tanzen... Dannach stellte sie dort eine Band zusammen. Wir arbeiteten zu fünf Mann in Seattle und Umgebung - im Copper Kettle, im Chicken Shack, im Plantation - und schließlich gingen wir (1928) für die Orpheum-Kette nach Winnipeg, Kanada. Winnipeg, Calvary, Vancouver, und als wir nach Seattle zurückkamen, waren wir auf dem Pantages circuit, die Küste runter nach Long Beach, Frisco und von da zu Pantages in Los Angeles. Von L.A. schickte uns Pantages nach Salt Lake City, aber wir hatten keinen Vertrag, und so blieben wir hier in L.A. hängen, und da blieben wir bis zu ihrem Tod."

Bei der Ankunft in Los Angeles verhalf Edythe Turnham ein Freund, der in den Studios arbeitete, zu ein paar Jobs. "Von da an", erinnert sich Floyd, "zogen wir in L.A herum, erst fünf Mann, dann erweiterten wir auf zehn Mann. Zwei Trompeten, Posaune, drei Saxophone und vier Mann Rhytmusgruppe. (Drei in der Band spielten zusätzlich noch Geige). Als wir von Seattle fortgingen, nannten wir die Band noch die 'Knights of Syncopation', gingen dann aber über zu 'Dixie Aces'. Wir haben in ziemlich vielen Clubs gespielt und wir waren die Hausband bei den Radiostationen WFWB und WFOX und KGFJ. Wir arbeiteten im Club Alabam, Café de Paris und an der Oak's Tavern im unteren Los Angeles. Wir waren immer vollgepackt mit Noten, immer die neuesten Titel. Jedesmal, wenn sie herauskamen, brachten sie (die Komponisten) sie alle zu mir, und wir spielten sie gleich runter. Jeder in der Band konnte Noten lesen."

Die Band hatte während der frühen Dreißiger Jahre viel in und um Los Angeles zu tun und es ging ihr sehr gut, wenn man bedenkt, daß es die Zeit der Depression war. "Wir bekamen drei Dollar am Abend," sagt Floyd. Er erinnert sich auch noch daran, daß Duke Ellington eines Tages um 1934 herum ins Jazzland Café kam. "Mädchen, Du kannst wahrhaftig spielen," sagte Ellington zu Edythe Turnham, "Du bist wirklich sagenhaft".

"Sie war allerdings sagenhaft am Klavier", sagt ihr Sohn, "sie spielte immer zwei verschiedene Stilarten. Sie spielte gerne mit kleinen Gruppen, und wenn sie mit zehn Leuten spielte, brauchte sie ja einen anderen Stil", sagte sie. "Sie konnte alles vom Blatt lesen - 'Rhapsody in Blue', alles. Wie neu die Nummern auch waren, sie konnte sie spielen. Sie las schneller Noten als ich. Zum Beispiel die mexikanischen Melodien, spanische Melodien für die Mexikaner, damit sie schneller tanzen konnten - da schlug sie mich um Längen in der Melodieführung!"

"1936 verlor ich meinen Vater, und so um 1937 hat sie dann so ziemlich aufgegeben. Sie arbeitete noch mit verschiedenen Gruppen, nachdem ich weggegangen war. Ich habe da auch noch gearbeitet und bin dann in den Vierzigern mit der Les Hite Band weggegangen. Sie hat noch bis 1945 gespielt, dann bekam sie Zucker, und das war dann ihr Ende... Wäre sie ein Mann gewesen, hätte sie es weiter bringen können. Mein Vater, der saß am Schlagzeug und kümmerte sich um das Geschäftliche."

"Sie war wirklich ein rührend lieber Mensch...s ie hat immer gesagt, sie möchte so gerne nach Paris, auf Josephine Bakers Spuren - das war ihr höchstes Ziel. Und hier bin ich nun mit den Legends of Jazz nach Paris gekommen, und ich habe so oft an sie gedacht und all das."

Edythe Turnham starb 1950.

Mary Colston Kirk

(Klavier)

Anfang des neunzehnten Jahrhunderts entschloß sich George Morrison in Boulder, Colorado, eine Streicherband zusammenzustellen, die nur aus Knaben bestand, da das Monopol für die Musikerkarrieren bei den Männern unter den schwarzen lag, wie er einmal erklärte. 1920 hatte er schon ein Tanzorchester, das zu den gefragtesten in der guten Gesellschaft gehörte. Auf einem Photo der Morrison Band, aufgenommen 1922 im Empress Theater in Denver, sieht man an beiden Seiten der Bühne ein Klavier und an jedem der beiden Klaviere eine Frau. Zur Rechten sitzt Desdemona Davis, zur Linken Mary Colston Kirk.

In Denver, Colorado, wo Mary Colston Anfang des Jahrhunderts aufwuchs, wurde der Musikunterricht in den Volksschulen von Wilberforce J. White, dem Vater des in den Zwanzigern und Dreißigern so populären Bandleaders Paul Whiteman, geleitet. "Wir fingen in der Schule in der sechsten Klasse mit Musik an," erzählt der Bandleader Andy Kirk (der Mary Colston in den Zwanziger Jahren geheiratet hatte und ebenfalls in George Morrisons Band spielte). Die Schüler lernten Notenlesen, schulten ihr Gehör und studierten die Klassik. Mary Colston und viele junge Frauen ihrer Bekanntschaft nahmen zusätzlich noch Privatunterricht bei einem französischen Klavierlehrer. Aber, wie sich Kirk erinnert, "Mary Colston, hatte auch von Natur aus ein Gefühl für Rhytmisches - sowas wie Scott Joplins Maple Leaf Rag. Jeder spielte das, alle Mädchen, aber auch ein paar von den Jungen waren dabei. Ich fing auch mit Klavier an, aber dann meinte ich doch, das wäre mehr ein Instrument für Mädchen. Früher hielt man es für ein ziemlich delikates Instrument. Man brauchte es wegen der Empfindsamkeit mehr mit Frauen in Zusammenhang als mit Männern."

Das Klavier der Colstons war eigentlich für Marys ältere Schwester und ihren Bruder angeschafft worden, aber Mary hatte das beste Gehör. Wenn ihre Schwester Unterricht gehabt hatte, setzte sich Mary an die Tasten und spielte frei nach dem Gehör nach, was ihre Schwester gespielt hatte. Als ihre Eltern merkten, daß sie die einzige war, die dem Instrument ernsthafte Aufmerksamkeit schenkte, "entschloß sich ihre Mutter, alles auf sie zu setzen", sagt Kirk.

Mary Colstons erster professioneller Job war bei der George Morrison Band. 1920 kam noch Desdemona Davis, ursprünglich aus Kansas City, in die Gruppe. "Der Grund dafür, daß er zwei Klaviere zusammenbrachte, erklärte Kirk, "war, daß er (Morrison) sehr häufig bei gesellschaftlichen Veranstaltungen spielte und da waren dann manchmal zwei oder drei Jobs an einem Abend. Da ging er dann erst eine Weile zu dem einen Ort und kam dann zu dem anderen. So spielte also Desdemona an der einen Stelle und Mary Colston an der anderen. Im Hotel Albany haben wir zwei Klaviere genommen. Das war gewöhnlich an den Wochenenden."

Das Repertoire der Morrison Band bestand aus klassischen Stücken ("etwas von Wagner, und natürlich liebte er Kreisler" erinnert sich Kirk), Schottische für die Bälle der Schwarzen, Onestep und Twostep und wieder andere Arten von Schottischen für die reichen Weißen. "Nach dem ersten Weltkrieg", sagt Kirk, "wurde die Musik munterer und schneller, und der Wiener Walzer trat an die Stelle des langsameren Dreivierteltakt-Walzers, und Ragtime-Nummern wie 'The Dance of the Grizzly Bear' wurden populär. Die Blues- und Ragtime-Nummern in der Band wurden von Hattie McDaniel gesungen, die von Wichita nach Denver gekommen war und in Familienshows, Minstrelshows und bei Logen- und anderen Bruderschaften angefangen hatte. Hattie McDaniel spielte auch mitunter Schlagzeug und begeisterte das Publikum mit ihren Rezitationen der Gedichte von Paul Laurence Dunbar.

Mary Colston und Kirk heirateten 1925. Sie arbeiteten weiter in der Morrison Band, jeder an einem anderen Ende der Stadt. Als Kirk einige Jahre später mit der T. Holder Band nach Oklahoma ging, folgte ihm Mary bald nach. Zu der Zeit zog sie schon ihr kleines Kind groß und hatte das professionelle Klavierspiel aufgegeben. Sie spielte allerdings noch in der Kirche und als die Kirks später nach New York zogen, fing sie an, Unterricht zu geben. Sie hat in all den Jahren ihr Studium fortgesetzt und gehört zum Lehrpersonal der Modern School, Kindergarten und Grundschule zusammen, geleitet von Mildred L. Johnson, der Tochter des Komponisten J. Rosamond Johnson.

"Sie spielt immer irgendetwas, was die Kleinen inspiriert," sagt Kirk von seiner Frau. "Sie ist eine hochmusikalische Frau. Sie hat die Musik immer geliebt. Sie hatte nie daran gedacht, daraus eine Karriere zu machen oder viel Geld damit zu verdienen; sie liebt sie eben."

Marge Creath Singleton

(Klavier)

> "Ich habe immer gesagt, also das ist sonderbar. Ich war die einzige Frau in St. Louis, die jemals auf einem Dampfer gespielt hat. Die einzige Frau, die da überhaupt je gespielt hat!"
>
> Marge Creath Singleton.

In den Zwanziger Jahren gehörte Marge Creath ("Creth" ausgesprochen) zu den wichtigsten Mitgliedern der Gruppe von Pianistinnen, die in und um St. Louis arbeiteten. (Zu den anderen gehörten Marcella Kyle, Pauline Coates und Ruth Green, die nach Auffassung von Marge "besser war als irgendeine von uns und swingte wie ein Mann am Klavier"). Als Schwester von Charlie Creath, Kornettist und Leiter der vier wichtigsten Bands im St. Louis jener Tage, spielte Marge nicht nur auf den Riverboats und überall in der Stadt mit der Band ihres Bruders, sondern war auch unentbehrlich als Hilfe bei der Organisation der Creath-Angelegenheiten. Später in ihrer fast fünfzigjährigen Ehe mit dem Drummer Zutty Singleton, war sie es allein, die sich um seine geschäftlichen Dinge kümmerte. Obwohl sie das Spielen längst aufgegeben hatte, wurde ihre Meinung zu Zuttys diversen Bands immer noch zu Rate gezogen, sie sprang auch mehr als einmal rettend ein, wenn ein Pianist nicht gekommen war oder mit den Harmoniewechseln und Übergängen nicht vertraut war in Stücken wie "Squeeze Me" oder "Clarintet Marmelade".

Freunde und Verwandte versuchen seit einiger Zeit, Marge Singleton dazu zu überreden, sich zurückzuziehen und in ihrer Heimatstadt St. Louis ein ruhigeres Leben zu führen. Sagt Marge Singleton: "Ich komme erst nach St. Louis zurück, wenn ich senil geworden bin und mich nichts mehr interessiert – aber jetzt muß ich da sein, wo was los ist!"

Als Marge Creath in Irontown, Missouri, aufwuchs, gehörte es für Mädchen zum guten Ton, Musikunterricht und Klavierstunden zu nehmen, während die Jungen Holz- und Blechblasinstrumente lernten, damit sie in den High-School Bands und anderen Gruppen spielen konnten, die bei den Vereinsaktivitäten in der Stadt aufspielten. Marges Mutter hatte für die Mädchen ein Klavier gekauft und Blasinstrumente für die drei Jungen, aber mehr als alles wünschte sie, daß ihre Kinder eine gute Erziehung bekämen, so daß "sie nicht so schuften müssen, wie ich schuften muß", sagt sie. "Sie war Köchin bei den Aluminiumwerken", sagt Marge. "Sie war erst achtundvierzig Jahre alt, als sie starb – eine junge Frau, und so sehr geachtet und geliebt. Und wie hat sie gearbeitet und versucht, uns so gut zu erziehen, wie sie konnte, denn mein Vater war der Typ, der mit sechzehn sagte, er wolle nun auf eigenen Füßen stehen."

Klavierstunden für sie und ihre Schwester konnte Marges Mutter nicht erschwingen, so nahm nur ihre ältere Schwester Unterricht. Wenn der Lehrer aber dann weg war, erinnert sich Marge, "ging ich ans Klavier und spielte alles nach, was sie gespielt hatte, denn ich hatte so ein gutes Ohr." Schließlich wurde ihre Schwester so wütend, daß sie ihrer Mutter sagte, sie wollte überhaupt keine Klavierstunden haben. So fing dann Marge mit dem Unterricht bei Miß O´Leary an, einer schwarzen Lehrerin, die ihr Examen in Oberlin gemacht hatte. Gleichzeitig ging sie zur höheren Schule und zu Parties in der Umgebung. Ein Junge, erinnert sie sich, "hatte all dieses Ragtimespielen von seinem Onkel gelernt, einem guten Freund von Jelly Roll Morton, der damals in East St. Louis war. Jedenfalls brachte er mir davon einiges bei; ich beobachtete ihn und spielte dann genau so, wie er spielte." Sie hatte nicht den mindesten Wunsch, professionell Jazz zu spielen. Jazz war eine "Männerwelt", sagt sie, und sie "war nicht so gerne immer mit diesen Männern zusammen." Aber der Gedanke, Konzertpianistin zu werden, kam ihr auch nicht. "Aber meine Muter bat mich inständigst, nach Juillard zu gehen. Sie sagte, "auch wenn Du alt bist, kannst Du immer noch Unterricht geben und davon leben."

Als Marge bei Czernys Buch Vier angelangt war, sagte Miß O´Leary zu ihrer Mutter, daß ihre Tochter "durchaus begabt sei", daß sie aber nichts mehr mit ihr anfangen könne. "Wenn Miß O´Leary zum Unterricht kam", erklärte Marge, "dann konnte ich meine Lektionen schon. Ich hab noch nicht einmal mehr auf die Noten gesehen. Ich hab die Lektionen einfach runtergespielt. Sie sagte dann, "Wo bist Du denn jetzt, Marjorie?" und dann konnte ich ihr nicht zeigen, wo auf der Seite ich eigentlich war, weil ich es auswendig kannte."

In jenen Tagen, sagt Marge, "gab es überhaupt keine Art von Arbeit für farbige Frauen. Entweder war man Lehrerin (meine Schwester war Lehrerin) oder Krankenschwester. Das war so ungefähr alles. Nachdem sie nach ihrem Schulabschluß so etwa ein Jahr "herumgesessen" hatte, entschloß sich Marge, einen Kursus als Krankenschwester zu machen. Aber nach zweieinhalb Jahren war ihr klar, daß das nichts für sie war. dann kam ein Ultimatum von Bruder Charlie. Sie wollten nicht, daß sie auf der Straße "rumhing", also, wie Marge sich ausdrückt, "kriegten sie mich ans Klavierspielen." Da sie Noten lesen konnte, bot ihr Charlie einen Platz in einer seiner Bands an. "Ja, aber", protestierte sie, "ich kann nicht spielen wie die Männer. Mal von Ragtime abgesehen, das kann ich schon, aber ich kann nicht die Tasten rauf- und runterrasen." "Alles, was ich will, ist, daß Du die Noten liest und spielst", sagte ihr Bruder, "Du kommst den Instrumenten nicht in die Quere, Du spielst nur die Noten, die da stehen." Marge fing bei der Band an und blieb vier Jahre bei der Gruppe.

"Ich würde es nicht 'schöne Zeiten' nennen", sagt Marge Singleton, "für mich waren sie wie alle anderen auch. Das einzige, was ich wollte, war mein Scheck, das Geld, das ich mit meinem Spiel verdiente, so daß ich es meiner Mutter geben konnte. Was ich schöne Zeiten nannte, das war, zu einer guten Party zu gehen mit den Teenagern. Zu spielen und dabei zu versuchen, sich gegenseitig an die Wand zu spielen auf dem Klavier! Das machte mir Spaß! Aber nachdem ich bei meinem Bruder eingestiegen war, konnte ich zu keinen Parties mehr gehen. Das hat mir ziemlich Kummer gemacht, denn ich mußte jeden Abend arbeiten, und die anderen gingen zu Parties und hatten eine schöne Zeit."

In den Jahren, in denen Marge in der Band ihres Bruders spielte, war St. Louis eine Ragtime-Stadt und ihr Einfluß reichte weit. Jelly Roll Morton spielte damals Stummfilmbegleitung im Nickelodeon in East St. Louis und verbrachte die Pausen mit Charlie Creath und dem Onkel des Jungen, der Marge den Ragtime beigebracht hatte. "Oh Mann", sagte sie, "da brauchtest du deine linke Hand. Das ist St. Louis-Stil. Als ich in der Band war, durfte ich auch mal einen Chorus spielen, so hier und da. Ich war nie eine auffallend gute Pianistin, aber ich spielte die richtigen Harmonien und Noten und hatte eine gute linke Hand. Und ich konnte Blues spielen. Ich war bekannt für meinen Blues." (Bei all ihrer Bescheidenheit sagt doch Doc Randall, der sie in seinem Club in Kalifornien gehört hatte, als sie in den Vierziger Jahren mal bei Zutty eingestiegen war, "sie habe die beste linke Hand gehabt, die ihm da je vorgekommen war.")

In den frühen Zwanziger Jahren, sagt Marge Singleton, habe die Band ihres Bruders "alle Jobs für Weiß und Schwarz in St. Louis bei Tanzveranstaltungen und allem anderen bekommen", wobei sie manchmal vier Bands an einem Abend stellten. In jeder dieser Bands saß eine Frau am Klavier, weil "die besten Pianisten in St. Louis Frauen waren." Tatsächlich gab es in ganz St. Louis keinen Mann, der Klavier vom Blatt spielen konnte, sagt sie. Frauen waren die Pianisten und die Bandleader." Solange Charlie seine Band hatte, hat keiner der Jungs in der Band die Band geleitet. Ich hab die Band geleitet; ich hab ihnen das Tempo vorgegeben, jawohl. Tatsächlich habe ich auch die Proben abgehalten. Das überließ Charlie keinem der Bläser. Ich war Leiter seiner Band – meiner Band. Es war wohl seine Band, aber ich war der Leiter."

Die Band bestand meistens aus fünf oder sechs Leuten, daber nie mehr als sieben. Die Musiker, sowohl Frauen wie Männer, bekamen ein Spitzenhonorar, sechs Dollar pro Abend. "Charlie hatte die Band Nr. Eins. Manchmal nahm er vier Jobs an, die er natürlich nicht alle absolvieren konnte, aber alles, was sie wollten, war, daß er kam, einen Blues spielte und zum nächsten Job ging", dann überließ er die Band der Leitung des Pianisten. Einer der Gründe dafür, daß er Frauen die Leitung überließ, war, daß der Bandleader die Aufgabe hatte, das Geld abzuholen und die Band auszuzahlen. Auf diese Weise "konnten die Männer kein Geld klauen. Den Frauen vertraute er."

Marge arbeitete auch als "so eine Art Sekretärin" für ihren Bruder. Von ihrer gemeinsamen Wohnung aus buchte sie die Bands, wenn Anfragen hereinkamen. "Wer auch immer die Band haben wollte, sie mußten zu mir kommen, eine Anzahlung hinterlegen und ich erklärte ihnen dann, daß Charlie an dem Abend schon eine Band hätte, er würde aber irgendwann auftreten. Dann mußte ich die Band zusammenstellen, denn wir konnten jeden Musiker bekommen, den wir haben wollten. Proben machten wir nicht, wir gingen aufs Podium und spielten. Und Noten mußten wir immer dabei haben. Alle mußten Noten lesen können. Keine richtigen Arrangements, nur 'stock arrangements' (d.h. vorgedruckte Standardarrangements)."

Bei den Aufnahmen von Charlie Creath and his Jazzomaniacs war Marge nicht anwesend (die Gruppe machte zwischen 1924 und 1927 ein halbes Dutzend Seiten für Okeh). Ihr Bruder "gestattete keiner Frau, Klavier zu spielen (auf den Platten). Er machte 'head arrangements' (Arrangements aus dem Kopf, die nicht niedergeschrieben wurden) und brachte sie den Leuten bei, die keine Noten lesen konnten, weil sie einen schweren Anschlag hatten und auf Platten besser klangen", sagte sie. Sie war allerdings dabei, als Charlie seine erste Plattensitzung für Jesse Johnson von Okeh Records machte. "Ich wollte nur mal sehen, wie sie das aufnahmen. Sie benutzten ein großes Mikrophon direkt vor der Band", sagte sie. "Ich hätte spielen können. Charlie hätte mich spielen lassen, aber daran war ich nicht interessiert. Eigentlich habe ich die ganze Zeit, die ich Klavier gespielt habe, gar kein Interesse daran gehabt, zu spielen. Darum war ich auch so froh, als ich aus diesem Beruf rauskonnte. Für mich selbst hat mich das nie interessiert. Ich habe immer gerne gutes Klavierspiel gehört, aber für mich selbst, da hatte ich anderes zu tun. Natürlich, wenn wir irgend etwas Neues an Noten bekamen, dann habe ich zu Hause den ganzen Tag geübt, neue Nummern und alles, denn ich sah darin einen Job, mit dem ich meiner Mutter helfen konnte."

Marge wurde 1924 die erste und einzige Frau, die jemals auf der Streckfus Steamboat Line, einer Schiffahrtslinie in St. Louis, gespielt hat. "Die Streckfußleute waren ulkige Arbeitgeber", erinnert sich Pops Foster, ein Bassist, der jahrelang auf den Schiffen gearbeitet hat. "Man spielte Musik, die ihnen gefiel, nicht dem Publikum. Solange sie damit glücklich waren, hatte man den Job."

Einige der Jobs waren nur für einen Abend, aber einmal fuhr Marge mit dem Boot bis zum Trockendock in Iowa. "Ich hab geweint, ich wollte nicht mit. Ich wollte nicht von zu Hause fort", erinnert sie sich. Als ihr Bruder ihr aber zur Belohnung eine Reise nach Chicago versprach, da ließ sie sich erweichen und hatte schließlich Spaß an der Reise den Fluß hinauf. "Erst mochten sie mich nicht", sagt sie, "sie wollten keine Frau am Klavier sehen, und sie standen auch dauernd um das Klavier herum, um aufzupassen, ob ich auch richtig spielte." Aber das hat ihr nie etwas ausgemacht. "In der Zeit machte ich mir um nichts Sorgen. Alles, was ich wußte, war, es war ein Job. Und ich blieb die ganze Saison."

Marge Singleton sagt zurückschauend, "es war keine schwere Arbeit; es war ein angenehmer Job, sehr angenehm." Die Band spielte jeden Abend von acht bis zwölf, für Essen und Unterkunft plus fünfundvierzig Dollar in der Woche - viel Geld zu der Zeit. Sie gibt jedoch zu, "ich hatte die ganze Zeit auf dem Schiff Angst, weil mein Zimmer unten genau neben dem Schlafraum des Kapitäns war und die Jungs waren ganz oben und ich machte mir dauernd Gedanken, ob das Schiff wohl sinken würde, und wenn dann das Schiff durch die Schleusen fuhr, das war ein Anblick – wie das Boot hochging über das Wasser!" An Bord wurde Marge von ihrem Bruder und den Männern in der Band unterstützt, die alle, wie sie sagt, wie ein Vater zu ihr waren, aber nicht nur, weil sie eine Frau war. Ross Russell schreibt, daß allgemein auf den Dampfern in jenen Tagen "Bandleader, die gewöhnlich älter als die anderen Musiker waren, sich wie das Oberhaupt der Musikerfamilie benahmen. Es herrschte strenge

Disziplin; Säufer und Unruhestifter wurden herausgepickt und irgendwo unterwegs rausgeschmissen."

Die schwimmenden Orchester auf den Streckfuß-Dampfern spielten auch mal für einen Abend zum Tanz, und als Pops Foster 1923 mit der Charlie Creath Band, die auf dem Boot geblieben war, spielte, da erinnert er sich noch, daß am Samstag abend "es immer so voll auf den Booten war ... die Mannschaft und die Band verzogen sich dann auf den hinteren Teil des Bootes, damit der Mann von der Versicherung uns nicht bei der zugelassenen Höchstgrenze von fünfhundert Leuten mitzählen konnte. Manchmal waren siebenhundert oder achthundert Menschen auf dem Schiff. Es war so schwer beladen, daß die kleinste Welle das Deck überspült hätte."

"Man mußte auf dem Boot sein, an Deck, Schlag acht Uhr", sagt Marge Singleton. "Keiner kam zu spät, und um zwölf war das Boot wieder am Kai. Sie nannten es das 'levee camp' (Lager der Dammbau-Arbeiter). Da gab es Saloons mit Schwingtüren, und man hörte den Blues und die Klänge eines Ragtime-Klaviers. Frauen gingen da nur selten rein. Nein wirklich – die waren ziemlich schlimm. Als wir von diesem Schiff runterkamen und ich nach East St. Louis mußte, wartete mein Vater an der Straßenbahnhaltestelle, um mich sicher nach Hause zu bringen. Er mußte morgens früh zur Arbeit, aber meine Mutter sah zu, daß er aufstand und sich anzog, und so traf er mich dann an der Straßenbahn."

Während sie in der Band ihres Bruders spielte, traf Marge den Schlagzeuger Zutty Singleton, der von 1921 bis 1923 in der Band des Pianisten und Kalliopisten (Kalliope ist eine Art dampfbetriebene Orgel) Fate Marable in St. Louis gespielt hatte und dann nach New Orleans zurückgegangen war. Charlie Creath hatte ihm gesagt, wenn er je wieder in St. Louis arbeiten wollte, sollte er ihn das wissen lassen. Sobald Singleton geschrieben hatte, schickte Charlie nach ihm und nach seiner Rückkehr nach St. Louis fingen Marge und er an, "miteinander zu gehn". Als er sich dann kurze Zeit danach entschloß, in den Norden nach Chicago zu gehen, dem Mekka der New Orleans-Musik zu der Zeit, ging Marge mit ihm nordwärts. "Ich wollte Zutty nicht allein von St. Louis weggehen lassen, so ging ich mit ihm. Meinem Bruder brach es das Herz. Er ist da nie drüber weggekommen. Aber, wie ich schon gesagt habe, von da an gab es nur noch Zutty und mich. Schließlich haben wir geheiratet. Wir mußten. Unsere Leute fanden es nicht gut, wenn ich mit ihm nach Chicago ging, ohne verheiratet zu sein. Also haben wir geheiratet, damit sie zufrieden waren, obwohl wir auch so vollkommen glücklich waren."

Als das Paar in Chicago ankam, gab es erst mal drei Monate lang keine reguläre Arbeit wegen der "Union", der Musikergewerkschaft, die besondere Regeln hatte, obwohl Zutty eine Menge Angebote von New Orleans-Musikern bekam. Marge war schon in St. Louis der schwarzen Musikerunion beigetreten ("Damals gab es noch keine Integration", sagt sie) und diese Mitgliedschaft hat sie in Chicago eingebüßt dadurch, daß sie während Zuttys Wartezeit etwas verdienen wollte. "Es gab da noch eine kleine Band, die nicht in der Union war. Die wollten, daß ich bei ihnen spielte, weil mein Bruder einen guten Namen hatte. Sie sagten 'Charlie Creath´ Schwester, die bei ihm gespielt hat', und so stieg ich ein und verdiente drei Monate lang unseren Lebensunterhalt. Und sobald Zutty einen regulären Job bekam, hörte ich bei ihnen wieder auf, und da schmiß mich die Union raus, weil ich mit einer Band gespielt hatte, die schwarz arbeitete. Ich hätte wieder reinkommen können, aber ich wollte nicht."

Marge Singleton sagt, sie hätte das Leben als Berufsmusikerin nicht vermißt. Sie spielte bei Parties, um "gefällig" zu sein – einen unveröffentlichten Rag von Scott Joplin ("in der Art von 'Maple Leaf Rag'") und ihren berühmten Blues. Zutty ermutigte sie zwar, drängte sie aber nie zum Spielen. "Er wollte, daß ich glücklich war", sagt sie, "und er hat mich glücklich gemacht, all die Jahre lang. Mein Leben war ausgefüllt, und ich habe die liebevollsten Erinnerungen an Zutty. Aber ich war froh, daß ich nicht beruflich spielen mußte. Ich war es gründlich leid, nur mit Männern zusammenzusein!

Ich bin immer mitgegangen, wenn Zutty eine Band hatte oder mit einer Band probte. Er sagte dann immer, 'Wie klingt es, Marge?' " Oft hat sie auch bei den Proben ausgeholfen. Auf einer Europatournee zeigte sie einem Pianisten, wie man im St. Louis Stil die linke Hand einsetzt. "Er arbeitete immer in diesem modernen Stil. Ich sagte, 'So spielt man nicht mit einer Dixielandband. Brauch Deine linke Hand.' Ich hab ihnen tatsächlich immer bei den Proben geholfen, bevor sie auf Tour gingen. Ich ging mit Zutty zur Probe im Vieux Colombier. Er sollte mit der Claude Luter Band spielen, und Mezzrow (der Klarinettist Mezz Mezzrow) dirigierte. Sie spielten gerade 'Clarinet Marmelade', und sie spielten falsche Harmoniewechsel. Und ich sagte zu Mezz, 'Das stimmt nicht. Das klingt schlecht. Das ist bestimmt falsch. Zeig dem Pianisten die richtigen Übergänge.' " Als Mezz behauptete, das französische Publikum würde den Unterschied sowieso nicht merken, entgegnete ihm Marge, "aber ich bin auch mit auf der Tour, und ich kann mir das nicht jeden Abend anhören.

Ich bin ein Pedant in puncto Harmonien", sagt Marge Singleton. "Das ist es, was ich hören will, die richtigen Harmonien, ob man gerade spielt oder nicht. Das Piano muß stimmen. Das Klavier ist das eigentliche Leitinstrument, wissen Sie ... ich zeigte ihnen die Durchgänge bei 'Sweet Georgia Brown', sie spielten nämlich nach Gehör – wissen Sie – 'head arrangements'. Da kam ihnen das gerade recht."

Marge Singletons Klavierspiel kam auch bei anderen Gelegenheiten "gerade recht". Einmal sagte ein Pianist am Sonntag abend um sechs Uhr ab, da konnte sie das Engagement retten. "Zutty konnte keinen anderen Pianisten kriegen. Da hab ich gesagt, 'ich geh mit Dir!' Er spielte damals für irgendwelche Gangster in Chicago, denen ein Club gehörte. Zutty sagte, 'Oh, das kannst Du doch nicht, Du hast doch lange nicht geübt!' Ich sagte, 'ich geh mit Dir!' Da hab ich mein Armband rausgeholt und umgelegt, denn damals hatte ich eine starke linke Hand. Ich tat mein Armband um und spielte mit. Die wollten mich engagieren, die Jungs! Die wollten mich engagieren! Nun, am nächsten Abend kam der Pianist zum Dienst und Zutty sagte, 'es war wohl weniger Dein Klavierspiel; die mochten Dich. Die waren scharf auf Dich.' Da sehen Sie´s, Paare – ich glaube nicht, daß wir zusammengeblieben wären, wenn ich weiter Klavier gespielt hätte, weil es immer nur einen Star in der Familie gibt, und der Star war Zutty."

Von 1941 bis 1951 lebten die Singletons in Kalifornien, wo Zutty in den Filmen "Stormy Weather" und "New Orleans" mitwirkte und dazu noch mit vielen Combos spielte, inklusive der von Nappy Lamare im Club 47. "An den Sonntagabenden ging ich gewöhnlich mit Zutty zur Arbeit und blieb den Abend über da – traf da Filmstars und so", erinnert sich Marge. "Und dann habe ich auch ein paar Sets mitgespielt. Ich war damals noch ganz gut, weil ich ja ein Klavier hatte und jeden Tag üben konnte. Es war ein reines Vergnügen für mich. Ich hab das mit Begeisterung gemacht, besonders, wenn die Bläser gut waren." Um diese Zeit hatte sie auch angefangen, Chopin zu studieren. "Wenn es so etwas wie Reinkarnation gibt", sagt sie, "möchte ich als Konzertpianistin wiedergeboren werden; das wünsche ich mir." Zutty ermunterte sie, Stunden zu nehmen, aber Marges Antwort war, "Nein, ich lerne, was ich kann, und was ich nicht kann, das lasse ich."

Marges Training in der Geschäftsführung des Creath-Office in St. Louis zahlte sich aus, als es darum ging, Zuttys Geschäfte zu führen. Ich sagte immer, "ich bin so müde!" Ich sagte, "Hör zu, ich bin fast so alt wie Du," und er sagte dann, "Ja, aber Du kannst schneller laufen als ich und Du kannst dies und Du kannst das." "Ich glaube nicht, daß Zutty mehr als dreimal in seinem Leben in der Local 80 (dem Büro der New Yorker Musikergewerkschaft) gewesen ist. Ich war immer diejenige, die da all seine Zwistigkeiten und Kämpfe ausfechten mußte und seine Steuern zahlen und all das. Das habe ich alles alleine gemacht. Ich habe das alles für ihn gemacht – einfach alles. Ich hab mich um die Musiker gekümmert. Es war seine Band, aber hinter der Band stand ich, immer. Ich war natürlich heilfroh, als die Morris-Agentur ihn nach Kalifornien buchte, aber trotzdem, immer wenn er in (deren) Büro mußte, mußte ich dabei sein." Die Musiker wußten auch alle, wenn irgendwas schiefging, "Zutty ging das nichts an. Die weinten sich bei mir aus. Ich bog immer alles wieder zurecht. Aber das hat mir nichts ausgemacht, das war eben mein Leben. Ich liebe die Musik. Ich gehe immer noch gerne aus und höre mir die Bands an. das ist mein Leben. Musik ist mein Leben." Trotzdem hat sie nicht den Wunsch, selber zu spielen. "Ich kann überhaupt nicht mehr spielen. Meine Hände zittern am Klavier. Alle betteln immer, daß ich spielen soll. Wenn ich es müßte, dann würde ich erst mal eine Weile üben, aber ich muß ja nicht, Gott sei Dank."

1970 wurde Zutty Singleton krank und mußte sich völlig aus dem Musikleben zurückziehen. Marge, die sich für "Science of Mind" und "Christian Science" zu interessieren begonnen hatte, konnte sich um ihn kümmern und bei ihm sein bis zu seinem Tode 1975. "Ich glaube, deswegen kann ich so gut weitermachen, wie ich es tue", sagt sie. "Es ist alles in dir selber. Unabhängigkeit. Du mußt alleine fertig werden. Das ist mein Glaube, meine Religion. Sie sagten mir im Krankenhaus, sie übernähmen keine Verantwortung (wenn ich Zutty nach Hause holte). Ich sagte, 'ich nehme ihn mit nach Hause.' Dieses Zimmer war genau wie ein Krankenzimmer, und er verbrachte seine letzten Tage zu Hause, und glücklich, hier, wo ich bei ihm sein konnte.

Wir hatten ein schönes Leben ... wir hatten soviel Spaß zusammen ... nicht, daß ich bedauert hätte, von Beruf Pianistin gewesen zu sein, und ich bewundere auch alle Frauen die spielen können. Ich weiß nicht, da redet man immer von dieser Bewegung. Ich bin immer eine freie Frau gewesen. Ich habe immer getan, was ich wollte. Ich begreife das alles nicht. Wir wußten überhaupt nichts von Feminismus und den Rechten der Frauen und all dem. Ich hatte immer meine Rechte. Wie ich schon sagte, wenn ich etwas tun wollte, dann habe ich das mit Zutty beredet und das endete damit, daß Zutty sagte, 'Na ja, das mußt Du selber wissen, Marge, "weil ich es tun konnte, wenn ich wollte." (Marge Singleton starb in New York am 5. Januar 1982.)

Lil Hardin Armstrong

(Pianistin/Bandleader/Komponistin)

Sie war Pianistin, Komponistin, leitete Bigbands und kleine Combos, war Solistin und bestimmende Kraft in der Frühzeit von Louis Armstrongs Karriere. Lil Hardin, ein "Geist, der sich am Klavier austobte" und eine Sängerin, deren Ausdrucksmöglichkeiten "von wörtlichen Texten bis zum fröhlich sprudelnden Gemurmel" reichte, schrieb John S. Wilson. Sie verbrachte den größten Teil ihres Lebens in Chicago und blieb, von einigen Unterbrechungen abgesehen, bis zu ihrem Tode während eines Konzertes in der Stadt 1974 musikalisch aktiv.

"Ich bin nun mal zum Swingen geboren, das ist alles", soll sie dem Zitat eines Zeitungsartikels zufolge gesagt haben ("Born to Swing" war auch der Titel einer Nummer, die sie 1935 aufgenommen hat). "Man kann es nennen, wie man will, Blues, Swing, Jazz, es hat mich schon damals in Memphis gepackt und es sieht nicht so aus, als würde es mich jemals wieder loslassen."

Lil Hardin Armstrong bekam eine Chance, die wenigen Frauen – und Männern – im Jazz vergönnt war: sie konnte auf einer LP aus ihrem Leben erzählen. Sie hieß "Satchmo and Me", und sie spricht darauf über all die Jahre von ihrer Kindheit an bis zum Jahre 1932, als sie und Louis Armstrong sich trennten und sie Pläne für ihren eigenen weiteren Werdegang machte – wie sie sich ausdrückte, "zurück ins Musikgeschäft zu gehen", das sie ja eigentlich nie verlassen hatte.

Lil Hardin wurde am 3. Februar 1902 in Memphis, Tennessee, geboren. Ihr Vater starb, als sie zwei Jahre alt war und ließ sie und ihre Mutter Dicie allein zurück. Mit sechs begann Lil Hardin, Orgel zu studieren, lernte zwar auch Notenlesen, gebrauchte aber ihre Finger, "wie es ihr gerade einfiel". Mit acht oder neun Jahren spielte sie schon in der Kirche, in der Schule und bei kleinen Umzügen. Zu Hause hatte sie nur wenig Jazz gehört: ihre Mutter verabscheute populäre Musik, und ihre Großmutter fand den Blues vulgär. (Als sich unter ihren Habseligkeiten auch eine Ausgabe des "St. Louis Blues" vorfand, wurde sie doch tatsächlich mit dem Besenstiel verdroschen). Aber ihre Neigung zu dieser Musik war da schon nicht mehr zu übersehen. "Ich sollte Organistin bei der Sonntagsschule werden, und an ein Stück erinnere ich mich besonders gut, "Onward, Christian Soldiers". Ich hätte wissen können, daß ich mal beim Jazz landen würde, ich spielte "Onward, Christian Soldiers" nämlich mit einem ganz deutlichen Beat ... und der Pastor sah mich immer so über seine Brillengläser weg an, wissen Sie, aber ich merkte gar nichts von diesem Beat, ich hatte ihn zwar, aber daß das Jazz war, wußte ich nicht."

Als Lil Hardin fünfzehn war, zog ihre Familie nach Chicago. Sie hatte schon zwei Jahre an der Fisk University verbracht und bekam nun in Chicago ihren ersten professionellen Job als Musikerin im Jones´s Music Store auf der South State Street. Sie sollte für drei Dollar in der Woche Musik vorführen und erzählte ihrer tief empörten Mutter zur Beruhigung, sie hätte den Job doch nur angenommen, damit sie da alles über Musik lernen konnte. Aber nach dem zweiten Tag kannte sie bereits alles. Lil Hardin sagt: "Ich wußte nicht, wie lange ich den Job haben würde und so hab ich mich erst mal daran gemacht, alles über die Musik zu lernen."

Lil Hardin, damals zwar schon ein Teenager, aber mit dem Aussehen einer Zehnjährigen, wurde schnell populär in dem Geschäft und man nannte sie schon bald das "Jazz-Wunderkind". Hier bei Jones sollte sie auch einem der bedeutendsten frühen Einflüsse begegnen: Jelly Roll Morton. Er kam eines Tages herein und fing an zu spielen, mit seinen langen, dünnen Fingern in die Tasten greifend, "wobei er den Rhythmus mit den Füßen auf dem lauten Pedal verdoppelte. Ich war begeistert, verwundert und erschreckt", erinnert sich Lil Hardin. Als er aufstand, erinnert sie sich noch, sah er sie an, als wenn er hätte sagen wollen, "laß Dir das eine Lehre sein." "Und es war mir eine Lehre, denn danach spielte ich auch so wuchtig, wie ich konnte ... und bis heute bin ich eine Pianistin mit wuchtigem Anschlag geblieben."

Die berühmte Session endete allerdings erst, als Lil Hardin sich ans Klavier gesetzt, und ein paar klassische Stücke gespielt hatte – Bach, Chopin und den "Hexentanz" – und wahrscheinlich war sie am Ende doch der Sieger. Aber, sagt sie, von da an war ihr Stil ein anderer geworden. "Ich hatte alle populären Stücke gelernt und fing nun an, mein Eigenes dazuzugeben und laut zu spielen." Preston Jackson, der sie damals in dem Geschäft gehört hat, bezeugt, daß "sie swingen konnte, und ich meine swingen, nicht Ragtime."

Jones´s Music Store verkaufte nicht nur Musikalien, sondern war auch eine Agentur. Durch Mrs. Jones bekam Lil Hardin ihren ersten Job außerhalb des Geschäftes, bei der New Orleans Creole Jazz Band. Als sie fragte, in welcher Tonart die erste Nummer war, sagten sie: "Tonart, wir wissen nicht, welche Tonart. Wenn du es zweimal klopfen hörst, fang an." "So spielte ich dann alles mit auf dem Klavier", erinnert sie sich, "welche Tonart sie auch spielten, ich war gleich drin. Oh, ich merkte schon nach einer Sekunde, was sie spielten, sie spielten, glaube ich, nicht mehr als vier oder fünf Akkorde. Ich bin sicher, mehr waren es nicht."

Lil Hardin arbeitete dann weiter mit den New Orleans Rhythm Kings und spielte schon drei Monate lang mit Schwung New Orleans Jazz, als ihre Mutter herausbekam, daß sie in "einem widerlichen, schmierigen, dreckigen Cabaret" arbeitete. (Weil aber Lil Hardin fünfundzwanzig Dollar die Woche plus zwanzig Dollar in Trinkgeldern am Abend verdiente, ließ sich "Hot Miß Lil´s" Mutter schließlich überreden, vernünftig zu sein, und sie erlaubte ihrer Tochter dann, weiterzuarbeiten, kam aber jeden Abend höchstselbst um zehn vor eins, um sie abzuholen. Von da aus ging Lil Hardin ins Dreamland, dem elegantesten Club in Chicago, dann weiter ins Royal Gardens zur Band des großen King Oliver, und nach Schluß noch ins Zweitengagement im Pekin. "Vom musikalischen Standpunkt aus muß ich gestehen, daß mir der Jazz nicht allzuviel bedeutet hat", sagt sie. "Vielleicht kam es daher, daß ich noch so jung war und daß ich mehr Interesse am Geld hatte ... Zu der Zeit, als ich bei King Oliver arbeitete, habe ich fast hundert Dollar in der Woche verdient. Das war damals eine Menge Geld. Ohne Steuern. Meine Mutter nahm kein Geld an, nichts. Sie kaufte sich Eis und Kleider, wissen Sie."

1922 war Louis Armstrong von New Orleans zu King Oliver gekommen, aber, sagt Lil Hardin, sie hätte den einzelnen Musikern nie besondere Aufmerksamkeit geschenkt. Sie mochte "die Dinge so im ganzen." Tatsächlich fragte sie sich, wer das alles wäre und wem die da so zuhörten, als Musiker aus der Band von Paul Whiteman immer öfter vor dem Bandstand auftauchten, um Louis zuzuhören. "Sehen Sie", sagte sie, "... die sprachen immer mit Louis und King Oliver und Johnny (Klarinettist Johnny Dodds), aber zu mir sagte keiner was – kein Wort – so wußte ich natürlich auch nicht, wer sie waren."

So mit der Zeit begann Lil Hardin, dem Neuankömmling Armstrong die Stadt zu zeigen, die sie ja gut kannte, und so wurden die beiden bald dicke Freunde. Erst als Oliver ihr eines Tages anvertraute, daß Armstrong eigentlich besser war als er selber, fing sie an, etwas genauer hinzuhören, wenn er Trompete spielte. Als dann die Band 1923 ihre historischen ersten Genett-Aufnahmen machte, begann sie zu begreifen, wie recht Oliver hatte: sie sah, daß Louis 12 bis 15 Fuß vom Aufnahmetrichter placiert wurde – viel weiter weg, als irgendeines der anderen Bandmitglieder – und da wurde ihr klar, daß da wohl etwas Besonderes war an seiner Kraft, seiner Technik und seinem Ton. "Er fing an, mir leid zu tun", sagte sie, "aber gut war er, und die Jungs versuchten, ihn in den Hintergrund zu drängen, wissen Sie. Das ist allemal ein schlechtes Zeichen, wenn ein Mann anfängt, einem leid zu tun."

Lil Hardin heiratete Armstrong 1924 und kurz nachdem einige aus Olivers Band fortgingen, redete sie ihrem Mann zu, es ebenfalls auf eigene Faust zu versuchen. Zunächst ging Armstrong zu der Ollie Powers Band in Chicago und dann nach New York zu Fletcher Henderson. Lil war nicht zufrieden mit der Aufmerksamkeit, die er da bekam, und so organisierte sie sich wieder einen Job im Dreamland und wollte Louis engagieren lassen mit einer Wochengage von fünfundsiebzig Dollar und der Ankündigung als dem "größten Trompeter der Welt". Als der Manager Einwände machte und sagte, keiner hätte je was von ihm gehört, antwortete ihm Lil: "Machen Sie sich um ihn mal keine Gedanken. Mich kennt man, also werden die Leute schon kommen."

"Ich glaube, wenn Lil nicht gewesen wäre, wäre Louis nicht da, wo er heute ist, meinte Preston Jackson einmal bei irgendeiner Gelegenheit. "Sie hat ihn zu Größerem und Besserem inspiriert." Bei Armstrongs Hot Five- und Hot Seven- Aufnahmen saß Lil Hardin am Klavier und war gleichzeitig musikalischer Leiter. Man sagte ihnen bei den Plattensitzungen, wieviel Nummern bei jeder Session gespielt werden sollten und sie schrieben dann die gewünschten Nummern. "Zu den meisten Nummern, die Louis komponierte, schrieb Lil die Noten", sagte Jackson. "Louis spielte die Melodie, und Lil schrieb sie so schnell mit, wie Louis spielte."

Zwischen 1925 und 1927 nahmen die Hot Five, Hot Seven und Lil´s Hot Shots annähernd fünfzig Titel auf, und unter denen, die Lil Hardin komponiert hat, waren "My Heart", "You´re Next", "I´m Gonna Gitcha", "Dropping Shucks", "The King of the Zulus", "Skid-Dat-de-Dat", "Jazz Lips" und "Lonesome Blues". "In den Tagen King Olivers war es vom Stil her nicht üblich, den Pianisten viele Soli spielen zu lassen", sagte Lil Hardin. "Manchmal hatte ich das Verlangen, das Klavier rauf und runter zu spielen, ein paar Läufe und sowas zu spielen und dann drehte sich Joe um, sah mich an und sagte: "Wir haben einen Klarinettisten in der Band." Wenn Lil Hardin aber mal ein Solo spielte, erwies sie sich als ausgezeichnete Pianistin, wie man in "My Heart", "Gut Bucket Blues" und "Cornet Chop Suey" hören kann, und in "Georgia Grind" singt sie auch mit Louis Armstrong. Die übrige Zeit, wie Jackson sagt, gab sie jedem Takt seine Harmonien im Viererschlag, ganz genau passend, wie nach ärztlicher Vorschrift."

Außerdem hatte sie in dieser Zeit ihre Studien fortgesetzt und 1928 ihr Diplom als Lehrerin am Chicago College of Music gemacht, zusätzlich noch ihr Doktorandendiplom am New York College of Music 1929. Sie hatte 1928 auch noch ihre eigene kleine Band, die in der Gegend von Illinois und Indiana arbeitete. Unter den Mitgliedern waren Freddie Keppard und Don Paquale, die die Band als sehr heiß und sehr gefragt in Erinnerung hatten.

1931 entschlossen sich Lil Hardin und Armstrong zur Trennung, gleich nach Louis´ äußerst erfolgreicher Heimkehr nach New Orleans. Lil Hardin sagt über diese frühen Jahre: "Ich gab ihm den Mut, sich zu entfalten, das war alles, was er brauchte. Er war zunächst mal ein Mensch ohne genügendes Selbstvertrauen. Er glaubte nicht an sich. Ich stand dann so gewissermaßen am Fuße der Leiter, hielt sie fest und sah ihn nach oben klettern." Lil Hardin ging dann zurück nach Chicago und verfolgte ihre eigene Karriere.

Lil Hardin kehrte in die Swingära und die Depression zurück, wie sie in die Zwanziger Jahre gekommen war: mit Talent und auf eigenen Füßen. (Unglücklicherweise gibt es keine gesprochene Dokumentation ihrer Geschichte nach 1932). In den Dreißiger Jahren leitete sie zwei ausschließlich mit Frauen besetzte Gruppen, von denen eine sich die Harlem Harlicans nannte und in der Dolly (Jones) Hutchingson Trompete spielte, Fletcher Hendersons Frau Leora Mieux Posaune und Alma Scott, Hazel Scotts Mutter, die Holzblasinstrumente. Eine dritte Band bestand nur aus Männern und existierte von 1933 bis 1935. Ursprünglich war es Stuff Smith´, des Geigers, Gruppe gewesen und hatte ihr Standquartier in Buffalo. Nun war Smith an eine sechs- oder siebenköpfige Gruppe gewöhnt gewesen und hatte Schwierigkeiten damit, eine größere Gruppe zusammenzuhalten. Da kam eines Tages ein Agent auf die Mitglieder der Band zu und fragte, ob sie eventuell daran interessiert wären, von Smith weg zu Lil Armstrong zu gehen. George Clarke, der Tenorist der Band, erinnert sich: "Na ja, da ging die ganze Band von Stuff weg zu Lil. Wir sagten aber gleich, 'wir kennen Lil nicht, wir möchten darum lieber unseren eigenen Bandleader haben.' Der würde uns auszahlen, sich um die Noten kümmern, und Lil brauchte nur vor der Band zu stehen. Er war einverstanden. Als Lil dann kam und wir im Vendome Hotel in Buffalo anfingen, da waren wir bald ganz verliebt in sie und es tat uns leid, daß wir unseren eigenen Bandleader gewählt hatten, weil wir sie so gerne mochten."

Jonah Jones und Clarke waren beide in der Band im Vendome, als Dick Vance bei ihnen einstieg. "Es ist lange her und ich bin in vielen Bands gewesen", sagt Vance, aber ich bin immer noch der Ansicht, daß das eine der besten Gruppen war, in denen ich jemals gespielt habe." Das gleiche sagt Jonah Jones: "Es war eine großartige Band, eine der besten, mit denen ich je gearbeitet habe – und das will was heißen."

Beide stimmen überein, daß der mangelnde Erfolg der Band zum Teil auf das Konto der schweren Zeiten ging; aber mehr noch, glauben sie, war es das schlechte Management. Die Band wurde betreut von Louis Armstrongs Manager, und überall wurde Lil angekündigt als "Mrs. Louis Armstrong". Das "Mrs." war immer ganz winzig auf den Plakaten und dann ein riesiges "Louis Armstrong", wie sich Clarke erinnert. die Band hatte auch viele von Louis´ Nummern im Programm, und Jonah Jones wurde als "King Louis II" angekündigt. Da waren Leute im Publikum, die glaubten tatsächlich, Lil wäre Jones´ Mutter und Louis sein Vater. "Zu der Zeit damals fand ich das ganz herrlich", sagt er, "denn ich liebte ihn sehr und versuchte, alles ganz genau so zu machen wie er. Als ich dann erwachsener wurde, wurde mir klar, daß das eine Musik ist, die das eigene Wesen ausdrückt und daß man sich selber ausdrücken soll."

Lil schrieb einige der Arrangements (ihre großen Nummern waren "Brown Gal" und "Ol´ Man Mose") und stand vor der Band in einem dünnen weißen Kleid, mit Zylinder und Locken, und so schwang sie den Taktstock. Oft übernahmen sie auch Jobs von anderen Bands, die absagen müßten, oder sie bekamen hier und da Engagements für fünfunddreißig Dollar die Woche oder fünf Dollar am Abend, "was in den Tagen nicht all zu schlecht war, wissen Sie", sagt Jones, "in der Depressionszeit war alles schlecht bezahlt, aber doch nicht so schlecht."

"Ich weiß nicht, wie sie uns so lange zusammenhalten konnte", fügt Jones hinzu, "denn wenn man so eine Meute zusammen hat, also dann muß man schon mit ihnen fertig werden. Nun waren wir zufällig ein Haufen netter Jungs, die sich nicht vollaufen ließen und nicht einfach wegblieben. Wir zogen alle an einem Strang und wollten nichts als vorwärtskommen. Wir hatten alle denselben Wunsch: gut zu spielen. Und wir glaubten, wenn wir gut spielten, dann würden wir auch etwas erreichen. Später habe ich dann aber herausgefunden, daß es auf die Leute ankommt, die hinter dir stehen. Die treiben dich an. Ich habe nämlich in vielen Bands gespielt, aber ein so gutes Zusammenspiel wie in Lils Band habe ich nicht wieder gefunden." Die Leute in der Band, sagt er, hätten sogar für weniger Geld gearbeitet, nur um zusammenbleiben zu können, wenn es auch mehr Arbeit bedeutete.

Die Gruppe brauchte einen festen Job am Ort, vielleicht in einem Hotel, was ihnen die Gelegenheit gegeben hätte, durch den Rundfunk bekannt zu werden, wie die Ellington-, Lunceford- oder Calloway-Band. Aber aus irgendeinem unerfindlichen Grunde wurde Lils Band nie so richtig ernst genommen. "Ich hab das nie begriffen", sagt Jones, "dabei war sie so ein netter Kerl, irgendwie tut sie einem wahnsinnig leid, weil man weiß, wie sehr sie sich bemüht hat. Das Geld war knapp, wie die Lage nun einmal war, wissen Sie. Es war 1935. Wir hofften nur, wir könnten irgendwo hingehen und spielen. Aber die (die Agenturen) haben sich einfach nicht stark genug dafür eingesetzt."

1935 ging die Band endgültig auseinander, und Lil Armstrong ging wieder nach Hause nach Chicago, um noch einmal allein anzufangen. Da sie da wohlbekannt war und die Möglichkeit hatte, Arbeit zu bekommen, gab sie es auf, noch einmal eine Bigband haben zu wollen. "Ich glaube, sie gab auf, weil sie es selber depremierend fand, denn die taten ja nichts", sagt Jones. "Sehen Sie, wir wußten, wir hatten eine großartige Band, sie wußte, wir hatten eine gute Band, dann, nach alledem, hat sie, glaube ich, einfach aufgehört, sich darüber Gedanken zu machen."

Im Jahr 1936 fand Lil Armstrong als Hauptpianistin bei Decca einen Job, und zwischen 1935 und 1940 nahm sie unter ihrem eigenen Namen Platten mit einer Band auf, der zu verschiedenen Zeiten Chu Berry, Buster Bailey, Joe Thomas, Wellman Braud, Jonah Jones und Manzie Johnson angehörten. Sie nahmen Titel auf wie "Murder", "Born to Swing", "Lindy Hop", "Harlem on Saturday Night", "Brown Gal", "Doin´ the Suzie Q" und ihren eigenen "Just for a Thrill" (der zwanzig Jahre später ein großer Hit von Ray Charles wurde). Über lange Zeitspannen arbeitete sie auch im Chicagoer Three Deuces und anderen Clubs. Zwischendurch unterrichtete sie noch Französisch, Musik und Klavier und wagte sich noch an andere Unternehmungen, die nichts mit Musik zu tun hatten. 1949 erschienen in den Chicagoer Zeitungen Artikel über ihr Atelier auf der South Side, wo sie Kleider entwarf und anfertigte, eine Fertigkeit, die sie 1941 in der Schneiderklasse der WPA (Eine arbeitsförderungsorganisation) erworben hatte. Bei ihren Kreationen war ein Cocktailkleid "Mad Money" und ein "Check-and-Double-Check" - Mantel (IJS), und es wurde auch eifrig publik gemacht, daß Louis Armstrong seine Kleider bei ihr bezog, inklusive des mitternachtsblauen Smokings, den er als King of the Zulus beim Mardi Gras getragen hatte. Ein anderes Mal hatte Lil Armstrong ein Restaurant in Chicago, von dem gehört zu haben sich George Clarke noch erinnerte. "Die Spreisekarte schien aus lauter musikalischen Begriffen zu bestehen, es gab da Dinge wie Bebop Black-Eyed Peas, Swinging Ham Hocks, High Note Corn Bread, Arpeggio Salad – ich glaube nicht, daß es sich lange gehalten hat."

1952 ging Lil Armstrong auf Europatournee, machte einige Plattenaufnahmen im Ausland und ging dann nach Chicago zurück, wo sie zwar weiter spielte, in den späteren Jahren ihre Arbeit aber einschränken mußte wegen ihrer Gesundheit. (Ihr Fernsehauftritt 1962 in "Chicago and All That Jazz" ist zum Klassiker geworden und kann immer wieder in Jazzfilmprogrammen gesehen werden).

1971, sechs Monate nach Louis Armstrongs Tod, entschloß sich die Stadt Chicago, ihm ihren Tribut zu zollen mit einem Konzert, bei dem Lil Armstrong spielen sollte. Das Konzert fand unter freiem Himmel statt, am 27. August, Lil Hardin Armstrong hatte ihre Nummer gerade halb durchgespielt, als sie einen Kollaps erlitt, und an einer schweren Herzattacke starb. Sie war neunundsechzig Jahre alt.

"Lil war ein Typ Mensch, der immer etwas vorhat, nichts konnte sie hindern", erinnert sich George Clarke. "Sie brütete nicht über Rückschlägen und Mißgeschick. Sie ging sofort weiter von einer Sache zur nächsten, mit immer neuer Energie, immer neuem Elan und großem Enthusiasmus."

"Ich weiß nicht", sagt Jonah Jones, "meiner Meinung nach war das eine ganz wunderbare Frau."

Dyer Jones und Dolly Jones

(Trompeten)

1926 machte die Trompeterin Dolly Jones ihre einzige Plattenaufnahme, "Creole Blues", mit dem Posaunisten und Bandleader Al Wynn. Schon lange vorher war ihre Mutter, Dyer Jones, bekannt als eine der großen Trompeter ihrer Zeit. "Die hat schon Trompete gespielt, da wußte Louis Armstrong noch gar nicht, was eine Trompete war", sagt der Pianist und Gitarrist Ikey Robinson, der beide, Dyer und Dolly, in Chicago in den frühen Zwanziger Jahren gekannt hatte. Dyer spielte, was Robinson ein "old-time Jazz horn" nennt, einen Stil, wie man ihn hörte, bevor Louis Armstrong kam und die Musik revolutionierte. Sie hat auch ihre Tochter und die junge Valaida Snow unterrichtet.

Der Schlagzeuger Tommy Benford begegnete Dyer Jones, nachdem er und sein Bruder Bill Benford als kleine Jungen vor 1920 noch aus dem Waisenhaus "Jenkins´s Orphanage" weggelaufen waren. "Das war wohl so die erste Dame, mit der ich in meinem Leben gearbeitet habe", sagt Benford. "Ich lief aus der Schule weg, dann trafen wir uns im Zirkus – Hurtig and Seaman´s. Das war in Charleston, South Carolina. Sie spielte damals erste Trompete in dem Orchester. Zu der Zeit war sie die einzige Frau. Wir saßen nur im Orchestergraben. Wir spielten für alle Zirkusnummern. Sie war noch eine junge Frau ... Doll war damals so dreizehn, vierzehn Jahre alt, so in etwa. Dyer hatte einen großen Namen in jenen Tagen, oh ja, den hatte sie. Eine Menge Leute kannten sie und eine Menge Leute wollten sie haben. Sie war eine der großen Trompeterinnen ... mein Gott, war sie wunderbar! Diese Lady spielte so viele ganz hohe Töne, daß die Jungs in der Band schon fragten, wo sie sie eigentlich hernahm. Mann, die war ganz was Besonderes ... und Dolly kam gleich nach ihr."

1929 war Dyer Jones schon in New York und arbeitete mit Sammy Stewarts Band im Arcadia Ballroom. Ikey Robinson war ebenfalls in der Band. "Er engagierte Dyer, um in einer Trompeterin als Bandmitglied eine Attraktion zu haben", sagt Robinson. "Sie war außerordentlich. Wenn eine Band wie die von Sammy Stewart sie in New York herausstellte, dann mußte sie schon außerordentlich sein, denn wir hatten nur gute Musiker in unserer Band – Leute wie Sid Catlett, 'Big'(Charlie) Green, Johnny Dunn." Die Band hatte drei Trompeten, und Dyer Jones "saß da oben und spielte alles, was wir auch spielten. Und sie konnte ohne weiteres am ersten Pult sitzen."

Obwohl Dolly Jones bei ihrer Mutter Trompete gelernt hatte, war ihre Hauptinspiration Louis Armstrong. "Ich glaube, sie war viel besessener vom Spielen als die Männer, die ich kannte", sagt Doc Cheatham, der sie damals auch kannte, "denn sie kannte jede Einzelheit von allem, was Louis spielte, und das kostet eine Menge Zeit. Und sie hatte Swing – Feeling und Swing – genau wie Louis. Sie muß Louis tagelang, bei jeder Gelegenheit, zugehört haben. Das mußte man schon, wenn man auch nur annähernd so spielen wollte wie er. Sie lebte mit diesem Horn. Jedesmal, wenn man sie sah, hatte sie das Horn dabei. Sie redete von nichts anderem. Sie hat dieses Instrument studiert, wie ich es nie bei irgend jemand anderem gesehen habe."

Dolly Jones, auch unter Dolly Hutchinson und Dolly Armenra bekannt, arbeitete in den frühen Dreißiger Jahren in Irene Kitchings´ Band in Chicago und in Lil Hardin Armstrongs Frauenorchester als Starattraktion. Louis Armstrong "hat sie als großartig in Erinnerung", wie sich Stanley Dance erinnert, und Helen Oakley Dance weiß noch, daß "Fletcher Hendersons Musiker immer gesagt haben, sie sei fabelhaft gewesen. Sie stieg immer bei Jamsessions ein und konnte sich da durchaus behaupten, was in der Zeit damals bei einem Trompeter etwas heißen wollte." Und Roy Eldridge erinnert sich noch gut an seine Überraschung, als er entdeckte, daß die kraftvolle Trompete, die ihn eines Abends in einen Chicagoer Club gelockt hatte, von einer Frau gespielt wurde. Er und Dolly jammten dann durch bis zum anderen Nachmittag um zwei und, sagt Eldridge, "sie hat mich echt an die Arbeit gekriegt!"

Wenn es auch für Dolly Jones immer Arbeit in Chicago und Umgebung gab, für Instrumentalistinnen waren die Zeiten sehr hart. "Damals wurden Musikerinnen nie wirklich akzeptiert", sagt Doc Cheatham. "Jeder mochte ihr Spiel. Die Männer haben nur einfach in den Tagen damals alles übernommen. Für eine Musikerin war das alles sehr schwer. Das Leben war schwer. Die ganze Nacht aufbleiben und nach der Arbeit noch mit Leuten zusammensein, nie ins Bett kommen – das bleibt keinem in den Kleidern hängen. Das genau war es, was man damals machte: rumhängen, nach Hause gehen, wenn schon die Sonne schien, die Nacht durchspielen. Das war hart für eine Frau. Auch für einen Mann war es hart ... Ich vermute, daß sie auch deswegen keine Chance hatte, weil sie schwarz war. Auch, weil sie eine Frau war. Sie hätte eigentlich ein großer Star sein müssen. In den Zeiten damals hatten schwarze Musiker, alle insgesamt, ein schweres Leben. Da gab es viele Orte, an denen sie nicht spielen konnten. Sie hatten keinen Zutritt. Da bring mal ein schwarzes Mädchen auf die Szene – unvorstellbar! Man behandelte sie nicht einmal mit dem Respekt, der ihr zukam."

Dank dem unabhängigen schwarzen Filmemacher Oscar Micheaux ist ein kleiner Eindruck von Dolly Jones in Aktion in seinem Film "Swing" bewahrt (1937). In der Besetzungsliste als "Doli Armena" angegeben, legt Dolly Jones los mit einem swingenden Solo in "China Boy" und "I May Be Wrong" und beweist damit klar, daß sie in die vordersten Reihen der Trompeter in der Musik gehört.

Dolly Jones hat weiter gearbeitet bis in die frühen Siebziger Jahre, wo sie trotz angegriffener Gesundheit immer noch in Workshops mit Eddie Barefield spielte. Doc Cheatham erinnert sich, sie um diese Zeit noch in der Musicians´ Union (dem Gewerkschaftsbüro) in New York gesehen zu haben. "Wir haben da einen Raum, wo die Musiker damals Mittwochs und Freitags immer hingingen, um einen Gig zu erwischen. Da hab ich sie gesehen. Nun ja, sie sah ganz ordentlich aus. Sie sah aus wie immer. Und sie hatte ihre Trompete dabei. Das Horn nimmt sie immer mit, wohin sie auch geht. Ja, Dolly war immer bereit, zu spielen."

"Dolly war eine ganz Echte", sagt Ikey Robinson, "und sie war eine der Besten."

Irma Young

(Altsaxophon/B-Sopransaxophon/Baritonsaxophon/Ukulele/Steptanz)

Irma Young, die Schwester von Lester und Lee Young, wuchs in der Tradition der TOBA mit Jahrmarkt und Zirkus auf und lernte das Spielen in der Familienband der Youngs. In den Dreißiger Jahren gab sie den Beruf als Saxophonistin auf und arbeitete danach noch zwanzig Jahre lang weiter als Sängerin, Tänzerin und Comedienne, bis sie sich in den Fünfzigern ganz aus dem Geschäft zurückzog. Ihre Tochter Martha arbeitet zur Zeit als Pianistin in der Gegend von San Francisco.

Irma Young wurde in den ersten Jahren des 19. Jahrhunderts in Thebedux, Louisiana, geboren. Sie lag altersmäßig in der Mitte zwischen Lester Willis und Lee Young. Ihr Vater, Willis (Billy) Young, hatte in Tuskegee studiert und konnte alle die Instrumente spielen und unterrichten. Eine Zeitlang lebte die Familie in New Orleans, aber 1919 waren sie schon nach Minneapolis gezogen, wo sie den Winter zu verbringen pflegten und die Kinder in die Mittelschule gingen. Die ganze übrige Zeit reisten sie mit der Familienband der Youngs zu Jahrmärkten und Zirkusunternehmen mit dem TOBA circuit.

"Man konnte mit unserem Vater nur leben, wenn man Musik machte", erklärte Lee Young. "Er war immer Musiklehrer gewesen, hatte auch an Schulen unterrichtet und manche schrecklichen Dinge gesehen ... Er sagte immer: 'Meine Söhne werden niemals Gepäckträger werden und meine Tochter niemals ein Dienstmädchen. Ihr werdet Musik lernen müssen.' Das war es, was er zu bieten hatte, und man konnte in seinem Hause nicht leben, ohne ein Instrument zu spielen."

Während der Jahrmarktszeit reiste die Familie quer durch den Westen. Das typische Programm lief so ab: die Band – bestehend aus Lester, Irma, ihrer Mutter (an Altsaxophon und Banjo), dem Vater (der am liebsten Kornett spielte) und den Vettern und Cousinen – spielte erst einmal draußen auf dem Vorplatz, wo der Rummel sich abspielte – dieser lautstarke Vorgeschmack diente dazu, die Leute anzulocken. Nachher, drinnen, gaben Lee und Irma eine Gesangs- und Tanznummer zum besten, "Does Your Mother Know You´re Out Cecilia?" Jahre später spielten Irma und Lester Saxophon in der Band, während Lee zu Hause blieb. Dann, so um 1929 in New Mexico, fing ihr Vater an, eine größere Band zusammenzustellen, in die Lee dann als Drummer einstieg. (Auch Ben Webster, der zu der Zeit in Amarillo Klavier spielte, wurde Mitglied in der Band).

Von New Mexico ging die Familie weiter nach Phoenix, wo sie dann ein- oder zweimal in der Woche in einem Park spielten, dann weiter zu Tanzveranstaltungen in Yuma oder Tempe. So arbeiteten sie sich langsam herauf bis nach Los Angeles, dem Punkt, an dem Irma die Saxophone niederlegte und von da an nur noch sang und tanzte, was, wie sie sagt, ihrem Geschmack mehr entgegenkam.

Trotz ihrer persönlichen Vorliebe für den Tanz jedoch war Irma Young eine der größten unter den früheren Saxophonistinnen. "Sie konnte einen das Fürchten lehren auf dem Alt," sagt Tenorsaxophonist Paul Quinichette. "Ich hab dagesessen und mit ihr gespielt. Ich habe Irma 1933 gehört. Lester arbeitete da mit einer Band namens Art Bronson in Denver, Colorado, und sie kam rein, um ihn zu sehen und saß nun da und jammte. da gab es unten im Haus einen Platz, das "Hole". Wir jammten bis ungefähr um Mittag am nächsten Tag, und Irma saß da unten und spielte wie wahnsinnig. Sie war sagenhaft. Eine große Musikerin. sie konnte Chorus um Chorus spielen. Dauernd phantastische Ideen im Kopf."

Was ihren Ton betraf, sagt Quinichette, sie und Lester "klangen einer wie der andere, nur daß sie Alt spielte und er Tenor. Viele Saxophonisten damals, Riesenton – baaah – dann warst du oben, wie Coleman oder Ben Webster oder Herschel Evans. Sie machten es einfach ganz anders, ein bißchen höher rauf ... frei, fließend ... und sagten geh nicht runter und bleib im dreck stecken."

Nachdem sie ihr Horn beiseite gelegt hatte, trat Irma Young in verschiedenen Shows in der Gegend von Kalifornien auf – inklusive "Mikado in Swing" und "Lucky Day" – brachte eine Comedy-Nummer mit Napoleon Whiting und arbeitete mit dem Steptänzer Bobby Johnson. Irma Young zog sich in den Fünfziger Jahren vollkommen aus dem Showbusiness zurück und lebt gegenwärtig in Kalifornien.
"Gott segne sie", sagt Paul Quinichette, "Gott segne Irma Young."

Während der Zehner und Zwanziger Jahre begannen Ragtime und Jazz auch die Welt des weißen Entertainment zu beeinflussen: die Komponisten der Tin Pan Alley (die Schlagerindustrie) brachten Ragtime-Songs hervor; Myra Keaton, behauptet ihr Sohn Buster, sei die erste Frau, die auf der Bühne ein Saxophon gespielt habe (ob ihr Spiel allerdings in irgendeiner Weise Ragtime und Jazz auch nur nahegekommen ist, sagte er nicht); Pianistinnen wie Norma Teagarden und Doris Peavey spielten in kleinen aus Männern bestehenden Jazzbands; auch spielten weiße Bands mit ausschließlich weiblichen Mitgliedern heiße, synkopierte Musik am Schluß einiger Vaudeville-Shows.

Diese neue, exzentrische, jazzige Musik war die perfekte Begleitmusik zu der Nachkriegsrebellion gegen die viktorianische Moral und Unterdrückung, die das Land vor dem Kriege beherrscht hatten. Ragtime und Jazz symbolisierten die soziale und sexuelle Revolution des Jahrzents, und die lebensfrohen, temporeichen Äußerungen des Orchesters entsprachen dem Frohsinn und dem Anstieg des Tempos im allgemeinen Leben. Der populäre Bandleader Paul Whiteman (den man, mit der typischen Nichtbeachtung der wirklichen Quellen und Schöpfer dieser Musik, den "King of Jazz" nannte) hatte gemerkt, daß da etwas "besonders Amerikanisches" an der neuen, Jazz genannten Musik war. "Ich verstand sie nicht", bekannte er, "kam nicht dahinter, aber andere hatten begriffen – fettgesichtige Geschäftsleute, die in ihrem ganzen Leben nichts anderes gehört hatten als billige, dünne, allbekannte Schlager; Frauen, mit Rouge auf jung getrimmt, die nicht ein einziges Mal ein wirkliches Konzert gehört hatten. Mit denen passierte was, genau wie mit mir an dem ersten Abend – etwas, das ihnen ihre falschen Gesichter runterriß und sie für dieses eine Mal echt und menschlich, spontan und lebendig machte. Was in aller Welt war das?"

Was auch immer diese neue Musik war, sie wurde schleunigst von den authentischen Versionen, wie man sie in den Flüsterkneipen, Freudenhäusern, Bandparaden und den eleganten Harlem-Clubs und -Cabarets hörte, an die kommerzialisierte weiße Vaudevile-Bühne angepaßt, wo weiße Künstler und Musiker sie übernahmen. Jazz, schrieb Mary Cass Canfield 1927, ist eine Volkskunst und die einzige wirkliche amerikanische Kunstform (sie folgte ihr allerdings nicht bis zu den Wurzeln in der Welt der Schwarzen, noch erkannte sie den Verdienst daran an.) Sie schrieb, auf der Vaudeville-Bühne repräsentiere für das weiße Amerika diese Musik, so voller Eigenart, voller Extreme und Originalität, ein "Über-Bord-Werfen von Hemmungen, von althergebrachten gesellschaftlichen Rücksichten." Genau da, sagte Mary Canfield, waren die Elemente der Freude, der Überraschung und der Exzentrizität, die die neue Bühnenmusik charakterisierten und die bei den weißen Amerikanern ankam. Aber was sie nicht sagte, war, daß diese Musik zum überwiegenden Teil ohne das Erbe tiefen religiösen Gehalts, tiefer Inbrunst komponiert war, ohne die Untertöne der Vernichtung und des Leidens und auch der "unterdrückten Freude". Das alles, wie Mary Lou Williams später ausführen sollte, hatte sich verbunden und verschmolzen in der Welt der Schwarzen und den Jazz geboren.

Auch für die amerikanische Frau brachte dieses Jahrzehnt bedeutende Veränderungen. So eroberten sie endlich 1919 das Recht, zu wählen. Im darauffolgenden Jahr ratifizierte Amerika, nach einer langwierigen Kampagne für die Prohibition (geführt, unter anderem, von der "Womens´Christian Temperance Union"), das "Eighteenth Amendment" (Bestimmung über das Alkoholverbot). Aber, ungleich ihren Schwestern von der WCTU, die ihren altüberlieferten gesellschaftlichen Konsens nicht abgeschüttelt hatten, war die "neue Frau" – der Flapper – des Jazz Age bereit, zu rebellieren. Mit ihrer Forderung nach Unabhängigkeit und der neuen Bekundung ihrer Sexualität schnitten sich die Flapper ihre Haare zum Bubikopf, färbten sich die Lippen, kürzten ihre Röcke, tranken, rauchten und tanzten die Nächte durch in Gangsterkneipen. Sie war das blasierte, bittersüße "Good-time girl" aus Dorothy Parkers "Big Blonde". Die neu aufgekommene Industrie – der Film – hatte die Botschaft verbreitet, daß, wenn junge Frauen attraktiv und aufregend genug waren, auf sie eine Leinwandkarriere wartete, und die Einführung der Miß-Amerika-Wahlen 1921 verstärkte noch den Glauben, daß Aussehen und Charme für eine junge Frau der Schlüssel zur Karriere und zum Erfolg waren. Aber obgleich die "neuen Frauen" glaubten, daß sie nun ihre neu gefundene Unabhängigkeit genössen, waren sie im Grunde ihres Herzens immer noch sehr viktorianisch, indem sie ihr Äußeres zur Geltung brachten und immer noch die alte Rolle im alten Spiel spielten – der Suche nach dem Mann. Solange Frauen noch immer an die alten Sexualmythen glaubten und sich ihnen entsprechend verhielten, wie sie es gelernt hatten, würde es nicht viel Möglichkeiten geben, ihre kreative Energie rauszulassen, stellte die Schriftstellerin und Anarchistin Emma Goldman fest, die auch eine Verfechterin der freien Liebe war und die Ansicht vertrat, daß "die Sexualität eine treibende Kraft in jedem Menschen" war. Emma Goldman und noch einige andere verstanden das in den Zwanziger Jahren, die übrige Welt größtenteils nicht.

Es herrschte also in den Zwanziger Jahren die Meinung, daß heiße, synkopierte "Jazz"-Musik – die Musik also, die die öffentliche Meinung mit Cabarets, Nachtclubs und Bordellen in Verbindung brachte (letztere gehörten zu den wenigen Orten, an denen Schwarze und Weiße zusammenkommen konnten in jenen Jahren) – ganz eindeutig nicht zu der "passenden Umgebung" für eine weiße Frau gehörte. Aber viele weiße Musikerinnen sahen sich genau diese Musik – oder besser eine verwässerte und popularisierte Version davon – spielen, wenn auch in der etwas "annehmbareren" Kulisse der Hotels und Theater Europas und Amerikas, besonders während und nach dem ersten Weltkrieg.

Der Beginn des ersten Weltkriegs befreite die Frauen insgesamt von der Begrenzung auf die typischen Frauenberufe, die ihnen bis dato nur offenstanden. In der Welt der weißen Musik hieß das, daß klassisch ausgebildete Musikerinnen Dinnermusik im Hotel und/oder später die Jazzeinlagen zum Tanz spielten. Und ob sie nun die Musik mochten oder nicht – denn viele ernsthafte Musikerinnen verabscheuten den ein bißchen verrufenen Jazz – gerade durch ihr Engagement in der Welt des kommerziellen Jazz war es ihnen möglich, ökonomisch und politisch Fortschritte zu machen, wie sie Musikerinnen nie zuvor hatten machen können (während die schwarzen Frauen, mit deren Hilfe diese Musik geschaffen worden war, sich immer noch in Zeltshows und TOBA-Theatern durchschlagen mußten).

Die Schriftstellerin Edith Lynwood Wynn merkte 1919 an, daß der Krieg für die weißen Musikerinnen eine große Hilfe gewesen war. "Möglicherweise haben einige Hotels den Zwang gelockert und Frauen eingestellt, weil sie billiger waren", schrieb sie. "Die Frauen aber haben ihre Arbeitgeber gezwungen, ihnen die Gagen wie den Männern zu zahlen, weil die Frauen ebenso gut spielen können und spielen wie die Männer." (Was Frauen in anderen Berufen oder Beschäftigungen angeht, so wurde nur in zwei Staaten 1919 das Recht der gleichen Bezahlung praktiziert, und es sollte noch fünfundzwanzig Jahre dauern, bis noch ein Staat eine solche Bestimmung seinen Gesetzen hinzufügt). Musikerinnen jedoch umgingen nicht nur den Mangel an Jobs als Lehrerinnen und bei Konzerten durch die Annahme von Hotelengagements bei gleicher Bezahlung, sie erfreuten sich auch des Schutzes der Gewerkschaft, guter Verträge und Klauseln, die besagten, daß sie eine Vertretung stellen durften, wenn sie die Möglichkeit zu einem Konzertengagement hatten. Schließlich, sagte Edith Wynn, da sie in Hotels arbeiteten, waren diese Frauen auch nicht einer so "gefährlichen Athmosphäre wie die Chorusgirls oder Cabaretsängerinnen" ausgesetzt.

Für alle die Frauen, die der Meinung waren, wie es Anstand und Überlieferung beschworen, sie gehörten nicht in diese "gefährliche Athmosphäre" der Chorusgirls, Cabarets, Flüsterkneipen und des authentischen Jazz, für diese gab es andere, die sich ehrlich hingezogen fühlten zu Beat und Feeling dieser Musik, die ihr mit Hingabe und ernsthafter Musikalität zu folgen suchten. Sie fanden Arbeit als Pianistinnen in kleinen Combos, oder als Instrumentalistinnen auf der Bühne, in Rundfunkstationen oder in Hotels.

"Da ging das Geschäft dann richtig los", sagt die Trompeterin Jane Sager, die zwar erst in den frühen Dreißiger Jahren anfing, zu spielen, sich aber noch gut an die

Vaudeville-Bühne der Zwanziger Jahre erinnern kann. "Beim Vaudeville gab es etwas, was man die "flash acts" nannte, (besonders spektakuläre Nummern) da ging dann zum Schluß der große Vorhang hoch und da war die große, spektakuläre Frauenband und die spielten dann zwei, drei, vier ganz heiße, jazzige Nummern, und das war eine großartige Schlußnummer für die Show."

Jane Sager erinnert sich noch an die Spitzenbands mit weißen Frauen in den Zwanziger Jahren: die "Bluebells", 1926 in Indianapolis zusammengestellt, die als feste Show mit "flash act" reiste, die "Eleven Bon Jon Girls" (1929 bis 1939), die die größten Theater in Europa bereisten – das Palladium in London, der Wintergarten in Berlin, das Moulin Rouge in Paris – und das Palace in New York. "Babe Egan and her Hollywood Redheads" fingen in den Zwanzigern an, ebenso wie die "Ingenues", und beide existierten bis in die Dreißiger Jahre. Aber die Topband in den Zwanziger Jahren war "Bobby Grice and her Fourteen Bricktops".

"Sie waren absolute Spitze", sagt Jane Sager von den Bricktops. "Sie waren die "Sweethearts of Rhythm" in ihrer Zeit." Sie hatten eine Band für die Bühne und eine Tanzband. "Die Jazzband war großartig", erinnert sich Jane Sager. "Ich meine damit, sie swingten. Die klangen genau so, wie irgendeine Band mit Männern, die man so hörte. Man konnte rausgehen und nur zuhören. Man hätte nicht gemerkt, daß es keine Männer waren."

"Der Auftritt enthält alles – Musik, Farbe, Schwung, Jazz, Sex-appeal, Schlagerneuheiten und Showmanship", schrieb eine Theater-Wochenzeitung. "Jedes Mädchen spielt zwei oder drei Instrumente und das meisterlich", sagte eine andere. "Sie hatten einen Riesenerfolg, obwohl sie an der schwierigsten Stelle, an der vierten nämlich, auftraten", sagte eine New Yorker Zeitung, "und das brachten sie zweimal in schneller Folge." Bobby Grice selber, wie das "San Francisco Bulletin" berichtet, "führt nicht nur den Taktstock mit der Hingabe eines Ted Lewis oder Paul Whiteman, sondern sie singt und tanzt auch ebenso gut."

Am Ende der Zwanziger Jahre hatten sich das Leben in Amerika und die Richtungen in der Unterhaltung radikal geändert. Wegen der Depression zahllose Theater schließen mußten, und der "Jazz Singer", der erste Tonfilm, hatte dem Stummfilm den Garaus gemacht, der ja das lebendige Orchester als Begleitung gebraucht hatte. Viele der Frauen, die in den Zwanzigern im Theater und an der Bühne gearbeitet hatten, standen nun auf der Straße. Trotzdem fuhren besessene Pianistinnen wie Doris Peavey und Norma Teagarden noch viele Jahrzehnte fort zu spielen, andere Instrumentalistinnen arbeiteten die ganze Depressionszeit und die Swingära hindurch, denn die Musik wurde immer mehr zu einer Hauptströmung des amerikanischen Lebens.

Doris Peavey

(Klavier/Orgel/Akkordeon)

Auf dem Einband von Eddie Condons "Scrapbook of Jazz" ist ein Photo der Hollis Peavey Jazz Bandits von 1922. Der sechzehnjährige Eddie Condon sitzt neben einer dunkelhaarigen Frau mit einem Akkordeon. "Ich habe sie immer für die beste Musikerin in der Band gehalten", sagte Hollis kürzlich von seiner verstorbenen Frau, Doris. "Mich eingeschlossen. Ich meine, sie war besser als ich."

Zu einer Zeit, da nur wenige weiße Frauen den Jazz zu ihrem Beruf machten, gehörte Doris Peavey zu den Pionieren auf diesem Feld. Bedauerlicherweise ist nichts von ihrem Werk erhalten geblieben, da die Jazz Bandits nie eine Platte machen konnten.

Doris Peavey (geb. Yenney) wurde 1895 in Oskaloosa, Iowa, geboren. Sie wuchs auf mit Kirchenmusik, Klassik und Semiklassik, begleitete dann auch ihren Vater, den Sänger George S. Yenney, wann immer er auftrat. Außerdem spielte sie Klavier auf den Parties der West Waterloo high School und studierte Klavier am State Teacher´s College in Cedar Falls, Iowa.

Hollis Peavey zufolge hatte die Familie gehofft, ihre Tochter würde eine Karriere in der Klassik einschlagen, aber zu der Zeit gab es dafür "keinen Markt". Die Klassik überlebte mehr oder weniger durch "Stiftungen", sagt er, und für Jazz und Unterhaltungsmusik gab es (für gewöhnlich) am Schluß des Jobs eine Gage. Doris´ erste professionelle Arbeit war die mit einem Trio (Klavier, Geige und Cello), mit dem sie von Zeit zu Zeit Dinnermusik im Russel Lamson Hotel machte, wo Hollis Peavey sie so um 1916-17 herum hörte.

Hollis Peavey war selber vor dem ersten Weltkrieg Berufsmusiker gewesen. Er hatte als Tenorsaxophonist eine Band im Tanzpavillion des Electric Park in Waterloo, Iowa, geleitet, und spielte auch zur Dinnerzeit im Hotel Lamson. Als er eingezogen wurde, löste sich die Gruppe auf und Peavey landete in der 163rd Depot Brigade in Des Moines. Sobald er wieder entlassen war, stellte er eine Band zusammen und spielte im Waterloo Armory. 1919 trat Doris der Formation bei, und ein Jahr später waren sie verheiratet.

"Wir haben gearbeitet, Weihnachtsjobs, Sylvesterparties und so weiter, und dann entschlossen wir uns zu einer Hochzeitsreise nach Houston, Texas." Die Fahrt von Iowa runter in einem alten Ford zu einer Zeit, als die Straßen noch nicht einmal gepflastert waren, das war ein unvergessliches Erlebnis, sagt Peavey. Dasselbe galt für die Musik, der sie in Texas begegneten: sie öffnete ihre Ohren dem Jazz und bot ihnen zum ersten Mal die Gelegenheit, improvisierten Blues zu spielen.

Hollis arbeitete drei, vier Monate lang im Orchester des Orpheum Theater in Houston. Doris arbeitete damals nicht regelmäßig, stieg nur von Zeit zu Zeit bei Peck Kelly, dem legendären Texas-Pianisten, ein; er und Jess Stacy gehörten zu denen, die sie am stärksten beeinflußten. (Hollis bezeugt, daß sie eine gute, starke linke Hand hatte: "Daran hat sie gearbeitet.")

Hier, in der Athmosphäre des Texas Blues und Jazz, reifte in Hollis der Entschluß, in Zukunft ohne Geige in der Band zu arbeiten. "Dieser Ausflug nach Houston war der Anfang unserer Jazzband", sagt er. "In Houston gab es wunderbare Musiker." Die Peavis kehrten zurück nach Iowa und gründeten ihre neue Band, und 1922 hörten sie von Eddie Condon. Hollis holte ihn in seine Jazz Bandits und Doris, deren Talent Condon in seiner Autobiographie "We Calle It Music" preist, brachte ihm Akkorde und Modulationen auf dem Banjo bei. Zwar spielte sie das Instrument nicht, aber durch ihr absolutes Gehör konnte sie sofort sagen, ob Condon richtig spielte oder nicht.

"In diesem ersten Sommer", erinnert sich Condon in seinem "Scrapbook", "schafften wir 12.000 Meilen auf dem Rücksitz von Peaveys Wagen." Hollis bestätigt, daß seine Gruppe im Laufe der Jahre so ziemlich das ganze Land bereist hat. Jobs gab es mal in ländlichen Brauereien, in Tanzpavillions in Wisconsin, auf Ärztebällen in Minnesota, in Hotels, Theatern oder sogar Scheunen, wo das eingenommene Geld zum Abtragen der Hypotheken diente. Im Winter hatten sie ihr Standquartier in Syracuse, Winnipeg oder St. Paul, wo sie gewöhnlich eine Wohnung mieteten oder sich in einem Theaterhotel einquartierten ("wo die Hundedressuren waren", sagt Hollis), und Doris, als festes Mitglied der Truppe, nahm die Kälte und alle die verstimmten Klaviere tapfer hin.

Doris Peaveys Musikalität war überragend, sagt ihr Mann; sie wie auch die anderen Bandmitglieder konnten "im allgemeinen fast alles lesen und nachspielen". Zu ihren Lieblingsnummern gehörten "Smoke Gets in Your Eyes", "I Know That You Know" und "Bye Bye Blues", außerdem trat sie als Solistin am Akkordeon hervor in "Jazz Me Blues" und "Yes Sir, That´s My Baby". Singen konnte sie zwar auch, aber Hollis sagt, "das hat sie nicht oft praktiziert. Damals gab es keine Verstärkersysteme und so lauthals eine Band zu übertönen, hätte eine Lunge wie einen Blasebalg erfordert", erklärt er (womit er den Bluesqueens indirekt Anerkennung zollt). Sie trat wohl mit der Band in Parodien auf und gelegentlich gemeinsam mit Vera Phippen, die Klavier, Orgel und Posaune spielte, in einer oder zwei Nummern am Klavier.

Bedauerlicherweise hat Peaveys Formation nie eine Platte gemacht. "Wir fuhren einmal nach Indiana runter, als die Plattenfirma Genett da war", sagt Hollis, "aber irgendwas ging schief und wir sind nicht bis dahin gekommen." Allerdings spielten sie im Rundfunk, Tanzmusik auf KKY, dem staatlichen Sender in Winnipeg, wo auf Doris´ Klavierspiel hin begeisterte Leserbriefe eintrafen.

1928 verließen Peavey´s Jazz Bandits Kanada und ließen sich in Kalifornien nieder, wo sie auch weiterhin spielten (meistens an Wochenenden auf Tanzveranstaltungen in Wochenendhäusern), bis Hollis 1960 die Musik ganz aufgab. Zu dieser Zeit hatte Doris sich schon der Hammondorgel zugewandt, auf der sie dann in den Kirchen der Umgebung spielte, bis sie am 26. Dezember 1973 mit achtundsiebzig Jahren starb.

Norma Teagarden

(Klavier/Bandleader)

Seit Mitte der Zwanziger Jahre hat Norma Teagarden in Territory Bands gespielt, ist als Solistin aufgetreten, hat ihre eigenen Gruppen geleitet, in großen und kleinen Formationen gearbeitet – Matty Matlocks, Ben Pollacks und der ihres Bruders – und auch in Ada Leonards und Ina Ray Huttons Damenbands. Sie hat Klavierunterricht gegeben, im Rundfunk gespielt, Platten aufgenommen, sich für einige Jahre von der Musik zurückgezogen und ist vor sieben Jahren auf die Jazzszene der West Coast zurückgekehrt. Kritiker loben ihre Sensibilität und ihren Geschmack, ihre "feine Stride-Technik" und ihren "umwerfenden Boogie Woogie ebenso wie ihr grundsolides, einfallsreiches Spiel in der Tradition der talentierten Teagarden-Familie. In einer Besprechung ihres Auftritts in einem von zwei Clubs in San Francisco, in denen sie arbeitet, schrieb ein Kritiker, sie "swingte drauflos wie der Teufel, ging auf Hörerwünsche ein und feuerte ihre Musiker noch zu Soli und Riffs an". In dem anderen Club spielt sie solo, "aber dauernd kommen eine Menge Leute rein und steigen dann ein", sagt sie, "das gibt mir natürlich an beiden Plätzen die richtige Spielfreude."

Seit sie ans Klavier zurückgekehrt ist, ist sie ständig gefragt. Sie ist die einzige Instrumentalistin, die beständig zum Sacramento Jazz Festival geholt wird und 1977 schrieb ein Kritiker: "Was mich am meisten begeisterte, war, die große Dame des Klaviers, Norma Teagarden, zu sehen und zu hören. Diese Veteranin mit der sanften Stimme kann das publikum ohne Schwierigkeiten davon überzeugen, daß ihr am Klavier nichts unmöglich ist. Ihr Stil ist leicht, hell und in höchstem Maße bezaubernd." Im selben Jahr trat Norma Teagarden noch im Inverness Musikfestival auf, spielte langsamen Blues, ein paar Rags, die sie noch von ihrer Mutter gelernt hatte, ein Medley von Bix Beiderbecke-Kompositionen und zwei Stücke des Stridepianisten Willie the Lion Smith.

Norma Teagarden sagt, sie möchte nicht mehr allzuviel arbeiten – "gerade genug, um in Form zu bleiben. So macht es mir noch viel mehr Spaß. Es ist schön, spielen zu können und nebenbei noch Geld zu verdienen. Nicht, daß ich meine, es wäre nicht schön, welches zu haben, ich würde eben nur auch ohne das essen und schlafen. Wenn es mir keinen Spaß macht, muß ich es nicht machen, und das ist eine ideale Situation. Das konnte ich mir noch nie leisten. Manchmal, während der Depression, sehen Sie, war es sehr wichtig, ob man einen Job bekam oder nicht bekam, weil man seine Miete gerade bezahlen mußte, das war schon ein harter Kampf.

Norma Teagarden wuchs in einer der legendären Jazzfamilien auf. Ihr Vater spielte eine ganz passable Trompete, ihre Mutter Helen spielte und unterrichtete Klavier und Norma, ebenso wie ihre drei Brüder – Charlie, Clois und Jack – lernten die Musik früh. "Meine Mutter hatte als Kind ein paar Jahre Klavierunterricht", sagt Norma Teagarden, "und sie hat uns alle unterrichtet. Sie konnte jedes Instrument in die Hand nehmen und ein bißchen darauf spielen. Gewöhnlich kaufte sie sich ein Instrument, studierte es ein bißchen, brachte sich die Grundlagen bei und unterrichtete uns dann. Meistens war sie allerdings so damit beschäftigt, uns satt zu kriegen, daß Notenlesen ungefähr alles war, was sie uns beibringen konnte."

Helen Teagarden war auch Experte darin, Instrumente in Pfandleihen aufzuspüren: Charlie lernte Trompete, Clois ("Cub") Schlagzeug und Jack Posaune. Norma selbst fing sechsjährig mit Geige und Klavier an. "Wenn wir zu Hause waren, spielte meine Mutter Klavier, und ich hatte damit (mit der Geige) auch etwas zu spielen, und auf diese Weise konnte ich auch in die Schulorchester kommen."

Im Jahre 1918, als Norma sieben war, brach eine Epidemie der spanischen Grippe aus, und eines ihrer Opfer war Normas Vater. Da verließ die Familie Texas und ließ sich in Nebraska nieder. "Dann kamen wir zurück nach Oklahoma City. Es ging immer rein und raus, mal nach Oklahoma City, mal weg davon. Wir sind sehr viel herumgezogen." Jack war schon mit sechzehn Jahren von zu Hause fortgegangen und wollte als professioneller Musiker allein seinen Weg machen.

"Ich glaube, wenn man so früh anfängt wie wir alle, dann lernt man alle möglichen verschiedenen Arten von Musik. Als Kind spielt man sehr viel Klassik, und ich hab Geige gespielt, bis ich aus der höheren Schule raus war. Außerdem hatte ich auch die ganze Zeit bei den Gymansialklassen Klavier gespielt, wenn auf den Schulversammlungen jemand singen mußte, und Charles und ich, wir sind immer viel in die Schulen gegangen und haben da gespielt, aber schon zu der Zeit meiner Schulentlassung interessierte ich mich sehr für das Klavier, habe die Geige dann aber auch nicht wieder aufgenommen."

Mit vierzehn bekam Norma Teagarden ihre ersten professionellen Jobs. Wie sie einem Interviewer erzählte, war die Einstellung ihrer Mutter dazu, "wenn man spielen kann, ist alles andere nur Unsinn." Sie und ihr Bruder Charlie fingen an, in kleinen Tanzschuppen und Nachtclubs in der Umgebung zu spielen. "Einige der Musiker mokierten sich über das erste Mädchen in ihrer Band", erzählte sie einem anderen Interviewer, "trotzdem wurde ich immer gut behandelt, im allgemeinen verwöhnten sie mich sogar."

1929 verließ Norma Teagarden Oklahoma City und ging nach New Mexico, wo sie mit "einer Art von Territory Band" arbeitete, die ihr Standquartier in Roswell hatte und den ganzen Staat rauf und runter spielte. "Meist waren es so kleine Bands, wie sie bei den Tanzveranstaltungen der Shriner, Kiwanis, der Eastern Star oder der Job´s Daughters spielten. die gab es da viel." Das waren die Jahre der großen Depression. "Ich glaube, das ist einer der Gründe, warum ich es da so lange ausgehalten habe", sagt Norma Teagarden. "In New Mexico war alles so viel besser als in Oklahoma. Ich hatte einen Haufen Schüler und spielte abends viel, und so sehr viele Ausgaben hatte ich auch nicht. Ich bin mehrmals nach New York gefahren, und ich glaube, mir wurde jedesmal angst und bange, wenn ich dahin fuhr. Schon bei meiner Ankunft bekam ich Angst vor dem Konkurrenzkampf und ich rannte dann schnellstens dahin zurück, wo ich Schutz und Sicherheit hatte.

Mitte der Dreißiger Jahre ging Norma Teagarden zurück nach Oklahoma City. "Ich ging dahin, wo ich soviel Arbeit fand, wie ich nur wollte; nur Geld gab es nicht dafür." Sie leitete sieben Tage in der Woche ihre eigene Gruppe, wenn sie Arbeit hatte – was praktisch “die ganze Zeit” war. Sie arbeitete mit Unterbrechungen sieben Jahre lang am selben Ort, hatte ein paar Auftritte im Radio, ging mit der Territory Band auf Tour, spielte in Ballettschulen, für Vaudeville-Nummern und in Biergärten und außerdem unterrichtete sie noch nebenbei.

“Wenn ich so zurückblicke, frage ich mich, wie ich diese ganze harte Arbeit geschafft habe.”

Im Jahre 1942 zog Norma Teagarden nach Los Angeles, und zum ersten Mal in all den Jahren lebte die Familie zusammen in der gleichen Stadt. Ihre Brüder Charles und Cub waren zur Armee gegangen, und Norma leitete ihre eigene Gruppe, ging auf Tournee und machte Plattenaufnahmen. Bevor sie in Jacks Bigband eintrat, arbeitete sie 1942 noch in San Pedro. “Das war damals eine richtige Marinestadt, mit einer Menge Werften und so, da gingen Nachtclubs sehr gut, und alle hatten sie eine Floorshow. Die, in der ich arbeitete, war die größte, und oft war auch Ivie Anderson da. Ich habe gerne mit ihr gearbeitet. Wir stellten fest, daß wir beide eine ganze Menge ziemlich obskurer Nummern kannten. Eine davon, weiß ich noch, war “Raisin´ My Rent”. Sie war ganz erstaunt, daß ich das kannte, und ich war erstaunt, daß sie es kannte. Wir haben einiges zusammen gemacht. Sie war großartig.”

Auch Long Beach war eine Stadt voller Kriegstruppen. “Da waren so viele stationiert”, erinnert sich Norma Teagarden, “und ich hatte überall Jobs und viele von ihnen haben mit mir gespielt, wenn sie frei hatten. So hatten wir einige richtige gute Bands ... Es waren harte Zeiten während des Krieges, weil der Transport nicht klappte. Man bekam kein Benzin. Die Musiker hatten nur “A”-Bezugsscheine, was die niedrigste Dringlichkeitsstufe bedeutete. Tatsächlich mußte ich, als ich in San Pedro arbeitete, zwei Stunden früher aus dem Hause gehen, dabei war es nur eine Fahrt von zwanzig Minuten. aber ich mußte es so machen. Und wenn dann um elf Uhr Schluß war, – um Mitternacht war überall Schluß, wissen Sie – dann nahm mich eine der Kellnerinnen mit bis zu einer einsamen Tankstelle, und das in diesem Nebel, und da wartete ich dann eine Stunde, bis die Werften um ein Uhr Schluß hatten und man mich mitnahm, damit ich nach Long Beach kam, wo ich dann einen Triebwagen bekam, der die ganze Nacht fuhr und nahe genug bei meiner Wohnung hielt. Weil ich das alles tat, bekam ich von der L.A-Musikergewerkschaft eine Mitgliedskarte, ohne daß ich die übliche Zeit darauf warten mußte, denn sie hätten niemanden aus Los Angeles bekommen, der da rausgefahren wäre, um zu spielen.”

Spät im Jahr 1943 trat Norma Teagarden in Jacks Bigband ein und ging damit ungefähr drei Jahre lang auf Tournee. “Während des Krieges gab es fast nur ‘One-Nighters’ (Engagements nur für einen Abend). Immer in Bussen und Zügen, sehr häufig hat uns die Armee auch geflogen. Sie flogen dich zum nächsten Job und erwarteten dafür, daß du ihnen auch mal zum Tanz aufspielst.” Das waren die gräßlichsten Touren durch die Camps und Hospitäler und die Jobs in Raststätten. Eine Seite in dem Notizbuch Norma Teagardens zeigt, daß sie in einem Monat in einundzwanzig Städten gewesen ist. Genau diese Art von Terminplan ist es, glaubt Norma Teagarden, die Frauen davor zurückschrecken läßt, die Musik zu ihrem Beruf zu machen. “Es sind nur wenige Frauen, die Musikerinnen waren oder werden wollten”, erzählte sie einem Interviewer. “Es war sehr schwer, eine Ehe zu führen, es sei denn, dein Mann war auch Musiker. Ich war mit einem Musiker verheiratet, und trotzdem war es schwer. Mir scheint dieses Leben für viele Frauen nicht sehr reizvoll zu sein."

Norma Teagarden schien dieses Leben jedenfalls zuzusagen, und sie hatte auch die Möglichkeit, mal unterwegs zu sein und mal am Ort einen Job zu haben. Sie stellte eine kleine Gruppe zusammen und nahm die Arbeit in Long Beach und Hollywood wieder auf, während Jack bei Louis Armstrongs Band einstieg. "Nach drei Jahren unentwegten Herumreisens war ich es leid, wissen Sie, und Mama war allein. Sie lebte in meinem Haus. Da dachte ich, nun werde ich zu Hause gebraucht." Zurück in Long Beach, formierte Norma Teagarden wieder ihre eigenen Gruppen, erst eine mit sieben Mann, dann eine vierköpfige Combo, die fast ein Jahr zusammenblieb. Dann 1949, während sie noch unterrichtete, trat sie in Ada Leonards Frauenband ein und arbeitete sechs Monate mit ihr. "Sie hatte eine Art Hotel-Band", sagt Norma Teagarden. Wir spielten im Hilton Hotel in Long Beach, drei Monate lang, und in einem anderen Hotel vier Monate. Sie (Ada) hatte gute Arrangeure, und die probten mit der Band. Viele der Mädchen spielten nur wenig Jazz, aber sie konnten gut Noten lesen und spielten ihre Instrumente gut, da war der Jazz dann überwiegend Sache des Klaviers. Sie brachten auch eine ganze Reihe hübscher kleiner Floorshows. Es war alles sehr nett. Wir waren ungefähr zwölf."

So um 1952 hatte Jack seine eigene kleine Gruppe, und wieder stieg Norma bei ihm ein. "Er hatte so sechs Mann, und es war viel einfacher als mit der Bigband, weil wir nicht so viele One-Nighters spielen mußten. Wo immer wir auch spielten, blieben wir meist mindestens zwei Wochen, manchmal sechs, so war das leichter als das Herumreisen." Dann, 1955 in Milwaukee, begegnete Norma John Friedlander. Ungefähr sechs Wochen später heirateten sie draußen in Long Beach und Norma Teagarden verließ die Band. "Wir gingen zurück nach Milwaukee und ich nahm ein paar Jobs an, aber nicht viele. Und als ich dann nach hier (San Francisco) kam, hab ich wirklich nicht mehr viel gespielt. Ich hatte ein paar Schüler, aber ich hatte so ungefähr alles aufgegeben bis vor etwa sieben Jahren. Da ging ich auf Kreuzfahrt nach Mexiko. Ich hatte die Möglichkeit dazu und wollte es sehen. Ich hatte eine wunderbare Zeit und habe mich mit einigen Musikern (der Schiffsband) angefreundet und als ich wieder nach Hause kam, bekam ich bald lauter Angebote, zu spielen. Mein Mann sagte ... nun, er hatte das Gefühl, ich wäre viel glücklicher, wenn ich spielen könnte. Er meinte, ich sollte es ruhig machen, und seitdem hab ich soviel Arbeit, wie ich mir nur wünschen kann."

Norma Teagarden fand, daß die Tatsache, daß sie eine Frau war, es ihr bis zu einem gewissen Grade doch erschwert hat, ins Geschäft zu kommen. "Als ich anfing, zu spielen, arbeitete ich in einer Agentur in Oklahoma City – das war, bevor ich nach New Mexico ging – und wenn Musiker angefordert wurden, dachte ich, hätte ich eine Chance, da reinzurutschen, aber bevor die mich nahmen, sahen sie erst mal die ganze Reihe durch. Wesentlich war natürlich (auch), daß ich nicht viel Erfahrung hatte. Ich hatte mein ganzes Leben lang gespielt, und ich klang immer so, als ob ich wesentlich mehr Kenntnisse hätte, als tatsächlich der Fall war, weil ich allerhand wirkungsvolle Soli und so kannte. Als ich nach Oklahoma City zurückkam, bekam ich auch bald einen Job in einer der besten kleinen Bands, in denen ich (jemals) gespielt hatte. Sie spielten alles anders, andere Tempi, andere Tonarten, einfach alles anders, als ich es bisher gemacht hatte. Und ich mußte mich ganz schön anstrengen und fleißig üben, um mithalten zu können. Wirklich, ungefähr einen Monat lang hab ich geglaubt, ich schaffe es nicht, aber die waren so sagenhaft nett darin, und schließlich hab ich´s dann gepackt ... und jetzt machen mir solche Dinge kaum noch etwas aus. Man braucht eben erst Erfahrung. Man muß erst lernen, daß man es nie schafft, wenn einem keiner eine Chance gibt.

"Ich hatte es leichter als die meisten anderen", gibt sie zu, "denn jeder mochte meine Brüder und meine Brüder liebten mich, ich glaube, das hat mir sehr geholfen." Als Leiterin ihrer eigenen Gruppen umging sie dann auch das Problem der Bandleader, die keine Frauen engagieren wollten und als Pianistin hatte sie mehr Arbeitsmöglichkeiten als Frauen – oder sogar Männer – die Blasinstrumente spielten. "Ich hab mich fast geschämt", sagt sie. "Als die Jimmy Dorsey Band und mein Bruder Charles von der Armee zurückkamen, hat die Jimmy Dorsey Band nur am Wochenende gearbeitet und sie haben sich wirklich abgemüht. Solche fabelhaften Musiker wie sie, und ich hatte mehr Jobs, als ich verkraften konnte, nur, weil ich Klavier spielte."

Nach ihrer Heirat 1955 verschwand Norma Teagarden für einige Zeit aus dem professionellen Musikleben, aber 1963 in Monterey kam die Familie noch einmal zusammen. Im Jahr darauf starb Jack. "Ich habe Jack vergöttert", sagt sie, "jeder tat das wohl, glaube ich. Er war ein unwahrscheinlich lieber Kerl. Und es war leicht, für ihn zu arbeiten ... Ich bin ihm dankbar dafür, daß er mir die Chance gegeben hat, rauszukommen und so viele Leute kennenzulernen."

Norma Teagardens erste Plattenaufnahmen wurden während ihrer Arbeit mit Jacks Band gemacht. In den Vierziger Jahren machte sie einige Aufnahmen in kleineren Gruppen mit Jack für Commodore und Decca, wobei sie ihre kraftvolle linke Hand in solchen Nummern wie "Little Rock Getaway" einsetzte und hinter Jacks Vocals schöne Bluesphrasen spielte, wie in "Miß Norma, Miß Norma, I Like the Way You Play the Blues". Die Commodore-Session war die erste, die Norma Teagarden je gemacht hat.

"Wenn ich mir so die Platten anhöre", sagt sie über die Aufnahmen aus den Vierzigern, "meine ich, ich bin jetzt viel besser. Ich glaube, ich habe viel mehr Selbstvertrauen. Und Sie müssen wissen, vor vielen Jahren, wenn man da Platten machte, da spielte man nicht auf Tonband. Du liebe Güte, wenn man da was falsch machte ... Einmal zum Beispiel war ich auf einer Plattensitzung bei der Decca und spielte gerade 'Little Rock Getaway'. Na ja, beim ersten Durchgang hatte ich einen kleinen Schnitzer drin, aber keiner sagte was von Nochmal-durchspielen, beim zweiten Mal dann spielte ich es perfekt, und der Trompeter verdarb die Stelle. Und beim dritten Mal hatte ich die Nerven in der Hand, und es wurde schlechter als alles vorher, da fingen auch die Techniker und die Plattenbosse langsam an, nervös zu werden, denn diese Leute kosteten eine Menge Geld, sie nahmen dann die erste Version. Wenn man jetzt einen Fehler macht, schneiden sie das einfach, und es geht weiter. Das macht alles sehr viel leichter.

Aber eigentlich hab ich keine Platten gemacht (mit einer Ausnahme in Holland und einer beim Bix Beiderbecke-Festival 1977). Einen Scheck von einer Plattenfirma in Südkalifornien habe ich zwei- oder dreimal zurückgeschickt, weil ich den Gedanken hasse, ich müßte das jetzt machen, weil ich dafür bezahlt worden bin." Norma Teagarden gesteht, sie hätte so eine Art, Plattensitzungen zu verschieben. "Irgendwelche Kleinigkeiten kommen dazwischen. Es ist nicht schwer, etwas aufzuschieben. Da ist dann was mit der Familie oder irgendwelche anderen Dinge bringen den Tagesablauf durcheinander. Ich weiß keine Entschuldigung für meine Faulheit, aber ich habe wirklich das Gefühl, ich möchte alles noch besser machen. Ich denke immer, ich brauche mehr Zeit."

Bobbie Grice and the Fourteen Bricktops. Rechts von B. Grice ist Audrey Hall.

The Bon John Girls, 1930.

Mary Lou Williams mit Andy Kirk (links v. Vibraphon) und den Twelve Clouds of Joy.

Mary Lou Williams, 1938.

Pianistin Cleo Brown.

Marge Creath Singleton.

Edythe Turnham und ihre Schwester Francis, drittre und zweite von links.

Edythe Turnham´s Dixie Aces. Hintere Reihe v. rechts n. links: Floyd Turnham Sr., Frank Pasley, Edythe Turnham, unbek. (Tuba). vordere Reihe v. links n. rechts: Happy Johnson, Teddy Buckner, Charlie Saunders, William Griffin, Floyd Turnham Jr., Floyd Eddie Wilson.

Jane Sager Kornett.

The Bluebells, 1926.

Babe Egan and her Hollywood Redheads. Zweite v. rechtes, hinter dem Bass, ist Audrey Hall.

Ina Ray Huttons Blechbläsergruppe. Obere Reihe v. links n. rechts: Althea Connelly, Ruth McMurray. Vordere Reihe v. links n. rechts: Estelle Slavin, Kay Walsh, Elvira Rohl.

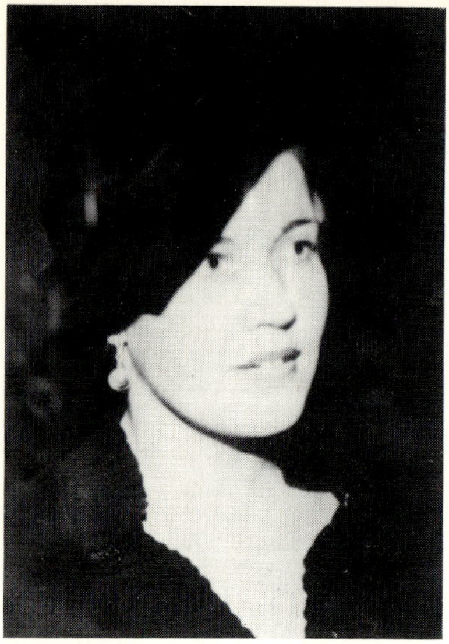

Helen Oakley Dance.

Anna Mae Winburn, Bandleader der Sweethearts of Rhythm.

Vi Burnside mit drei Mitgliedern ihrer Gruppe aus den Mittvierziger Jahren. Zweite v. links ist Flo Dreyer.

Publicity-Photo der Sweethearts of Rhythm von 1941. Obere Reihe v. links n. rechts: Ina Bell Byrd, Helen Jones Woods, Corinne Posey, Evelyn McGee Stone (mit Taktstock), Edna Williams, Nova Lee McGee, Sadye Pinkey.
Untere Reihe v. links n. rechts: Grace Bayron, Alma Cortez, Judy Bayron, Pauline Braddy Williams, Amy Garrison (mit Klarinette), Johnny Mae Rice Graham (Klavier), Bernice Rothschild, Vivian Crawford, die Betreuerin der Sweethearts (mit dem Tenor in der Hand), Willie Mae "Rabbit" Wong.

Die Sweethearts auf der Überfahrt zu ihrer Europatournee 1945 für die USO. Stehend v. links n. rechts: Maurice King, Helen Saine Coston, Johnny Mae Stansbury, Vi Burnside, Margaret "Trump" Gibson, Ina Bell Byrd, Helen Jones Woods, Anna Mae Winburn, Evelyn McGee Stone, Jean Travis, Rae Carter, Tiny Davis. Knieend v. links n. rechts: Roz Cron, Mim Garfield, Grace Bayron, Pauline Braddy Williams, Johnny Mae Riee Graham, Willie Mae "Rabbit" Wong.

Eddie Durham´s All Star Girl Orchestra. Obere Reihe v. links n. rechts: Edith Farthing, unbek. Drums, Edna Williams, Jean Starr, Nova Lee McGee. Untere Reihe v. links n. rechts: unbek. Klavier, Mildred Jones, Marion Freeman, Alma Cortez, Ellarize Thompson, Helen Scott, Sammy Lee Jett, Jessie Turner, Lela Julius (die frühere Leiterin der Harlem Playgirls), Eddie Durham.

The Prairie View College Co-Eds, ca. 1944. Obere Reihe v. links n. rechts: Elizabeth Thomas, Jewel Simmons, Margaret Grisby, Helen Cole, Dorothea Williams. Untere Reihe v. links n. rechts: Nelda McDonald, Bobby Jean Nunn, Melba Wren, Bert Etta Davis, Flores Jean Davis, Clora Bryant, Ernest Mae Crofton, Bernice Payne, Argie Mae Edwards, Marcella Gauthier, Marion Davis und der musikalische Leiter Will Henry Bennett.

Audrey Hall Petroff

(Holzbläser/Geige/Klavier/Bandleader)

Audrey Hall begann ihre Karriere als eine von Bobby Grice´s Fourteen Bricktops und arbeitete weiterhin in einigen der wichtigsten Frauenformationen der nächsten drei Jahrzehnte. In Klassik, Jazz und Pop ausgebildet, kam Audrey Hall zu einer Zeit in diesen Beruf, als es auf dem Feld der klassischen Musik nur wenige Beschäftigungsmöglichkeiten gab und, um davon leben zu können, sich nur eine Alternative bot, das Showbusiness.

Audrey Halls Eltern waren beide Berufsmusiker; ihr Vater spielte Geige und Posaune und ihre Mutter Klavier. "Meine Eltern haben sich tatsächlich dadurch kennengelernt, daß meine Mutter in der zehnköpfigen Band, die mein Vater damals hatte, Pianistin war. Ich habe zwei Brüder, und zu unserer Kinderzeit hatten wir ein Familienorchester. Jeden Freitagabend haben wir geübt. Man könnte sagen, ich habe meine Grundlagen schon in die Wiege bekommen." "Hall´s Harmonizers", wie die Gruppe sich nannte, hat auch schon professionell gearbeitet. "Tanzmusik", sagt Audrey Hall. "Ich habe auf Tanzabenden Saxophon gespielt, mich nebenbei aber auch in der Klassik umgetan, auf öffentlichen Darbietungen und Programmen gespielt. So waren mir beide Bereiche der Musik von früh auf vertraut."

Audrey Hall begann mit der Geige, frei nach dem Gehör. Mit fünf fing sie mit dem Unterricht an, mit sieben ging sie zum Klavier über, und später kam dann noch das Saxophon dazu. Sie bekam ein Stipendium für fünf Jahre am Illinois College Conservatory of Music, wo sie mit neun Jahren anfing (sie war die Jüngste da), und bekam dann noch ein Stipendium am Chicago Musical College. Allerdings war in ihren Kreisen ein Saxophon spielendes Mädchen eine Rarität. "Ich kann mich nicht erinnern, daß ich damals irgendein Mädchen gekannt hätte, das Saxophon oder irgendein anderes Blasinstrument gespielt hätte. Eine kannte ich, die spielte Flöte. Wenn ich mich so erinnere, hatte ich überhaupt nur wenig Freunde. Ich glaube, die haben mich für ein bißchen sonderbar gehalten – wenigstens die in meinem Alter, könnte man sagen – ich war eben anders."

Audrey Hall hatte immer schon Musikerin werden wollen, und so trat sie mit sechzehn der Musikerunion in Tacoma bei und bekam einen Job in einem acht Mann starken Konzertorchester, das in der Hotelhalle des größten Hotels spielte, das Tacoma damals besaß. "Bei denen war ich zwei Jahre. Dann, mit achtzehn, ging ich von zu Hause weg und habe seitdem nie mehr zu Hause gelebt." Sie ging fort ans Chicago Musical College und als sie da mit ihren Studien fertig war, meldete sie sich umgehend bei einer Konzertagentur.

"Ich brauchte ganz dringend einen Job. Ich sprach mit meinem Lehrer darüber, meinem Geigenlehrer, und er sagte, er wolle mir einen Job als Lehrerin am (American) Conservatory of Music hier in Chicago besorgen, aber, sagte er, die wollten unbedingt einen Mann haben. Aus irgendeinem unerfindlichen Grund wollten sie keine Frau in ihrem Lehrkörper haben. Und natürlich stellte damals auch kein Symphonieorchester eine Frau ein, außer vielleicht einer Harfenistin. Möglicherweise glaubten sie, das gäbe dem Orchester ein schlechtes Erscheinungsbild. (Es wurde den Frauen allerdings nicht verübelt, wenn sie Liebhaberorchester zusammenstellten und zum eigenen Vergnügen oder aus Anlässen der Wohltätigkeit spielten, aber das hielt sie immer noch von der beruflichen Arena fern und maß sie mit zweierlei Maß).

Zu dieser Zeit spielte in Chicago ein Schauorchester namens Bobby Grice and the Fourteen Bricktops. Audrey Hall hatte sie einmal im Theater gehört. "Ganz plötzlich wurde eine ihrer Saxophonistinnen krank und mußte aussteigen, und nun brauchten sie sofort Ersatz, und der war ich. So bin ich in die Band gekommen."

Die Bricktops formierten sich in den Zwanziger Jahren, als Frauenorchester auf den Vaudeville-Tourneen als der neueste Schlager galten. Sie wurden dann die beste weibliche Gruppe des Jahrzehnts. Als Audrey Hall zu ihnen kam, neigte sich ihre Karriere schon dem Ende zu, und sie blieb gerade die letzten beiden Jahre bei ihnen. "Was sie versuchten, war, immer die neuesten Schlager auf Lager zu haben, so, wie sie rauskamen ... Es war eine sehr amüsante Gruppe. Sie hatten eine Menge Effekte drauf. In musikalischer Hinsicht waren sie großartig. Es waren auch einige Streicher in der Band, und die erste Geigerin war der Manager und leitete auch die Proben. Bobby Grice war eine sehr schwungvolle Direktorin und ein sehr netter Mensch. Im selben Moment, wenn sie auf die Bühne oder auf die Tanzfläche eines Nachtclubs kam, um mit der Vorstellung zu beginnen, hatte sie das Publikum schon gewonnen."

Nachdem sie die Bricktops in den frühen Dreißiger Jahren verlassen hatte, tat sich Audrey Hall mit einem Gitarristen zusammen. "Ich spielte, nun, jetzt nennt man es "Jazz"; wir nannten das damals "hot fiddle"! Wir machten sowas wie Eddie Lang und Joe Venuti. (Gitarrist Eddie Lang und der Geiger Joe Venuti hatten in den Zwanziger Jahren intensiv zusammengearbeitet.) Dann hatten wir noch eine Sendung in der Rundfunkstation KMTR in Hollywood. Wir hatten einen äußerst großzügigen Sponsor – Tabasco Sauce – und wir hießen die Tabasco Twins." Nach einem Jahr gingen sie allerdings auseinander, weil der Gitarrist glaubte, er bekäme deswegen keine Jobs, weil er mit einer Frau arbeitet. "Wir bekamen eine Menge Anrufe von nahmhaften Bands, die uns haben wollten, und die Anrufe nahm immer er an. Die sagten dann, 'wir hätten Dich und Deinen Bruder gerne für unsere Band hier', und er sagte dann, 'das ist nicht mein Bruder, das ist ein Mädchen' 'Ein Mädchen, die so spielen kann?' 'Richtig.' 'Oh, das tut mir leid, dann können wir Dich nicht brauchen.' Wir kapierten, sehen Sie. Die waren nicht interessiet an besonderen Attraktionen, die wollten uns regelrecht als Mitglieder in der Band haben. Ich weiß nicht, warum sie so dagegen waren. Das war eben von jeher nicht üblich gewesen. Jedenfalls haben wir uns dann getrennt." ...

So ging Audrey Hall dann in eine andere Frauenband – Babe Egan and her Hollywood Redheads – eine sehr populäre Formation, die schon fast zehn Jahre zusammen war. Sie hatten gerade ein Angebot vom Schubert-Theater oder eine Europatournee, als Audrey Hall einstieg. Egan überließ es der Band. "Wir stimmten ab und entschieden uns für Europa", sagt Audrey Hall. Nicht ganz ein Jahr danach gingen Egan´s Redheads auseinander, und für Audrey Hall begann die Verbindung mit der Frauenband, die einmal die berühmteste der Dreißiger Jahre werden sollte, das Ina Ray Hutton Orchestra, das Audrey zusammenzustellen half. Sie hatte noch ein anderes Angebot: Joe Venuti hatte sie gebeten, als Lead-Saxophonistin mit ihm nach Europa zu gehen. Es war eine Ehre, in eine Band eingeladen zu werden, die nur aus Männern bestand, sagt Audrey Hall, aber da sie der Hutton Band schon zugesagt hatte, entschied sie sich dagegen. "Wir hatten schon mit den Proben angefangen, und ich hätte es als nicht anständig empfunden."

Audrey Hall blieb bis 1936 bei der Hutton Band und war während der nächsten vier Jahre meist in kleineren Frauengruppen in der Gegend von Pittsburgh und Detroit. Bei Kriegsausbruch wohnte sie in Los Angeles und war damit beschäftigt, zwei Kinder großzuziehen. In diesen Jahren blieb sie in Los Angeles und arbeitete in der Peggy Gilbert Band und in einer achtköpfigen Frauengruppe, die die Golden Strings hieß. Als Ina Ray Hutton dann in den frühen Fünfzigern eine neue Frauenband für ihre Fernsehshow zusammenstellte, war sie wieder dabei. Audrey Hall begann dann auch, mit verschiedenen Frauencombos in Nachtclubs zu arbeiten und seit sie nach Tacoma gezogen ist, unterrichtete sie auch.

In den Fünfzigern – den Jahren, in denen sie ihre Kinder großzog – mußte sie zwei Angebote ablehnen: eines von den International Sweethearts of Rhythm, der großen Frauenband der Vierziger Jahre, die auf Tournee ging. Das andere kam von den Los Angeles-Philharmonikern, bei denen sie erste Geige spielen sollte. "Und ich konnte es nicht annehmen, weil sie auch auf Tournee gingen", sagt sie. "Hätte ich doch das Angebot früher gehabt!" Audrey Hall gibt zu, daß ihr die Ablehnung schwer gefallen ist. "Aber ich wollte immer das tun, was ich für das richtige hielt, nicht unbedingt das, was für mich selbst das beste war. Ich hätte es nicht richtig gefunden, mit einer Band auf Tour zu gehen und meine Familie allein zu Hause zu lassen." Sie fügte aber schleunigst hinzu, daß sie diese Entscheidung in keiner Weise als Opfer ansähe.

Wenn sie so über die vergangenen fünfzig Jahre zurückblickt, hat Audrey Hall doch den Eindruck, daß sich die Bedingungen für Musikerinnen in gewisser Hinsicht gebessert haben. Ihr hatte man immer gesagt, "na ja, wenn sie kein Mädchen wären, würden wir Sie nehmen. Sie spielen sehr gut, aber wir können kein Mädchen brauchen." "Es kam vor, daß mir von einer Band gesagt wurde, sie hätten mich auf der Stelle genommen, wenn ich ein Mann und keine Frau wäre. Kurz und bündig. Das ging mir jedesmal an die Nieren, wenn ich das hörte." Das gibt es zwar heute auch noch, aber doch nicht mehr so oft.

Sie meint, besonders in den Jam Sessions wäre man den Frauen gegenüber jetzt aufgeschlossener. Als sie anfing, gab es in den After-Hour-Sessions kaum Frauen. "Man hätte nicht gut alleine ausgehen können zu solchen Orten. Wann immer ich zu Jam Sessions ging, ich ging immer mit einem ganzen Haufen Jungs los. Ich hab es immer geschafft, mich an irgendeinen Burschen zu hängen und ihn dazu zu bringen, mich mitzunehmen, und so kam ich dann da hin. Denn da ist es natürlich, wo neue Ideen entstehen, wo sich Stile entwickeln."

Die ersten Tourneejahre, sagt Audrey Hall, "waren ganz schön anstrengend. Das ist nicht gerade meine Lieblingsbeschäftigung, denn da wird eine Nummer zusammengestellt und dann spielt man drei oder vier Stunden am Tag. Man spielt jeden Tag und jede Woche dasselbe, und wenn man nicht vorsichtig ist, dann fängt man an, zu stagnieren. Man lernt nichts Neues mehr.

Wir sagten immer, die Agenten wollten eine Band von sechzehnjährigen Mädchen haben, die eine dreißigjährige Erfahrung mitbringen, und das trifft es so ziemlich. Sehen Sie, mit soetwas haben sich Männer nicht herumzuschlagen. Die beurteilt man danach, wie sie spielen. Ich glaube, das ist sogar heute nocht so. Ich glaube nicht, daß sich das je geändert hat und darum alle diese Tricks. Die Bricktops hatten alle rotes Haar. Babe Egan – alle rothaarig. Mein Haar war rötlich-braun, war aber zu dunkel, um auf der Bühne rot auszusehen, da hab ich eben eine Perücke getragen, und die waren damals nicht so gut gemacht wie heute. Das waren schreckliche Dinger. Die waren heiß, und man schwitzte, und dann mußten wir noch so viele Reklameauftritte machen. Gereist sind wir im Zug; manchmal stiegen wir um neun Uhr morgens aus und mußten sofort in ein Geschäft gehen, um Schuhe anzuprobieren, weiter zu einem Konfektionsgeschäft oder so, dann ins Theater und vier Shows spielen und nach der letzten Show noch in irgendeinem Club auftreten – und die ganze Zeit hatte man die Perücke auf. Eines der Mädchen kriegte auf einmal überall kahle Stellen auf dem Kopf, deswegen ist sie dann ausgestiegen! Ich bin dann zu einem Spezialisten gegangen und habe ihn gefragt, was schädlicher für die Kopfhaut wäre – so eine Perücke zu tragen oder die Haare zu bleichen. Er sagte, Bleichen wäre viel besser für die Kopfhaut, da hab ich dann angefangen, mein Haar aufzuhellen, so daß es auf der Bühne rot erschien, und schließlich fing ich dann mit Hennapackungen an.

So war ich dann in zwei Bands, die rotes Haar hatten – zwei Jahre in der einen und ein Jahr in der anderen. Ich habe also drei Jahre lang rotes Haar gehabt. Aber das ist noch nicht alles! Nachdem ich von diesen Bands weggegangen war, ließ ich mein Haar wieder in seiner Naturfarbe wachsen, und das war zu der Zeit, als ich zum zweiten Mal bei Ina Ray Hutton einstieg. Als sie mich sah, sagte sie, "was ist mit Deinem Haar passiert?" Sie hatte mich ja von einer rothaarigen Band direkt zu der Hutton Band kommen sehen und war es nun gewohnt, mich mit roten Haaren zu sehen." Als Audrey Hall ihr dann sagte, daß sie ihr Haar gefärbt hatte, gab Miß Hutton zur Antwort: "Geh und laß Dir Dein Haar wieder rotfärben. Das gefällt mir besser." "Also mußte ich es tun", sagt Audrey Hall. "Da hatte ich nun wieder rote Haare – dabei kann ich rotes Haar nicht einmal besonders gut leiden! Das sind so die Opfer, die man bringen muß!"

Peggy Gilbert

(Holzbläser/Vibraphon/Vocals/Bandleader)

Peggy Gilbert ist schon seit den späten Zwanziger Jahren, als sie ihre erste Frauenband zusammenstellte, als Musikerin tätig gewesen. Sie ist eine der wenigen Bandleader, die auch zugleich aktive Musiker sind (nicht nur jemand, die lediglich als Aushängeschild vor der Band steht), und sie ist in ihrer Branche immer eine derjenigen gewesen, die am unverblümtesten ihre Meinung gesagt haben. Dazu war sie noch eine der unerschütterlichsten Kämpfer für die Rechte der Frauen.

Peggy Gilbert, in Sioux City, Iowa, 1905 geboren, ist die Tochter des verstorbenen John Knectges, Geiger und Leiter des Hawkeye-Symphonieorchesters, das in der Stummfilmzeit in den Kinos spielte. Ihre Mutter war vor ihrer Ehe Sängerin gewesen. Peggy Gilbert, (die nach ihrem Eintritt ins Berufsleben ihren Namen änderte) studierte drei Jahre lang Klavier und fing dann mit Saxophon und Klarinette an, worin sie zwar etwas Unterricht bekam, sich aber überwiegend selbst weiterbildete. Als Neunjährige las sie schon Noten und spielte Klavier in den Bläser- und Streichergruppen ihres Vaters, und sobald sie aus der höheren Schule heraus war, stellte sie ihre erste Frauenband auf die Beine und spielte damit jeden Abend in den Dining Rooms der örtlichen Hotels und auch im Rundfunk auf Station KNWB. Sie erinnert sich, daß ihre Eltern sich ihre Shows immer angehört und ihr dann Tips gegenben haben, wie sie ihre Technik und den gesamten Sound verbessern könnte.

Als dann eine Frauenband namens Gibson Navigators mit dem Orpheum Circuit in die Stadt kam, machte das einen starken Eindruck auf Peggy Gilbert – besonders die Posaunistin Fern Spaulding. "Sie stand auf und im Licht eines schmalen Scheinwerfers spielte sie ihr Solo", erinnert sich Peggy Gilbert, und es war das Schönste, was ich je gehört hatte. Nun, ich ging zu jeder Show, jeder Vorstellung und hab mir diese Gruppe angehört und habe sie schließlich alle kennengelernt, und endlich hab ich dann später auch mehrere Male mit Fern gearbeitet. Ich wußte gar nicht, daß es Bands nur mit Mädchen gab, bis ich sie mit der Orpheum-Show durchziehen sah. Darum war ich so fasziniert. Ich dachte immer, ich hätte die einzige." Nachdem sie allerdings die Navigators gehört hatte, machte Peggy Gilbert sofort Pläne für eine eigene Frauenband.

In den Zwanzigern hatte Peggy Gilbert auch angefangen, sich richtigen Jazz anzuhören. "Ich glaube, das erste war die Kansas City Nighthawks im Radio. Die hab ich immer den ganzen Abend lang gehört." Auch Boyd Senter beeinflußte sie und die Radiosendungen von Chicago. "Es machte mir solchen Eindruck, daß ich gar nicht anders konnte, als mich dem Jazz zu widmen. Er begeisterte mich vom ersten Moment an, und ich hatte ein natürliches Talent und Feeling dafür." 1929 zog Peggy Gilbert nach Kalifornien und fing gleich bei der Fanchon and Marco Show an. Sie machte Tourneen mit dieser Gruppe von einer Küste zur anderen und durch Kanada, arbeitete auch weiter während der Depression. Außerdem spielte sie Saxophon in dem "Saxtette", das "Rudy Weidoft mit seiner Saxophobia begleitete." Weiterhin stellte sie noch zwei Frauenbands für die Gruppen von Fanchon und Marco zusammen, versicherte sich dabei auch der Hilfe solcher Musiker wie Lionel Hampton und Stan Kenton.

Ich hatte nun alle Mädchen zusammen", erinnert sie sich, "und damals mußten wir alles machen. Wir waren die Chorusline und alles. Wir mußten tanzen – und du kannst dir einige der Musikerinnen vorstellen, denn sie hatten in ihrem Leben noch nicht getanzt, keine von uns. Aber sie schafften es. Fanchon war der Ansicht, wenn man im Showbusiness ist, muß man alles können. So stellte ich dann beide Bands zusammen aber damals spielte ich noch in der Band ... Es mußte immer jemand vor einer Band mit Mädchen stehen, der nach etwas aussah. Das mußte entweder einer im Abendanzug, im Frack sein, oder ein toll aussehender Typ oder ein Mädchen das sehr sexy war." Peggy Gilbert zog es indessen vor, ein musizierender Bandleader zu bleiben. "Ich hab mein Horn oft beiseite gelegt", sagt sie (so auch, als sie vor der Band stehen und die Ansage in einem Ballsaal machen mußte), aber mit dem Herzen war ich nie vor der Band, sondern immer mitten dazwischen." Um 1933 ging Peggy Gilbert fort von der Westküste zurück nach Iowa. "Ich ging zurück", sagt sie, "mit der Absicht meinen Freund zu heiraten, der auch Saxophonist war. Ich dachte, das hätte mir alles sehr gefehlt, so ging ich dann zurück und kaum war ich aus dem Zug gestiegen, warf ich einen Blick auf Sioux City und sagte, "Oh zum Teufel mit dem Boyfriend! Es reicht! Das halt ich nicht aus! So hab ich mir dann sein Horn geliehen und bin zu Boots and Her Buddies gegangen.

Boots kleidete sich in ein Reitkostüm, ganz aus Satin, mit weißen Stiefeln und allem, und wir anderen waren so arm, daß wir von hinten in den Diningroom des Hotels gehen mußten, weil unsere Hosenböden so abgewetzt waren. Damals spielten wir in den Diningrooms der Hotels und in Ballsälen mit Prozentbeteiligung. Wir fuhren zu zehn Mann in einem Wagen für sieben Personen (und) wir machten über den Notsitz noch einen Sitz, ein Brett über den Notsitz gelegt, so hatten wir schon neun von uns untergebracht, und einer hing sich dran oder saß bei irgend jemand auf dem Schoß, und das ganze Gepäck oben auf dem Dach. Auf diese Art haben wir Onenighters gespielt, und wir kamen rein und spielten auf der Basis der Prozentbeteiligung, und dann kam niemand, weil das Wetter so schlecht war, und wir hatten gerade genug, um uns einen Hamburger zu kaufen und dann in den nächsten Ort zu fahren, wo wir dann in der Lobby rumsaßen und auf die Tagesgage warteten."

Nach all den Reisen mit Boots and her Buddies formierte Peggy Gilbert dann schließlich ihre eigene Band, wobei sie einen großen Teil der Frauen einstellte, die bei Boots gewesen waren, und mit denen arbeitete sie die nächsten zehn Jahre zusammen, mit einigen wenigen Änderungen im Personal. Die Band war die Spitzenformation an der Westküste und obwohl viele Theater schließen mußten und die Zeiten für Musiker hart waren, arbeiteten sie konstant weiter. 1934 ging Peggy Gilbert auf die Hawaii-Inseln, und was nur eine Tour von sechs Wochen sein sollte, wurde zu einem Aufenthalt von elfeinhalb Monaten, in denen sie auf jeder der Inseln spielten.

Wieder zurück in Los Angeles, spielte die Band in jedem Ballroom und Nachtclub an der Küste. "Ich spielte den Bandleader", sagt Peggy Gilbert und hatte wohl eine der wenigen Bands mit Mädchen ohne ein Sex Symbol als Bandleader, der oder die nicht einmal Musiker war. Am 1. August 1937 eröffnete Gilberts Band Hollywoods zweites Swing-Konzert und war damit die einzige Frauenband (abgesehen von Harriet Wilson and her Singing Strings) in einem Programm mit solchen Gruppen wie dem Benny Goodman Quartett und Orchester, Stuff Smith and his Famous Door Five, Ben Pollack and his Orchestra und Les Hite and his Orchestra.

In den Vierzigern arbeitete Peggy Gilbert ein Jahr lang in der CBS Victory Belles Radioshow und war gleichzeitig musikalischer Leiter – mit einem Frauenorchester – auf W-KMPC, Beverley Hills. Nach dem Krieg fand sich Peggy Gilbert dann, wie so viele Frauen, aus ihrer Arbeit weitgehend hinausgedrängt, weil, wie die Musikerunion sagte, die heimkehrenden GIs die Jobs brauchten. In den Fünfzigern arbeitete sie als Sekretärin bei der Musikerunion in Los Angeles, wo sie zwanzig Jahre lang blieb. Aber sie hat immer noch weiter gespielt, so in der Ada Leonard Television Show (Ada Leonard war in den Vierzigern und Fünfzigern als Bandleader sehr populär). Momentan leitet sie die Dixie Belles, unter den zwölf ersten Namen auf dem Sektor des Dixieland die einzige ausschließlich weibliche Dixielandband. Peggy Gilbert ist auch mit ihren Bands in zahlreichen Filmen aufgetreten – angefangen von "The Great Waltz", wie sie sagt – aber es war immer nur als Staffage (d.h. die Frauen erschienen auf der Leinwand, aber die Musik wurde von Männern hineingespielt.) "Wir waren in allen möglichen Filmen, aber wir sind nie aufgenommen worden. Die Mädchen hätten alles mit Leichtigkeit spielen können, aber immer ließ man die Männer, Studiomusiker, die Musik machen und die Mädchen durften nur mimen." Auf die gleiche Weise gab man den Frauen auch keine Möglichkeit, Platten aufzunehmen. "Man hatte zu Musikerinnen kein Vertrauen", sagt Peggy Gilbert.

Peggy Gilberts Artikel in der Zeitschrift "Downbeat" von 1938 (siehe die Diskussion im nächsten Kapitel) war eine der deutlichsten Aussagen über die schwierige Lage der Frauen auf diesem Gebiet zu jener Zeit. Sie hatte noch im Jahr 1982 eine Kolumne über Musikerinnen in Overture, der Zeitung der Musikergewerkschaft in Los Angeles, und war auch noch im Zentrum der Aktivitäten an der Westküste. "Was soll ich sagen?" fragt sie. "Ich hab viel Glück gehabt in meinem Alter, und ich vermute, ich bin die einzige, die mit fünfundsiebzig noch Tenorsaxophon gespielt hat!"

Die Dreißiger Jahre

Die Dreißiger Jahre begannen unter der Last der großen Depression. Die explosive Energie der Zwanziger war ausgebrannt und plötzlich zeigte das amerikanische Leben eine neue, rauhe wirtschaftliche Realität: im Süden verdoppelten sich die Lynchmorde wegen der Jobs; in Harlem gab es in der Mitte des Jahrzehnts Rassenkämpfe in den Straßen; in einigen Staaten wurde es sogar ungesetzlich, wenn Frauen einen Job hatten – oder, wie man es im allgemeinen ausdrückte, "einem Mann den Arbeitsplatz wegnahm!"

Trotzdem spannte sich von den von Gangstern betriebenen Flüsterkneipen (die sich nach der Aufhebung der Prohibition in schicke Getränkequellen verwandelten), über Cabarets und schäbige Theater und die luxuriösen Harlemer Clubs, über die Samstagabend-Vorstellungen, die "Saturday- night functions", und die "rent parties" (Parties, durch die die Miete aufgebracht werden sollte) und auch die Jam Sessions rund um die Uhr in Kansas City unter dem Regiment des politischen Führers Tom Pendergast ein ganzes Netz von musikalischen Aktivitäten, wie Fats Waller gesungen hatte, "Spreading Rhythm Around". In einigen Ecken der amerikanischen Gesellschaft wurde die Welt von Amusement, Jazz und der populären neuen Mode des "Swing" regiert, und die Amerikaner tranken, tanzten, feierten Parties und vergaßen.

Einige der schwarzen Swingkönige des Landes gingen nach Europa und erweiterten ihre Domäne auf die empfänglicheren Gebiete in Übersee, wie das schwarze Entertainer schon seit Jahren machten: Duke Ellington (1932), Louis Armstrong (1933), Florence Mills, Josephine Baker, Bricktop und die Trompeterin und Entertainerin Valaida Snow (die in Übersee als "Queen of the Trumpet" berühmt wurde.

Zu Hause wurden unterdes die weißen Musiker mehr als je von der Musik angezogen, die die schwarzen Bands spielten. Benny Goodman, Glenn Miller, die Dorsey Brothers und Artie Shaw, sie alle begannen nun, ihre eigenen "Big Bands" zu leiten, aber der Keim zu dieser Musik und der Impuls zu ihrer Verbreitung lag in den schwarzen Bands der Zwanziger Jahre. – Duke Ellingtons, Fletcher Hendersons, Walter Pages, Benny Motens Bands, später dann die von Andy Kirk, Chick Webb und Jimmie Lunceford. Wie sich diese Bands dann vergrößerten, neue instrumentale "Stimmen" einführten und neue Strukturen und Klangfarben, reichten die ungeschriebenen "head arrangements" nicht mehr aus. Bei vierzehn oder sechzehn Leuten hing der Erfolg allermeist und zuerst vom Rhythmus und dem Beat ab, von guten, handfesten, geschriebenen Arrangements, die den Holz- und Blechbläsern und der Rhythmusgruppe, – daraus waren ja inzwischen ganze Sektionen geworden – Hilfestellung geben konnten, aber auch den erfahrenen Solisten bei ihren improvisierten oder geschriebenen Soli. Sobald die neueren weißen Bands anfingen, Arrangements solcher schwarzen Arrangeure wie Fletcher Henderson, Eddie Durham, Mary Lou Williams, Don Redman, Jimmy Mundy und später noch Marjorie Gibson zu verwenden und von ihnen das richtige Jazzphrasieren zu lernen und wie man diese Musik angeht, da wurden sie auch schon herausgestellt und bekamen all die Publicity, die die schwarzen Bands nie gehabt hatten und "Swing" wurde die populärste amerikanische Tanzmusik des Jahrzehnts. "Swing" wurde kommerziell.

Von 1934 an begann eine neue, in Chicago ansässige Zeitung, die "Down Beat", regelmäßig ein Schlaglicht auf den Jazz zu werfen und dem amerikanischen Publikum Neuigkeiten über die Künstler und ihre Aktivitäten zu servieren. Eine der ersten Mitarbeiter der Down Beat wurde Helen Oakley Dance, die diese Musik dem neuen Publikum nahebrachte und das Magazin sollte noch viele Jahre lang die Aufmerksamkeit auch auf einige Musikerinnen lenken. Aber in der Behandlung spiegelte sich auch die Sprache und Haltung der Zeit in bezug auf die Frauen auf diesem Feld, und bei einigen denkwürdigen Gelegenheiten fachten die Artikel die Flammen der großen Debatte erst richtig an: sollte es für Frauen im Jazz einen Platz geben?

Im Hinblick auf den Erfolg der Frauenbands in den Zwanziger Jahren verstand es sich von selbst, daß unternehmerische Manager und Veranstalter allerlei Möglichkeiten sahen, auch weiterhin mit solchen Bands Geschäfte zu machen. Einige der bekanntesten Bands der Zwanziger Jahre existierten noch: die Fourteen Bricktops; dann die Ingenues, die, wie ein Reporter in "Down Beat" schrieb (April 1937, S. 22), einen "Gene Krupa in Frauenröcken" hatten "und sechzehn Frauen, die alle drei bis sechs Instrumente spielten, und das mit erstaunlicher Fertigkeit ... Man kann die Vielseitigkeit dieser Band gar nicht genug rühmen."

Es entstanden auch zahllosee neue Bands. 1932 leitete in der Chicagoer Gegend Lil Hardin eine erstklassige Frauenband mit Dolly Jones Hutchinson, Leora Mieux und Alma Scott. In der Mitte der Dreißiger Jahre hatte sich schon die bekannteste der schwarzen Frauengruppen gebildet: die Dixie Sweethearts, die im Westen und Südwesten arbeiteten und von Mayme Lacy geleitet wurden; dann die Harlem Playgirls, vom Sohn des Territory Bandleaders Eli Rice, Sylvester Rice, 1935 zusammengestellt. Frank Driggs berichtet, Rice hätte gerade eine Woche Zeit gehabt, eine Band nur aus Frauen zusammenzustellen und suchte sich nun im ganzen Land die besten Musikerinnen zusammen, die er finden konnte. In der endgültigen Aufstellung waren so überragende Könnerinnen wie Margaret Backstrum (Tenorsaxophon), Ernestine "Tiny" Davis (Trompete) und Jean Ray Lee (Trompete), ebenso auch solche von den Dixie Sweethearts, für die die Lage damals ziemlich schwierig geworden war. Nach langen, anstrengenden Proben mit der neuen Gruppe ("woodshedding") kamen Rice und Orvella Moore, Pianistin der Eli Rice Band, mit einer guten, swingenden Gruppe heraus. 1938 waren die Playgirls immer noch zusammen, mit Lela Julius an der Posaune, die auch die Band leitete. "Die Bronzeville Beauties" haben in den führenden Ballsälen von 44 Staaten gespielt", berichtet die Down Beat (Dezember 1938, S. 45), "und das Lob vieler Swingfans gewonen, die geglaubt hatten, keine nur aus Mädchen bestehende Band könnte einen so soliden Swing spielen."

Die Playgirls boten einigen der besten schwarzen Musikerinnen jener Tage ein wichtiges Betätigungsfeld. Lela Julius, in Indiana geboren, im Konservatorium ausgebildet, war eine erstklassige Musikerin, die später in Eddie Durhams All Star

Girl Orchestra der Vierziger Jahre arbeitete. "Sie war eine echte, eine wirkliche Musikerin", sagt Durham, "und das auf der Gitarre, der Geige und der Posaune, und singen konnte sie auch. Außerdem konnte sie vom Blatt spielen." Eine andere Spitzenmusikerin war Margeret Backstrum, die "get off"-Tenoristin, die mit ihren Soli die Playgirls auf Schwung brachte. Sie sagte allerdings kürzlich in einem Interview, daß sie eigentlich nie vorgehabt hatte, Berufsmusikerin zu werden, sie hätte das nur gemacht, weil sie ihren Lebensunterhalt verdienen mußte.

Eine der Bands mit der besten Publicity (obwohl die am wenigsten jazzige) in den Dreißiger Jahren war Phil Spitalnys Frauenorchester, eine weiße Gruppe mit Spitalnys Frau Evelyn und ihrer Geige als Attraktion. Diese Gruppe bot gedämpfte, semiklassische Musik und bekam viele der angenehmeren Jobs an festen Standorten und im Radio der Zeit, inklusive der Sendung "Hour of Charm". Concepcion Castro leitete in der Heimat eine Band von Männern, und auch L´Ana Webster, die bei Babe Egan und Mike Riley and his Round and Round Boys Tenorsaxophon gespielt hatte, leitete ihre eigene, aus Männern bestehende Band. Auch sie, nach Angabe von "Down Beat" (Mai 1938, S. 19), "setzte die Musikerkollegen in Erstaunen durch ihr Talent und ihr Können als Arrangeurin." ("Amazing" – das In-Erstaunensetzen – war ein Adjektiv, das man immer wieder anwandte, wenn es sich um talentierte Frauen handelte.)

Ann Duponts und L´Ana Websters Bands waren zu ihrer Zeit allerdings die Ausnahme, denn die meisten Frauen waren darauf beschränkt, in einem musikalischen Ghetto von Frauen zu bleiben, das von sexuellen und rassischen Stereotypen eingegrenzt war, deren Wurzeln Jahrhunderte zurückreichten. Von weißen Bands wurde meist nicht erwartet (sie wurden dafür auch nicht ausgebildet und trainiert), daß sie so "hot" oder so "rauh" spielten, wie die schwarzen Bands, während man von den schwarzen Bands wiederum erwartete, daß sie nur swingten und Blues spielten, aber nichts, was etwas "sweet" war. (Man sollte noch hinzufügen, daß dieser Standard auch für die männlichen Bands galt). Von weißen Frauen erwartete man zu dieser Zeit noch nicht einmal, daß ihr Gesang sehr "hot" war; (1939 erschien ein Down Beat-Artikel mit der Überschrift, 'Das Gewimmere der Mädchen hat in unseren Jazzbands keinen Platz', worin erklärt wurde, daß, in Anbetracht des Milieus, in dem man den Jazz "lernt" – des "Red Light District" von New Orleans und der finsteren Ginkneipen überall im Lande, – es ja kein Wunder ist, wenn das weiße Mädchen, das von alledem ausgeschlossen ist, (wie sie auch sein sollte von solch einer Umgebung, der einzigen, in der sie einen Einblick gewinnen könnte in das, was dazu gehört, guten Jazz zu spielen) keinerlei Möglichkeiten hat, die Finessen zu begreifen, die dazugehören, ein Instrument zu spielen, ganz zu schweigen von der Interpretation."

Trotz des Aufkommens von immer mehr Frauenbands war die Musikerin als Individuum von untergeordneter Bedeutung, der praktisch keine Aufmerksamkeit gewidmet wurde im Vergleich zu dem Gesamteindruck, den eine Band machte, die sich schon alleine deswegen besser verkaufte, weil vor ihr eine Frau als Bandleader stand, die sehr sexy war, für gewöhnlich aber nicht einmal ein Instrument spielen konnte.

Photographien aus der Zeit sind ein schlagender Beweis dafür, wie sehr damals die Betonung auf Erscheinung, Auftreten und Sex Appeal lag, besonders, wenn es sich um Vokalistinnen und Bandleader handelte. Instrumentalistinnen waren indes durchaus keine Ausnahmen. Das Image des "Weiblichen" aufrechtzuerhalten, war so wichtig, daß in einer Band die Blech- und Holzbläsergruppe sich Quecksilberfarbe auf die Lippen strich, weil der Lippenstift beim Spielen abging.

Aus einer Eifersucht heraus, die an die der Bluesqueens erinnerte, hielten die Leiterinnen der Bands selbst ihre Musikerinnen von der Presse fern, um alle Publicity für sich selber zu sichern. Audrey Hall sagt, die Frauen in der Band hätten das mit Selbstverständlichkeit hingenommen, da sie ja froh waren, überhaupt Arbeit zu haben. "Wir wußten alle, wir waren nur Ensemblemitglieder und gaben uns damit zufrieden", sagt sie. "Wir waren keine Stars."

Im Februar 1938, vier Jahre nach ihrer Gründung, druckte "Down Beat" einen unsignierten Artikel mit dem Titel "Warum Frauen als Musikerinnen minderwertig sind." "Außer ein paar sepiafarbenen weiblichen Wesen", wurde darin gesagt, "war die Musikerin nie dazu geboren, irgendjemanden zu etwas anderem zu inspirieren als zum Davonlaufen. Zur Begründung zitiert der Schreiber Variationen über das Standardthema, das die Frauen aus so vielen Berufen ausgeschlossen hat: Frauen seien "im ganzen gesehen emotionell instabil" und "können als ausübende Musikerinnen niemals konsequent in der Behandlung ihrer Instrumente sein"; niemals würden sie Blech- oder Holzblasinstrumente zur Hand nehmen aus Angst, unattraktiv zu wirken; sie hätten nur ein paar kurze Jahre Erfahrung hinter sich, während Männer ein Jahrhunderte altes Erbe an musikalischer Praxis hätten (obwohl man den Jazz, das wurde vergessen, anzumerken, erst seit ein paar Jahrzehnten kannte); sie hätten weder die Zeit, noch den Ehrgeiz oder die Geduld, – oder auch die ökonomische Motivation – sich in die Einsamkeit zurückzuziehen, um zu üben. Der Schreiber wiederholte auch wieder einmal die alte Ansicht, daß nur Klavier und Saiteninstrumente "angemessene Instrumente seien, die mehr im Einklang" mit der weiblichen Natur seien und schloß dann, "Wenn mehr Schlagzeugerinnen Erfahrung damit hätten, eine Wiege zu schaukeln, bevor sie sich um die Musik bemühten, dann kämen sie wohl auch besser mit dem Beat zurecht."

Diese Einstellung, dargelegt in einem musikalischen Mikrokosmos, spiegelt getreulich die vorherrschende Meinung und Psychologie der späten Dreißiger Jahre wider,die die Frauen bezichtigte, an dem zu leiden, was Freud den "Männlichkeitswahn" genannt hatte, sobald sie den Wunsch verspürten, etwas anzustreben, was außerhalb ihrer traditionellen Rolle als Frauen und Mütter lag. Im Grunde war auch das wieder nichts anderes als ein weiteres Stück von Männern erfundener psychologischer Manipulation, die ihnen angebracht schien, um "die Frau an ihren Platz zu verweisen."

Auf derselben Seite widerlegte Rita Rio, Leiterin einer der erfolgreichsten unter den weißen Bands der Zeit, die Argumente gegen Musikerinnen, indem sie davon berichtete, wie ihre Bandmitglieder die tage- und nächtelangen, strapaziösen Reisen und die Onenighters ertragen hatten. Sie fügte noch hinzu, da Frauen schon von Natur aus mehr Sinn für Ästhetik hätten, wäre ihr Ton wahrscheinlich auch "wärmer, schwingender" als der "harte, maskuline, den die Männer in ihren Bands so gerne pflegen." Daß diese "Härte" oder der "Drive" als dem Manne angeboren definiert wurde, war auch ein Teil des Sexismus, der sich gegen die Frauen richtete, denen ja, einigen Leuten zufolge, Eigenschaften wie Drive, Aggressivität und Kraft gar nicht zugestanden wurden. Frauen konnten "für ein Mädchen ganz gut" sein oder sie konnten "spielen wie ein Mann" – im einen Fall, wenn sie Einbußen an ihrer musikalischen Ganzheit hinnahmen, um das Image und den Charme der "Weiblichkeit" aufrechtzuerhalten, im anderen nahm ihnen ihr "unerwartetes" musikalisches Können ihre Sexualität. Im Endeffekt diente auch dieses tief eingewurzelte System von zweideutigen Komplimenten im Verein mit Herabsetzungen dazu, die Frauen gesondert zu halten als berufliche Modeerscheinungen oder Kuriositäten, beschränkt auf eine kleine Ecke des Marktes, wo sie als Konkurrenz relativ wenig bedeuteten, also immer noch sicher "an ihrem Platz" – oder doch wenigstens nicht an dem Platz, der den männlichen Musikern zustand.

In der Ausgabe "Down Beat" vom April 1938 antwortete Peggy Gilbert auf alle diese Anwürfe in einem Artikel betitelt: "Wie kann man mit Büstenhalter ein Horn spielen?" "Die haben die Überschrift da hingesetzt", sagt Peggy Gilbert, "ich war rasend vor Wut." Der Artikel brachte trotz seines aufreizenden Titels Zustimmung von Leserinnen aus allen Gegenden des Landes. "Alle möglichen Mädchen, die "Down Beat" lasen, schrieben mir Briefe und sagten, "Weiter so. Laß nicht locker, Peg. Das klingt großartig."

Peggy Gilberts Artikel brachte den ganzen Katalog der ungünstigen Umstände, unter denen die Musikerinnen zu leiden hatten, angefangen von der psychologischen Wirkung, die es hatte, wenn man ausschließlich aus Gründen, die jenseits der Musik lagen, engagiert worden war, über die Aufforderung, doch zu lächeln mit dem Horn an den Lippen, bis hin zu der "Sackgasse" des musikalischen Ghettos. "Die Männer haben sich immer geweigert, mit Mädchen zusammenzuarbeiten", schrieb Peggy Gilbert, "so haben sie ihnen auch nie die Gelegenheit gegeben, ihre musikalische Ebenbürtigkeit zu beweisen ... So viele Musiker haben meiner Band die größten Komplimente gemacht und gesagt, sie sei gut, sogar besser als ihre eigenen Formationen, aber sobald es sich darum handelte, uns tatsächlich einmal die Gelegenheit zu geben, unsere Ebenbürtigkeit zu demonstrieren, wurden wir schleunigst auf einen Platz tiefer verwiesen und bekamen die Antwort A auf dem Formular: "Das geht nicht."

Was das "Woodshedding" angeht (das Üben im stillen Kämmerlein) mit Vergnügen, wenn ich sähe, daß dabei etwas herauskommt – über die persönliche Befriedigung hinaus. Allerdings sollten Sie als Künstler selbst mit mir darin übereinstimmen, daß auch das schon ein wunderbares Motiv ist. Sonderbarerweise, ehrwürdiger Vater, haben sie (die Frauen) genau so viel Stolz in bezug auf ihre Arbeit wie die Männer, und sie üben in der Stille genau so viel wie die Männer, vielleicht sogar noch mehr, da sie ja das Hindernis der Vorurteile überwinden müssen und wegen der scharfen Kritik, die von allen Seiten auf sie abgefeuert wird, wie zum Beispiel in Ihrem Artikel. Was nun den Punkt Ihrer Ausführungen angeht, Frauen seien nicht gezwungen, sich selbst ihren Lebensunterhalt zu verdienen, fordern wir Sie dringend auf, mit verzeihlicher Banalität, auf in den Westen, junger Mann! In dieser Richtung sind Sie offensichtlich noch nicht weiter vorgedrungen als bis Chicago. Nun, in Kalifornien ist das anders. Da ernähren die Frauen die Männer – und sich selber dazu."

Das Gebot, daß man "spielen mußte wie ein Mann", um "wirklich anzukommen", sagt Jane Sager, herrschte rundum und wurde von den Frauen in den Dreißiger Jahren vollkommen akzeptiert. Besonders wenn sie feste Arbeit haben wollten. "Wir versuchten alle, so zu klingen, wie diese Band, so zu sein wie der oder wie ein anderer, so daß wir schließlich so ziemlich stereotyp wurden. Die Bands mit dem ganz großen Erfolg waren immer die, die anders waren und das wußten wir nicht. Das erste, was man zu hören bekam, war immer, spiel doch wie der oder der, spiel wie Coleman Hawkins. So etwas taten sie einem an." Jane Sager erinnert sich, daß sie in ihrer Frühzeit mehr Zeit dafür aufgewandt hat, ihre Idole Roy Eldridge und Bunny Berigan zu imitieren, als damit, ihren eigenen Stil zu entdecken, wie die Frauen auch im allgemeinen nicht dazu ermutigt wurden, sich selbst in ihrer Musik auszudrücken, sondern sie sollten die Klänge der Männer imitieren, die ganz oben an der Spitze waren.

Jane Sager und andere ernsthafte Musikerinnen dieser Zeit wissen aber auch von Musikern – Zutty Singleton, Roy Eldridge, Jimmy Dorsey, Charlie Barnet – die ihnen zuredeten, so zu spielen, wie es ihnen ihr Gefühl eingab. Schließlich ist der Jazz, eine Musik, in der man sein eigenes Wesen ausdrückt, wie Jonah Jones sagt, der seine frühen Jahre damit verbracht hat, Louis Armstrong zu imitieren, bis er das endlich begriff. so wie die jungen Musiker anfingen, ihren eigenen Weg zu begreifen, konnten sie eine natürliche, individuelle Beziehung zwischen sich und der Musik aufbauen. In den Jamsessions in Kansas City beispielsweise, wo die Musiker nach Albert Murrays Worten den "scheuenden Mustang" oder das "wilde Tier" Blues herausforderten, war der Kampf mit der Musik selber viel wesentlicher, als der Wettstreit mit den Kollegen. Nicht nur, daß die männlichen Musiker häufiger Gelegenheit hatten, an solchen, von Männern beherrschten und auf Männer ausgerichteten, Sessions teilzunehmen, sondern auch die Aussicht, in der Zukunft immer ein Forum zu haben und Anerkennung zu bekommen, ermutigte sie dazu, sich eine individuelle Stimme zu schaffen und musikalische Meisterschaft zu erlangen, während den Frauen selten, wenn überhaupt, ein solcher Ansporn gegeben wurde.

Aber wenn die Jamsession der intime Ort war, nur den Musikern nach der Arbeit vorbehalten, wo die Musiker mal so richtig "loslegten", lernten und wuchsen, war sie ebenso der Ort, an dem Frauen wie Audrey Hall, Jane Sager, Betty Sattley Leeds und Ernestine "Tiny" Davis das gleiche tun konnten. Diese Frauen gingen in die kleineren Clubs, die "After-Hours"-Clubs, gewöhnlich schwarze Clubs, wo sie den Altsaxophonisten der Lunceford Band, Willie Smith, oder Roy Eldridge oder Zutty Singleton oder, wie in Tiny Davis´ Fall, die ganze Garde der Kansas City- Jazzgrößen der Dreißiger Jahre hören konnten. Da waren sie denn auch immer willkommen samt ihrem Horn, da spielten sie, jammten sie und durchbrachen die Grenzen des Bandstand und des "Image", da experimentierten sie, entwickelten sie ihren eigenen Stil und dann fingen auch sie an "zu kochen".

Ernestine "Tiny" Davis

(Trompete/Bandleader)

Ernestine "Tiny" Davis war eine der bekanntesten Frauen auf der Jazzszene der frühen Dreißiger Jahre. Sie kam als Teenager aus Memphis und begann ihre professionelle Karriere in Kansas City. Sie durchlief dann mehrere Frauenorchester, erschien erst mit den Harlem Playgirls, später neun Jahre lang als solistische Attraktion bei den International Sweethearts of Rhythm, der populärsten Frauenband der Vierziger Jahre. Danach leitete sie ihre eigene Gruppe mit sechs Mann, Tiny Davis and her Hell Divers.

Tiny Davis ließ sich schließlich im Norden Chicagos nieder, wo sie mit einer vierköpfigen Band, in der ihre Tochter am Bass war, in diversen Clubs spielte. Tiny Davis arbeitet auch heute noch, spielt gelegentlich auf einer Hochzeit oder für die Musikunion, und 1980 nahm sie am Tribute des Women´s Jazz Festival für die Sweethearts of Rhythm teil. "Es ist fast vierzig Jahre her, daß wir uns zuletzt gesehen haben." sagt Tiny Davis. "Es war ein richtiges Familientreffen."

Ernestine Davis (den Spitznamen "Tiny" bekam sie von Anna Mae Winburn wegen ihres Umfanges) spricht über ihr Leben in einer ebenso jovialen wie knappen und exakten Weise. "Ich ging zur Booker T. Washington High School und fing mit dreizehn an, Trompete zu spielen. Zu der Zeit war ich das einzige Mädchen in der Band. Das ist lange her, so 1926, denke ich.

Tiny Davis war eine von fünf Schwestern und zwei Brüdern. Keiner in der Familie spielte ein Instrument. In der Schule fing sie zuerst an, sich für das Spiel zu interessieren: "Ich sah die Band, ich sah die Trompete, und ich ging nach Hause und sagte meiner Mutter, die wollte ich haben und sie besorgte sie mir. (Keiner, sagte sie, nicht einmal die Mitglieder eines vierunddreißig Mann starken Orchesters von Männern, fanden es merkwürdig, daß ein Mädchen sich die Trompete ausgesucht hatte). Tiny Davis bekam ihre musikalische Ausbildung lediglich in der Schule, wo der Schulleiter sämtliche Instrumente unterrichtete. "Ich mußte nur üben, das war alles ... so drei bis vier Stunden am Tag, die mußte ich dranhängen. Ich kletterte zu Hause auf den Hühnerstall und blies los."

Das Orchester spielte meist nur Märsche und Musik für Blaskapellen, erinnert sich Tiny Davis, und da sie zu Hause noch nicht einmal ein Victrola-Grammophon hatten, hatte sie in ihren frühen Jahren kaum Zugang zu Jazz oder zu irgendeiner der Bluessängerinnen. "Ich war zu jung. Die Bluessängerinnen interessierten mich nicht. Ja, später, da hab ich dann Ma Rainey und Mamie Smith gesehen", sagt sie.

Ich landete dann zufällig in Kansas City, und da hab ich zu spielen angefangen. Da oben hab ich in einem Nachtclub angefangen. Zwei Dollar kriegte ich da am Abend, wissen Sie, hab hier und da gespielt, und dabei hörte man überall in Kansas City andere Musiker." Tiny Davis kannte noch andere Musikerinnen auf der Szene, wie die Pianistinnen Mary Lou Williams, Julia E. Lee und "Countess" Margaret "Queenie"

Johnson (die später mit Billie Holiday aufnahm, mit der sie manchmal zusammengearbeitet hat. Im allgemeinen stieg sie aber mehr bei den Männern ein. “Man hat immer gearbeitet. Nicht so wie heute. Selbst wenn ich auf Reisen war, wenn ich nach Hause kam, ging ich am gleichen Abend noch arbeiten, es gab so viel Arbeit da.”

Bei den Jamsessions lernte sie spielen durch das Mitspielen, erinnert sich Tiny. “Man mußte alle Melodien spielen, und ich war immer dabei bei den Jungs und jammte. Zu der Zeit ... war nichts in der Stadt geschlossen. Man ging zu einem anderen Club oder in den Club, wo Count Basie gerade spielte. Da gingen wir hin, wenn wir Schluß hatten.” Da fand sie dann Basie, Drummer Jo Jones, den Musiker und Arrangeur Eddie Durham, den Bluesshouter Big Joe Turner.

Louis Armstrong war Tiny Davis´ bedeutendster Einfluß in jenen Tagen. “Ich liebte ihn”, sagt sie. “Schon in der Schule hab ich seine Platten gehört. Als ich mit der Trompete anfing, wußte ich nichts über ihn; aber dann später hab ich mir seine Platten besorgt und mitgespielt mit ihm. Das mach ich immer noch. Ich bringe sein “Mack the Knife” genau wie er.”

Etwa Mitte der Dreißiger Jahre verließ Tiny Davis Kansas City, um mit den Harlem Playgirls auf Tournee zu gehen, einer der neuen schwarzen Frauenbands, die sich gebildet hatten. “Wir hatten eine swingende Band”, sagt sie, “sie swingte wirklich. Wir sind überall herumgefahren, mit einem Bus. Ziemlich hart, aber wenn man jung ist und rauskommt, mach einem das Spaß.” Nach einem Jahr bei den Playgirls stieg Tiny aus, weil sie ein Baby bekam. Und dann bin ich auch nicht mehr zu ihnen zurückgegangen. Ich glaube, das war so um 39 herum, da bin ich dann bei den Sweethearts of Rhythm eingestiegen.”

Der Komponist und Arrangeur Jesse Stone brachte gerade junge, erfahrene Musikerinnen zu den Sweethearts und wollte Tiny Davis haben, die sofort zu einer der Attraktionen wurde mit solchen Nummern wie “Jump Children”, “I Can´t Get Started” und “Harlem Nocturne”. Tiny Davis war nicht besonders erpicht darauf, mit einer Big Band zu spielen, sagt sie, aber es war eine Erfahrung, die sie rundherum genossen hat. “Sehen Sie, da steh ich vorne vor der Band, und diese Band, also ich spiele einen Ton – da-doo-dee – und die Band swingt hinter mir los ... wirklich sagenhaft.” (Flo Dreyer, eine Trompeterin der Sweethearts zu Tinys Zeit, sagt von Tiny Davis: “Sie war einfach eine Schau – immer vergnügt, eine gute Jazzmusikerin und urkomisch”; Stone, der die Band auch in Form zu bringen hatte, erinnert sich an Tiny Davis als das Bandmitglied, das das wenigste Interesse an solchen Exerzitien hatte.)

Tiny Davis blieb fast zehn Jahre bei den Sweethearts und ging dann 1947 mit ihrer eigenen kleinen Gruppe auf Reisen. In diesem Sextett waren Bert Etta “Lady Bird” Davis am Saxophon und Ruby Phelan am Schlagzeug. “Wir spielten im Apollo, und ich spielte auf der 42nd Street in New York”, sagt Tiny Davis. “Wir spielten überall. Joe Glaser managte schon die Sweethearts und managte mich dann auch, als ich meine kleine Gruppe startete. Vierzehn Inseln haben wir bespielt - Puerto Rico, Jamaica, Trinidad ... Eine wirklich feine kleine Gruppe, amüsante Gruppe. Ich war ja sowohl Entertainer wie Trompeterin.”

Schließlich brachen Tiny Davis und die Hell Divers auch auseinander. “Ich war das herumreisen einfach leid, da bin ich dann für sechs Jahre runter nach Chicago gegangen und hab da auf der Worth Street im Old Town gearbeitet. Da hatte ich vier Leute. Ein festes Engagement ... Leute unterhalten ist echte Arbeit. Sie glücklich zu machen, darauf kommt es an.”

Wenn man die Höhen und Tiefen des Geschäftes bedenkt und daß sie noch drei Kinder großgezogen hat zur gleichen Zeit, als sie mit einem Leben fertigwerden mußte, bei dem sie ständig unterwegs war, wäre es sehr wohl begreiflich gewesen, wenn Tiny Davis sich von der Musik abgewandt hätte. Aber selbst in schweren Zeiten, besonders in den späteren Jahren, hat sie, wie sie sagt, niemals daran gedacht, aufzugeben oder etwas anderes zu machen. “Oh nein”, sagt sie, “nein nein nein. Ich hab nie was anderes gemacht, als Trompete gespielt.

Valaida Snow

(Trompete/Vocals/Geige/Klavier/Bandleader/Tänzerin)

Auf den Bühnen des Broadways feierte Ethel Waters in "As Thousands Cheer" Triumphe mit "Supper Time" und portraitierte Hagar in "Mambas Daughters"; Clara Smith arbeitete noch auf dem TOBA Circuit für fünfunddreißig Dollar die Woche – und "war froh, daß sie wenigstens das hatte", wie sich Clyde Bernhardt erinnert; Blanche Calloway, Cabs ältere Schwester, sang, tanzte und machte Spagat "die ganze Bühne entlang"; und dann die Whitman Sisters – Bert, Essie, Alice und May – die eine der höchstklassigen schwarzen Truppen ihrer Zeit leiteten, in der sie die Stars waren und auch manchen talentierten jungen Entertainer schulen halfen.

Valaida Snow, eine der populärsten Attraktionen in diesem Jahrzehnt, hatte in den Zwanziger Jahren auf der Bühne begonnen, sich aber nicht in den Frauenbands einen Namen gemacht, sondern auf der Bühne und in Cabarets als Unterhaltungskünstlerin. In den Dreißigern wurde sie als Trompeterin in England weit mehr gewürdigt als zu Hause, außerdem war sie eine der ersten Frauen, die den Jazz um den Erdball trugen und sich internationale Anerkennung als Instrumentalsolistinnen erwarben. Mary Lou Williams hat einmal geäußert, wenn Valaida Snow, die ein strahlendes hohes C blasen konnte, sich nur auf die Trompete konzentriert hätte, "hätte sie eine der ganz Großen auf ihrem Instrument werden können."

Valaida Snow wurde um die Jahrhundertwende in Chattanooga, Tennessie, geboren. Ihre Schwestern, Alvaida und Lavaida, waren beide Sängerinnen. Valaida lernte Trompete von ihrer Mutter, die sämtliche Instrumente unterrichtete, dann studierte sie noch, nach Tommy Benfords Worten, bei Dyer Jones.

Valaida Snows Karriere begann 1920 in Pennsylvania und Atlantic City, einer Stadt, die vor dem ersten Weltkrieg als Sommerfrische ein Mekka für die besten schwarzen Musiker und Entertainer war. Um 1922 lebte sie schon in New York, arbeitete im Barron´s und in Will Mastons Revue und debütierte 1924 am Broadway als Manda in "Chocolate Dandies". Ein Kritiker nannte sie eine "aufregende junge Frau", und zusammen mit Lottie Gee "war sie die weibliche Zierde der Show" (LCL–T) Im gleichen Jahr noch waren sie und Ethel Waters die Stars in der Show "Rhapsody in Black", in der sie im ersten Akt die Band leitete und im zweiten die Solotrompete in der "Rhapsodie in Blue" spielte.

In den späten Zwanzigern begann Valaida Snow eine lange Reihe von Tourneen, die sie schließlich um die ganze Welt führen sollten. Ihre erste Reise nach Shanghai machte sie 1926, später sollte sie noch Orte wie Hongkong, Rangun, Kairo, Bombay und Tokio besuchen. 1928 aber war sie schon wieder zurück in Chicago, wo Earl "Fatha" Hines ihren Auftritt im Sunset mitbekam – den er Stanley Dance später folgendermaßen beschrieb:

"Bei ihrer Nummer stellte sie vorne in einer Reihe sieben Paar Schuhe auf und vollführte dann in jedem von ihnen einen Tanz – flache Schuhe, Ballschuhe,

Stepschuhe, Holzschuhe und ich weiß nicht, was noch alles, aber ganz zuletzt kamen Russenstiefel. Sie tanzte in jedem von ihnen einen Chorus, und in der Stepnummer tanzte sie wie Bojangles. Louis Armstrong fiel fast vom Stuhl, als er sie sah. "Mann, sowas Großartiges hab ich noch nie gesehen", hat er zu mir gesagt. Das ganze Haus stand kopf, jedesmal." Gelegentlich übernahm Valaida auch mit Eifer den Posten des Produzenten und Direktors. "Sie war dermaßen talentiert", erinnert sich Hines, "sie wußte immer genau, was sie wollte und keiner konnte ihr etwas vormachen."

Nachdem Valaida Snow das Grand Terrace in Chicago verlassen hatte, ging sie nach England und trat in "Blackbirds of 1934" auf. (Der Schauspieler Joseph Attles, der drüben mit ihr gearbeitet hat, erinnert sich noch an sie, wie sie damals war – zauberhaft, schick, am Steuer eines purpurfarbenen Mercedes.) Sie kam nach London gleich nach Louis Armstrongs erstem spektakulären Gastspiel und war sofort eine Sensation. Der britische Autor Brian Rust hat beschrieben, wie die "Queen of the Trumpet" (im Ausland auch "Little Louis" genannt) London eroberte, einmal mit ihrem hervorragenden Trompetenspiel und zum zweiten, weil es etwas völlig Neues war, eine Frau ein Horn spielen zu sehen: "Die Präsenz, die sie auf der Bühne hatte, und ihr brillantes musikalisches Können nahmen das Londoner Theaterpublikum ganz gefangen, das höchst erstaunt war, daß dieses schlanke, gutgewachsene Mädchen eine Jazztrompete spielen konnte, wie es bis dato, zu mindest nach ihrer Auffassung, nur das Privileg eines Louis Armstrong oder eines Nat Gonella gewesen war." Ikey Robinson hat Valaidas Trompete als "melodisch" und "kultiviert" bezeichnet, während der Schriftsteller Jeff Aldam einen Monat nach Valaida Snows Tod in den Fünfziger Jahren sagte, ihr Stil sei in den Tagen der "Blackbirds" unheimlich swingend gewesen, genau auf dem Beat, breit im Ton und mit einem höchst unweiblichen Vibrato."

1935 kehrte Valaida Snow nach Amerika zurück und arbeitete in Los Angeles mit ihrem Mann, dem Tänzer Ananias Berry (von den Berry Brothers). Sie setzte ihre Tourneen fort, trat auch in zwei Filmen auf, "Take It from Me", "Irresistible You". Dann, 1941, während sie noch immer in Europa arbeitete, wurde Valaida Snow gefangengenommen, als Amerika in den zweiten Weltkrieg eintrat. In einem Artikel aus den Fünfziger Jahren gibt der Manager und Produzent Harrison Smith eine Schilderung von Valaidas erschreckenden Erlebnissen in Europa:

"Vor dem zweiten Weltkrieg, während sie (Valaida Snow) in Paris mit Chevalier auftrat, wurden die Amerikaner vor einer drohenden Nazi-Invasion gewarnt und aufgefordert, Frankreich zu verlassen. Während sie in Kopenhagen noch ein Konzert gab, fielen Flugblätter vom Himmel, auf denen stand, "Dies ist jetzt Deutschland". Da sie keinen Paß bekommen konnte, wurde sie mit vielen anderen Amerikanern ins Konzentrationslager Wester-Faengle gebracht. All ihr Besitz, inklusive siebentausend Dollar in Travellerchecks und einer goldenen Trompete, einem Geschenk der Königin Wilhelmina für ein Konzert, das sie auf Wunsch der Königin gegeben hatte, wurden konfisziert. Die Gefangenen bekamen jede Woche fünfzehn Peitschenhiebe. Durch ihren schlechten Gesundheitszustand verlor sie achtundsechzig Pfund

Gewicht. Im Zuge eines Gefangenenaustausches kehrte sie 1943 auf der S.S. Gripsholm nach USA zurück."

Möglicherweise hat Valaida Snow ihr Leben dadurch gerettet", vermutet Doc Cheatham, "daß sie ein großer Entertainer war."

Nachdem ihre seelische und körperliche Gesundheit mit der Hilfe ihres neuen Ehemannes, des Managers Earle Edwards, wiederhergestellt war, nahm ihre Karriere wieder ihren Lauf und sie trat im gleichen Jahr noch zum ersten Mal im Apollo auf. 1945 zog sie nach Kalifornien und arbeitete weiter in den Vereinigten Staaten und Kanada, wo sie ein großer Publikumsliebling war. Valaida Snow starb 1956 nach einem Schlaganfall.

Ina Ray Hutton and Her Melodears

1934 erkannte Irving Mills das kommerzielle Potential einer Frauenswingband und beschloß, eine davon zu unterstützen. Mit der mächtigen Mills-Organisation im Rücken wurde so Ina Ray Hutton and Her Melodears eine der populärsten Frauenbands des Jahrzehnts. Audrey Hall, die mit den Fourteen Bricktops und bei Babe Egan gespielt hatte, war auch Mitglied der originalen Melodears, denen sie eine ganze Reihe ihrer Mitglieder zugeführt hatte.

"Ich hatte ein kleines Notizbuch, in das ich die Namen eintrug", sagt sie, "und immer, wenn ich unterwegs war und hörte, da gäbe es eine gute Gruppe mit Mädchen, ging ich hin und hörte sie mir an, und wenn mir eine besonders gefiel, ließ ich mir Namen und Adresse geben und trug sie in dies kleine Buch ein. Das machte ich überall auf meinen Reisen durch die Vereinigten Staaten. Wie die dann also die fixe Idee mit Ina Ray Hutton kriegten, – da saß wirklich eine Menge Geld dahinter, als sie mit der Organisation anfingen – wo sollten sie da ihre Musiker hernehmen? Ich holte mein kleines Buch heraus, und wir riefen sie überall aus den Staaten zusammen. Oft waren es nur ganz kleine Combos und natürlich kannte sie kein Mensch." (Audrey Hall, wie so manche andere Frau, die bei ihrer Arbeit immer unterwegs war, bestätigt, daß man in kleinen Provinzstädten viele hochtalentierte Frauen, hören konnte, die nie eine Chance hatten, aus ihrer Heimatstadt herauszukommen.)

Nachdem die Auswahl für die Band getroffen war, erinnert sich Audrey Hall, wurde Ina Ray Hutton zum Bandleader bestimmt. 1916 in Chicago geboren, war sie schon als Kind in einer Gus Edwards-Revue als Steptänzerin aufgetreten, ging dann weiter zu Lou Leslies "Clowns in Clover", George Whites "Melody" und den "Ziegfeld Follies of 1934". Sie war keine Musikerin – in den ersten paar Monaten gab Audrey Hall der Band das Tempo vor, während die Hutton nur den Taktstock hielt – aber als die Melodears 1934 das erste Mal an die Öffentlichkeit traten, stand Ina Ray Hutton da als der Inbegriff des weiblichen Bandleaders der Dreißiger Jahre. Bildhübsch, sexy und extravagant, wurde "The Blonde Bombshell of Rhythm", wie man sie nannte, zu einem "ausgesprochenen Kassenmagneten", wie die Zeitschrift Variety sagte, und sie wurde zum Standard für die stereotype Vorstellung vom weiblichen Bandleader. An manchen Orten mußte die Polizei die Bühne umstellen, wenn Ina Ray Hutton zu der Musik steppte und herumwirbelte. Ihre sechs Kostümwechsel pro Abend waren berühmt, und ihre Säume waren doppelt genäht, damit sie nicht aufgingen während der Vorstellung. Ebenso berühmt waren ihre Silberfüchse, ihr Sex Appeal und ihr cleveres Köpfchen, und in so manchem Zeitungsartikel schrieb man ausführlich über ihren ausgeprägten Geschäftssinn. In der originalen Hutton Band waren so hervorragende Musikerinnen wie die Posaunistin Alyse Wills (die über zwanzig Instrumente spielte und mit der Tommy Dorsey Band um die Welt gezogen war), die Pianistin

Betty Roudybush, die Trompeterin Estelle Slavin, Holzbläserin Audrey Hall und Tenorsaxophonistin Betty Sattley. Mit den genau auf die Band zugeschnittenen Arrangements des Pianisten und Komponisten Alex Hill (der auch für Fats Waller, Andy Kirk und Benny Carter arrangiert hat), wurden die Melodears praktisch über Nacht ein Erfolg. Während die meisten Musikerinnen der Zeit nie die Gelegenheit erhielten, eine Platte aufzunehmen, war die Hutton Band – mit Irving Mills im Hintergrund – auch darin eine Ausnahme. Zwei kürzlich wiederveröffentlichte Aufnahmen – eine schnelle Nummer "Wild Party", mit einem rauhen Baritonsolo von Betty Sticht, und dem Titel "Witch Doctor" im "Jungle"-Stil – zeigen das flüssige, rhythmische Spiel der Sektionen zu dieser Zeit.

1936 hatte sich die Band neu formiert, und schließlich wurde Eddie Durham als Manager und Arrangeur für die Band herangezogen. Einige der ursprünglichen Bandmitglieder waren ausgestiegen, andere, wie Alise Wills, blieben dabei. "Sie hatte das absolute Gehör", erinnert sich Durham. "Sie ging immer runter in die Garderobe und gab jedem seinen Ton an. die brauchten zum Stimmen kein Klavier. Sie stimmten nach ihrer Stimme. Das war eine großartige Musikerin. Sie war die erste Posaune, dann half sie, die anderen auszuwählen." Alyse Wills half auch bei den Proben mit ihrer Sektion, in der Jessie Bailey und Fie Hesser waren.

Über Betty Roudybush sagt Durham, "sie war so ziemlich das Beste auf dem Klavier, was zu der Zeit zu haben war und spielte genau so fabelhaft wie Mary Lou Williams und solche Leute. Sie war ein Experte." "Sie war so gut", sagt Jane Sager, "daß ihre Chorusse in Down Beat besprochen wurden." (Wie Down Beat berichtete, wurde Betty Roudybush von Fats Waller und Earl Hines beeinflußt und obwohl ihre Hände nur drei Inches Spannweite hatten, brachte sie doch den Griff über zehn Tasten fertig, der für das Stride-Piano unerläßlich ist und den sie durch geduldiges und beständiges Üben über Jahre hinweg erreichte).

An der Gitarre war Marian Gange. "Ich hab ihr Gitarre beigebracht", erinnert sich Durham, (der erste, der sich eine elektrische Gitarre gemacht hatte). "Damals hab ich mich beim Unterricht nicht so sehr auf das Solospiel konzentriert wie auf den Rhythmus, sie sollten lernen, mit ihrem Instrument der Band den festen Halt zu geben." Betty Sattley, die ja schon früher in der Band gewesen war, kam auch zurück. "Betty war die hervorstechende Persönlichkeit", sagt Durham. Sie spielte zweites Tenor und "Hot" Tenor ... Auf diese Weise wurde die Band auf Vordermann gebracht. Sie sollte stark sein, wie ich sie aufgebaut hatte."

Nach drei Wochen Probe ging die Band ins Paramount Theater in Newark und bereitete sich dann für das Paramount in New York vor. Noch während der Vorbereitungen zur Eröffnung, sagt Durham, schickte man die Gruppe in den Norden des Staates New York zu einem Probeauftritt. "Duke Ellington war da. Den schickten sie hin und noch eine ganze Menge ähnlicher Leute, die mal sehen sollten, was sie wohl von den Zukunftsaussichten der Band hielten." Durham (der immer an der Seite hinter der Bühne stand und der Band das Tempo vorgab, denn Ina Ray Hutton kam erst später heraus) eröffnete die Show mit einer Hotnummer, die Show nahm ihren Lauf, und dann kamen die Kritiken. Durham erinnert sich: "Sie sagten, 'alles war prima, aber ich hätte nie gedacht, daß ich das noch erleben müßte, daß Mädchen mit

Dämpfern herumwedeln und mit ihrem Horn und daß das Publikum so tobt, daß die Show nicht weitergehen kann.' Und sie sagten: 'Was meinen Sie denn dazu, Mr. So-und-So?' Ellington natürlich, der nahm alles Neue an, wie es kam und sagte: 'Also, ich finde es fabelhaft!' Dann sagten sie noch: 'Nun, ich hab gedacht, Pretty Girl Is Like a Melody', aber Ina Ray sagte, sie wolle 'klingen wie Benny Goodman und Basie und all die anderen.' Und dann sagten sie: 'Also, ich meine, es gehört sich nicht, daß Mädchen so spielen.' Das wäre die einzige Art gewesen, wie ich es ihnen hätte schmackhaft machen können, wenn ich die Show mit 'A Pretty Girl Is Like a Melody' eröffnet hätte. Ich muß wohl mit 'Tiger Rag' oder sowas angefangen haben!"

Sobald die Band aber erst mal im Paramount aufgetreten war, war alles gelaufen, Riesenerfolg auf der ganzen Linie, überall, wo sie hinkamen. (Die Hutton Band aus dieser Periode kann man noch in dem Film "Big Broadcast of 1937" sehen und Kurzfilmen wie "Accent on Girls" (1936) und "Swing, Hutton, Swing" (1937) sehen.) Durham sagt: "Was die machten, war phantastisch." Bei einem Programm im Madison Square Garden traten zwölf Bands auf. Da bat Durham Ina Ray Hutton, mal herauszufinden, wo im Programm Count Basie drankam und ihren Einfluß (davon hatte sie eine Menge) geltend zu machen, daß die Melodears eine Nummer vorher auftreten konnten. Als sie dann auftraten, spielten sie die ganzen Basienummern mit allen Basiesoli.

"Sie spielten "One o´Clock Jump", und ich hatte noch Nummern drin wie "Jumpin´ at the Woodside" und "Out the Window", erinnert sich Durham. "Alles, was es auf Platten von Basie gab und was sie spielen würden, spielte Huttons Band. Die Girls schwangen ihre Dämpfer wie (Trompeter) Harry Edison. Der kam aus der Garderobe auf die Bühne gerannt, halb angezogen, alle kamen sie raus und konnten es nicht glauben. Heute käme man ganz schön in Schwierigkeiten, wenn man soetwas machte, aber die Jungs, die waren begeistert, als sie die Mädchen ihre Solos spielen hörten. So hat die Band gespielt, genau wie die Jungs. Sie mußten. Darauf hab ich hingearbeitet."

In einem Interview, das sie gab, als sie ihre zweite Band leitete, sprach Ina Ray Hutton über das Thema Frauen im Jazz:

Aus Gott weiß, welchen Gründen wird die Zusammenstellung einer Band nur aus Mädchen heute noch als ganz besondere Leistung angesehen. Sicher ist die Formierung einer erfolgreichen Band, gleich, welcher Art, immer ein schwieriger Job, aber ich bin sehr froh in dem Bewußtsein, Mitglied einer Truppe zu sein, die sich in die allgemeine Anerkennung hineingespielt hat – und das hieß natürlich auch finanzielle Anerkennung.

Jazz und Swing stellen ganz beachtliche Ansprüche an jeden, der sie richtig darbieten will. Aber dieses Darbieten liegt durchaus im Bereich der Fähigkeit der schöneren Hälfte des Stammes Mensch, und wo immer die Musik sich vom Swing aus hinentwickelt, die Mädchen werden kaum Schwierigkeiten haben, da mitzukommen."

1939 war Ina Ray Hutton nicht mehr bei der Mills-Agentur und war nicht mehr in der Lage, ihre Frauenband zum Erfolg zu führen. Sie löste sie auf und stellte eine Band nur aus Männern zusammen, und die Presse berichtete, sie "sei die Musikerinnen leid". Der Kritiker George Simon stellte fest, die Band hätte "einige gute Musiker ... spielte gut, aber gewöhnlich zu laut", kam beim Publikum mit "ihrer guten Tanzmusik an", und bestand bis Ende des Krieges.

In den Fünfziger Jahren brachte Ina Ray Hutton eine vierzehnköpfige, ziemlich kommerzielle Frauenband in das neue Medium Fernsehen und war mehrere Jahre lang der Star ihres eigenen wöchentlichen Ein-Stunden-Programms auf WKLA in Los Angeles. In dem Film von 1955 "Girl Time" steht Ina Ray Hutton noch einmal vor einer Frauenband, aber sie sollte nie wieder die Prominenz erreichen, deren sie sich in den Dreißiger Jahren erfreute, als sie und ihre berühmten Melodears eine der Spitzenbands auf diesem Sektor waren.

Betty Sattley Leeds

(Tenorsaxophon)

Als Betty Sattley zum zweiten Mal in die Ina Ray Hutton Band eintrat, wurde sie von Eddie Durham besonders herausgestellt, weil sie, wie er sagte, eine der wenigen weißen Frauen war, die ein wirklich explosives Tenor spielen konnten. "Sattley war einsame Klasse", erinnert sich Jane Sager: "Sie war unwahrscheinlich in der Improvisation. Sie steckte sich das Tenor ins Gesicht und machte die Augen zu und spielte die ganze Nacht durch. Und sie spielte an allen möglichen Ecken. Sie war auch in einigen Männerbands." Betty Sattley war auch eine der wenigen Frauen, die in den Vierziger Jahren ihr eigenes Trio auf der 52nd Street hatten.

Betty Sattley wurde in einer kleinen Stadt in Illinois, Einwohneranzahl 700, geboren. "Es gab da einen Musiklehrer, der einmal in der Woche in jede Stadt des Bezirks kam und Unterricht gab. Wir waren am Montag dran, wir bekamen also eine Stunde Unterricht pro Woche." Ihr erstes Instrument war ein C-Melody-Saxophon (zwischen Alt und Tenor).

"Ich hatte es mir aus einem Sears-Katalog herausgesucht. Mein Vater sagte, ich dürfte mir ein Instrument aussuchen, ganz gleich, welches, und ich wollte dieses lange Ding mit all den Holzschlegeln haben. Ich konnte das aber nicht aussprechen (das Wort Xylophon) und sagte statt dessen Saxophon, und das kaufte er mir dann, und das war mein erstes Horn."

Betty Sattleys ganze Familie war musikalisch. "Mein Vater stellte eine Band auf mit uns vier Mädchen. Meine Schwester spielte Schlagzeug. Eine spielte Bass, die nächste Trompete und ich Saxophon, er besorgte sich dann noch ein Klavier und los ging´s. Ich spielte schon, als ich neun oder zehn war. Wir zogen in allen Städten von Illinois herum, den Bergwerksstädten, da gab es am Samstag abend immer Tanz, und ich glaube, wir bekamen bei diesen Gigs immer zwei Dollar am Abend oder so."

Betty Sattley wuchs auf mit den Platten von Fletcher Henderson, Duke Ellington und Andy Kirk ("Da hab ich das erste Mal Mary Lou gehört und Dick Wilson am Tenor. Den mochte ich sehr. Und Chu Berry – lieber Gott, das war mein Idol!")

Betty "ging mal in die High School und ging auch mal wieder nicht", weil sie auf Tournee ging. "Tatsächlich kam ich schon mit dreizehn nach New York, um bei einer Band namens Babe and Her Hollywood Redheads einzusteigen, die in einer Broadwayrevue mit Thelma White, Leiterin einer anderen Frauenband, auftraten." In der Show waren ein Comediant, ein Akrobat und eine Reihe Chorusgirls, aber der schriftlich niedergelegte Part für die Band ließ wenig Raum für Improvisationen.

1935 jedoch schickte die Ina Ray Hutton Band nach Betty Sattley, und in Toronto stieß sie zu der Truppe. Sie blieb ein Jahr, dann ging sie weg (weil eine andere Musikerin gefeuert worden war), jammte in New York herum und ging schließlich wieder zur Band zurück. Zu der Zeit schrieb Eddie Durham die Arrangements. "Mir schien es, als hätte Eddie das ganze Repertoire für mich geschrieben", sagt sie, "ob

Ballade oder Jumpnummer, die ganzen Arrangements waren wie für mich gemacht, mit hier und da ein bißchen Trompete dazwischen zur Abwechslung. Das 'Biting Brass' – das scharfe, schneidende Blech – wie hab ich das geliebt! Ich nehme an, deswegen mag ich auch Basie so sehr, das erinnert mich so an Eddie."

Mit der Hutton Band, erinnert sich Betty Sattley, "war die Musik ein reines Vergnügen." "Ich meine, sie hätte sich neben jeder Band mit Männern sehen lassen können – so drückten sich die Leute damals aus – auch wenn da ein paar schwache Glieder in der Kette waren, die es in jeder Band gibt, aber für Mädchen ist es schwieriger, das zu überspielen oder zu ersetzen. Wenn sie einmal eine wirklich gute, eine sehr gute Musikerin verlor, war es außerordentlich schwer, Ersatz zu kriegen; bei den Männern geht man einfach hin und holt sich einen anderen."

1939 brach die Hutton Band auseinander, und Betty Sattley, die den Tenorsaxophonisten Charlie Leeds geheiratet hatte, zog nach New Jersey. Leeds spielte zu der Zeit bei Louis Prima und als er nach Übersee ging, nahm seine Frau seinen Platz in der Band ein, "um ihm seinen Platz freizuhalten", wie sie es ausdrückte. (Prima sagte ihr, er würde sie behalten, bis er einen Mann fände, der besser Saxophon spielte als sie.) Als Betty Sattley dann wirklich von Prima wegging, ging sie mit ihrem eigenen Trio in den Ha Ha Club auf der 52nd Street. (Wenn irgendein Club sich weigerte, sie als "Little Bit" anzukündigen – ein Name, den man ihr gegeben hatte wegen ihrer Größe von 4'11"ft (1,50 m) und ihrem Gewicht von 110 Pfund (ca. 50 kg) – dann bestand sie darauf, daß man sie statt dessen als "Miß Leeds" bezeichnete). "Dizzy und Bird und Don Byas und Erroll Garner waren die Ablöseband im Spotlight", erinnert sie sich, "und gegenüber war Stuff Smith, das war eine einzige ununterbrochene Jamsession. Nur daß ich mit Bop nichts anfangen konnte. Ich hab zu der Zeit keinen Bop gespielt. Für mich gab es ganz strikt nur die Swingära, Vido Musso, Charlie Leeds, diese Art."

Nachdem sie dann ihr eigenes Trio aufgegeben hatte, schloß sie sich für kurze Zeit Estelle Slavins Gruppe an, den Five Brunettes. "Wir spielten in Columbo´s in Philly (Philadelphia) und bekamen eine gute Gage. Als Charlie 45 nach Hause kam, war ich immer noch bei ihr, aber nun kamen sämtliche Ehemänner nach Hause, da löste sie die Band auf, und ich fing dann an, Clubengagements anzunehmen in der Gegend um Elisabeth, Newark – Hochzeiten und soetwas. Nach dem zweiten Baby – 55 geboren – habe ich, glaube ich, noch ungefähr fünf Jahre gespielt, das war´s dann auch. So um 1960 hab ich ganz aufgehört. Ich konnte keinen Babysitter bekommen, dem ich trauen konnte. Ich bin so eine von den ängstlichen (Müttern) – wenn sie mal Husten haben und ich muß weggehen, dann rufe ich jede Stunde an, wie es geht und wenn dann die Leitung besetzt ist, dann meine ich immer, sie spricht mit ihrem Freund – langsam wurde ich auch älter, da dachte ich, es wäre nun an der Zeit, aufzuhören und zu Hause zu bleiben." Außerdem war Betty Sattley auch kein Freund des Rock´n Roll, der in den Sechzigern aufkam und sie sagt, sie "hätte sich völlig von der Musik abgewandt. Ich hatte noch nicht einmal Lust, Jazz zu hören, außer Basie und Sinatra mit "Pennies from Heaven" oder soetwas." In der Rückschau, sagt sie, hätte sie einen "Schuldkomplex", wenn sie zugäbe, daß ihr die Musik gefehlt habe, als sie sich aus dem Geschäft zurückgezogen hatte. Aber "ja", sagte Betty Sattley, "sie hat mir gewaltig gefehlt."

Wie Jane Sager und Audrey Hall, so ist auch Betty Sattley der Meinung, daß die wirkliche musikalische Freiheit nur im Jammen lag. "Da zählte nicht deine Hautfarbe, sondern deine Musik", sagt sie; aber ihren Anteil an Sexismus hat sie auch mitbekommen. "Sie knirschten förmlich mit den Zähnen, wenn sie (die Männer) einem gratulierten oder ein Kompliment machten, obwohl manche von ihnen wirklich begeistert waren. Heute zum Beispiel kommen die Jungen zu meinen Kindern (beide Söhne von Betty Sattley sind Berufsmusiker) und sagen: "'Bei wem studiert ihr? Wie macht ihr das, daß ihr diesen Lauf so hinkriegt?' Uns haben sie nicht gefragt, wahrscheinlich, vermute ich, eben weil wir Frauen waren. Ich wäre nur zu glücklich gewesen, wenn ich ihnen das bißchen, was ich wußte, hätte erzählen dürfen."

Estelle Slavin

(Trompete/Bandleader)

Estelle Slavin war ein Mitglied des originalen Ina Ray Hutton-Orchesters, hat aber auch ihre eigenen kleinen Combos und Männergruppen geleitet. In den Sechziger Jahren hat sie sich von der Musik zurückgezogen und arbeitet seitdem als Innenausstatterin.

Estelle fing schon in der Oberschule an, Trompete zu spielen. "Mein Vater hat mich unterrichtet", erinnert sie sich. "Als junger Mann in Europa war er Musiker." In New York arbeitete er dann als Schneider. "Er hatte ein Reinigungsgeschäft an der Lower East Side, und da haben wir gewohnt, bis ich so ungefähr neun Jahre alt war. Ich bin in Connecticut geboren, aber in die P.S. 60 (Grundschule in der Bronx) gegangen. Da habe ich in der Band mitgespielt, danach bin ich in die deutsche Band von irgend jemandes Groβvater gegangen, und da habe ich sehr viel gelernt, bei all den Opern und der klassischen Musik.

Estelle Slavin hat nie die Absicht gehabt, Berufsmusikerin zu werden, aber im letzten Schuljahr bekam sie ein Angebot von der Ina Ray Hutton Band. Während manche Familien strikt dagegen waren, daß ihre Töchter von der Schule ab auf Tournee gingen, war die Reaktion in Estelle Slavins Familie genau entgegengesetzt. "Da war ich diejenige, die nicht wegwollte", sagt sie. "Mein Bruder zwang mich dazu, anzunehmen, weil es ein so gutes Angebot war. Da bin ich dann zu den Proben gegangen und habe all die Mädchen getroffen, von denen ich zu der Zeit keine außer der Schlagzeugerin kannte." Die Musik, sagt sie, "war mir ganz vertraut. Ich weiß nicht, wieso, aber sie war es eben. Ich mochte nun mal Jimmie Luncefords Band und viele andere der schwarzen Bands, es war mir wohl angeboren. Ich könnt nicht sagen, daß ich das von irgend jemandem gelernt hätte."

Anfang der Vierziger Jahre startete Estelle Slavin ihre eigene fünfköpfige Gruppe, 'Stelle and the Brunettes, mit Marlene Gray am Alt, Ceal Zirl am Bass, Rose Gottesmann am Schlagzeug und manchmal Mary Tadler am Bass und Betty Sattley am Tenor.' "Wir spielten meist meine Head Arrangements", sagt Estelle Slavin. "Ich weiß nicht, wie ich das gemacht habe, aber gemacht hab ich´s. Ich habe nie etwas aufgeschrieben, ich konnte nicht so gut Noten schreiben. Ich gab jedem Mädchen seine Töne vor und sie lernte sie dann, und die waren wirklich gut, besonders die erste Gruppe. Wir spielten alle Balladen und alle schnellen Nummern, und die Musiker konnten es nicht fassen. Wir waren unserer Zeit weit voraus." Im April 1943 schrieb ein Kritiker über eine Probe: "Es ist völlig klar, daß die Mädchenbands so langsam aus der Klasse der bloßen Mode-Attraktionen herausgekrochen kommen, da ihnen immer mehr Respekt von Musikern und Fans entgegengebracht wird, und damit gibt es auch größere und bessere Jobs. Dieser Truppe, angeführt von 'Stelle an der Trompete, steht das alles durchaus zu.'"

"Ich meine, wir müssen bescheuert gewesen sein, daß wir nicht mehr daraus gemacht haben", sagt Estelle. "All die Jungs aus den Bands kamen, um uns zu hören, als wir in Philly waren. Sie kamen sogar aus den Theatern. Die trauten ihren Ohren nicht, denn wir kannten uns ganz schön aus, und die Arrangements waren gut." Estelle Slavin glaubt, daß schlechtes Management dafür verantwortlich war, daß die Band nicht den Erfolg hatte, den sie hätte haben können. Nachdem einige der ursprünglichen Mitglieder ausgetauscht worden waren, sagt sie, wurde die Gruppe "mehr und mehr kommerziell. Es wurde immer mehr ein Tanzorchester. Danach war ich es dann ein bißchen leid, weil ich den Sound nicht mehr hinkriegte, den die Mädchen mit den Head Arrangements gehabt hatten."

In den Fünfzigern hat Estelle Slavin noch gearbeitet, aber die Mädchen fingen an, auszusteigen. "Einige heirateten, und dann brach alles irgendwie auseinander." Sie arbeitete weiter bis in die Sechziger Jahre hinein, zuerst eine Band mit Männern in New York, "aus der nichts weiter wurde", dann noch eine Männerband in New Jersey. "Die Band war nicht so gut wie die, die ich in New York hatte", sagt sie, "aber sie hatte Möglichkeiten. Wenn sie zusammengeblieben wäre, hätte aus ihr etwas Großartiges werden können, aber dann starben die Bigbands langsam aus, und da ließ ich es dann bleiben."

"Ich hab dann noch ein paar Clubengagements gespielt, aber dann hab ich wirklich vollkommen aufgegeben. Ich kam zu einem Job und mußte mich mit einem miserablen Drummer herumschlagen. Und der Pianist spielte lauter falsche Akkorde – Das waren so die Dinge. Es war so eine zusammengewürfelte Band. Als ich an dem Abend nach Hause kam, sagte ich: 'Nie wieder. Das war´s. Wenn ich mit solchen Leuten spielen soll, dann will ich nicht mehr.' Ich habe meine Musik nämlich immer sehr ernst genommen und wenn ich nicht mit einem guten Pianisten und einem guten Drummer arbeiten kann, sehen Sie, was bleibt dann noch? Da hab ich dann aufgegeben und aus. Ich hatte ja auch die ganze Zeit, in der ich spielte, Innenarchitektur studiert, da hab ich mich dann mit ganzer Macht reingekniet, und dabei bin ich seitdem geblieben. Man könnte es meine zweite Liebe nennen. Und es ist eine Kunstform."

Als sie noch spielte, nannte man sie manchmal den "weiblichen Harry James". Sie sagt, Roy Eldridge hätte sie auch immer sehr bewundert, aber nie jemandes Stil mit Bewußtsein zu kopieren versucht. "Ich hab immer nur gespielt, was ich fühlte, und so kam es auch heraus. Das ist alles so lange her, es kommt einem jetzt so merkwürdig vor, wenn man darüber spricht. Ich kann es selbst gar nicht mehr glauben. Früher hab ich immer gerne hübsche Balladen oder Bop gespielt – so hat man das damals, glaube ich, genannt. Und dann kamen die Jungs an und waren fasziniert. Wie ich das gemacht habe, weiß ich nicht. Ich hab es eben gemacht."

Jane Sager

(Trompete)

Das einzige, was man braucht, um Musik zu machen,
ist Sachverstand – ob Mann oder Frau, damit hat das nichts zu tun.
Jane Sager

Eine der freimütigsten und aktivsten Frauen im Jazz, Jane Sager, spielte eine wichtige Rolle in den Frauenbands von Rita Rio und Ada Leonard, bei den International Sweethearts of Rhythm und den Victory Belles. Sie übernahm auch den Platz von Bobby Hacket in Katherine Dunhams Band und spielte in den Bands von Charlie Barnet und Johnny Richards.

In Green Bay, Wisconsin, geboren, fing Jane Sager im Alter von sechs Jahren an, Geige zu spielen. Als sie zehn war, spielte sie schon im Radio Mendelssohn, und zur Belohnung bekam sie von ihrem Vater ein Fahrrad. "Ich fuhr los und direkt in einen Wagen hinein", sagt sie, "und das Hinterrad des Wagens rollte über meine linke Hand, da können Sie sich vorstellen, wie ich da Geige spielen konnte." Als Jane Sager dann ein Mädchen in einem Schulkonzert Kornett spielen sah – wobei sie die Klappen mit der rechten Hand runterdrückte – ging sie zur Moose (Lodge) Hall, die Unterricht und Hörner angeboten hatte und nahm sich ein Tonk-Horn. "Der einzige, der außer mir noch so ein altes Horn hatte, war Louis Armstrong", erinnert sie sich, "und das waren die schlechtesten Hörner, die es jemals irgendwo zu hören gab." Jane Sager nahm es mit nach Hause und übte buchstäblich "bis zum Umfallen."

"Ich konnte 'Come to Jesus' so spielen, daß es swingte", erinnert sie sich, und als der Jazztrompeter des Ortes einen Unfall hatte und verletzt war, holte man Jane Sager als Ersatz in die Tanzsäle an den Seen um Green Bay. Da spielte sie dann neben den Vätern der Kinder, mit denen sie zur Schule ging. "Mein Vorteil war, daß ich in der Schulband nur mit Jungens und Männern spielte. Es gab wohl ein paar Mädchen, die gut waren, aber meistens hatten einer der Jungens und ich unsere eigene kleine Band, und ich wußte genau, wie die Jungens arbeiteten und dachte, so müßte ich es auch machen."

Jane Sager ging dann ans Stevens College in Chicago und machte da ihr Examen für Geige, um weiter ans American Conservatory of Music zu gehen. "Ich studierte gleichzeitig beim ersten Trompeter des Chicagoer Symphonieorchesters und bei Roy Eldridge. Meine Studien absolvierte ich im Three Deuces, bis sieben Uhr morgens, da bin ich auch immer eingestiegen, und das war, also das war das Größte, wissen Sie. Da hab ich dann auch mal mit Art Tatum gespielt. Ich mußte einfach dieses Horn spielen, das war alles."

Jane Sager sagt, anfangs, als sie in Chicago ankam, hätte sie "nicht gewußt, daß es so etwas wie Mädchen als Musikerinnen gab. Einmal in Chicago angekommen, geriet ich dann in diese Bands, in denen nur Mädchen waren, und ich dachte, na also, da gibt es ja doch noch eine Möglichkeit, mit Mädchen genau so zu spielen wie mit Männern." Jane mußte bald feststellen, daß es in Chicago viel schwerer war, von den Musikern akzeptiert zu werden, als in Green Bay. "Ich kann Ihnen sagen, wann man das zu spüren kriegte: wenn man zum Probespiel für irgend eine Band kam, aufs Podium ging und sie dann so ein Gesicht machten, 'Oh Gott, ein Mädchen!' Das war wie ein eisiges Bad. Ging man dann aber trotzdem hin und bewies es ihnen, dann waren sie wunderbar zu dir. Man mußte es ihnen aber erst beweisen, nicht wahr, und noch etwas mußte man tun, man mußte sie auflockern. Um ein Beispiel zu nennen: wenn ich da reinkam und mir passierte ein falscher Ton, dann sagte ich schnell ganz laut den berühmten Fluch mit den vier Buchstaben, und dann sagten die Jungs: 'Mensch, die ist richtig! Das ist keine zickige Tante! Die ist genau wie wir.' Das mußte erst mal klargestellt werden."

Die erste Show, in der Jane Sager mitmachte, lief außerhalb Chicagos und war, was sie die "cheap unit shows" nannte, kleine Shows ohne größere Geldmittel, die nach dem Börsenkrach von 1929 aufkamen. "Sie hatten eine Reihe Tänzerinnen, einen Jongleur, einen Comedian und eine Steptänzerin, die sexy war, und dann die Band, die auch noch ein paar Nummern spielen mußte. Aber die Band war nicht nur die Attraktion am Schluß, sie mußte die ganze verdammte Show spielen, was eine unschätzbare Erfahrung für uns alle war und wir reisten rum und spielten an allen großen Theatern."

Mitte der Dreißiger Jahre dann, als Ina Ray Hutton so ein Riesenerfolg war, erschien Rita Rio "als Konkurrenz", und Jane Sager hatte die Chance, bei der Gruppe einzusteigen. Die Band hatte zwei Programme, "eines für Dinnermusik im Restaurant und eines für draußen in den Tanzsälen, wo wir dann richtig loslegen konnten. Rita Rio steppte und sang, wand und drehte sich für ihr Publikum, bis es einmal (in Scranton) so arg wurde, sagt Jane Sager, "daß sie die Polizei geholt haben. Sie war wild geworden, einfach zu wild." Rita Rio, deren Erkennungsmelodie "La Cucaracha" war, hatte ihre Spezialnummern, inklusive einer Imitation von Cab Calloways "Hi-Di-Ho", und die Band spielte Arrangements von Musikern wie Charlie Barnet und Fats Waller (der auch meist die Proben der Band abhielt). Anfang der Vierziger Jahre gab Rita Rio das Wanderleben auf und versuchte, als Dona Drake im Film Fuß zu fassen.

"Wir sind damals oft mit den Sweethearts zusammengetroffen", erinnert sich Jane. "Da hab ich auch Tiny Davis und Pauline (Braddy) getroffen. Wir sind immer hingegangen und haben sie uns angehört, wenn wir nach der Arbeit noch hinkommen konnten, und wenn sie frei hatten, kamen sie zu uns." Die Frauen hatten aber nie die Gelegenheit, miteinander zu jammen, sagt Jane Sager, weil eine Gruppe immer auf dem Podium war. Wenn dann der Job zu Ende war, "hatten wir frei, und sie mußten in die nächste Stadt fahren, oder sie hatten frei und wir mußten weiter in eine andere Stadt."

Bei Musikern einzusteigen, war wieder ein anderes Kapitel. "Natürlich bin ich bei jeder schwarzen Band eingestiegen, die man sich denken kann. Ich bin immer nach Harlem gefahren und hab in all den berühmten Clubs gesessen – Dickie Wells, the Silver Dollar ... und ich bin bei Leuten wie Lips Page, Rex Stewart eingestiegen ... ich hab immer irgendwo eine schwarze Band gefunden, die hab ich immer gesucht, denn die gaben mir wirklich was. Natürlich sind weiße Bands auch sehr gut, ich mag sie sehr, aber das kann ich Ihnen sagen, wenn man damals in die kleinen Clubs kam, dann fand man drei, vier, fünf Leute, eine solide kleine Combo vor und wenn man da einsteigen durfte, dann riß es einen förmlich vom Stuhl. Sie waren viel empfänglicher als die organisierten weißen Bands."

Auf der Szene anzukommen, sagt Jane Sager, war nicht so schwer für sie als Frau, "nicht, wenn man ein Horn hatte und bewies, was man konnte. Wir haben uns immer nur als Musiker gesehen. Wenn man spielen konnte und Seele hatte, das war´s. Ich bin überall hingegangen und solange ich mein Horn unterm Arm hatte, hätte ich mir keine respektvollere Behandlung wünschen können. Die Leute können sich gar nicht vorstellen, wie eng die Beziehung zwischen weißen und schwarzen Musikern zu der Zeit war. Benny Goodman hat schließlich die Rassenschranken eingerissen (siehe Helen Oakley Dance) und dann kamen die Dinge immer mehr und mehr in Bewegung ... In gewisser Weise lebten wir Musiker alle in der Segregation. Wir waren eben so besessen von unserer Musik, wir haben Tag und Nacht gespielt. Das war kein exklusiver Club. Wir mußten das ganz einfach. Das Leben, das wir führten, unsere Tages- und Nachtzeiten, den ganzen Tag im Bus, die ganze Nacht durchspielen, den nächsten Tag wieder auf Reisen, dann am Ende in irgendeinem Hotel todmüde umfallen und ein paar Stunden schlafen – wie viele Leute gibt es wohl, die gerne so ein Leben führen? Soll ich Ihnen was sagen? Ich würde sofort umkehren und es alles noch einmal so machen."

Als die Rio Band auseinanderging, ging Jane Sager zu Ada Leonard, einem attraktiven ehemaligen Star der Burlesque, die ebenfalls jetzt eine Frauenband leitete. Der erste Auftritt sollte in Chicago stattfinden, und Jane Sager half bei der Organisation der Gruppe. "Ich erinnere mich, wie wir die ganze Nacht in Adas Appartement aufsaßen und die Tempi durchnahmen und ich ihr beibrachte, wie man eine Band dirigiert. Sie begriff sehr schnell." Jane Sager gab das Zeichen von der Trompete aus, und Ada Leonard´s All American Girls machten sich auf den Weg dazu, eine der ungemein erfolgreichen Gruppen der Vierziger Jahre zu werden, die in Spitzentheatern, USO Shows (Truppenbetreuung) und in den Camps der Armee spielten.

Als Jane Sagers Zeit bei der Leonard Band zu Ende ging, ließ sie sich wieder an der Westküste nieder, wo sie dann mit den Victory Belles im Radio spielte und auch den Job bekam, der, wie sie sagt, zum Höhepunkt ihrer Karriere wurde – im Johnny Richards Orchestra zu spielen. "Die suchten einen Trompeter", erinnert sie sich, ich ging rüber, und sie ließen mich doch wahrhaftig den ganzen Abend beim Probespiel sitzen. Sie hörten sich noch drei andere Jungs vor mir an. Schließlich, spät in der Nacht, da war ich dann so wütend – ich sah rot – da bin ich einfach aufs Podium gegangen, und er hat mich dann an eines dieser Arrangements für die erste Trompete gesetzt, die so waren wie die heute, die mit dem hohen Cis anfangen und raufgehen nach F und Fis. Er machte das, weil ich ein Mädchen war und ich wußte es. Ich hab´s also gespielt. Ich war so rasend wütend, daß ich es konnte; ich wußte, ich konnte es.

Dann ging ich über zu den Jazzpartien, und er rief mir zu: 'Sind Sie noch nicht müde?' Ich sagte bloß: 'Sollte ich?' Dann sagte ich noch: 'Wenn ich müde wäre, würde ich mich doch nicht um diesen Job bewerben, oder?' Am Schluß kam dann 'Body and Soul'. An diesen alten Nummern probierten sie alle Jazzmusiker aus. Da war ein lieber Freund da unten, der acht volle Chorusse durchzählte, langsam, noch langsamer, nur um mich zum Umfallen zu bringen. Schließlich war es dann vorbei. Es war so viertel nach eins, und ich ging über in die Kadenz und schloß mit einem hübschen hohen Es. Und er sah mich an und sagte: 'Mein Gott, das dürfen Sie doch eigentlich gar nicht können! Sie sind doch ein Mädchen.' Ich sagte; 'Sehen Sie? Sie haben eben zu viel Propaganda gehört.' da sagte er: 'Sie haben den Job.' Aber Sie müssen wissen, die ersten zwei, drei Wochen kam er andauernd rauf zu mir und sagte: "Bist Du noch nicht müde?" Ich sagte dann immer: 'Nein, ich bin nicht müde. Wenn ich müde wäre, säße ich doch wohl nicht auf diesem Stuhl, oder?' Ich sagte: 'Ich verstehe Dich nicht, Johnny. Wir arbeiten doch genau so hart wie die Männer und wenn euch nun mal die Puste ausgeht, ist da denn ein Unterschied?' Er sagte: 'Du hast recht, Jane.'

Die Kriegsjahre waren für Musiker von rigoroser Härte und stellten hohe Anforderungen, nicht nur weil das Reisen so schwierig war, sondern auch, weil die Alltagsroutine der Menschen sich geändert hatte. Für Musiker wie Jane Sager hieß das, stundenlang zusätzlich zu spielen, sich anzupassen an die Zeiten für die Tanzveranstaltungen, von zwei Uhr nachts bis sechs Uhr morgens. "Sehen Sie, als all die Flugzeugwerke arbeiteten, da wollten diese Leute ja auch mal ausgehen und sich amüsieren. Ich hab zehneinhalb Stunden am Tag gespielt", erinnert sie sich. "Dann hab ich rausgekriegt, daß die Jungs Wetten abschlossen, wie lange ich durchhalten würde, weil ich ja ein Mädchen war. Und Gott sei Dank, ich habe durchgehalten bis zum Schluß. Aber was man durchmacht! Die pflanzen einem da ein Samenkörnchen ein, und schon denkt man: 'Großer Gott, warum sagen die das? Glaubt man nicht, daß ich das durchsteh? Vielleicht halte ich ja wirklich nicht durch. Das wäre entsetzlich."

"Niemand, weder Mann noch Frau, hat jemals eine so fabelhafte Leadtrompete bei mir gespielt wie Du jetzt gerade", sagte ein Dirigent zu Jane Sager am Ende eines Jobs während des Krieges, woraufhin sie ihn um einen festen Job in seiner Besetzung bat.

"Oh Jane, das kann ich nicht machen. Wenn die Jungs von der Armee zurückkommen, die lassen keine Frau zu. Die Jungs sind in der Armee gewesen, und ich muß ihnen ihre Jobs wiedergeben." Da stand ich wieder. Was hätte ich machen können? Er sagte: "Sie haben Familien." Ich sagte: "Nun, ich muß mich auch ernähren. Ich muß auch leben, und ich habe gearbeitet und geübt, und Du sagst mir da sowas (daß ich eine großartige Leadtrompete spiele) und dann sagst Du mir, Du kannst mich nicht engagieren wegen meines Geschlechtes." Er sagte: "Nun ja, so ist das nun mal, Jane. Ich kann es nicht ändern."

Im Orpheum, als sie da Jazz und zweite Trompete spielen wollte, erinnert sich Jane, war die Antwort kurz und bündig: "Sie sind ein Mädchen. Sie kann ich nicht brauchen. Punkt. Klappe halten."

Gegen Ende des Krieges hatte Jane Sager auch noch Gelegenheit, bei den Sweethearts of Rhythm einzusteigen. "Das war die großartigste, glaube ich, von allen Frauenbands ... und ich bin in einigen der besten gewesen. Vielleicht gab es hier an der Küste noch ein paar, die genauso gut waren, aber als Tanzband, die reinkam, losswingte und dann diesen Beat hatte – also, wenn wir im Club Alabam waren, da kam jeden Abend Jimmie Lunceford rein, der wollte unsere ganze Blechbläsergruppe haben. Auch Louis war jeden Abend da. Jane Sager hatte den Stuhl von Jean Starr übernommen, die zur Benny Carter Band gegangen war. "Ich hab noch nie im Leben so viel Spaß gehabt, Ich hab nie mit einer Gruppe gespielt, die so engagiert war und so wunderbar. Viele von ihnen saßen in der Pause noch da mit Block und Bleistift und studierten Harmonielehre, moderne Harmonien, schrieben Notenbeispiele. Das waren Besessene, diese Mädchen."

In den Fünfzigern wurde es dann zu teuer, die Bigbands zu erhalten und Jane Sager arbeitete mit der neuen Frauenband, die Ina Ray Hutton aufstellte. Außerdem unterrichtete sie noch, spielte mit Charlie Barnet und übernahm Bobby Hacketts Stuhl bei Katherine Dunham. 1964 wurde sie Teil einer Gruppe, die sich die Frivolous Five nannten und bis 1970 existierte, mit fünf Frauen, die spielten und komische Einlagen brachten. Jane Sager unterrichtet noch immer dreimal in der Woche und ist glücklich darüber, daß sie ihr Wissen weitergeben kann, das sie in den fünfzig Jahren, die sie im Geschäft war, angesammelt hat.

"In welcher Gruppe, mit der ich je zu tun hatte, sie auch immer war", sagt Peggy Gilbert, "sie hat sich nie gescheut, den Mund aufzumachen. Glauben Sie mir, immer war sie es, die sich jedesmal exponierte, wenn es darum ging, für unser Recht zu kämpfen. Die Frauen waren eingeschüchtert. Wenn ich so an die ganze Zeit zurückdenke, so fallen mir nicht viele Musikerinnen ein, die Courage genug hatten, aufzustehen und jemandem etwas ins Gesicht zu sagen, denn wenn sie mal eine Chance kriegten, dann waren sie über diese Chance so glücklich und so rundum zufrieden, dann nahmen sie alles hin. Dann arbeiteten sie Tag und Nacht. Sie hatten Angst, was zu sagen. Aber Jane war so eine gute Musikerin, sie kam damit durch."

"Was Jane Sager angeht, so ist sie entzückt von den Frauen im Jazz heutzutage: "Amen! Großer Applaus! Weiter so!"

In den Dreißiger Jahren arbeiteten überall im Land Frauen als Pianistinnen und Sängerinnen und oft auch nur als Pianistinnen. In New York fing Hazel Scott in der Band ihrer Mutter in Barney Josephsons Café Society Downtown an, "die Klassiker zu swingen", im Westen der Staaten leitete Edythe Turnham ihre Familienband, Una Mae Carlisle, Fats Wallers Protegée, sang und spielte Klavier zu Hause und im Ausland, und in Chicago wurde Cleo Brown, der Liebling der ganzen Stadt, von Texas Guinan entdeckt, bevor sie weiterging nach New York und Hollywood und zu einem Plattenvertrag bei Decca.

Die tage- und nächtelangen Jamsessions in Kansas City gingen ebenfalls unentwegt weiter. Wenn Andy Kirk and his Twelve Clouds of Joy mal Pause machten, dann waren auch sie in Kansas City zu Hause, und Mary Lou Williams, Pianistin, Arrangeur und Komponistin der Kirk Band, gehörte zum inneren Kreis der Kansas City-Jazzgrößen, die die Schöpfer der lebensfrohen, auf dem Blues aufgebauten Kansas

City-Jazz- "Schule" waren. Unter den anderen Pianistinnen jener Tage waren Julia E. Lee, Rozelle Claxton, Edith Williams, Juanita Bolar, "Countess" Margaret "Queenie" Johnson (die für eine kurze Zeit Mary Lou Williams in der Kirk Band ersetzte) und eine weitere, die Mary Lou nur als "Oceola" in Erinnerung hat.

Wie immer, war Mary Lou ihrer Zeit voraus. Father O´Brien hat geschrieben, nach den regulären Jamsessions seien die Musiker zusammengekommen und hätten sie aufgefordert, das zu spielen, was sie "Zombie" nannten – Harmonien, die neu und "out" waren,, "Akkorde, die, wie sie sagt, 'modern', ja sogar 'avantgardistisch' waren, wie man das im Jazz heute nennt." Mary Lou Williams´ Kompositionen für die Clouds of Joy waren ebenfalls neu – "ein bißchen etwas anderes", wie sich Andy Kirk erinnert. Damals "the Girl Who Swings the Band" genannt, trug Mary Lou Williams in reichem Maße zu dem unverwechselbaren Klang der Band bei.

Nach der Veröffentlichung von "Froggy Bottom" und "Corky" (beides, Komposition und Arrangement, von Mary Lou) schrieb der Kritiker Sinclair Traill, sie gäben "einen guten Eindruck von ihren Talenten als Arrangeur. Sie ist ohne Zweifel die einzige Pianistin im Jazz, die ihren männlichen Rivalen ebenbürtig ist" (IJS). Bald arrangierte Mary Lou Williams auch für andere Bigbands – die Dorseys, Louis Armstrong, Benny Goodman ("Camel Hop" und "Roll ´Em") und Jimmie Lunceford ("What´s Your Story, Morning Glory?"). Zu den Aufnahmen, die sie mit der Kirk Band machte – mit Kompositionen wie ihrer eigenen "Little Joe from Chicago", "Walkin´ and Swingin´", "Steppin´ Pretty", "Corney", "Messa Stomp", "Isabelle" – kamen noch die mit kleinen Gruppen aus der Band. Auf einer Session, Six Men and a Girl, war der andere Solist der Tenorsaxophonist Dick Wilson.

Eddie Durham erinnert sich, daß in jenen Tagen "die Zeiten auch für Pianistinnen ein bißchen schlecht waren." "Mary Lou Williams ging es nicht schlecht, aber sie war einer der Pioniere, die den Leuten beibrachten, daß hier auch einmal eine Frau eine große Jazzmusikerin war. Mary Lou hat den Jazz verbreitet und vorangebracht, das kann ich Ihnen sagen. Aber dann haben sie Mary Lou auch als große Musikerin anerkannt. Vorher haben viele Leute von Frauen doch gar nichts gehalten."

Eine andere hervorragende Musikerin der Zwanziger und Dreißiger Jahre war Irene Kitchings, Pianistin, Bandleader und Komponistin.

Irene Kitchings

(Pianistin/Bandleader/Komponistin)

Irene Kitchings lebte und arbeitete in den Jahren der Prohibition und der Depression in Chicago. Solopianistin und Leiterin ihrer eigenen Hotcombos in den frühen Dreißiger Jahren, zog sie sich nach ihrer Heirat mit dem Pianisten Teddy Wilson zurück und ging so um 1934 herum mit ihm nach New York. Nach dem Ende ihrer Ehe ging sie wieder zur Musik, aber nicht als ausübende Musikerin, sondern als Komponistin. Bis auf einen Titel entstanden alle ihre Arbeiten im Zusammenwirken mit dem Texter Arthur Herzog Jr., darunter Klassiker wie "Some Other Spring", "Ghost of Yesterday" und "Pulling Through".

Alles was sie schrieb, sagt der Pianist Jimmy Rowles (der eines seiner Alben "Some Other Spring" genannt hat), selbst die weniger bekannten unter den Songs, ungefähr ein Dutzend, die sie nach den Mittdreißiger Jahren noch geschrieben hat, waren "herrlich". (Rowles ist zuerst durch eine Aufnahme, die Teddy Wilson von ihren Titeln gemacht hat, auf Ihrene Kitchings gestoßen – "Some Other Spring", "This is the Moment", mit einem Ben Webster-Solo im ersten Chorus und "What Is This Gonna Get Us?") Sie war sagenhaft", sagt er. Ich halte sie für eine der Besten. Ich wollte, sie würde ihre Musik wieder aufleben lassen. Ihre Songs hatten etwas ganz Eigenes. Sie gingen ganz nach innen. Bei ihnen tat einem das Herz weh. Ja, das war sie – ein "heartache writer".

In Marietta, Ohio, geboren, bekam Irene Kitchings ihren ersten Unterricht von ihrer Mutter, die sie Klavierspielen lehrte. Mit dreizehn ging sie nach Detroit zu einer Tante, und als Achtzehnjährige lebte sie schon in Chicago und war ein fester Bestandteil der Jazzszene der späten Zwanziger Jahre. Ihre ersten Jobs in der Stadt bekam sie als Solopianistin. "Irene war mein Favorit, wenn es sich um Pianisten handelte", sagt Ikey Robinson. "Wir haben immer Jamsessions zusammen gemacht. Wenn die Läden zu waren, haben wir uns alle zusammengesetzt." In der Zeit damals, sagt Robinson, hingen die Bands vom "rhythmischen Beat" des Pianos ab. "Um die Harmonien zu bringen, mußte man das Klavier die Akkorde spielen hören, damit die Musiker ihre Solos und alles hinlegen konnten. Irene konnte mit jedem spielen, denn wenn man um die Ecke in irgendeinen Laden ging, dann konnte man sie schon hören. Sie hatte einen wuchtigen Anschlag wie ein Mann. Sie konnte swingen, und sie konnte alles spielen. Sie klang am Klavier wie Louis an der Trompete. Jawohl, sie machte dasselbe am Klavier, was Louis auf der Trompete machte. Sie war gut."

Mit der Zeit hatte Irene Kitchings ihre eigene Band und ging damit ins Vogue. Unter den Musikern waren solche Spitzenkönner wie Budd Johnson (Tenorsaxophon), Walter Fuller (Klarinette) und Dolly (Jones) Hutchinson (Trompete). "Irene war der Pionier unter den Frauen, die spielen konnten; sie hatte Talent als Komponistin und eine Männergruppe draußen in Chicago", erinnert sich der Tenorsaxophonist Paul Quinichette. "Irene war die erste unter den Frauen und die größte von allen. Sie wußte mit den Männern umzugehen und war zudem noch Komponistin und konnte schreiben." Die meisten populären weiblichen Bandleader, sagt er, waren attraktive "Stöckchenschwinger" – "batonvavers" –. Irene Kitchings war die Ausnahme. "Sie kannte sich in der Musik aus." Auch damals schrieb Irene Kitchings schon, erinnert sich Quinichette weiter, "aber nur Titel für die Band, nicht die klassischen Nummern, die sie später hervorbrachte."

"Al Capone liebte sie und so hatte sie immer Arbeit. Tatsächlich bekam sie dadurch eine Menge Erfahrung, es war ja eine Seltenheit, daß eine Frau eine Band mit ausschließlich Männern leitete, weil die meisten Musiker dachten: 'Eine Frau als Leiter wollen wir nicht.' Aber sie haben sie respektiert, weil sie genau wußte, was sie machte."

Als das Vogue dann gestürmt und kaputtgeschlagen wurde, suchte das Syndikat einen neuen Club für Irene Kitchings, und in der Zwischenzeit tat sie sich mit Kathryn Perry (der späteren Mrs. Earl Hines) und Eloise Benett zusammen zu einer Gruppe, genannt die Three Classy Misses. Das Trio, Klavier, Geige und Vocal, arbeitete im Sunset und im Cafe de Paris (Wo Ethel Waters der Star war), und bald konnte Irene Kitchings eine neue Band ins Cottage Café bringen. 1931 war sie schon mit Teddy Wilson verheiratet und als das neue Vogue eröffnet wurde, brachte sie eine erweiterte Band mit hinein, die sie, wie sie Helen Oakley Dance sagte, für eine der besten hielt, die sie je hatte. Während der ersten beiden Ehejahre leitete sie die Band weiter, und Callie Arter, eine enge Freundin von ihr, erinnert sich, daß sie 1932 auf der Weltausstellung gespielt hat.

Im gleichen Jahr kam Benny Carter auf der Durchreise nach Chicago und bot Teddy Wilson die Gelegenheit, nach New York zu gehen. "Mochten die Musiker in Chicago noch so großartig sein", erinnert sich Callie Arter, "sie schienen nicht weiterzukommen. Sie mußten nach New York." Wenn New York für Teddy Wilson und andere Chicagoer Musiker auch vielversprechend aussah, für Irene Kitchings hieß der Ortswechsel Ausstieg aus dem aktiven Musikleben. "Von dieser Zeit an", sagte sie zu Helen Oakley Dance, "bin ich nicht mehr aufgetreten. Meiner Schwiegermutter mißfielen meine öffentlichen Auftritte ohnehin, und Teds Karriere lag mir mehr am Herzen als meine eigene."

Mitte der Dreißiger Jahre war Wilson Mitglied des neuen Benny Goodman Trios geworden und fing nun an, unter eigenem Namen aufzunehmen und holte eine junge Sängerin dazu, mit der seine Frau sich anfreundete und der sie allzeit eng verbunden bleiben sollte – Billie Holiday. Trotz des wachsenden Ruhmes ihres Mannes war Irene Kitchings in New York nicht so glücklich, wie sie in Chicago gewesen war. In einem Brief nach Hause an Callie und Ann Arter (Callies Mutter) schrieb sie, New York sei für die Schwarzen "ein Witz", verglichen mit Chicago. "Wie Ihr wißt", schrieb sie, "ist Harlem ziemlich groß und dicht bevölkert, aber das ganze Geschäft ist nur in den Händen von Weißen, und die Läden, damit meine ich alle außer den Restaurants, haben alle weiße Helfer, – Gemüseläden, alles." An anderer Stelle schrieb sie: "Es ist ja alles sehr schön und so, aber wenn Ihr mich fragt, ich säße lieber in Chicago im Freien und spielte Karten mit Callie und Ann."

Schon bald nachdem Teddy Wilsons Karriere ihren Anfang nahm, ging die Ehe der Wilsons zu Ende. Für Irene war die Trennung ein vernichtender Schlag. Die darauf folgende Periode war eine schwere Zeit des Übergangs, und es war Benny Carter, der ihr half, aus ihrer Verzweiflung herauszukommen. Er erkannte ihre große kompositorische Begabung und wußte ihren Sinn für Harmonien zu schätzen, und so ermutigte er sie zum Schreiben. Dann machte Billie Holiday sie mit Arthur Herzog Jr. bekannt, mit ihm zusammen schrieb sie ihren Song "God Bless the Child". Herzog begann dann, wie er sagt, "ihre Musik mit Texten zu versehen." Der erste Titel, den sie veröffentlichten, war "Some Other Spring", der zu allererst von Billie Holiday aufgenommen wurde. (Später sollte er noch von Teddy Wilsons Bigband, von Benny Carter, Art Tatum, George Shearing, Charlie Byrd, Carmen McRae, Dakota Staton und anderen aufgenommen werden.)

Die nächsten fünf Jahre schrieb Irene Kitchings weiter und brachte ihre Musik zu Arthur Herzog. Es war dies eine Zeit voller Tragik in ihrem Leben, und "natürlich kam die Musik wie ein Strom aus ihrem innersten Herzen", sagt Callie Arter. Herzog änderte nie etwas, wenn er die Noten bekam. "Das ist ganz ungewöhnlich, wenn man zusammenarbeitet", sagt er, "aber ich wüßte nicht,daß ich sie je gebeten hätte, auch nur eine Note zu ändern. Zu allem, was sie schrieb, konnte ich sofort Worte finden, und das passiert nicht oft. Die fragen einen Texter immer, wie machtst Du das eigentlich? Was kommt eigentlich zuerst, die Worte oder die Musik? Darauf gibt es keine Antwort. Für gewöhnlich, wenn man zusammenarbeitet, rauft man sich zusammen und macht Kompromisse. Aber bei ihr war alles, was sie schrieb, schon fix und fertig, wenn ich es bekam. Sie spielte es mir einfach vor, gab mir die Noten der Melodie, ich schrieb die Worte, und das war´s."

Die letzte gemeinsame Nummer hieß "I´m Pulling Through", um 1940 geschrieben. Zu der Zeit war Irene Kitchings krank geworden und nach Cleveland gegangen, wo sich ihre Tante um sie kümmerte. "Als sie wieder auf den Beinen war", sagt Herzog, "schrieb sie einen Titel für ihre Tante und bat mich um einen Text dazu. Das wurde dann 'I´m Pulling Through'. Der war zwar nicht zur Veröffentlichung bestimmt, aber nach ungefähr zwei Jahren fand ihn Billie Holiday und nahm ihn auf."

Während ihres Aufenthaltes in Cleveland begegenete Irene Kitchings dem Mann, den sie heiraten und mit dem sie bis zu ihrem Tode Mitte der Siebziger Jahre glücklich zusammenleben sollte – Elden Kitchings. Sie litt an einer Hauterkrankung, in deren Verlauf ihr Augenlicht über die Jahre hin immer mehr beeinträchtigt wurde, aber sie blieb trotzdem weiterhin aktiv. Sie lernte, die Orgel zu spielen, die ihr Mann ihr geschenkt hatte und spielte und sang in der Kirche, wieder mit Katherine Perry zusammen, diesmal im Kirchenchor. Oft spielte und sang sie aber auch ihre eigenen Songs für ihre Freunde.

In ihren Chicagoer Jahren war Irene Kitchings eine der wenigen Frauen, die erfolgereich waren in einer Welt, die im wesentlichen von Männern bestimmt wurde. Die Musiker brachten ihr höchste Achtung entgegen, und und das herrschende Syndikat hatte sie in großem Stil belohnt – mit einem Haus mit sieben Zimmern, Möbeln und einem Flügel. Obwohl sie ihre eigene Karriere Mitte der Dreißiger Jahre aufgab und sich der Herausforderung eines öffentlichen Auftretens nie wieder stellte, bestätigte sich ihr Talent gerade in der Zeit des tiefsten Leidens. "Ihre Musikalität offenbarte sich in ihren Kompositionen", sagt Helen Oakley Dance. "Welches Unglück sie auch traf, es ging am Ende immer in einen Song ein. Sie setzte sich auch nicht hin, um zu komponieren oder auf eine Veröffentlichung zu hoffen. Es geschah einfach."

Als die Bigbandära anfing, begannen Sängerinnen an die Stelle der Sänger zu treten, die vor 1929 mit den populären Bands aufgetreten waren. Zahllose attraktive junge Frauen wurden auf die amerikanischen Bandstands geholt von Bandleadern, die genau wußten, daß sie damit ein männliches Publikum von riesigem Ausmaß anlocken würden. Es dauerte gar nicht lange, da gab es schon das Cliché der Bandsängerin – "chirp", "warbler", "thrush" – (die Singdrossel, die zwitscherte und trillerte).

"Wenn die Bandleader eine Sängerin suchten", erinnert sich Helen Oakley Dance, die selber kurze Zeit Bandsängerin gewesen war, "waren sie schon froh, wenn sie eine fanden, die nicht so schnulzig sang und die ganz einfach sauber singen konnte – aber was das hieß, wenn man sich damit begnügen mußte!"

Trotzdem begannen in diesen Jahren, als sich die Swing- und Bigband-Musik in Amerika entwickelte, eine Reihe wichtiger und hochgeachteter Vokalistinnen ihre Karriere als Bandsängerinnen, unter ihnen Helen Ward (bei Benny Goodman), die beliebte Sängerin Lee Wiley, Helen Forrest und die dynamische, bezwingende Lena Horne (bei Noble Sissle und Charlie Barnet). Dann traten noch eine Handvoll weiblicher Stimmen hervor, die auf ungewohnte und revolutionäre Weise der Swingära ihren Stempel aufdrückten und mit völlig neuen Harmonien und Strukturen einen neuen Stil im Jazz kreierten.

1931 wurden die aus New Orleans stammenden Boswell Sisters über Nacht die Sensation an New Yorks Paramount Theater. Aufgewachsen mit einer Kombination von Mamie und Bessie Smith, Caruso und den Klassikern, haben die Boswells die dreistimmige Harmonie geradezu revolutioniert. Mit ihren modernen Harmonien, ihrem Einstieg, den Stops, Tonfärbungen und der Auswahl an erstklassigen Jazzbegleitern (denen sie klugerweise ein ungewöhnliches Maß an musikalischer Freiheit ließen), "hat keine Gesangsgruppe einen solchen Einfluß auf die Formgebung unserer populären Musik gehabt wie die Boswell Sisters", schrieb ein Rezensent Mitte der Vierziger Jahre. Nachdem sie Hits wie "Heebie Jeebies", "Shout, Sister, Shout", "Roll On, Mississippi, Roll On" hervorgebracht hatten, zog sich das Trio 1935 von der Szene zurück, als Vet und Mary heirateten. Connee Boswell trat weiter auf bis in die Siebziger Jahre. Sie starb 1976.

Mildred Bailey, unter deren Vorfahren auch Coeur d'Alene-Indianer waren, war ebenfalls eine der frühen, einflußreichen Sängerinnen an der Schwelle vom Blues zum Swing. 1929 trat Mildred Bailey in die Paul Whiteman Band ein. Whiteman hatte schon ein männliches Gesangstrio, die Rhythm Boys (Harry Barris, Bing Crosby und Al Rinker, Mildred Baileys Bruder), und durch ihren Eintritt in die Band wurde Mildred die erste der Bigbandvokalistinnen. "In ihrer Glanzzeit," schrieb ein Rezensent, "war eine Jazzsängerin etwas Seltenes und Kostbares. Zu dem Zeitpunkt, als Bessie

Smith schon in Vergessenheit geraten war und Billie Holiday und Ella Fitzgerald noch nicht in Erscheinung getreten waren, war sie fast die einzige wirkliche Jazzsängerin von Bedeutung." 1934 verließ Mildred Bailey die Whiteman Band, um bei ihrem Mann einzusteigen, dem Vibraphonisten Red Norvo, und mit ihm die neuartigste Musik des Jahrzehnts zu kreieren. Norvo leitete eine zehn Mann starke Band, die ganz um Mildred Bailey als Mittelpunkt aufgebaut war und "Mr. und Mrs. Swing", wie das Paar im ganzen Land genannt wurde, schufen eine Musik, die ihrer Zeit weit voraus war."

"Es war wohl unvermeidlich," schrieb ein Kritiker zwanzig Jahre später, "daß das Publikum das noch nicht voll akzeptieren konnte. Ihre Band bildete einen Meilenstein auf dem Weg zum modernen Jazz." (Man kann Bailey und Norvo auf Platten hören mit "When Day Is Done," "Someday, Sweetheart," "I've Got My Love to Keep Me Warm," "Bob White," "Weekend of a Private Secretary" und "Don't Be That Way.")

Mildred Bailey sang mit einem geraden, unkomplizierten Beat, makelloser Phrasierung und Diktion und mit zarter, heller Stimme, die so gar nicht zu ihrer fülligen Erscheinung passen wollte und sie hat mit den besten Musikern ihrer Zeit aufgenommen. Studs Terkel schrieb 1950 über sie und zog dabei Parallelen zwischen Mildred Bailey und dem Bluesmann Leadbelly (Huddy Leadbetter): "Gemeinsam war ihnen der Lebenshunger, eine mühelose Begabung und vor allem Zuversicht. Wenn Mildred einen Blues singt, steht dahinter immer die Sicherheit 'Ich komm da wieder raus.' " Ein Jahr später war Mildred Bailey tot, mit nur vierundvierzig Jahren. Es war ihr nicht vergönnt, jemals die volle Anerkennung zu erlangen, die sie als Pionier auf dem Gebiet des Jazzgesangs verdient hätte.

Zwei Jahre nach dem Eintritt Mildred Baileys bei Paul Whiteman und den Rhythm Boys stieg die Sängerin Ivie Anderson beim Orchester Duke Ellingtons ein, als erste Gesangssolistin in einer Bigband. Ivie Anderson, bei ihrem Eintritt schon eine erfahrene Künstlerin, sollte der Band bis 1942 angehören, und für Ellington sowohl wie für ihr Publikum gilt sie nach wie vor als die Ellington-Vokalistin schlechthin. Andere Sängerinnen mögen in dem Meer von Ellington- "growls" und -Dämpfern, blendenden Läufen und Glissandi untergegangen sein, Ivy Anderson paßte mit ihren Vocals geradezu perfekt da hinein und gab ihrem Part Kraft und Bedeutung. Sie hob sich und ihr Material mit ihrer coolen, gelassenen, leicht ironischen, leicht komödiantischen Interpretation deutlich von dem Gesamtklang der Band ab.

Unter ihrem eigenen Namen hat Ivie Anderson keine Platten gemacht (mit Ausnahme von zwei Sitzungen 1937, auf deren einer sie "All God's Chillun Got Rhythm" sang, ihre Nummer aus dem Film "A Day at the Races"). Da sie aber ein so integrer Teil der Ellington Band war, achtete man nicht so sehr auf sie, wie man sonst auf Vokalistinnen achtete. In den frühen Siebziger Jahren wurde ein Album all ihrer Aufnahmen mit der Ellington Band herausgebracht und damit, wie John S. Wilson sagt, "das authentische Portrait einer wirklichen, originalen Jazzsängerin." Ihre Versionen von "Stormy Weather," "Mood Indigo," "Solitude," "I'm Checkin' Out, Goo'm Bye" (mit Drummer Sonny Greers schlagfertiger "Retourkutsche", durch die die Nummer ein solcher Erfolg wurde) und der Erkennungsmelodie des ganzen Jahrzehnts "It Don't Mean a Thing (If It Ain't Got That Swing)" zeigen die ganze Bandbreite ihrer Arbeit mit der Ellington Band.

1942 verließ Ivie Anderson aus Krankheitsgründen die Band. Seitdem, schrieb Ellington, habe jede Sängerin versucht, "gegen das Anderson-Image anzukommen, aber keiner ist gelungen." Ivie Anderson hat dann an der Westküste noch weitergearbeitet und hatte auch ein sehr beliebtes Restaurant, Ivie's Chicken Shack. Sie starb 1949. 1935 trat eine andere Sängerin in Erscheinung, die eine Institution in der amerikanischen Musikwelt werden sollte, wie ein Autor schrieb, "ein legendärer Bezugspunkt der Amerikaner wie die Yankees in ihrer großen Zeit." Ella Fitzgeralds klare Stimme, ihr sicheres, swingendes Gefühl für den Rhythmus, ihr virtuoses Hindernisrennen durch die Scatvocals sowie Reichtum und Tiefe im Vortrag ihrer Balladen waren für das Publikum der Dreißiger Jahre etwas völlig Neues, und es war von ihr begeistert. Ella Fitzgerald (die Connie Boswell als ihren wichtigsten Einfluß nannte) wurde bei einem Amateur-Wettbewerb im Apollo Theater entdeckt und von dem Bandleader Chick Webb engagiert, und von da an war ihre Karriere das Hauptanliegen der Webb Band. Ellas Hits, angefangen von ihrem Kinderlied "A-Tisket, A-Tasket," gefolgt von "I Found My Yellow Basket," "Flat Foot Floogie" und "My Last Affair" brachten der Webb Band den kommerziellen Erfolg, der ihr so lange versagt geblieben war. Nach Webbs Tod 1939 führte Ella Fitzgerald die Band noch zwei Jahre weiter und lehnte dafür zahlreiche andere Angebote ab. Mit dem Beginn des zweiten Weltkriegs jedoch wurde es ihr unmöglich, die Band zusammenzuhalten, und von den frühen Vierziger Jahren an ging Ella Fitzgerald alleine ihren Weg weiter.

Auch Helen Humes, die aus Louisville, Kentucky, stammte, arbeitete in den Dreißiger Jahren als Bandsängerin. (Allerdings waren ihre ersten Aufnahmen zwei Blues, die sie Ende der Zwanziger Jahre gemacht hatte). Von 1938 bis 1942 arbeitete Helen Humes mit der Count Basie Band und ertrug dabei tapfer alle One-Nighters und rigorosen Sechs-Monate-Touren. Während Jimmy Rushing für den Blues und die eigenen Nummern der Basie Band zuständig war, sang sie alle Popnummern und hübschen, gefälligen Titel, wobei sich ihre klare Stimme deutlich von der swingenden Basie-Gruppe abhob. Mitte der Vierziger Jahre geriet Helen Humes auf die Abwege des Rhythm and Blues mit ihrem Hit "He Baba Leba", und von da an wurde R&B das Zentrum ihres musikalischen Wirkens während fast eines ganzen Jahrzehnts. Aber 195O war sie wieder zum Jazz zurückgekehrt und nahm 1961 ein exzellentes (kürzlich wiederveröffentlichtes) Album auf Contemporary auf. Sie zog sich 1967 allerdings nach Louisville zurück, um ihre kranke Mutter zu betreuen und nahm für kurze Zeit einen Job in einer Munitionsfabrik an. Ein Auftritt beim Newport Jazzfestival 1973 wurde für Helen Humes zu einer triumphalen Rückkehr zum Jazz. Nat Hentoff schrieb in der Besprechung auf ihrer Platte von 1974 "Sneakin' Around" (Stash Records), Helen Humes "legt den Schwerpunkt ihres Vortrags einmal auf den Inhalt des Songs selber, um dann wieder mit Swing und einfallsreichem, oft raffiniertem Gusto zu phrasieren." Als eine der maßgebenden Sängerinnen im Jazz und als "Einheizer", starb Helen Humes im September 1981.

Von Anfang an waren Billie Holidays Stimme und ihr Stil dem Publikum der Dreißiger Jahre etwas völlig Neues und Ungewohntes. Sie präsentierte dem Publikum der Depressionszeit eine coole, unpathetische Art der Interpretation, brachte aber auch, ungleich einer Ivie Anderson, Ella Fitzgerald oder Mildred Bailey, ihre eigene Verletzlichkeit in ihr Material ein, angefangen von den ersten, noch etwas zaghaften schnellen Nummern wie "Twenty-Four Hours a Day" oder "What a Little Moonlight Can Do" bis zu ihren eigenen "God Bless the Child" oder "Billie's Blues."

Billie Holiday hatte in den späten Dreißiger Jahren kurze Zeit mit Basie und Artie Shaw gearbeitet und ging dann ihren Weg als Solistin weiter durch die Vierziger und Fünfziger Jahre, trotz ihrer verwickelten Odyssee durch Drogen, Herzenskummer, Gerichtshöfe und Krankenhäuser.

"Bei ihr war alles reiner Instinkt" sagt Helen Oakley Dance, die Billie gut gekannt hat. Da war ihre fremdartige, antreibende Art der Phrasierung, die schwierigen Tonsprünge ohne jede formale Kenntnis der Harmonien, ihre spezielle "Signatur" in Form einer leicht verschleifenden Wendung am Schluß ihrer Nummern. "Sie war nur glücklich, wenn sie sang," erinnert sich Helen Oakley Dance. "Dann fühlte sie sich leicht und gelöst"

1959, im Alter von vierundvierzig Jahren, starb Billie Holiday, im Krankenhaus unter Arrest. Ihr Leben ist in einer ausführlichen Biographie, "Billie's Blues", von dem britischen Autor John Chilton erforscht, von ihr selber in ihrer Autobiographie "Lady Sings the Blues" dokumentiert worden und war auch das Thema eines großen Spielfilms, der aber nur wenig mit den Fakten und Gegebenheiten ihres Lebens zu tun hatte. Wie Bessie Smith wurde auch sie im Tode zum Mythos, wie sie es nie in ihrem Leben gewesen war und wurde so, wie Dan Morgenstern schrieb, zum Symbol für "die Leiden ihrer Rasse, ihres Geschlechts und ihres Berufs." Die wesentliche Wahrheit über Billie Holiday, das schrieb er auch, liegt in dem schließlichen "Triumph ihrer Kunst." Denselben Gedanken drückte Betty Carter aus in ihrem Song "Don't Weep for the Lady."

Wie Mildred Bailey und viele andere Jazzmusikerinnen des Jahrzehnts, gelang es auch Billie Holiday bei all ihrem Charisma nicht, den kommerziellen Erfolg zu erzielen, den sie sich Zeit ihres Lebens gewünscht hatte. Eine Frau aber gab es, der dieser kommerzielle Erfolg in den Dreißiger Jahren beschieden war, Maxine Sullivan. Aber, das legt Maxine Sullivan gleich dar, die Story vom Erfolg über Nacht hatte zwei Seiten.

Maxine Sullivan

(Vokalistin)

Maxine Sullivan war als Sängerin ein Star der Swingära. Bekannt als "The Lady Who Swung the Scotch" und das "Loch Lomond Girl," wurde sie geradezu über Nacht in den Ruhm katapultiert mit der Aufnahme der Swingversion von "Loch Lomond" 1938 mit dem Ergebnis, daß sie, wie sie sagt, auf viele Jahre hinaus auf Volksliedmaterial festgelegt war. Obwohl sie sich seit 195O mehr als einmal von der Szene zurückgezogen hatte, ist sie momentan als Vokalistin äußerst aktiv, und ihre Jazzstandards, Popsongs und Blues zeichnen sich immer noch aus durch makellose Diktion, musikalische Integrität, schlichte, unterkühlte Interpretation und das, was ein Rezensent einmal "die glockenreine lyrische Qualität" ihres Sound genannt hat. Sie hat ihren Wohnsitz in der South Bronx und nimmt großen Anteil am lokalen politischen Geschehen, besitzt und leitet auch "The House That Jazz Built", ein Kommunikationszentrum, das dem Andenken ihres verstorbenen Mannes, des Pianisten Cliff Jackson, gewidmet ist.

Maxine Sullivan wurde in Homestead, Pennsylvania, geboren, einer Gemeinde, in der ihre Großmutter zu den ersten Siedlern gehört hatte. "Das waren noch Zeiten," erinnert sie sich, "als die Firmen noch so um hundert Platten verschenkten, damit man ihre Victrola- Maschinen kaufte. Auf diese Weise hatten wir dann eine ganze Kollektion. Damals, als wir unseren Phonographen bekamen, da gab es zwar die sogenannten 'race records' noch nicht, denn ich erinnere mich, wir hatten Aufnahmen von populären weißen Sängerinnen. Marian Harris <eine weiße Vaudeville-Sängerin, die auch Blues sang>, <dem Sänger> Frank Crumit und solchen Leuten. Ich vermute, die meisten der Platten damals waren Operetten und leichte Opern." 192O kam der "Crazy Blues" heraus und damit die ganze große Gruppe der Bluessängerinnen. "Gehört hab ich sie wohl, aber das war nicht so mein Fall, weil die Platten auch so ein bißchen zweideutig waren. Das war nicht so unbedingt das, was man bei uns sang. Ich würde eher sagen, ich war beeinflußt von Ethel Waters, mehr als von irgend einer anderen."

Maxines Vater spielte Mandoline und ihr Onkel Banjo, Geige und Tenor und sang noch "Barbershop"-Begleitung (ein Ausdruck, der auf die vielen Gesangsgruppen zurückgeht, die sich in den Barbershops, den Friseurläden gebildet hatten). "Ich hab schon immer gesungen, glaube ich," sagt Maxine Sullivan. "In der Schule...im Gesangverein. Und ich erinnere mich, als ich noch zur Highschool ging, haben wir ein Trio gehabt - zwei Jungen und ich - und wir ließen uns von anderen Klassen engagieren, und so hatten wir schon in der Schule unseren eigenen "circuit"

Einer von Maxine Sullivans Onkeln war um 1922 Schlagzeuger in Lois Deppes Band. (Das war die Band, in der Earl Hines Klavier spielte). Er mochte Schlagzeug nicht, und "besonders haßte er es, daß er Schlagzeug spielen mußte," erinnert sie sich, so ging er dann zurück nach Homestead und machte eine eigene Gruppe auf, die Red Hot Peppers. "Ich bin immer mit der Band gegangen," sagt sie, "und sie haben mich dann auch ein paar Nummern singen lassen."

Maxine Sullivan sagt, sie hätte sich nie ganz bewußt entschlossen, Sängerin zu werden. "Ich glaube, als ich damals mit diesen Gigs anfing, war mir schon so, als gehörte ich dazu. Ich war jedenfalls schon so weit in diesem Metier, daß es kein Zurück mehr gab...Bevor ich mich an die Band angeschlossen hatte, hatte ich so alle möglichen kleinen Jobs angenommen, kellnern und so, aber Homestead war eine ganz kleine Stadt, und es gab da wenig Möglichkeiten, nicht einmal in den Clubs. Nun, unten in Pittsburgh, da war was los, aber die Sängerinnen, die da am beliebtesten waren, das waren die Mädchen mit den Riesenstimmen. Das heißt, die hätten mitten im Yankee Stadion stehen können und man hätte sie überall gehört...Das war mein Handicap, meine Stimme war ein bißchen zu zart, auch das Repertoire hatte ich nicht drauf, das sie hatten. Ich war ja eigentlich keine Bluessängerin."

Maxine Sullivans Durchbruch kam 1936. Im Benjamin Harrison Literary Club im unteren Pittsburgh spielte eine Pianistin, die ihren Onkel kannte und ihr sagte, sie solle doch mal zum Vorsingen kommen. "Das war genau das Richtige," erinnert sich Maxine, "der Club hatte acht Tische." Da war aber auch noch eine andere Sängerin, und so bekam Maxine erst mal eine Probezeit. Am Wochenende sah sie den Manager und die Pianistin die Köpfe zusammenstecken und bereitete sich schon auf einen dramatischen Abgang vor, statt dessen wurde ihr offenbart, daß sie mit vierzehn Dollar die Woche engagiert war. "Ich sagte, 'Nun ja, wenn Sie so viel Zutrauen zu mir haben, dann werde ich wohl lange hier bleiben.' Ich bin dann ein ganzes Jahr in dem Club geblieben, was wirklich eine lange Zeit war, und hab mein Geld gespart."

Schon als Maxine Sullivan noch in dem Club arbeitete, hatte Gladys Mosier, Pianistin in Ina Ray Huttons Frauenband, ihr gesagt, sie müßte nach New York kommen. Das tat sie dann auch bald darauf, und Miß Mosier machte einen Termin für sie aus mit dem Musiker und Arrangeur Claude Thornhill im Onyx Club auf der 52nd Street. "Am Mittwoch...sang ich vor, und am Freitag fing ich an," erinnert sich Maxine Sullivan. "Ziemlich schnell, wissen Sie. Sie sagten, das ginge nicht. Aber wir schafften es. Und im Onyx Club war es natürlich auch, wo Claude das Arrangement von "Loch Lomond" für mich machte, und das war dann gewissermaßen der Durchbruch."

Während Maxine Sullivan den Stil der Swing-Sängerinnen aufs höchste bewunderte, erkannten Thornhill und Mosier (die ihre persönlichen Manager geworden waren), daß sie eine andere Art der Präsentation brauchte. "Ich vermute, das war einer der Gründe, warum Claude "Loch Lomond" für mich aussuchte," sagt sie. "Denn wenn ich in diesem Stil weitergemacht hätte, wäre ich wohl sowas wie eine zweite Ella Fitzgerald oder Billie Holiday geworden, das wäre dann nicht viel gewesen. Mit meinem Stimmaterial und meiner gedämpften Interpretationsweise gewann ich ein gewisses Maß an Eigenständigkeit...Natürlich war ich jetzt auf Jahre hinaus festgelegt auf Volksliedmaterial, wie Sie wissen, aber das hat mir nicht das geringste ausgemacht."

Für die Plattensitzung bekam Maxine Sullivan fünfundzwanzig Dollar, ohne eine Vereinbarung über Tantiemen. "Damals konnte ich, glaube ich, schon froh sein, überhaupt einen Plattentermin zu bekommen," sagt sie. (Vor "Loch Lomond" hatte sie schon "Gone With the Wind" und "Stop, You're Breaking My Heart" aufgenommen und hat erst vor kurzem von der Veröffentlichung der Aufnahmen erfahren). Auch das John Kirby Quintett fing damals gerade an, und Thornhill wählte es für "Loch Lomond" aus. Nachdem das so ein Erfolg geworden war, arbeiteten Maxine Sullivan und das Quintett noch öfter zusammen.

Maxine Sullivan begann zu ahnen, daß die Nummer Aufsehen erregte, als der Saturday Night Swing Club der Radiostation CBS sie spielte und der Manager des Senders Detroit, Leo Fitzpatrick, sie aus der Sendung nahm, weil er es als Sakrileg ansah, ein traditionelles schottisches Volkslied zu swingen. "Aber das ging ohne großen Lärm vorüber," sagt Maxine, "und CBS brachte den Saturday Night Swing Club auf die Bühne im Loew's State, und ich stand als Vokalistin im Mittelpunkt."

Der Erfolg von "Loch Lomond" und die Schwierigkeit,, neues Standardmaterial zu bekommen, die durch den ASCAP-Streik (American Society of Composers, Authors and Publishers) aufgetreten war, veranlaßten die Kirby -Gruppe, sich weiter auf Swing-Arramgements von Klassiknummern, Rhumbas, Congas, Jumpnummern und Menuetten zu spezialisieren. Außerdem brachte die hochklassige Kombination von Maxine Sullivan und Kirby - die inzwischen geheiratet hatten - jeden Abend eine Menge Gönner aus der High Society in den Onyx Club. "Als ich anfangs in den Onyx Club kam," erinnert sich Maxine, "stellte er <Thornhill>sich ziemlich an, wenn ich photographiert werden sollte, na ja, zu der Zeit war es für einen schwarzen Künstler immer noch reichlich schwierig, diesen besonderen Status zu erreichen. Und natürlich müssen Sie bedenken, daß ich ja nicht in Harlem angefangen hatte, sondern gleich auf der Street <New Yorks 52nd Street> und die Street war auch nicht so völlig integriert, da wollen wir uns nichts vormachen."

Nach dem Erfolg von "Loch Lomond" war Maxine Sullivan sehr gefragt. Zwar ging ihre Gage in die Höhe, aber sie hatte immer noch einen Fünfjahresvertrag mit Mosier und Thornhill und da es rechtliche Komplikationen gab, wurde ihre Gage von einem Treuhänder einbehalten bis zu einer Regelung. "Nach fünf Jahren war ich wieder frei," sagt sie, und seitdem habe ich mich auf keine Abmachungen mit irgend jemand mehr eingelassen."

1939 eröffneten sich für Maxine Sullivan zwei neue Möglichkeiten: Bühne und Film. In dem Ausstattungsstück "Swinging the Dream", einer Swingversion des "Sommernachtstraum", spielte sie die Rolle der Elfenkönigin Titania. "Ich vermute, das Repertoire, das ich singe, hat sie darauf gebracht," sagt sie. Einige ihrer Hits bekamen für die Produktion einen neuen Text, und so ist "Darn That Dream", das ihr speziell für diese Show als Gesangsnummer geschrieben worden war, inzwischen ein Jazzstandard geworden. Im selben Jahr hatte sie auch ihr Debut in Hollywood, wo sie in "St. Louis Blues" sang, erschien dann noch in einem anderen Film, "Going Places", mit Louis Armstrong, in dem das erste Mal "Jeepers Creepers" erklang. Sie und Armstrong , erinnert sie sich, wiederholten den Song im alten Cotton Club Downtown. "Sie projizierten eine Szene aus "Going Places" auf eine Papierwand. In der Szene sangen Louis in seiner Dienerlivree und ich im Kleid des Stubenmädchens "Jeepers Creepers". Und an einer bestimmten Stelle kamen wir durch den Papierschirm, dann an den Seiten herunter, und das war die Eröffnung der Cotton Club-Show."

Mit der wachsenden Popularität der Kirby Band in den frühen Vierziger Jahren merkten Maxine Sullivan und Kirby, daß sie "sehr unabhängig voneinander " geworden waren und ließen sich 1941 scheiden. (Kirby starb 1952). "Einer der tatsächlichen Gründe für unsere Trennung," sagt Maxine, "war der, daß seine Tour in die eine Richtung ging und ich fuhr in die andere...Das einzige Mal, daß wir wirklich als Team verbunden waren, war während unserer Radioshow 'Flow Gently Sweet Rhythm' "

Nach dem Bruch mit Kirby ging Maxine Sullivan auf eine kurze Tournee mit der Benny Carter Band, die in sechs Wochen durch dreiundzwanzig Staaten führte und kam dann nach Hause voll Bewunderung für Sängerinnen wie Ella Fitzgerald und Helen Humes, die die Härten der One-Night-Jobs so lange ausgehalten hatten. Während der nächsten fünfzehn Jahre arbeitete Maxine Sullivan auf eigene Faust und ging nach dem Job bei der Carter Band in ein lange währendes Engagement ins Ruban Blue, einem exklusiven Supperclub in New York. Sie war die Ausbeutung und den Kommerzialismus in diesem Geschäft leid und hatte hier nun die Möglichkeit, nicht nur die gerade aktuellen Schlager zu singen, sondern die Jazzstandards und Songs, die sie liebte. "Ich hab die Standards und die Musik immer sorgfältig ausgewählt,und zwar danach, ob sie das Zeug dazu hatten, zu dauern und nicht nur heute ein Riesenerfolg waren und morgen vergessen." Im allgemeinen Strudel des Kommerz gab es da leider oft keine Wahl. In manchen Jahren gab es kaum neue Sullivan-Aufnahmen, weil sie ganz einfach "mit dem Programm nicht einverstanden" war. "Ich war bei keiner der großen Plattenfirmen unter Vertrag," sagt sie, "die hatten damals auch kein besonderes Interesse; die hatten überhaupt nur Interesse an meinen sogenannten Volksliedern."

Auf einem Album, aufgenommen mit Ellis Larkins 1947, durchbrach sie dieses Schema. Nach Maxine Sullivans eigener Einschätzung sind auf diesem Album einige der besten Sachen, die sie je gemacht hat - "und da war kein 'Loch Lomond' oder 'Molly Malone' oder 'If I Had a Ribbon Bow' dabei. Aber durch den Krieg war bei der Plattenindustrie das Material knapp geworden und als die Discjockeys die Platte im Radio spielen wollten, erinnert sich Maxine, da "kratzte die Nadel quer über die ganze Platte."

1956 fügte Maxine Sullivan ihrer musikalischen Persönlichkeit noch eine Dimension hinzu: sie begann, Posaune zu lernen.

In diesem Jahr ging sie nach Hawaii in einen Club. "Eine ganze Reihe der Mädchen aus der Ina Ray Hutton Band lebten in Hawaii." Eine der Frauen hatte ein Hotel mit sechzehn Zimmern gekauft und einen Club daraus gemacht. Auf der obersten Etage war ein Raum, der hieß "The Clouds", und da arbeitete Maxine Sullivan. Sonntags gab es Jamsessions, und da kam einmal eine Frau herein, die in der Hutton Band Trompete gespielt hatte. "Sie sang ein paar Nummern und spielte dann Trompete, erinnert sich Maxine Sullivan. "Da sagte ich mir, das ist eine gute Idee, denn wenn eine Sängerin ein paar Nummern gesungen hat, kennt man sie alle."

Zu der Zeit war Maxine Sullivan schon mit dem Stridepianisten Cliff Jackson verheiratet und als sie nach Amerika zurückkam, erzählte sie ihm, daß sie gerne ein Horn spielen würde. "Aber damals hatte ich Angst vor der Trompete," sagt sie, "ich dachte, wenn ich die hohen Töne spielen würde, dann sprängen mir die Augen aus dem Kopf. Ich überlegte, was für ein Instrument ich wohl nehmen sollte. Mit dem Saxophon wollte ich gar nicht erst anfangen, da waren mir zu viele Griffe drauf, Zugposaune wollte ich auch nicht, denn da gab es schon ein Mädchen, die Zugposaune spielte (Lillian Briggs, die zu einer Rockgruppe gegangen war). Da erinnerte ich mich, daß Billy Eckstine, als er seine Band noch hatte, Ventilposaune gespielt hatte. Ich sagte zu Cliff: 'Wenn Du jetzt mal wieder zu Manny (ein Musikgeschäft) gehst, sieh doch mal, ob er nicht eine Ventilposaune da hat.' "

Gleich am nächsten Tag ging Jackson zu Manny, erstand eine Ventilposaune für fünfundsechzig Dollar und brachte sie, in Zeitungspapier gewickelt, nach Hause. Zu der Zeit wohnte Vic (Dickenson) hier, der gab mir ein Mundstück, und dann bekam ich noch ein paar Stunden bei Vic. Cliff hatte einen Freund, einen Trompeter - er hieß Branch - bei dem nahm ich auch Stunden. Ein Futteral hatte ich nicht, ich trug sie in einer 'Gravy Train'-Tüte. Ich hab wie wahnsinnig geübt."

Schließlich, bei einem Festival in Long Island, enthüllte Maxine ihre Posaune und spielte "Do You Know, What It Means to Miss New Orleans?" "John Wilson schrieb die Kritik," sagt sie. "Er sagte, ich spiele die Posaune, wie ich singe, aber er wünschte, ich bliebe beim Singen!" 1968, als Maxine Sullivan ins Blues Alley in Washington D.C. ging, nahm sie die Posaune unverdrossen mit. "Das Horn war praktisch größer als ich, und es schien immer noch größer zu werden." Da bat sie den Clubinhaber, ihr ein Flügelhorn mitzubringen. "Der Mann brachte zwei Stück mit ins Hotel. Ich hatte nicht mal den Mut, sie auszuprobieren. Ich sagte,'ich nehm eins. Geben Sie mir eins davon.' Schließlich nahm ich das Flügelhorn aus dem Kasten und fing an zu blasen: nichts passierte. Ich hatte keine Ahnung, was da nicht in Ordnung war. Ich wußte nicht, daß man es ölen muß, wissen Sie. Ich hab dann ein paar Tage damit herumgespielt, bis ich ein paar Töne herausbekam. Und ich hab geübt. Aber so ein Flügelhorn ist ziemlich groß..." Schließlich entdeckte Maxine Sullivan in Connecticut ein Instrument in der passenden Größe: eine Taschentrompete, die sie heute noch spielt.

"Eines schönen Tages werde ich ein ganzes Solo spielen und vielleicht doch noch beweisen, daß ich ein Horn spielen kann, wenigstens ein bißchen," sagt sie. "Ich brauch noch etwas Zeit. Ich schaffe die höheren Register noch nicht. Ich übe erst noch an den mittleren Registern, wissen Sie...Heute bin ich nicht mehr so mutig wie damals, als ich mich hinstellte und 'Do You Know What It Means to Miss New Orleans?' auf der Ventilposaune gespielt habe. Aber eines Tages werde ich das machen. Ich sollte wirklich üben, wenigstens ein Solo sollte ich fertigbringen. Wenn ich könnte, würde ich gerne eine kleine Gruppe ins 'House That Jazz Built' bringen und hier und da ein bißchen proben."

The House That Jazz Built hat sein Standquartier in einem Gebäude in der South Bronx, das Maxine Sullivan 1956 gekauft hat. Es wird von Mitgliedern und Spenden getragen. "Es hat ein Weilchen gedauert, bis wir zu einer praktikablen Form kamen," sagt Maxine, "denn, um ehrlich zu sein, ich hatte keine Ahnung, auf was ich mich da einließ, als ich anfing. Es war einfach so eine Idee. Und natürlich ging am Anfang ein Haufen von meinem eigenen Geld drauf, um das Haus in Ordnung zu bringen. Aber schließlich ist es ja mein Eigentum, das mußte eben sein."

1956 war auch das Jahr, in dem sich Maxine Sullivan zum ersten Mal aus dem Showbusiness zurückzog. Sie war gerade aus Hawaii zurückgekommen und hatte ihr zwanzigjähriges Berufsjubiläum gefeiert. "So, dachte ich, sollst du nun als eine von denen herumhängen, die mal jemand gewesen sind, wozu das? Außerdem war ich müde. Ich hab so viel Variete, Vaudeville und Clubs gemacht...Und dann wurde ich auch noch krank. Ich mußte ins Krankenhaus. Ich glaube, der Körper wollte vorerst nicht mehr"

Maxine Sullivan nützte die Zeit nach ihrem Abgang, um sich der Gemeindearbeit zu widmen. Ihre Tochter war gerade in die Highschool gekommen, und sie ging mit aller Energie an die PTA (eine Eltern-Lehrer-Vereinigung) heran ("Wir hatten eine richtig 'swingende' PTA," sagt sie) wie auch an die lokale Schulbehörde. Auch an der Posaune hat sie in den späten Fünfziger Jahren noch gearbeitet und was die Sehnsucht nach dem Showbusiness angeht, so sagt sie, es mache ihr große Freude, "ein Teil der Gemeinschaft" von Eltern- und Gemeindeaktivitäten zu sein 1968 jedoch wurde Maxine Sullivan in den Job im Blues Alley, Washington D.C.,gelockt und sah sich so langsam in die Welt des Jazz zurückgleiten, als sie mit "The World's Greatest Jazzband of Yank Lawson and Bob Haggart" auf Tournee ging, Auftritte hatte mit Bobby Hackett auf dem Riverboat und zahllose Gastspiele rings im Land. Sie machte auch wieder Plattenaufnahmen und spielte in den frühen Siebziger Jahren ein Album ein mit Shakespeare-Songs, komponiert und arrangiert von Dick Hyman. "Diese Art von schlichtem, eigenständigem Kunstgesang ist dem Liedgesang so nahe, wie es Amerikaner jemals gekommen sind," sagte ein Kritiker von der Down Beat, "und Maxine ist eine unsrer wenigen, aber äußerst erfolgreichen Vertreter dieser Gattung."

Wenn sie ihre Karriere so überblickt, ist Maxine Sullivan ganz zufrieden. "Möglicherweise war ich gerade naiv genug, um nicht durchzudrehen," sagt sie. Ich hab es immer von dem Standpunkt aus betrachtet, dies ist es, was ich machen will und ich würde es schaffen, so oder so. Wie ich schon gesagt habe, viel Geld hab ich nicht damit gemacht. In den Jahren, als ich hätte Geld verdienen können, ging das alles für Schulden drauf. So hab ich am Ende gerade so überlebt und konnte anständig davon leben...ich lebe aber immer noch in dem Haus, das ich 1945 gekauft habe, und sehen Sie, da werde ich bleiben...

"Ich habe mich nie für eine große Sängerin gehalten oder sonst was Großes. Aber wenn ich mir "Gone With the Wind" so anhöre, oder besonders, seit ich mir "Stop, You're Breaking My Heart" angehört habe, da finde ich, ich war eine ganz gute Sängerin. Ich hätte nie gewagt, damals so etwas auch nur zu denken, denn in meiner Achtung waren Ella Fitzgerald und Billie Holiday auf einem Thron, und mich hab ich nur für eine der Glücklichen im Showbusiness gehalten, die eine Chance bekommen hatten...Ich hatte nicht das Gefühl, ich wollte mich mit jemandem messen und dann war ich ja, wie ich schon sagte, auch durch mein Material in einer ganz anderen Klasse. Ich hab nie gewußt, was die anderen Sängerinnen von mir gehalten haben, aber ich wußte, was ich von ihnen hielt. Ich habe Mildred Bailey bewundert, Thelma Carpenter, Helen Humes, alle diese Mädchen, denn in den Tagen damals swingten wir alle.

"Und dann habe ich natürlich, seit ich wieder auftrete, ein paar Jazzkonzerte gemacht und bin auf einigen Festivals gewesen. Ich habe ein paar Alben gemacht und es macht mir viel Spaß. Ich bin beschäftigter, wissen Sie, als damals, als ich noch sehr beschäftigt war. Vorvoriges Jahr - bis in das vorige Jahr hinein - hab ich mich noch an einem Broadway-Musical beteiligt. Eigentlich fing es ja als Off-Off-Broadway an, aber am Ende wurde ich für den Tony Award nominiert für meine Leistung in 'My Old Friends'. Es sieht also so aus, als ob ich wieder fest im Geschäft bin und darin bleibe."

Helen Oakley Dance

(Schriftstellerin/Produzentin)

Obwohl der Jazz in den Dreißiger Jahren ein immer größeres Publikum zu erreichen begann, mußten die Musik und die Künstler noch immer um Akzeptanz und Achtung in der Musikwelt kämpfen. Helen Oakley Dance, die mit so vielen illustren Namen auf diesem Gebiet gearbeitet hat - Duke Ellington, Red Norvo, Fletcher Henderson, Benny Goodman, Mildred Bailey, Chick Webb, die Bob Crosby Band - war ein wesentlicher Faktor auf dem Wege dazu, daß das breite Publikum diese Musik zur Kenntnis nahm und akzeptierte.

Helen Oakley Dance wurde in Toronto geboren und war, wie sie sagt, die einzige in der Familie, der das Gefühl für den Jazz "angeboren war." In den Tagen damals schickten die Plattenläden eine Auswahl von Dutzenden von Platten auf einmal an die Familien, damit man sich aussuchen konnte, welche davon man behalten wollte, sagt sie, "und ich erinnere mich ganz deutlich, daß ich schon damals mit meinen acht Jahren die einzige war, die sich jemand wie Hannah Williams von den Williams Sisters ausuchte. Die beiden konnten singen; sie waren aufregend. Gelegentlich gab es auch mal eine King Oliver oder vielleicht frühe Henderson Platte, die die Familie 'schrecklich' fand, aber die ich mir gleich sicherte. Als ich dann älter wurde, habe ich ganz bewußt nach diesen Platten gesucht, und dann ging man ja auch allmählich tanzen, zu Romanelli's Orchestra und solchen Sachen, und da hatte man dann die Gelegenheit, auch mal mit Musikern zu reden. Dabei habe ich dann gelernt, welcher Musiker welches Instrument spielt und wurde vertraut mit dem Sound von Louis Armstrong und Earl Hines. Dann fing ich an, mir im Radio die Übertragungen von Earl Hines aus dem Grand Terrace anzuhören und die von Claude Hopkins aus New York. Ich entwickelte sehr schnell eine ausschließliche Vorliebe für diese Art Musik. Ich konnte Leute wie Goodman auf den frühen Platten lediglich vom Hören identifizieren, aber ich kannte eigentlich niemanden, der etwas vom Jazz verstand. Trotzdem wurde mir diese Musik wichtiger als alles andere."

So schnell sie konnte, ging Helen Dance nach Amerika, erst nach Detroit, zog dann nach Chicago und landete schließlich in New York. Einer der ersten, den sie in Chicago traf, war Glen Burrs, der gerade ein Magazin namens Down Beat gestartet hatte. "Er stand immer an der Ecke der Musicians' Union und verteilte Handzettel," sagt Helen Dance. "Über Jazz stand da nichts, nur über Musik im allgemeinen. Wir lernten uns kennen, und ich verpaßte ihm die Idee: 'Da muß rein, wen man sich anhören sollte' Und so hab ich angefangen, zu schreiben... Viele Musiker waren ganz einfach verbittert, weil das, was sie machten, so gar nicht anerkannt wurde und sie konnten nirgendwo mit ihrer Musik ein bißchen Geld machen, denn die konventionellen Musiker engagierten sie nicht. Das war also mein Anliegen, - diese Musiker ins Rampenlicht zu bringen. Also schrieb ich als freie Mitarbeiterin für The Chicago

Herald and Examiner, und das machte auf diese Musiker schon etwas aufmerksam..."

"Jazzmusikern brachte man nicht den mindesten Respekt entgegen. Konventionelle Musiker waren noch nicht einmal gewillt, anzuerkennen, daß sie talentiert waren oder daß das, was sie machten, schwierig war. Jedenfalls war mein Bestreben, alles zu tun und zu sagen, was ihnen Gehör verschaffen konnte. Ich verband das immer mit meinem allgemeinen Wissen und hatte eine gute Vorstellung davon, was die Leute so lesen und hören wollten und was sie interessierte. Ich versuchte, so zu schreiben, daß auch ein Laie es verstand."

Helen Dance war auch klar, daß es wichtig war, dem Jazz aktive öffentliche Unterstützung zukommen zu lassen und so half sie mit einer Gruppe junger, bekannter Chicagoer, den Chicago Rhythm Club ins Leben zu rufen, dem sie auch vorstand. Zu den ersten Dingen, zu denen sie den Club nutzte, gehörte die Planung des legendären Goodman-Konzertes, bei dem das Goodman Trio (mit Teddy Wilson und Gene Krupa) zum ersten Mal öffentlich auftrat. Nach dem Ende der Rundfunksendungen "Let's Dance" war Goodman an die Westküste gegangen. Die ersten Trio-Aufnahmen (entstanden Juli 1935) waren eine Sensation gewesen, und Helen Dance beschloß, das Trio und die Band im Congress-Hotel herauszubringen. Goodman "traute sich nicht," wie sie sich erinnert, "einen schwarzen Musiker zu präsentieren, aber ich habe ihn doch überredet, Teddy Wilson aus New York mitzubringen mit dem Argument, das Trio wäre doch so etwas wie eine Pausengruppe. Schließlich stimmte er zu, und ich schickte Teddy das Fahrgeld. Natürlich war der Auftritt des Trios ein Riesenerfolg. Eigentlich war das das erste wirkliche Jazzkonzert in den Vereinigten Staaten (obwohl Duke Ellington schon einmal eines 1933 in London gegeben hatte). Es ging dem Carnegie Hall-Konzert voraus, und es war das erste Mal, daß Weiße und Schwarze zusammen in der "Öffentlickeit auftraten." Helen Dance ließ dem Goodman-Konzert nach diesem Erfolg weitere Konzerte mit Duke Ellington und Fletcher Henderson folgen und begann auch, Plattensitzungen in Chicago abzuhalten, unter anderem mit Paul Mares' New Orleans Rhythm Kings und einigen Terminen mit Jabbo Smith und einer gemischten Gruppe. Helen Dance war aber auch der Ansicht, nun sei die Zeit gekommen, nach Osten zu gehen. Sie hatte sich sehr auf die Arbeit für Duke Ellington konzentriert ("Was mich betraf, so gab es nichts Größeres als das," sagt sie) und ging nun nach New York, um im Irving Mills Office zu arbeiten. In den Mittagspausen lernte sie bei Maurice Grupp Trompete. (Während des zweiten Weltkriegs spielte sie eine Zeitlang bei der Women's Army Corps Band).Bei Mills fing sie auch an, für das Hausblatt zu schreiben, das von Ned Williams (dem späteren Herausgeber der Down Beat) geleitet wurde. Als Mills dann die Variety und Master Records herausbrachte, wurde Helen Dance die verantwortliche Frau für die A&R (Artists and Repertoire)-Abteilung des billigeren Labels Variety. "Das war natürlich genau das, was ich schon immer machen wollte," sagt sie.

Das Unternehmen fing an, nach Helen Dances Aussage, "mit so etwas wie einer öffentlichen Jamsession, der ersten in ihrer Art. Es war eine Party für jeden, der von Bedeutung war, und ich hatte die wunderschöne Aufgabe, Gastgeberin zu spielen und hatte jeden eingeladen, den ich gerne hörte, es war phantastisch. Ellington,

Goodman, Chick Webb, Artie Shaw und Ella Fitzgerald waren da. Basie war gerade erst in die Stadt gekommen. So hatte ich die Möglichkeit, eine ganze Reihe (von diesen Leuten) für einige kleine Gruppen zusammenzubringen. Die von Frankie Newton zum Beispiel war sehr erfolgreich...Ich nahm Cozy (Cole) als Schlagzeuger, wann immer es möglich war, und Clyde Hart und Billy Kyle. Ich ließ die Palmer Brothers singen und ließ auch Hot Lips Page seine herrlichen Vocals bringen, dann Tab Smith und Ed Hall und noch eine ganze Menge anderer. Das klappte ausgezeichnet. Natürlich verkauften sich diese Dinge nicht so gut, aber da es das zweite Label war, kam ich damit durch, während die damit beschäftigt waren, solches Zeug wie "Twilight in Turkey" mit Raymond Scott auf Master herauszubringen. Dadurch hatte ich dann freie Hand, zu tun, was wir alle wollten. Es war großartig, wenn man Chick Webb an den Drums haben konnte und noch diesen und jenen Namen, und so weiter.

"Dann brachte ich Irving auf die Idee, eine kleine Gruppe innerhalb der Ellington Band zu machen. Ich hab schon immer gerne die kleinen Bands machen wollen. Das war eine feine Sache, die wirklich Großen zusammenzubringen, nur einige, so daß sie sich richtig entfalten konnten...und sich gegenseitig inspirieren. Die Idee war, mit diesen Plattensitzungen Höhepunkte zu erreichen, die man auf keine andere Weise erreichen konnte...Nehmen Sie die Ellington Band - wo kriegt man je genug Johnny Hodges zu hören? Also nimmt man eine kleine Gruppe. Natürlich begriff Duke das sofort. Er sagte: 'Gut, machen wir um jeden herum kleine Bands...machen wir noch viel mehr Platten, machen wir noch viel mehr Musik.'

"Woran ich auch immer mein Herz gehängt hatte, dafür wollte ich arbeiten und etwas Gutes für die Gruppe zustande bringen," sagt Helen. Sie hat für Mildred Bailey und Red Norvo gearbeitet, hat der sehr kooperativen Bob Crosby Band die Idee mit den kleinen Gruppen eingegeben und war von Mills zu Moe Gale gegangen, um für Chick Webb etwas tun zu können. "Es tat mir geradezu weh, zu sehen, daß so ein großes Talent wie Webb nie ganz nach oben gekommen war. Dabei brauchte es weiter nichts als Management und kreatives Denken."

Während ihrer Arbeit für Chick Webb organisierte Helen Dance die berühmte Battle of Swing. "Seit Jahren gab es schon die Battles (Wettkämpfe), sie trugen sie auf der Straße aus und im Savoy und überall. Aber nie hatte es einer als eine öffentliche Veranstaltung aufgezogen. Selbstverständlich war das Savoy der ideale Ort dafür, und noch dazu war Chick Webb da zu Hause, und es wurde eine Sensation. Tausende waren gekommen. Auf dem ganzen Bürgersteig war berittene Polizei verteilt, die Presse brachte Bilder, es war einfach riesig."

Auf diesen Erfolg hin brachte Helen Dance noch einmal einen solchen Wettbewerb - die sensationelle Battle zwischen der Webb und der Basie Band, die ganz neu aus Kansas City gekommen war - und kam danach noch einmal kurz auf die Arbeit für Ellington zurück. Dann kam die Nachricht, daß ihr Bruder im Krieg vermißt war. Da ging sie fort, um noch einige Kriegsjahre für die OSS zu arbeiten, die für Geheimaufträge bei der Nordafrika-Division abgestellt war. Drei Jahre später ging sie nach England und heiratete dort den Schriftsteller und Produzenten Stanley Dance, dem sie zuerst bei den Plattensitzungen für Irving Mills begegnet war.

Helen Oakley Dance fuhr fort, zu schreiben und arbeitete auch weiterhin für den Rundfunk, "gelegentlich", aber sie sagt, die meiste Zeit sei sie "zu sehr damit beschäftigt, eine Familie großzuziehen, als daß ich noch Zeit für andere Arbeit hätte. Und ich habe mich auch nicht eigentlich wieder ans Schreiben begeben, bis wir uns schließlich 1959 in den Vereinigten Staaten niederließen. Danach war ich acht oder neun Jahre lang viel zu eingespannt, bis drei von unseren vier Kindern groß waren, um noch viel zu schreiben. Ich habe mal gelegentlich etwas für die Saturday Review gemacht, ein paar Plattenbesprechungen, Buchkritiken, habe auch mal hier und da ein Kapitel zugefügt zu der Buchserie, die Stan angefangen hat." (Heute ist Helen Dance im wesentlichen immer noch mit der gleichen Art Arbeit beschäftigt).Sie hat auch an den Plattenalben mitgewirkt, die ihr Mann für die britische Decca, RCA und die britische Columbia produziert hat und hat auch noch eine Biographie begonnen über den Jazz- und Bluesgitarristen T-Bone Walker.

"Natürlich war das für viele Musiker eine Überraschung, daß ich mit meiner Arbeit über dieses Gebiet Erfolg hatte und daß meine kritischen Essays unter meinem Namen erschienen und offensichtlich akzeptabel gefunden wurden. Aber ich stand ja auch unter dem besten Einfluß, denn meine engsten Freundinnen waren Irene Kitchings und Billie Holiday." (Helen Dance nennt als weitere wesentliche Einflüsse Duke Ellington, Louis Armstrong, Chick Webb, Fletcher Henderson, Coleman Hawkins, Johnny Hodges, Cootie Williams, Earl Hines, Count Basie, Lester Young, Benny Goodman, Ben Webster, Sidney Catlett, Davey Tough, Jack Teagarden, T-Bone Walker und Jay McShann).

"Meine Affinität zum Jazz, die mein ganzes Leben bestimmt hat, war nicht ererbt. Es war eine Gabe. Sowohl in meinen Schriften wie in allem anderen habe ich mich zuerst und zumeist vom Instinkt leiten lassen. Das Studium der Musik hat meine Kenntnisse erweitert, aber um sie erfassen zu können, muß man sich auf seine Ohren verlassen. Das kann ich versichern, um die Karriere ist es mir nie gegangen. Meine Vorlieben lagen ganz woanders, ich war nämlich nicht geldgierig. Meine ganze Liebe galt der Musik und den Leuten, die das spielten, was ich hören wollte."

Die Vierziger Jahre

Amerika trat 1941 in den zweiten Weltkrieg ein, und nun machte man eine radikale Kehrtwendung weg von den Depressionsjahren, als man den arbeitenden Frauen vorwarf, daß sie den Männern die Jobs "stehlen". Nun rief man die Frauen auf, die traditionellen Männerrollen zu übernehmen. Fast über Nacht wurde "Rosy the Riveter" (eine den Niethammer schwingende Rosy) die beherrschende Figur auf der Industrieszene, und während des Krieges hatten nahezu sechs Millionen Frauen (36 Prozent verglichen mit 25 Prozent vor dem Krieg) einen bezahlten Job.

Die Frauen arbeiteten in Tag- und Nachtschichten, um die Kriegswirtschaft in Gang zu halten (selbst Lovie Austin arbeitete als Wache in einer Fabrik für Verteidigungswaffen) und stärkten so die Heimatfront. Auch Hollywood - das nun ein überwiegend weibliches Zivilpublikum bedienen mußte - fing an, die neue Rolle der Frauen widerzuspiegeln. Schauspielerinnen wie Greer Garson (in "Mrs. Miniver"), Bette Davis (in "The Corn Is Green") und Joan Crawford (in "Mildred Pierce") portraitierten mutige, hart arbeitende, schnell denkende Frauen sowohl in häuslicher, als auch in beruflicher Umgebung. Auch Musik und Unterhaltungsindustrie öffneten den Frauen ihre Tore und engagierten sie als Ersatz für die Männer, die eingezogen waren oder sich freiwillig gemeldet hatten, aber auch zur Unterhaltung der riesigen Zahl von GIs, aus denen das Publikum nun bestand. Betty Sattley Leeds sprang für ihren Mann, Charlie Leeds, in der Louis Prima Band ein; Gracie Barrie übernahm die Stelle des Bandleaders für ihren Mann Dick Stabile (machte sich aber Gedanken darüber, "daß die Presse gewöhnlich konstatierte, sie sei eingesprungen...'so lange es dauert.' "). Gracie Barry hatte einen Fünfjahresvertrag und sagte, sie würde eine Band leiten, ob nun Krieg sei oder nicht); aus Philadelphia berichtete Down Beat, Frauen "seien zum ersten Mal in die Studiobands eingebrochen und zum ersten Mal habe sich ein Maestro einem Weiberrock unterworfen."

Selbst als die weiblichen Entertainer und Musiker die Männer ersetzten und Tourneen durch Truppenstandorte und Hospitäler rund um die Welt machten, selbst da konnten sie den Stereotypen vom dekorativen Objekt, das sexy ist und die Moral der Truppe stärken soll, aber nicht allen Ernstes einen Platz im Jazz beanspruchen darf, nicht entgehen. Die Schöpfung der Vierziger Jahre, das "Pinup Girl", bekam Konkurrenz durch das Angebot in Down Beat (15. April 1944, S. 2), in jeder Ausgabe ein "Kußautogramm" einer populären Tanzbandvokalistin zu bringen; eine Abhandlung über eine Frauenband, die Swinghearts, bemerkte, daß angesichts der Entfernungen von 1.5OO Meilen zwischen den einzelnen Jobs, die sie gemeistert hätten, das "schwache Geschlecht" vielleicht doch nicht ganz so schwach sei; noch ein anderer Schreiber verteidigte mal wieder die männliche Domäne der Musik in "Die Wahrheit über die zwei Arten von Frauen" - "die, die Jazzmusik nicht mögen und das zugeben und die, die sie auch nicht mögen, aber behaupten, sie täten es...Guter Jazz ist eine harte, maskuline Musik mit der Peitsche in der Hand," erklärte er. "Frauen lieben die Geige, Jazz aber heißt Schlagzeug und Trompeten."

In der Welt des Jazz war der Swing mittlerweile überreif geworden. In New York hatte eine kleine Gruppe von Musikern, nicht zufrieden mit der Begrenztheit dieser Musik, mit einer schnelleren, harmonisch komplexeren, weniger munteren Musikform zu experimentieren begonnen, die man "Bop" nannte. An der Spitze dieser Bewegung standen Charlie Parker, Charlie Christian, Dizzy Gillespie, Thelonius Monk, Bud Powell, Kenny Clarke, Sarah Vaughan und der Arrangeur Tadd Dameron. Zur Erläuterung des Bop sagte Dameron einmal: "Es ist, als wären da zwei Straßen, die beide in dieselbe Richtung gehen, nur daß die eine ganz geradeaus führt, ohne landschaftliche Schönheiten drumherum, während die andere sich windet und schlängelt, mit lauter schönen Bäumen an beiden Seiten."

Mary Lou Williams, wie immer, zeigte den Weg auf der malerischen Route. 1941 verließ sie die Andy Kirk Band, zog sich ein Weilchen nach Pittsburgh zurück und arbeitete dann noch sechs Monate mit Duke Ellington. In dieser Zeit schrieb sie für die Ellington Band das Arrangement für "Trumpet No End," ihrer Version von "Blue Skies." Dann ging sie in ein langes Engagement ins Cafe Society in New York. Als eine der ersten Anhänger der kontroversen neuen Musik öffnete sie ihre Wohnung "uptown" (im Norden der Stadt) den Boppern, die manchmal Tage und Nächte da verbrachten, an ihrem Klavier saßen und sie um Rat fragten. "Es war immer noch genau wie in den Dreißiger Jahren," sagte sie einmal zu Whitney Balliett. "Die Musiker halfen sich gegenseitig und dachten nicht nur an sich selbst."

In dieser Periode hat Mary Lou Williams auch einige ihrer wichtigsten Werke dieses Jahrzehnts aufgenommen. Auf dem Doppelalbum "Mary Lou Williams, The Asch Recordings (1944-47)" hatte sie völlig freie Hand: sie spielte Klaviersoli, tat sich aber auch zusammen mit Künstlern wie Bill Coleman, Al Hall, Dick Vance, Frankie Newton, Don Byas und der Vokalistin Nora Lee King; sie spielte ihre eigenen Kompositionen - "Lonely Moments," "Froggy Bottom," "Roll 'Em," "Little Joe," "Carcinoma" und andere - einige mit neuen Arrangements; auch Standardnummern nahm sie auf. "The Zodiac Suite", ihr erstes größeres Werk, entstand 1945 und wurde in der Town Hall aufgeführt. Im folgenden Jahr instrumentierte sie einen Teil des Werkes für die New Yorker Philharmoniker und spielte ihn mit diesem Orchester in der Carnegie Hall bei der ersten Begegnung zwischen Jazz und Symphonie.

Zusätzlich zu den Asch-Aufnahmen ging Mary Lou Williams noch ins Studio und leitete einige Trio- und Quintettsitzungen nur mit Frauen. An den verschiedenen Terminen spielten Bridget O'Flynn, Schlagzeug, June Rotenberg, Bass, Marjorie Hyams, Vibraphon, Mary Osborne, Gitarre, Vivian Garry, Bass, und auf einer Sitzung spielte eine Bea Taylor Bass, die niemand anders war als der Bassist Billy Taylor. Mary Lou Williams spielte einen "Waltz Boogie," und bei "Hesitation Boogie" and "Boogie Mysterioso" gab sie der Musik ihre deutlich erkennbare Phrasierung und ihren Anschlag, aber auch ein dunkleres, lyrischeres Feeling, als man im allgemeinen mit der Boogie-Form des "eight-beat-to-the-bar" verband (der acht Schläge auf jeden Takt).

Als das Mary Lou Williams Trio (mit Hyams und Rotenberg) 1947 in der Carnegie Hall auftrat, verkündete eine Schlagzeile: " Das schöne Geschlecht greift nach Ehren im Konzert." "Es gibt unzweifelhaft Solistinnen, die ihnen auf allen Instrumenten gleichkommen," schreibt der Rezensent, "aber nur wenige, die sich bei einem öffentlichen Auftreten so sehr darum bemühen, guten Jazz zu spielen, statt blendende Technik und eingelernte Tricks zur Schau zu stellen."

Ja, trotz Mary Lou Williams' Prominenz und ihrem anerkannten Gewicht auf diesem Gebiet konnte selbst sie den Cliches der Zeit nicht entgehen - besonders wenn sie mit anderen Frauen zusammenarbeitete. Als sie, O'Flynn, Hyams, Garry und Osborne in dem Rundfunkprogramm "We the People" 1948 auftraten, stand in ihrem Skript, wie Miß O'Flynn las, die Bezeichnung "The Suffragettes of Swing," denn, erklärte sie, "wir erdreisteten uns, mit Männern zu konkurrieren." Dann kam die übliche Küchenmetapher (die einige Schreiber heute noch hervorziehen), in der die Hörer darüber informiert wurden, "daß es seit Phil Spitalny's Frauenorchester keine Gruppe so zu beweisen verstanden hätte, daß nicht aller 'Jam' (Marmelade) in der Küche gemacht wird."

Im selben Jahr nahm Mary Lou Williams noch einige experimentelle Bopstücke auf - "In the Land of Oo-Bla-Dee," "Tisherome," "Knowledge" und "Shorty Boo" - mit dem Trompeter Idrees Suleiman und dem Bassisten George Duvivier. Aber auch als ihre eigene Musik progressiver wurde und sich erweiterte, bewahrte sich Mary Lou immer noch Elemente ihrer frühen musikalischen Wurzeln. Sie hielt sich nie an einen bestimmten Stil oder eine Schule, sie schöpfte aus ihren eigenen Quellen, um das Gedankengut der Zeit damit zu bereichern (und umgekehrt). 1948 sagte sie einem Kritiker: "Gerade jetzt befasse ich mich mit Harmonien, die dem Bop weit voraus sind" (LCL-M).

Obwohl der Swing aufgehört hatte, eine Herausforderung für die Musiker zu sein, dem Publikum gefiel er immer noch. Am Anfang des Jahrzehnts nahm die Zahl der Frauenbigbands zu, da die kleinen Gruppen sich zu großen Bands ausweiteten, um bei dem kriegsbedingten "Mangel" an Bigbands mit abzusahnen. In den Handelsblättern erschienen Anzeigen, in denen überall im Land für diese Bands Musikerinnen gesucht wurden, von New Mexico bis Connecticut, von South Carolina bis Michigan. Einige Frauen gingen direkt von der Highschool in die Bigbands. Einige Bands, wie die überwiegend schwarzen International Sweethearts of Rhythm, die rein schwarzen Prairie View College Co-Eds und die Swinging Rays of Rhythm kamen direkt aus Universitäten und Schulen. Eine Band wie Eddie Durhams All Star Girl Orchestra - bestehend aus erfahrenen Professionals - spielten ebenso gut wie die besten männlichen Swingbands des Jahrzehnts, während die großen weißen Bands, wie die von D'Artega oder Joy Cayler, nur begrenzt fähig waren, zu swingen, aber in ihrem Repertoire immer wieder irgendwo Ansätze dazu zeigten. In diesen Bands konnten die Frauen mit dem Feeling für Jazz und Improvisation sich Bigbanderfahrung aneignen, bevor sie in die authentischeren Swingbands und Combos gingen.

1943, als die schwarzen Bands wie die Darlings of Harlem und die Prairie View Co-Eds und solche weißen wie Ada Leonard's All American Girl Orchestra gerade zusammengestellt wurden oder schon arbeiteten, fingen einige Agenturen an, herunterzugehen auf kleinere, finanziell tragbarere Gruppen. Estelle Slavin, die 1934 bei Ina Ray Hutton angefangen hatte, leitete ihr eigenes Quintett, 'Stelle and the

Brunettes,' mit der William Morris Agency als Manager, und ihre Arbeit wurde in Down Beat lobend besprochen.

Andere Frauen hatten die Gelegenheit, in früher rein männlichen Bands zu spielen. Als die Trompeterin und Vokalistin Billie Rogers 1941 zur Woody Herman Band ging, bemerkte Down Beat, sie sei "die einzige Musikerin" in Amerika, die ein reguläres Mitglied in "einer ansonsten rein männlichen Bigband mit großem Namen" sei."Musikerinnen sind für jede Band eine gute Zugnummer," hat Billie Rogers einmal gesagt, "sie mögen vielleicht nicht so gut spielen wie die Männer, aber im Verlauf des Krieges werden in den Bands wahrscheinlich immer mehr Musikerinnen sitzen, besonders da sie ja auch zusätzlich noch singen können." Sie sprach auch das Thema an, warum Frauen als Bläserinnen nicht ernstgenommen werden und ihr Kommentar spiegelt die nicht auszurottenden Mythen und Attitüden des Tages, die so weit verbreitet waren, daß nicht nur Kritiker der Frauen im Jazz, sondern oft genug auch die Frauen selbst sie nachbeteten. Miß Rogers nennt als einen der Gründe den altvertrauten "Mangel an körperlicher Zähigkeit und Kraft". Der zweite Grund sei die Tatsache, daß die meisten Frauen eines Tages eine Familie gründen wollen und "die Karriere mehr als eine Vorstufe zur Ehe betrachten. Ich habe mit Sicherheit nicht die Absicht, das hier ein Leben lang zu machen," sagt sie, "und den meisten anderen Mädchen, das weiß ich, geht es genau so." Es ist klar, daß für die Frauen zur damaligen Zeit Karriere (oder Kunst) und Familie sich so völlig gegenseitig ausschlossen, daß die Forderung, das eine für das andere zu opfern, nie in Frage gestellt wurde, wenigstens damals nicht. Trotz ihres Kommentars jedoch leitete Billie Rogers 1944 immer noch ihre eigene Männerband, spielte später in Jerry Walds Orchester und war immer noch auf der Szene, um noch eine Nachkriegsband nur mit Männern zu gründen, die leider, wie Frank Driggs feststellt, "nicht so viel Glück hatte wie ihre erste und sich 1950 wieder auflöste."

Als individuelle Instrumentalistinnen in den Vierziger Jahren immer sichtbarer und hörbarer wurden, machten sie auch mehr Aufnahmen, wobei verschiedene kleine Combos als "Pick-ups" zusammengestellt wurden (d. h. sie wurden nur für eine bestimmte Sitzung engagiert). Da war das Mary Lou Williams Frauentrio und ihre All Star - Sessions; die Solo- und Trio-Sessions mit der kraftvollen, in Philadelphia geborenen Beryl Booker (mit June Rotenberg und Bridget O'Flynn) sowie andere Sessions, (kürzlich wieder herausgebracht), mit Musikerinnen wie Edna Williams, der Geigerin Ginger Smock, Marian Gange, L'Ana Webster, Jean Starr, Vicki Zimmer, Rose Gottesman und Cecilia Zirl, die Standardnummern spielten wie auch solche Titel wie "Seven Riffs with the Right Woman" und "A Woman's Place is in the Groove".

Trotz des enormen Beitrags, den die Frauen in der Jazzwelt im Krieg geleistet hatten, entstand, kaum daß der Krieg vorüber war, wieder die Männerclub-Athmosphäre in der Welt des Entertainment wie auch in anderen Berufs- und Industriezweigen, und die Frauen wurden wiederum beschuldigt, den Männern die Jobs zu stehlen, worauf man sie systematisch wieder aus dem Wege drängte. "Ende 1946," berichten Carol Hymowitz und Michaele Weissman in ihrer Geschichte der amerikanischen Frauen, "wurden zwei Millionen Frauen von der Schwerindustrie gefeuert."

Metronome startete einen Gratisdienst zur Beschäftigung von Musikern, die aus dem Krieg zurückkamen und bemerkten, daß, als die Leiter der Spitzenbands sich mit "minderwertigen Musikern" herumschlagen mußten, eine "neue Ernte für den Jazz unter den Soldaten" eingefahren worden war und Metronome war bereit, beim Verteilen der Ernte zu helfen. Das Programm bot den männlichen Musikern Hilfe, deren Karriere durch den Krieg unterbrochen worden war, aber auch den jungen unter ihnen, die während ihrer Armeezeit herangereift waren und nun zur Verfügung standen. Die Musikerinnen, die in der Zwischenzeit bezahlt und bis dahin gepriesen worden waren für ihre Kompetenz, fanden sich plötzlich rausgeworfen und ohne Chance. Einige, die schon vor dem Krieg angefangen hatten, waren daran gewöhnt, daß ihnen der Markt verschlossen war, aber die, die erst im Krieg angefangen hatten, zu arbeiten, erlebten ein böses Erwachen in der Realität der Jazzwelt in Friedenszeiten.

Die ausgezeichnete Vibraphonistin Marjorie Hyams begann ihr Karriere in den Vierzigern, spielte mit Woody Herman, George Shearing und Mary Lou Williams und leitete ihre eigenen Gruppen im Hickory House auf der 52nd Street. Eine der am höchsten gepriesenen und geachteten Musikerinnen auf der Szene, zog sie sich doch 195O vom Geschäft zurück, heiratete und ist der professionellen Musik seitdem ferngeblieben. In einem Interview, das auf einem Album von 1978 mit der Wiederveröffentlichung einiger ihrer Arbeiten erschienen ist, wirft Marjorie Hyams ein neues Licht auf die Gründe, aus denen heraus Frauen wie sie, aber auch zweifellos viele andere, sich entschieden, ihre Karriere endgültig aufzugeben. "Erst in der Rückschau," sagt sie, kann man " alle die Hindernisse erkennen, die einem in den Weg gelegt wurden. Ich habe damals immer gedacht, ich sei nur zu jung, um damit fertigzuwerden. Heute sehe ich, es war in Wirklichkeit wildwuchernder Chauvinismus."

Die populärste aller weiblichen Bigbands der Vierziger Jahre war gleichzeitig eine der großen Swingbands jener Zeit. Gegründet 1937 in der Piney Woods Country Life School für arme und verwaiste schwarze Kinder, waren die International Sweethearts of Rhythm (bei denen später auch mexikanische, weiße und orientalische Frauen waren) ein einzigartiges Phänomen nicht nur in der Geschichte des Jazz, sondern auch in der Sozialgeschichte.

Die International Sweethearts of Rhythm

191O kam Clifton Jones ("the little Professor") nach Piney Woods, Mississippi, einundzwanzig Meilen südlich von Jackson, und gründete dort die Piney Woods Country Life School. Im Austausch für ihre Erziehung nahmen die Studenten an Studien- und Arbeitsprogrammen teil, bei denen sie in der Landwirtschaft arbeiteten, mit den Cotton Blossoms (einer der vielen reisenden religiösen Vokalgruppen) unterwegs waren oder an sonstigen, von der Schule geförderten Programmen teilnahmen. Alle Einkünfte gingen an die Schule.

Der Erfolg einiger der weiblichen Swingbands gab Jones die Idee ein, dem musikalischen Programm der Schule noch eine Jazzband für Mädchen hinzuzufügen. Diese Band sollte Tourneen machen, bei Tanzveranstaltungen und Footballspielen auftreten und so der Schule weitere Einkünfte einbringen. Die Musikerin Consuella Carter stellte die Band zusammen und trainierte die jungen Frauen. Sie reisten weiter und weiter herum und immer offener trat ihr künstlerisches Potential zutage. Als musikalischer Direktor kam die Trompeterin Edna Williams aus Iowa, und Rae Lee Jones (nicht verwandt mit Laurence Jones) aus Nebraska wurde als Anstandsdame und Manager dazugeholt.

Die International Sweethearts of Rhythm, die bald die Haupteinkommensquelle der Schule wurden, machten Tourneen durch die ganze Nation und traten schließlich, nach einem erfolgreichen Debut 194O am Howard Theater in Washington, im New Yorker Apollo Theater auf. Das "rassisch gemischte Orchester, das nur aus Mädchen bestand, war völlig unbekannt in die Stadt gekommen," berichtete Down Beat, aber "ganz Harlem redete von ihm," bevor es wieder fortging. Die Besetzung bestand aus Edna Williams und Nova Lee McGee an der Trompete, Helen Jones an der Posaune (sie und Edna Williams wurden als Solisten herausgehoben), Ellarize Thompson und Willie Mae Wong am Alt und einem zweiten Instrument, Gracie Bayron und Alma Cortez am Tenor, Johnny Mae Rice am Klavier, Judy Bayron an der Gitarre und Pauline Braddy am Schlagzeug.

Ein Jahr später lösten die Sweethearts die Verbindung zu ihrer Schule. "Achtzehn Mädchen aus der Piney Woods School haben die Schule verlassen," berichtete The Afro-American (3. Mai 1941) "nahmen den Schulbus und flohen, verfolgt von der Highway-Polizei, durch sieben Staaten nach Washington und in die Freiheit." (Diese Entscheidung hätten sie getroffen, hieß es weiter, als sie erfahren hätten, daß acht ihrer Mitglieder, die drei Jahre mit der Band unterwegs gewesen waren, ihre Abschlußprüfung nicht bestehen würden). Eine zweite Schulband, die siebzehnköpfige Swinging Rays of Rhythm, trat an die Stelle der Sweethearts und reiste für die Schule durch die ganze Nation, aber die landesweite Prominenz der Sweethearts konnte sie nicht erreichen.

In Arlington, Virginia, außerhalb Washingtons,zogen die Sweethearts in ein Haus mit zehn Räumen und begannen, sich für das ganz große Geschäft auf Hochglanz zu bringen. Sie probten unter der Aufsicht einiger der besten Arrangeure und

Musikdirektoren der ganzen Branche. Der erste Coach, den sie sich holten, war Eddie Durham, der sich schon einen Namen gemacht hatte mit seinem Spiel, seinen Kompositionen und seinen Arrangements für die Bands von Bennie Moten, Count Basie, Glenn Miller, Jimmie Lunceford, Artie Shaw und Ina Ray Hutton. Durham erinnert sich, wie er nach Washington runter fuhr, um die Frauen spielen zu hören. "Ich brauche zehn Tage Probe, " sagte er den Verantwortlichen, nachdem er sie gehört hatte. "Ich sagte, 'Es mögen vielleicht nur zwei Nummern werden, aber das werden dann wirkliche Nummern sein.' Ich tauschte mal einige an verschiedenen Hörnern aus...Wenn eine schwach ist, kriegt sie nur eine Note, aber damit holt sie die Leute von den Stühlen. Wir fingen um zehn Uhr morgens an und hörten um neun Uhr abends auf, und ich brachte den St. Louis Blues und noch ein paar andere Sachen auf die Beine. 'Sundown' - das ist so eine Nummer, von der sie heute noch reden. Und ich schulte sie im Singen und allem, und dann brachte ich ihnen noch ein bißchen Choreographie bei, die ich für die Bläser haben wollte - kein Tanz, nur wie man mit dem Horn reinkommt und was man sonst noch so machen kann."

Die Sweethearts spielten nicht nur gute Musik, erinnert sich Durham, sie hatten auch fabelhafte Kleider, eine sagenhafte Beleuchtung und großartige Bühneneffekte. "Wenn sie herauskamen, spielte Nova Lee McGee ein Solo - Taft Jordan hatte viel mit ihr geübt - und sie konnte wunderbar spielen. Der Scheinwerfer fiel genau auf sie, wenn sie ihr Solo spielte, die übrige Bühne war ganz im Dunkeln, und während es auf der Bühne tiefschwarz war, kamen die fünf Saxophone im Dunkeln ganz nach vorne. Keiner hätte merken können, daß sie da waren."

Nach dem Trompetensolo wurde der Scheinwerfer voll auf die fünf Saxophonistinnen gerichtet. Dabei sangen sie dann zuerst einen Chorus, und danach holten sie erst ihre Hörner heraus. "Trotzdem war es nicht überladen," sagt Durham. "Sie spielten auch nicht zu viele Noten. Es waren so kleine Liedchen da mit drin, und schön war es. Dann kamen eine Menge Leute an die Kasse und wollten Mr. Schiffman (Eigentümer des Apollo) sehen. Die Musiker wollten Erlaubnis haben, hinter die Bühne zu gehen, um nachzusehen, wer da hinter der Bühne eigentlich spielte und wie man das alles gemacht hatte. 'Das ist doch Pantomime, die müssen doch da eine Band dahinter haben,' sagten sie, 'kein Mädchen kann so spielen.'

"Ich habe noch eine Zeitlang mit ihnen gearbeitet, und dann kriegte ich Schwierigkeiten mit den Managern. Ich konnte nicht mit ansehen, wie sie ihnen das Geld aus der Tasche zogen. Wir spielten wieder im Apollo Theater, die Mädchen kriegten zweiundzwanzig Dollar in der Woche (so ungefähr die Hälfte des Union-Tarifs, sagt Durham),und ich sagte:'Nun, was haben sie (die Manager) euch denn gesagt?' 'Also, wir müssen den Bus bezahlen (die Sweethearts hatten einen Wohnbus, komplett mit Bett, Bad und Aircondition), wir müssen die Hypothek, die auf diesem Haus (in Arlington) liegt, bezahlen.' Ich habe ihnen nicht gesagt, daß sie gar kein Haus hatten. Das Haus gehörte dem Mann (ihrem Gönner und Förderer). Er hat ihnen das Haus zur Verfügung gestellt, damit sie darin wohnen können, es war gar nicht gekauft.".

Nach Durhams Weggang kamen noch zwei andere Arrangeure und Probenleiter: erst Jesse Stone und danach Maurice King. Erfahrene Professionals, wie die populäre East Coast-Tenoristin Vi Burnside (die in Bill Baldwins Frauenband gespielt hatte), die Trompeterin Tiny Davis, Gitarristin Roxanna Lucas und die Altsaxophonistin Roz Cron wurden ebenfalls in die Band geholt.

Am Anfang waren die Sweethearts noch sehr jung," sagt Jesse Stone. (Sie waren zwischen vierzehn und neunzehn, als sie das erste Mal die Schule verließen). "Das meiste war Ensemblespiel. Dann entwickelte sich Helen Jones zu einer guten Soloposaunistin (im Dorsey-Stil) und Pauline (Braddy) machte Fortschritte als Drummer, und all das kam so nach und nach...Als ich dazukam, fingen sie gerade an, zum Tanz zu spielen, und da fingen sie dann an, sich individuell zu entwickeln, denn wenn man zum Tanz spielt, muß man Soli und alles mögliche spielen, und das war ein Unterschied zu den Bühnenauftritten, die sie sonst machten. Ich glaube, Roxanna Lucas hatte den anderen Mädchen so Standardnummern und Muster aufgeschrieben, nach denen sie üben sollten. Als sie sahen, wie ernst es ihr war mit dem Lernen, Notenlesen und allem, da hab ich sie dazu gekriegt, mitzumachen, einzeln zu kommen. Ich habe jede einzeln unterrichtet."

Nach einer äußerst erfolgreichen USO-Tour 1945 in Europa traten in der Folge bei den Sweethearts größere personelle Veränderungen ein. Deswegen, wegen des miserablen Managements und der Krankheit von Rae Lee Jones ging die Formation in den späten Vierziger Jahren schließlich auseinander, obwohl sie in einigen anderen Zusammenstellungen noch weitermachten unter der Stabführung der langjährigen Leiterin der Sweethearts, Anna Mae Winburn. Einige der Musikerinnen - Roz Cron, Vi Burnside, Tiny Davis, Toby Butler, Roxanna Lucas - blieben dem Musikerberuf treu, andere stiegen aus, um zu heiraten und Familien zu gründen.

Nach Jesse Stones Urteil machten sich die Sweethearts einen "Namen, der größer und dauerhafter war als der irgendeiner anderen Frauengruppe im ganzen Land." Auf ihren Aufnahmen von "Jump Children" - auf der Tiny Davis einen mitreißenden Blues singt und die Frauenstimmen ihr im Chor nach der Art des "Call-and-Response" antworten - "Sweet Georgia Brown," "Tuxedo Junction" und "Slightly Frantic" kann man die bis tief hinein swingende Qualität ihrer Musik und den sauberen, ebenmäßigen Klang der Sektionen hören (und in "Sweet Georgia Brown" den Drive der Tenoristin Vi Burnside). Stone erinnert sich noch, wie ihre Fans im Regen vor dem Paradise Theater in Detroit standen - es regnete damals eine ganze Woche lang - und darauf warteten, eingelassen zu werden, um die Band zu hören. "Immer vier nebeneinander, rund um die Woodward Avenue. Ich hab noch nie erlebt, daß eine solche Menge Menschen für Duke Ellington angestanden hätte," sagt er. "Wirklich nicht. Sowas hab ich noch nie gesehen."

Pauline Braddy Williams

(Schlagzeug / Vocals)

Pauline Braddy Williams hat schon in der Piney Woods Country School bei den Sweethearts of Rhythm angefangen und war die originale Schlagzeugerin der Gruppe. Sie verließ die Band in den frühen Fünfziger Jahren und arbeitete noch bis in die späten Sechziger in kleinen Combos, bis sie dann nach Washington D.C. zog. Seitdem hat sie nicht mehr gspielt, außer bei ihrem Auftritt 198O beim Women's Jazz Festival in Kansas City, wo sie die frühere Vokalistin der Band, Evelyn McGee, begleitete während einer Huldigung für die Sweethearts.

"Mir hat sie immer gefehlt," sagt Pauline Braddy über die Musik, "aber so langsam hab ich mich dran gewöhnt, glaube ich." Sie hatte Angst gehabt, sie "hätte nicht mehr mithalten können" in Kansas City, sagte sie, "aber es kam ganz von selbst, als wenn ich gerade aufgehört hätte, zu spielen, hätte einen Schluck Wasser getrunken und wäre wieder zurückgekommen...Evelyn sang gerade "I Cried for You" und mit meinem altmodischen Beat haben wir drauflosgeschwungen."

Die Holzbläserin Fostina Dixon, die ihre Karriere 1973 begonnen hatte, war ebenfalls bei der Veranstaltung und sagt über McGee und Braddy:" Die swingten mehr als alle anderen zusammen auf dem Festival!"

Pauline Braddy ist in Mississippi geboren. "Die Familie meiner Mutter ist schon in diese Schule gegangen, und die davor, und so ging das weiter bis zu uns...Davon spricht nie einer, wenn sie von der Geschichte der Schwarzen reden. Es war Laurence Clifton Jones, der die Schule gegründet hat. Er war kein Militanter. Er hat sich nicht für die Bürgerrechte und all das stark gemacht, aber es war ein wunderbarer Platz, und da hat man so viel für die armen Schwarzen im Süden getan. Sie wurde im großen und ganzen von Stiftungen finanziert, von Leuten 'aus dem Norden', wie man das nannte. Da konnte ein Kind zur Schule gehen und mußte nichts dafür bezahlen. Man arbeitete dafür und sie gaben einem Unterricht. Eine großartige Sache."

In der Brassband waren ungefähr vierzig Mädchen, als sie dort war, aber nur wenige Jungen; sie spielte Klarinette. "Dann entschloß sich Mr. Jones, es mal mit einer Mädchen-Jazzband zu versuchen. Eine der Lehrerinnen, Consuella Carter, war eine ausgezeichnete Musikerin. Sie lehrte alle Instrumente, die es gab und sie war eigentlich diejenige, die die Band in Gang brachte, nachdem Mr. Jones sich entschlossen hatte, mal zu versuchen, ob die Mädchen Swingmusik, wie wir das damals nannten, spielen könnten. Und er wollte von ihr wissen, ob sie das für möglich hielt. Da wählte sie dann aus ihrer Bigband die Saxophone, die Posaunen und was weiß ich aus und probte mit ihnen. Sie spielte Kornett und leitete die Band. Wir haben nach sogenannten Stock Arrangements gespielt; die konnte man schon fertig gedruckt kaufen."

Die Inspiration der Mädchen kam in der ersten Zeit von Schallplatten. "Wir haben nie nur selten Bands live gehört, wissen Sie. Ich glaube, die erste Bigband haben wir gehört, als Professor Jones eine Gruppe Mädchen mitnahm nach Memphis, Tennessee, um Louis Armstrong zu hören. Wir waren noch Kinder. Wir hatten wohl Schallplatten, aber eigentlich hätten wir die gar nicht haben dürfen, denn wir waren eine sehr fromme Schule. Wir haben die Platten immer versteckt...und sie auf diesen alten Dingern zum Aufziehen gespielt. Meist waren es Count Basie und Andy Kirk und all die alten schwarzen Bands, die Swingbands. Man durfte sie(die Swingmusik) nicht spielen und man durfte nicht tanzen. Als wir mit der Band anfingen, waren wir unter den anderen Mädchen so richtige Außenseiter.

"Ich bin durch Zufall an die Drums gekommen," sagt Pauline Braddy, die ihr Herz an das Altsaxophon gehängt hatte. "Die sagten immer, ich hätte so ein sicheres Gefühl für Rhythmus. Als die Schlagzeugerin, die sie hatten, ausfiel,sagten sie: 'Was machen wir jetzt ohne Schlagzeug?' 'Sie sagten: 'Pauline ist ein Naturtalent.' Ich heulte. Ich fand es ja in Ordnung, wenn sie spielte, aber wer will schon Schlagzeug spielen? So blieb ich denn darauf hängen, aber wirklich."

"Zu der Zeit gab es für einen weiblichen Drummer kaum Vorbilder", erinnert sich Pauline Braddy. "Da waren wohl Frauen bei Spitalny und D'Artega, aber die kannte ich gar nicht. Denen bin ich nicht ein einziges Mal begegnet. Keine war da, zu der ich hätte aufsehen können." Von den männlichen Drummern, sagt sie, mochte sie alle - Big Sid Catlett, Jo Jones, Ben Thigpen, Gene Krupa. "Ich wollte nur einfach spielen. Mir ist nie der Gedanke gekommen, daß es ja gar nicht viele Mädchen gab, die Schlagzeug spielten." Noch hätte sie je an eine Musikerkarriere gedacht. "Damals waren die Kinder noch nicht so auf Draht wie heute, jedenfalls glaube ich das nicht. Man hatte keine Ahnung, daß es so etwas wie eine Karriere gab oder was man überhaupt wollte. Das, was man gerade machte, war prima - wenigstens mir schien das so, denn ich hab nicht die geringste Ahnung davon gehabt, daß wir als berühmt galten, bis alles vorbei war. Die Leute haben mich gefragt: 'Wußten Sie, wie großartig Sie waren?' 'Nein. Ich weiß nur, daß ich gespielt habe. Das ist alles'."

Mitte der Vierziger Jahre waren die Sweethearts auf dem Höhepunkt. Das Quartett innerhalb der Band (mit Anna Mae Winburn, Evelyn McGee, Ina Belle Byrd und Pauline Braddy) spielte eine Version von "Blue Skies" ein, die Jesse Stone für die Streitkräfte arrangiert hatte und Pauline Braddy machte eine Soloaufnahme mit einer ihrer Spezialitäten, der "Drum Fantasy." "Das war eine fabelhafte Sache," erinnert sie sich."Die Sticks wurden mit diesem fluoreszierenden Zeug angemalt, die Becken und die Ränder auch, und dann machten sie dunkel. Ich spielte mit weißen Handschuhen. Die Leute tobten jedesmal. Da habe ich mich zum ersten Mal ein Solo spielen hören." Die Sweethearts machten auch ein paar Kurzfilme, während sie in New York waren, früh am Morgen, denn um 11.45 Uhr hatten sie schon ihren ersten Auftritt im Apollo. "Sieben Shows pro Tag, und selbst dabei kam keiner mehr rein." Die Band, sagt sie, war bei den Schwarzen ungeheuer populär, die Weißen allerdings kannten sie kaum.

Als die Sweethearts aus Europa zurückkamen, "brach diese beste Band auseinander. Die meisten Mädchen heirateten. Ihre Männer nahmen sie raus oder sie gingen einfach weg oder was auch immer. Ich bin noch bis in die Fünfziger Jahre bei der Band geblieben, dann bin ich gegangen, aber sie waren immer noch zusammen. Anna Mae leitete sie." Nachdem sie sich für ungefähr fünf Jahre ins Privatleben zurückgezogen hatte, trat Pauline Braddy mit einigen kleinen Gruppen in New York wieder auf - mit einem Trio mit Edna Smith und der Bassistin Carline Ray, in einem anderen mit George Bucher und Eileen Chance und noch mit verschiedenen Duos.

Im gesamten Verlauf ihrer Karriere, sagt Pauline Braddy, sind ihr die typischen Vorurteile gegen Frauen begegnet - das "Um Himmels willen, bloß kein Mädchen" (bis sie sie spielen hörten), die Ansicht, Frauen "sollten zu Hause bleiben und kochen lernen und solches Zeug. Da kommen einem die Männer heute, glaube ich, immer noch mit an. Selbst in der Local 8O2 (New Yorks Musikerunion) haben sie nicht einmal die Briefköpfe ausgewechselt, als wir uns von der 71O hier in Washington umgemeldet hatten. In der 8O2 waren ziemlich viele Frauen, aber in den Briefen stand immer noch 'Sir' und 'Lieber Bruder.' Ich fand das irgendwie kränkend. Die erkannten einen einfach nicht als ein eigenständiges Wesen an. Und sehen Sie, da gab es so viele Bands, Männer, deren Spiel man für großartig hielt, und dabei waren wir besser, als die waren.

"Zu unserer Zeit hat das, meine ich, sehr viele der Kinder motiviert, daß sie eine Band nur mit Mädchen sahen. Da haben sie die Schule geschwänzt, um ins Theater gehen zu können und die mußten dann erst mal Licht machen und die Kinder rauschmeißen, und jedes kleine Mädchen wollte entweder Schlagzeug oder Klavier oder Trompete spielen. Nach einer gewissen Zeit gab es dann eine ganze Reihe junger Musikerinnen. Aber heute sieht man nicht so viele Mädchen mehr dabei. An manchen Orten gehen sie in der Schule bis zu den Ursprüngen des Jazz zurück, aber fragen Sie mal ein Kind hier, die kennen nicht eine einzige Band aus den Dreißiger Jahren...Ich meine, es hilft schon, wenn sie mal hören, dies Mädchen hat das gemacht und das hier war die erste Pianistin und das die erste, die man das oder jenes hat machen lassen, denn schwer ist es immer gewesen."

Einen Grund für den großen Erfolg der Sweethearts sieht Pauline Braddy darin, daß sie, anders als die schwarzen Frauenbands vor ihnen, ein gewisses Image darboten und Disziplin hielten. "Heute lachen wir darüber (über solche Gebote), aber ich glaube, zu der Zeit damals war das schon sehr gut. Damals konnte man nicht mit einem Typen ausgehen, wenn der nicht mit Hemd, Krawatte und Jackett ankam. Man konnte nicht tanzen gehen mit einem, der keine Krawatte um hatte. Man zog sich damals fein an. Wenn man nach New York oder Washington oder Chicago oder L. A. kam, zog man sich sogar gut an, wenn man nur runterging, um ein paar Zigaretten zu holen. Man zog sich an, weil alle einen beobachteten. Wir hatten sieben verschiedene Kleider...sieben verschiedene Paar Schuhe, passend zu den Kleidern, und man wäre nicht auf die Bühne gelassen worden, wenn man nicht so ausgesehen hätte. Es war schlimm für die Mädchen zu der Zeit, wenn sie nicht so daherkamen und wir hatten eben alle diese Regeln und das alles, und Mrs. Jones paßte auf uns auf, und das war zu unserem Schutz. Das war sehr gut für uns. Mrs. Jones wäre gestorben, wenn sie in der Zeitung etwas hätte lesen müssen, wovon sie nichts gewußt hat. Sie hätte einen Schlag gekriegt.

“Wir sind oft ausgerückt und ausgegangen, müssen Sie wissen. Wir haben uns zum Beispiel ins Savoy geschlichen zu diesen Jitterbug-Tänzen...Ich weiß noch, wie uns Willie Bryant mal aus dem Elks' Club rausgeschmissen hat. Wir hatten Zigaretten und Cola mit Rum da stehen - wir wußten ja nicht, was wir trinken sollten - und machten ganz auf erwachsen. Dann ging das Licht an und er sagte die Show an,und er sah runter und sagte: ‘Entschuldigen Sie, meine Damen und Herren, ich sehe da ein paar von meinen Kindern sitzen.' Und dann kam er an und warf uns aus dem Club raus. Die Show haben wir nicht zu sehen gekriegt. Er wußte, daß wir keine Erlaubnis hatten, da hinzugehen und die Leute haben sich kaputtgelacht. Er setzte uns in ein Taxi zum Hotel Theresa, gab dem Taxifahrer ein Trinkgeld und sagte ihm: ‘Gehen Sie nicht eher weg, bis sie alle im Aufzug sind.' Und dabei wollten wir doch so erwachsen sein! Wir haben es immer wieder versucht, geklappt hat es nie. Wir waren ein Haufen verrückter kleiner Balgen.”

Evelyn McGee Stone

(Vokalistin)

Evelyn McGee Stone war die erste Vokalistin der International Sweethearts of Rhythm. Sie zog sich 1947 zurück, heiratete und zog ihre zwei Kinder groß. Erst in den Sechziger Jahren ist sie wieder auf der Musikszene erschienen, spielte Schlagzeug und sang bei ihrem zweiten Mann, Jesse Stone, einem der ersten Lehrer und Arrangeure der Sweethearts. Evelyn Stone trat bei dem "Tribute for the Sweethearts" auf dem Women's Jazz Festival in Kansas City auf.

Evelyn McGee wurde in Anderson, South Carolina, geboren. "Ein Produkt der Depression," sagt sie. "Eine sehr schlimme Zeit in meinem Leben, die ich anscheinend nicht vergessen kann. Ich erinnere mich, die Schule verkaufte Bonbons, die sie den Kindern in ganzen Boxen gaben, damit sie sie mit nach Hause nahmen und verkauften und ich hatte die ganze Box aufgegessen. Da hat mich meine Mutter fürchterlich verhauen, weil sie ja kein Geld hatte, um die Bonbons zu bezahlen. Und doch hat mir das geholfen, zu überleben...Ich bin mit vierzehn Jahren noch barfuß gelaufen, wissen Sie. Wenn ich mal ein gutes Paar Schuhe hatte, dann war das speziell für den Kirchgang oder sowas. Dabei noch harte Arbeit für fünfzig Cent in der Woche, Wäschewaschen - all den Dreck - das hab ich als Kind gemacht und hab dabei erfahren, was Armut ist, kein Frühstück, kein Mittag- oder Abendessen an so manchem Tag in der Woche. Hungrig zur Schule, hungrig nach Hause, nichts zu essen."

Obwohl sie nie Mitglied im Chor war, hat Evelyn McGee doch in einem Quartett gesungen in der Kirche, im Radio und "bei allen Beerdigungen." Sie erinnert sich auch, als Kind die Bluessängerinnen gehört zu haben. "Ich seh sie noch das alte Victrola aufziehen, als ich noch ein Kind war. Wer sie waren, wußte ich natürlich nicht, denn zu der Zeit konnten wir uns keine Platten leisten, aber wir konnten zu unseren Freunden nach Hause gehen, und die spielten diese Platten - Wissen Sie, Charleston und all das. Wir Kinder haben alle diese Tänze getanzt und haben Blues gehört und Bessie Smith und all diese Leute. Heute weiß ich erst, daß wir die Pioniere gehört haben und es nicht wußten."

Auch von den International Sweethearts of Rhythm hat Evelyn McGee nichts gewußt, bevor sie in ein Kommunikationszentrum in Anderson kamen. Damals war sie neunzehn. Sie hatte überhaupt noch nie etwas von Frauenbands gehört. "Ich kannte überhaupt niemand. Ich war nur ein schwarzes Kind aus dem Süden, das aus dem Geschwür Depression hervorgegangen war und froh war, daß es das Leben hatte. Als sie dann an dem Abend kamen und spielten, da war das meine Rettung. Ich könnte heute noch weinen, wirklich. Die haben mich gerettet. Das kann ich nicht vergessen."

An dem Abend, an dem die Sweethearts in Anderson spielten, erinnert sich Evelyn, "bat einer der einflußreichen Schwarzen (W. I. Peek) Mrs.Jones, die Managerin der

Sweethearts, mich singen zu lassen und sie tat es auch. Können Sie sich vorstellen, daß ich am gleichen Abend noch mit der Band fortging? Sie kamen zu mir nach Hause, und meine M;utter kam raus vor die Tür mit einer Lampe in der Hand und wollte wissen, wer da war und Mr. Peek sagte ihr, was sie wollten. Es war mein letztes Jahr in der Highschool, und ich hatte die Abschlußprüfung nicht bestanden, darum wollte meine Mutter, daß ich in der Schule blieb, aber hier war meine Chance, aus der Armut und der Plackerei unseres Lebens herauszukommen. Sie wußte, daß ich schon als Kind dieses Talent hatte und wünschte mir natürlich eine Chance. So ließ mich meine Mutter denn gehen an jenem Abend.

"Meine Sachen tat ich in einen Pappkarton und ging an diesem Abend noch fort unter der Voraussetzung, daß sich Mrs. Jones darum kümmerte, daß ich weiter zur Schule ging. Sie holten dann eine Erzieherin dazu. Ihr Name war Vivian Crawford aus Akron, Ohio. Wir mußten jeden Tag in die Schule, mit Büchern und allem. Das dauerte allerdings nicht lange, denn so wie wir Fortschritte machten, wurden wir auch bekannt und hatten keine Zeit mehr, in die Schule zu gehen. Wir traten auf und mußten auch schlafen. Aber Mrs. Jones gab uns jeden Tag ein Viertel Liter Milch zu trinken, außerdem hatten wir noch Eddie Durham und Jesse Stone, Maurice King, all diese Leute - einige der Besten - die die Band organisierten."

Als Evelyn McGee zu den Sweethearts kam, waren sie eine Gruppe wohlbehüteter Teenager frisch von der Schulbank. Zunächst schrieb die Trompeterin Edna Williams einige Originalnummern für die Band, und dann kam Eddie Durham dazu. Nach Durham kam Jesse Stone, hauptsächlich als Lehrer. "Er brachte ihnen mehr oder weniger erst mal bei, wie man eine Orchestrierung liest," erinnert sich Evelyn, "und da fingen die Mädchen erst mal richtig an, sich zu entwickeln. Als auf Jesse dann Maurice King folgte, hatte Jesse musikalisch das Fundament für ihn schon gelegt. Alles, was Maurice noch machen mußte, war Arrangements schreiben und die Mädchen gingen raus und spielten sie."

Jesse Stone hatte der Band auch zusätzliche Kräfte verschafft, indem er erfahrenere Musikerinnen hereinnahm - Tiny Davis, Vi Burnside, Rae Carter, Amy Garrison, Marjorie Pettiford (die Schwester des Bassisten Oscar Pettiford). "Sie alle kamen erst Jahre später," bemerkt Evelyn McGee, "nachdem wir uns schon einen Namen gemacht hatten, aber sie waren bei weitem die besseren Musiker, die das, was wir wollten, verstärkten und uns zu einer großen Frauenband machten. Viele dieser Frauen sind jetzt schon tot. Tiny Davis lebt noch. Die ging auf die Bühne und spielte Trompete, ganz wie Louis Armstrong. Ich will damit sagen, es war großartig."

In einem für sie typischen Programm traten Stars auf wie Etta James, Redd Fox, Slappy White, vielleicht noch die Nicholas Brothers oder Billie Holiday. Manchmal bestand das ganze Programm nur aus Frauen - wie den Peter Sisters, Moms Mabley, den Edward Sisters, Billie Holiday, den Sweethearts. "Wir waren wer!" sagt Evelyn McGee. Die Band eröffnete gewöhnlich die Show mit einer Nummer, spielten im Zwischenakt und brachten als Solonummer Tiny Davis an der Trompete, Vi Burnside am Tenor, oder Evelyn McGee sang "Candy," "I Understand" oder "Rum and Coca Cola." "Diese alten Schnulzen kamen beim Publikum an, und sie waren begeistert. Ich empfand es als Ehre, die Bandsängerin zu sein, denn hier hatte ich das erste Mal im Leben seit meiner Kindheit die Möglichkeit, mich auszudrücken. Singen zu können und da rausgehen und die Leute rufen zu hören, noch bevor ich überhaupt den Mund aufgemacht hatte...mein Gott, das war ein sagenhaftes Gefühl!"

Die Sweethearts waren nicht nur Pioniere in der Musik, setzt Evelyn McGee hinzu. "Die meisten Mädchen aus der Piney Woods School waren Südstaatler," erklärt sie weiter, "aber als Mrs. Jones die Band übernahm und wir anfingen, quer durch die Vereinigten Staaten zu reisen und besonders durch den Norden, da fingen sie an, noch andere Nationalitäten reinzunehmen, und Sie werden es nicht glauben, aber - wie haben wir nur den Nerv haben können, mit jüdischen, mit einem chinesischen, mit irischen Mädchen durch den ganzen Süden zu fahren?" (Die weißen Frauen legten immer dunkles Makeup auf, und an manchen Abenden, erinnert sich Evelyn McGee, stand die Ortspolizei stundenlang vorne vor dem Bandstand und versuchte, die Weißen von den Schwarzen zu unterscheiden).

"Daher kam der Name 'International' - alle Arten von Leuten. Aber die Sprache der Musik ist universal. Da gibt es keine Vorurteile. Es ist alles Liebe und Harmonie, und wir sprechen dieselbe Sprache, mit der Stimme und mit dem Horn, und darauf kommt es an. Die Sweethearts of Rhythm trotzten allen Traditionen und kamen damit durch, und darauf waren wir stolz, daß wir das schafften und bekamen so einen Vorgeschmack davon, was Freiheit wirklich ist. Leute aller Nationalitäten schrien nach uns."

1945 machten die Sweethearts eine einjährige USO-Tournee durch Europa, und als die Band in die Staaten zurückkehrte, stieg Evelyn McGee aus, um einen Mann zu heiraten, den sie in Deutschland kennengelernt hatte. Bis zu ihrer Europatournee hatte Mrs. Jones das Geld der Frauen verwaltet, ihnen ein winziges Gehalt gezahlt, und den Rest ihres Einkommens hatte sie angeblich in das Haus in Virginia gesteckt, das ihre Zukunft sichern sollte. Die Armee hingegen bezahlte die Frauen direkt, und am Ende der Tour hatte Evelyn McGee sich fünftausend Dollar zusammengespart. "Als ich zurückkam," sagt sie, "blieb ich in dem Glauben, ich sei reich. Ich hab mir nicht mal einen Job gesucht. Manchmal hab ich nur angerufen und mir den Lunch raufschicken lassen! Ich war ja reich! Schließlich kriegte ich dann einen Briefumschlag mit Adlerflügeln drauf und einem Dollar im Schnabel: ich hatte mein ganzes Geld abgehoben! Immerhin habe ich meiner Mutter einen Pelzmantel gekauft - das gehörte zu dem Guten, das ich mit diesem Geld gemacht hatte. Uns hat man finanziell gnadenlos ausgenutzt. Ich glaube auch, die Mädchen waren alle genauso naiv, wie ich es damals war. Wir haben uns um Geld nicht viel gekümmert, wir waren ganz einfach selig, daß in den Theatern die Vorhänge für uns hochgingen und die Leute nach uns schrien und wir waren großartig."

Es hatte ihr sehr weh getan, als ihr Vater die Familie verließ zu einer Zeit, als sie ihn am meisten gebraucht hätte, und so war sie fest entschlossen, als ihr erstes Kind geboren wurde (ein Junge), sich ihm ganz zu widmen. "Ich wollte meinem Baby eine richtige Mutter sein und bin zu Hause geblieben, bis es drei Jahre alt war. Ich konnte es mir eigentlich nicht leisten, aber ich blieb da, dann tat ich ihn in ein Kinderheim und nahm einen Job als Empfangsdame an." Als ihr Sohn zehn war, wurde ihr zweites Kind, eine Tochter, geboren.

Als ihre Kinder groß waren, fing Evelyn McGee wieder an zu singen, mit Pauline Braddy, und eines ihrer Demos kam Jesse Stone in die Hände, der sich sofort an Evelyn McGee erinnerte. "Du hast immer noch Stimme," sagte er ihr. "Sie ist ein bißchen eingerostet, aber ich werde mit Dir arbeiten." Stone tauchte auch wieder auf aus seinem Ruhestand, um mit ihr im Jesse Stone Duo zu arbeiten. Zu der Zeit war Evelyn McGee schon geschieden, und 1966 haben sie und Jesse Stone geheiratet. "Ich hatte mich schon in den Vierziger Jahren in ihn verliebt," sagt sie, "lange bevor ich meinen Mann kennenlernte. Ich hatte immer eine Schwäche für ihn. Es sollte wohl so sein...Zehn Jahre lang haben wir zusammengearbeitet, und er hat mich ans Schlagzeugspielen gekriegt, worin ich dann auch ganz gut geworden bin. Ich war erst starr vor Schreck, weil ich dachte, ich könnte doch keine Drums spielen." (Durch die aufkommende Rockmusik hätte es für Evelyn McGee als Sängerin kaum noch Arbeit gegeben, sagte Stone, so "mußte sie irgendwas anderes machen, um Geld zu verdienen.") Das Duo zog sich 1978 von der Szene zurück und ging zwei Jahre mit Hilfe der Local 8O2 ins Kingsboro Community College, um den B.A. (Bachelor of Arts-Examen) in Musik zu machen.

Die Erinnerung an ihre schwere Kindheit im Süden berührt Evelyn McGee immer noch tief. "Ich bin stolz, daß ich über alles, was passiert ist, reden kann, denn es gibt im Süden so viele musikalische Talente, denen nie die Gelegenheit gegeben wird, sich auszudrücken, wie mir das vergönnt war. Heute, mit meinen neunundfünfzig Jahren, kommen mir immer noch die Tränen wegen mancher Dinge, die geschehen sind. Ich glaube, das Leidvolle darin hat aus mir einen besseren Menschen gemacht, einen menschlicheren. 'Was Du nicht willst, das man Dir tu, das füg auch keinem andern zu.' Danach lebe ich, auch wenn ich nicht weiter darüber spreche."

Dieses Gefühl ist auch der innerste Kern ihres Gesanges. "Manchmal fang ich im Haus an zu singen 'Sometimes I Feel Like a Motherless Child' oder 'Swing Low, Sweet Chariot.' Da bin ich dann so ganz drin, und für gewöhnlich bin ich ganz für mich alleine, wenn ich diese Lieder singe. Wenn man ein richtiger Mensch ist, dann sitzt dieses Gefühl ganz tief in einem, weil es die Seele anrührt...es bringt mich zum Nachdenken. Man denkt an all das Leid...all das Leid. Aber Gott sei Dank, ich glaube, es muß bald alles besser werden."

Helen Jones Woods

(Posaune)

Helen Jones Woods war eine der originalen Sweethearts of Rhythm und ist Mitglied geblieben, bis die Band zehn Jahre später auseinanderfiel.

Helen Jones war Waise und ist in der Piney Woods Country Life School aufgezogen worden als Adoptivtochter von Laurence C. Jones. Mit zehn fing sie an, Baritonsaxophon zu spielen, damit sie in der vierundfünfzigköpfigen Blaskapelle mitmachen konnte; später, nachdem sie es mit der Geige versucht hatte, die sie aber schnell wieder weglegte, ging sie über zur Posaune, damit sie mit den Sweethearts spielen konnte.

Sie erinnert sich, daß, als sie heranwuchs, nur wenige Platten von schwarzen Künstlern in der Schule auftauchten. Erinnern kann sie sich noch an Bert Williams' komische Nummern, aber merkwürdigerweise hatte ihr Vater überwiegend Paul Whiteman-Platten. Sie durften auch Radio hören. "Ich blieb immer bis spät in die Nacht hinein auf, um all die vielen verschiedenen Bands zu hören - Benny Goodman, Tommy Dorsey, Guy Lombardo. Ich erinnere mich, zu der Zeit fing Benny Goodman gerade an, und ich mochte Tommy Dorsey so sehr, weil der immer 'The Song of India' spielte. Fletcher Henderson mochte ich auch sehr. Zu der Zeit hörten wir nicht viele schwarze Bands. Die gab es nicht oft im Radio." Sie erinnert sich auch noch, von Ina Ray Huttons Band gehört zu haben und daß sie Phil Spitalnys Frauenband gesehen hat. Dann, manchmal im Sommer, fuhr sie nach Chicago, um Duke Ellington und Ivie Anderson im Orpheum Theater zu hören. "Der Zug fuhr direkt an unserer Schule vorbei, und man konnte für fünfzehn oder zwanzig Dollar über Nacht wegfahren." Die Bandleiterin Consuella Carter sah sich die Shows in den Städten oft an und brachte dann Material mit, mit dem die Mädchen arbeiten konnten.

Als junges Ding ,sagt Helen Jones, hätte sie kein Interesse daran gehabt, Berufsmusikerin zu werden. "Mein Ehrgeiz war, von der Schule wegzukommen. Sehen sie, ich war Waise und mein einziges Ziel war, da rauszukommen. Dazu war die Musik für mich ein Weg. Ich spielte in der Band, und als wir aus der Schule kamen und auf eigenen Füßen stehen sollten, bin ich eben mit der Gruppe gegangen. Es gab gar keine Wahl...Als wir nach Washington D.C. gingen, lernten wir da einen reichen Mann kennen (Al Dade), der uns in dieses Haus brachte und uns einen Bus kaufte und all solche Sachen."

Ein Grund für die immense Popularität der Sweethearts bei den Schwarzen, sagt Helen Jones, war, daß die Band außer der swingenden Musik auch noch ein neues Image der schwarzen Frau im Entertainment bot. "Denn es gab ja nur eine Gruppe schwarzer Frauen zu der Zeit - die Chorusline im Cotton Club - und dann waren da noch die schwarzen Bluessängerinnen und so weiter. Viele von ihnen tranken eine Menge, so hatte man, glaube ich, den Eindruck, das das ein furchtbar hartes Leben für die schwarzen Frauen war. Ich glaube, das gehört zu den Dingen, die uns bei allen so populär gemacht haben - bei den Schwarzen; einen Haufen schwarzer Schulmädchen zu sehen, mit Anstandsdamen und die ordentlich und sauber sein mußten, nicht spät noch ausgehen durften, nicht trinken und all solche Dinge."

Das Größte, was Helen Jones mit der Band erlebt hat, war die Europatournee, wo sie für die fünfte und die siebte Armee (die schwarzen Einheiten) gespielt haben. "Aber da kamen auch eine Menge Deutsche, um uns zu hören. Sie waren verblüfft, Musikerinnen zu sehen, und noch dazu eine Reihe schwarzer Musikerinnen, denn damals hatten sie noch ihre eigene Vorstellung von Schwarzen, entsprechend dem, was Hitler ihnen erzählt hatte. Aber für mich war das tatsächlich eine lehrreiche Erfahrung."

Nachdem die Band aus Europa zurückgekommen war, stiegen viele der Frauen aus. Anna Mae Winburn blieb, ebenso Helen Jones, die dazu sagt: "Sehen Sie, ich wußte ja nicht, wo ich hingehen sollte. Ich mußte bleiben." Die Sweethearts gingen von siebzehn Mann runter auf ungefähr zehn, und zu dem Zeitpunkt, sagt Helen Jones, "war uns allen das ziemlich egal. Wir hatten eigentlich niemanden, der schwarze Künstler gefördert hätte, wie Motown das hatte...und ich glaube, die (das Mangement) fürchteten, wenn wir ein bißchen populär würden, hätten sie uns nicht mehr so im Griff. Sie investierten so wenig wie möglich, erwarteten aber den größtmöglichen Lohn dafür. Das ist einer der Gründe dafür, daß es bergab ging."

1947, als sie noch nicht einmal ihren Lebensunterhalt von ihrer Arbeit mit den Sweethearts bestreiten konnte, heiratete Helen Jones, verließ die Band und folgte der kränkelnden Managerin der Sweethearts, Rae Lee Jones, nach Omaha. "Ich hatte wirklich nicht vorgehabt, da zu bleiben," sagt sie, "aber ich saß auf dem trockenen, und da bin ich dann die ganze Zeit hiergeblieben." Helen Woods spielte vier oder fünf Monate mit einer kleinen Männergruppe in einem Nachtclub am Ort, aber Arbeit jeglicher Art gab es für schwarze Musiker zu der Zeit in Omaha nur sehr sporadisch. "Natürlich, wenn man Orgel spielte oder Klavier oder sang, dann gab es mehr." Helen Jones hatte inzwischen auch eine Familie gegründet, "und so hörte ich einfach auf, meine Gewerkschaftsgebühren zu bezahlen und hörte auf, zu spielen."

Damals hat sie das nicht im geringsten vermißt. "Mir schien es," sagt sie, "als hätte ich auf dieser ganzen Szene nur schlechte Erfahrungen gemacht. Ich war sehr arm und besaß nichts, und so dachte ich, meine Güte, ich hab mein Leben vertan. Ich hätte zur Schule gehen sollen, ein Examen machen und etwas lernen, wovon ich anständig hätte leben können...Dann, später, hab ich gemerkt, daß das an sich schon eine Schule war. Reisen und die Welt sehen ist eine Schule."

Helen Jones und der Rest der Sweethearts haben sich nie als Pioniere betrachtet, aber 198O, beim Women's Jazz Festival in Kansas City, da haben sie gemerkt, daß sie das sehr wohl waren. "Wir haben uns so gefreut und waren so glücklich darüber," sagt Helen Jones, "daß sich jemand an uns erinnert."

Helen Saine Coston

(Holzbläser)

Helen Saine Coston war ein weiteres Originalmitglied der Sweethearts of Rhythm. Sie war von den ersten Tagen der Band an dabei bis 1947, als sie heiratete und sich in Chicago niederließ.

In Tennessee geboren, hatte Helen Saine im Alter zwischen zehn und dreizehn Jahren Klavierstunden genommen und Notenlesen gelernt. Als sie 1939 in die Piney Woods Country Life School kam, trat sie als Klarinettistin in die Marching Band ein und als ein Platz als Saxophonistin bei den Sweethearts frei wurde, wechselte sie das Instrument und ging zu ihnen. "Es galt in der Schule als eine Ehre," sagt sie, "für gut genug befunden zu werden, um in die Jazzband zu kommen. Zu der Zeit redete man am meisten von Johnny Hodges (bei Duke Ellington) und wir versuchten alle, ihn zu imitieren. Natürlich waren wir Welten von ihm entfernt."

Als die Band anfing, professionell auf Tournee zu gehen, reiste sie oft mit anderen Bands zusammen - der von Fletcher Henderson oder Jimmie Lunceford. Dabei trat jede Gruppe jeweils eine halbe Stunde auf. "Die Musiker in den Bands waren alle sehr hilfsbereit uns gegenüber," erinnert sie sich. "Es gab aber auch genau so viele, die uns nicht halfen. Vermutlich männlicher Chauvinismus. Solche Musiker gab es wirklich, die uns in nichts entgegenkamen, wenn wir uns an sie wandten."

Wenn die Band erst mal unterwegs war, dann war auch der Coach da, um zu helfen. "Wir haben praktisch jeden Tag geprobt," erinnert sich Helen. "Wenn wir in eine Stadt kamen, dann war um zwei Uhr Probe, von zwei bis vier und dann spielen, sagen wir, von acht bis zwölf oder von neun bis eins." Einige der Frauen in der Band, sagt sie, nahmen es mit ihrer Musik außerordentlich genau und "sahen es wohl schon als ihren späteren Beruf an. Die haben furchtbar viel geübt. Andere wieder betrachteten es mehr als eine Sache für den Augenblick und machten sich nicht so viel Mühe. "Sobald wir in eine Stadt kamen, ging ich durch die Musikläden," sagt Helen Saine, "und sah mir die Noten und die Saxophonliteratur an. Wenn ich so darüber nachdenke, wenn wir ein paar richtig gute Lehrer gehabt hätten (für jedes Instrument), wir hätten wohl größere Fortschritte gemacht als so. Wenn wir unterwegs waren, dann war immer derjenige der Lehrer, der zufällig gerade bei uns war. Manchmal, wenn wir mit Sicherheit länger als einen Monat an einem Ort blieben, dann haben sich viele von uns einen Lehrer gesucht und ein paar Extrastunden genommen, und wenn wir in einer Stadt irgendwelche Musiker kannten, die Privatstunden gaben, dann gingen wir da hin. Darüber hinaus, nun, wir halfen uns eben gegenseitig, - so viel wir konnten.

"Bei den ersten Arrangements, die wir hatten, suchte sich der Arrangeur diejenige aus, die am besten spielte, die übernahm die Melodie oder das Solo, und die Saxophonsektion spielte dann etwas ganz Einfaches im Hintergrund, etwas mit ein paar Halbtönen, aber nicht zu schwer. Wir haben regelrecht durch unsere Jobs gelernt, und man konnte die Fortschritte in der Band merken. Als wir dann aus der Schule kamen, haben wir uns Musikerinnen mit Berufspraxis gesucht, die schon jahrelang gespielt hatten, das hat der Band sehr geholfen. Nicht nur der Band, auch uns haben sie sehr geholfen."

Musikerinnen wie Vi Burnside nahmen sich die Saxophone vor und arbeiteten alleine mit ihnen, erinnert sich Helen Saine. "Wenn es nicht ganz richtig klang, dann sagte sie: 'Wartet, ich zeig's euch,' und wir blieben so lange, bis wir es konnten. Alle diese Musikerinnen mit ihrer Erfahrung waren sehr hilfsbereit, sie kamen ja gewöhnlich als Solistinnen und wurden besonders herausgestellt."

Die Frauen in der Band fühlten sich meistenteils von der Presse nicht fair oder angemessen behandelt. "Ich glaube, die hielten uns für sowas wie eine Schaunummer," sagt Helen Saine, etwas, das man einsetzte, solange die Jungs in Übersee waren, eine vorübergehende Erscheinung. Die haben uns nie richtig ernsthaft besprochen. Vi bekam ganz gute Kritiken, aber Tiny hat nie die Anerkennung bekommen, die sie verdient hätte...Wir wurden gewissermaßen übersehen."

In der Rückschau, sagt Helen Saines, gehörten die Jahre bei den Sweethearts zu "den besten" ihres Lebens - "nicht in finanzieller Hinsicht, aber die Arbeit, die Musik, das war in sich selbst schon eine Erfüllung. Damals, als wir mit der Band reisten, hatten wir eine Dame als Aufsicht bei uns, die uns gar nichts erlaubte. Da blieb uns als Vergnügen nur die Musik."

Als die Band aus Europa zurückkam, ging Helen Saine weg, erst sechs Monate in eine Mannequinschule in New York, dann nach Chicago, wo sie heiratete und den Beruf ganz aufgab. Aber, sagt Helen, das fehlte ihr alles. "Oh ja wirklich, es fehlte mir. Ich hab davon geträumt. Ich träume immer noch davon, wahrhaftig."

Anna Mae Winburn

(Bandleader/Vokalistin/Gitarristin)

Anna Mae Winburn leitete die Sweethearts of Rhythm von 1941 bis zur Auflösung der Band in den späten Vierziger Jahren. Sie blieb noch mit kleineren Sweethearts-Gruppen auf Tournee bis in die Mitte der Fünfziger Jahre, als sie sich dann ganz aus dem Musikgeschäft zurückzog. Anna Mae Winburns Karriere hatte jedoch schon fast zehn Jahre vor ihrem Eintritt bei den Sweethearts begonnen, als sie im Mittelwesten schon Bands leitete und sang.

Anna Mae Winburn wurde in Tennessee geboren. Alle in ihrer Familie hatten die Neigung zur Musik, wie sie sich erinnert."Alle konnten sie Gitarre oder Harmonika spielen. Wir Kinder sangen gerne. Mein Vater und meine Mutter sangen auch gerne und die ganze Familie hat oft gemeinsam gesungen, als wir noch in Tennessee auf dem Lande wohnten. Dann gingen wir weg nach Indiana - in eine Stadt nicht weit von Louisville, wo ich jetzt wohne."

Anna Mae Winburns Karriere begann mit einem Talentwettbewerb im Isis Theater, auf dem sie den zweiten Preis machte mit einem Song von Ethel Waters, "Lovie Joe," wobei sie sich selbst auf der Gitarre begleitete. (Den ersten Preis machten die Hoosier Hotshots).Von da aus bekam Anna Mae einen Job bei der Radiostation WOW in Fort Wayne, wo sie Songs brachte wie Cab Calloways "Minnie the Moocher" mit einer weißen Studioband. Auch Blues und Rhythm and Blues mochte sie gern: "Die erzählen Geschichten von meinen Leuten, da kann ich mich hineinversetzen. Sie bekam auch Engagements in Clubs, wo sie Mae West-Nummern sang wie "Kisses Sweeter Than Honey" und "Lovin' That Dallas Man." "Diese Songs hab ich immer wieder gesungen und trug Kleider, die schräg geschnitten waren und ganz eng anlagen und ich hab versucht, mich anzuziehen wie sie und mich zu geben wie sie - nicht wahr, alles, was ankam. Das sicherte einem die Arbeit."

In ihren frühen Jahren im Beruf war Anna Mae Winburn auch eine Zeitlang in Chicago und arbeitete im Dachgeschoß des Grand Terrace Ballroom, während Earl Hines in den unteren Räumen spielte. "Ich hab da nur für Trinkgelder gearbeitet und hatte vier Nummern im Repertoire: 'Did You Ever See a Dream Walking?' 'If It Ain't Love,' 'Shanty Town' und 'Red Sails in the Sunset.' Diese Lieder konnte ich auf der Gitarre spielen. Ich hatte zwei Abendkleider. Ich ging an den Tischen lang, und die Leute steckten mir Geld in die Gitarre. So hab ich meinen Lebensunterhalt verdient.

"Meine Mutter war gestorben. Wir hatten eine große Familie. Ich nahm meine kleinen Brüder und Schwestern und verteilte sie in verschiedene Familien, meine eine Schwester nahm ich mit, damit sie mir zur Hand gehn konnte. Ich brachte einfach die Courage auf,in die Welt raus zu gehen und irgendwas zu versuchen, weil ich ja nicht vorbereitet war für eine Arbeit im Büro oder so. Die Highschool hatte ich nicht zu Ende gemacht, so mußte ich mir was einfallen lassen und das bißchen Talent, das Gott mir gegeben hat, nutzen und etwas aus meinem Leben machen." Um diese Zeit zog Anna Mae nach Indianapolis und änderte auch ihren Namen in Anita Door. "Spanisch!" sagt sie. "Wenn ich für spanisch durchging, kriegte ich mehr Arbeit. Ich arbeitete im Chateau Lido in Indianapolis, zwei schwarze Jungs und ich. Sie traten als Tänzer auf und ich als Sängerin. Das war Anfang der Dreißiger Jahre. Ich war da noch nicht einmal einundzwanzig. 'D-o-o-r' - so hab ich das buchstabiert, und die haben es akzeptiert! Dabei sprach ich überhaupt kein Spanisch! Die Lady, der der Club gehörte, war auch sehr nett zu mir. Ich war damals noch so blöde und hinterwäldlerisch!"

Anna Mae Winburn hatte auch eine Band aus Männern zusammengestellt mit Instrumenten wie Löffeln (für den Rhythmus), Kontrabass, Tenorgitarre und Klarinette und arbeitete damit überall in ganz Indiana. Als Red Perkins mit seinem Orchester dort auf Tournee war, bot er Anna Mae die Chance, eine Männerband aus Omaha zu organisieren. "Ich hatte mit fünfzehn geheiratet," sagt Anna Mae, " und bin ihm davongelaufen, weil das Ganze kein Erfolg war, da bin ich nach Omaha gegangen. Ich dachte, ich käme in eine Gegend, wo die Cowboys noch auf der Straße rumlaufen und alles, aber ich fand die Stadt dann doch sehr nett. Sie hatten da viele Bigbands aus dem mittleren Westen damals (1935). Ich fing an, eine Band zu führen, die Lloyd Hunter gehörte (Lloyd Hunter's Serenaders). Sie haben gesagt, ich wäre nur Bandvokalistin gewesen, dabei habe ich die Band geleitet. Zu der Zeit damals kam ein Orchester nicht an, wenn da nicht jemand vorne davor stand, der es verkaufen konnte, so war ich also der kommerzielle Teil der Band. Als ich die Leitung übernahm und zu singen anfing, bekamen wir allmählich Engagements überall in Nebraska, in den Open Air-Pavillions." Anna Mae Winburn blieb bei der Band, bis der Krieg ausbrach und die Männer langsam eingezogen wurden. (Zu der Zeit bekam sie 35,- Dollar Gage in der Woche, während die Musiker an einem Abend 1,5O oder 3,OO Dollar bekamen). Als sie ein neues Orchester brauchte, ging Anna Mae Winburns Manager nach Oklahoma City und holte die Band, die früher einmal die berühmten Kansas City Blue Devils gewesen war. Diese Gruppe wurde angekündigt als Anna Mae Winborn and her Cotton Club Boys. "Charlie Christian war auch dabei," sagt Anna Mae, "es war ein sagenhafter Verein. Wir haben regelrecht den Westen in Flammen gesetzt."

Anna Mae Winburn bekam nur kleine Jobs mit der Band (bei denen sich allmählich "Ernüchterung" breit machte, sagt sie, "weil sie nur wenig Geld verdienten"). Da kam der Inhaber des Dreamland Ballrooms und nahm sie mit, damit sie sich mal eine Gruppe junger Mädchen aus Piney Woods, Mississippi, anhörte, die auf einer lokalen Tanzveranstaltung spielten. "So bin ich dann hingegangen und hab mir die Band mal angehört, und es waren fast noch Kinder. Das war so hübsch. Die boten ein wunderschönes Bild." Der Inhaber des Dreamland schlug der Managerin der Sweethearts, Rae Lee Jones, vor, Winburn vor die Band zu stellen und kurz danach erhielt Anna Mae eine Fahrkarte nach Washington, ohne Rückfahrt.

Anna Mae Winburn kam gerade zur rechten Zeit in die Band, um 1941 mit im Apollo auftreten zu können. Sie erinnert sich noch daß sie "I Got It Bad" und "I Cried For You" sang. "Mr.Schiffman (Inhaber des Apollo) stand in den Kulissen und beobachtete mich," sagt sie. "Er sagte mir dann: 'Anna Mae, wenn Du raus auf die Bühne gehst, dann lächle, sieh Dein Publikum an, fang mit dem oberen Rang an, fang die Blicke der Leute ein, sieh sie an und lächle, dann runter mit den Augen zum unteren Rang, sieh von einer Seite zur anderen, und dann fang mit Deiner Nummer an.' Nun, das hab ich mir zu Herzen genommen, und es hat gewirkt. So hat man mich denn im Apollo vor die Band gestellt, und damit hab ich angefangen, die Band zu leiten. Und die Band reiste dann als die International Sweethearts of Rhythm unter der Leitung von Anna Mae Winburn."

Als die Band nach der Europatournee auseinanderging, blieb Anna Mae, die wieder geheiratet hatte, bei der Truppe und suchte von überall im Lande neue Musikerinnen zusammen. Auch Vi Burnside blieb bei der Band, und Anna Mae organisierte sie neu und nannte sie nun Anna Mae Winburn and her Sweethearts of Rhythm. 1953 reduzierte sie die Gruppe auf acht Frauen, versuchte es noch einmal mit einer Bigband und gab schließlich ein paar Jahre später die Gruppe ganz auf.

"In der Zwischenzeit hatte ich auch Kinder bekommen," sagt Anna Mae. Ich hatte in fünf Jahren vier Babies. Ich bin mit all meinen Kindern auf Tournee gewesen, bis zum letzten, das war mein Baby Rita. Da mußte ich aufhören. Ich nahm ein Kindermädchen, das sich drau ßen in Jamaica, Long Island, um sie kümmern mußte. Sobald sie da waren und ich wieder stark genug, ging's wieder auf Tour. Leicht war das nicht. Aber jetzt sind sie alle groß "

Von den Sweethearts sagt Anna Mae: "Sie haben nie die Anerkennung bekommen, die sie verdienten. Ich denke - das ist meine ganz persönliche Meinung - den Musikern paßte das nicht, daß es Mädchen gab, die wirklich spielen konnten. Sie haben sie nie anerkannt. Sie sagten immer: 'Ach, das sind doch bloß Mädchen.' Ich glaube wirklich nicht, daß die Agentur, die die Sweethearts buchte und die Leute von der Presse ihnen die Publicity gegeben haben, die ihnen zukam. Diese Band hat so viel getan, um die Vorurteile im Süden abzubauen. Auch dafür sind sie nie anerkannt worden, denn die Mädchen haben im Süden oft so viel mitgemacht, worüber nie gesprochen wurde. Dunkles Makeup aufs Gesicht machen müssen, damit man wie eine Mulattin aussieht...von der Polizei sind wir gejagt worden und ins Gefängnis gesteckt. Ich erinnere mich noch,einmal in Annapolis, Maryland, spielten wir auf einer Abschlußfeier der Highschool für ein paar schwarze Kinder. Sie hatten das Auditorium gemietet, aber die Leute da waren so voller Vorurteile, daß sie die Räume unter dem Bandstand in Brand gesteckt hatten, und Pauline (Braddy) mußte schnell ihr Schlagzeug da rausholen und es auf die Straße stellen.

"Der Publicity-Agent damals...machte sich das zunutze und veröffentlichte diese Geschichte, um die Menge ins Apollo Theater zu locken. Ich erinnere mich auch genau, daß wir alle Rekorde im Regal Theater in Chicago schlugen, wegen dieser Publicity - diese Sorte von Publicity machten sie, das wären arme kleine Waisenkinder, niemand kümmere sich um sie, sie kämen aus der Schule, ohne Mutter und Vater. Die Leute standen Schlange und hatten Körbe mit Eßwaren, die sie den Kindern bringen wollten, und alle sowas. Aber das, was wir zum Jazz beigetragen haben, das wurde niemals anerkannt. Wir waren auf diesem Gebiet die großen Pioniere, und wir haben unseren Tribut gezahlt.

“Es gibt so viele große Sängerinnen und Musikerinnen. Die haben mit ihrem Talent bezahlt. Nehmen Sie zum Beispiel Billie Holiday. Ausgenutzt wurde sie und bekam damals nie die Anerkennung, die sie heute hat. Sie ist eine Legende. Oder Bessie Smith, was hat sie durchgemacht! Als ich die Mädchen (die originalen Sweethearts) in Kansas City auf dem Women's Jazz Festival wiedertraf, da war es einfach wunderbar, zu sehen, wie sie ihr Leben in die Hand genommen und weitergemacht haben. Sie lieben die Musik immer noch, alle. Sogar Mr. Carter hat ein Telegramm geschickt. Ich denke, er hat das alles erkannt, auch den Beitrag, den die Mädchen den Soldaten in Übersee geleistet haben, die Freude, die sie ihnen gebracht haben. Wir haben das freiwillig getan, und es war bestimmt nicht leicht, unter den Bedingungen, die im Krieg herrschten, zu reisen. Wir sind gegen Ende des Krieges rübergegangen, aber Deutschland war noch total zerstört, und so wie die Soldaten sind wir herumgefahren, in den großen alten Lastern, ohne Essen, nur die Rationspakete, manchmal nur den Fußboden zum Schlafen...das sollte man ruhig mal erwähnen, denke ich.

“Ich glaube nicht, daß das Publikum eine Ahnung davon hat, wie der Hintergrund ist und was Sängerinnen und Musikerinnen durchmachen. Die sehen sich das nur an und finden den Anblick auf der Bühne hübsch, verstehen aber nichts davon, was da wirklich geleistet wurde.”

Eddie Durhams All-Star Girl Orchestra

Als Eddie Durham die International Sweethearts of Rhythm verlassen hatte, formierte er sofort eine neue Frauenband, Eddie Durham's All-Star Girl Orchestra. "Das war eine großartige Band," sagt die Saxophonistin Lorraine Brown, die sechs Monate mit ihnen gearbeitet hat. (Lorraine Brown hat auch bei den Sweethearts gespielt, und beide spielten bei den Darlings of Rhythm und halfen, die Band zu organisieren). "Es war ein Vergnügen, zu spielen. Die Frauen waren durch und durch professionell, die professionellste Frauengruppe, die ich je gesehen habe."

Vor kurzem hat Durham über die exzellenten Musikerinnen in der Band gesprochen und über die Gründe, die zur Auflösung führten, als der Krieg vorbei war.

Im allgemeinen waren so achtzehn bis zweiundzwanzig Frauen in der All-Star Band, allesamt "erfahrene, erstklassige Musikerinnen.mit einer spontanen Aufnahmebereitschaft, mit schöner Phrasierung, mit großem Ton, Pianissimo und allem. Ich hatte immer zwei Trompeten extra. Immer fünf bis sechs, die ich trainierte und einsatzbereit hielt. Gerade in dieser Band konnte ich keine schwachen Musiker brauchen. Die Posaunensektion spielte so gut wie ich selber."

Die Posaunensektion bestand aus Lela Julius, der früheren Leiterin der Harlem Playgirls und Mitglied mehrerer anderer Bands, Jessie Turner und Sammy Lee Jett. Die Jett war eine gute Solistin, sagt Durham, die einen sehr schönen Jazzton hatte und auch einen Blues hinlegen konnte. In einer Durham-Komposition, "Sliphorn Jive", mußte die Sektion einen ganz hohen Ton spielen. "Es war ein Glissando,"erklärt Durham."Wenn man das verhaut, ist alles gelaufen." Durham ging dann selber auf die Bühne und spielte den Ton mit der Posaunengruppe. "Und die behaupteten in der Kritik, die Mädchen spielten diesen Ton gar nicht, das wäre nur ich. So sehr klangen wir wie ein einziger." Von da an ging er zwar immer noch raus auf die Bühne, ließ aber die Posaune sinken, wenn die Frauen den hohen Ton spielten. "Und damit hörte das dann auf, denn jede Posaunistin konnte das hohe C spielen. Von den Männerbands konnten noch lange nicht alle das hohe C erreichen. Da war vielleicht einer in jeder Band, der das schaffte."

In der Trompetensektion hatte Durham Flo Jones, einmal hatte er auch Dolly Jones (Armenra), Edna Williams, Jean Starr und Nova Lee McGee. "Das waren die vier besten Trompeterinnen, die ich kannte, außer Tiny Davis," sagt Durham. "Jean Starr konnte alles an die Wand spielen. Sie konnte alles, was Dizzy spielte, vom Blatt spielen, auf den ersten Blick, und hatte das höchste Register. Und Jean Rae Lee, sie brachte das hohe Es, mit einem großen, vollen Ton. Deswegen konnten sie auch Ella Fitzgeralds Musik spielen, Butterbeans and Susie. Jeden Akt, den man ihnen hinstellte, konnte diese Band begleiten."

Jean Starr, die auch bei den Sweethearts hervorgetreten war, war lange Jahre als Solistin gereist, später hatte sie dann in der Benny Carter Band gespielt. "Sie haben sie immer "als Solonummer" hinter Louis Armstrong engagiert," sagt Durham. "An allen Orten hat sie zwei Wochen hinter ihm gespielt. Sie spielte Trompete, sie konnte singen und war eine fabelhafte Tänzerin." Gerade weil sie so hervorragend war", fügt Durham hinzu, "setzte sie auch einen hohen Standard. Sie wollte, daß jeder so gut war wie sie selber. Sie wollte, daß die Sektion so einschlug wie die von Basie oder Benny Goodman. Sie betrachtete sich als jedem anderen ebenbürtig, sie konnte alles, was die auch konnten." Später stieg Jean Starr aus dem Geschäft aus, aber sie hatte immerhin die Gelegenheit, in den Vierziger Jahren mit einer kleinen Frauengruppe eine Platte zu machen.

In der Holzbläsergruppe hatte Durham Ellarize Thompson, Margaret Backstrum und Alma Cortez, die alle drei mit den Sweethearts oder auch mit den Harlem Playgirls gespielt hatten. Margaret Backstrum gehörte zu den besten Tenorsaxophonisten, die es gab, Mann oder Frau, erinnert sich Durham, und Ellarize Thompson war auch ein Experte. "Sie spielte Flöte, Altsax, Klarinette und Geige und konnte noch dazu vom Blatt spielen." Alma Cortez spielte Baritonsax und konnte ebenfalls vom Blatt spielen. "Sie konnte sich in der Lunceford Band hinsetzen und den Baritonpart direkt vom Blatt spielen, das ganze Repertoire, das sie draufhatten. Sie konnte sich in Hamptons Band setzen und konnte den Baritonpart besser spielen als der, der sonst da saß - spielte es einfach ab auf dem Bariton. Die spanische Sprache, die hat was damit zu tun. Jeder, der eine temporeiche Sprache sprechen kann, ist auch in allem anderen schnell."

Während der Kriegsjahre war es schwer für alle Bands, für Männer und Frauen. Die Straßen waren praktisch gesperrt, wegen der Brennstoffrationierung und dem Verbot der Vergnügungsfahrten (was auch die Bandbusse einschloß). Für die schwarzen Männerbands gab es nur wenige Jobs in Theatern oder an sonstigen Standorten, es sei denn, sie hätten einen großen Namen wie Ellington, Basie oder Hines, denn die Jobs gingen meist an die minderwertigen weißen Bands. Durhams All-Stars allerdings hatten einen Wohnbus und die Erlaubnis, überall damit herumzufahren, wobei sie ihre kommnerziellen Jobs an sechs Tagen in der Woche absolvierten und einen Tag für die Army reservierten. "Das ging auf Mrs. Bethune zurück," erinnert sich Durham (Mary McLeod Bethune, Gründerin des National Council of Negro Women). "Sie holte sich die Erlaubnis von Mrs. Roosevelt. Der Bus wurde nach Washington D.C. geliefert. Er war eingerichtet für einundzwanzig Leute, Einzel- und Doppelbetten, ich hatte einen eigenen Raum mit einem Büro." Dem Bus wurde von Washington Vorrang zugestanden und so konnte er überall herumfahren. "Wir hätten auf dem Gelände des Capitols fahren können, wenn wir gewollt hätten," sagt Durham.

Die Band besuchte zweiundsiebzig Truppenstandorte in Canada, und Durham hielt die Band durch die ganze Kriegszeit in Gang. Bis zu der Zeit hatte er geholfen, über einhundert Frauen in die Musikergewerkschaft in New York und Washington zu bringen und erinnert sich, daß er die Pianistinnen ungefähr zweiundzwanzigmal ausgewechselt hatte. "Die Hörner hätte ich nicht so oft auswechseln können," sagt er, "man mußte festhalten, was man hatte. Die Pianisten waren manchmal etwas schwächer. Die Band war stark."

Als der "V-J Day" (der Tag des Kriegsendes) kam, war Durham in Oakland, Kalifornien, bei einem Job im Sweet's Ballroom. "Eine Woche hatten wir gespielt, die andere wurde gestrichen," sagt er, "Weil sie (Frank Schiffman, Earl Hines und andere), mich angerufen und mir gesagt hatten, ich solle die Band auflösen. "Das ist V-J-Tag, und nun werden wir unser blaues Wunder erleben mit den Jungs. Die kommen jetzt alle aus der Armee. Laß die Mädchen mal Ferien machen. Wenn Du willst, kannst Du sie ja später wieder zusammenstellen." Durham löste die All-Stars sofort auf und ging nach New York zurück, nachdem er jeder der Frauen die Gage für eine Woche gegeben hatte, hob auch noch eine Tausend-Dollar- Stiftung ab, die er erbeten hatte, um alle Mädchen nach Hause bringen zum können.

" Ich brachte sie mit dem Bus nach Hause und blieb ein paar Tage da. Ich fuhr sie nach Las Vegas, nach Reno, Nevada. Ich hab sie zu allen Sehenswürdigkeiten gefahren, überall hin, wohin ihr Herz sie zog und brachte sie auf dem Rückweg alle wieder nach Hause. Das Geld floß nur so. Die All-Star Band hatte Geld. Konnten es abheben und spielen gehen. Da (in Oakland) haben wir direkt gegenüber von Louis Jordan gespielt. Eines Abends kam auch Hamp rein. Die Mädchen konnte man nicht einfach so vom Tisch fegen. Sie kannten alles, auch die neuesten Tagesschlager. Das war schon eine feine Band!"

Nachdem Durham nach New York zurückgegangen war, trainierte er die Sängerin Jean Parks, die All-Stars zu leiten, und binnen weniger Monate waren die fabelhaften Frauen wieder zusammen in Jean Park's All Girl Band. Durham fuhr weiter mit als Manager, und die Band machte Theatertourneen mit Stars wie Ella Fitzgerald, Moms Mabley und Butterbeans and Susie. Unglücklicherweise wurde Jean Parks nach noch nicht einmal einem Jahr krank, und die Band löste sich auf.

Das war die letzte Frauenband, mit der Durham zu tun hatte, und am Ende der Vierziger Jahre ging auch die Ära der Bigbands, männlich oder weiblich, ihrem Ende entgegen.

Die Instrumentalistinnen, die hier folgen, waren alle während (oder nach) dieser Dekade aktiv. Sie sind representativ für die großartigen Musikerinnen, die in Bigbands, kleinen Combos und Plattenstudios gearbeitet haben.

Clora Bryant

(Trompeterin/Komponistin)

Die Trompeterin Clora Bryant begann ihre Laufbahn in den frühen Vierziger Jahren bei der schwarzen Frauenband der Prairie View College Co-Eds, die im Prairie View College in Texas aufgestellt worden war. Sie war eine der angesehensten Trompeterinnen der Westküste und hat in Bigbands, Showbands, kleinen Combos, gemischten Gruppen und reinen Frauenbands gearbeitet. 1975 hat sie angefangen zu komponieren - eine Suite genannt "To Dizzy With Love" - und hat zwei NEA-Preise (National Endowment for the Arts) für Komposition und Ausführung gewonnen. Clora Bryant hat auch vier Kinder großgezogen, die sie auf ihren Reisen oft mitgenommen hat: "Ich brauche beides, um mich ausgefüllt zu fühlen," sagt sie, "meine Trompete und meine Familie, das ist es."

Clora Bryant ist in Denison, Texas, geboren. "Damals gab es noch kein Fernsehen, und so wuchs ich mit dem Radio auf. Da spielten viele Bigbands, Tommy Dorsey, Harry James, Charlie Spivak, und ich wuchs mit diesen Bands im Ohr auf, und Louis Armstrong. Alle diese Platten haben wir uns gekauft und wenn bei uns in der Stadt ein Tanzabend war, nahm mich mein Vater mit, damit ich so Leute wie Jimmie Lunceford, Basie und Duke auch mal sehen konnte. Er ging nicht in den Saal, er stand draußen am Fenster, nahm mich auf die Schulter und so bin ich an diese spezielle Musik herangeführt worden. Das war damals der Swing."

Clora Bryant war erst zwei Jahr alt, als ihre Mutter starb. Ihr Vater zog sie groß. "Ich bin sehr stolz darauf, wie er das geschafft hat," sagt sie. "Er ließ mich zwar abends nicht ausgehen, dabei wäre ich so gerne zum Football gegangen. Als mein Bruder dann in die Armee kam, ließ er seine Trompete zu Hause, die ich mir an Land zog, um darauf zu spielen, denn ich war fest entschlossen, in die Marching Band zu kommen. Ich brachte mir selbst die Tonleitern und alles bei, und dann hatten wir auch noch einen Lehrer in der Schule."

Sobald Clora Bryant einmal mit der Trompete angefangen hatte, sagt sie, "existierte nichts anderes mehr. Mein Vater wollte immer, daß ich Harfe spielen sollte, aber ich wußte, daß es für mich nur noch die Trompete gab." Als sie in der Oberklasse war, war sie schon im Tanzorchester der Schule, mit dem sie meistens bei Abschlußfeiern in Oklahoma und kleinen Städten in Texas spielten. "Als ich dann meine Prüfung hatte und aufs College sollte, da hätte ich ein Stipendium in Oberlin und Bennett haben können, aber das Prairie View College in Houston hatte eine Band mit Mädchen, also ging ich dahin."

Die Prairie View Co-Eds war auch eine der schwarzen Frauenbands, die in schwarzen Kreisen sehr beliebt waren. "Am Wochenende ging's immer los nach Orten wie Houston und Austin und San Anton' und Port Arthur und Corpus Christi. Dann kam der Sommer, (1944), der erste Sommer, den ich in der Schule war, da haben wir One-Nighters gespielt, die Ostküste rauf und runter, bis wir schließlich im

Apollo in New York landeten. Wir fuhren in drei Kombis. Es war die reine Hysterie, wenn ich mir das heute so vorstelle und wir hatten auch eine Anstandsdame. Diese Dame muß gut ihre dreihundert Pfund gewogen haben, da hatten wir dann alle Nase lang einen Platten. Sie war so dick, sie machte uns dauernd die Reifen kaputt."

Zu der Zeit. als Clora Bryant mit ihnen spielte, bestanden die CoEds aus sechzehn Frauen. "Ich spielte damals erste Trompete und auch die Soli. Heute wechselt man aus, meist spielt der zweite Trompeter die Soli, aber damals spielte der, der die größte Ausdauer hatte. Ich hab dermaßen viel geübt - na ja, in einer kleinen Stadt gibt's ja auch nichts zu tun, und mein Vater ließ mich ja auch nicht mit Jungs ausgehen, da hab ich mich eben hingesetzt und die ganze Zeit geübt. Dadurch hab ich immer schon einen starken Ansatz gehabt."

Die Band spielte überwiegend Stock Arrangements der Tageshits, wie Basies "Jumpin' at the Woodside," Woody Hermans "Woodchopper's Ball" und Harry James' "Back Beat Boogie." Eine der herausragenden Frauen in der Band war die Altsaxophonistin Bert Etta "Lady Bird" Davis, die später in Tiny Davis' kleiner Gtuppe gespielt hat. "Sie hatte einen Ton wie Charlie Parker auf dem Alt," sagt Clora. Die Tenoristin und die Bassistin waren auch sehr gut, sagt sie,aber nicht allzu viele von ihnen traten besonders hervor."

Wie die anderen Frauenbands spielten auch die Co-Eds im Krieg in Armycamps, in den Camps der Marines und in Marinebasen. Sie spielten aber auch im Howard Theater in Washington, im Royal in Baltimore, im Apollo in New York - der "Chitlin' circuit" (eine satirische Bezeichnung für die Reihe der schwarzen Theater. "Chitterlings"- Kutteln -sind ein typisches Gericht der schwarzen Südstaatler) - und eine ganze Reihe One-Nighters.

"Ich kann Ihnen sagen, das war was. Wissen Sie, das war ja noch vor der Integration, und man mußte oft umsteigen und dann rannte man die Straßen rauf und runter, um zu sehen, wo man bleiben konnte. Ja, wir haben es nicht leicht gehabt. Die Sweethearts, die reisten in ihrem eigenen Bus. Die waren dem allem nicht ausgesetzt, wenn die in irgend eine Stadt kamen, die konnten einfach in ihrem Bus wohnen."

Als Clora Bryant zwei Jahre später die Co-Eds verließ, ging sie auf das UCLA-College, weil ihre Familie nach Kalifornien gezogen war. Die kurze Zeit bis zum Semesterbeginn spielte sie mit den Sweethearts, aber ihr Vater widersetzte sich ihrem Herumreisen mit ihnen und bestand sogar darauf, daß sie zwischen den Shows nach Hause kam. Ein Jahr später verließ Clora die Schule und nahm einen Job als Hausmädchen bei einem berühmten Hollywoodschauspieler an. "Ich hatte sowas noch nie gemacht, wissen Sie," sagt sie. "Mein Vater ließ mich nie solche Arbeiten machen, wissen Sie, er fand das so degradierend." Nachdem sie da nur kurze Zeit gearbeitet hatte, sagt sie, "konnte ich es nicht mehr ertragen," und in den späten Vierziger Jahren spielte sie schon wieder Trompete und auch noch Schlagzeug in verschiedenen Frauengruppen im ganzen Land. Sie begleitete Billy Daniels, als er zuerst nach Hollywood kam, und mit den Darlings of Rhythm, die, wie alle anderen Frauenbands auch One-Nighters spielten und an Standorten der Streitkräfte auftraten. Keine der Truppen jedoch war so beständig, sagt Clora Bryant, wie die

Sweethearts, und wegen des ewigen Wechsels “hatten sie auch alle nicht so viel drauf.”

1947 hörte Clora in einer Rundfunkübertragung Dizzy Gillespie aus dem Billy Berg's, und damit begann, was sie “die wichtigste Epoche ihres Lebens” nennt. “Jeder kann Ihnen sagen, wie verrückt ich auf Dizzy Gillespie bin. Ich bin von A bis Z seine Schülerin. Ich kam gerade aus der Schule oder sonstwo her, als ich ihn damals das erste Mal hörte. Ich drehte das Radio an und hörte mir die Übertragung aus dem Billy Berg's an. Da waren Dizzy und Charlie Parker. Ich hörte die Musik und konnte nicht begreifen, was die da machten. So hatte ich noch nie jemand Trompete spielen hören, und dann die vielen Noten vom Saxophon. “Ich sagte nur: ‘Was ist das denn?’ Dann habe ich mir jeden Abend die Übertragung angehört und zu verstehen versucht. Als ich entdeckte, daß sie auch Platten machten, fing ich an, Dialplatten (eines der frühen Boplabel) zu sammeln.”

1948 ging Clora Bryant zurück nach L.A. und heiratete. Ihr erstes Kind, ein Sohn, kam 1949 zur Welt. “Nach seiner Geburt ging ich wieder arbeiten. Ich nahm ihn mit hinter die Bühne, damit ich ihn betreuen konnte. Ich bin auch ein paar Mal mit ihm nach Bakersfield und Fresno gegangen. Als ich ihn das erste Mal nach Las Vegas mitnahm, war er so neun oder zehn Monate alt und fing gerade an zu laufen. Da konnte ich ihn nicht mit in den Club nehmen, aber in den Pausen sauste ich nach Hause, denn ich wohnte nicht weit, sah nach ihm und ging wieder zurück an meine Arbeit. Das war eine herrliche Zeit, kann ich Ihnen sagen. Genau so hab ich es mit meiner Tochter und den anderen beiden Kleinen gemacht. Auch diese beiden hab ich überall mit hingenommen.Wie ich schon sagte, eins ohne das andere ist nichts. Meine Familie und mein Horn - sie gehören zusammen, die beiden Dinge sind nicht zu trennen.”

Während viele der Frauen im Jazz in den Fünfziger Jahren ausstiegen, um sich ihren Familien zu Hause zu widmen, begann in Clora Bryants Leben die Periode, die sie für die in ihrer musikalischen Entwicklung wichtigste ansieht. In L. A. gab es überall Jamsessions und während ihr Mann, der Bassist Joe Stone, mit T-Bone Walker, Pee Wee Crayton und Jimmy Witherspoon spielte, gab es für sie, wie sie sagt, “nur und ausschließlich Bop und Jazz...Arbeit hatte ich immer, wenn ich nicht gerade ein Baby bekam. Die Kameradschaft, die damals herrschte, war großartig. Ich ging zu allen Jamsessions. Aber damals konnte man ja auch noch überall zu Fuß hingehen. Ich ging manchmal von einem Club zum andern, ganz für mich alleine. Ich ging immer überall alleine hin, weil mein Mann ja dauernd unterwegs war, mit irgend einer Band oder so. Da ging ich eben und jammte. Meist war ich das einzige Mädchen, das einstieg.

“Es waren immer noch viele gute Musiker da, und damals war auch das Feeling unter den Musikern noch anders. Das gibt es nicht mehr. Die versuchten noch, dir zu helfen. Man probte zusammen beim “woodshedding”, man saß zusammen und hörte Platten. Zum Beispiel Lee Morgan, als er noch bei Dizzy war, er und noch ein Haufen anderer Musiker, wir hingen ständig zusammen. Die kamen zu mir nach Hause, ich machte Frühstück, dann setzten wir uns hin und hörten uns Dizzys Platten an und die von Clifford Brown, und wir analysierten sie - was er da macht! Meine Güte nicht wahr, so ungefähr. Wir haben zugehört. Auch dazu gehört Talent. Und das wissen die Jungen heute nicht mehr. Die hören nur so drüber hin. Die drehen so laut auf, daß es ihnen nur noch in den Ohren dröhnt."

In den frühen Fünfzigern gehörte Clora Bryant zu den Auserwählten, die als erste Jazzmusikerinnen im Fernsehen auftreten durften, als eine Sendung mit einem rein schwarzen Frauenquintett, den Sepia Tones (mit Vivian Dandridge als Vokalistin), in Kalifornien ausgestrahlt wurde. Das Programm lief allerdings nur sechs Wochen, denn es meldeten sich keine Sponsoren. Um die gleiche Zeit spielte Clora Bryant in einem anderen Programm mit einer gemischtrassigen Band, aber das endete sehr bald, wie sie sich erinnert, wegen der vielen Protestbriefe.

1957 ging Clora Bryant ins Plattenstudio und nahm "The Gal with the Horn" auf, das einzige Album, das sie je gemacht hat. Auf der Platte, die für das Label "Mode" in einem Tag entstand, singt Clora Bryant auch. Mode hat nicht lange existiert und, sagt Clora, als sie ein Jahr später aus Canada zurückkam, war das Album nicht mehr zu haben und die Firma hatte zugemacht. (Schließlich hat Clora Bryant die Platte bei einem Händler bestellen müssen und mußte dafür fünfzehn Dollar bezahlen). 1959 war die Lage in L. A. schon ziemlich übel geworden, sagt sie. Es gab nicht mehr viel zu tun für sie, aber gegen Ende des Jahres bekam sie ein Engagement nach Denver und von da ging es nach Las Vegas, wo sie einen großen Teil der Sechziger Jahre verbrachte. Sie arbeitete da mit Künstlern wie Damita Jo, Harry James und Sammy Davis in dem Film "Pepi." Zwei Jahre lang arbeitete sie auch mit der Billy Williams Band und spielte "nur an den besten Plätzen" im ganzen Land.

Clora Bryant verließ die Williams Band 1964 und ging die nächsten zwei Jahre in einer Nummer mit ihrem Bruder, dem Schauspieler und Sänger Mel Bryant, auf Tournee. Als ihr viertes Kind geboren wurde, entschloß sie sich, zu Hause zu bleiben und "etwas Eigenes" zu machen. Das ganze Jahr 74 lebte sie als freischaffende Musikerin, aber die Jobs waren rar und kamen selten, und dann hatte sie auch noch einen Unfall, der sie das ganze Jahr 75 vom Geschäft fernhielt. In dieser Zeit fing sie an, zu komponieren.

Nach dreiunddreißig Jahren ist Clora Bryant noch einmal ins UCLACollege gegangen, um ihr B.A.-Examen zu machen. "Ich bin so motiviert," sagt sie. Sie geht ganztägig zur Schule und arbeitet am Wochenende in Bill Berrys Bigband, wo sie am Pult von Blue Mitchell sitzt. Sie hat sich auch zu einem Ausbildungsexamen gemeldet und hofft, in absehbarer Zeit eine Privatschule aufmachen zu können, wo Grundlagenwissen unterrichtet werden soll, aber der Schwerpunkt auf der Musik liegt. "Man muß den Kindern das richtige Zuhören beibringen. Das versuche ich immer bei meinen Kindern. Mein Sohn möchte zwar gerne Rock spielen und sowas, aber ich setze ihn hin und lasse ihn Jazz hören." Obwohl ihre Musikerkollegen ihr zureden, sich auch einmal außerhalb von L. A. hören zu lassen, hat das neuerliche Interesse für die Frauen auf diesem Gebiet ihr, wie sie sagt, kaum irgendwelche Anerkennung gebracht. "Ich bin nie der Typ gewesen, der sich in den Vordergrund schieben kann und das, was ich alles gemacht habe, weiß sowieso keiner."

Für Clora Bryant ist das wichtigste in der Musik der "Swing". "Einmal wieder mit einer Bigband zu spielen, das wars für mich. Seit ich mit ihnen gespielt habe, wollen mich so viele Leute in ihrer Gruppe haben. Sie haben im Jazz und im Bop so viel verloren, weil sie vergessen haben, daß es mit dem Swing angefangen hat. Es war zum Fingerschnippen und es ging unter die Haut. Wenn ich da oben sitze und spiele, dann ist es das, woran ich denke. In Bills Band mache ich eine Nummer ganz auf Louis und eine im Stil von Rose Murphy, da hab ich dann beides, eine ganz hohe Stimme und Louis ganz tief. Jeder macht da mit, und es ist ein Vergnügen für die Band. Ich mag das, wenn die Leute sich schaffen, denn wenn ich Musik höre, schaffe ich mich auch rein. So bin ich schon erzogen worden. Wenn mein Vater draußen an dem Tanzschuppen stand mit mir auf den Schultern, dann war er ganz überschwenglich und wollte mir alles anschaulich machen, er hörte dann zu und redete darüber, und meine Ohren waren wie Antennen und er jumpte und ich jumpte auf seinen Schultern mit, ich kann mich noch gut daran erinnern. So hat das alles angefangen, damit, daß ich die Musik gleichzeitig fühlte und hörte. Ich schaff mich so rein,.daß ich vollkommen weg bin. So ist das nun mal. Musik ist mein Leben."

Fagle Liebman

(Schlagzeug/Arrangeur/Vocalistin)

Fagle Liebmann arbeitete mit der D'Artega Frauenband, Ada Leonards Band, kurze Zeit mit den Sweethearts und mehr als dreißig Jahre mit dem Flo Dreyer Quintett (später Quartett). Fagle Liebman wohnt jetzt in Florida als Besitzerin eines Buchgeschäftes, in dem sie auch arbeitet, und spielt am Wochenende immer noch Schlagzeug in einem Quartett mit Flo Dreyer.

Fagle Liebman ist in Brooklyn geboren und aufgewachsen. In der Schule habe sie nie Schlagzeug gespielt, sagt sie, aber zu Hause immer alles mögliche. "Ich trommelte auf dem Tisch herum und so weiter, aber natürlich nahm niemand Notiz davon. Damals kam den Eltern nicht die Idee, ihre Tochter könnte mal Schlagzeugerin werden. Wenn heute ein Kind auf dem Tisch herumschlägt, geht die Mutter hin und kauft ihm ein Schlagzeug. Meine Eltern haben gearbeitet und wenn sie dann nach Hause kamen und der Tisch und die Kissen und alles waren kaputt, dann wurde ich angebrüllt, aber keiner sagte: 'He, die Kleine hat Talent! Die braucht einen Lehrer!'

Jazz hab ich geliebt," sagt Fagle. "Der 'Make-Believe Ballroom'...ich hab nur den Jazz geliebt, das war das einzige, was ich mir anhörte. Ich kannte von jedem die Soli, alle Läufe, ich kannte alle Texte. Ich war ein richtiger kleiner Jazzer...Das erste Mal im Leben, daß ich von einem Schlagzeug richtig umgehauen wurde, das war, als ich zum Benny Goodman Konzert ins Paramount ging - ich und unzählige andere. Als ich dann Gene Krupa hörte, ging bei mir innerlich etwas vor. Ich war danach nie mehr dieselbe. Es war wie ein emotionelles Trauma. Damals in der Ära war er wohl das Idol sämtlicher männlichen und weiblichen Drummer, oder der Anlaß zu ihrer Erweckung. Ich hatte auch eine sieben Jahre ältere Schwester, die mich als Teenager jeden Mittwoch mit ins Apollo nahm. So hatte ich mit zwölf und dreizehn Jahren schon Duke Ellington gehört - alle, die im Apollo spielten - und das hat mich ungeheuer beeinflußt. Ich hatte Glück, daß meine beiden älteren Schwestern auch Jazz liebten. Bei uns zu Hause gab es immer Jazz und Plattenspieler zum Aufziehen."

Fagle Liebmans Berufsleben begann im Sommer zwischen der Unter- und der Oberstufe der Highschool, als sie sich um einen Job in einem Frauenquartett auf dem "Borscht-circuit" (der Route durch die jüdischen Theater) bewarb. "Wenn ich so zurückschaue," sagt sie, "kann ich nur sagen, mich muß eine unsichtbare Hand den ganzen Weg lang bis zu diesem Punkt geführt haben." Sie hatte sich fünfundsiebzig Dollar für ihr erstes Schlagzeug zusammengespart, speziell für das Probespiel, bekam auch den Job, wobei sie der Pianistin gesagt hatte, sie sei eine Schlagzeugerin mit Berufserfahrung.

"Als ich sechs Wochen dabei war," sagt Fagle, "hab ich Teddi (die Pianistin) beiseite gerufen, weil ich die Lüge nicht länger ertragen konnte. Ich hatte nur mit Platten gespielt - das war alles. Ich rief Teddi zur Seite und sagte ihr die Wahrheit, daß ich nur diese sechs Wochen richtig Schlagzeug gespielt hätte. Natürlich glaubten sie mir erst nicht - dann glaubten sie mir aber doch. Es ist schon eine wunderbare Geschichte, wenn ich so zurücksehe. Gerade meine unbedingte Liebe zum Schlagzeug ließ mich weitermachen. Ich hatte nicht einmal eine Beckenmaschine. Einer der Gäste - ein ehemaliger Trompeter - kaufte mir eine und brachte mir bei, wie man damit umgeht. Und so hat das alles angefangen. Ich war Mitglied in dieser Gruppe. Wir haben einen Job im Sommer gehabt und einen Job im Winter in den jüdischen Erholungszentren. Die Schule habe ich nicht zu Ende gemacht. Ich hätte ja nicht gleichzeitig in der Schule und woanders sein können, wo ich doch nun einmal auf den Geschmack gekommen war. Das passierte alles so schnell, daß meine Mutter gar nicht wußte, wie ihr geschah. Es gab keine Diskussion – geht Fagle fort aus der Stadt oder geht Fagle nicht fort aus der Stadt? Fagle ist Schlagzeugerin und ist weg."

Liebmans nächster Job war eine USO-Tournee mit D'Artegas dreiundzwanzigköpfiger Frauenband. Sie hatte zu dieser Zeit immer noch kein regelrechtes Studium absolviert und konnte immer noch keine Noten lesen. ("Beobachte mich," sagte ihr D'Artega, "Du brauchst Dir keine Sorgen zu machen.") "So nach und nach," sagt Fagle Liebman, holte ich mir jede aus der Band, die ich erwischen konnte, ran und sagte: 'Bring mir dies mal bei, bring mir das mal bei,' so hab ich gelernt. Die Akkordzeichen hab ich fast ganz alleine gelernt...ich fürchte, wenn mir damals jemand gesagt hätte: 'Komm, ich bezahl Dir Dein Studium,' ich hätte noch nicht einmal die Tournee lassen und von der Band weggehen können, um zu studieren. Ich kam aus mit dem, was ich konnte und war viel zu jung, um zu wissen, wieviel das wert gewesen wäre. Später, im Quintett (bei Flo Dreyer), wenn wir ein oder eineinhalb Jahre am gleichen Ort blieben - sowas hatten wir oft - dann nahm ich immer Klavierstunden, Selbstdisziplin hatte ich genug. Aber damals hatte ich das nicht. Es war alles viel zu wunderbar.

"D'Artega war ein "großartiger Arrangeur," sagt Fagle Liebman, "hatte aber kein Gefühl für Jazz. Wir spielten nur eine Jazznummer - 'One O'Clock Jump' - dann hab ich jedem die Jazzchorusse geschrieben. Eigentlich hab ich sie gesungen, und D'Artega schrieb sie nieder. So hab ich ein Tenorsolo geschrieben, einmal sogar eins für Xylophon...Die Band war nicht garade berühmt für ihren Jazz. Dies war wohl unser einziger Versuch, und ich war immer ganz frustriert. Ich beugte mich dann über meine Beckenmaschine, wenn wir 'One O'Clock Jump' spielten und sang leise vor mich hin, um mich irgendwie in Stimmung zu bringen, damit ich das durchstand. Es war, als wenn man in Stiefeln durch Schlamm läuft. Einmal ist mir etwas Unglaubliches passiert. Ich muß so vor mich hingesungen haben, plötzlich sah ich hoch, und da war ich die einzige, die noch spielte! Das war in Cleveland, in einem Theater. Ich sah auf, und D'Artega warf mir einen Blick zu, und die Band stand teilweise, teilweise saßen sie. Die dachten, wir hätten das Arrangement geändert.

"Es war nicht zu glauben, daß das jemandem wie mir passieren konnte, die sonst alles hört. Ich hatte mich so abgekapselt, daß ich nichts davon hörte, daß die zweiundzwanzig übrigen Mädchen zu spielen aufgehört hatten. Von da an traute mir D'Artega nicht mehr. Er kam mir direkt unter die Nase beim letzten Chorus und sagte: 'Wir hören jetzt auf.' Natürlich ist mir das nie wieder passiert, aber es war lange Zeit das Tagesgespräch in der Band. Er rief mich hinterher in die Garderobe. Er sagte: 'Was war los? Was ist denn passiert?' Ich sagte: 'Ich weiß nicht. Ich war auf einmal raus, das ist alles'."

D'Artegas Band reiste von New York nach Savannah und weiter die ganze Strecke nach Kalifornien. Das ganze Orchester spielte am Abend für die Truppen und eine kleinere Gruppe am Nachmittag in den Hospitälern. Sie blieben drei Monate in Hollywood und machten da einen Film, "You Can`t Ration Love," dann arbeiteten sie wieder in zivilen Theatern.

Als die Band nach Indianapolis kam, spielte im Indiana-Ballroom Ada Leonards Frauenband, und Fagle Liebman ging hin, um sie sich anzuhören. ."Da sah ich die beiden Trompeterinnen (Fran Shirley und Norma Carson) da oben, und ich sagte mir: 'Bei denen sollte ich spielen." Ada Leonard, die ihrerseits kam, um sich D'Artegas Band anzuhören, hatte durch einen Freund von Fagle Liebman gehört und war ebenfalls überzeugt, daß sie bei ihnen spielen sollte. Schließlich verließ Fagle die Band von D'Artega und schloß sich Ada Leonards Band in Philadelphia an. "Ich mochte D'Artega sehr," sagt sie. "Diese Geigen, die Harfe - ich dachte, ich wäre im Himmel. Ich bin nur weggegangen, weil ich mehr Jazz spielen wollte."

"Bei der Leonard Band," sagt Fagle Liebman, "das war die erste, wirklich aufregende Zeit in meinem Leben, denn da spielten wir nur Jazz. Natürlich haben wir auch ein bißchen Micky Mouse-Musik machen müssen, aber zum ersten Mal im Leben begegnete ich hier Mädchen, die so fühlten und spielten wie ich. (Arrangeur Gene Clifford) ließ uns Sachen machen, die weit über unser Fassungsvermögen hinausgingen, aber wir haben uns nicht entmutigen lassen. Das Repertoire war unglaublich. Es war wie für Männer gemacht. Die Band war wie entflammt. Da gab es keine Egotrips und sowas. Wir konnten die Proben nicht erwarten, um zu sehen, was er uns nun wieder präsentieren würde."

Die Leonard Band war meistens unterwegs, und es war nicht immer leicht, Zeit zum Proben zu finden. "Ich muß gestehen, manchmal waren wir sterbensmüde," sagt Fagle. "Einmal waren wir im Zug derart müde - wir hatten schon, ich weiß nicht, wie lange kein Bett mehr gesehen - daß wir uns Zeitungen auf den Boden legten und auf dem Fußboden im Zug geschlafen haben. Und wir träumten nur noch von Bad und Dusche. Da war natürlich eine Woche in einem Theater der reinste Himmel. One-Nighters, das war eine harte Sache. Aber wenn man spielen wollte, mußte man das in Kauf nehmen. Für mich war das überhaupt keine Frage, nie. Wenn das mit drin war, dann akzeptierte ich das eben. Ich mußte spielen, wie ich atmen mußte, und damit hatte es sich."

Fagle Liebman war dreieinhalb Jahre bei der Band, als Ada Leonard sie auflöste. Da ging Fagle zu den Sweethearts of Rhythm. Das war um 1947. Mrs. Jones war krank, und viele der ursprünglichen Mitglieder waren ausgestiegen. Schließlich gingen auch die Sweethearts auseinander, und Fagle Liebman blieb bei der Splittergruppe, mit der sie in Columbus, Ohio, gespielt hatte. Dann, 195O, traf sie die Trompeterin Flo Dreyer. "Das war der Anfang des Flo Dreyer Quintetts," sagt sie, "und das wurde zur schönsten Zeit meines Lebens. Das ist es auch geblieben bis vor sechs Jahren, als die Band in Miami hängenblieb. Nichts konnte uns aufhalten. Wir haben zusammen gespielt (ohne Wechsel in der Besetzung während der ersten neun Jahre und nur zweien 1959 und 1965). Nicht, daß einer von uns wirklich groß gewesen wäre, aber wir waren eine so geschlossene Einheit. Da war alles, was ich mir immer gewünscht hatte. Es war völlig durchorganisiert, ganz und gar diszipliniert, jeder spielte das, was er gerne spielen wollte. Selbst wenn wir mal eine Nummer nicht mochten, haben wir sie so gespielt, daß sie uns gefiel." (Fagle Liebman war der Arrangeur der Gruppe).

"In unseren Proben waren wir sehr beständig, und wir brachten immer wieder etwas Neues hervor. Man muß so eine Art Team sein, das in fast allen Dingen übereinstimmt, damit was Erfolgreiches dabei herauskommt. Und alle Mädchen in der Band wollten nichts als Musik machen." Während es für die Männer relativ leicht war, von einer Band in die andere zu kommen, sagt Fagle, war das bei den Frauen nicht der Fall. Wir mußten einfach zusammenbleiben. Wo hätten wir hingesollt? Wir waren aufeinander angewiesen. Und das war ein schönes Gefühl, daß wir uns gegenseitig brauchten".

"Ich kann Ihnen ehrlich gestehen, es gab niemals in unserer ganzen Karriere einen einzigen Moment, wo auch nur eine von uns den Wunsch hatte, berühmt zu werden und ganz nach oben zu kommen. Wir wollten nichts anderes als arbeiten und gut sein. Uns kam es niemals in den Kopf, Platten machen zu wollen. Wir haben in vielen kleinen Städten gespielt, wo wir die großen Stars waren, und es war eine ungeheure Befriedigung für uns, in diesen Städten lange Engagements zu haben. Dann kam Weihnachten, da brachten sie uns Obstkuchen und wir gingen zu ihnen nach Hause zum Dinner. So war das Leben da. Wir waren alle sehr für das Familienleben. Wirklich, wir haßten die Großstädte, in der Großstadt war alles eine einzige Hetzjagd und ein Kampf."

"Jetzt sind wir gerade in einer lokalen Band. Aber wir haben immer noch unser eigenes kleines Repertoire. Wir spielen zwei Akte, das dauert zwei Stunden, dann noch zwei kleine Sets zum Tanzen und dann nach Hause. Sie lieben uns hier als Combo. Wir sind immer noch gut. Wir sind auch immer noch eine Einheit. Wir sind sehr gut darin, die Musik für eine Show zu lesen und zu spielen. Ich spiele gerne für Shows. Das kommt gleich nach dem Jazz für mich. Ich liebe Akrobaten und Jongleure - ich liebe das alles. Es macht einem als Schlagzeuger großen Spaß."

Als Schlagzeugerin, sagt Fagle, ist ihre Stärke immer der Beat gewesen. "Man hat es oder man hat es nicht. Ich hab nicht getrieben, ich habe nicht geschleppt. Ich war kein Riesentechniker, der ein Zwanzig-Minuten-Solo spielen konnte, aber wenn es sich darum handelte, den Takt zu halten und die Band anzufeuern, dann muß ich sagen, war ich so gut wie irgendeiner...Alles hängt für mich vom Klavier ab. Wenn das stimmt, der Baß und das Klavier, ist alles in Ordnung. Ich muß die Modulationen hören. Wenn ich mich auch immer am liebsten am Schlagzeug ausgedrückt habe, glaube ich doch eigentlich nicht, daß ich je wie ein Schlagzeuger gedacht habe. Ich hab mehr wie ein Pianist gedacht. Wenn ich mit einem schlechten Pianisten hätte arbeiten müssen, ich wäre das Leben leid geworden. Der Pianist mußte die richtigen Akkorde setzen. Ohne das wäre mir so elend gewesen, daß ich mich, wenn ich dazu geneigt hätte, an Drogen oder Alkohol gehängt hätte. Gott sei Dank mochte ich beides nicht.

"Die Inspiration kommt von den Leuten, mit denen man arbeitet und vom Publikum. Wir haben unser Publikum immer geliebt. Das Feeling kommt von den Menschen, mit denen man arbeitet und die Harmonie, die entsteht, dann hat man dies große Selbstvertrauen, wenn man auf die Bühne geht. Du weißt, deine Arrangements sind da, deine Garderobe ist in Ordnung und deine Gruppe ist da, und wir alle wissen, es kann nichts passieren. Man geht da raus, spielt und die Leute sind begeistert, und das ist dann deine Belohnung. Dann geht man nach Hause, und man kann den Abend nicht wieder zum Leben erwecken, man muß ganz von neuem wieder anfangen. Wir waren ja nur kleine Lichter, aber wir fühlten auch diesen Drang. Man geht da raus, weil man will, daß sie uns lieben - darin liegt alles. und wenn einem das mit einer gewissen Routine gelingt, dann hat man Glück gehabt. Diese Routine kommt nur zustande, wenn eine Gruppe lange zusammengeblieben ist und durch die Proben. Selbst an einem schlechten Abend, wenn man selber merkt, daß es schlecht geht, merkt das Publikum das nicht, weil alles läuft. Diese Routine muß einfach da sein, sonst ist man gar nichts.

"Ich fühle mich gesegnet," sagt Fagle. "Ich habe nicht den geringsten Zweifel, daß es in Gottes Plan lag, daß ich Schlagzeugerin werden sollte."

Zum schönsten Lohn ihrer Karriere gehört es, sagt sie, daß es ihr im Lauf der Zeit möglich war, ihre Familie zu versorgen. "Ich hab sie alle nach Florida geholt, kaufte meiner Mutter neue Möbel, kaufte ihr ein neues Heim und was ich sonst noch alles tun wollte, weil sie ihr ganzes Leben lang so hart gearbeitet hat. So hat sie denn dadurch ein schönes Alter, ohne alle Sorgen. Das konnte ich also alles durch mein Schlagzeugspiel erreichen.

"Als ich in den ersten Jahren als Drummer auf der Bühne saß, dachte ich immer, daß mich alle da unten im Publikum beneiden, daß sie gerne an meiner Stelle gewesen wären. So hingerissen war ich anfangs von meinem Spiel, es war ein unglaubliches Gefühl."

Flo Dreyer

(Tromepete/Ventilposaune/Bandleader)

Flo Dreyer hat in mehreren Frauenbands gespielt, inklusive der Sweethearts of Rhythm in deren Glanzzeit, dann hat sie fast dreißig Jahre lang ihre eigenen kleinen Gruppen geleitet. Heute lebt sie in Miami und spielt noch laufend mit Drummer Fagle Liebman und zwei Musikern in einem Quartett, das nur am Wochenende arbeitet.

Flo Dreyer wurde in Indianapolis, Indiana, am Rande der Stadt geboren. "Mein Vater hatte großen Einfluß auf mein Leben," sagt sie. (Ihre Mutter starb, als sie vier Jahre alt war). "Er war eine Grüblernatur, hatte auch viele Erfindungen gemacht. Er baute Rennwagen und hatte mit Motorradrennen so manche Medaille gewonnen, früher in den Zwanziger Jahren. Einige der Rekorde sind noch immer gültig, in Seitenwagenrennen.

"Mein Vater hatte auch noch das Kornett, das er mit dreizehn Jahren bekommen hatte, das lag da zu Hause. Als wir in der Schule Unterricht bekommen sollten, nahm ich es mit in die Schule, und daraus wurde praktisch die Geschichte meines Lebens. Hätte er Saxophon gespielt, wäre ich wahrscheinlich Saxophonistin geworden. (Das Kornett) war das einzige, was mir in die Hände kam. Ich habe es immer noch, es ist das, auf dem ich angefangen habe. Und ich weiß noch, wie stolz ich darauf war, ich nahm es sogar mit in die Schule, ohne Futteral, damit es auch jeder sehen konnte.

"Mein Lehrer schlief immer ein, wenn ich Unterricht hatte, da können Sie sich denken, wie viel ich lernte. Tatsächlich ging ich nach Hause und schrieb mir die Fingersätze auf. Die Trompete, müssen Sie wissen, hat drei Ventile, so schrieb ich dann auf 'eins,' 'zwei,' das hieß dann,der erste und zweite Finger, und so habe ich gelernt. Ich habe also mehr oder weniger nach Gehör gelernt, denn mein Lehrer, wenigstens der erste, brachte mir gar nichts bei."

Schon bald spielte Flo in der Marching Band der Schule. "Ich war die einzige Trompeterin und hab von Anfang an erste Trompete gespielt - das hatte ich mir gesichert. Ich hatte ja auch hart genug geübt, da konnte ich den ersten Platz auch bekommen, was mir offensichtlich absolut notwendig schien...Harry James hatte jeden Abend ein Fünfzehn-MinutenProgramm im Radio (Anfang der Vierziger Jahre) und ich erinnere mich, daß ich nicht leben konnte, ohne es zu hören. Ich glaube, das hat mir zum ersten Mal die Ohren für die Welt des Jazz geöffnet"

Mit dreizehn bekam sie ihren ersten professionellen Job bei Belle Sharp and her Flats, mit denen sie zum Tanz und in der USO Hall spielte. Belle Sharp und die anderen in der Band waren auf der Universität und schon viel älter als Flo Dreyer. "Dann, als ich fünfzehn war, kam eine Bigband mit Mädchen in die Stadt, in den Indiana Ballroom, und das war ein riesengroßer Raum," sagt Flo. "Da spielten nur Bands, die einen Namen hatten. Ich erinnere mich, daß ich einmal sogar Les Brown nach einem Job gefragt habe. Ich meinte, das könnte ich ruhig mal machen, und Courage hatte ich genug. Ich glaube nicht, daß ich den Mut heute noch aufbrächte."

Auch Joy Cayler hat Flo gefragt (ihre Gruppe spielte da im Ballroom), ob sie nicht in ihrer Band mitspielen könnte. "An dem Abend hat sie mich zwar nicht spielen lassen, aber dann kriegte ich von irgendwo im Süden ein Telegramm. Sie waren auf einer USO-Tour - ich glaube, es war Monroe, Louisiana - und da bin ich hingefahren. Ich hab den Bus genommen (am 4. Juli 1943).

"Sie war da mit den Besten der Besten," sagt Flo Dreyer über Joy Cayler (die von Joe Glaser gebucht wurde). "Es war nur eine Swingband.

Ich würde nicht sagen, daß da Jazzer drin waren." Flo Dreyer hingegen suchte den Jazz, wo immer sie ihn finden konnte. "Nachdem ich zu Joy gegangen war, fing ich erst richtig an, mich in den Jazz reinzuschaffen. Die V-Discs. Die hab ich viel gesammelt, und das gefiel mir sehr, und dann war da noch der Arrangeur von Joy, der war auch sehr modern und hatte eine deutliche Hinneigung zum Jazz." Obwohl sie kein regelrechtes Studium gehabt hatte, zog es sie doch zu Musikern wie Cat Anderson und Cootie Williams. "Ich war ganz hingerissen von den hohen Tönen und den Growls, die sie herausbrachten. Es gibt nicht allzu viele weiße Musiker, die mich so für den Jazz begeistern könnten."

Im Grunde blieb Flo Dreyer immer Autodidaktin. "Ich hatte zwar ein paar Stunden in einer Musikschule in Indianapolis genommen, ganz auf eigene Faust, aber in der Praxis, beim Spielen, hab ich das meiste gelernt. Ich bin nie ein großer Techniker gewesen, hatte aber einen großen Tonumfang und Feeling, das hat mir in vielem geholfen, und ich hatte einen sehr guten Ansatz. Als ich noch bei Joy war, hatte ich die Angewohnheit, mir in jeder Stadt, in die wir kamen, einen Trompeter zu suchen und ich glaube, ich habe bei jedem New Yorker Trompeter ein Paar Stunden genommen, nur um die verschiedenen Methoden kennenzulernen. Dann hab ich mir überlegt, wie ich mein Zwerchfell kräftigen könnte. Da hab ich in Joys Band jemand gebeten, sich auf meinen Magen zu stellen und ich hab ihn dann auf und ab bewegt. Ich hab immer alles mit Logik zu machen versucht, heute immer noch, wenn ich irgendwas nicht weiß. Meist komm ich da hin, wo ich hin will, so oder so. Vieles dabei ist einfach Mut. Ich meine damit, man muß sich gewissermaßen psychisch aufbauen, dann geht man den Ton ohne Hemmungen mutig an, und dann kommt er auch raus."

Flo Dreyer blieb vier Jahre bei der Cayler Band und ging mit ihnen zweimal nach Japan, nach China, den Philippinen und quer durch die Vereinigten Staaten. Während der zweiten Japantournee entschied sie sich, auszusteigen und zu den Sweethearts of Rhythm zu gehen. "Der Hauptgrund, warum ich zu den Sweethearts wollte, war der, daß sie nach Frankreich gehen sollten und ich wollte auch nach Frankreich, nach Paris. P.S. - wir landeten in Paris, Texas. Nie bin ich mit den Sweethearts nach Europa gekommen. Ich bin ungefähr zwei Jahre bei ihnen gewesen."

Das erste Mal hatte Flo Dreyer die Sweethearts 1942 gehört und war hingerissen. "Das war meine erste Begegnung mit schwarzen Musikerinnen. Es gab zwar hier und da kleine Gruppen, aber das war die erste richtige Swingband, die ich hörte. Ich würde nicht anstehen, zu sagen, daß das das Höchste für mich war, in dieser Band zu spielen - aus zwei Gründen. Zunächst einmal, wenn man immer mehr spielt, dann baut man sich immer mehr auf, und dann hatten sie auch sehr gute Arrangements."

Es war auch die Zeit der großen Solistinnen wie Vi Burnside und Tiny Davis. Flo Dreyer spielte erste Trompete und stellte fest, daß ihre Erfahrung in der Cayler Band eine große Hilfe war. "Wenn man einen Jazzchorus spielt, dann spielt man, was man will, aber irgendwann muß man wieder auf den Boden der Tatsachen zurückkommen."

Als Vi Burnside die Sweethearts verließ, hatte sie den Plan, eine eigene kleine Gruppe zusammenzustellen und eine der Musikerinnen, die mit ihr gingen, war Flo Dreyer. Sie blieb ein Jahr im Burnside Quintett (1949-50). Sie arbeiteten meistens an der Ostküste, spielten sowohl OneNighters wie auch Wochenengagements in Clubs. Vi Burnside, erinnert sie sich, war eine ganz große Attraktion. "Sie kündigten sie an mit 'Früher bei den Sweethearts,' so wurde sie doppelt herausgestrichen. Meist spielte die Gruppe Originalnummern und meistens Head Arrangements."

Dann bekam Flo Dreyer 1950 das Angebot, mit einer eigenen, achtköpfigen Band nach Südamerika zu gehen. Zwei Wochen arbeitete sie nun abends mit Vi Burnside unterwegs, ging am Tage zurück nach New York, um zu proben und so bekam sie die Gruppe zusammen und ging damit nach Caracas. Die Band, mit Pat Selkin, Betty Rosner, Myrtle Young, Marge Kewit, Toby Butler und Shirley Moore, hatte so viel Erfolg in Südamerika, daß ihr Aufenthalt um drei Monate verlängert wurde. Als Flo Dreyer in die Staaten zurückkam, fand sie, die Gruppe sei zu groß und reduzierte sie auf ein Quartett, daß leichter zu vermitteln und mit Sicherheit leichter zusammenzuhalten war.

Flo Dreyer sagt, wenn sie weiter Arbeit haben wollte, mußte sie ihre eigene Gruppe haben. "Man konnte als Trompeter nicht solo losziehen," sagt sie und der Gedanke, in eine Männerband einzusteigen, ist ihr nie gekommen. "Ich kannte gar keine. Ich machte das, was ich damals im Kopf hatte, und das war wohl das, woran ich damals dachte...Erst haben wir Jazz gespielt. Geschriebenes Material hatten wir nicht." Als dann Fagle Liebman in die Band kam, fingen sie mit Arrangements an. "Dann haben wir System da reingebracht und das klappte wesentlich besser, denn es war eine klare Linie darin, und wir probten, es war alles perfekt. Natürlich konnten wir immer noch mal ein Solo machen und alles mögliche zwischendurch, aber die Präsentation insgesamt war hervorragend.

"Geplant hab ich das alles eigentlich nicht," sagt Flo. "Ich hab so das Gefühl, ich bin geleitet worden und beschützt. Daran hab ich immer geglaubt - daß es die rechte Zeit und den rechten Ort für alles gibt. Ich bin zufrieden mit meinem Leben. Ich übersehe es heute und bin glücklich darüber.

"Leider habe sich die Zeiten geändert und die Musiker, die man gekannt hat, auch, und man kann auch nicht eine neue Generation heranbilden und sie einarbeiten und was man noch so alles möchte...da kapselt man sich dann in einer Stadt wie Miami ein. (Flo Dreyer hat sich in den letzten Jahren auf den Immobilienhandel verlegt, übt aber noch jeden Tag und spielt an den Wochenenden). Eigentlich möchte ich mein Horn jeden Abend spielen, nichts als Musikerin sein"

Norma Carson

(Trompete)

In den Vierziger Jahren arbeitete Norma Carson mit der Ada Leonhard Band und später mit den Sweethearts. 1951 war sie der Gegenstand eines Leitartikels in Down Beat, und 1954 nahm sie an einer Plattensitzung teil, die unter dem Namen "Cats vs. Chicks" (Musiker gegen Musikerinnen) erschien, zusammen mit Musikerinnen wie Beryl Booker, Terry Pollard, Mary Osborne, Elaine Leighton, Corky Hale und Bonnie Wetzel. Ihr Gefühl für Phrasierung und ihr kraftvoller, ansprechender Ton kommen in ihrem Solo in "The Man I Love" besonders heraus.

In Vancouver, Washington, geboren und aufgewachsen, entdeckte Norma Carson ihr Herz für die Trompete, als ein Freund der Familie eine mit zu ihnen brachte. Ihr Vater, der selber Kornett spielte, gab ihr und ihrer Schwester ein Jahr lang Unterricht, dann ging sie zu fortgeschritteneren Studien über. "Ich hab mich sehr mit klassischer Musik beschäftigt," erinnert sie sich. "Damals hab ich nicht einmal an Jazz gedacht...ich war vom ersten Tag an musikbesessen, weil ich auch einen ausgezeichneten Lehrer und einen wunderbaren Dirigenten in der Highschool hatte. In unserer Stadt war Musik sehr wichtig und man sorgte dafür, daß wir (das Konzertorchester) überall spielen konnten. Ich war noch sehr jung, da wußte ich schon, daß ich Musikerin werden würde. Es gab eine ganze Reihe Mädchen im Orchester, aber soviel ich weiß, ist keine dabeigeblieben. Sie haben es nur aus Liebhaberei gemacht."

Norma Carson hat in kleinen Bands um Portland, Oregon, herum angefangen und wurde dann zu einer Tournee in die Ada Leonhard Band berufen. Fran Shirley, eine ausgezeichnete Trompeterin, hatte ihr den Job verschafft. "Ich glaubte, ich sollte die Satzführung der Trompeten übernehmen" sagt Norma, "ich dachte nicht entfernt daran, einen (Jazz)Chorus zu spielen. Der Gedanke erschreckte mich geradezu. Als dann Fran zu Charlie Barnet ging und niemand in ihre Fußstapfen treten konnte, da sagten sie: 'Norma, Du mußt jetzt auch mal Jazz spielen,' da sagte ich 'O nein, niemals. Das kann ich nicht.' Ich weiß noch, wie ich den ersten Abend aufstand und zu spielen versuchte, ich hatte solche Angst, mir zitterten die Knie.

"Ich sag das nur ungern," sagt Norma Carson, " aber bei ihr (Ada Leonard) mußten wir Rüschen und solches Zeug tragen. Es waren ein paar sehr gut aussehende Mädchen in der Band, aber sie mußte diejenige sein, die besonders hervorstach. Sie hatten diese merkwürdigen pinkfarbenen Kleider mit Rüschen dran, von oben bis unten auf den Boden. Wir konnten sie nicht leiden. Und all diese Rüschen zu bügeln, war der reine Mord. Auf dem Koffer - so macht man das, wenn man unterwegs ist. Wir mußten unsere Sachen selber in Ordnung halten."

Die Frauen, sagt Norma Carson, wurden ausgenutzt und unterbezahlt, wußten das aber nicht und erfuhren es erst, als sie sich mal mit Musikern unterhielten. " 'Was? Wollt ihr damit sagen, ihr kriegt nur X Dollar?' fragten die Männer. (Die Manager) waren der Ansicht, bitte schön, es gibt ja genug andere Mädchen, die gerne an eurer

Stelle wären. Ich erinnere mich allerdings auch, daß einmal eine andere Band nach mir fragte und mich haben wollte. Der Manager stand gleich um die Ecke und kriegte unsre Unterhaltung mit. Am nächsten Tag hatte ich eine Gehaltserhöhung."

Nachdem Norma Carson die Ada Leonard Band verlassen hatte, arbeitete sie eine Weile auf der 52nd Street und ging so um 1949 zu den Sweethearts of Rhythm. "In dieser Band hab ich mich dann so langsam ein bißchen hervorgewagt," sagt sie. "Ich hab an meiner Phrasierung gearbeitet, und ich hatte auch viele Freundinnen in der Band. Es war eine herrliche Zeit. Da war ein enger Zusammenhalt, ich habe da viel gelernt - über den Swing, über das Leben, über so viele Dinge, die mir heute sehr wichtig sind.

"Es hat leider nur sieben Monate gedauert, dann starb der Inhaber, und die Managerin wurde krank, da fiel sie (die Band) auseinander."

Nach ihrer Zeit bei den Sweethearts arbeitete Norma Carson im Vi Burnside Quintett und ging später ins Cafe Society Downtown. 1951 schrieb Leonard Feather in der Down Beat einen Artikel über sie in der Kolumne "Girls in Jazz" (16. April 1951, S. 3) mit der Überschrift: "Dieses Mädchen spielt wie Navarro" (Trompeter Fats Navarro), und 1954 machte sie dann die Cats vs. Chicks-Aufnahme. "Ich hatte wahnsinnige Angst," erinnert sie sich, "das kann ich Ihnen sagen, denn da waren ein paar sehr, sehr gute Leute bei - Lucky Thompson, Clark Terry...Also, die Mädchen spielten für sich, und die Männer spielten für sich,und dann 'I Can Do Anything Better Than You Can', (eine Art Wettbewerb zwischen den Frauen und den Männern)" spielten wir noch zusammen."

Sie habe, sagt Norma Carson, 1952 "geheiratet und bekam dann Babies. Als meine älteste Tochter noch ganz klein war, fast noch ein Säugling, hatten wir eine Jazzband in Philadelphia. Da haben wir viel gespielt. Dann hatten wir einen Gig in Atlantic City. Eigentlich waren meine Tage im Jazz nur sehr kurz, die Zeit, die ich ohne Familie spielen konnte. Aber irgendwie hab ich es immer geschafft, zu spielen. Ich habe in der Tat bei den meisten meiner Schwangerschaften bis zum siebten Monat gespielt." Norma Carson und ihr Mann gingen schließlich nach Pennsylvanien und als ihre Kinder größer wurden, wurde ihr Arbeitsplan immer kleiner. "Aber ich hab zu akzeptieren gelernt, daß ich wohl keine ganz große Karriere machen würde. Ich war nicht frei und konnte nicht auf Tournee gehen. Ich war nicht einmal frei, zu irgend einem beliebigen Zeitpunkt nach New York zu fahren. Ich bin sehr dankbar, daß ich schon so viel hatte. Das ist meine erste und einzige Liebe, wissen Sie. Die Musik, das ist das Wichtigste. Die Klassik liegt mir auch immer noch am Herzen. Ich spiele manchmal auf dem Klavier rum, obwohl ich das nie richtig studiert habe."

In dem Artikel in Down Beat von 1951 wird Norma Carson zitiert, sie habe gesagt, daß die Arbeit in einer Band nur mit Frauen sie manchmal gezwungen habe, mit Musikerinnen zu arbeiten, die es mit der Musik nicht so ernst nahmen wie sie. Sie meint heute noch, das sei wahr. "Sie genossen nur das Leben. Nun, das habe ich auch getan, aber sie spielten dann eine kleine Weile, und dann wurde einfach alles vergessen." Sie meint auch, daß sie als Frau weniger Gelegenheit zum Jammen gehabt hat. "Ich hab nicht annähernd so viel in Sessions gespielt, wie ich gerne getan hätte. Da lernt man sein Horn, seine Modulationen richtig kennen und all das. Da erwirbt man seine Erfahrung. Man muß kein Erneuerer sein wie Bird (Charlie Parker) oder muß seinen eigenen Weg so konsequent gehen wie er, aber man hat doch die Möglichkeit, eine eigene Art des Spiels zu entwickeln dadurch, daß man vielen Leuten zuhört. Ich wollte nie jemanden imitieren. Mag ja sein,, daß ein Hauch von einem anderen da drin ist, der einen mehr als andere beeinflußt hat, trotzdem finde ich, es zeichnet einen guten Musiker aus, daß er jeden Einfluß aufnehmen kann. Das gehört zu deiner gesamten musikalischen Erfahrung - mit diesem Hauch davon zu spielen und doch die eigene Seele sprechen zu lassen."

"Der Ton ist mir immer sehr wichtig gewesen. Das habe ich an Clifford Brown so geliebt. Miles' Ton mochte ich auch sehr, der ja so ganz anders ist. Der Ton ist ungeheuer wichtig und der ganze Sound. Der 'funky sound' auch, nicht nur der reine Trompetenklang. Panik und auch Wut, die ganze Gefühlsskala. Es ist gut, das alles rauszulassen."

"Es gibt so eine Art Instinkt dafür, zu wissen, wann man gut gespielt hat, und ich glaube, den habe ich ebenso wie andere, die mir das bestätigt haben. Ganz tief drinnen weiß man, wessen man fähig ist. Nicht, daß man da an eine letzte Grenze kommt und sagt: 'Das ist es nun, weiter geht es nicht.' So nicht, es gibt immer noch etwas zu lernen, man kann immer noch besser spielen."

"Das Üben macht mir jetzt einen Riesenspaß. Ich mache auch sehr entmutigende Tage durch, dann kommt eine Phase, da schwillt mir die Lippe an und ich muß das Horn niederlegen. Das beunruhigt mich, denn jedesmal, wenn ich in all diesen Jahren mein Horn aus der Hand gelegt hatte - damals, als ich mein kleines Mädchen durch einen bösartigen Gehirntumor verlor, habe ich lange nicht gespielt und als ich dann wieder angefangen habe, zu spielen, war es so anders, weil ich ja anders geworden war. Ich hatte etwas durchgemacht. Das ist nun schon wieder sechs Jahre her, daß ich zuletzt gespielt habe. Ich kann es kaum erwarten, zu sehen, was passieren wird."

"Ich werde nicht eher spielen, bis ich dafür bereit bin. Ganz gleich, wie lange es dauert, ich will es diesmal so haben. Ich bin diesmal sehr viel positiver. Manchmal hab ich mich vollkommen hängen lassen und habe gar nichts getan. Dann rede ich mir ernsthaft zu und sage mir: 'Es muß doch der Mühe wert sein, wenn du es schon machen willst.' Es ist ganz schön beängstigend, wenn man an all die Leute denkt, die die ganze Zeit mit ihrem Instrument verbracht haben. Ich hab das nicht. Ich war imnmer nur ein Teilzeit-Musiker. Nicht im Herzen, natürlich nicht, da bin ich die ganze Zeit dabei gewesen! Aber es kann einem schon Angst machen. Und über Nacht kommt gar nichts."

June Rotenberg

(Bass)

June Rotenberg hat eine zweifache Karriere, sie war beides, Jazzmusikerin und klassische Bassistin. Sie war kurze Zeit in der D'Artega Band, war an den Plattensitzungen mit Mary Lou Williams, Beryl Booker und Marjorie Hyams in den Mittvierziger Jahren beteiligt, hat in Broadwayshows gespielt und war bei den St. Louis Symphonikern, trat bei den Mostly Mozart und Casals Festivals und in beiden New Yorker Opernhäusern auf.

June Rotenberg ist in Philadelphia geboren. Sie fing mit dreizehn Jahren an, Bass zu spielen. Ihr Vater gab ihr Geld für Klavierstunden, das sie dann allerdings für Bassunterricht ausgab. Es dauerte "ein ganzes Jahr, bevor irgend jemand dahinterkam," sagt sie. Als ich mich dann aber entschlossen hatte, Bassistin zu werden, unterstützte mich meine Schwester, die eine gute Pianistin war, sehr in dieser Absicht. Sie war Lehrerin und gab mir ungefähr ein Jahr lang das Geld für den Unterricht."

June Rotenbergs erster Lehrer war im Philadelphia Orchester. "Ein typischer Spanier, wissen Sie - so ein Macho-Typ. Er wollte keine Frauen als Bassisten sehen. Er war nicht gerade ermutigend. Eigentlich war das niemand. Es gab auch nicht allzu viele Frauen da.bei uns. Als ich mein Schulexamen hinter mir hatte, (Rotenberg war da erst sechzehn Jahre). Ich hatte Geld auf der Straße gefunden, war nach New York gegangen und hatte mich mit einem Probespiel für ein Stipendium bei der National Orchestral Association der Philharmoniker beworben.

"Ich habe eigentlich nur mit dem Jazz, oder was immer es war, angefangen, weil ich als Studentin Geld zum Leben brauchte. Dann fing ich natürlich an, mich dafür zu interessieren, lernte auch viele der hervorragenden Jazzmusiker kennen und verbrachte viel Zeit auf der 52nd Street, wo ich mal einstieg und all das. Sid Weiss ließ mich montags abends immer einsteigen. Er hatte einen Bass mit einem rautenförmigen F-Loch und ließ mich darauf spielen, es war ein wunderbares Instrument."

Mit der Zeit lernte June Rotenberg auch eine Reihe der Musiker aus der Duke Ellington Band kennen, inklusive Ben Webster, der damals noch dabei war. "Er war ganz einfach wunderbar," erinnert sie sich, " er nahm mich mit 'uptown' (Richtung Harlem) zum Einsteigen und Zuhören nach der Arbeit und paßte sehr auf, daß mich keiner belästigte oder sonst etwas. Ich hab da mit allen gespielt. Da gab es Orte, da ging man in einen Keller oder etwas Ähnliches, und es war rappelvoll. Morgens um vier, da kamen sie alle, nach ihren Jobs.

"Das war ein guter Anfang. Es ist schön, unter den ersten gewesen zu sein, denn es gab ja noch nicht so viele Bassistinnen damals. Ich wollte nur spielen und gute Musik hören, und da gab es gute Musik genug. Es war eine ungemein kreative Zeit. Es war besser als jeder Unterricht in Hörerziehung oder Kontrapunkt oder sonst was, den ich je gehabt habe, ich meine auch, man braucht das. Die meisten Jungen heute haben da gar keine Gelegenheit mehr dazu, nur rauszugehen und zu spielen."

Bevor sie in den frühen Fünfziger Jahren nach New York ging, hatte June Rotenberg Ina Ray Huttons Band in Philadelphia gehört und Phil Spitalnys Band, aber sie hatte damals noch nie in einer Bigband gearbeitet. Später in New York lehnte sie ein Angebot für Spitalnys Band ab, arbeitete aber vier oder fünf Wochen mit einer Bigband aus weiblichen und männlichen Mitgliedern und ging auf eine lange USO-Tour mit D'Artegas Gruppe im Krieg. Sie spielten "in jedem Camp, jedem Hafen, auf jedem Schiff und allem denkbaren anderen," erinnert sie sich. Die Arrangements waren gut - "für die Zeit damals wenigstens," sagt sie. Meistens "spielte man für zehntausend Leute. Man spielte auch in Hospitälern. Es war hart. Geld machte man damit nicht. Ich glaube, wir kriegten etwa fünfundachtzig Dollar die Woche oder so. Ohne das Tagegeld."

Meistens arbeitete sie damals mehr in kleinen Jazzformationen.als in Bands, erinnert sich June. "Wir hatten eine Gruppe von sechs Mann, die auf der 52nd Street spielte. Lennie Bernstein kam oft hin. Er wohnte irgendwo gegenüber, ganz oben. Solche Leute kamen damals, um uns zu hören. Das hat zwar Spaß gemacht, aber leben konnte man davon nicht. Den ersten wirklichen, was man so guten Jazz nennen könnte, habe ich mit Ben Webster, Mary Lou, mit Pres (Lester Young) und so weiter gespielt." (Nachdem sie sich in zwei oder drei Chorussen hatte hören lassen, erinnert sich June, "drehte sich Lester Young endlich um und nahm meine Gegenwart zur Kenntnis. Aber er war so wunderbar, da machte das nichts.")

Zu der Zeit lebten beide, Ben Webster und Mary Lou Williams, im Hotel Cecil. "Ich erinnere mich noch an das erste Mal, als ich sie (Mary Lou Willliams) kennenlernte," sagt June Rotenberg. "Sie schrieb gerade ein Arrangement für Benny Goodman - denken Sie, auf dem Bett, in diesem winzigen Raum da oben im Hotel Cecil. Stellen Sie sich das vor, eine Frau macht Orchesterarrangements! Es war phantastisch! Sie war wirklich die erste auf vielen Gebieten. Dann haben wir angefangen, zusammenzuarbeiten. Wir hatten ein paar kleine Jobs. Bridget O'Flynn, Mary Lou und ich spielten zusammen - mal eine Woche hier, mal eine Woche da. Es waren schlechte Zeiten. Es war sehr schwer für ein Mädchen. Wir fingen an, einige Jazzkonzerte zu spielen. Sie machten in der Carnegie Hall Jazzkonzerte, zwei davon haben wir, glaube ich, gespielt. Die Sache war nur die, in jedem Konzert gab es ein paar Bigbands - Billy Eckstines oder auch Dukes Band - und wenn wir dann spielten, dann kamen die Jungs in der Band an und der Drummer legte hinter uns los. Es war so wie, die lieben Kleinen, sie können das nicht alleine. Das war nicht bös gemeint, das war die typische Einstellung zu der Zeit..."

"Das größte Erlebnis waren die Plattensitzungen, denn da konnten die Frauen auf gleicher Basis mit den Männern spielen." (June Rotenbergs kräftigen, soliden Bass kann man im "Hesitation Boogie" und "Boogie Mysterioso" mit Mary Lou Williams und in "Don't Blame Me" mit Beryl Booker hören). "The Girl Stars in Jazz", ein Album mit Mary Lou Williams' und Beryl Bookers Gruppen, ist ausverkauft, sagt June. "Es gab nur zwei Auflagen, mehr wurden nicht gepresst. Verstanden habe ich das nicht, denn es hat sich sehr gut verkauft. Nicht einmal ich bekomme es noch. Ich besitze es nicht einmal." Trotz dieses gemeinsamen Erfolges haben die Frauen keine Platten mehr zusammen gemacht.

Zu der Zeit, als diese Platten gemacht wurden, arbeitete June Rotenberg sechs Monate im Jahr mit dem St. Louis Symphonieorchester. In New York war sie an fünf oder sechs Abenden in der Woche bei Art Tatum eingestiegen und ging noch zu After-Hour-Sessions nach "uptown". In St. Louis gab es nichts desgleichen und was da war, war nur schwer zu erreichen. "Es gab da keine Rassenmischung," sagt June. "Es war damals eine Jim Crow-Stadt (Jim Crow ist die strikteste Art der Diskriminierung der Schwarzen). Aber man konnte sich manchmal in das schwarze Viertel schleichen. Es gab da auch getrennte Taxis. So kamen sie dann in einem Taxi für Schwarze und nahmen mich mit, um irgendwo etwas zu hören. Jazz hab ich da nicht gespielt."

1950 fing June Rotenberg an, auf den Casals Festivals zu spielen. "Von da an bin ich nicht mehr so viel 'uptown' gewesen, denn ich ging ja jeden Sommer nach Europa." Aber auch in Europa hat sie, wo immer sie konnte, Jazz gespielt, stieg im Club "Vieux Colombier" ein, bevor das Festival losging und fing auch an, Solobass zu studieren. Als sie das erste Mal auf dem Festival mitspielte, waren ihre Platten schon raus, "so wußten auch viele auf der 'longhair' Seite, der Seite der Symphoniker, davon, inklusive der Pianisten, besonders Leon Fleisher und Billy Kapell, der damals noch lebte." Eines Abends bekam June Rotenberg eine Einladung, mit einem Schützling George Shearings im Honeysuckle Johnson's, einem Club auf dem Montparnasse, zu spielen. "Da kamen sie auf einmal alle an, die Pianisten," erinnert sie sich. "Alle diese Pianogrößen, die 'Longhairs',und sahen mich da! Die haben getobt und geschrien! Ich hab mich so geschämt! Sie sagten: 'Da gibt's doch nichts zu schämen!' – Ich hab da viel gespielt," sagt June über die frühen Tage in Paris. "Ich bin da nur so rumgefallen und hab in den Jazzkellern gespielt. Das waren damals nur einfache Kneipen. Ich war ja noch ein junges Ding."

In Europa fand sich June Rotenberg auf der Jazzszene mit größerer Bereitschaft aufgenommen als in Amerika. Wenn es da je ein Vorurteil gegen sie als Frau gegeben hat, dann wurde das schnell überwunden dadurch, daß sie Amerikanerin war und Erfahrung hatte mit einigen der Größten im Jazz. "Oh, sie waren begeistert," sagt sie und fügt hinzu, daß "zu der Zeit den Europäern noch der Beat fehlte...sie hatten auch keinen Spielwitz. Ich kam mir wie ein großer Star vor, weil ich mich auskannte."

Als sie vom ersten Casals Festival zurückkam, rief Charlie Mingus sie "downtown" an und wollte wissen, wie Casals war. "Was soll ich Dir da sagen? Er hat mir die Augen geöffnet."

"Eigentlich," sagt sie, "war es das, was mir den Wunsch eingab, wieder in die Musik zurückzugehen, statt nur im Musikgeschäft zu sein. Ich war da Solobassistin und mußte viel Kammermusik spielen. Wir haben einhundert Aufnahmen für Columbia gemacht. Wir fingen morgens um acht Uhr dreißig mit den Proben an, und um zehn war Aufnahme. Drei Festivals habe ich mit Casals gemacht. So fühlte ich mich also als Künstlerin und wollte nicht mehr in irgend einem üblen Lokal spielen oder von Tisch zu Tisch gehen müssen oder so etwas, und das waren die Dinge, die einem passieren konnten."

“Nachdem es mit dem Jazz so in etwa vorbei war und bevor ich in die Broadwayshows ging, habe ich auch noch Clubengagements angenommen für eine kurze Zeit, und wissen Sie, das ist erniedrigend. Ich hab zwar mehr Geld verdient als jemals in meinem damaligen Leben, aber es war alles so lächerlich, da hab ich es dann gelassen. Ich möchte zwar gerne mit Leuten spielen, die ich mir selber aussuche, aber ich will nicht nur mit einem Pianisten arbeiten, obwohl das für einen Bassisten natürlich eine feine Sache ist. Da kann er eine Menge Soli spielen und so. Ich glaube, das ist nicht mein Stil. Ich weiß nicht so recht. Ich hab das lange nicht gemacht. Da spiele ich lieber eine Oper an der Met.”

June Rotenberg hat auch Studioarbeit gemacht. Sie ist indes der Meinung, daß Frauen dabei besser sein müssen als Männer, denn von ihnen erwartet man immer mehr. “Und wenn man gleich behandelt werden will, dann muß man schon sehr gut sein,” sagt sie. “Wenn man aber heute in ein Aufnahmestudio geht, dann sollte man besser exzellent sein. Ich mache viel Arbeit dieser Art, und ich kann Ihnen sagen, es ist ja schön, wenn man seinen Scheck ohne Abstriche bekommt, aber es ist eine mörderische Angelegenheit, da reinzukommen und das einzige Mädchen bei dem Termin zu sein.”

Nachdem June Rotenberg vom ersten Casals Festival zurückgekommen war, spielte sie noch zwei Saisons mit den St. Louis Philharmonikern. “Dann wollte ich da nicht mehr bleiben. Ich bin nach New York zurückgekommen und dageblieben. Es tut mir auch nicht leid. Ich hätte von Anfang an hier bleiben sollen. Aber man bedenke, eine Siebzehnjährige kommt als Bassistin in eines der großen Orchester. Das war eine große Sache. Ich war ja auch sehr glücklich dabei. Ich habe immer gerne in Symphonieorchestern gespielt. Eigentlich mache ich das am liebsten. Es ist doch das gleiche Feeling, wie man es für den Jazz haben muß, ein gutes Ensemble zu haben, gute Kammermusik zu machen, das ist es doch.”

Bridget O'Flynn

(Schlagzeug)

Ursprünglich aus Kalifornien, ging Bridget O'Flynn schon in den frühen Vierziger Jahren nach New York und war im Jazz aktiv bis in die frühen Sechziger Jahre hinein. June Rotenberg beschreibt sie als "sehr innovativ." Sie arbeitete in den kleinen Combos von Mary Lou Williams, leitete ihre eigenen Gruppen, arbeitete in einer Vielzahl von anderen Formationen und trat bei der Veranstaltung mit dem Mary Lou Williams Trio auf. Nach dem Tode ihres Jungen zog sich Bridget O'Flynn aus dem Leben als Berufsmusikerin zurück und hat seitdem in New York gelebt, wo sie außerhalb der Musiksphäre arbeitete.

Bridget O'Flynn wurde 1923 in Berkeley, Kalifornien, geboren. Als Dreizehnjährige hörte sie im Radio Fats Waller, und das wurde der Beginn ihrer Liebe zum Jazz. "Ich besorgte mir ein paar Schneebesen und fing an, damit auf dem alten Atwater Kent (ein altes Victrola) herumzutrommeln. Ich hätte es nicht ertragen, diesem herrlichen Rhythmus zuzuhören, ohne zu versuchen, da mitzumachen."

Ihre Mutter, sagt sie, selbst eine klassische Pianistin, hielt sie für verrückt. " 'Was, zum Teufel, ist denn mit Dir los?' fragte sie. Ich sagte: 'Ach, ich weiß auch nicht.' Wie soll man sowas irgend jemandem erklären?" (Jahre später hätte ihre Mutter endlich begriffen, erinnert sich Bridget. "Wenn ich das gewußt hätte," sagte sie ihr, "hätte ich Dich in eine Schule geschickt, dann hätte ich Dir Unterricht gegeben. Auf die Idee, daß eine Frau (die Betonung stammt von Bridget O'Flynn) ein Rhythmusinstrument spielen wollte, wäre ich nie gekommen."

Nach Fats Waller entdeckte Bridget O'Flynn als Nächstes Duke Ellington und Ivie Anderson. "Ich bin abends mit ihren Platten eingeschlafen," sagt sie. Als es nicht mehr weiterging, kam sie in eine Mädchensdchule. "Wenn sie nicht mehr wissen, was sie mit unverbesserlichen Kindern machen sollen, geben sie sie in irgendeine Anstalt und sperren sie ein, so bin ich in die Alameda Girls' Training School gekommen, und da hatte ich meinen ersten Einfall. Ich war da wohl so fünfzehn oder sechzehn Jahr alt, und ich sagte: 'Ich bin Doc Jazz, und ihr seid meine Pillen,' und schon hatten wir ein kleines Orchester zusammengestellt, und ich spielte Schlagzeug, ohne die leiseste Ahnung davon zu haben - ich kannte nichts außer dem Beat und dem Rhythmus. So hat das alles angefangen."

In der Schule hatte Bridget O'Flynn nach dem Gehör gespielt, hat dann aber regulären Unterricht bei Henry Adler genommen. Andere Musiker, denen sie begegnete, gaben ihr immer mal wieder Tips und lehrten sie hören: Lionel Hampton, Lee Young, Harry "Sweets" Edison, Dale Reed, Lloyd Reese. 1939 bekam sie ihren ersten Job bei Sally Banning's All-Woman Band in San Pedro. Doris Burg war am Saxophon - "eine der großartigsten Saxophonistinnen, die ich je gehört habe," erinnert sich Bridget. Später hat Bridget in einer großen Männerband gespielt, unter der Leitung von Sally und George Banning, wo sie als Attraktion mit den Chorusgirls und am Schlagzeug herausgestellt wurde. Schließlich hatte sie ihre eigene Männerbigband. Zu dieser Zeit war sie mit einem der Musiker, die hinter diesem Wagnis standen, verheiratet und hatte, wie sie sagt, keine Schwierigkeiten, "ins Bigband-Geschäft zu kommen. Er (ihr Mann) sah die Dollars und Cents bei mir, da übernahm er Management und Organisation."

Als der Krieg ausbrach, gingen einige der Bandmitglieder zur Armee, unter ihnen Bridgets Ehemann, und so brach die Band auseinander. Bridget O'Flynn ging nach New York, um sich bei der Local 8O2 (der Union) eintragen zu lassen, damit sie an der Ostküste arbeiten konnten, wenn die Band aus dem Krieg wiederkam. Sieben der Männer waren jedoch in Übersee gefallen, und so war Bridget O'Flynn allein, denn ihre Ehe war kaputtgegangen, als ihr Mann aus dem Krieg wiederkam. Sie arbeitete dann allein weiter in New York.

Zunächst fand Bridget O'Flynn Arbeit in verschiedenen Clubs. "Kleine, blöde Routinesachen", so nannte sie viele der Jobs. Eines Abends spielte sie im Club Bohème, als Mary Lou Williams, hereinkam, die damals im Cafe Society spielte. Bridgdet O'Flynn hatte sich schon immer gewünscht, mit Mary Lou Williams zu arbeiten, was sie schließlich auch tat als Mitglied des Mary Lou Williams Frauentrios, mit dem sie "Hesitation Boogie," "Humoresque," "Boogie Mysterioso" und "Waltz Boogie" aufnahm. In einer Besprechung im Magazin Esquire (September 1948, S. 117), nannte Herbert Kubly Bridget O'Flynn einen "weiblichen Krupa". Aber im allgemeinen bekamen die Begleiterinnen auf der Sitzung - Bridget O'Flynn und June Rotenberg - selten die Anerkennung, die sie verdient hätten. Der Kritiker Barry Ulanov zum Beispiel nennt die Titel und lobt Mary Lou Williams' Brillianz, unterläßt es aber, die Namen der Begleiterinnen auf der Session zu nennen. "Das gehört zu den schmerzlichsten Dingen in meinem Leben," sagt Bridget.

Mitte der Fünfziger Jahre gab sie ein kurzes Gastspiel im Süden mit einer kleinen Gruppe, die sich von den Sweethearts of Rhythm abgespalten hatten. Nach nur drei Wochen ging sie jedoch wieder fort, desillusioniert durch den Rassismus, der es Frauen beider Rassen unmöglich machte, offen zusammen zu musizieren. Sie war so weit, daß sie die Musik ganz aufgeben wollte. Der Schriftsteller Henry Miller redete ihr zu, zu bleiben. "Du legst Dein Instrument nicht aus der Hand," sagte er ihr. "Was mir die Feder ist, sind Dir die Trommelstöcke. Leg nicht Dein Instrument aus der Hand."

Trotzdem gab Bridget O'Flynn Anfang der Sechziger Jahre die Musik auf. Mit dem Tod solcher Musiker wie Charlie Parker, Billie Holiday und Lester Young und ihrer zunehmenden Abneigung gegen Kompromisse, Beleidigungen, Sexismus und Rassismus, was es alles in der Jazzwelt gab, wollte sie nicht mehr teilhaben am Musikgeschäft. Obwohl sie seit zwanzig Jahren nicht mehr aktiv ist, hört sie sich immer noch die Frauen an, mit denen sie einmal zusammengearbeitet hat. Manchmal bringt sie es aber nicht fertig, zu ihnen zu gehen und mit ihnen zu sprechen. "Es tut zu weh," gibt sie zu.

Seit kurzem trägt sich Bridget O'Flynn mit dem Gedanken, wieder zu spielen. Besonders gerne würde sie mit der "richtigen Vokalistin" arbeiten, einer, "die wirklich etwas zu sagen hat. Ich glaube, dafür wäre ich durchaus die Richtige, denn ich weiß, wovon sie reden und würde ihnen die passende Begleitung liefern." Als Drummer hat Bridget O'Flynn immer die Besen bevorzugt und sieht sich als eine Schlagzeugerin, die mehr mit den Sinnen und dem Gefühl spielt, lieber im Ensamblesound aufgeht, als solistisch hervorzutreten, die die Dinge mehr mit Zurückhaltung angeht als aggressiv. "Ich hab viel mit Leuten gesprochen," erklärt sie. "Wenn da eine Sängerin ist, die etwas zu sagen hat und man hörte 'uh,' dann käme bei mir bestimmt 'uh-huh' heraus - ich rede mit ihnen, wenn sie spielen"

"Ich hab all die Oldtimer wiederkommen sehen," sagt Bridget O'Flynn über die heutige Musikszene. "Irgendwie macht mir das wieder Mut," sagt sie.

Rose Gottesman

(Schlagzeug)

Rose Gottesman, deren aktive Karriere noch nicht einmal drei Jahre dauerte (während ihre Laufbahn als Session-Musikerin, die immer mal einsteigt, fünf Jahre gedauert hat), war Mitglied im Estelle Slavin Quartett und spielte auch noch auf Plattensitzungen kleiner Combos mit Mary Lou Williams und den Allstars, sowie mit den Hip Chicks - Jean Starr, L'Ana Webster, Cecilia Zirl, Vicky Zimmer, Marjorie Hyams und Marion Gange. "Ich war durchaus bereit, ein Schlagzeuger zu sein, der nicht als Solist hervortritt, aber die Solisten so begleiten kann, daß sie besser spielen," sagt Rose Gottesman, und Nummern wie "Striptease" und "Popsie," die gerade wieder auf einer Anthologie der Frauen im Jazz veröffentlicht worden sind, zeigen ihr knappes, klares Spiel, das eine so zuverlässige Stütze bietet, in einer kleinen Gruppe. "Das war eigentlich schon, nachdem ich mit dem Spielen aufgehört hatte," sagt Rose über die Aufnahmen in den Jahren 46 und 47. Leonard Feather hatte sie zu den Sessions geholt, sie machten ihr auch "großen Spaß", nur die Umstände waren nicht ideal, mit einer nur für diese Gelegenheit zusammengestellten, einer "Pick up" Band. Die Frauen hatten noch nie zusammengearbeitet und kaum Zeit zum Proben vor den Aufnahmen. "Ich glaube, sie (die Aufnahmen) waren ganz gut," sagt sie in der Rückschau, "aber ich fürchte, so ganz exakt waren sie nicht. Ich war nicht relaxed genug, und die anderen waren es möglicherweise auch nicht alle."

Rose Gottesman wurde Mitte der Dreißiger Jahre an den Jazz herangeführt, als ihr Bruder anfing, sie mit ins Apollo Theater zu nehmen. "Einer meiner Brüder brachte ein paar Trommelstöcke mit nach Hause und ein Übungskissen, und so hat das alles angefangen. Er zeigte mir alles, was er aufgeschnappt hatte und dann habe ich auch noch viel von den Jungs in der Schule gelernt " (James Monroe High School in der Bronx, wo Rose in der Marching Band war).

Rose Gottesman sagt, sie hätte es ohne ihren Bruder nie zu etwas gebracht. "Er war es, der behauptete, ich hätte Talent und der mir zuredete und mich mitnahm nach "downtown" (Manhattan), um mal einzusteigen oder nach Harlem, um da einzusteigen. Das hätte ich alleine gar nicht machen können, es waren ja immer noch die Dreißiger Jahre, da tat ein Mädchen sowas nicht. Er hat mich geleitet und trainiert wie einen Preisboxer. Er sah zu, daß ich die richtigen Bands hörte und was er mir nicht selber erklären konnte, das ließ er mich hören."

Rose Gottesman wurde überwiegend von schwarzen Musikern beeinflußt, sagt sie. Sie stieg ein bei den Savoy Sultans, bei Lucky Millinder und bei den Jamsessions auf der 52nd Street. Neben dem Schlagzeuger Jo Jones nennt sie noch Cliff Leeman (von Charlie Barnet) und Gene Krupa als frühe Inspirationen. "Sie waren alle sehr ermutigend," erinnert sie sich. "Es macht mich jetzt ganz nervös, denn als ich damals einstieg, hatte ich keine Ahnung, wieviel Takte ich spielen sollte. Ich dachte immer, das käme ganz spontan. Ich war ja eigentlich Laie. Studiert habe ich erst später. Aber ich hatte das Selbstvertrauen der Jugend. Ich ging zur Amateur Night (dem Talentwettbewerb) im Apollo. Da hatte mich mein Bruder auch hingedrängt. Ich spielte mit der Jimmie Lunceford Band. Und an dem Abend habe ich gewonnen."

Obwohl die Leute ihr Mut machten, fand sie es doch sehr schwierig, in den Beruf hineinzukommen. "Keiner gab mir einen Job - das machte es so schwer." Die Bigbands, wie Phil Spitalnys (die keinen Jazz spielten) oder die Sweethearts of Rhythm (die dauernd unterwegs waren) waren nicht so "meine Sache," sagt Rose, und schließlich, nachdem sie so "herumgeschnüffelt" hatte, mal einen Job in einem Club, mal einen anderen kleinen Job, ging sie zum Estelle Slavin Quintett, wo sie ihre, nach eigener Ansicht, beste Arbeit geleistet hat. " Ich denke, wir waren unserer Zeit ein bißchen voraus," sagt sie. "Wir hätten besser abgeschnitten, wenn wir ins Fernsehen hätten kommen können oder auch nur richtig verkauft worden wären. Wir waren nun mal keine Bigband, und so hat man uns in einen Topf geworfen mit Barmusikern, das kann ganz schön hart sein."

Rose Gottesmanns letztes Engagement bei Estelle Slavin war im Sommer 1945. Im selben Jahr heiratete sie den Musiker Irving Lang. "Ich hatte jetzt zwei Kinder. Da hab ich an nichts anderes mehr gedacht," sagt sie. "Ich dachte, nun ja, wenn meine Kinder älter sind, dann kann ich ja wieder arbeiten. Daß ich nicht reisen konnte, wußte ich. Die Musik mußte an zweiter Stelle stehen, aber ich dachte nicht daran, ganz aufzuhören. Eins meiner kleinen Mädchen brauchte mich zu Hause, und da blieb ich eben zu Hause...denn an erster Stelle kam mein Kind. So kam es, daß ich nie wieder zurückgegangen bin. Ich hatte nicht die geringste Absicht, aufzuhören. Das erwarteten weder mein Mann noch mein Bruder von mir. Tatsächlich drängen sie noch heute darauf, aber ich könnte nicht mehr zurück. Ich bin achtundfünfzig und werde demnächst neunundfünfzig. Ich bin zwar noch in ausgezeichneter Verfassung, aber das Musikgeschäft ist auch ohne mich ganz gut ausgekommen...ich habe noch ein Schlagzeug. Mein Bruder hat auch eins, und so alle zwei oder drei Jahre versuche ich mal zu spielen. Ich hab keine Schwierigkeiten, den Takt zu halten, aber wenn man mir vier vorgibt, gerate ich in Panik. Wenn ich weiter gespielt hätte, hätte ich auch weiter studiert, denn das Schlagzeugspiel ist sehr viel komplizierter geworden und hat sich sehr viel weiter entwickelt. Ich weiß schon, bei wem ich studiert hätte, aber ich hätte hart arbeiten müssen, um Schritt halten zu können."

In den Jahren, die sie mit der Slavin-Gruppe gearbeitet hat, sagt Rose Gottesman, "da gab es über das ganze Land verstreut wohl Hunderte oder Tausende weiblicher Musiker, aber weil wir nicht alle am selben Ort waren, konnten wir auch nicht zusammenarbeiten. In unserer Combo waren wir nur fünf, dabei nur eine Bassistin. Wenn es da am Ort fünf gute Bassistinnen gab, dann gab es für die keine Gruppe, in der sie spielen konnten. Und man ist immer nur so gut, wie die Gruppe, mit der man spielt... Es gab einen ganzen Haufen Frauen, die so ein bißchen im Jazz herumspielten. Sie haben nicht ernstlich daran gearbeitet, dachten vielleicht auch, weil sie was in der Bluse hatten, brauchten sie nicht so viel zu üben wie die Männer und kämen auch so durch. Es gab nicht so viele, die den Jazz so ernst nahmen oder so leidenschaftlich liebten, wie andere das taten.

"Das ist nun schon fast vierzig Jahre her, aber ich pfeife oder summe immer noch manchmal, und ich kann mich an die meisten unserer kleinen Arrangements noch erinnern. Ich hab sie alle im Kopf."

Lucille Dixon

(Bass/Bandleader)

Lucille Dixon, die ihre Laufbahn 1941 begann, hatte ursprünglich die Absicht, sich als Musikerin der Klassik zuzuwenden. Sie fand nur zu bald heraus, daß einer schwarzen Frau Anfang der Vierziger Jahre dies ganz unmöglich war. "Zu dieser Zeit gab es in New York City, glaube ich, nur drei anerkannte Bassistinnen," erinnert sie sich. Eine davon war Lucille Dixon, die anderen beiden June Rotenberg und Natalie Clair. "June war überhaupt die allererste Bassistin, die je mit einem großen Symphonieorchester gespielt hat - sie war bei dem von St. Louis - und Natalie Clair war beim Cleveland Orchester."

Die Welt der Klassik mochte ihr nicht offen stehen, aber die des Jazz, das wußte Lucille. Sie wurde die erste Bassistin in einer bekannten, sonst rein männlichen Band, leitete später ihre eigene Bigband (die ohne Unterbrechung zwölf Jahre lang in einem New Yorker Club spielte), wurde eine der ersten schwarzen Agentinnen, kam dann doch zur symphonischen Musik und wurde noch Managerin der New World Symphony. Die Mutter von drei Kindern befaßte sich nicht nur mit dem Studium des Business- und Orchestermanagements, Lucille Dixon hat sich auch um die Politik gekümmert, von der NAACP (Gesellschaft zur Förderung der Schwarzen) über die Urban Leage (Organisation zur Rettung Harlems) und den Concerned Musicians, eine Gruppe, die sie 1969 ins Leben gerufen hat, um die Diskriminierung in der klassischen Musik zu bekämpfen.

Lucille Dixon wurde 1923 in Harlem geboren. Ihr Vater war Baptistenprediger und ihre Mutter, die eine Musikliebhaberin war, lehrte sie Klavierspielen. Der Musiker "Specs" Powell und seine Familie gehörten zu ihren Freunden, und mit sieben Jahren fing Lucille Dixon an, bei Powells Lehrer Klavier zu studieren und spielte schließlich in ihres Vaters Kirche.

Als Lucille in die Highschool kam, entschied sie sich dafür, Klarinette zu spielen. "Meine Mutter hatte meinem Bruder gerade ein gebrauchtes Saxophon gekauft, und dieses Saxophon hab ich bewundert. Ich hatte mal gehört, daß jeder, der Klarinette spielt, auch Saxophon spielen könnte." Die neue Lehrerin, die das Orchester übernahm, brauchte jedoch einen Bassisten, und, wie Lucille das nennt, lotste sie da rein. "Um ehrlich zu sein, ich hab das erst nicht ernst genommen,.bis sie mir sagte, ich solle mich für das All-City Orchestra bewerben. Ich ging da hin und glaubte nicht im Traum daran, daß ich das schaffen könnte. Die haben immer in der Highschool auf der 14. Straße geprobt und bevor ich zum Vorspielen ging, hab ich sie mir erst einmal angehört - ich werde das nie vergessen - Ouvertüre zu Rienzi, und ich sagte 'O Gott, das kann ich doch gar nicht spielen.' " Lucille Dixon ging dann doch zum Probespiel und der Dirigent nahm sie an unter einer Bedingung: sie müsse die Musik ernstnehmen und studieren. "Danach," sagt sie, "hab ich wirklich alles getan. Dann hab ich mich auch dafür begeistert, denn ich sagte mir: 'Hier spiele ich mit einer ganzen Gruppe von Leuten.' "

Als Lucille schon im Brooklyn College war, kam ihr zu Ohren, daß die neu zusammengestellten International Sweethearts of Rhythm eine Bassistin suchten für eine Tournee im Sommer. Lucille Dixon spielte vor und bekam den Job. Sie hatte die feste Absicht, im Herbst zurückzukommen und sich wieder der Klassik zuzuwenden. "Nach der ersten Woche kam die Managerin zu mir und sagte: 'Also ich weiß ja, daß Du alle Noten richtig spielst, aber selbst wenn Du mal falsch spielst, Du mußt immer lächeln.' Das war desillusionierend, denn für mich stand immer die Musik an erster Stelle, das korrekte Spielen. Und das ist etwas, was ich gegen die Frauenbands einzuwenden habe - ich will nicht behaupten, daß das heute noch so ist, aber damals war das so: es kommt mehr das Element der Weiblichkeit über das, was gespielt wird. Als sie mir das sagte, da begriff ich: was ich spielte, kam erst in zweiter Linie. Mich selbst mußte ich verkaufen." Nachdem sie zwei Monate bei den Sweethearts gespielt hatte, sagt Lucille Dixon, " war mir klar, das war nicht das, was ich wollte, obwohl ich so langsam lernte, nach dem Gehör zu spielen."

1943, als sie begriffen hatte, daß die Klassik ihr absolut verschlossen war, dachte Lucille Dixon daran, einen Job in Phil Spitalnys Frauenorchester anzunehmen, konnte aber, sagt Lucille, nicht einmal ein Probespiel erreichen - Spitalnys Band war rein weiß. Lucille Dixon besprach die Situation mit ihrem Lehrer, Fred Zinnemann: "Fein, ich könnte zur Juillard gehen, ich könnte studieren, ich könnte jede Qualifikation zum Spielen haben, aber nähme man mich irgendwo rein?" Da sie die Antwort kannte, beschloß sie, nunmehr eine Karriere im Jazz zu versuchen. "Ich hab es ja gesehen," sagt sie, "da gibt es eine Menge schwarzer Talente, alle wollen sie nur in der klassischen Musik bleiben, und am Ende machen sie gar nichts mehr. Darum sag ich mir immer, wenn auch schon mal etwas schiefgeht, am Ende ist es doch alles zu deinem Besten. Darum gibt es auch so viele schwarze Musiker, die sowohl Klassik wie Jazz spielen können. Manchmal, wenn ich hier oben mit dem Gemeindeorchester gespielt habe, ging ich vom Konzert weg zu irgendeinem Gig mit lateinamerikanischer Musik und dann sagen sie: 'Wie kannst Du Dich nur so umstellen?"

Noch einen anderen Anstoß gab es, der Lucille Dixon 1943 den Wechsel erleichterte, das war die Chance, mit einer der größten der berühmten Bigbands zu arbeiten, der Earl Hines Band. Lucille Dixon erinnert sich, daß Hines noch eine weibliche Streichergruppe zusätzlich aufstellen wollte, aber keineswegs die Absicht hatte, eine Bassistin zu engagieren. "Aber zufällig wurde Jesse Stone sein Arrangeur und da ich mit Jesse und den Sweethearts of Rhythm gearbeitet hatte, sagte er (zu Hines): 'Aber sicher, dieses Mädchen schafft das ohne weiteres, da mach Dir man keine Sorgen.' Da hat (Hines) es ausprobiert." In der Band war auch die hervorragende Roxanna Lucas an der Gitarre.

"Es hat mir die Augen geöffnet," sagt Lucille Dixon. "Ich sagte mir: 'Ich bin nur eine von den Kollegen.' Es gab da so kleine Dinge. Es schien, als ob die Frauen Extra-Vergünstigungen haben wollten. Zum Beispiel spielten wir in einem Theater. Da kommt gewöhnlich ein Comedien auf die Bühne, dann ist es eine bunte "Variety Show." Earl hatte das so arrangiert, daß die Mädchen von der Bühne gingen, während der Comedien auftrat. Nun, die Jungs mußten auf der Bühne bleiben. Als ich also nicht rausging, sagte Shorty McConnell, ein sehr guter Trompeter, zu mir: 'Na Baby, geh ruhig raus, Du bist doch eine Frau.' Ich sagte: 'Nein, ich bin eine Musikerin. Ich gehöre zu Euch.' So fand ich immer einen Weg, daß die Männer mich als Musikerin akzeptieren mußten. Ich hab da noch ein anderes Steckenpferd. Sagen wir, wir gehen aus. Da gibt es dann immer Jungs, die dir unbedingt einen Drink bestellen wollen, weil du ja eine Frau bist, oder so etwas. Wenn ich mit den Jungs zusammen bin, mit denen ich arbeite, dann bezahle ich meine Drinks genau so, wie sie sie bezahlen. Das Ganze ist jetzt Jahre her, und ich fand das gar nicht merkwürdig. Die kriegten genau die gleiche Gage wie ich, und ich wollte nach so einem Abend nicht, daß sie dann sagten: 'Wir behandeln Dich ja auch wie eine Frau, also...' Frauen sollten nichts erwarten, meine ich. Ich spreche von der Zeit vor wieviel Jahren - vierzig? Ich hab das so gesehen. Und meiner Ansicht nach hat mir das nichts von meiner Weiblichkeit genommen. Das klappte sehr gut, glaube ich, weil die Musiker mich immer respektiert haben."

"Bis vor fünf Jahren glaubte ich noch," sagt Lucille Dixon, "ich hätte nur zwei Dinge gegen mich - eine Frau zu sein und schwarz. Dann merkte ich, da ist aber noch ein drittes: ich spiele ein Männerinstrument. Sie sagt, sie hätte die eisige Ablehnung fühlen können, die ihr entgegenschlug, wenn sie mit ihrem Bass zu einem Job kam. "Dann, nach dem ersten Set, lächelt man mir zu. Das ist nicht wie bei einem Burschen, der da mit seinem Horn reinkommt und sie begrüßem ihn gleich und sagen 'Hi' und wenn er dann schlecht spielt, dann machen sie ihn fertig. Ich werde zuerst mal fertiggemacht.

"Mit meinem Instrument, das weiß ich, wenn ich da heute viel Solobass spielte, da könnte ich eine Menge machen. Ich meine damit, ich könnte heute als Solistin auftreten. Aber damals, zu meiner Zeit, als ich hochkam, da habe ich immer mit Bigbands gearbeitet, und da hat ein Bassist wenig Möglichkeiten. Als Frau hab ich mich mehr um den Rhythmus gekümmert. Ich wollte nicht, daß sie sagten: 'Na ja, der Baß ist so schwach, da ist ja auch eine Frau dran.' Da hab ich mich eben sehr auf den Rhythmus konzentriert und versucht, fest und solide zu spielen."

1945 ist Lucille Dixon von der Hines Band fortgegangen. Sie hatte den Musiker Gus Chapell geheiratet, und in dem Jahr wurde ihr erstes Kind geboren. Die Familie ließ sich in New York nieder, und 1946 gründete sie das Lucille Dixon Orchester. Als ihr Sohn drei Jahre alt war, trennten sie und ihr Mann sich und Lucille fuhr fort, zu arbeiten. Als sie aber einmal nach einem zweiwöchigen Job in Washington nach Hause kam und ihr zweites Söhnchen, das damals neun Monate alt war, sie nicht mehr erkannte, da, sagt sie, "es war das das letzte Mal, daß ich fortging."

Sie war entschlossen, in New York zu bleiben und die Gruppe zusammenzuhalten, mit der sie in Washington gearbeitet hatte und so wurde sie ihre eigene Agentin. "Ich lief immer zu allen möglichen Agenten, und immer hieß es, 'keine Arbeit.' Da beschloß ich, die Band selber zu vermitteln und fing damit an, zu den verschiedenen Clubs zu gehen. Bei einigen kleinen Clubs hatte ich Erfolg. Dann ging ich zum Astoria, danach bekam ich einen Job im 845, der damals einer der größten Clubs in der Bronx war. Da traten alle großen Namen auf." Lucille Dixons Band sollte da an

Stelle einer Band spielen, die Ferien machte. Sie blieb acht Monate. Nach dem 845 eröffnete die Band im Savannah Club und blieb da zwölf Jahre. Die Formation hatte Spitzenleute wie George Kelly (der auch viele der Arrangements schrieb), Tyree Glenn, Taft Jordan, Fats Navarro, Buddy Tate und Sonny Payne, mit Lucille Dixon am Bass. "Ich hab mich immer gekränkt wegen der schwarzen Musiker," sagt sie, "die meisten unsrer guten schwarzen Musiker mußten andauernd unterwegs sein. Darum war ich auch so versessen darauf, in der Stadt zu bleiben."

Während der Zeit, die ihre Band im Savannah spielte, heiratete Lucille noch einmal und ging 1954 auf zwei Jahre mit ihrem Mann nach Panama. Da bekam sie ihre erste Chance, in einem Symphonieorchester zu spielen - im National-Symphonieorchester von Panama. Als sie 1956 in die Vereinigten Staaten zurückkehrte, hielt sie ihre eigene Band noch vier Jahre zusammen und fing 196O an, Engagements anzunehmen in der Radio City Music Hall, bei der Boston Women's Symphony, der Ridgefield Symphony und der Scranton Symphony. 1965 wurde sie Managerin der Symphony of the New World, einem Orchester, das sie zusammengestellt hatte, um jungen Musikern eine Arbeitsmöglichkeit zu geben. Neun Jahre später wurde das Orchester aufgelöst, und Lucille Dixon fing im Elmsford Dinner Theater an. 198O feierten Lucille Dixon und das Theater ihre vierzigste Produktion und fügten dem Trio mit Schlagzeug, Klavier und Lucilles elektrischem Baby-Bass noch ein zweites Trio hinzu. Bei diesen Jobs läßt es sich Lucille angelegen sein, die Shows, die nur zwei Wochen laufen, niemals auswendig zu können, denn ihre Fähigkeit zum Notenlesen soll nicht "einrosten." Wenn die Show dann vorbei ist, geht sie vielleicht noch in einen der dortigen Clubs, um einzusteigen und zu jammen, aber die Theaterarbeit hält sie an diesem Punkt ihrer Karriere für den idealen Job. Es ist nahe bei ihrer Wohnung und ist ein fester Job, denn, so sagt Lucille Dixon, "ich bin sehr für eine ständige Arbeit."

Melba Liston

(Posaune/Komponistin/Arrangeur/Bandleader/Vokalistin)

198O, nach fast einem Jahrzehnt in Westindien, wo sie die afro- amerikanische Abteilung der Jamaica School of Music aufbaute, kam Melba Liston aus ihrer Zurückgezogenheit wieder hervor und startete ihre neue Gruppe, Melba Liston and Company. Die Gruppe, in der Sharon Freeman, Erica Lindsay, Dottie Dodgion, Britt Woodman, Phil Woods, Fostina Dixon, Carline Ray und Chessie Tanksley gespielt haben, ist zu Hause und in Übersee mit Enthusiasmus aufgenommen worden, und die charakteristischen Arrangements von Melba Liston stehen für einige der aufregendsten und lebendigsten Klänge im heutigen Jazz

Seit Melba Liston Anfang der Vierziger Jahre in dieses Geschäft eingestiegen ist, hat sie in Bands gespielt, - für die sie auch Arrangements geschrieben hat - die von solchen Topleuten geleitet wurden wie Gerald Wilson (in den frühen Vierzigern), Dizzy Gillespie (48-49), Randy Weston (in den Sechzigern), Quincey Jones (6O), Johnny Griffin (61) und Clark Terry, aber auch im Buffalo Symphonieorchester.(1968).

"Wir haben endlich so lange auf sie eingeredet, bis sie aus ihrer Zurückgezogenheit herauskam und wieder spielte," sagt Dianne Gregg, Präsidentin des Kansas City Women's Jazz Festival, das Melba Liston 1978 nach Amerika zurückbrachte. "Jetzt hat sie wieder ihre eigene Band und tritt wieder auf. Das ist etwas, worauf wir im Verlauf des Festivals ganz besonders stolz sind. Wenn uns nichts sonst mehr beschieden sein sollte, darüber sind wir jedenfalls sehr glücklich."

Melba Liston wurde 1926 in Kansas City, Missouri, geboren und verbrachte dort auch die ersten elf Jahre ihres Lebens. Sie sagt, sie sei zu jung gewesen, um viel von dem lebendigen Jazzleben, das die Stadt in diesen Jahren durchzog mitzubekommen. Was sie an Musik mitbekam, war höchstens ein elektrisches Klavier, die Kirche, das Radio und Freunde der Familie, die mal zum Singen und Spielen kamen. Sie erinnert sich, daß ihr Großvater Cab Calloway liebte und "alles, was swingte" und an dem Tag, an dem sie ihre Posaune bekam, sagt sie, saß sie mit ihrem Großvater auf der hinteren Veranda bis spät in die Nacht und suchte "all die kleinen Dinge hervor, die sie kannte. Ich spielte Kirchenlieder -'Deep River' und 'Rocked in the Cradle of the Deep' - Volksmusik und lauter Dinge dieser Art," sagt sie.

1937 zog Melba Liston nach Kalifornien, und da wuchs das Interesse für den Jazz. Sie lernte Notenlesen "mehr von der Mitwirkung im Gesangverein in der Schule, als von meinem Instrument," sagt sie, "aber ich traf ein paar junge Musiker, die im Jugendorchester der Sportanlage - Park und Erholungszentrum - spielten unter Leitung von Mrs. Alma Hightower, (Altsaxophonistin) Vi Redds Großtante. Nach der Schule gingen wir auf den Sportplatz, und sie arbeitete mit uns in Theorie und Harmonie, Tonleitern und all dem, wir spielten dann Stock Arrangements, und sie stellte diese kleine Bigband zusammen. Wir spielten bei der YMCA, auf Tanzabenden, in den Kirchen; wir spielten an Straßenecken und ließen den Hut rumgehen, alle solche Sachen. Die Jungs klauten das ganze Geld, denn die Mädchen durften ja keinen Hut rumgehen lassen, nicht wahr?

"Ich würde sagen, ich war bei ihr vom zwölften bis zum sechzehnten Lebensjahr, und sie hat uns eine Menge beigebracht. Sie lehrte uns singen, tanzen, Übungen mit Händeklatschen, Gedichte rezitieren, eine Art von komischen Minstrelshow-Nummern und so das ganze Gebiet des Showbusiness. Sie war eine fabelhafte Frau. Sie hatte das schon früher im Radio auf WPA gemacht, und als das eingestellt wurde, hat sie es einfach als Hobby weiterbetrieben. Es sieht so aus, als hätte sie Generationen von Musikern hervorgebracht. Wenn sie jemanden fand, den sie für talentiert hielt, nahm sie sich immer extra Zeit für ihn. Sie spielte Schlagzeug, Saxophon und Klavier. Sie konnte sozusagen mit jedem Instrument umgehen, aber ihre eigentlichen Instrumente waren Schlagzeug und Klavier."

Als Melba sechzehn wurde, absolvierten sie, Alma Hightowers Tochter und die Pianistin Alice Young die Abschlußprüfung der Highschool und gingen sofort zur Musicians' Union. "Wir konnten es nicht erwarten, bis wir sechzehn waren," sagt sie, "damit wir in die Union gehen, und die Musik als Beruf ergreifen konnten." In ihrer ganzen Schulzeit hat sich Melba mehr mit Musiklesen und -schreiben befaßt, als mit dem praktischen Musizieren, ob solo oder im Ensemble. Ihre Lehrer sagten ihr, sie sei geradezu zum Arrangeur "bestimmt" und gaben ihr oft spezielle Übungen für Partituren und Instrumentierungen. Da sie ein Einzelkind war, genoß sie es, in der Einsamkeit Musik zu schreiben und zu schaffen. "Meine Mutter rief immer meine Freunde an und bat sie: 'Könntest Du nicht rüberkommen und mal sehen, ob Du meine Tochter nicht ein bißchen rausholen kannst?' Ich holte mir das Klavier in mein Schlafzimmer und machte daraus meinen Arbeitsraum und da blieb ich, häufte Tonnen von Notenblättern auf, kam nur zum Essen raus und das bringe ich auch heute noch fertig."

Melba Listons erster Job nach der Highschool war im Orchester des Lincoln Theater. "Bardu Ali war der Direktor. Er hatte früher die Chick Webb Band geleitet. Wir begleiteten einige sehr gute Nummern. Da war eine Bühnenshow mit Dusty Fletcher und Pigmeat Markham, und da haben wir eineinhalb Jahre lang eine sehr gute Schulung gehabt."

Als das Lincoln zumachte, ging fast die gesamte Band zu der Band des Komponisten und Arrangeurs Gerald Wilson über und begann, in Nightclubs zu arbeiten. "Dann fing ich an, für Gerald Wilson zu schreiben und zu kopieren," sagt Melba Liston. "Er war ein feiner Arrangeur, und ich habe ihn studiert und viel von ihm gelernt. Er seinerseits hat mich mit allen bekannt gemacht: mit Dizzy, mit Basie, mit Duke, mit Bird - mit jedem. So war ich in ihre Gesellschaft aufgenommen, und das war so eine Art von Segen. Ich trieb von einer Session zur anderen, etwas, wozu man heute kaum noch Gelegenheit hat. Ich hab großes Glück gehabt, da reinzukommen, bevor die Bigbandära zu Ende ging."

Melba Liston machte einige frühe Aufnahmen mit der Wilson Band und während der späten Vierziger Jahre auch noch ein paar Platten mit Dexter Gordon, einem engen Freund noch aus ihrer Schulzeit. "Als er den Plattentermin hatte, sagte er: 'Komm, Mama' - ich glaube, die haben mich schon damals immer Mama genannt, weil ich immer an ihnen herummeckerte wegen ihrer Raucherei oder Weintrinkerei - und sie kamen immer und holten mich, wenn irgendwas los war, und ich spielte kleine Gigs mit ihnen. Ich hatte aber trotzdem Angst, ins Studio zu gehen, denn ich machte eigentlich nie mit, wenn sie irgendwo jammten und so. Ich saß zu Hause und versuchte, was zu schreiben, so hatte ich dann auch nicht so den richtigen Sinn fürs Improvisieren auf meinem Instrument. Ich war wirklich furchtbar ängstlich. Ich wollte diese Plattensitzung wahrhaftig nicht machen. Ich weiß nicht, was schlimmer war - mitzumachen oder sie davon zu überzeugen, daß sie mich da raus lassen sollten. Heute bin ich ganz froh über die Aufnahmen. Nur hören möchte ich sie lieber nicht."

1948-49 hatte Melba Liston auch mit der Gillespie Band gearbeitet, in der auch John Coltrane und John Lewis saßen. Als die Truppe 1949 auseinanderging, engagierte Billie Holiday, die gerade eine Südstaaten-Tournee machen sollte, Gerald Wilson als musikalischen Leiter und Melba Liston als Assistentin und Arrangeur für die Bigband. " Mir scheint, wir sind mehr unterwegs steckengeblieben, als wir gearbeitet haben," erinnert sich Melba. "Es war ziemlich übel da nach einiger Zeit. Sie hatte da kein Publikum im Süden. In Charleston, South Carolina, haben wir tagelang im Bus gesessen."

Wenn Melba Liston singt, sagen die Leute manchmal, sie klänge wie Billie Holiday, aber wenn da ein Einfluß von Billie Holiday ist, dann, meint Melba Liston, liegt das mehr an ihrer Auswahl der Titel, an ihrem Feeling und der Art, wie sie den Song angeht, als an irgend etwas anderem. "Ich finde, sie klingt wie ein Bläser," sagt sie über Billie, "denn sie singt wie Louis Armstrong. Sie benutzen ihren Kehlkopf zum Singen, sozusagen. Ich hab nicht ihren Stimmumfang und nicht ihre exquisite Diktion. Die Phrasierung ist die eines Instrumentalisten, daher kommt, glaube ich, die Ähnlichkeit."

Zu der Zeit, als Melba Liston nach Kalifornien zurückkam, klang die Bigbandära schon langsam aus. "Wir fingen an, mit sieben Leuten zu arbeiten und ich mußte lernen, die ganze Nacht zu stehen und zu jammen, und das mochte ich gar nicht." Dann eines Tages, aus dem Augenblick heraus, entschloß sich Melba, das Board of Education-Examen abzulegen, schaffte es und bekam sofort Arbeit. "Meine Mutter war so glücklich," sagt sie. "Meine Familie vesuchte sowieso, mich aus dem Geschäft herauszuholen, ich war auch nicht versessen darauf, wieder auf Tournee zu gehen, so sagte ich dann, ich wolle es versuchen." Melba Liston arbeitete vier Jahre in ihrer Stelle an der Abendschule und betrachtet das Ganze als eine gute Erfahrung. "Ich mußte lernen, mit Leuten zu reden, und das hat mir sehr geholfen. Als ich da wegging, hatte ich doch ein bißchen mehr Selbstsicherheit gewonnen."

In all dieser Zeit hatte Melba zwar weiter an ihren Noten gearbeitet, aber nicht an ihrem Horn. Sie trat sogar für ein Jahr aus der Union aus, als sie für das Board of Education arbeitete und sie hatte geheiratet. "Ich versuchte, all die ganz gewöhnlichen Dinge zu tun, aber das ging nicht gut, und so trennten wir uns wieder, mein Mann und ich, und ich versuchte, mich mit meinem Horn zu trösten, ging zu Weekend-Sessions und so, und die Jungs sagten: 'Oh, da ist ja Melba mit ihrem Horn, dann ist sie ja wieder allein.' Ich hab es dreimal mit der Ehe versucht, und jedes Mal, wenn ich es wieder versuchte, legte ich mein Horn weg und wollte nur noch Ehefrau sein.

Wenn sie mich dann das nächste Mal mit dem Horn sahen, hieß es: 'Das war also Nummer zwei.' So war das. Ich ließ den Ehemann laufen, gab den Job auf und holte mein Horn wieder hervor."

1955, kurz nachdem sie ihren Job aufgegeben hatte, schickte Dizzy Gillespie nach ihr, um sie auf eine Tour für das State Department mitzunehmen. "Ich war Kopist und Lakai," sagt sie. Sie schrieb auch Arrangements für "Stella by Starlight," "Annie's Dance," und "My Reverie;" aber obwohl sie Respekt und Bewunderung von vielen der besten Musiker entgegengebracht bekam, sah sie sich immer noch Problemen gegenüber, weil sie eine Frau war und nicht jeder in der Band sie kannte.

Melba Liston spricht über einige dieser Probleme in Gillespies Autobiographie: "Da draußen ist man allein. Wenn man zur Band gehören will, muß man sein Gepäck selber tragen und selbständig sein, und ich konnte nur überleben, weil ich damals jung und stark war, und ich war selbständig. Als ich dann bewiesen hatte, daß ich ihnen nicht zur Last fallen würde, sehen Sie, da war alles in Ordnung." Als sie zuerst nach New York kam, "hörte ich Kommentare wie: 'Warum zum Teufel mußte er extra nach Kalifornien schicken wegen einer Posaunenzicke?' Wenn sie dann erst mal auf der Probe waren und ihre Arrangements spielten, "na ja, dann war Schluß mit all diesem Quatsch. Dann sagen sie: 'Mama ist in Ordnung.' Dann war ich auf einmal 'Mama' und keine Posaunenzicke mehr."

Nach der Tour mit Gillespie durch den mittleren Osten begann für Melba Liston eine Periode großer Aktivität und Kreativität. 1959 ging sie in die Quincey Jones Bigband für eine Europatournee mit der "Free and Easy"-Show, und in den frühen Sechziger Jahren schrieb sie Arrangements für das Johnny Griffin-Album "White Gardenia", eine Huldigung an Billie Holiday. Gleichzeitig begann sie, für den Komponisten und Pianisten Randy Weston zu arrangieren, wobei sie eigene Ideen zu den Alben beisteuerte "Little Niles,"(das er für seine Kinder geschrieben hatte, alles im Dreiviertaktakt), "Blues to Africa," "High Life," "Uhuru Kwanza" und "Tanjah."

"Ich hatte die ganze Zeit nur Balladen und sowas geschrieben, hier hatte ich endlich mal die Gelegenheit, afrikanische Rhythmen und dergleichen zu machen. Ich war begeistert. Von all der Musik, die ich arrangiert habe (abgesehen von den Balladen) gefallen mir seine Kompositionen am besten. Er läßt mir Freiheit. Er erzählt mir nicht, wie groß das Orchester sein soll oder wer oder was. Er gibt mir nur die Komposition, ich sage ihm, was ich daraus gemacht habe, und dann fangen wir an."

Anfang der Siebziger Jahre besuchte Melba Liston Jamaica und blieb dann gleich fünfeinhalb Jahre dort. "Die Verwaltung wollte noch eine Abteilung für Pop und Jazz (an der Jamaica School of Music) haben, und das sollte ich aufbauen. Die Regierungsbehörden waren nicht sehr dafür, ihnen paßte es nicht, daß die armen kleinen schwarzen Kinder auf ihrem Campus herumlaufen sollten, denn eigentlich war diese Schule für die Kinder der Wohlhabenden." Melba Liston und ihre Studenten (die nichts als Reggae kannten) "liefen aber doch da rum" und jetzt, sagt sie, gibt es kaum noch eine Institution im Bereich der Musik, in der nicht einige ihrer Schüler sind.

1979 begannen Carol Comer und Dianne Gregg, die beiden Frauen hinter dem Women's Jazz Festival in Kansas City, Melba Liston zu beschwören, zurückzukommen für das Festival."Ich wollte nicht kommen," sagt Melba. "Ich sagte: 'Ich kann nicht singen, ich habe jahrelang nicht gespielt.' Sie schrieben, sie riefen an, sie telegraphierten. Das war im März, und ich hatte noch nicht einmal einen Wintermantel. Aber es ging doch alles gut."

Dem Auftritt im Festival folgte ein Konzert im New Yorker Salute to Women in Jazz, auf dem Melba Liston spielte, Jazzstandards sang und sich schnell Geltung verschaffte als bezwingende und aufregende Interpretin. Nach New York kam Boston, und schließlich sagte sich Melba: "Lieber Himmel, wenn sie mich so an der Arbeit halten wollen, dann brauche ich meine eigene Gruppe, ich mag nicht diese dauernden Jamsessions mit Fremden. Da hab ich mich entschieden, wenn ich hierher zurückkomme, dann werde ich mein Horn spielen, ich werde Arrangements schreiben und ich werde mir eine Gruppe zusammenstellen, so daß ich weiß, wenn ich auftrete, was ich spiele und wie es klingen wird. Das ist der Hauptgrund, warum ich die Company zusammengestellt habe."

Ihre Band, sagt Melba Liston, ist im Grunde "nur eine Swingband. Ich schreibe in der traditionellen Art, Bebop, Swing und Jazz, auch ein bißchen darüber hinaus, aber nicht zu weit. Das Repertoire enthält Material von Duke Ellington, Miles Davis, Fats Waller, Patti Bown, Mary Lou Williams und Melba Liston selber. Immer schon von Ellington inspiriert, bereits von den frühesten Jahren an, als der Ellington-Posaunist Laurence Brown ihr großes Vorbild war, sagt Melba, daß sie heute immer noch von Ellingtons Arrangements lernt. "Gewöhnlich meditiere ich erst mal eine lange Zeit darüber, und im Kopf entsteht dann langsam eine Idee oder ein Plan, dann gehe ich zum Klavier und arbeite daran, suche nach Stimmungen und Klangfarben, mit denen ich das Gefühl dafür vermitteln kann, worum es bei der Story geht, die ich erzählen will."

Wenn Melba Liston Harmonien für die Blechbläser schreibt, bemüht sie sich immer, jedem Instrument eine insdividuelle Stimme zu geben, die zugleich interessant und anrührend ist. "Als Sektionsspieler war ich es früher oft so leid, immer genau unter der Trompetenstimme zu spielen, so vertikal runter, gewissermaßen. Darum habe ich immer versucht, wenn ich etwas geschrieben habe, jede einzelne Stimme auf eine individuelle Art schön zu machen, damit der Ausführende da mehr Feeling hineinlegen kann. Schon in der Schulband hab ich nie den Posaunenpart gespielt, immer den Bariton- oder den Cellopart oder so etwas, denn die hatten die schön geschwungenen Linien, die ich so gerne hatte. So versuche ich eben, allen Stimmen etwas Freies und Spezielles zu geben. Etwas Melodisches.

"Populär ist das noch nicht geworden," sagt Melba, die ihre Noten noch selber kopiert, um Geld zu sparen. "Es sieht so aus, als hätte ich nur Arbeit, wenn ich nicht im Lande bin. Vielleicht hört es mal jemand eines schönen Tages. Ich hatte auch Schwierigkeiten mit dem Orchester., das es spielen sollte. Die sind das so gewohnt, daß die Holzbläser so spielen und die Trompeten so und als sie dann meine Arrangements bekamen, da mußten die Saxophone wohl mal mit den Posaunen spielen, vielleicht mal mit der Trompete, und die Mischung verzögert alles. Immer wieder mal macht so ein Heini eine blöde Bemerkung - 'Warum kannst Du nicht schreiben wie alle anderen auch?' - aber wenn sie sich erst mal dran gewöhnt haben, dann stellen sie auf einmal fest, daß es ihnen gefällt.

"Das Horn hat mich immer vor aller Traurigkeit gerettet. Immer wenn ich wieder auf die Beine kommen muß, hilft mir mein Horn. Ich bin nicht so gut zu ihm, wie es zu mir ist. Die Posaune bringt mich zum Arrangieren und wenn ich arrangiere, vergesse ich die Posaune. Aber sobald alles wieder trübe wird, kehr ich zu meiner Posaune zurück und sie rettet mich wieder."

Mary Osborne

(Gitarre/Vocalistin)

Mary Osborne hat mit ihren eigenen Gruppen gearbeitet, ist mit männlichen und weiblichen Bands gereist und ist sowohl mit den wesentlichen kleinen Frauengruppen der Vierziger Jahre aufgetreten als auch mit Musikern wie Coleman Hawkins und Charlie Shavers. Von den frühen Fünfziger Jahren an arbeitete sie immer häufiger im Radio in Studioaufnahmen und machte sehr viele Schallplatten. Sie ist mit dem Trompeter Ralph Scaffidi verheiratet, ist Mutter von drei Kindern und lebt seit 1958 in Kalifornien, wo sie unterrichtet und auch noch auftritt, wie in dem Jazzkonzert Newport Guitar Explosion, mit Marian McPartland im Concord und mit ihrer eigenen Vier-Mann-Gruppe in verschiedenen kalifornischen Clubs. "Musik," sagt Mary Osborne, "ist mein Leben."

Mary Osborne ist Anfang der Zwanziger Jahre in Minot, North Dakota, geboren. "Als ich vier Jahre alt war, spielte ich die Ukulele, steppte und sang, und mein Vater brachte mir immer sämtliche Saiteninstrumente mit zum Spielen - Mandoline, Banjo. In der Unterstufe der Schule fing ich dann mit Geigenstunden an und spielte im Orchester. Als ich neun war, bekam ich zu Weihnachten von meinem Vater eine Gitarre, und ich fing an, Gitarre zu spielen."

Bis zum neunten Lebensjahr, sagt Mary Osborne, glaubte sie, alle Menschen auf der Welt wären Musiker. "Mein Vater hatte mehrere Bands. Eine war eine Ragtime-Band, wie man das damals nannte - so etwa sechs Mann. Dann hatte er noch eine Square-Dance Band, mit der ich praktisch aufgezogen wurde. Ich glaube, ich habe jeden Abend meines Lebens mit Geigenunterricht bei meinem Vater verbracht, und später haben wir dann geprobt. Ja, da hab ich gelernt, alles auf der Gitarre nachzumachen. Mein Vater spielte in all den hohen Tonlagen, und ich machte ihm bei den Tanznummern alles nach." In einer seiner anderen Bands spielte Mary Banjo.

"Der erste Sänger, für den ich schwärmte, war Perry Como," sagt Mary Osborne. "Im Jazz dann, war der allererste Musiker, der mich begeisterte - ich hörte abends immer Radioübertragungen aus dem Blackhawk Restaurant in Chicago - Red Norvo mit Mildred Bailey. Ich dachte, 'das ist ja großartig!' Ich wußte nicht, was es war, ich kannte nicht einmal das Wort 'Jazz.' Ich wußte nur, was die machten, gefiel mir." Mit zwölf Jahren trat Mary Osborne zweimal die Woche in der lokalen Rundfunkstation auf, sang die Tagesschlager und begleitete sich selbst auf der Gitarre. Außerdem spielte sie in der Band ihres Vaters Rhythmusgitarre. Es wurde aber erst ernst mit ihrer Laufbahn, als sie in das Frauentrio von Winifred McDonnell eintrat. "Da bin ich dann richtig in das Musikgeschäft hineingerutscht. Miß McDonnell war Musikerin und Lehrerin. Die Bassistin Mary Wood ging in meiner Heimatstadt zum College. Wir taten uns zusammen und fingen an, in Bismarck zu arbeiten. Es war ein sehr schönes Trio: Winifred spielte Klavier, Mary Wood spielte Geige und Bass, und ich selber spielte beides, Gitarre und Bass, und wir alle sangen." Im Lauf der Zeit wurde die

Gruppe um ein Saxophon und später um eine weitere Geigerin und eine Bassistin erweitert.

"Ich fand Winifred McDonnells Management höchst merkwürdig," sagt Mary Osborne. "Sie machte alles per Post. Sie fand den Namen irgendeines Lokals in einem Magazin und setzte sich damit in Verbindung. Sie war ganz professionell. Wir ließen fabelhafte Bilder machen, sie machte Demonstrationsplatten, wir hatten wunderschöne Kleider, alles machte sie in großem Stil. Die Musiker waren von unserem Trio sehr angetan, weil sie das musikalische Können darin erkannten. Was immer wir auch machten, jeder einzelne von uns, man konnte die Qualität hören. Alle konnten wir solo singen. Ich sang die populären Titel, Winifred die Balladen, und Mary Wood hatte einen ziemlich großen Stimmumfang, sie sang die Harmonien. Es war ganz einfach gute Musik, und es swingte außerdem noch."

Eines Abends, als Mary Osborne in der Bar eines Hotels in Bismarck auftrat, erzählten ihr einige Musikerfreunde von einer Gruppe, die im Pavillion, genannt "The Dome", spielte. "Sie sagten: 'Du mußt mitkommen und Dir den Gitarristen anhören. Der ist sagenhaft.' Da spielte eine sechzehn Mann starke Band (Alfonso Trent Band), und ich hörte großartigen Jazz und wartete darauf, den Gitarristen zu hören (Charlie Christian). Sie sagten: 'Aber das ist doch der Gitarrist'; ich dachte, das wäre das Tenorsaxophon. Die einzige elektrische Gitarre, die ich vorher je gehört hatte, war eine Hawaiigitarre. Das war eine 'Steelguitar', und sie war elektrisch. Den Sound und den überwältigenden Eindruck, den Charlie Christian auf mich machte, werde ich nie vergessen."

Am nächsten Tag schon ging Mary Osborne hin und kaufte sich eine elektrische Gitarre. "Die hat mir sehr zugesagt," sagt sie. "Das war der Beginn meines eigentlichen Spielens. Zufällig hatten sie in unserem Musikgeschäft am Ort die gleiche wie die von Charlie, die originale elektrische Gibson-Gitarre. Ich kannte die Harmonien, und ich spielte auch immer Akkordläufe solo und sowas, verschiedene Synkopen und all das. Ich verließ nie sehr lange die Melodie, ich spielte nur die Noten im Akkord, und von da an war ich eine elektrische Gitarristin."

Eines Abends hörte sie Charlie Christian das Solo von Django Reinhardt aus dem "St. Louis Blues" spielen. "Ich war gerade jung und interessiert genug, um mich nicht zu genieren, ihn zu fragen." Als sie ihn nachher auf das Solo hin ansprach, sagte er: "Da hört also noch einer in diesem Laden Django Reinhardt zu außer mir," und von da an ließ er sie einsteigen.

Um 1940 hatten sich alle drei Frauen entschlossen, zu heiraten und das McDonnell Trio ging auseinander (obwohl alle drei weiter als Musikerinnen arbeiteten). "Ich habe oft gesagt, meine Lage war einzigartig," sagt Mary Osborne. "Ich hatte sehr viel Glück, und mein Mann hat mir sehr geholfen. Es kam nicht vor, daß er irgend etwas in bezug auf die Gitarre hörte, ohne daß er sagte: 'Ach, hol doch Mary." Er war mein Wohltäter."

Von 1940 bis 1942 arbeitete Mary Osborne (manchmal mit Scaffidi) in den Bands von Dick Stabile, Terry Shand und Bob Chester und nahm auch einmal, als sie die One-Nighter leid war, ein Angebot, in einer kommerziellen Frauenband mitzuspielen an – während eines langen Winters in Florida. Auch mit dem Geiger Joe Venuti arbeitete sie, und es war tatsächlich das erste Mal seit Eddie Langs Tod bei einem Autounfall 1933, daß Joe Venuti wieder eine Gitarre dazunahm. "Ich empfand es als Kompliment, daß er mich genommen hat," sagt Mary Osborne.

1942, als ihr Mann zur Armee ging, verließ Mary New York für die Dauer des Krieges. 1946 kam Scaffidi nach Hause, und sie kehrten nach New York zurück, wo Mary sich sofort daran machte, ein neues, eigenes Trio zusammenzustellen. "Ich hatte Sanford Gold am Klavier und Frenchy Cauette, und wir spielten eine lange Zeit in Kelly's Stables." Das war auch der Beginn einer Periode mit zahlreichen Plattenaufnahmen. Mit ihrem eigenen Trio nahm sie "Mary's Guitar Boogie," "You Gonna Get My Letter in the Morning," "Wonder Where's My Man Tonight" und "The One I Love Belongs to Somebody Else" auf. Sie nahm aber auch Platten auf mit Coleman Hawkins, Charlie Shavers, Jerry Jerome, mit Beryl Bookers Frauentrio den Titel "Low Ceiling," mit June Rotenberg am Bass, dann noch mit Mary Lou Williams' All-Girl All-Stars. Auf all diesen Aufnahmen demonstriert sie ihren Drive, das anspruchsvolle, zupackende Spiel, für das sie bekannt war.

1951 brachte die Down Beat eine Story, sie habe sich zur Ruhe gesetzt und sei nur noch Hausfrau. Aber nur ein Jahr später war sie schon wieder im Studio in der Jack Sterling Radio Show und begann damit die, wie sie findet, fruchtbarsten zehn Jahre ihrer ganzen Karriere. "Damals hab ich die Gitarre studiert," sagt sie. "Ich hab wirklich viel Verschiedenes gemacht. Ich hab mehr Gitarrennoten lesen gelernt als jemals zuvor. Die sehr kurze Zeit, die ich bei ihm (dem klassischen Gitarristen Alberto Valdez) studiert habe, hat sich meiner Ansicht nach mehr gelohnt als alles, was ich jemals gemacht habe. Es hat mir die Augen für so viele Dinge geöffnet."

Zu ihrem zupackenden, swingenden Spiel in den Vierziger Jahren sagt Mary Osborne: "Nun ja, das kommt wohl daher, daß ich eben da drin war und spielte." "In den Fünfzigern, " sagt sie, "wurde es dann ganz ernst. Ich mußte mich gewaltig an die Arbeit machen und mich viel ans Notenlesen setzen. Ich hatte Glück, ich geriet an einige ganz hervorragende Jazzleute. Mit meiner langen Spielpraxis und meinem Training machte mir das alles nicht viel Mühe. Und dann hatte ich auch mein Leben lang Platten gehört. Harmonien und das alles kamen mir wie von selbst." Im Studio aber "beschränkte es sich nur auf Dinge, die jemand anders geschrieben hatte und die ich nun spielen mußte - und das ist die beste Schulung der Welt."

In Mary Osbornes gegenwärtiger Gruppe spielen ihr Mann Trompete und ihr Sohn Bass, und sie spielen überwiegend das, was Mary Osborne "traditionellen Jazz" nennt. Daß sie Familie und Karriere so erfolgreich verbinden konnte, dazu sagt Mary: "Ich hätte das nicht schaffen können, wenn mein Mann nicht ein so fabelhafter Mensch wäre, der mir in jeder Weise zur Seite gestanden hat."

Über ihre heutige Spielweise sagt sie: "Ich glaube, ich bin ein bißchen ruhiger geworden." Auf dem Album Now's the Time, daß sie mit Marian McPartland, Dottie Dodgion, Lynn Milano and Vi Redd aufgenommen hat, hat Mary Osborne mehr Möglichkeiten, sich zu entfalten als auf ihren anderen Platten, und "Sophisticated Lady" ist geradezu das Paradestück eines reich gestalteten Osborne-Solos. "Ich hör mir die Platten an, die ich damals gemacht habe und wundere mich selbst, wie gut ich gespielt habe. Aber, wie ich schon sagte, da war nicht ein Tag, an dem ich nicht in irgend einem Club spielte. Und dann all diese großen, wunderbaren Pianisten - wie kann man da etwas falsch machen? Das mußte ja abfärben. Trotzdem habe ich das Gefühl, daß ich heute im Ganzen ein besserer Gitarrist mit einem breiteren Spektrum bin. Beim Lehren lernt man auch sehr viel.

"Wenn ich mein Leben so betrachte, kommt es mir vor, als hätte es unter einem Zauber gestanden. Das kommt daher, daß ich genau das gemacht habe, wozu ich geboren war: ich wollte in die Musik gehen und habe genau das getan. Ich war mit prachtvollen Eltern gesegnet, die beide die Musik liebten und mich in jeder Weise dazu ermutigten, und ich begegnete einem Mann, der mir auch noch Mut machte. Wäre das nur ein bißchen anders gewesen, wäre die Geschichte ganz anders verlaufen. Ich mußte alles tun, was ich mir zu tun vorgenommen hatte und am Ende mache ich immer noch das, was ich machen will. Ich bin immer noch bei der Musik, und ich bleibe dabei, bis - bis! "

Carline Ray

(Fenderbass/Gitarre/Klavier/akustischer Bass/Vocalistin)

Carline Ray ist ausgebildete Sängerin und Pianistin, hat im Eigenstudium Gitarre und Fenderbass gelernt und studiert momentan den akustischen Bass, mit dem sie auch schon auftritt. Sie hat in kleinen Jazzcombos und Bigbands gearbeitet, Platten aufgenommen, war in Rundfunk und Fernsehen, hat als Chorsängerin, Vokalistin in einer Begleitgruppe und Bandvokalistin gesungen und war Musikerzieherin und musikalische Leiterin. Die besondere Qualität ihrer Stimme, die einen nicht mehr losläßt (sie hat einen Stimmumfang von dreieinhalb Oktaven) geht über das hinaus, was man von der menschlichen Stimme erwartet. Auf dem Fenderbass haben ihr kräftiges, solides Spiel und der reiche, volltönende Klang ihr die Bewunderung und den Respekt von Künstlern aller Musikrichtungen eingebracht.

Carline Ray hat eine Brücke über die Generationen des Jazz gschlagen mit ihrer Arbeit bei den berühmten Bands von Erskine Hawkins, den International Sweethearts of Rhythm, Duke Ellingtons Band unter Mercer Ellington, der Band von Sy Oliver (in der sie bis dato das einzige weibliche Mitglied war), bei Skitch Henderson, Mary Lou Williams, The Big Apple Jazzwomen, Aerial, der Alvin Ailey Dance Company, Melba Liston and Company und dem Revue-Hit Jerry's Girls (in der sie akustischen Bass spielt). Bei dem New York Salute to Jazz Women fungierte sie als musikalische Leiterin und hat manche Frau in diesem Bereich dazu inspiriert, "dabei zu bleiben und es ihnen zu zeigen, wie gut das geht."

Carline Ray ist 1925 in New York City geboren. Ihre Mutter ist 1889 im Stadtbezirk "Hell's Kitchen" geboren (Manhattans West Side, zwischen 34. und 42. Straße und 7. und 8. Avenue, wo im Sommer 1900 schwere Rassenunruhen auftraten), ihr Vater, ein Absolvent des Tuskegee College, ging nach New York auf die Juillard School of Music. Er machte sein Examen in dem Jahr, in dem Carline geboren wurde. "Er wäre der erste Schwarze in der New Yorker Philharmonie gewesen, Walter Damrosch wollte ihn in die Blechbläsergruppe holen, aber er brauchte ein festeres Einkommen. Ich war in dem Jahr unterwegs, und in der Zeit spielte die Philharmonie nicht das ganze Jahr durch, sondern nur einige Wochen im Jahr." Ihr Vater nahm statt dessen einen Job bei der Post an.

Carline Ray hörte in ihrer Kindheit alle möglichen Arten von Musik. Ihr Vater war im ersten Weltkrieg mit der berühmten 369th Infantry Band unter der Leitung von James Reese Europe nach Übersee gegangen und spielte auch weiter mit der Band, als er wieder in New York war. "Er nahm mich zu allen Proben der Brass-Band mit, als ich erst drei, vier, fünf Jahre alt war," sagt Carline. "Radio hab ich auch viel gehört. Ich hatte immer schon ein gutes Ohr - ich konnte manches aufschnappen und auf dem Klavier wiedergeben - aber lesen konnte ich nicht, bis ich in der Unterstufe der Highschool zu studieren anfing. Ich habe immer schon gesungen, aber erst in der

Junior Highschool hab ich ernstlich angefangen, zu lernen, ich gehörte ja zu allen Gesangvereinen."

Im September 1941, im Alter von sechzehn Jahren, trat Carline Ray in die Juillard School of Music ein und blieb fünf Jahre da, wobei sie ihrem Programm noch ein Jahr hinzufügte und als Hauptfach Komposition statt Klavier nahm. (Sie, Ellis Larkins und Enola Laws, bemerkt Carline, waren die drei schwarzen Studenten in der Examensklasse von 1946). Carline Rays Laufbahn im Jazz begann noch in Juillard, als Edna Smith, die in der Schule im Hauptfach Bass studierte, sie fragte, ob sie nicht eine Gruppe zusammenstellen wolle. "Es waren zufällig alles Frauen," sagt Carline. "Wir waren damals noch nicht in der Union, aber wir waren wagemutig. Edna war die Tatkräftigste unter uns, und sie ging auch los und beschaffte uns die Jobs. Ich spielte Klavier und sie Bass. Ich glaube, der erste gemeinsame Job, den wir hatten war in einem Tanzschuppen mit Taxigirls. Er hieß 'Parisian Dance Hall', und ich glaube, wir waren die ersten weiblichen Wesen in einer (sonst rein männlichen) Band. In diesen Tanzlokalen mußte ununterbrochen Musik sein, denn je mehr Tickets die Mädchen verkauften, desto mehr Geld machten sie. Man nannte sie auch die Ein-Tanz-zehn-Cents-Lokale. Bevor wir da hinkamen, durften die Jungs nur einzeln aufstehen, damit die Musik weitergehen konnte, aber wir haben sie dazu gekriegt, daß sie uns eine vollständige Fünf-Minuten-Pause gaben. Der Inhaber war so begeistert davon, wenn ich 'Stardust' sang - das war sein Lieblingsstück - daß wir sagten: "Also, wenn Sie "Stardust" hören wollen, müssen Sie uns allen fünf Minuten Pause geben.' "

Der Gitarrist in einer späteren Gruppe übte nur selten, und eines Tages sagte Edna Smith zu Carline: "Jedesmal, wenn wir bei Euch zu Hause proben, dann sehe ich da eine Gitarre oben auf dem Wandschrank in Deinem Zimmer. Warum bittest Du Deinen Vater nicht, daß er Dir erlaubt, sie zu benutzen und mal zu sehn, ob Du nicht was darauf spielen kannst." "Dann hab ich angefangen, darauf herumzuprobieren," sagt Carline, und drei Monate später nahm sie sie mit auf ihren ersten Job von der Union. "Ich bin als Pianistin in die 8O2 eingetreten," erinnert sie sich, "und ich mußte ein bißchen Beethoven spielen, ein bißchen Bach und ein bißchen Boogie Woogie, ob Sie's glauben oder nicht. Eine Weile spielten wir mal hier, mal da und nahmen uns dann einen Agenten namens Nat Nazarro, der damals im Brill Building war und solche Tanznummern wie Chuck and Chuckles und Buck and Bubbles unter Vertrag hatte, da hatte ich also die Gelegenheit, viele von diesen Leuten kennzulernen und er buchte uns dann überall hin.

"Eines Tages kamen wir aus seinem Büro, und Edna trug ihren Bass auf dem Rücken. Da kam ein Herr zu uns und fragte Edna: 'Verzeihung, kenne ich Sie nicht?' Edna sagte: "Tut mir leid, Mister, wenn Sie kein Musiker sind, können Sie es gleich vergessen." Wir gingen dann runter zur U-Bahn und er sagte: 'Nein, ich meine es ernst,' und stellte sich vor. Er war der musikalische Leiter der Sweethearts of Rhythm, und sein Name war Maurice King. Er sagte: 'Ich suche nach Ersatz für einige Mädchen, die aus der Band aussteigen.' " Sie nahmen ihm mit zum Büro ihres Agenten, und im Sommer 1946 (nach ihrem Examen in der Juillard School) gingen Carline Ray, Edna Smith und die Pianistin Jackie King zu den Sweethearts of Rhythm als die neuen Mitglieder der Rhythmusgruppe.

Carline Ray hatte von den Sweethearts gehört, sie aber nie selber spielen gehört. "Sie kamen immer ins Apollo, aber damals bin ich nie ins Apollo gegangen. Tatsächlich bin ich erst ins Apollo gegangen, als ich anfing, da zu arbeiten, denn ich war ja noch Studentin und hatte kein Geld, irgendwo groß hinzugehen. Eigentlich bin ich überhaupt nur in die Carnegie Hall gegangen, wenn ich schon mal rausging. Ich hab in der Carnegie Hall gewissermaßen gewohnt. Ich hab da all die großen Pianisten gehört - Rachmaninoffs letztes Konzert 1943, Artur Rubinstein...Dann sind Edna und ich natürlich auch auf die 52nd Street gegangen. Wie oft sind wir mit unseren gesamten Schulbüchern zur Street gegangen, wir gingen zwischendurch nicht einmal nach Hause. Ich habe da alles eingesogen. So hab ich Art Tatum kennengelernt, Billie Holiday, Sarah Vaughan. Und jeden Montag abend bin ich zu den Jamsessions im Hollywood an der 133. Straße Ecke Seventh Avenue gegangen.Da gab es immer eine Session für Pianisten, da kamen dann auch jedes Mal viele von den alten Stridepianisten hin. Natürlich war Art Tatum der König, darum kam er auch immer als letzter aufs Podium und spielte. Ich hatte sogar eines Abends die Ehre, singen zu dürfen mit Art Tatum am Klavier. Ich glaube, ich sang eine Gershwin-Nummer. Als ich fertig war, sagte Art zu mir: 'War meine Begleitung Dir so recht?' Ich sagte nur: 'Ist das Ihr Ernst?' Das werde ich nie vergessen! Art Tatum spielte für mich!"

Carline Ray blieb bei den Sweethearts als Rhythmusgitarristin und Gesangssolistin in Nummern wie "Night and Day" und "Temptation," ging dann weiter zu der Band von Erskine Hawkins als Bandvokalistin. "Das war im Februar 48, und ich blieb ein Jahr bei ihnen. Ich war zwar Bandvokalistin, aber ich nahm meine Gitarre immer mit auf Reisen und spielte in der Sektion mit, damit ich nicht nur so da rumsaß und nichts zu tun hatte, während die Band spielte. Ich hab mit der Hawkins Band keine Platten gemacht, denn in dem Jahr gab es den Plattenboykott und es wurde nichts aufgenommen, leider."

Nachdem sie von Hawkins weggegangen war, tat sie sich, wieder als Pianistin, mit Edna Smith und Pauline Braddy (der früheren Schlagzeugerin der Sweethearts) zusammen. Das Trio arbeite in und um New York. Dann verschaffte ihnen Luis Russell, der bekannte, in Panama geborene Pianist und Bandleader der Dreißiger und Vierziger Jahre (und Carlines späterer Ehemann), einen Job im Town Hill, einem Club in Brooklyn, dessen Manager er war. Das Engagement war abgeschlossen für zwei Wochen, die Gruppe blieb aber sechs Monate. "Wir haben nicht nur Jazz gespielt, wir sangen und spielten auch eine Menge gängiger Tagesneuheiten," sagt Carline. "In den Tagen damals - ich hasse das Wort 'Schlager,' aber ich glaube, wir waren ein Schlager, etwas Neues, denn wir waren gute Instrumentalisten. Wir waren keine Frauen, die nur ihre Instrumente hielten, wir spielten sie auch und spielten gut, wenn ich das mal selber sagen darf. Damals, als die Sweethearts anfangs aufkamen, da erwartete man wohl, daß die Frauen da oben saßen, hübsch aussahen, aber nichts Nennenswertes zustande brachten. Das hat diese Bands, die es dann schafften, so einzigartig gemacht, daß die Frauen wirklich gut spielten und dazu noch gut aussahen." Bei diesem Job hat Carline Ray zum ersten Mal Fenderbass gespielt, dabei nahm sie früh am Abend oft Edna Smith' Instrument, während Edna sich ans

Klavier setzte. Carline sagt, sie hätte dann immer "das gespielt, was sie vom Bass hören wollte," wenn sie am Klavier saß. Die Zuhörer fanden das gut und baten sie immer öfter, den ganzen Abend zu spielen. Frank Anderson, ein Pianist aus Panama, der mit seiner Gruppe in dem hinteren Raum spielte, ließ sie auch mal am Fenderbass einsteigen, und das Ergebnis dieser Begegnung im Town Hill war, daß sie mit seiner Formation die nächsten zwölf oder dreizehn Jahre arbeiten konnte. "Die Band brachte eine Menge lateinamerikanischer Musik, dadurch hab ich dann auch "Latin Music", Calypso und Jazz spielen gelernt," sagt sie. "Die Band hatte viele Gigs in und um Manhattan, viele Bälle, gesellschaftliche Clubveranstaltungen, westindische Carnivals, besonders in Harlem und Brooklyn. Die Leute zogen sich besonders gut an, machten sich Kostüme, und dann gab es einen Wettbewerb. Das war die westindische Seite der Dinge."

In dieser Zeit ging Carline Ray von 54 bis 56 noch einmal in die Manhattan School of Music und erwarb ihren Master's Degree für Gesang. Im selben Jahr, in dem sie diesen akademischen Grad erhielt, heiratete sie Luis Russell, und ihre Tochter Cathy wurde geboren. "Leider," sagt Carline," sind mein Mann und ich nur sieben Jahre verheiratet gewesen, als er starb."

Durch die ganzen Sechziger und Siebziger Jahre hat Carline Ray unentwegt gearbeitet in den verschiedensten Umgebungen: sie sang mit der Scuola Cantorum (und mit jedem anderen nennenswerten Chor in New York), arbeitete in einer Gruppe mit der Pianistin May Tatum auf der Weltausstellung 64 und später bei Skitch Henderson, Alvin Ailey, Mary Lou Williams, Mercer Ellington und Melba Liston. Am Ende der Siebziger Jahre entschloß sie sich dann noch, akustischen Bass zu studieren. Durch den "Salute to Women in Jazz" der New York Universal Jazz Coalition hatte Carline Ray von der Stiftung "National Endowment for the Arts" gehört und bewarb sich 1980 um eine Studienbeihilfe, die sie auch erlangte, um dann das Instrument bei dem Bassisten Major Holly zu studieren.

"Nachdem ich so viele Jahre Fenderbass gespielt hatte, wollte ich akustischen Bass lernen, weil ich als Bassist komplett sein wollte. So hab ich mir gesagt: ' Nun, es ist noch nicht zu spät, selbst in diesem späten Stadium meines Lebens noch akustischen Bass zu lernen.' " Die Art, wie sie das Instrument angeht, unterscheidet sich "ein bißchen" von der, den Fenderbass zu behandeln, sagt Carline Ray, "aber schon bevor ich mit dem akustischen Bass anfing, war meine innere Einstellung zum Fenderbass die, daß ich ihn im Klang so weit wie möglich dem akustischen Bass angleichen wollte. Unter dem Einfluß von Ray Brown (ihrem wichtigsten Einfluß auf dem Instrument seit den Vierziger Jahren) wollte ich schon immer, daß mein Spiel den gleichen schönen, großen, runden Ton wie der akustische Bass haben sollte."

Für Carline Ray ist das wichtigste Element eines guten Bassisten, daß er auf seine Mitspieler in der Sektion achtet, "während man gleichzeitig seine eigene Uhr in sich tragen muß und fähig sein muß, seinen eigenen Rhythmus zu halten," ohne einen Drummer dabei zu haben; man sollte eine Menge Nummern kennen und muß imstande sein, die richtigen Harmoniewechsel in jeder Tonart zu spielen. "Ich werde zu vielen Jobs geholt, weil ich eben alles spielen kann, ich kenne die richtigen Harmoniewechsel und kann jede Tonart spielen. Viele Bassisten können das nicht.

Ich kann mich auf die verschiedensten Situationen einstellen, und ich habe Erfahrung.

Trotz einer der vielseitigsten und abwechslungsreichsten Karrieren, die ein Musiker auf diesem Feld je gehabt hat,verbringt Carline Ray ihre Zeit doch in zunehmendem Maße ausschließlich mit dem Jazz. "Die Chorarbeit ist in einem verheerenden Maße zurückgegangen," sagt sie, "sodaß ich froh bin, daß ich meinen Jazz noch habe, dem ich heutzutage meine ganze Zeit widme. Tatsächlich hat mir Mary Lou (Williams) schon das Versprechen abgenommen, mehr Zeit für den Jazz aufzubringen, als ich das bisher getan habe, denn ich habe mich so mit Chormusik beschäftigt, daß ich geradezu in zwei Hälften geteilt war. Aber jetzt ist es doch mehr der Jazz als die Chormusik. Ich meine, es gibt so viele Exponenten der klassischen europäischen Musik, daß ich beim Jazz bleiben und mich da raushalten sollte. Das scheint eine endlose Sisyphusarbeit zu sein. Aber ich lasse es mir angelegen sein, den Jazz hochzuhalten und so viel wie möglich und an so vielen Orten wie möglich zu spielen. Und ich werde alles dazu tun, um Mary Lous Musik am Leben zu halten."

In den Vierziger Jahren blieb Mary Lou Williams, nach Duke Ellingtons Ausdruck höchster Anerkennung "außerhalb aller Kategorien," eine originale und innovative Stimme im Jazz. Hazel Scott bezauberte das Film- und Clubpublikum mit ihren blendenden Tastenkombinationen von Jazz und Klassik; Connie Berry spielte in den Clubs Solopiano; Rose Murphy spielte in den Pausen Klavier im Famous Door, wurde aber noch berühmter durch ihre hohen, eigenwillig stilisierten Vocals, und Nelly Lutchers Klavierspiel und ihr säuselnder, vieltöniger Vokalstil machte Nummern wie "He's a Real Gone Guy" und "Hurry On Down to My House" zu Hits. (Nelly Lutcher hatte in Familien-und Territory Bands der Zwanziger Jahre angefangen). Im Hickory House spielte Adele Gerard Harfe in der Gruppe ihres Mannes, Joe Marsala, und die begabte Pianistin und Vokalistin Dardanella arbeitete mit ihrem eigenen Trio; 1946 kam eine in England geborene Pianistin in Amerika an, um mit ihrem Mann, dem Kornettisten Jimmy Mc Partland und seiner Gruppe, zu arbeiten. Mit ihrem Geschmack und ihrem ausgeprägten Sinn für Harmonien stellte Marian McPartland bald ihr eigenes Trio zusammen und ist seitdem an der vordersten Front der Jazzwelt geblieben.

1946 begann noch eine andere Pianistin, die in Philadelphia geborene Beryl Booker, in Zusammenarbeit mit dem Bassisten Slam Stewart, Anerkennung zu finden. Auf ihren Trioaufnahmen von Mitte der Vierziger Jahre mit June Rotenberg und Bridget O'Flynn (unter Beryl Bookers eigenem Namen) ebenso wie auf ihren späteren Aufnahmen mit Don Byas, (als in ihrem Trio die Schlagzeugerin Elaine Leighton und die Bassistin Bonnie Wetzel spielten), zeigte sich Beryl Booker als eine kraftvolle, autoritative und swingende Interpretin. 1952 spekulierte die Überschrift eines Leonard Feather- Artikels (Down Beat, 4. April, S. 8) "Ist Beryl die Beste seit Mary Lou?" Trotzdem hat man Beryl Booker, als sie 198O mit sechsundfünfzig Jahren starb, nicht entfernt die Aufmerksamkeit und Anerkennung gezollt, die ihr zukam.

Die Frauen, die hier folgen, geben ein Bild von den vielschichtigen Gegebenheiten, unter denen die Pianistinnen in den Vierziger Jahren gearbeitet haben.

Dorothy Donogan

(Klavier)

Dorothy Donegan begeisterte in den frühen Vierziger Jahren Publikum und Presse in Chicago. Als Kind in klassischer Musik ausgebildet, wurde sie später zum wuchtig spielenden Schwergewicht im Jazz, listig-ironisch, mit allen Wassern gewaschen, voller Überraschungen. Da sie aber auch Entertainer ist - mit ihrem Schlängeln, ihrem unverkennbaren Gesangsstil, ihren "Showbusiness"-Allüren und ihren Leopardenfell- und Goldgewändern - hat man ihr oft die berechtigte Anerkennung als wichtige Persönlichkeit im Jazz versagt. "Ihr Ruf als Salon-Entertainer," schrieb John S. Wilson einmal, "hat buchstäblich die Tatsache unter sich begraben, daß sie möglicherweise die größte heute noch ausübende Jazzpianistin ist." Nachdem er sie 198O in New York gehört hatte, lobte Wilson die Einfachheit, Sensibilität und ihr "fast sublimes Gefühl für den Swing" bei einem Auftritt, den er als "blendend" bezeichnet, "der alle Seiten von Miß Donegans wirklich außerordentlichen Talenten als Jazzpianistin zeigte und ihre Fähigkeit, von subtiler Brillianz bis zum Appell an die primitiven Emotionen zu gehen, die den Saal erschüttert und ein normalerweise gesetztes Publikum zum Toben und Pfeifen bringt."

Dorothy Donegan ist auch eine der kraftvollsten Pianistinnen, die es heute gibt. "Nun ja, ich hab nun mal diese unglaubliche Vitalität und Kraft," gibt sie feixend zu, "und viel Feuerwerk und Technik. Aber ich führe ein sauberes Leben, lasse langsam gehen, rauche nicht und trinke nicht und nehme auch keine Drogen. Ich gehe auch immer zur Steinway Hall und übe meine Klassik auf diesen guten Klavieren da. Ich vermute, ein Musiker ist in gewisser Weise wie ein Athlet, auch er muß seine Ruhe haben und sich in Form halten. Manchmal sagen die Leute, 'Sie spielt wie ein Mann.' Dann sage ich, 'Sie meinen einen schwergewichtigen Mann.' "

Dorothy Donegan wurde 1924 in Chicago geboren. Sie begann mit sechs Jahren zu studieren und hatte mit acht Jahren erst bei Alfred Simms, dann bei Sterling Todd Unterricht. "Ich habe immer schon diese Kraft gehabt," sagt sie. "Als ich acht war, hab ich Baseball gespielt. Ich hab den Ball über den Zaun befördert auf der South Side von Chicago. Ich glaube, Gott hat mir ein bißchen was extra gegeben."

Als Kind, sagt Dorothy, habe sie immer geübt, um keine Hausarbeit machen zu müssen und so mit zehn Jahren war sie so weit, daß sie mit dem Beruf anfangen konnte. Sie fing als Organistin in der Kirche an und bekam mit vierzehn ihren ersten bezahlten Job im High-Jinx-Club. Auch auf "house-rent parties" hat sie gespielt. Ihr erstes großes Engagement bekam sie im Costello's Grill in Chicago, was damals geradezu "unerhört" war, sagt sie, " denn es herrschte ja Segregation, und man hätte 'downtown' gar nicht arbeiten dürfen." Als sie ihre Geldbörse aufs Klavier legte und anfing zu spielen, war die einhellige Meinung des Publikums, man solle sie engagieren.

1942, mit achtzehn Jahren, machte Dorothy Donegan ihre erste Platte, vier Pianosoli, und sie arbeitete weiter in Chicagos Bars Cocktailstuben, swingte die Klassik und spezialisierte sich auf Boogie Woogie. Mehr als irgend jemand anderer, sagt sie, habe ihr ihre Mutter geholfen, ihr zugehört und ihr Talent zu würdigen gewußt. "Sie hat mich immer dazu angehalten, mich nett anzuziehen und sie hat mir auch immer gesagt, ich müsse Gefühl in meine Musik legen. Manchmal wird es sehr technisch, nichts als ein Schwall von Tönen. Ich neige dazu, zu überladen, glaube ich. Manchmal spiele ich aber auch mit mehr Feeling als die anderen."

1945, erinnert sich Dorothy,"war ich in Chicago...und ich wurde für den Film Sensations of '45 vorgeschlagen, so brachte man mich dann nach Hollywood - meine Mutter und mich; ich wurde damals sehr behütet. Da gab es diese Direktoren, für Musik, für Symphonie, die mich anhören sollten und mein Talent beurteilen, und die sagten 'Amen' und wir drehten den Film. Sie rieben mir dunkles, ägyptisches <Makeup> auf, damit ich dunkler aussah, als ich war und dann setzten sie mich in eine Szene mit einem Pianisten, und wir mußten uns gegenseitig anspielen. Nachdem der Film fertig war, sagten sie mir: 'Wenn Du nicht mit dem Film nach New York gehst, dann wirst Du rausgeschmissen.' 'Nun ja,' sagte ich, 'ich hab noch was anderes zu tun.' So haben sie mich bedroht. Da bin ich dann mit dem Film ins Loew's State gegangen."

In New York machte Dorothy Donegan dann weiter Plattenaufnahmen für Continental, Jubilee und Decca. "Ach, ich hab hundert Seiten für Decca gemacht," sagt sie, "aber dann hat sie irgend jemand für hundertfünfzig Jahre auf Eis gelegt, dann verkaufen sie sie (die Matritzen) an eine andere Gesellschaft und stellen mich zu all den anderen Pianistinnen. Sie werfen uns alle zusammen wie Ware in einem Supermarkt. Wenn man dem allem entgehen will, muß man, fürchte ich, seine eigenen Platten machen. In Europa mögen sie mich sehr, und in Anerika werden sie mich kaufen, nachdem ich in Europa akzeptiert worden bin."

"Als ich 1941 anfing," sagt Dorothy Donegan, "hatten Schwarze keine Chance, in ein Symphonieorchester zu kommen. Da gab es nur eine Marian Anderson und einen Paul Robeson. Heute gibt es auch noch Andre Watts, der klassische Musik macht, aber es sollte mehr Ansporn für die anderen geben. Und es sollten mehr schwarze Frauen darunter sein.

"Ich habe jetzt die Möglichkeit, mit einem Symphonieorchester zu spielen, darum muß ich jetzt weiter studieren, damit ich mehr Zeit mit der Klassik zubringen kann. Ich werde mich natürlich nicht ganz vom Jazz zurückziehen. Ich werde schon mal wieder 'Tenderly' und andere leicht jazzige Sachen spielen, aber die Betonung wird nicht mehr so sehr auf dem Entertainment liegen bei meinen Auftritten. Ich würde Klassisches und leichten Jazz bringen, mit viel Ausschmückungen, mit blumigen Wendungen." In der Zwischenzeit, sagt Dorothy Donegan, "wenn man die Leute ansprechen will, geht es nicht ohne Hüftenschwingen." Was die Kritik an ihrem Bühnengehabe angeht, sagt sie: "Die Kritiker da unten bezahlen einem keine Rechnungen. Man ist nicht als Konzertkünstler engagiert, man soll unterhalten - wenn nur das Spieltalent da ist."

Im allgemeinen spielt Dorothy Donegan am liebsten solo, aber sie arbeitet auch gern mit einer Rhythmusgruppe. "Nicht alle spielen gerne mit mir," sagt sie, "sie sagen, ich verlange zu viel von ihnen. Immer wenn ich mit was Neuem ankomme, drehen sie durch - 'mit was kommt dieses Weib denn nun wieder an?'

"Manchmal muß ich kämpfen, wissen Sie. Ich hab mich zwar immer unter Kontrolle, aber meine kreativen Kräfte sind manchmal stärker als meine anderen, dann wird die Mischung vollkommen. Manchmal kommt es auch nicht so vollkommen raus. Für gewöhnlich aber schon. Das merkt man schon vorher. Dann wird alles, was man anfaßt, zu Musik. An anderen Abenden ist es Knochenarbeit und man möchte nur noch heulen. Nun, man kann nicht immer voll drauf sein, nehme ich an. Wie bei zwei Eheleuten, wenn sie sich lieben, in manchen Nächten ist es eben schöner als in anderen. Wenn man sich großartig fühlt, spielt man auch großartig. Und wenn man die Liebe in sich spürt, dann strahlt man sie auch aus und bekommt sie wieder. So sollte es sein, nicht wahr?"

Mehr als irgend ein anderer, ist Art Tatum ihr Idol gewesen. "Er kam das erste Mal 1942 zu mir," sagt sie, "und dann haben wir Sessions um die Wette gemacht. Nun, er war der größte Jazzpianist, den ich je gehört habe, gestern, heute und morgen. Ich möchte sagen, er war der Horowitz des Jazz. So hab ich natürlich auch versucht, wie er zu spielen. Vielleicht krieg ich ihn hin mit dem Hüftenschwenken," ulkt sie. "Ein bißchen Hüftenschwingen tut keinem weh."

Dorothy Donegan hat das Gefühl, daß ihr Klavierspiel "mehr Glanz bekommen hat und einheitlicher geworden ist." "Aber ich kann die zündenden Dinger nicht einfach beiseite lassen, die den Applaus bringen, wissen Sie...'Bumble Bee' und sowas. Ich liebe den Applaus. Ich glaube, jeder möchte geliebt und anerkannt werden."

Dorothy Donegan verbringt jetzt viel Zeit in Europa und auf Reisen. "Ich bin es gewohnt, alleine zu sein. Ich bin kein Partygirl und gehe nicht aus. Meist laden mich Leute zum Dinner ein und dann geh ich vielleicht auch hin...Das Schlimmste ist immer die Packerei. Vermutlich nehme ich immer zu viel mit auf Reisen."

Dorothy Donegan arbeitete 198O zwei Wochen lang im Sheraton Centre Hotel in New York, und man sagte ihr, daß sie bei ihren Auftritten den Besucherrekord gebrochen hätte. "Die sagten, sie hätten noch nie so viele Anrufe gehabt," sagt sie. 'Ach, woher auf einmal all dieses Aufsehen? Ich spiele dasselbe alte Zeug wie seit Jahren schon.' "

Sarah McLawler

(Klavier/Orgel/Vocals)

Mit sieben Jahren wußte Sarah McLawler schon, daß die Musik ihre Mission im Leben war. In klassischer Musik und im Jazz ausgebildet, startete sie ihre Karriere im Chicago der frühen Vierziger Jahre, wo sie sowohl als Solistin wie auch als Leiterin einiger der besten kleinen Frauencombos der Zeit arbeitete. In den Gruppen waren einige der hervorragenden Musikerinnen, die in den schwarzen Bigbands gewesen waren, den Darlings of Rhythm und den Harlem Playgirls. Um 1950 spielte Sarah McLawler im Duo mit ihrem Mann, dem Geiger Richard Otto, eine Verbindung die fast bis zu seinem Tode 1979 halten sollte.

Eine ungewöhnlich engagierte und unermüdliche Entertainerin, ist Sarah McLawler. Ebenso aktiv in Organisationen, die von der Negro Actors' Guild über die Eastern Star zur Universal Jazz Coalition und den Baptistenkirchen reichen, wo sie spielt, unterrichtet und den Frauenchor leitet. Seit 1975 arbeitet sie in und um New York, wo sie mit ihrem Trio in Clubs wie Joe's Pier 52 und Pan Am Motor Inn auftritt und noch mit einer größeren Gruppe, den Big Apple Jazzwomen, auf vielen Konzerten und Festivals.

Sarah McLawler wurde in Louisville, Kentucky, geboren. Ihr Vater, ein Baptistenprediger, war der Begründer der Mt. Lindon Baptist Church und ein Gelehrter, der Privatunterricht in Latein, Griechisch und Hebräisch gab. Ihre Mutter (die starb, als Sarah zehn Jahre alt war), kam aus Cameron in Texas und war "eine große Gospelsängerin, eine großartige Musikerin und sehr aktiv in der Kirche." Sie und Sarah McLawlers Vater hatten sich auf der National Baptist Convention kennengelernt. "Meine Wurzeln sind in der Baptist Church," sagt Sarah McLawler, "und darauf bin ich stolz.

"Ich erinnere mich noch eines Tages," sagt sie, "da hörte ich Radio, ich mag so sechs oder sieben Jahre alt gewesen sein. Da dämmerte mir so etwas, als ob ich die Töne sehen könnte. Ich verstand die Musik ganz einfach. Ich erzählte meiner Mutter davon, und meine Mutter sagte: 'Nun also, dann solltest Du Musikunterricht bekommen, ganz gleich, was Du nun an Talent hast, Du sollst den richtigen Unterricht haben.' Und ich erinnere mich, daß ich meiner Mutter sagte, "Nein, nein, nein, ich sehe die Töne doch. Ich kenne die Töne, ich brauche keine Musikstunden." Und tatsächlich, als ich mich ans Klavier setzte, fand ich die Töne sofort. Dann sagte ich noch, 'Wenn ich in dieser Tonart spiele, darf ich diese andere Tonart nicht nehmen, das klingt dann nämlich falsch.' "

Sarah McLawler fing an, in ihres Vaters Kirche in der Sonntagschule nach dem Gehör zu spielen und die Musikleiterin, Mrs. Vesterine Slaughter, bot meiner Mutter umgehend an, das Kind für fünfzig Cent in der Woche zu unterrichten, "was damals eine Menge Geld war," erinnert sich Sarah. "Dank ihrer bekam ich eine ausgezeichnete Grundausbildung. Sie hat einen ungeheuren Einfluß auf mein Leben gehabt.

Durch sie hab ich die Technik bekommen, die ich habe. Ich weiß noch, viele Male hab ich versucht, so durchzurutschen. Ich hatte nicht geübt und versuchte nun, nach dem Gehör zu spielen, dann stoppte sie mich und sagte: 'Du weißt, das steht nicht da!' So hat bei mir das Improvisieren angefangen."

Auch Blues und Jazz spielten in Sarah McLawlers frühem Leben eine große Rolle. "Ich war der ganz normale Teenager-Fan," sagt sie. "Ich hatte meine Idole - Ella Fitzgerald, Count Basie, Duke Ellington. Ich schnitt mir immer ihre Bilder aus und hängte sie mir an die Wand." In ihrem letzten Jahr in der Highschool begann sie, sich ernsthafter für Jazz zu interessieren. Ihre Familie war nach Indianapolis gezogen und Sarah McLawler, Honorarstudentin, hatte ein Stipendium am Jordan Conservatory bekommen, wo sie Orgel lernte. Da traf sie einen Musiker, der sie in die Strukturen und die "inneren Zusammenhänge" des Jazz einführte. Ihre ersten praktischen Erfahrungen sammelte sie im Jean Pope Orchestra, wo sie auch anfing, etwas über Orchestrierung zu lernen. In einem Lokal, das die Sunset Terrace hieß, hat sie zum ersten Mal Charlie Parker, Fletcher und Horace Henderson, Gene Ammons und Billy Eckstine gehört, aber auch die Harlem Playgirls, die Darlings of Rhythm und die Sweethearts of Rhythm.

Als Sarahs Stipendium auslief, ging sie nach Chicago. Ihre Schwester, die Songschreiberin war, lebte da, und ihr Schwager arbeitete als Chef in dem Hotel, in dem die Earl Hines Band spielte mit der jungen Sarah Vaughan als Sängerin und Pianistin. "Ich schlich da immer herum," erinnert sich Sarah McLawler, "und sie scheuchten mich raus. Aber mich faszinierte die Musik, ich hatte gar kein Interesse an der zwielichtigen Seite des Entertainment."

Chicago erwies sich als großartiger Ausgangspunkt für Sarah McLawler, und es wurde ihr Standquartier, als sie zwischen Chicago und der Fisk University hin und her fahren mußte, denn sie hatte dort ein weiteres Stipendium bekommen. Als auch das ausgelaufen war, studierte sie weiter bei John Work und Arthur Crowley, spielte auch noch Wochenendjobs mit einer Band, die sich aus Musikern der Fisk, der Vanderbilt, der Tennessee State und der Maharry Medical School zusammensetzte. Zurück in Chicago, verbrachte sie die Abende im Regal Theater, wo sie die Sweethearts hörte, und direkt daneben im Savoy, wo alle großen Bands und Sänger auftraten.

"Und ich hörte und hörte. Schließlich bekam ich einen Job auf der State Street, direkt 'downtown' als Solistin. Damals gab es am frühen Nachmittag noch Musik, so um ein Uhr. Auf der State Street waren die Theater - das Chicago und das Oriental - und die hatten alle möglichen Arten von Cocktailstuben. Da machte man seine Lehrjahre. Man spielte in diesen kleinen Lokalen. Ich weiß, ich haute manchmal daneben am Anfang," sagt sie von ihren ersten Clubengagements, "aber ich war ja noch ein halbes Kind, und sie sagten mir auch: 'Du bist so talentiert, Du bist ja noch jung.' "

Die nächsten paar Jahre arbeitete Sarah weiter auf der North Side, endete dann aber wieder auf der South Side, auf der 63rd Street. "Als ich da spielte, kamen zwei Mädchen rein. (Eine davon war die Schlagzeugerin Hetty Smith.) Sie hatten bei den Darlings of Rhythm gespielt und sprachen nun mit mir darüber, ob man nicht eine Frauengruppe zusammenstellen könne, denn die ganze 63rd Street runter gab es so viele Bars und Cocktailstuben, und die hatten alle Bands. Ich sagte: 'Mädchen? Ich weiß nicht so recht. Da muß ich erst drüber nachdenken."

Sarah war skeptisch, nicht nur, weil sie die Frauen noch nicht hatte spielen hören, sondern auch, weil sie ganz zufrieden damit war, solo aufzutreten. Dorothy Donegan und Hazel Scott, beides Solistinnen, hatten sie sehr beeindruckt, und so in diese Richtung wollte sie ihr Auftreten auch entwickeln. Als sie aber hörte, daß es sich um einen Job im Blue Heaven handelte, ein wunderschöner neuer Club auf der 63rd und der Cottage Groove, da stimmte sie zu, und die Zweifel, die sie etwa gehabt hatte in bezug auf die Qualität der beiden Musikerinnen, waren schnell beseitigt. Margaret Backstrum, die Sensation auf dem Tenor bei den Harlem Playgirls und Eddie Durhams All-Star Girl Orchestra, war in der Gruppe und noch eine andere von den Frauen war gerade aus der Tournee ausgestiegen bei den Darlings of Rhythm. Sarah McLawler erinnert sich, daß sie sagte: "Ja, warum haben das eigentlich noch keine anderen vor uns gemacht? Alles, was wir hatten, waren die Bigbands mit Musikerinnen, kleine Gruppen kamen nicht vor. Da kann man eigentlich erst sein musikalisches Können beweisen. Erst wenn man in einer kleinen Gruppe spielt, kann man zeigen, daß man sein Instrument wirklich beherrscht."

Mit dieser Gruppe begann eine lange Periode, während der Sarah McLawler mit ausgezeichneten kleinen Frauencombos arbeitete. Als sie das Blue Heaven verließen, ging die Gruppe auseinander, aber nicht lange danach bekam Sarah einen Anruf von Hetty Smith und der Gitarristin Roxanna Lucas und arbeitete dann mit ihnen zusammen in einer Gruppe, die als Pausenband in einem neuen Club in Detroit, der Frolic Bar, auftrat, wo Stars wie Sarah Vaughan und Dinah Washington die Attraktionen waren.

Als auch diese Gruppe auseinanderging, bat Hetty Smith Sarah McLawler, die Band zu übernehmen. "Ich sagte ihr, ich wolle mich nicht mit einer Band belasten. Sie sagten: 'Wir müssen Arbeitsmöglichkeiten für die Mädchen schaffen. Sie machen es den Mädchen schwer genug.' " Das Problem war nicht, sagt Sarah, daß die Musikerinnen keine Arbeit bekämen, sondern daß ihre Arbeit nicht entsprechend anerkannt wurde. "Wir wollten von der Down Beat und den einschlägigen Magazinen anerkannt werden. Das wurden wir nicht, und das hielten wir für nicht fair. Wir schrieben hin - 'Wie wäre es, wenn ihr mal die Mädchen erwähntet, die so Großartiges leisten?' - aber nichts passierte."

Sarah McLawler stellte eine neue Gruppe zusammen, mit Lillian Jones am Schlagzeug, Vi Wilson am Bass und, nach dem Weggang von Margaret Backstrum, Lula Roberts am Tenorsaxophon. Diese neue Gruppe, die Syncoettes, blieb von 1948 bis 1953 zusammen. 1949 kam noch Hetty Smith dazu, die sich erinnert, daß sie "für einzelne Auftritte an einem Abend und in Nachtclubs immer gefragt waren." In Chicago waren sie die Hausband im Savoy und hatten die größte Publicity überall in der Stadt. Ihr Repertoire enthielt Titel von Lester Young, Gene Ammons, Stan Kenton, Nummern aus Shows und die damals als Avantgarde angesehenen lateinamerikanischen Nummern. Sarah McLawler wurde auch mit einer Reihe Billie Holiday-Vocals herausgestellt, "denn Billie war damals der große Hit," sagt sie. 1950 hatte die Gruppe dann auch ihren eigenen Hit mit der Nummer "My Whole Life

Through." Wir waren unserer Zeit voraus," sagt Sarah. "Wir haben experimentiert. Wir haben versucht, sowohl zu unterhalten, als auch gute Musik zu machen. Die Frauen klangen gut und sahen gut aus, "und wir arbeiteten auch noch in einigen sehr guten Lokalen," sagt Sarah McLawler. "Was auch immer in der Zeit los war, wir waren voll dabei."

Nachdem ein Tonband der Gruppe mit dem "St. Louis Blues" in New York aufgetaucht war, holte die Moe Gale Agentur sie nach Osten. Sie gingen in den Club 845, und von da an war New York ihre Basis, mit dem Hotel Theresa als Wohnung. "Damals zu der Zeit," sagt Sarah McLawler, "war das Theresa sagenhaft. Wenn man runterkam, begegnete einem jeder. Auf der 125th. und Seventh Avenue konnte man jeden Künstler treffen, den man sehen wollte. Nach der Arbeit kamen wir alle da zusammen, um drei, vier Uhr morgens. Auf der 125th Street war immer was los. Es macht mich ganz traurig, zu sehen, wie das jetzt da aussieht. Ich bin froh, daß ich da in dieser Ära noch hingekommen bin, bevor das alles aus und vorbei war."

Während der späten Vierziger und frühen Fünfziger Jahre gab es auf der Szene eine Reihe von kleinen Gruppen - Tiny Davis and her Hell Divers, Beryl Bookers exzellentes Trio, kleinere Einheiten der Sweethearts, Vi Burnsides Quintett. Diese Gruppen und die Syncoettes, sagt Sarah McLawler, waren wirklich Spitze, aber die Frauen wurden immer noch nicht mit der ernsthaften Aufmerksamkeit behandelt, die man ihnen schuldete. "Wir bekamen ganz gute Jobs, aber man stellte uns nicht in eine Reihe mit den anderen Musikern. Es waren nicht eigentlich die Clubchefs, die waren ja froh, wenn sie eine Mädchengruppe ankündigen konnten. Die Musiker selber achteten die Frauen und erkannten sie an", sagt Sarah Mclawler, "aber die Medien und die Kritiker waren nicht dazu zu bewegen."

Sarah McLawlers Gruppe machte weiter, aber dann erkrankte Lula Roberts an Gehirnhautentzündung und starb. Durch ihren Tod betroffen und deprimiert, versuchte Sarah die Gruppe mit anderen guten Musikerinnen wie Jean Davis und Gloria Bell (Coleman) aufrecht zu halten, aber irgendwie schaffte die neue Gruppe es nicht, wirklich in Gang zu kommen. Als Vi Wilson ging, fuhr Sarah McLawler kreuz und quer durch New York in dem Versuch, die richtigen Musikerinnen zu finden, aber schließlich mußte sie aufgeben, entmutigt durch die Unzahl von Frauen, die sie hörte, die wirklich nicht spielen konnten. "Die Mädchen, die ich kannte, die beherrschten ihr Instrument," sagt sie. "aber die meisten von den Mädchen, die ich da gehört habe, die dachten, sie kämen schon durch, nur weil sie Mädchen waren. Ich hab ihnen aber gesagt, 'So ist das nun doch nicht.' "

Kurz bevor die letzte Gruppe Sarah McLawlers auseinanderging, arbeiteten sie in Atlantic City, wo zur gleichen Zeit Wild Bill Davis spielte. "Ich war fasziniert von dem Sound, den er hatte," sagt Sarah McLawler, "und er sagte mir: 'Weißt Du, Sarah, das macht außer Bill Doggett und mir niemand.' Und ich sagte: 'Also, Bill, ich will wieder als Solistin arbeiten, und ich mag den wuchtigen Sound, den Du da rausholst. Ich muß mich da mal reinknien.' "

Sarah kaufte sich eine Hammondorgel und fing mit einem Trio in einem kleinen Restaurant in Brooklyn an. Dann ging sie in ein anderes Lokal unten an der Straße. "Ich fing wieder solo an, spielte und sang mit der Orgel, und der Laden kochte. Es war jeden Abend brechend voll." Musiker aus Manhattan kamen vorbei oder stiegen auch mal ein - Max Roach, Rector Bailey, Gloria Lynn, Dionne Warwick - und bald hieß das Lokal das "Birdland von Brooklyn." Dann erzählte ihr eines Tages Rector Bailey von einem Geiger namens Richard Otto: "Der Junge ist ein Genie." "Also, die einzigen Genies auf der Geige, die ich kenne, sind Eddie South und Stuff Smith," sagte Sarah. "Da hat er mir übers Telephon was vorgespielt, und ich traute meinen Ohren nicht."

Aus ihr und Otto wurde ein Team, musikalisch und im Leben, sie heirateten. "So wurden die Orgel und die Geige geboren. Wir füllten das Lokal bis zum Bersten. Das Geschäft ging so gut, daß der Inhaber noch das Möbelgeschäft nebenan dazu kaufte, die Wände rausnahm und das Lokal vergrößerte." Ein Schlagzeuger kam noch dazu, und ein Jahr später spielten sie im Apollo, im Birdland und im Basin Street. Als sie dann wieder als Duo arbeiteten, wurden Sarah McLawler und Otto (der ebenfalls klassische Schulung hatte) so "kühn", in den Nachtclubs die Klassik mit dem Jazz zu mischen. "Ich erreichte eine höhere Ebene, als ich Richard Otto traf," sagt Sarah McLawler. "Orgel und Geige zusammen war etwas völlig Ungewöhnliches. Was so phänomenal daran war, das war, daß wir wie eine siebzehn Mann starke Band klangen, denn Richard hatte eine besondere Begabung dafür, den richtigen Sound hinzukriegen. Er experimentierte immer mit dem Sound."

Einer der größten Hits des Duos war Ellingtons "Flamingo" auf ihrem ersten Album, We Bring You Love, in den Mittfünfzigern. (Heute kostet das Album fünfundsiebzig Dollar). Darauf kreieren die Orgel und das Schlagzeug eine karge Landschaft hinter den langen, vibrierenden Linien der Geige und da ist eine sanfte, absichtsvolle Verspieltheit in dem ganzen Vortrag. We Bring You Love zeigt das Duo in Balladen und "schönen" Stücken, ihr zweites Album dann, We Bring You Swing, zeigt sie in einer temporeicheren Form. In jeder Auswahl von Titeln treten die Vielfalt der Effekte, die Intensität des Klangs, die dramatische und sehr neue Art, die Dinge anzugehen sowie auch die bemerkenswerte Übereinstimmung der beiden Instrumente besonders hervor.

Durch die ganzen Sechziger Jahre arbeitete das Paar auf dem "Chitlin' circuit" und spielte "Einheizer" in Lokalen mit Sägespänen auf dem Fußboden, in schicken Hotels und Supperclubs und überall in Europa. "Wir nahmen uns meist Popnummern oder Shownummern vor, spielten ein bißchen damit herum, verjazzten sie dann, und die Leute schafften sich drauf. Denen gefiel das. So konnten wir auch in Hotels arbeiten," erklärt Sarah.

Die Kombination von Orgel und Geige erregte viel Aufsehen, aber sagt Sarah McLawler, leider nicht immer im positiven Sinne - wenigstens nicht, solange man sie noch nicht spielen gehört hatte. "Joe Glaser hatte uns ins Apollotheater gebucht mit Moms Mabley und einer Gesangsgruppe aus Detroit," erinnert sie sich. "Als ich dann zur Probe ging am Donnerstag nachmittag, fragte mich (der Manager des Apollo) wahrhaftig: 'Wo ist denn die Band?' und ich sagte: 'Band gibt's nicht, mir ist gesagt worden, daß wir in dieser Show spielen.' Ich dachte, der arme Kerl kriegt einen Nervenzusammenbruch, und ich konnte ihm das nachfühlen, er kannte mich ja noch nicht. Dann sagte er: 'Und was für eine Band haben wir morgen abend?' Ich sagte,'Orgel, Geige und Schlagzeug,' und er sah mich bloß an..."

"Ich mußte die Proben auf dem Klavier begleiten, denn die Bühnenarbeiter weigerten sich, die Orgel runter ins Untergeschoß zu bringen und dann wieder rauf, der arme Teufel sah aus, als wenn er kurz vor dem Schlaganfall stünde. Ich sagte: 'Was soll ich Ihnen bloß sagen? Das einzige, was ich sagen kann, ist, Sie werden eine schlaflose Nacht haben bis morgen.' Er sagte: 'Wenn wenigstens ein Horn oder sowas dabei wäre - aber eine Geige!' Ich sagte: 'Nun, Sie müssen wissen, die Orgel hat einen Bigbandsound.' Er sagte: 'Ja, und die Geige?' Ich sagte: 'Die Geige ist nur bei unserem Auftritt dabei, in der Show spielen nur Orgel und Schlagzeug.' Sie wollten es nicht glauben. Am nächsten Morgen, als wir die Show eröffneten - wir mußten die Show eröffnen, das Trio - nun, ich brauche Ihnen nichts zu sagen. Die ließen uns überhaupt nicht wieder von der Bühne. Wir bekamen eine 'standing ovation'. Sie riefen uns immer wieder raus, und dann kam Joe Glaser hinter die Bühne und sagte: 'Bring mir meine Stars nicht um.' Die Erleichterung auf dem Gesicht des Managers war unglaublich! Der Schlagzeuger und ich begleiteten dann die Show die ganze Woche lang, und die Leute kamen schon, nur um mal zu sehen, was es da eigentlich gab."

Bei einem Konzert der Big Apple Jazzwomen, das neulich in New York stattfand, stellte Sarah McLawler fest, als sie die Besetzung vorstellte, daß Frauen schon immer wie "Stiefkinder des Jazz" behandelt wurden. Aus diesem Grunde habe sie so oft wie möglich den anderen Frauen auf diesem Gebiet Arbeit verschafft. "Das ist ein Kampf, der schon seit sehr langer Zeit geführt wird, schon von Eddie Durham, bevor ich selbst überhaupt in diesen Beruf ging. Es macht mich glücklich, zu sehen, daß seit einigen Jahren Leute wie Cobi Narita (Begründerin der Universal Jazz Coalition) und andere darum gekämpft haben, den Musikerinnen mehr Anerkennung zu verschaffen. Jetzt sind die Rechte der Frauen ein großes Thema. Das einzige Recht der Frau, um das es mir geht, ist, daß man bezahlt wird für seine Arbeit. Es dreht sich alles um Nahrung, Kleidung und Unterkunft, ob man nun eine Frau ist oder ein Mann oder ein Känguruh. Was auch immer. Ich versuche nur, zu erreichen, daß Leute, die Talent haben, eine Chance bekommen, es auch zu entfalten."

In der Baptistenkirche, erinnert sich Sarah, wurde der Jazz immer als etwas Schreckliches angesehen. "Ich spielte für den Teufel. Mein Vater war ein weiser Mann. Er sagte mir: 'Wir haben Dir alles beigebracht, was wir wissen. Nimm Gott mit Dir. Du weißt, wie Du handeln sollst. Gott ist überall. Brauche Dein Talent, aber vergiß Gott niemals. Das habe ich auch nicht. Und ich glaube, das ist eines der Dinge, die mich aufrecht erhalten haben durch alle Enttäuschungen und negativen Dinge, die mir geschehen sind. Ich sage nur, man muß den Mitmenschen helfen und bedenken, daß alles Gute von Gott kommt.

"Ich weiß, wer ich bin und was ich will, und 'ich werde überleben,' wie Gloria Gaynor sagt. Ich habe nicht ihre Probleme, aber ich mag dieses Motto. 'Ich werde überleben.' Das werden wir alle."

Norma Shepherd

(Klavier/Vocals)

> Ich habe schon vor langer Zeit gelernt, daß die Leute eine singende Pianistin als selbstverständlich hinnehmen...Meiner Ansicht nach gibt es so viele unter uns, die bei weitem besser sind als die, die nichts anderes tun als singen, aber es ist schwer, anerkannt zu werden. Es ist eine Schande, daß wir am Fuße des Totempfahls stehen, denn wir haben einen wertvollen Beitrag geleistet.
>
> Norma Shepherd

Norma Shepherd wurde in Washington D.C. geboren. Ihre Großmutter mütterlicherseits war Gesangslehrerin gewesen, und ihre beiden Eltern spielten Klavier, wenn auch nicht beruflich. Ihre Mutter spielte und sang - "Lieder, wie man sie zu Hause singt, wo wir alle drum herum sitzen konnten und mitsingen. Meist Musik religiöser Art, nicht gerade Gospel, aber Spirituals und Hymnen.

"Mein älterer Bruder fing als Wunderkind auf der Geige an, aber meine Eltern waren zu arm, um ihn weiter unterrichten zu lassen," sagt Norma Shepherd. Ihr jüngerer Bruder, ein hervorragender Pianist im Fats Waller-Stil, formierte seine eigene Band, Shepherd's Society Six,als er vierzehn Jahre war. "Von ihm habe ich viel gelernt," sagt sie. "Leider ist er ziemlich jung gestorben - mit nur sechsunddreißig Jahren." Ein dritter Bruder spielte Bass und Gitarre bei Rex Stewart und später im ursprünglichen Jimmy Ryan's mit Wilbur de Paris Dixieland. Zusätzlich zu dem, was sie zu Hause bei ihren talentierten Geschwistern lernte, nahm sie auch noch, ebenso wie ihre Schwester, Klavierunterricht.

Mit sechzehn Jahren ging ihr jüngerer Bruder von zu Hause fort nach New York. In Washington gab es für die Schwarzen wenig Aussichten und wenig Arbeitsstellen. "Das ist auch einer der Gründe, warum ich weg wollte, als ich alt genug war," sagt Norma Shepherd, "denn ich sah da keine Möglichkeiten. Die Schulen, Kirchen, Theater, alles war segregiert. Da gab es das eine Theater, das Howard, und das gehörte zu dem, was Leute wie Redd Foxx den 'chitlin' circuit' nannten. Man fing im Apollo an und ging dann ins Pearl in Philadelphia, dann runter nach Baltimore ins Royal und dann kam man ins Howard in Washington, und das war das Ende vom 'chitlin' circuit.' Von da ging es zurück nach New York, und da wartete man auf den nächsten Gig. Aber diese Theater brachten das Allerbeste an schwarzem Entertainment. Wir kratzten etwas Geld zusammen, damit wir montags abends ins Howard gehen konnten zur ersten Show. Das war unsere einzige Berührung mit der Welt des Showbusiness.

"Mein einziger Zugang zur Kultur war in den Kirchen. Da sangen Leute wie Marian Anderson und Roland Hayes, denn die DAR (Daughters of the American Revolution, eine patriotische Frauenvereinigung) versagte ihnen die Benutzung der Constitution Hall. Mein Lehrer, der in der Gemeinde sehr angesehen war, tat sehr viel für die Kinder, die er unterrichtete. Er machte zwei- oder dreimal im Jahr "Recitals", zu denen Kinder und Eltern eingeladen wurden und wo wir zusammenkommen und uns austauschen konnten. Und wann immer Marian Anderson nach Washington in ein Engagement kam, mußte sie auch in einer der Kirchen singen, und er besorgte die Eintrittskarten und achtete darauf, daß wir auch hingingen. Durch sie hab ich praktisch angefangen.

"Ich lernte die Showleute kennen, lieben und bewundern allein dadurch, daß ich jeden Montag ins Howard Theater ging. Wir gingen mit peinlicher Gewissenhaftigkeit. Wir verkauften Sämereien von Gartenpflanzen, wir machten alle möglichen Arbeiten wie unangenehme Hausarbeiten, um das nötige Geld aufzutreiben, damit wir am Montag ins Howard Theater gehen konnten. Das wollten wir um keinen Preis verpassen! Da war Glanz und ein Hauch von New York, alles in einem. Auf diese Weise habe ich Jimmie Lunceford, Duke Ellington, Count Basie, Erskine Hawkins - all die Bigbands gehört, alle großen Sänger und Sängerinnen." (Ihr Bruder kam schließlich aus New York zurück und ging in Tommy Miles' Hausband im Howard).

In der Dunbar High School, wo sie als Hauptfach Musik hatte, studierte Norma Shepherd bei Henry Grant und Mary Europe, der Schwester des bekannten Bandleaders und Komponisten James Reese Europe. Da gab es Schülerorchester, aber das hat Norma Shepherd nie interessiert. "Ich wollte spielen wie mein jüngster Bruder, und als ich das Schulexamen hinter mir hatte, hoffte ich, ich könnte zum Konservatorium gehen. Ich war gewissermaßen auf dem Egotrip, weil ich so gut mit meinen Lehren stand." Norma gewann beständig alle Konzertwettbewerbe für ein Stipendium, die ihr Lehrer veranstaltete, oder sie gewann ein Jahr freien Unterricht. "Heute glaube ich nicht mehr, daß ich so gut war," sagt sie. "Ich habe mir nie die Technik angeeignet, die ich gebraucht hätte."

Obwohl es ihren Eltern möglich gewesen war, einen Bruder auf die Howard University zu schicken, kam das Konservatorium gar nicht in Frage. "Kinder leben in einer Welt der Phantasie," sagt sie. "In der Welt der Wirklichkeit wußte ich sehr wohl, daß meine Eltern arm waren und sich durchkämpfen mußten. Ich dachte nur, wenn ich erst mal mit der Highschool fertig bin, dann würde schon irgendwas passieren, daß ich doch zum Konservatorium gehen konnte. Ich glaubte, ich könnte in die Klassik gehen."

"Wenn man in Washington nicht weiter studieren konnte," sagt Norma Shepherd, "und Lehrer, Arzt oder Rechtsanwalt werden, dann war das Nächstliegende, in die Verwaltungsarbeit bei der Regierung zu gehen. Das sah ich natürlich nicht. Ich nahm eine Anzahl verschiedener Jobs an. Ich hab alles mögliche gemacht, denn ich mußte ja arbeiten, genau wie meine Schwester. Wir nahmen alles an, was erreichbar war, um ein bißchen Geld zu verdienen und unseren Eltern zu helfen."

"Irgendwann auf der Strecke" hat sie dann geheiratet,sagt sie, aber eine Musikerkarriere hatte sie noch nicht ernstlich in Erwägung gezogen. Die Ehe endete schon zwei Jahre später mit einer Scheidung und, sagt Norma, "da hat mir das Leben in Washington zum Halse raus gehangen, es war so begrenzt. Man bekam keinen anständigen Job, nur als Hausangestellte oder sonst was Unerfreuliches. Eines Tages drehte ich dann durch. Ich war es leid, immer als Bürger zweiter Klasse behandelt zu werden. Ich sagte, 'Zum Teufel mit allem. Ich kann Klavier spielen. Ich kann mich unabhängig machen.' Ich nahm eine ganze Reihe kleiner Jobs an, um mir Geld zusammenzusparen, und im Hinterkopf hatte ich immer den Gedanken, nach New York zu gehen und mir irgendwie eine Karriere aufzubauen."

In den frühen Vierziger Jahren ging Norma Shepherd dann endlich nach New York. "Ich muß heute darüber lachen," sagt sie. "Ich dachte damals, ich sei das Allergrößte auf dem Klavier, und ich dachte tatsächlich, damit würde ich es schaffen, tat ich aber nicht." Sobald sie ankam, bekam sie von einigen Agenten, die sich auskannten, den Rat, sich als Sängerin und Pianistin zu verkaufen. "Und ich sagte: 'Also singen kann ich nicht. Ich weiß nicht mal den Text von zwei Songs.' Da sagten sie: 'Dann lüg ihnen was vor darüber, wie die andern auch.' Da log ich dann, und sie gaben mir Jobs. Erst dauerte es zwei Abende, dann flog ich raus. Dann dauerte es drei Abende, und ich flog raus. Schließlich buchten sie mich ins Hickory House, und da folgte ich auf ein schweres Geschütz, denn die hatten da zwei fabelhafte Mädchen - Hazel Scott, ein großer Name, und Deloyd McKay.

"Das Hickory House hatte drei Bosse, und alle drei schmissen sie mich raus. Einer war aber immer dabei, der mich aus lauter Mitgefühl wieder einstellte, und da hab ich also dann meine Lehrzeit durchgemacht, gewissermaßen, denn ich zwang mich zum Singen. Ich hielt mich für fürchterlich, aber es schien anzukommen. So blieb ich dann vierzehn Monate als Sängerin im Hickory House hängen, und da bekommt man natürlich Verbindungen und man wird bekannt, und so nach und nach faßte ich dann Fuß."

Schließlich bekam Norma einen Job auf der 52nd Street, im Three Deuces. "Da waren die Giganten - das Art Tatum Trio mit Slam Stewart und Tiny Grimes, und Ben Webster mit seiner Gruppe, wie Sie sehen, Kollegen von Gewicht. Die Inhaber plazierten mich dazwischen. Ich war nur Dekoration. Die dachten, ich sei jung und reizvoll und könnte dazu dienen, so lange da oben zu sitzen, bis Art Tatum sein Bier zu Ende hätte oder Ben Webster Lust hatte, weiterzuspielen." Norma Shepherd arbeitete aber auch nur als Sängerin in einer Radioshow auf WMCA (wo sie zwei Jahre blieb), und sie war nun überzeugt, daß eigentlich das Singen das war, was sie wollte. So hat sie dann angefangen, Unterricht zu nehmen.

"Ich kam gut voran," sagt sie, "aber man kann ja nicht still sitzen bleiben, man muß ja reisen, und der Weg kann ganz schön rauh und deprimierend sein, besonders für eine Sängerin. Es geht noch, wenn man mit einer Band reist oder einer Gruppe, aber da draußen als Solistin allein sein, das ist ein ziemlich einsames Leben. Es ist auch ein ziemlich ungeregeltes Leben. Alles muß man selber machen. Ich hab nicht so viel verdient, daß ich mir eine Reisebegleiterin oder eine Sekretärin hätte leisten können, wie Pearl Bailey oder Ella Fitzgerald oder Sarah Vaughan. Man muß seine Kleider auf dem Koffer bügeln oder sich ein anständiges Lokal suchen, wo man das richtige Essen kriegt. Jeder Penny, den man verdient, geht gleich für sowas wieder drauf oder wandert zum Arzt. Natürlich nimmt man es hin, denn das gehört zum Showbusiness, und das hat man ja gewollt.

“Aber ich stolperte über andere Probleme, mit denen ich einfach nicht fertig wurde. Zu der Zeit war man für mich noch nicht bereit. Ich paßte in kein Schema, was Aussehen, Stimme und Benehmen anging, und das trifft auf viele meiner schwarzen Mitschwestern zu. Ich war eben ein schlecht zu verkaufender Artikel, nach Ansicht einiger der Inhaber. So fiel ich dann rum, tat dies, tat das, kam auf dies zurück, kam auf das zurück. Ich vermute, ich war naiv genug, zu sagen, ‘Geht alle zum Teufel. Ich hab Talent, ich seh gut aus, ich muß nicht mit euch ins Bett gehen.’ Aber so war das nicht, und so ist es nicht. Und so wurde ich denn mitsamt den Kompromissen fallen gelassen. Ich sagte mir: ‘Norma, du kannst Klavier spielen und kannst immer noch in New York arbeiten.’ Da bin ich so in etwa seßhaft geworden. Man könnte sagen, ich sei ein freiwilliger Aussteiger. Vorher haben mich die Leute in fünfzehn verschiedene Richtungen gezogen, das ist nun mal so, wenn man sich mit seiner Darbietung nach oben kämpfen will.”

Norma Shepherd hat die ganzen Fünfziger Jahre hindurch in kleinen Clubs gearbeitet; die Sechziger, sagt sie, seien “ganz normal” gewesen; Mitte der Siebziger Jahre war sie wieder da, arbeitet voll in einem Eastend-Club, wo sie ständig vor einem loyalen und enthusiastischen Publikum auftritt. Sie ist ein großer Verfechter des Professionalismus und meint, das käme von dem Training, daß sie dadurch bekam, daß sie manchmal nur als als Sängerin auftrat. Sie verbringt auch viel Zeit damit, anderen Pianisten zuzuhören - Art Tatum, Oscar Peterson, Erroll Garner, Tommy Flanagan, Ray Bryant. “Und ich habe mir auch sehr genau und sehr viel Duke Ellington auf dem Klavier angehört,” sagt sie. “Meine Güte, was für ein Pianist! Früher hab ich mir die Musik immer im Ganzen angehört, oder wenn da ein Instrument war, Tenor oder Klavier oder sonst irgend eines, hab ich sozusagen nur da drauf gehört. Aber jetzt kann ich die einzelnen Stimmen im Ohr auseinander halten, und das ist großartig.

“Ich finde, die Chefs, die uns engagieren, sind ganz schön clever. Cleverer vielleicht, als wir waren. Sie wissen, sie bekommen zwei für einen. Sie bekommen eine Pianistin und eine Sängerin, und manche von uns sind verdammt gut. Es gibt natürlich auch solche, die sich bewußt sind, daß sie mehr Beschäftigungsmöglichkeiten haben, wenn sie singen und Klavier spielen und können dabei das Wort ‘Klavier’ kaum buchstabieren, geschweige denn die Akkorde darauf finden. Sie spielen gerade so viele Akkorde, daß sie damit durchkommen, und wenn die Gagenforderung stimmt, engagieren die Clubchefs sie in jedem Fall und lassen statt dessen jemanden draußen vor der Türe, der es wirklich wert wäre. Man muß sich mit vielem abfinden, aber das soll mich nicht kümmern. Mein Lebensunterhalt ist ziemlich gesichert. Wie ich schon sagte, ich bin ein freiwilliger Aussteiger. Ich bin nicht darauf aus, weithin zu strahlen und ich weiß auch, daß ich dabei nicht reich werde. Wenn ich nur überleben kann - und ich denke, das werde ich - dann ist mir das genug.

“Martha Young

(Klavier)

Martha Young, die Tochter der Saxophonistin Irma Young, ist seit Mitte der Vierziger Jahre Berufspianistin. Schulfreundin und Zeitgenossin der Altsaxophonistin Vi Redd, wuchs Martha Young in Kalifornien auf, spielt auch heute noch hauptsächlich in der Gegend von San Francisco. Gegenwärtig ist ihr größter Wunsch, Platten zu machen und in Europa und Brasilien aufzutreten.

Marthas früheste Kindheit bestand schon aus nichts anderem als aus Musik. Obwohl Irma Young, als ihre Tochter geboren wurde, schon aufgehört hatte, Altsaxophon zu spielen, erinnert sich Martha daran, daß sie sie manchmal Bariton und Ukulele spielen hörte. “Sogar die Übergänge stimmten,” sagt Martha. Das war auch gut so, denn Papa (ihr Großvater, Willis B. Young) hörte zu...Ich spielte Klavier. Von meinen älteren Vettern spielte einer Klavier, einer Posaune, einer Trompete, und die Kleinen, wie mein Bruder Brownie und die kleinsten Mädchen, spielten Tambourin und meine Großmutter Banjo. Mein Vater spielte Kornett. Freitags gab es immer...Sessions kann man das nicht nennen, es war so eine Art Hausmusik.” Die Familie spielte Kirchenlieder (sie waren Baptisten und spielten sonntags für den Gottesdienst), aber auch Songs, die Willis Young komponiert hatte. “Papa schrieb viel für die Familie,” sagt Martha. “Für mich schrieb er ‘Martha's March,’ und wir haben viele seiner Sachen gespielt und machten uns so ein paar schöne Stunden.”

Zu der Zeit lebte die Familie in L. A., aber ein wesentliches Mitglied der Familie, Lester Young, war auf Tournee. “Onkel Bubble - so wurde er in der Familie genannt und so habe ich ihn auch immer genannt - der wohnte nicht in Los Angeles, weil er ja bei der Basie Band war und dann noch bei Jazz at the Philharmonic. Wenn er nach Hause kam, da war dann immer was los! Später bin ich immer aufgeblieben, wenn er im Lande war, nur um bei ihm zu sein.” Als Kind hat sie ihm aber nie etwas auf dem Klavier vorgespielt. “Ich erstarrte zu Eis, wenn ich am Klavier saß,” erinnert sie sich. “Das lag daran, daß er eben der war, der er war und natürlich kam noch dazu, daß er mein Onkel war, das machte ihn mir noch größer.”

Die Grundschule, die Martha besuchte, hatte kein Klavier und um das Notenlesen nicht zu verlernen, lernte sie Altsaxophon. In der Junior High School ging sie dann zum Klavier zurück. (Sie sagt, ihr Großvater “schaffte sich immer auf die schönen Frauen in der Familie” und wollte nicht, daß sie Altsaxophon spielte). Mit zehn spielte sie dann schon professionell, bei Teestunden der Kirche und Modeschauen und als sie erst in der Highschool war, wurde sie auch Mitglied in der Schulband, die bei Bällen in den Clubs auf dem Campus spielte. Sie spielte dann auch für sonstige Schulaktivitäten. “Wir haben kein Geld damit verdient,” sagt sie, “aber wir haben spielen können.” Während des Krieges spielte sie in der Hollywood Canteen. “Das war aufregend für uns Kinder,” sagt sie, “ alle die Hollywoodstars zu sehen und für die Soldaten zu spielen.

"Ich bin in der Bebop-Ära großgeworden," sagt Martha Young, "und für mich hat sie nicht lange genug gedauert, sie hat mein Spiel geprägt. Ich spiele alle die Nummern, die man zu der Zeit spielte, nur mit einem etwas anderen Geschmack möglicherweise." Martha Young ist aber auch voll Bewunderung für Mary Lou Williams, Hazel Scott, Erroll Garner, Herbie Hancock und Oscar Peterson wegen seines Swing. "So, spiele ich auch gerne," sagt sie; "ich mag es. wenn es swingt." Den stärksten Einfluß hat Art Tatum auf sie gehabt, er war für sie immer die "Nummer eins." "Ich war fasziniert von dem Anblick, ihn spielen zu sehen, und alles nur mit seinen zwei Händen. Ich muß da so vierzehn oder fünfzehn Jahre alt gewesen sein und da ich aus einer Musikerfamilie war, war es ziemlich schwierig für mich, in so einen Club reinzukommen, wie das andere Kinder meines Alters konnten, ohne erkannt zu werden. Einmal spielte Art Tatum mit seinem Trio in Hollywood, glaube ich. Da wurde dann angesagt, Art Tatum spiele jetzt solo und so lange würden keine Drinks serviert Da hätte man eine Stecknadel fallen hören können. Ein solcher Respekt wird heute keinem Künstler mehr entgegengebracht. Ich will damit sagen, damals brauchte man die Leute nicht aufzufordern, nicht zu sprechen, während dieser Mann spielt. Man sprach ganz automatisch nicht, oder es hätte einem irgendwer eine runtergehauen."

Martha Young hat nie auf einem anderen Gebiet als dem der Musik gearbeitet. "Hier oben, wo ich jetzt wohne," sagt sie, "arbeite ich am Lanie College in der Tanzabteilung, dann hab ich noch mein Trio und feste Gigs. Mittwochs und donnerstags bin ich in einem wunderschönen Platz hier an der Berkeley-Bucht, und dann am Wochenende bin ich drüben in San Francisco.

"Ich halte es für unnötig, extra zu betonen, daß ich eine Musikerin weiblichen Geschlechtes bin, wenn man sehen kann daß ich eine Musikerin bin. Eines kann ich jedenfalls bald nicht mehr hören, und ich bin jetzt soweit, es hinzunehmen und gar nicht mehr zur Kenntnis zu nehmen, dieses ewige: 'Für eine Frau spielen Sie sehr gut.' " Bei den meisten männlichen Kollegen," sagt Martha Young, "gehen wir einfach hin und spielen...mir kommt es nicht darauf an, wie viele Noten ich spielen kann. Ich spiele nicht das Klavier rauf und runter und all diesen Unfug. Mein Großvater sagte mir immer, wenn man etwas mit einem Beat spielt, dann mögen das die Leute, weil sie es spüren können, und ich spiele mit dem ganzen Feeling, das ich habe, für die Leute, die gekommen sind, um mich zu hören. Ich fühle die Musik und ich liebe die Musik. Ich mache das, was ich tue, gerne."

1958, ein Jahr vor seinem Tode, lud Martha Young Lester endlich ein, sie mal anzuhören bei ihrer Arbeit. "Ich spielte gerade in Los Angeles mit einer Gruppe namens Johnny Otis, und er (Lester) war da. Ich glaube, das war sein letztes Auftreten in Amerika - Jazz at the Philharmonic in der Hollywood Bowl. Ich mußte am Abend des Konzertes arbeiten und hatte nun endlich genug Mut, mich vor ihm hören zu lassen. So lud ich ihn denn ein, runter zu uns zu kommen und Johnny ließ mich eine Trionummer ohne die anderen in der Band spielen. Ich hab geschwitzt wie ein Schwein! Mir rann das Wasser nur so in Strömen herunter, weil er direkt unten am Podium saß, am ersten Tisch. Aber ich hatte mich nun mal entschlossen und war auch sicher, daß ich bereit dazu war, mich ihm zu präsentieren. Als ich dann fertig war und runter an seinen Tisch ging, da sagte Onkel Bubble, er sagt: 'Also jetzt muß ich einen Gig auftreiben für meine Nichte - und für mich!' und das war das letzte Mal, daß ich ihn gesehen habe, denn im Jahr darauf starb er. Aber das ist hängen geblieben und hat mir in vielen Situationen geholfen, durch die ich im Musikgeschäft hindurch mußte. Jemand, vor dem man Respekt hat und dem man Liebe entgegenbringt, der kann einem etwas sagen, das einen durch das ganze Leben begleiten und helfen wird. Was er an dem Abend gesagt hat, daran werde ich mich immer erinnern wie an nichts sonst."

"Ich strenge mich sehr an, um nicht aufhören zu müssen mit dem Spielen. Natürlicherweise werde ich wütend und fühle mich frustriert. Da gibt es eine Menge Leute, die ich auf Platten gehört habe, mit denen ich noch allemal mithalten könnte, wenn man mir die Chance gäbe. Mein Gott, ist das immer frustrierend. Aber deswegen gebe ich noch lange nicht auf, im Gegenteil, jetzt arbeite ich immer noch härter - aber ich werde langsam wirklich müde."

1979 ging Martha Young zum ersten Mal nach New York, um dabei zu sein, als man die 52nd Street nach Lester Young benannte. "Papa Jo Jones führte mich herum," erinnert sie sich. "Ich war so aufgeregt. Er nahm mich mit ins Jimmy Ryan's, und ich stieg bei Roy Eldridge ein. Es war ein sagenhafter Abend. Es hat lange gedauert, bis ich aus den Wolken wieder auf die Erde kam. In meinem Kopf hatte sich, was die Musik anging, alles verändert - nicht was ich spielte, sondern wie ich spielte. Mit Papa Jo zu spielen und Roy, da wurde ich high von der Musik, und so blieb es die ganze Zeit. Ich kam morgens um fünf nach Hause, was schon allerhand war, und um acht war ich schon wieder auf den Beinen, denn ich wollte um keinen Preis irgendwas in New York verpassen, ich war doch nur fünf Tage da.

"Man kann nicht aufgeben," sagt Martha Young. "Ich kann mir das nicht leisten. Ich bin schon zu weit und zu lange da drin. Und ich fühle doch, daß ich etwas zu geben habe. Und dieses Gefühl muß ich mir erhalten. Es ist heute sehr leicht, die Welt nur negativ zu sehen, bei all dem was so passiert. Danken wir Gott für die Musik!"

Jane Jarvis

(Klavier/Orgel/Produzentin/Komponistin)

"Ich hab schon früh begriffen, wenn ich regelmäßig etwas zu essen haben wollte, dann mußte ich den kostbaren Titel eines Jazzmusikers fahren lassen," sagt Jane Jarvis. Als eine der wenigen Frauen, denen es gelungen ist, bis ins Innere des Produktionsgeschäftes vorzudringen, war Jane Jarvis Vizepräsidentin der Muzak Corporation von 1963 bis 1979, war als Musikerin fest angestellt beim Radio, arbeitete als Organistin bei den Milwaukee Braves und den New York Mets (BMI gab ihr eine Auszeichnung für ihren musikalischen Beitrag zum Baseball) und als Jazzmusikerin in zahlreichen Konzerten und Clubs. 1979 entschloß sie sich, ihre Laufbahn hinter den Kulissen aufzugeben und wieder öfffentlich aufzutreten. Seitdem ist sie mit ihrem eigenen Trio (mit George Duvivier und Grady Tate) aufgetreten und mit Musikern wie Roy Eldridge, Lee Konitz, Lionel Hampton, Bob Wilbur, Maxine Sullivan und Helen Humes, außerdem mit Clark Terrys Bigband, der Band von Ed Polcer im Eddie Condon's Club und dazu noch bei den Pepsi und den Kool Jazz Festivals. Im Konzert erweist sich Jane Jarvis als eine witzige, gedankenreiche und phantasievolle Interpretin, die in ihr Programm alles einschließt von Ellington bis Irving Berlin, von "Onward, Christian Soldiers" bis zu lateinamerikanischen Titeln. Jane Jarvis sagt, "Ich möchte Improvisation hören, Interpolationen, neues Denken."

Jane Jarvis ist in Indiana geboren. Ihr Vater schrieb so nebenbei kleine Reime für die Werbung, und ihre musikalische Erziehung in den frühen Jahren war sehr gut, sagt sie. "Bei meiner ersten näheren Begegnung mit dem Jazz auf professioneller Basis war ich noch ein kleines Mädchen. Meine Eltern hatten mich mitgenommen zur Rundfunkstation in Gary, wo ich ausgerechnet im Kinderprogramm als Begleitung mitmachen sollte. Ich sollte all die Kleinen begleiten, die da hinkamen und in dieser blödsinnigen kleinen Sendung singen wollten." Jane war damals selber erst neun Jahre alt. Das fand alles in einem Hotel statt, dessen Ballsaal direkt neben der Rundfunkstation lag. Ich marschierte da rein, und da spielte ein berühmter - damals berühmter - Jazzmusiker: Frankie 'Half Pint' Jaxon. Er hatte in dieser Region als Musiker einen großen Namen. Ich ging also rauf zu dem Pianisten und fragte ihn, ob ich mal mit der Band mitspielten dürfte. Können Sie sich sowas von Frechheit vorstellen? Nun, die fanden das komisch, ein Kind, das so etwas fragt, noch dazu ein kleines Mädchen. Ich setzte mich also hin und spielte. Die Band spielte gerade 'Avalon', und ich erinnere mich noch, daß ich fragte, in welcher Tonart und so, mir war das ja egal. Ich spielte dann auch, sogar ein paar Chorusse. Die Jungs, also die fielen fast vom Stuhl. Ich kann mir denken, wie mir zu Mute wäre, selbst heute noch, wenn da so ein Dreikäsehoch ankäme! Seitdem ich da nun so gut mit durchgekommen war, schafften sie mich jedes Mal zur Stelle, wenn eine Band in der Stadt war, um mitzuspielen. So fing meine Jazzkarriere an."

Der erste, der Jane Jarvis beruflich auf die Probe stellte, war ausgerechnet ein ziemlich unbeliebter Abteilungsleiter bei Gimpel. Jane spielte um Weihnachten in dem Warenhaus, als er ankam und sie fragte: "Sie können wohl nicht 'Stompin' at the Savoy' spielen, nein?' Als Jane sich rühmte, nie Noten zu benutzen, sie brauche sie nicht, sie kenne Tausende von Nummern, forderte er sie auf, zehntausend zu spielen. Als sie alle Schlager durchhatte, die sie kannte, ging sie über zu Methodistenhymnen (die sie von ihrer Mutter gelernt hatte), katholischen Hymnen (von ihrem Vater) und sogar Czerny-Etüden. Die Leute brachten ihr Listen von Songs, und schon die erste erkennbare Zeile galt für eine ganze Melodie. Wenn der Abteilungsleiter nicht zufrieden war und sie weiter herausforderte, spielte sie eine Bridge (Übergang in der Mitte einer Nummer), und am Ende war sie die Siegerin.

Als Jane dreizehn Jahre alt war, starben beide Eltern bei einem Eisenbahnunglück. "Ich lebte als junges Ding in ständiger Angst", sagt sie, "es waren ja auch böse Zeiten. Ich hatte keine Familie, und es war absolut unumgänglich, irgend eine Art von Lebensunterhalt zu finden. Ich hatte ja keinen Ort, wo ich hingehörte." Sie gewann verschiedene Stipendien und setzte ihre Ausbildung fort, am Bush Conservatory, am Chicago Conservatory und der DePaul University School of Music und begann dann auch, sich mit der Musik ihren Lebensunterhalt zu verdienen. "Schon mit fünfzehn und sechzehn Jahren habe ich Arrangements geschrieben. Wenn ich mal nichts zu spielen hatte, dann schrieb ich für irgend jemanden. Auch daß ich Orgel spielen konnte, war eine große Hilfe. Konnte ich mal keinen Job fürs Klavier finden, gab es immer noch einen für die Orgel. Als ich aufwuchs, hatten die Hotels in ihren Bars oft Orgeln. Heute findet man in solchen Räumen immer Trios, aber damals nahmen sie Orgeln, weil sie dann nur einen Musiker einstellen mußten, und da konnte ich mir die Jobs aussuchen. Wenn dann der Job vorüber war, ging ich raus und jammte mit anderen Musikern, um drin zu bleiben."

In jenen Jahren hörte Jane Jarvis Bands wie die von Benny Goodman, Fletcher Henderson, Charlie Barnett und Lucky Millinder, der Pianist Jess Stacy jedoch übte einen besonders großen Einfluß auf sie aus; er brachte ihr bei, sich mal zurückzuhalten, um den anderen Instrumenten auch eine Chance zu geben. Außerdem fing sie jetzt auch an, herumzureisen und in Hotels überall im Land zu spielen, aber sie merkte schnell, daß dieses Leben ziemlich glanzlos war. Die Lokale, die den Jazz "tolerierten", waren oft ziemlich widerwärtig, bei einigen Jobs war der Gewerkschaftstarif ganze neunzehn Dollar in der Woche, dafür mußte man wochentags von neun bis eins, samstags von neun bis zwei spielen. In diesen frühen Jahren ging das Vorurteil nicht so sehr gegen das Geschlecht wie gegen die Musik selbst, und Musikerinnen und Musiker waren gleichermaßen die Opfer.

Mary Lou Williams und Norma Teagarden waren zwei der wichtigsten Pianistinnen, die Jane Jarvis im mittleren Westen kannte. "Es gab eine Menge feiner Musikerinnen, die da spielten," sagt sie, "aber das waren Stilistinnen, keine Allround-Musikerinnen, sehen Sie, und so konnten sie nur eine begrenzte Art von Jobs bekommen." Für diese Frauen gab es keine Möglichkeiten in anderen Sparten dieses Geschäftes, und es gab nur wenige Clubs, in denen sie arbeiten konnten. "So kamen ihre Namen nie der Allgemeinheit zur Kenntnis," sagt Jane, "aber ich weiß mit Bestimmtheit, es müssen Hunderte sein."

Zu einem anderen Zeitpunkt ihrer Karriere arbeitete Jane Jarvis in Chicago. Da arbeiteten zwar viel mehr Frauen innerhalb der Gemeinschaft der Rundfunk- und Fernsehstudio-Musiker dieser Stadt, aber die konnten sich untereinander nur wenig helfen, wie sie sich erinnert. "Das war nicht möglich. Jobs waren so selten und so kostbar, daß man es schön für sich behielt, wenn man davon Wind bekam; das ist zwar beschämend, zu sagen, aber es ist die Wahrheit. Da war nichts, wo man hätte hin empfohlen werden können. Bedenken Sie, wenn ich einen Job im Radio oder im Fernsehen annahm, dann nahm ich ja nicht einer anderen Frau den Job weg, ich nahm den Job eines Mannes an und zwar aus dem einzigen Grunde, weil ich zwei Instrumente gut spielte, ich konnte transponieren und vom Blatt spielen, und ich konnte arrangieren. Es gab nicht einmal so sehr viele Männer, die das konnten."

Sollte es irgendwelche Ressentiments gegen sie gegeben haben, sagt Jane Jarvis, so traten sie nicht offen zutage. "Ich vermute, sie akzeptierten die Tatsache, daß ich es eben konnte. Hätten sie jemanden gefunden, der es besser gekonnt hätte, seien Sie versichert, sie hätten mich nicht genommen.

"Man hat es im Leben nie völlig in der Hand, was man macht," sagt Jane, aber die Entscheidung, sich von den reinen Frauenorchestern fernzuhalten, hat sie bewußt getroffen. "Ich wollte nur als Musiker akzeptiert werden, nicht als musizierende Frau oder junge oder alte Musikerin, nicht als weiß oder schwarz. Und ich wußte genau, wenn man erst mal in einer Frauenband war, war man abgestempelt." Sie hatte auch etwas dagegen, daß die Bandleader die ganze Publicity bekamen und die Frauen in der Band ungenannt blieben.

Anfang der Sechziger Jahre ging Jane Jarvis nach New York. Sie hatte bei der NBC in Chicago und Milwaukee gearbeitet und ehrenamtlich als Probenpianistin für die "Tonight Show." Sie hatte gerade eine Ehe hinter sich und mußte für ihre zwei kleinen Kinder sorgen, so ging sie dann bald zur Muzak Corporation, wo sie es bis zu einer der führenden Produzentin in diesem Industriezweig brachte. "Ich kam durch die Hintertür. Ich wurde Produzentin und engagierte alle diese Leute," sagt sie, mit Bezug auf die vielen Musiker, die sie nie engagiert hätten. "Ist das nicht wahnsinnig? Wenn es auf diesem Weg nicht geht, dann eben auf einem anderen."

Bei Muzak machte sie A&R (Artists & Repertoire), half beim Aussuchen der Musiker für die Aufnahmedaten, dirigierte die Techniker bei den Sessions und stellte das Material für die Plattencover und den Text auf den Plattenhüllen zusammen. Nach sechzehn Jahren entschloß sie sich, zurückzutreten und sich nur noch auf ihre eigene Arbeit als Komponistin und Interpretin zu konzentrieren. Als Mitglied der ASCAP (American Society of Composers, Authors, and Publishers) (mit dreihundert in Aufnahmen festgehaltenen Kompositionen) gehören Jane Jarvis zwei Verlagsgesellschaften, eine mit ihrem Sohn, dem Schlagzeuger Brian Jarvis, zusammen.

"Es wäre töricht, zu sagen, es gäbe für die Frauen keine großen Hindernisse mehr zu überwinden. Es gibt in der Musik nur eine begrenzte Anzahl Jobs, aber wesentlich mehr qualifizierte Männer als Frauen, und das ist in den Köpfen der Männer, die an der Spitze des Geschäftes stehen, so fest eingegraben, daß sie auch nur Männer engagieren. Das braucht noch eine lange Periode der Erziehung. Sie denken vermutlich, weil es in New York keinen Musiker von Rang im Plattengeschäft gibt, der nicht schon für mich gearbeitet hat oder mit dem ich sonstwie in Verbindung war, daß ich jetzt, wo ich wieder spiele, viel in den Studios zu tun hätte. Das ist nicht der Fall." Wenn eine Frau einmal aus ihrer angestammten "Rolle" heraustritt, sagt Jane Jarvis, wird es immer schwerer, akzeptiert zu werden. "Da sind eben die Männer, und mich würde man nur holen, wenn man jemanden brauchte, auf den man zurückgreifen kann, zum Auswechseln, aber sowas gibt es nicht. (Man holt sie allerdings an die Orgel, und sie sagt, die Frauen holte man immer wieder für die traditionellen Saiteninstrumente, Flöten und Harfen, aber kaum je für ein anderes Instrument.)

"Jetzt bin ich in der Lage, meine neue Karriere zu planen. Ich möchte (bei niemandem) den falschen Eindruck erwecken, ich sei reich, denn das bin ich nicht. Ich habe nur genug, um wählerisch sein zu können. Ich plane meine Karriere, als wenn es die eines anderen wäre...Irgendwo im Lauf der Dinge wird sich ein Weg zeigen, den ich gehen kann. So ist es mir in der Vergangenheit auch immer gegangen. Der einzige Unterschied ist der, daß ich heute nicht mehr darauf warte, daß es geschieht, ich plane es. Es ist eine unglaubliche Situation, in der ich mich da befinde, und ich bin sehr glücklich darüber. Und ich weiß, es wird mir gelingen, denn alles, was ich früher gemacht habe, ist mir auch gelungen. Es gibt keinen Grund, warum ich es diesmal nicht schaffen sollte."

1943 fingen zwei der bedeutenderen neuen Vokalistinnen der Vierziger Jahre bei Bigbands an: die in Newark geborene Sarah Vaughan ging zu Earl Hines, und Dinah Washington begann ein dreijähriges Engagement bei Lionel Hampton.

Sarah Vaughan, die auch Pianistin war, "brachte dem Jazzgesang eine Art von musikalischer Bildung, die vor ihr bei Sängerinnen dieses Genres eine Seltenheit war," bemerkte ein Kritiker zu der Zeit. "Musiker bewundern an ihr die fast unheimliche Fähigkeit, harmonische Wechsel in einem Song durch subtile Änderungen in der Melodie anzudeuten, ihre mühelose Phrasierung, ihren seidigen Sopran und ihre verblüffende Fähigkeit, einen hohen Ton ohne ersichtliche Mühe zu erreichen und ihn direkt und haargenau zu treffen." (IJS). Leonard Feather notierte, als er über Sarah Vaughans frühe Jahre bei der Earl Hines Band schrieb: "Der Einfluß von Sarah selber als Musikerin darf nicht übersehen werden. An manchen Abenden hat sie dagesessen am Klavier, nachdem der Tanz vorbei war, und hat neue Ideen entwickelt." 1944 arbeitete Sarah Vaughn mit der Billy Eckstein Bop-Bigband, mit Musikern wie Dizzy Gillespie, Charlie Parker, Posaunist und Arrangeur Gerald Valentine, Budd Johnson, Clyde Hart und Oscar Pettiford. (Die erste ihrer Art, wurde die Band binnen sechs Monaten die höchstbezahlte schwarze Band im ganzen Land). Nach einigen frühen Plattenaufnahmen - "I'll Wait and Pray" mit Eckstine, "Lover Man" mit Gillespie und ihrer eigenen Session mit Tadd Dameron in "If You Could See Me Now" - begann Sarah Vaughan Anerkennung zu finden, als sie anfing, auf der 52nd Street zu arbeiten. Mitte der Fünfziger Jahre war sie dann, was sie auch seitdem geblieben ist, eine Sängerin, deren Einfluß sowohl auf die Welt des Jazz als auch auf die Welt der Popmusik befruchtend gewirkt hat.

Dinah Washington (geboren als Ruth Jones in Tuscaloosa, Alabama),fing an, als Solistin zu arbeiten, nachdem sie Lionel Hampton verlassen hatte. "Die junge Frau mit einer Stimme voller Kraft und Leben, mit einer Vorliebe für Comic-Books und maßgeschneiderte Kleidung, war hochgekommen, als es in Amerika praktisch keine Bluessängerinnen, welcher Statur auch immer, mehr gab," berichtete Ebony (die bekannteste Illustrierte der Schwarzen). "In zehn kurzen, bitteren Jahren hat sie sich hochgekämpft aus der Verborgenheit kleiner schwarzer Kirchen und schäbiger Tanzschuppen zu ihrer jetzigen Position als Bluesinterpretin Nr. 1 der Nation."

Man tippte auf Dinah Washington als erste Anwärterin auf den Thron von Bessie Smith, und ihr ländliches Publikum, sagt Ebony, empfing sie, genau wie die früheren Bluessängerinnen, "mit einem Enthusiasmus, der einer Anbetung gleichkam." Bis zur Mitte des Jahrzehnts hatte sie mit Songs wie "Blowtop Blues" und "I Love You Yes I Do" die "Rhythm and Blues" genannte Musik etablieren geholfen und gehörte, zusammen mit Bull Moose Jackson, T-Bone Walker und Wynonie Harris, zu ihren wichtigsten Interpreten. Dinah Washington war auch eine der wenigen Frauen mit eigener Agentur, Queen Attractions. In ihren späteren Jahren fing sie das Publikum ein mit ihren vom Blues gefärbten Versionen von Popnummern wie "What a Difference a Day Makes," und auf dem Album Dinah Washington: The Jazz Sides (auf EmArcy) präsentiert sich die Sängerin mit Vocals, die einen deutlichen Jazzeinfluß verraten (einige der Arrangements sind von Melba Liston). So wie ihr stürmisches Leben, das mehr als einmal das Thema von Schlagzeilen und Nachrichten des Tages war, war auch ihr trauriges Ende: diese charismatische Künstlerin starb 1963 ganz plötzlich an einer Überdosis Schlaftabletten und Barbituraten.

1948 kam eine neue Sängerin zur Lionel Hampton Band, die einen Amateurwettbewerb gewonnen hatte. Wie auch Billie Holiday, war die aus Detroit stammende Betty Carter überwiegend von den Bläsern beeinflußt. "Es waren hauptsächlich diese Leute, die mich richtig in den Hintern traten, daß ich von der Stelle kam," sagte sie einmal einem Interviewer. "Die Musik war so stark." Mit Ella, Billie und Sarah ("it", als sie aufkam), mußte Betty Carter ihren eigenen Weg im Gesang suchen. Sie fand ihn und ist ihm so getreulich gefolgt, von damals bis heute, daß viele sie heute tatsächlich für die einzige reine Jazzsängerin halten.

Es gab noch andere Stimmen in den Vierziger Jahren: Peggy Lee (bei Benny Goodman), Anita O'Day (bei Gene Krupa), Jackie Cain (die mit Roy Kral in der Charlie Ventura Band sang), Helen O'Connell (bei Jimmy Dorsey), Rosemary Clooney (bei Tony Pastor), Etta Jones (bei Buddy Johnson), Buddys Schwester Ella Johnson (die 1945 als erste einen Titel ihres Bruders "Since I Fell For You" aufnahm und zum Hit machte), Helen Merrill, Kay Starr, Margaret Whiting und Ella Mae Morse.

Und dann war da noch eine junge Sängerin in Detroit - wie Betty Carter zutiefst von der Musik Charlie Parkers beeinflußt. Das war die Sängerin Sheila Jordan.

Sheila Jordan

(Vokalistin)

Sheila Jordan riskiert Dinge, von denen andere nicht einmal zu träumen wagen. "Sie erschreckt einen zuerst," sagte ein Rezensent, wenn man hört, wie sie einen Ton dehnt und biegt durch eineinhalb Oktaven mit Variationen, bis sie im Triumph zum Ende kommt." Ein anderer sagt: "Ganz gleich, wie waghalsig ihre Verschiebungen und Wendungen sind oder wie emotionell, man ist sich immer einer durchdringenden musikalischen Intelligenz bewußt, in Jahren des Studium und der Praxis aufs feinste geschliffen...sie ist nicht fähig zu einem falschen Schritt oder einem falschen Ton."

Indessen beschränkt sie sich nicht allein auf technische Feinheiten und Stimmumfang, sie verläßt sich mehr auf ihren Instinkt als Instrumentalistin und auf, nach Charlie Parkers Worten, ihre "Million-Dollar-Ohren," davon läßt sie sich leiten,das befreit sie, wenn sie das Innerste eines Songs nach außen kehrt und ihre Zuhörer bis auf den tiefsten Grund schierer Emotion zieht. "Ihre Art, eine Ballade zu interpretieren...geht weit über die emotionellen und expressiven Fähigkeiten der meisten anderen Vokalisten hinaus," sagt Robert Palmer (The New York Times, 23. Oktober 198O), "und zeigen eine so feine Genauigkeit der Intonierung und eine Aufmerksamkeit für jede dekorative Nuance, daß es eines indischen Ragasängers würdig wäre. Sie kann so herzzereißend sein, daß es einem die Sprache verschlägt, und die Zuhörer hängen atemlos an jeder Wendung, die sie macht."

Sheila Jordan mag Worte zu Charlie Parker-Phrasen singen, und es wird aus jedem Scat-Chorus reines Gold; oder sie mag tief bedrückende Balladen singen, Originalmaterial von Steve Kuhn (mit dem sie im Steve Kuhn/Sheila Jordan Quartett arbeitet), oder Vertonungen der Gedichte von Robert Creeley. Der gemeinsame Nenner ist (und war) immer ihre Achtung vor der Musik und ihre Weigerung, sich mit irgend einem Song zu befassen, den sie "nicht fühlt." Diese empfindliche, vernichtende Aufrichtigkeit, gepaart mit makellosem Können, haben Sheila Jordan zu dem gemacht, was ein dritter Kritiker "einfach eine der kühnsten und in höchstem Maße individualistischen Stilisten im Jazz der Gegenwart" genannt hat.

Sheila Jordan ist in Detroit geboren. Ihre Mutter, damals erst sechzehn Jahre, heiratete Sheilas Vater am Tage, als ihre Tochter geboren wurde. Sheila wurde von ihrer Großmuttter aufgezogen in dem Zechengebiet bei South Fork, Pennsylvanien; ihre elf Onkel und Tanten waren mehr so etwas wie ihre Geschwister, sagt sie.

Summerhill (die Stadt, in der sie aufwuchs), sagt Sheila Jordan, war arm, sowohl im kulturellen als auch im Ökonomischen Sinn. "Für junge Leute gab es da gar nichts zu tun, auch für alte Leute nicht. Sie arbeiteten in den Zechen oder den Stahlwerken. Einmal im Jahr gab es vielleicht ein Picknick, was anderes konnte man nicht machen. So schwamm man dann in dem schwefligen Flüßchen, aber Abwechslung in Form von Kinos oder Spielen oder dergleichen gab es nicht. Wir wußten nicht einmal, was das war. Mein Großvater ging auf die Jagd. Wir jagten auch und fingen Rehwild und

Eichhörnchen. Wir aßen sogar Stachelschweine. Wir hatte eine harte Jugend. Ich glaube, ich wußte schon in sehr jungen Jahren, warum ich niemals ohne eine feste Anstellung sein würde (sie hat immer noch eine Stellung im Büro einer New Yorker Werbeagentur, von neun bis fünf) und was das Ringen um die Musik angeht, es gab vieles, um das man ringen mußte, als ich heranwuchs. Eines habe ich mir jedenfalls als Kind schon geschworen, ich sagte mir, 'ich werde niemals ohne regelmäßiges Essen sein, ich werde niemals ohne Heizung sein, ich werde niemals ohne Wasser im Haus sein.' Auch wenn ich morgen in der Wildnis überleben könnte, sagte ich mir, wenn es nur irgend möglich wäre, möchte ich mir den Luxus leisten, eine Mahlzeit am Tag zu haben, Essen auf dem Tisch, ein Dach über dem Kopf."

Die beiden stärksten Kräfte in Sheila Jordans Jugend waren Religion und Musik. Ihr Großvater, ein Abkömmling der Indianer, glaubte zwar an Gott, nicht aber an die Kirche, ihre Großmutter hingegen war katholisch erzogen, wie Sheila Jordan und ihre Geschwister. "Als Kind ging ich gerne zur Kirche," sagt sie, "denn da war es warm. Im Winter ging ich immer rein und wärmte mich auf. Ich hatte immer das Gefühl, ein Sünder zu sein, weil ich so gar nichts hatte als Kind. Oftmals gab es nicht einmal was zu essen. Oft hatten wir nichts anzuziehen. Ich sah meine Brüder alle in den Kohlebergwerken arbeiten, und es starben so viele Leute bei Explosionen unter Tage - wir haben als Kinder schreckliche Dinge gesehen...ich glaube, die Kirche hat mir Kraft gegeben. Wenn ich nicht an Gott geglaubt hätte, ich glaube, ich hätte nicht überlebt. Ich wußte auch, da gab es noch etwas anderes da draußen, und ich schwor mir, ich werde keine Bergarbeiterfrau.

"Wir haben immer gesungen," sagt Sheila. "Singen war so eine Art Erlösung von den Mühen und Leiden, die jeder durchmachen mußte." Sie sang auf PTA-Treffen (Eltern- und Lehrervereinigung), in den örtlichen Biergärten, (sie lernte die Popnummern von ausgeliehenen Ausgaben der "Hit Parade" oder vom Radio bei den Nachbarn), in gelegentlichen Spots im Radio und in der Schule. Weil ihre Klassenkameraden sie so erbarmungslos aufzogen wegen ihres Singens, ließ sie das Singen da ganz sein. Die Kirche, sagt sie, war der einzige Ort, wo man sie in Ruhe ließ - aber nie erlaubte man ihr, in der Kirche zu singen. "In der Kirche, fühlte ich mich sicher vor den Quälereien der anderen Kinder, aber niemals ließ man da Frauen singen oder junge Mädchen; sie nahmen Sänger und Männerchöre. Ich fand das ganz schön voreingenommen, selbst als sehr junges Ding - bestürzend."

Sheila Jordan hat nie im formellen Sinne Musik studiert. "Bei uns gab es Berge, und man konnte an bestimmte Stellen auf den Bergen gehen und singen und bekam ein Echo. Das hab ich oft gemacht, kein Jodeln - jodeln konnte ich nie - aber ich hörte einfach gerne meine Stimme, hörte sie rausgehen, dann zurückkommen, und ich sang dann oben drüber. Vögel hab ich auch gehört - ihr Pfeifen. Ich kann das immer noch, versuche auch, die Intervalle ihres Gesangs aufzuschreiben."

Sheila ist sich ganz sicher, daß auch, wenn sie nie Jazz gehört hätte, sie trotzdem Sängerin geworden wäre, möglicherweise in der Countrymusik; aber mit zehn Jahren machte sie eine bedeutsame Entdeckung. "Ich war auf Besuch bei meiner Mutter in Detroit," erinnert sie sich," und tauschte mir von einem anderen Kind eine Schallplatte ein. Es war eine 78er, und ich glaube, es war Count Basie oder Ellington.

Ich nahm sie mit nach Pennsylvanien. Wir hatten nicht immer Elektrizität, aber wir hatten so eine Victrola zum Aufziehen, und ich wurstelte tagelang daran herum, bis sie endlich ging. Ich hörte die Musik und wußte, das war was Besonderes - ich wußte es einfach." Im ersten Jahr in der Highschool ging Sheila fort von Pennsylvanien zu ihrer Mutter nach Detroit. "Das war sehr, sehr schwer," sagt Sheila Jordan, "denn sie hatte ein Alkoholproblem, aber dadurch, daß ich bei ihr wohnte, kam ich an den Jazz ran. Ich kam zum Jazz über die Jukebox unten in dem Hamburger-Lokal" - ein integriertes Lokal, was damals ziemlich selten war in Detroit, sagt Sheila. "Da hatten sie alle diese phantastischen Künstler: Charlie Parker and his Beboppers, Billie Holiday, Dizzy Gillespie. Da hörte man sogar die junge Sarah Vaughan - eine sehr, sehr frühe Sarah - Count Basie, Duke Ellington, Louis Armstrong." Am meisten von allen ging Charlie Parker der jungen Sheila Jordan unter die Haut. "Ich sagte, 'das ist meine Bestimmung im Leben.' Charlie Parker war in der Musik so etwas wie mein Christus oder mein Guru. Durch seine Musik hab ich auch die Musik aller anderen verstehen gelernt. Er führte mich zurück auf Musiker wie Lester Young, Ben Webster, Coleman Hawkins und Billie Holiday. In späteren Jahren, als ich ihn bereits kennengelernt hatte, führte er mich an neue Komponisten heran wie Stravinsky und Bartok. Er öffnete mir den Sinn für Tanz, Schauspiel, Bücher und Bilder."

Sheila Jordan fühlte eine unmittelbare Übereinstimmung mit dieser Musik, die in der Welt der Schwarzen entstanden war. "Ich zehrte von dem, was diese Musik emthielt. Sie nährte meinen Geist. Ich fing an, in die schwarzen Kneipen zu gehen - da war die Musik, die ich machen wollte. Ich fälschte meinen Geburtsschein und kam auch manchmal rein. Es gab da den Greystone Ballroom, und dann hatten sie noch einen gemischtrassigen Club, wo es keine alkoholischen Getränke gab und wo meist junge Leute waren...ich kannte schon von jeher die Notlage des Schwarzen, war ich doch selber arm, und ich spürte, daß sie mich vollkommen akzeptierten. Ich fühlte , daß ich ein Teil von dem sein mußte, was sie waren. Ich wollte schwarz sein. Ich war nicht glücklich mit dem, was ich war. Ich wollte nicht dauernd von Polizisten belästigt werden, oder daß Schullehrer ständig auf mich einredeten, ich solle doch bei den weißen Schülern bleiben. Ich konnte das nicht verstehen. Ich fing an, weißen Autoritäten zu mißtrauen.(Sie stellte einen ihrer Lehrer einmal zur Rede, bekam aber nie eine Antwort, wie sie sich erinnert). Das war meine erste Einführung in das Vorurteil vom schwarzen Standpunkt aus. Wenn man mit Schwarzen in einem Wagen saß, wollten sie (die Polizei) wissen, wo man her war, wo man geboren war, wie alt man war und wo man hin wollte. Ich landete andauernd auf der Polizeiwache und wurde durchsucht. Sie konnten einfach nicht glauben, daß wir nichts waren als ein Haufen junger Leute, die miteinander rumzogen und die Musik liebten und von ihr lernten. Und ich war fest entschlossen, mir von niemandem vorschreiben zu lassen, mit wem ich ausgehen sollte. Ich würde nicht in der Welt leben, in der ich lebte, als ich noch ein Kind war."

Schon bald entdeckte Sheila Jordan zwei weitere Bird-"Freaks", die Sänger Skeeter Spight und Leroy Mitchell. "Eines Abends hab ich sie dann gefragt, ob ich mal mit ihnen singen dürfte," erinnert sie sich. "Ich war äußerst hartnäckig und dringlich, hatte wohl auch schon ein paar Drinks intus. Aus uns wurde dann eine Gruppe. Geld haben wir nicht verdient, aber wir stiegen immer überall ein und schrieben Texte zu Birds Titeln. Von Skeeter und Mitch hab ich viel gelernt. Eines hatten wir gemeinsam: wir liebten Bird, und wir liebten Billie. Wir liebten diese Musik, und wir liebten uns untereinander. Wir waren Menschen, ohne Hautfarbe, mit nichts im Kopf, als uns zu bilden und diese schöne, wunderschöne Musik zu lernen." Zu ihrer Zeit war dieses Trio einmalig, sie nahmen Lambert, Hendricks and Ross vorweg.

"Ich bekam meine Ausbildung im Jazz durch Bird," sagt Sheila Jordan, "weil ich unentwegt seine Musik hörte. Ich lernte jede Phrase. Ich lernte alle seine Soli. Es war wie eine besonders kostbare Gottesgabe für mich, seine Musik zu hören, und der Gedanke, daß ich auch nur zwei Töne aus einem vollständigen Ganzen hervorbringen konnte, machte mich einfach überglücklich.. So bekam ich auch eine ziemlich gute Vorstellung davon, wo die Übergänge in den Akkorden waren. Ja, hören kann ich ganz gut."

Direkt nach der Highschool ging Sheila nach New York - und "suchte nach Bird." Erst versuchte sie, ihn durch Duke Jordan zu finden, seinen Pianisten, den sie im Lauf der Zeit auch heiratete. "Ich hab viel Zeit damit verbracht, Duke zu unterstützen oder es wenigstens zu versuchen, ohne viel für meine eigene Musik zu tun," sagt sie. "Als ich Detroit erst mal verlassen hatte, hatte ich auch das Trio verlassen und als ich erst das Trio verlassen hatte, hab ich für meinen eigenen Gesang nichts mehr getan. Da war einfach kein Raum für mich da, wo ich es hätte tun können. Manchmal sang ich mit Duke, hier und da, - nicht oft - und ich machte Sessions in dem Loft, den ich auf der 26th Street in Manhattan für uns gefunden hatte."

Auf Vorschlag von Charlie Mingus begann Sheila Jordan bei dem Pianisten Lennie Tristano zu studieren und zu den Sessions in seinem Loft zu kommen, um Leute wie Warne Marsh und Lee Konitz zu hören. Sie mußte mit dem Studium aufhören, als ihre Tochter Tracy geboren wurde, zwei Jahre später; da endete auch ihre Ehe. Sheila engagierte einen Babysitter und nahm eine Arbeit im Büro an. "Ich arbeitete nur halbtags, denn ich wollte nicht den ganzen Tag von dem Baby weg sein. Das war gerade genug, um die Miete zu bezahlen und ich ging dann rum und suchte einen Gig in einem Club, aber das war schwer, besonders für eine Frau. In den regulären Bars und Clubs, wenn sie da eine Frau vor sich sahen, wollten sie gleich eine Schau draus machen, aber das war nie mein Stil. So hab ich leider nicht in sehr vielen Clubs gearbeitet, ich machte Sessions. Etwas anderes, was mich auch immer sehr gestört hat, war, wenn einem jemand einen Gig irgendwo in einem Club verschaffen wollte, dann fragten sie (die männlichen Clubchefs) nicht, 'Wie singt sie?' <Sie> sagten immer, 'Wie sieht sie denn aus?' ".

Schließlich bekam Sheila Jordan einen Job im Page Three im Greenwich Village. "Im Grunde habe ich da erst angefangen, mir zu überlegen, welche Musik ich machen wollte, welche Songs. Ich singe immer noch so wie damals, es hat sich nichts geändert, es ist höchstens stärker geworden. Ich hab schon immer Scatgesang gemocht, denn als ich noch mit dem Trio sang, habe ich nichts anderes als nur Scat gesungen, und ich hatte ja alle die einfachen Melodien und die Swingnummern drauf aus der Zeit, als ich noch ein Kind war. Ich mußte mir erst mal mein Selbstvertrauen wieder aufbauen, ich war ja ziemlich am Boden zerstört von so manchem, was mir geschehen war in der Zwischenzeit."

In der Zeit, in der sie im Page Three arbeitete, begegnete sie auch einigen der Musiker, mit denen sie später arbeiten würde: Steve Kuhn, Herbie Nichols, Jack Reilly, Steve Swallow, George Russell. Als Russell sie das erste Mal singen hörte, wollte er wissen, wo sie herkam, so, wie sie sang. Sheila Jordan nahm ihn mit nach Pennsylvanien zu den Bergwerken, wo das Leben noch härter geworden war wegen der Streiks und weil die Leute in zunehmendem Maße auf Öl umstiegen. Sheila und ihre Großmutter nahmen Russell mit in einen der Biergärten. Einer der alten Bergleute fragte sie, ob sie immer noch "You Are My Sunshine" sänge, ein Song, den sie als Kind immer gesungen hatte. "Nein," sagte Sheila, "das singe ich jetzt nicht mehr." "Könntest Du das jetzt nicht nochmal singen?" fragte der Bergmann. "Ja, laß es doch mal hören," sagte Russell. "Also ging meine Großmutter ans Klavier, und ich sang," erinnert sich Sheila. "Und George Russell, als er das alles gesehen hatte, die Bergleute und die Kohlengruben, kam zurück und arrangierte diese musikalische Zwölf-Minuten-Dokumentation über 'You Are My Sunshine' für die Bergleute, denn er sah ja, daß sie arbeitslos waren und es ihnen sehr schlecht ging."

"Sunshine" wurde 1963 für Riverside Records aufgenommen und kam das erste Mal heraus auf Russells Album "Outer View". Es war "ziemlich bestürzend für die Leute, als sie es zuerst hörten," sagt Sheila Jordan über diese vernichtende Beschwörung der Apalachen. In dem Plattentext zu George Russell: Outer Thoughts (Milestone), einer Zusammenstellung von 1975 von George Russells Arbeiten in den frühen Sechziger Jahren, kommentiert Bob Palmer folgendermaßen: "Sheilas drei Chorusse türmen sich auf zu einem Höhepunkt unverstellter Emotion, wie er im Jazz dieser Periode nicht seinesgleichen hat." Ein anderes Album von 63, Portrait of Sheila, gewann ihr die Aufmerksamkeit der Down Beat, die sie zur "Sängerin, die größere Beachtung verdient" kürte. Eine begeisterte Besprechung von Don Heckman, der ihren Gesang als das Beste seit den letzten Tagen von Billie Holiday pries, weist auf eine seltene Fähigkeit hin, die sie besitzt - in Titeln wie "If You Could See Me Now," "Laugh, Clown, Laugh," "Dat Dere," "When the World Was Young," und "Falling in Love with Love" - "ihr Publikum in eine Welt hineinzuziehen, die ganz ihr eigen ist, es mit einer emotionellen Wucht zu treffen, die überwältigend persönlich ist." Trotzdem bekam sie nach den Plattenaufnahmen nur wenig Arbeit.

Als Sheila Jordan das Page Three verließ, dachte sie, es ginge ihr eigentlich "ganz gut. Ich fand, das Leben sei zu dieser Zeit recht freundlich zu mir, auch wenn ich nicht viel zu tun hatte. Das einzig Üble daran, daß man fest in einem Nachtclub arbeitet, ist, daß man müde wird und anfängt, zu trinken. Es fängt mit einem Drink an, um munter zu werden; aber als ich nach acht Jahren wegging von dem Club, da trank ich schon ganz schön.

"Ich bin gestolpert," sagt Sheila in der Rückschau. "Aber ich meine auch, wenn ich nicht gestolpert wäre, wüßte ich nicht, wie viele Übel da draußen lauern, um mich zu Fall zu bringen. Ich habe viel Kraft gehabt und viel Ermutigung, aber ich bin nie allzusehr anderen zur Last gefallen. Ich habe daran gearbeitet, stark zu sein."

"Ich bin nicht so zuversichtlich, wie ich sein möchte," sagt Sheila Jordan, "aber es wird schon besser." (Schon 1963 bemerkte Nat Hentoff, Sheila Jordan hätte schon immer dieses Äußerste an Zuversicht gehabt: "die Weigerung, Kompromisse zu schließen.") Durch diese Weigerung hat Sheila Jordan sich ihre künstlerische Integrität bewahrt, trotz frustrierender Zeiten, wenn sie keine Arbeit bekam. In solchen Zeiten sang sie in Kirchen, Jazzliturgien von Komponisten wie Paul Knopf und Jack Reilly. Gelegentlich macht sie das auch heute noch.

In den Siebziger Jahren boten sich Sheila Jordan in zunehmendem Maße Möglichkeiten, ihre Musik dem Publikum vorzustellen, hier und in Europa, und 1976, 77 und 80 wurde sie ironischerweise wiederum von der Down Beat zur Sängerin, die größere Beachtung verdient, gekürt. 1976-80 sang sie beim New Yorker Salute to Women in Jazz, 1980 trat sie dann beim Kool Jazz Festival auf. Sheila Jordan arbeitet meist mit Steve Kuhn (Klavier), Harvie Swartz (Bass) und Bob Moses (Drums). Sie betrachtet sich nicht als Sängerin mit einem Trio als Begleitung, sie sieht die Gruppe mehr als vier Individuen, die "sich untereinander begleiten und in der einer von des anderen musikalischen Vibrationen lebt." Ihr Album Playground ist auf diese Weise entstanden: "Ich sehe dieses Album als einen einzigen Gesang; es ist eine Suite." Über das Album Home (Robert Creeleys Gedichte in Musik gesetzt von Steve Swallow) sagt sie: "Das ist eine ganz neue Richtung für mich. Es ist ein ganz neuer Zugang, wo die Stimme sich selbst ihren Ort sucht, ohne daß sie einfach nur irgendwelche Klänge von sich gibt, gefühllose Klänge. Ich glaube nicht, daß das schon einmal jemand gemacht hat." Ihre Musik, sagt Sheila Jordan, ist unauflöslich verknüpft mit ihrem Wesen als Frau. "Ich bewundere die Frauen. Ich liebe ihre Haltung. Ich liebe ihre Kraft. Ich liebe, was sie durchgemacht haben, und ich liebe die Art, wie sie sich gegenseitig stützen. Ich denke dabei an Frauen wie meine Großmutter, die all die vielen Kinder hatte, die ihre ganze Wäsche wusch, indem sie Wasser heiß machte auf einem Ofen, für den sie das Holz erst kleinhacken mußte, die um fünf Uhr morgens aufstand und Feuer machte, damit sie Wasser kochen konnte für die Pumpe draußen, wenn sie eingefroren war. Das würde ich nun wirklich nicht eine schwache Frau nennen.

"Ich habe aber auch nichts gegen traurige, 'Lost-my-Man'-Balladen, denn auch das ist ein Teil meines Lebens. Wie könnte ich denn einen Teil meines Lebens einfach abschneiden? Ich liebe diese tragischen Balladen. Ich würde gerne mal ein Album nur mit solch traurigen Balladen machen. Kaufen würde das niemand, da bin ich sicher, aber das wäre mir egal.

"Ich glaube, meine Musik - oder die Art, wie ich interpretiere, was ich singe - erzählt von einer Frau, die nie jemand anders als nur sich selbst gehabt hat. Das einzige, was ich habe, ist die Musik und meine Tochter. Die Musik ist da und ist ein Teil meiner selbst. Sie ist wie mein Arm. Sie ist ein Teil meines Körpers. Wenn ich einst gehe, geht sie auch...Neulich ging ich die Straße entlang und sagte zu mir: ' Mein Gott, ich bin über ein halbes Jahrhundert alt, es ist mir Schlimmes passiert, und es ist mir Gutes passiert, aber eines weiß ich: nie hätte ich jemand anders sein wollen. Das kann nur bedeuten, daß ich stolz auf mich bin als Frau und als Mensch. Und wirklich, ich fühle mich heute irgendwie glücklich!' Es war schön, dieses Gefühl zu haben. Vielleicht hat es auch damit zu tun, daß ich jetzt plötzlich etwas mehr singe als früher. Manchmal dauerte es ein ganzes Jahr, bis ich mal wieder singen konnte. In Europa zu singen und in den Kirchen hier, löschte viel von dem ungeheuren Bedürfnis aus, mich auszudrücken. Und jedes Jahr wird es ein bißchen besser."

"Ich möchte nur versuchen, den Rest meines Lebens so ruhig wie möglich zu verbringen. Ich will mich nicht mehr allzusehr über alles mögliche aufregen, und ich will mich von jetzt an an allem freuen, was ich musikalisch mache und ich hoffe nur, daß ich weiter singen kann und den Menschen Freude bringen, oder was auch immer sie daraus gewinnen. Ich will kein Star sein (nicht, daß ich glaubte, ich könnte das jemals sein), ich will nur meine Musik machen. Ich weiß, in zehn Jahren bin ich zweiundsechzig Jahre alt, und wenn ich zweiundsechzig bin, bekomme ich meine Sozialvesicherung, so daß ich meinen Bürojob aufgeben kann. Wenn ich erst mal zweiundsechzig bin, werde ich nur noch Musik machen können, es sei denn, es gäbe keine Sozialversicherung mehr. Ich werde nirgendwo hingehen, ich werde dabei bleiben. Ich glaube nicht, daß ich meine Stimme verlieren werde. Und ich bin offen für alle Arten von Musik, die ich fühlen kann - solange es Jazz ist!"

"Es gibt zwei Dinge, für die ich in alle Ewigkeit dankbar bin: daß mir diese wunderbare Gabe verliehen wurde und daß es mir möglich ist durch den Körper und den Geist einer Frau mich auszudrücken."

Die Fünfziger Jahre

Nach dem Ende des zweiten Weltkriegs bekamen die amerikanischen Frauen wieder zu hören, ihre wichtigste Rolle läge im häuslichen Bereich. Die Anzahl der Ehen stiegen in ungeahnte Höhen, der Babyboom begann, weibliche Selbstlosigkeit und Selbstaufopferung wurden mit Liebe gleichgesetzt, und die Rückkehr zu den traditionellen Rollen wurde von jedermann im Namen der "Normalität" begrüßt. In den frühen Fünfziger Jahren gehörten die Sexsymbole, die äußere Wirkung und die Heldin im Stil einer Doris Day wieder zu den Bestandteilen dessen, was man als Weiblichkeit verkaufte. "Kreative Hausfrauenarbeit" wurde als ausreichende Möglichkeit für die Frauen betrachtet, ihre kreativen Kräfte zu entfalten, wenn auch die Mutterschaft immer noch als die einzige Quelle wirklicher Erfüllung angesehen wurde. Dieser Glaube war so weit verbreitet, daß Depressionen bei Frauen mittleren Alters, deren Kinder nun groß waren, allgemein als Folge davon angesehen wurden, daß der Nachwuchs aus dem Hause war und die Soziologen nannten es das "Syndrom des leeren Nestes." In den Fünfziger Jahren, schrieb George Dullea, "gaben Mütter selten zu, daß sie Freude empfanden, oder gar Erleichterung, über diese Zeit des leeren Nestes." Im gleichen Artikel beleuchtet die Soziologin Lillian Rubin die Situation noch genauer: "Es gab viele Schuldgefühle bei den Frauen über die Erleichterung, die sie empfanden, als ihre Kinder aus dem Hause waren, die sie aber nicht eingestehen konnten in einer Athmosphäre, die freie Geständnisse nicht zuließ."

Im Lauf des Jahrzehnts nahm die Beschäftigungsrate der verheirateten Frauen zu (ebenso wie die Scheidungsrate), aber die Frauen durften nicht mehr verdienen als ihre Männer, nicht einmal genau so viel, nur gerade so viel, daß sie zum Familieneinkommen beisteuern konnten. Auch erwartete man nicht, daß sie durch ihre Arbeit irgendwelche persönliche Befriedigung oder Entfaltung erfuhren, da dies ja eine deutliche Bedrohung der Familienstruktur bedeuten könnte. Die Gesetze in den einzelnen Staaten maßen in den meisten Fällen mit zweierlei Maß: 1959 hatten zwanzig Staaten Gesetze über gleiche Bezahlung in ihren Büchern, aber nur in sieben dieser Staaten forderten die Gesetze gleiche Bezahlung für Mann und Frau; in den anderen dreizehn Staaten wurden gleiche Löhne für Frauen gefordert, aber nur im Vergleich mit denen anderer Frauen.

In den Fünfzigern war es klar, daß man von den Frauen nicht erwartete, daß sie nächtelang ausblieben und ihr Horn bliesen, sondern daß sie waren wie June Allyson in The Glenn Miller Story (1954): sich aufopfernde, geduldig wartende Partnerinnen. (Interessanterweise enthüllte dieser Film, im Amerika der Kriegszeit handelnd, mehr von der Botschaft der Fünfziger Jahre als mancher Film aus der Kriegszeit, als Hollywood kompetente, unabhängige Heldinnen auf die Leinwand brachte). 1957 wurde in einer Studie an einer Collegeklasse von Psychologiestudenten (1O3 Männer und 86 Frauen) die Wirkung untersucht, die die Sexrolle auf die Frauen hatte, eine Wirkung, die Gefühle der Unterlegenheit sowohl als auch eine Passivität im

Hinblick auf Ziele, Leistungen und der Vorstellung von sich selbst hervorbrachte. Man entdeckte dabei unter anderem, wie getreulich sich hier, im Mikrokosmos, alle die Haltungen widerspiegelten, die in großen Teilen der amerikanischen Gesellschaft im allgemeinen vorherrschten: beides, Jazz zu spielen und zu komponieren, wurde von den Studenten als "maskulin" betrachtet, während Ballett, Lesen oder Musik des achtzehnten Jahrhunderts hören als "feminin" angesehen wurde. Als sie gebeten wurden, acht musikalische Aktivitäten in der Reihenfolge ihrer "femininen" Zuordnung zu nennen, betrachteten Frauen und Männer gleichermaßen den Jazz als die am wenigsten weibliche, wobei jede Gruppe das Hören an die siebte, das Spielen an die achte Stelle setzte. Was die musikalischen Vorlieben anging, so plazierten die Männer das Jazzhören an die erste Stelle, das Spielen an die dritte, während die Frauen das Hören an die zweite, das Spielen aber an die achte Stelle setzten. Das Interesse am Jazz war da, aber offensichtlich war für diese Frauen das aktive Teilnehmen am musikalischen Geschehen noch in weiter Ferne, zu weit, um eine realistische Möglichkeit zu sein.

Gegen alle Strömungen in den Fünfzigern ankämpfend, traten aber doch neue weibliche Talente hervor. Am Keyboard gab es da die talentierte Pianistin Bess Bonnier aus Detroit; die in Massachusetts geborene Barbara Carroll, klassisch ausgebildet, aber schon früh von dem Pianisten Nat King Cole beeinflußt, war eine der populärsten neuen Pianistinnen (und eine frühe Vertreterin des Bop); ebenfalls aus Detroit war Terry Pollard, die Klavier und Vibraphon spielte und 1953 bis 1957 im Duo mit Terry Gibbs arbeitete; die Organistin Shirley Scott ging 1956 zur Eddie "Lockjaw" Davis-Gruppe und blieb von da an, mit ihrer überschäumenden Energie und subtilen Zartheit auf diesem Instrument, an der vordersten Front der Jazzorganisten.

Aus dem Ausland erschienen ebenfalls in den Fünfziger Jahren zwei Frauen auf der amerikanischen Jazzszene: die eine war die in Deutschland geborene Jutta Hipp, die im Hickory House in New York arbeitete (sie verschwand aber allmählich wieder aus der Jazzwelt), die andere war die junge Toshiko Akiyoshi. In der Mandschurei geboren und in Japan aufgewachsen, spielte Toshiko Akiyoshi in den frühen Fünfziger Jahren in Kaffeehäusern und im japanischen Fernsehen und hörte jede Art von Jazz, die sie erreichen konnte - Harry James, Gene Krupa, Teddy Wilson und Bud Powell, der Pianist, der ihren frühen Stil mehr als jeder andere beeinflußte. 1956 war sie bereits der höchstbezahlte freie Arrangeur und Studiomusiker im ganzen Land. Im selben Jahr erhielt sie ein Stipendium am Berkeley College of Music in Boston und kam so nach Amerika. Hier arbeitete sie an vier Abenden in der Woche in George Weins Storyville Club in Boston und debütierte 1956 im Newport Jazz Festival. "In den ersten Jahren in Amerika," so erzählte sie Leonard Feather in einem Interview, "hatte ich mit rassischen und sexuellen Vorurteilen zu kämpfen. Ich spielte in Clubs und im Fernsehen im Kimono und die Leute waren verblüfft, eine Orientalin Jazz spielen zu sehen." 1959 heiratete sie den Saxophonisten Charlie Mariano, mit dem sie bis in die Sechziger Jahre hinein spielte. (In den frühen Siebziger Jahren formierte Toshiko Akiyoshi mit ihrem zweiten Mann, dem Saxophonisten Lew Tabackin, eine der hervorragendsten Bigbands im Jazz).

Unter den Vokalistinnen setzte sich Carmen McRae in den Fünfziger Jahren als wichtige Jazzsängerin durch; Teddi King kam aus Boston und arbeitete erst mit George Shearing, um dann bis zu ihrem Tode 1978 als Solistin aufzutreten; Barbara Lea begann mit ihren Plattenaufnahmen; die in Long Island geborene Della Griffin - mit einer Stimme, die der von Billie Holiday in geradezu unheimlicher Weise glich - sang mit einer Gruppe von Frauen, den Delltones, und wurde später noch Schlagzeugerin, und die innovative Jeanne Lee begann ihre Zusammenarbeit mit dem Pianisten Ran Blake. Eine faszinierende Neuerscheinung, Lodi Carr,gebürtig aus Michigan, sang in der Gegend von Detroit und New York, und in dem Plattentext zu ihrem "erfrischend freimütigen Plattendebüt" (Lady Bird) bemerkte Nat Hentoff, sie singe "ganz direkt, sehr musikalisch und mit völlig eigenemSound und Stil." (Nachdem 1961 ihr Sohn geboren war, widmete Lodi Carr fast alle Energie ihrer Familie, ist aber seit 1979 wieder voll zur Musik zurückgekehrt).

Die dynamische Dakota Staton wurde berühmt, als Down Beat sie zur vielversprechendsten neuen Vokalistin von 1955 wählte. Sarah Vaughan und Ella Fitzgerald fügten ihrem Repertoire immer mehr populäre Musik hinzu (Ella Fitzgerald hatte 1955 ihre monumentale Serie der American Songbooks begonnen), und Billie Holiday brachte auf der Bühne und im Plattenstudio ihre bewegendsten und herzzerreißendsten Songs zu Gehör.

Was schon für die vergangenen Jahrzehnte galt, traf auch für die Fünfziger Jahre zu, sogar in stärkerem Maße, denn sie waren besonders schwierig für Instrumentalistinnen. Eine ganze Anzahl sozialer und musikalischer Faktoren arbeiteten gegen sie. Die Einstellung während der Kriegzeit, bei der den Frauen, die sich in kritischen Zeiten so "ins Zeug gelegt" hatten,Lob und Preis gesungen wurde, hatte sich ganz schnell ins Gegenteil verkehrt. Nun wurde von ihnen mehr als je nichts anderes erwartet, als daß sie in der Küche stünden und kochten und die bezahlten Jobs als Instrumentalisten den Männern überließen. Diese tief eingewurzelte Haltung war verbunden mit dem Niedergang der Bigbands im allgemeinen und dem harten Konkurrenzkampf auf dem Arbeitsmarkt. Als die Musik von der USO und den Tanzlokalen wegging in die kleinen Clubs und auf die Konzertbühnen, wurden die Arbeitsmöglichkeiten für Frauen drastisch eingeschränkt; es gab weniger Orte, an denen sie arbeiten konnten und folglich auch weniger Frauen, die "da draußen" Aufmerksamkeit erregten.

Als die Musik sich immer weiter vom tanzbaren Viererbeat entfernte, (was schon in den Vierziger Jahren angefangen hatte), verzweigte sie sich in viele Richtungen: die "coole", modale Musik von Miles Davis, die mehr intellektuellen, experimentellen Klänge und Tempi solcher West Coast-Musiker wie Dave Brubeck, der "Third Stream" mit seiner Synthese von Jazz und Klassik, wie beim Modern Jazz Quartet, und der Hard Bop von Musikern wie Horace Silver, Art Blakey und Fats Navarro, die zu den Wurzeln in der Musik der Schwarzen und im Gospel zurückkehrten. Michele Wallace bemerkt, daß während der Fünfziger Jahre, der Ruhe vor dem Sturm, für die schwarze Welt der Jazz die einzige Zuflucht war und "er leistete der herrschenden Kultur einen härteren Widerstand als je zuvor."

Da der Jazz immer intellektueller und immer weniger zum Tanzen geeignet war, war im Hauptstrom der amerikanischen Musik der Weg frei für etwas Neues, um die Jugend wieder auf die Tanzflächen zu holen. 1954 hatte Bill Haley einen sagenhaften Hit mit dem Song, dem "theme song,"aus dem Film Blackboard Jungle (Saat der Gewalt). Die Nummer "Rock Around the Clock" verband zum ersten Mal Elemente der Country and Western-Musik mit Elementen des Rhythm and Blues (und gerade wegen des R&B-Einflusses weigerten sich einige Radiostationen, die Nummer zu senden, wie sich Haley erinnert). Aber die Nummer setzte sich durch. Als Elvis Presley schließlich 1956 seinen "Hound Dog" aufnahm - Big Mama Thorntons großer Rhythm and Blues-Hit, lange bevor Presley ihn überhaupt hörte - war Rock'n Roll (mit seinen Rhythm and Blues-Ingredientien) die bevorzugte Tanzmusik der amerikanischen Jugend.

Trotz des widrigen musikalischen Klimas und der höchst repressiven Athmosphäre der Fünfziger Jahre gingen einige der Frauen, die in den Vierziger Jahren in den Bigbands gespielt hatten, wie eh und je gegen die Sitten und Gebräuche des Tages an und arbeiteten in kleineren Gruppen oder leiteten sie als ihre eigenen. Den Bandleadern Vi Burnside, Tiny Davis und Flo Dreyer gelang dies; Beryl Booker hatte ein ausgezeichnetes Trio auf der 52nd Street, mit Elaine Leighton am Schlagzeug und Bonnie Wetzel (früher bei Ada Leonard und Tommy Dorsey) am Bass; Hetty Smith erinnert sich noch an eine weitere Frauenformation von 1952: "Myrtle Young setzte sich mit mir in Verbindung," sagt sie, "die frühere Altsaxophonistin der Darlings of Rhythm, die in Philly ein Sextett aufgestellt hatte, das hauptsächlich in den Nachtlubs der Ostküste am Meer entlang spielen sollte. Aus dieser Gruppe entstanden die sensationellen Four Jewels, - Willene Barton, Tenorsaxophon, Regina Albright, Piano, Gloria Bell (Coleman), Bassistin und Vokalistin, und ich selbst am Schlagzeug."

Die Bandleader der Dreißiger und Vierziger Jahre arbeiteten ebenfalls weiter. Ina Ray Hutton ging zum Fernsehen und leitete in ihrem eigenen Programm eine mehr kommerzielle Band mit Musikern wie Jane Sager und Audrey Hall. Auch Ada Leonard leitete in den frühen Fünfzigern eine Frauenband, als sie aber 1955 nach einer kurzen Ruhezeit wiederkam, war es mit männlicher Besetzung, und sie sagte zur Erklärung in Down Beat, es gäbe so wenige erstklassige Musikerinnen, daß sie jeden Preis verlangen könnten und ihn auch bekämen, aber das wäre mehr, als sie aufbringen könnte. Übrigens arbeiteten Spitzenmusikerinnen nicht gerne in Frauenbands. Sie möchten das Gefühl haben,, daß sie ihres Könnens wegen engagiert worden sind und nicht wegen ihres Aussehens oder ihres Sex Appeal."

Lange Zeit ist auch die Leiterin der Sweethearts, Anna Mae Winburn, aktiv geblieben mit Tourneen ihrer kleineren Sweethearts-Gruppen quer durch das Land, mit Solistinnen wie Eileen Chance am Bass, Lorraine "Jazz" Walsh am Klavier, Jean Davis an der Trompete und Willaine Barton am Tenor. Während Anna Mae Winburn immer noch rassisch gemischte Gruppen in den Süden brachte, erinnert sich Eddie Durham, daß, bedingt durch die wachsende Spannung zwischen den Rassen, die Formationen, mit denen er zu tun hatte, angefangen hatten, ihre Spieler auszutauschen. Sie schickten schwarze Gruppen in den Süden und die weißen nach Norden.

1955 brachte Durham eine Gruppe mit fünf Frauen in den Süden, in einem Programm mit Little Richard und einer sechsköpfigen Männerband. Das, sagt Durham, war die letzte der Frauenbands.

Im Vergleich zu den Vierziger Jahren waren auch die Möglichkeiten zu Plattenaufnahmen für Instrumentalistinnen sehr zurückgegangen. 1954 arrangierte Leonard Feather für MGM eine Sitzung, die einige Frauen ins Studio brachte für eine Session, "Battle of the Sexes", herausgekommen unter dem Namen "Cats vs. Chicks." In der Besetzung waren Corky Hale, Mary Osborne, Beryl Booker, Terry Pollard, Elaine Leighton, Bonnie Wetzel, Urbie Green, Clark Terry, Lucky Thompson, Horace Silver, Kenny Clarke, Percy Heath und Tal Farlow. Eine weitere Frau, die um diese Zeit aufnahm, war Lillian Briggs, Sängerin, Bandleader und frühere Posaunistin der Joy Cayler Band. Nachdem sie 1959 mit dem Jumpblues "I Want You To Be My Baby" einen Hit gelandet hatte, machte sie als Entertainer weiter, aber mehr auf der Rock'n Roll- Seite als im Jazz.

Mancher Musiker ging in den späten Vierzigern und frühen Fünfzigern nach Europa, und für einige amerikanische Jazzmusikerinnen wurde Paris zu einem weiteren Zentrum der Plattenproduktion: Lil Hardin Armstrong nahm dort auf, Beryl Bookers Frauentrio arbeitete da mit Don Byas, ebenso Mary Lou Williams. (Die Booker/Byas- und die Williams/Byas-Sessions sind kürzlich auf Inner City Records wieder veröffentlicht worden). Mary Lou Williams jedoch war zu dieser Zeit von der Musikwelt tief enttäuscht und verließ eines Abends einen Club in Paris, um sich für einige Zeit ganz zurückzuziehen und sich statt dessen nur noch der katholischen Kirche zu widmen und den Aktivitäten in ihrer eigenen Wohltätigkeitsorganisation, der Bel Canto Foundation, einer Stiftung zur Hilfe für in Not geratene Musiker. (1957 erschien sie jedoch wieder mit Dizzy Gillespie auf dem Newport Jazz Festival, trat auch bald in der Musikwelt wieder in Erscheinung mit ihren Kompositionen für die Kirche).

Was die Presse anging, so lenkte eine Leonard Feather-Kolumne in der Down Beat regelmäßig die Aufmerksamkeit auf die Talente und Leistungen (auch auf die Kämpfe) einiger Frauen im Jazz. Die Serie mit dem Titel "Girls in Jazz" boten Portraits von Musikerinnen wie Corky Hale, Melba Liston, Ginger Smock, Norma Carson und Beryl Booker. Und 1953 schrieb Nat Hentoff einen der einsichtsvolleren zeitgenössischen Artikel über das Thema "Frauen im Jazz," veranlaßt durch die negative Reaktion eines Kritikers darauf, daß eine Frau an das erste Pult in einem Symphonieorchester gesetzt worden war. Diese Reaktion, sagte Hentoff, war ein typisches Beispiel "für das, was eine junge Freundin von mir, eine Psychologin, mit Strenge als 'männlichen Chauvinismus' verurteilt. Die Psychologin, (die, bitte schön, ihre eigenen Zigaretten kauft und ihre eigenen Rechnungen bezahlt) betont, daß einsichtsvolle Männer vom Intellekt her das Recht der Frau auf soziale Gleichberechtigung anerkennen, aber rein gefühlsmäßig sehnen sie sich geradezu nach dem ach so schönen Mittelalter, als der Platz der Frau noch da war, wo der Mann ihn ihr zuwies."

Solche Einsichten waren leider außerordentlich selten zu der Zeit, und die alten Vorstellungen und Vorurteile hielten sich meistenteils noch sehr gut: keine Frau konnte in Schönheit strahlen "mit dem Mundstück eines Saxophons zwischen ihren hübschen roten Lippen, oder wenn sie ihr entzückendes Gesichtchen mit einer Posaune oder Trompete gänzlich aus der Form blies," erzählte Mrs. Xavier Cugat - als solche wurde sie den Down Beat-Lesern vorgestellt; undweibliche Entertainer, selbst die kümmerlichsten, fänden immer ihr Publikum, sagte Metronome in einem Artikel betitelt "Leave It to the Girls" (Dezember 1956, S. 18), denn Männer "sehen erst mal hin, dann hören sie zu."

In den frühen Fünfziger Jahren erschien eine neue Illustrierte, das Magazin Jet, und brachte der schwarzen Gemeinde Informationen über viele schwarze Künstler und Musiker - Männer und Frauen - die sonst nirgendwo erwähnt, geschweige denn gewürdigt wurden. Anna Mae Winburn, Vi Burnside, Tiny Davis und Myrtle Young waren beispielsweise das Thema einer Jet-Coverstory (Februar 1954, S. 6O) mit dem Titel "Why Girl Bands Don't Click" ("Warum es nicht klappt mit den Frauenbands")(eine Überschrift, die leider beispielhaft ist für die Art von negativer Publicity, über die sich Anna Mae Winburn beschwerte). Der Artikel selbst aber, trotz einiger unvermeidlicher, zeitbedingter Cliches, nannte immerhin einige gewichtige Gründe, warum "keine der Frauenbands sich rühmen konnte, dem Unstern, der über den Frauenbands waltete, zu entgehen." "Einige behaupten," sagt der Autor, "daß der Hauptgrund darin läge, daß die Mädchen gewöhnlich hinreißend aussehen, aber wenig Talent haben." Wenn das tatsächlich der Fall war, meinte der Arrangeur der Sweethearts, Maurice King, dann lag die Hauptschuld daran wohl am Interesse der Gönner an einer romantischen Beziehung: es ist nicht leicht, einen Bandleader zu finden, der nicht mehr an einem Mädchen - eben als Mädchen interessiert ist als an ihren Qualitäten als Künstlerin oder Musikerin," sagte er. "Da nun einmal viele der Frauenbands von Männern formiert worden sind oder unter ihrer Leitung, ist (das Interesse der Männer an einer Affäre, das größer ist als das am musikalischen Können), ein ganz großes Handicap (dem alle Frauenbands ausgesetzt sind)." Tiny Davis - die, dem Artikel zufolge, dabei war, eine rein weiße Gruppe zusammenzustellen - wies noch darauf hin, daß auch der "Mangel an Hit-Platten den Frauenbands geschadet hat."

Als das Jahrzehnt sich seinem Ende zuneigte, stellte Barry Ulanov in einem Down Beat-Artikel "Women in Jazz: Do They Belong?" (Frauen im Jazz: gehören sie da hin?) (9. Januar 1958, S. 17) fest: "Ist im Jazz Platz für Frauen als Instrumentalistinnen, nicht nur für Pianistinnen, die ein Trio leiten, in dem zwei Drittel Männer sind," nicht nur für "Frauen, die als Kuriositäten angesehen werden," wenn sie auch ein ganz passables Horn spielen, sondern ein echter Platz für die Frau, "streng auf der Basis ihres Verdienstes und nicht auf der des Sex?" Die Hindernisse, die den Frauen so lange auf diesem Gebiet in den Weg gelegt worden sind, sagt er, haben nicht nur den Frauen selber, sondern der ganzen Jazzwelt Schaden zugefügt.

Obwohl er den richtigen Standpunkt vertritt, wäre es vielleicht passender gewesen, statt des irreführenden Titels "Gehören sie da hin?" die Frage aufzugreifen, die Lucille Dixon in den frühen Vierziger Jahren im Bereich der Klassik gestellt hatte: "Würden sie mich reinlassen?" Daß viele Frauen "erschlagen" oder entmutigt waren durch die Vorurteile und durch eine Kultur, die ganz und gar nicht aufnahmebereit war, das wußte niemand besser als die Frauen selber. (Selten, wenn überhaupt, wurde über diese Seite der Dinge geschrieben oder sie auch nur zur Kenntnis genommen). Obwohl die Fünfziger Jahre für die amerikanischen Frauen im allgemeinen ein Jahrzehnt war, das sie im Schatten hielt und Schweigen über sie breitete, - verglichen mit den Vierziger Jahren, galt das auch für viele Frauen im Jazz - drangen ihre Stimmen trotzdem durch.

Wie Maya Angelou in I Know Why the Caged Bird Sings (Ich weiß, warum der Vogel im Käfig singt) schrieb: "Die Bibel sagt, 'Wer hören kann, der höre. Schande über den, der nicht hören kann.' "

Tiny Davis and her Hell Divers. V. links n. rechts: Helen Cole, Eileen Chance, Tiny Davis, Bert Etta Davis, Margaret Backstrum, Maureen Smith.

Ada Leonard (im Scheinwerfer) mit ihrer Band. Obere Reihe v. Links n. rechts: Mary Ann Gold, Joan Koupis, Helen Stompful, unbek., Bertie Lawrence, Cele Touhey, Dez Thompson. Mittlere Reihe v. links n. rechts: Jule Donahue, Mildred Cobb, Bernice Lobdell, Jane Sager, Bernice Little. Untere Reihe v. links n. rechts: Ethel Buttons, Brownie Slade, Connie Van, Midge Goodrich.

June Rothenberg, 1946.

Betty Sattley Leeds, 1945.

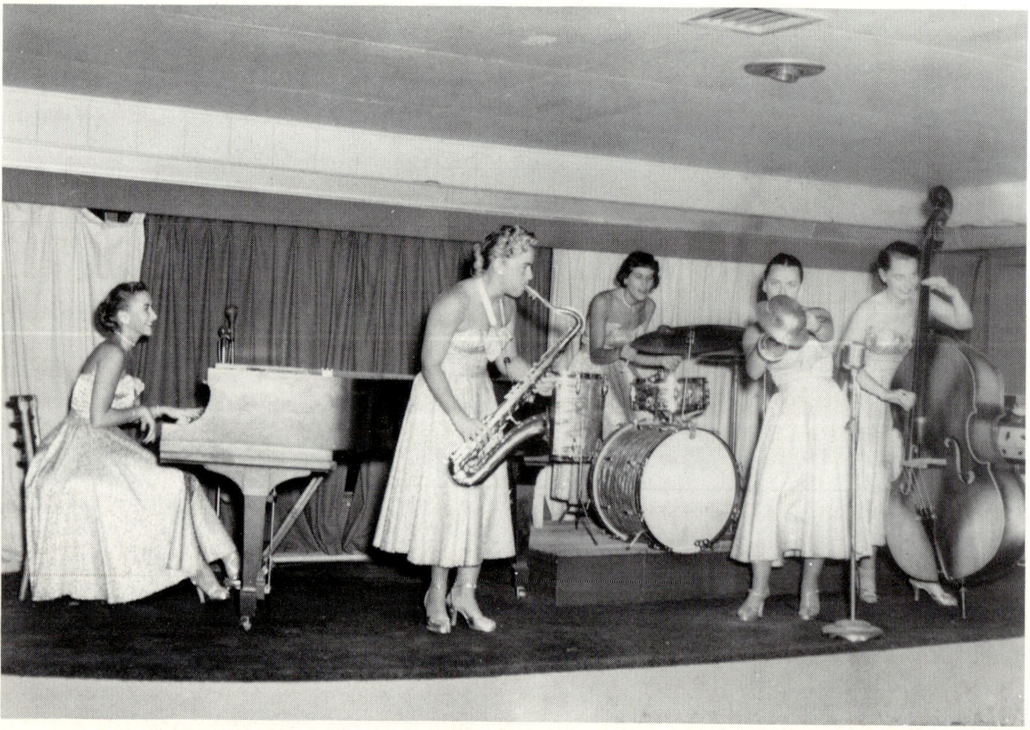

Das Flo Dreyer Qunitett in Honolulu, 1952. V. links n. rechts: Stella Mattern, Chris Reed, Fagle Liebmann, Flo Dreyer, Elleanor Williams.

The Syncoettes: Sarah McLawler (Klavier), Lula Roberts (Tenorsaxophon), Hettie Smith Pasco (Drums), Vi Wilson (Bass).

Corky Hale bespricht einen Song mit Frank Sinatra in Hollywood.

Bridget O´Flynn im "111 Club" 1950.

Sarah McLawler auf dem Universal Jazz Coalition Salute to Women in Jazz, New York 1979.

Sheila Jordan.

Jean Davis.

Carline Ray.

Willene Barton.

Maxine Sullivan mit Freunden.

Lucille Dixon.

Patti Bown.

Mary Lou Williams, 1974.

Fostina Dixon.

Jane Ira Bloom.

JoAnne Brackeen.

Janice Robinson.

Melba Liston and Company. V. links n. rechts: Chessie Tanksley, Carline Ray, Melba Liston, Britt Woodman, Dottie Dodgion, Larrie Smith, Erica Lindsay.

Ann Pattersons Maiden Voyage. Obere Reihe v. links n. rechts: Judy Chilnick, Valerie Sullivan, Jodi Gladstone, Louise Baranger, Anne Petereit, Stacy Rowles. Mittlere Reihe v. links n. rechts: Debbie Katz, Betty O´Hara, Beth Carver, Martha Stevens, Jackie Wollinger. Vordere Reihe v. links n. rechts: Carol Anderson (Klavier), Carol Chaikin, Barbara Watts, Ann Patterson, Lesli Dechter, Jamie McEwing.

UJC´s 1978 Salute to Women in Jazz bei einem Auftritt auf der Straße, nachdem die Clubchefs ihnen den Eintritt verwehrt hatten. Vom Schlagzeug angefangen nach rechts: Barbara Merjan, Bob Cranshaw, Jimmy Rowles, Carol Sloane.

Willene Barton

(Tenorsaxophon/Bandleader)

> Keine von ihnen war so gut wie Willene. Willene hat den Ton der einem so zu Herzen geht, wer weiß, warum. Ben Webster hatte ihn, und Coleman Hawkins hatte ihn, und Herschel Evans hatte ihn. Und Louis spielte ihn auf seiner Trompete.
>
> Eddie Durham

Willene Barton begann ihre Karriere in den frühen Fünfziger Jahren bei den kleinen Gruppen der Sweethearts und verschiedenen anderen kleinen Frauencombos. Seitdem hat sie als Leiterin ihrer eigenen kleinen Formationen gearbeitet und freischaffend als Jazz- und Discomusikerin sowie in kommerziellen Bigbands.

Nach dreißig Jahren, in denen sie sich ganz diesem Beruf gewidmet und sich dabei den Respekt solch hochrangiger Musiker wie Johnny Hodges und Charlie Parker erworben hat, hat man in den letzten sechs Jahren begonnen, nachdem sie kurze Zeit bei der Gruppe "Jazz Sisters" gespielt hat, ihr ein bißchen mehr der öffentlichen Aufmerksamkeit und kritischen Würdigung zukommen zu lassen, die sie verdient. Als Folge ihres Auftretens mit dieser Gruppe (unter Leitung der Pianistin Jill McManus) und ihrer Teilnahme an Veranstaltungen wie Women's Jazz Festival in Kansas City und dem Universal Jazz Coalition's Salute to Women in Jazz wird Willene Barton jetzt von fast jedem wichtigeren Kritiker in New York besprochen, wie sie sagt - "und jeder ist jetzt überaus wohlwollend mir gegenüber." Denn in all den Jahren vorher, setzt sie hinzu, "habe ich an Orten gespielt, wo sie nicht hinkamen."

Die Orte, wo die Kritiker "nicht hinkamen" - örtliche Tanzlokale, Clubs in der Nachbarschaft, Hotels und Erholungszentren hier und im Ausland - sind genau die Orte, an denen sich die Geschichte der Frauen im Jazz größtenteils abspielte. Willene Barton hat die ganzen Sechziger Jahre hindurch an solchen Orten gespielt, denn trotz der Rezession "gab es genug Clubs und genug Möglichkeiten, zu arbeiten." 1972 mußte sie dann aber, angesichts der Lage in Kunst und Ökonomie, einen Ganztagsjob annehmen. "Es ist ein Nichts von einem Job," sagt sie, "aber er hilft mir weiter, ich muß mir keine Sorgen machen wegen irgendwelcher Rechnungen und solcher Sachen."

Willene Barton kann buchstäblich einen ganzen Saal von den Füßen holen, wenn sie sich tiefer und tiefer in ein Solo hineingräbt, ob sie nun einen Blues swingt, zwischen erdig und elegant, ("rauh und ekstatisch"), ob sie eine harte, beißende schnelle Nummer wie "Perdido" spielt, oder ob sie mit breitem Schwung in eine Ballade gleitet - "Tenderly," "As Time Goes By," "What Are You Doing the Rest of Your Life?" oder eine der anderen, die sie so gerne "nach zwölf Uhr nachts" spielt, wie sie sagt.

"Geh dein Publikum direkt an, erzwinge dir ihre Aufmerksamkeit sofort," sagt sie, "steigere dich bis zum Höhepunkt und sieh zu, daß du genau auf dieser Höhe wieder rauskommst. Zupacken, spielen und raus, das wirkt."

Willene Barton wurde in Oscilla, Georgia, geboren. Als sie zehn war, zog die Familie nach Long Island, wo sie anfing, Klarinette zu lernen unter dem Einfluß eines Onkels, der dieses Instrument spielte. Als sie in die Junior Highschool kam, wechselte sie über zum Tenorsaxophon.

"In der Zeit damals gab es im Jazz nur eines, das Tenorhorn,"sagt sie. "Da waren Illinois Jacquet, Bud Freeman...Sie werden es nicht glauben, einer meiner Lieblingssaxophonisten war Freddie Martin. Von ihm hab ich viel an Melodieführung gelernt. Ich nehme an, Sie würden das nicht mit Jazz bezeichnen. Er spielt nichts als den großen Ton und nichts als Melodie. Ich hab immer zugehört, wie er spielt. Er war mehr so ein Salontyp, aber ich mag das nun mal. Damals gab es im Jazz nur Swing oder Tenor. Bands lebten und starben mit einem guten Tenoristen."

Zu Hause bei Willene gab es fast nur Kirchenmusik und ihre erste Praxis bekam sie in der Kirche. "Ich spielte immer, wenn der Chor sang; ich spielte die Hymnen auf dem Saxophon mit." Nach der Highschool entschied sie sich, ohne lange zu überlegen, für den Musikerberuf statt für das College. Damals versammelten sich die aufstrebenden Musiker in den Musikerbörsen auf der 48th Street. Da hatten Veteranen wie Eddie Durham und der Tenorist Walter "Foots" Thomas ihr Standquartier, und die hatten schon mancher jungen Frau geholfen, ins Geschäft zu kommen. Willene studierte bei Thomas und dem Lehrer Louis Arfine und arbeitete mit ihnen daran, ihre Kraft und ihren Ton zu entwickeln. In manchen Stunden tat sie nichts als Töne blasen. "Ich wollte den größten und vollsten Ton haben, der mir möglich war, und Atemkontrolle und all das. Alle ihre Schüler hatten einen Riesenton, denn ganz gleich, wie brilliant deine Technik ist, wenn es nicht gut klingt, ist es dünn und leer." Was den Mythos angeht, Frauen wären nicht stark genug, um ein Horn spielen zu können, sagt Willene Barton, daß die Musiker das allesamt nur durch Üben erreichen. "Die Jungs müssen da alle genau so durch wie ich. Natürlich glaube ich auch, daß es manchen gibt, der nie so einen Ton wie ich haben wird. Lauter werden sie vielleicht sein, aber die Qualität und den Ton werden sie nie erreichen." 1952 stellte Anna Mae Winburn für eine Tournee wieder eine kleine Sweetheartsgruppe zusammen. "Durch Walter Thomas und Eddie Durham und die ganze Meute konnte ich hingehen und vorspielen und bekam auch den Job," sagt Willene. "Ich konnte gar nicht spielen, ich wußte nichts über Aufbau und Gliederung und sowas. Ich spielte drauflos und wenn ich es leid war, hörte ich auf. Ganz gleich wo. So konnte ich mitten im "channel" (der Bridge, dem Mittelstück) landen oder sonstwo, wo es gar nicht enden sollte. Außer bei den Balladen. Die konnte ich immer ganz durchspielen.

"Zu der Zeit waren acht oder neun Mann in der Band. Wir machten die Tour durch den Süden, den Südwesten, spielten in Shows, und dann reduzierte sie die Band auf etwa sechs Mann, mit ihr als Sängerin, und damit reisten wir durch die ganzen Vereinigten Staaten. Das bedeutete, wir spielten sechs bis sieben Abende in der Woche, und ich war unter erstklassigen Musikern der einzige Neuling in der ganzen Band." Die anderen Frauen in der Gruppe waren Eileen Chance am Bass, Lorraine

"Jazz" Walsh am Klavier, Maxine Fields an der Trompete und Pauline Braddy am Schlagzeug. "Es war reichlich viel Arbeit!" sagt Willene. "So hab ich spielen gelernt, jeden Abend in Aktion. Das ist der beste Weg, um zu lernen.

"Das Publikum war immer sagenhaft. Wenn die Leute mich nicht so akzeptiert hätten, wie sie es gatan haben, ich bin sicher, ich wäre nicht dabei geblieben. Da war auch immer jemand wie Eddie (Durham) da, der half, wenn einem mal jemand das Leben schwer machte, das machte dann nichts. Da gab es sogar welche in der Band, die es einem schwer machten, nur weil sie es einfach lächerlich fanden, daß sie, als die großen Experten, mit jemand spielen mußten, der nicht entfernt wußte, wo's langgeht. Es hat mir gutgetan, daß sie Jahre später ankamen und einen Job bei mir haben wollten."

Die Formation fuhr durch die Lande, manchmal sechs Monate ohne Unterbrechung. Sie fuhren in Bussen, in Kombis oder in Cadillaclimousinen, manchmal über eine Entfernung von 500 Meilen zwischen zwei Jobs. "Es war hart, aber aufregend," sagt Willene Barton. "Das war noch vor der Integration. Hotels gab es nicht. Oft genug bestanden die Mahlzeiten aus Käse und Crackern, was in den Lebensmittelläden gerade zu haben war. Im Süden mußten die weißen Mädchen schwarzes Makeup auflegen...Wir fuhren in die schlimmsten Staaten der USA - Mississippi, Louisiana, Alabama. In Louisiana sah einmal ein Polizist durch die Bühnentür und sagte: 'Also ich weiß nicht, ob ihr oder ob ihr nicht - ich kann euch nur raten, macht schleunigst, daß ihr wegkommt." Machten wir dann auch. Es war hart, manchmal auch gefährlich in so einem Fall. Trotzdem haben wir uns über all dieses Theater oft amüsiert - wir könnten heute noch im Kittchen sitzen.

"Man muß schon den unbedingten Willen zum Spielen haben, um das alles hinzunehmen, und den hatten wir. Ich war nie weiter gekommen als nach Georgia, Great Neck und Flushing. Für mich war es großartig. Jeden Abend hatte ich die Möglichkeit, zu spielen. Das war genau das Richtige."

Als Willene Barton bei den Sweethearts ausstieg, ging sie nach New York zurück. "Ich hatte erst meine eigene Gruppe, dann bin ich bei anderen Gruppen eingestiegen. (Eine davon war die Frauengruppe, die Melba Liston 1958 kurze Zeit geleitet und die vor einem Massenpublikum in Bermuda gespielt hatte). Wenn eine Frau ständig arbeiten will," sagt Willene, "und wenn man keinen Job in einer anderen Gruppe kriegt, dann stellt man sich seine eigene Band zusammen." Ihre Gruppen bestanden immer aus Männern, mit Ausnahme des einen Mals, als sie und die verstorbene Elsie Smith, die bei Hampton Saxophon gespielt hatte, sich mit einem Schlagzeuger und einem Bassisten zusammentaten.

"In den alten Tagen," sagt Willene, "war es mit den Männern folgendermaßen: es war immer noch der alte Chauvinismus. Ich halte mich also im Hintergrund und mach einem der Jungs ein Zeichen, die Titel aufzurufen. So gab ich mir den Anschein, nicht die dominierende Frau herauszukehren. Ich wollte den Teamgeist stärken; wir alle sollten die Entscheidungen treffen. So mußte man sich damals den Männern gegenüber verhalten. Aber die Verantwortung dafür, die Jobs an Land zu ziehen, die lag bei mir, und gegen Ende zu - bei den Gruppen, die ich später hatte - da arbeitete man mit den Leuten und wenn ihnen jemand ein paar Dollar mehr gab, dann hauten sie ab. Es war ihnen egal,wie man dann dastand, ob es ein Tag, ein Abend oder eine Stunde vor dem Auftritt war. Man reiste rum und war für diese Leute verantwortlich. Bandleader zu sein, ist nichts Glanzvolles, es ist harte, frustrierende Arbeit. Aber, – wenn man arbeiten will, muß man das in Kauf nehmen."

Erfolg zu haben in der Musikwelt, sagt Willene Barton, hat viel mit Politik zu tun. "Ich meine, diese ganze Geschichte mit dem 'Amerikanischen Traum', hart arbeiten, und wenn man Talent hat - das stimmt doch gar nicht. Schön, wenn man es hat, aber wenn man nicht die richtigen Leute kennt, dann nützt einem das alles nichts, und wenn man noch so talentiert ist." Was die Manager und Agenten angeht, "oh, da hatte ich ein paar Blüten," sagt sie. "Die wollten nur ihre zehn Prozent einkassieren und vermittelten mich an alle möglichen merkwürdigen Orte. Einen Manager, der sagte, 'hier hab ich jemand mit Talent, der seinen Weg machen muß,' den gab's nicht. So einen hatte ich jedenfalls nie. (Von allen Stars, denen sie begegnet ist, war Dinah Washington, die ihre eigene Agentur, Queen Attractions, hatte, die einzige, die Interesse an Willene Bartons Karriere zeigte). Keiner von denen, die an mich glauben, hat Geld."

"Noch etwas - ich bin überzeugt, Männern passiert das nie - sie sagten immer: 'Sie müssen noch eine Shownummer bringen.' Daß ich auf der Bühne stehe und sehr gut Saxophon spiele, ist meiner Ansicht nach völlig ausreichend. Sie fragen ja auch die Sängerinnen oder Tänzerinnen nicht, ob sie Saxophon spielen. Da sagen einem die Leute: 'Ich kann Ihrer Band einen Job besorgen, aber Sie müssen noch eine Shownummer bringen.' Was für eine Shownummer? Was erzählen? Comedy? Ich kann nicht tanzen. Ich kann mit Sicherheit keine Witze reißen. Ich singe nur so ein bißchen. Also was wollen die noch? Daß ich da oben stehe, ist doch schon Attraktion genug. Das gleiche kriegt man von Clubchefs zu hören. Das Publikum - die mögen, was ich mache."

Manchmal. sagt Willene Barton, wenn sie mit ihrem Horn in einen Raum kommt, "dann sehen die Frauen hoch, und auf ihrem Gesicht steht geschrieben 'Großer Gott, blamier uns bloß nicht!' Bei anderen wieder 'Nanu, was ist das?' Und bei den Männern 'Ach du lieber Gott, was soll das denn?' Wenn ich dann zu spielen anfange und die Frauen sicher sind, daß ich mich nicht blamiere und sie mit, dann kommt nach dem Auftritt das strahlende Lächeln und das 'Ah' und 'Oh, Sie waren ganz wunderbar.' Und sie sind so stolz und so glücklich. Natürlich, wenn ich diesen Ausdruck auf ihren Gesichtern sehe, dann versuche ich, noch ein bißchen was extra zuzulegen.

"Die UJC (Universal Jazz Coalition) ist das beste, was uns je passiert ist, denn sonst hätte man von den meisten von uns nie etwas gehört. Eines der schönsten Komplimente, die ich, meine ich, je bekommen habe, bekam ich in Kansas City (wo Willene mit den Big Apple Jazzwomen aufgetreten ist). Nach der Show kam eine Frau zu mir und sagte: "Ich danke Ihnen dafür, daß Sie das Instrument gemeistert haben, mit dem ich nie fertig wurde,' was ja wohl bedeutete, daß sie wahrscheinlich zu früh aufgegeben hat oder etwas der Art. Ich bin sicher, da unten saßen noch mehr davon..."

"Ich hab mich über zwanzig Jahre abgestrampelt - will sagen, meine ganze Zeit dafür geopfert, nichts anderes gemacht - und ich weiß wirklich nicht, was ich noch tun kann. Ich dachte immer, ich sei gut genug, um nie einen anderen Job annehmen zu müssen, aber so ist das nun mal, da kann man nichts machen."

"Sehen Sie, jedes Jahr wird man besser und besser, und mein Ehrgeiz war - und ist es immer noch - auszuprobieren, wie gut ich werden kann, wie gut kann man wirklich werden, wissen Sie, wie groß. Und ich habe mir vorgenommen, es zu schaffen."

Jean Davis

(Trompete)

Jean Davis begann ihre Laufbahn in kleinen lokalen Gruppen in und um New York. Sie hat auch ihre eigenen Männercombos geleitet, war freiberuflich tätig ("free-lance") und hat in jüngerer Zeit mit den Jazz Sisters und den Big Apple Jazz Women gearbeitet. Seit 1969 hat sie einen Ganztagsjob, der ihr kaum Zeit für andere Dinge läßt, trotzdem hat sie sich immer nur als Musikerin gesehen. "In der Mittagszeit setze ich mich in meinen Wagen und höre Jazz, wenn mir danach zumute ist, weg von all dem anderen Kram," sagt sie. "Dann komm ich nach Hause und versuche, so viel zu spielen wie möglich. Manchmal, wenn ich sehr müde bin, dann zwinge ich mich nicht dazu, aber allzu oft laß ich das nicht zu. Wenn ich heute nicht übe, dann hol ich das morgen nach. Die Trompete ist ein Horn, das man nicht einfach mal aus der Hand legen darf, das ist ein Sieben-Tage-Job."

Jean Davis ist in New Orleans geboren, aber als Kind schon nach New York gekommen. Ihre Mutter hat sie kaum gekannt, aber sie soll eine großartige Sängerin gewesen sein. "Ich hab Musik immer gern gemocht," sagt Jean Davis. "Ich wollte immer Sängerin werden, es gab auch mal eine Phase, da war es der Steptanz. Ich habe Ella Fitzgerald gehört, als sie zuerst herauskam mit 'A-Tisket, A-Tasket.' Ich war noch ein Kind und wollte singen wie sie. Sie wissen ja, was man so alles für Stadien durchläuft. Eines Tages dann ging ich ins Kino und sah den Film Syncopation. Ich war begeistert von dem Soundtrack mit der Trompete. 'O ja sicher,' sagte ich, 'das kann ich spielen. Nur drei Ventile, das muß ja ganz einfach zu spielen sein.' " Jeans Vater hielt jedoch gar nichts von der Idee. "Er sagte: 'Wer hat je was von einem Mädchen gehört, das Trompete spielt?' Das war alles, was ich zu hören kriegte. Da sagte ich mir, 'also dann...' In unserer Junior Highschool war ein Junge, der fabelhaft Schlagzeug spielte, und mir gefiel sein Spiel. Alle anderen spielten Geige oder Klavier, da sagte ich, 'spiel ich also Schlagzeug, bis meine Familie sich an die Trompete gewöhnt hat."

"Ich fing an, für die Schulaufführungen zu spielen, und sie holten mich dann zu den Operetten und allem. Die Leute sagten: 'Meinst Du nicht, Du solltest beim Schlagzeug bleiben?' Und ich sagte: 'Nein, ich glaube nicht, denn mit der Trompete kann man Melodien spielen, und man kann sweet spielen,' und das war es, was ich wollte."

"Schließlich gab mein Vater nach. Er ging zu Wurlitzer, verstand nichts von Trompeten und sagte: 'Geben Sie mir eine Trompete - wissen Sie, so eine, die man verschenken kann.' Da gaben sie ihm die schlechteste Trompete, die sie je hätten finden können, und zu der Trompete kamen noch zehn freie Unterrichtsstunden von der Wurlitzer Company." Anfangs, erinnert sich Jean, nahm sie der Lehrer von Wurlitzer nicht ganz ernst. "Der dachte, ich bin ja ein Mädchen, nach einem Jahr würde ich kein Interesse mehr daran haben oder sie weglegen, warum sollte man also soviel Energie daran verschwenden. Als er aber merkte, daß es mir ernst war, kam er sogar zu uns ins Haus und gab mir Unterricht. Danach fing ich an, kleine Jobs anzunehmen und überall zu spielen, auch mal einzusteigen.

"Ich weiß, daß ich, so weit mein Gedächtnis in meine Kindheit zurückreicht, immer Musikerin werden wollte. Ich machte in der Bronx den Baby-Sitter für die Dame nebenan, und da habe ich zum ersten Mal Jazz at the Philharmonic gehört." Sobald die Frau weg war, ging Jean ihre Platten durch. "Eine ganz spezielle Platte hatten sie, den 'One O'Clock Jump,' den ich ganz besonders liebte, den legte ich dann auf und hörte ihn mir an."

In Jean Davis' Nachbarschaft wohnten auch viele Musiker- Thelonius Monk, Cat Anderson, Elmo Hope. "Denen bin ich nachgerannt. Ich war das einzige Mädchen, das ihnen nachrannte, wissen Sie. 'Wie ist es mit 'ner Jamsession?' 'Ja.' 'Komm mit zu uns.' Meine Mutter drehte durch. Ich brachte immer die ganze Band mit. Wir hatten das Klavier. Ich brachte noch Bass und Schlagzeug an und hatte irgendwo einen Typ getroffen, der Vibraphon spielte. Wir gingen ins Wohnzimmer und es war herrlich, weil die Nachbarn großartig waren. Ich werde nie vergessen, da war ein Typ, der war Bäcker und arbeitete nachts, tagsüber schlief er dann, und sein Raum war genau unter meinem Zimmer. Er brüllte dann immer aus dem Fenster: 'Ist mir ja gleich, wenn Du übst, Du mußt mir nur 'Stardust' spielen, bevor ich einschlafe.' Dann spielte ich 'Stardust' und alles war in Ordnung. Er schlief dann wie ein Toter."

"Mein Vater machte sich Sorgen. Er sagte, 'es ist ziemlich schwer für eine Frau.' Er gab Jean den Rat, in der Schule zu bleiben und noch ein paar praktischere Dinge zu lernen. Neben der Musik ging ich also immer noch zur Schule und lernte Schreibmaschine und all dies Zeug," sagt sie, was sie später außerhalb der Musik bei anderen Jobs anwenden konnte und mußte.

Nach den Stunden bei dem Wurlitzer-Lehrer spielte Jean Davis dem Trompeter Doc Cheatham vor und fing dann an, bei ihm zu studieren. "Er nahm Anteil an mir," sagt sie, "wissen Sie, das war nicht so wie 'ach, da kommt wieder so'ne Tante, die wird dann schwanger, dann hört sie auf, wozu verschwende ich meine Zeit bloß mit sowas?' " (Cheatham half ihr auch, umgehend ein neues Horn zu kaufen und ließ aus ihrem alten eine Lampe machen). Bei ihm lernte sie das "nonpressure System", eine Methode, bei der die Kraft aus dem Zwerchfell kommt, und sie arbeitete an ihrer Atemtechnik. "Ich spiel nicht gern so viele hohe Töne," sagt Jean Davis. "Ich mag die Höhe bis zu D oder dem hohen E. Ich bin kein Schreihals. Manche Typen kommen an und fragen, 'Wie hoch kommst Du?' Ich will nur so hoch kommen, daß es mich nicht anstrengt, und ich hab immerhin den ganzen Umfang der Tonleiter drauf." Jetzt ist ihr Ziel, zum Flügelhorn überzugehen, dessen melodiösen Klang sie sehr mag. Doc Cheatham, der Jean Davis schon kannte, bevor sie zu ihm in den Unterricht kam, sagt: " Wenn Dein Spiel nur schön ist, darauf allein kommt es an."

Nachdem sie in und um New York mit einer Anzahl lokaler Gruppen gearbeitet hatte, nahm Jean Davis einen festen Job an in einem Ferienort in Westchester County bei der Ross Carnegie Band, bei der auch die Musiker Charlie Persip, Oliver Nelson und Chris Wood waren. Auch an den Jamsessions in der Stadt nahm sie teil. Jeden Montag abend war in Count Basies Club eine offene Session. "Manchmal wurden alle um mich herum dazu geholt, aber das machte mir nichts aus. Ich wußte, was da lief. Ich wartete ab. Manchmal holten sie mich erst um etwa halb vier morgens, dabei macht der Club um vier Uhr zu. Ich kam vielleicht noch dazu, eine Nummer zu spielen, wenn sie alle mit ihrem Solo dran waren, das hing davon ab, wieviel Bläser da waren. Da kamen alle die Leute hin, bevor sie sich durchgesetzt hatten. Ich bin da bei allen eingestiegen - Cedar Walton, Donald Byrd, Freddie Hubbard, Bill Hartmann. Vermutlich haben sie mich angesehen wie, 'Dieses Weib...' Das war mir egal, ich klang nämlich besser als viele, die da einstiegen." Manchmal gab es Probleme mit ihrem Namen. "'Also, Miß,' "hatte ein Bandleader zu ihr gesagt, erzählt sie, als er sie da vorne sitzen sah und sich 'abkühlen,' bevor die Band anfing, "wir wollen anfangen. Ich seh Sie da mit dem Horn sitzen. Wo ist denn Ihr Alter?' Ich sagte: 'Wovon reden Sie?' Er sagte: 'Nun, wir haben einen Trompeter engagiert namens Jean, wo ist der denn, Mensch? Wir sind spät dran, wir müssen sofort anfangen.' Da sagte ich: 'Also ich weiß nicht, was Sie meinen, aber Jean bin ich und ich bin für heute abend engagiert.' Sie hätten sein Gesicht sehen sollen. Er konnte nichts machen, ich war ja in der Union und er mußte seine Leute vollzählig haben. Also sagte er: 'Okey, in Ordnung, was können Sie also spielen?' Da ging ich hoch. 'Was können Sie spielen? Alles was Sie können, kann ich nämlich auch.' 'Okey,' sagte er und fängt an in Des und all solchen karierten Tonarten, in denen er überhaupt nichts spielt, wie man genau weiß. Also sagte ich zu ihm: 'Wann hören Sie endlich mit diesen Spielchen auf? Brechen Sie sich mal keinen ab, jede Tonart, in der Sie spielen, hab ich auch drauf. Das ist nicht mein erster Job.' Nachdem er sich reingeschafft hatte, sind wir ganz gut miteinander ausgekommen, aber er mußte erst mal unnötigerweise durch all diese Tonarten gehen."

1964 hatte Jean Davis den dringenden Wunsch, etwas Neues zu machen. Sie nahm ein Angebot von der Merritt Hemengeons Frauencombo an, die nach Schweden ging. Hemengeon saß am Klavier, Eileen Chance war am Bass, Bernardine Warren am Schlagzeug und Bert Etta "Lady Bird" Davis am Altsaxophon. "Das war eine großartige Gruppe," sagt Jean Davis. Sie blieben über ein Jahr in Schweden, reisten durch das Land von einem Ende zum andern. Als sie in die Staaten zurückkehrte, fing Jean Davis sofort mit einer eigenen Gruppe in einem Club in Westchester County an. Das ging auch alles sehr gut, bis der Inhaber das Lokal renovierte und feststellen mußte, daß die höheren Preise zu wenig Leute anlockten. In den späten Sechziger Jahren, als die Wirtschaft stagnierte und es schwerer wurde, Arbeit zu finden, nahm Jean Davis die verschiedensten Jobs an, angefangen damit, daß sie im Shea Stadium zwei Jahre lang gestopfte Trompete spielte bis zu einer Tournee mit der Red Chavis Band als einzige Frau in der ganzen Truppe. Diese Gruppe wurde von einer Frau gebucht, und Jean erinnert sich, "daß man ihr das Leben schwer machte, weil hier eine Frau als Managerin arbeitete. Doppelt schwer hatte sie es aber, weil viele Leute noch nie eine Frau als Trompeterin gesehen hatten."

Ein Mann kann aufstehen und halbwegs anständig spielen, ohne daß einer auch nur ein Wort sagt, sagt Jean Davis, "wenn ein Mädchen aber nur so halbwegs spielt, dann heißt es als erstes, 'Siehste, ich wußte ja, daß sie nicht spielen kann.' Ich dachte immer, man müßte über alle Begriffe gut sein. Aber selbst wenn man das wäre, es ist, als ob einige von ihnen sich uns gegenüber sowieso vollkommen abschotten. Nicht alle natürlich, denn da sind einige Jungs, die helfen einem immer, aber die Mehrheit der Musiker verabscheut weibliche Bläser...

"Frauen spielen schon seit langer Zeit - es hat immer Mädchengruppen gegeben - nur merkt man es jetzt mehr. Meist hab ich mit Männern gearbeitet. Mir ist das im Grunde egal, solange ich Arbeit hab und spielen kann und bezahlt werde." Jean Davis ist in zunehmendem Maße von Plattenproduzenten angesprochen worden, ob sie nicht eine Frauengruppe zusammenstellen wolle, aber die Ausrichtung sollte kommerziell sein und somit für sie aesthetisch unbefriedigend. "Das würde damit enden, daß ich Micky Mouse-Nummern und all solches Zeug spielen müßte, und da sagte ich, 'Auf keinen Fall. Wir versuchen, als Musikerinnen anerkannt zu werden, die gute Musik machen, wir strengen uns genau so an wie die Männer, und darum geht es.' "

Für Jean Davis ist der Jazz mehr Feeling als alles andere. "Natürlich haben wir Arrangements," sagt sie, "und Count Basie zum Beispiel hat eine Bigband und alle lesen Noten - aber auch, wenn sie lesen, ist es wie mit einer Stimme, und mit Feeling! Wie ich den Leuten immer sage, macht mir den Jazz nicht zu streng. Es ist eine glückliche Mischung; es ist Gefühl, das direkt aus der Seele kommt."

"Ich versuche immer, mich musikalisch zu verbessern," sagt Jean Davis, die alle ihre Übungssessions und alle ihre Jobs auf Band aufnimmt. "Manchmal sag ich dann, 'Ja, das war ein ganz hübscher Set, den ich da gespielt habe,' aber die meiste Zeit sage ich, 'Also nein, das hätte ich aber ein bißchen besser machen können.' " Manchmal fragt sie sich, "Warum hab ich mir gerade das ausgesucht? Ich hätte Pianistin werden sollen. Aber damit wäre ich nicht glücklich gewesen. Das Horn ist eine Herausforderung für mich. Alles, was ich jetzt noch will, ist spielen, ein bißchen Geld verdienen und Freude am Leben haben. Abenteuer kommen später. Ich weiß, was ich will und ich weiß, welche Musik ich spielen werde und damit hat sich's. Wenn ich es schaffe, dann gut. Wenn nicht, auch gut. Ich hab es jedenfalls versucht."

"Es ist nicht mehr so, wie es war," sagt Jean. "Es gibt keinen Platz mehr, wo man jammen kann. Die Jungen, die jetzt heranwachsen, die wissen nicht mehr, wie das ist, sein Horn zu nehmen, in irgend einen Laden zu gehn und zu jammen. Ich glaub, die brauchen mehr Jazz. Die sind wie in einer Gehirnwäsche; alles, was sie hören, ist Disco, Disco. Als ich aufwuchs, war alles Jazz. Das war das einzige, was ich hörte. Einmal besuchte ich meine Tante in New Orleans, und da kam an ihrem Haus eine Beerdigung vorbei, das war das erste Mal, daß ich das sah. Heute gibt es das nicht mehr so oft, hab ich gehört, aber früher haben sie das immer gemacht, und es war wirklich großartig. Da war dieser Typ, und all die Regenschirme."

"Es war wie eine Erleuchtung. Die Leute meinen immer, das ist so traurig, aber so war das damals. Wie ich denen gesagt habe: 'Paßt auf, wenn ich mal gehe, dann sollt ihr spielen, und laßt irgendwo vierundzwanzig Takte offen, wißt ihr. Laßt sie einfach ganz offen. Laßt es offen, und wenn ich dann da unten bin, dann wißt ihr, da spiel ich mit.' "

Dottie Dodgion

(Schlagzeug)

Dottie Dodgion begann als Sängerin und kam nur per Zufall zum Schlagzeug. Erst in den Mittfünfziger Jahren befaßte sie sich ernsthaft damit und hat mit Musikern wie Zoot Sims, Benny Goodman, Marian McPartland und Joe Venuti gearbeitet, außerdem war sie Mitglied in Melba Listons neuer Gruppe, Melba Liston and Company, und arbeitete in der erfolgreichen Off-Broadway-Show von Jerry Herman, Jerry's Girls. Die Vokalistin und Autorin Carol Sloane lobte Dottie Dodgions "messerscharfes" Timing, ihre Subtilität und ihren Geschmack im Setzen der Akzente wie auch ihre Sensibilität den anderen Musikern auf dem Podium gegenüber. "Mein Spiel soll unterstützen," sagt Dottie Dodgion. "Ich brauche keine Soli. Wenn der Ensembleklang stimmt, dann bin ich ganz glücklich."

Dottie Dodgion wurde in Bea, Kalifornien, geboren. Ihr Vater, Chuck Giaimo, Schlagzeuger und schon Mitte Siebzig, arbeitet immer noch. "An das Schlagzeug hab ich erst gedacht, als ich schon so zwei-, dreiundzwanzig war," sagt Dottie. "Ich hab es mal gespielt, als ich in Springfield, Illinois, hängen geblieben war. Ich war damals als Partner und Sängerin bei dem stotternden Comedien Rosco Ates. Da kam das Mary Kay Trio, und mit denen bin ich nach Springfield gegangen. Wir bildeten ein Trio, Mary Kays Bruder, seine Frau, die Klavier spielte und ich. Wir haben dann ihnen gegenüber gespielt, und so bin nach Hause nach San Francisco gekommen. Frank Ross (der Akkordeonspieler der Gruppe) brachte mir genug Besentechnik bei, daß ich auf der Snaredrum 'Apple Pie' spielen konnte, und so hab ich angefangen. Als ich wieder zu Hause war, passierte es oft, daß die Schlagzeuger zu spät kamen, dann spielte ich mit den Besen auf einer Transportkiste oder sonst irgend etwas. Sie sagten, 'Komm, Dottie, spiel Du den Rhythmus, bis der Drummer da ist.' Die männlichen Drummer kamen immer zu spät! Vielleicht war irgendwo eine Session, wo sie waren, aber es war immer entweder eine Snaredrum oder eine Beckenmaschine da oder sonst etwas, und ich wußte - ich hab das oft gesagt - ich wurde gebraucht. Nicht, daß ich je ans Schlagzeugspielen gedacht hätte, ich hatte nur das Gefühl, gebraucht zu werden. So habe ich zu spielen angefangen, ohne zu ahnen, wie schwer das werden würde. Aber nach einer gewissen Zeit fing es an, mich zu interessieren."

"Ich weiß noch, daß die erste Rhythmusgruppe, die mich wirklich überwältigte, - mit dem richtig heißen Rhythmus, wie ich ihn so gern mag - das Buddy de Franco Quintett war. Er hatte Art Blakey (Schlagzeug), Kenny Drew (Klavier) und Eugene Wright (Bass). Mein lieber Mann, die Gruppe hat mich umgehauen. Danach wollte ich Schlagzeug spielen. Später war dann Kenny Clarke einer der ersten, die mich beeinflußten, denn der konnte sowohl eine Bigband zum Swingen bringen wie auch eine kleine Gruppe. Damals gab es nicht viele Drummer, die das konnten. Wissen Sie, die spezialisierten sich entweder auf das eine oder das andere, und das hat mich an ihm immer so hingerissen. Das war auch keiner von den Schlagzeugern, die die anderen immer stören. Mancher Drummer ist so laut und macht so viel, und das hat mich an ihm so beeindruckt. Er konnte sich zurückhalten und zuhören."

Mitte der Fünfziger Jahre heiratete Dottie den Altsaxophonisten Jerry Dodgion (Dottie hat eine Tochter, Deborah). Die Jungs ließen mich immer einsteigen, wenn sie mich brauchten oder so. Eugene Wright und Jerry haben mich sehr ermutigt, als ich gerade anfing, und natürlich fand mein Vater das es ganz wunderbar war. Sie fanden das alle gar nicht sonderbar, wissen Sie. Das hat mir sehr geholfen, besonders zu der Zeit, als man es schon eigenartig fand, wenn eine Frau Klavier spielte, ganz zu schweigen von Schlagzeug."

"Ich bin so viel mit Professionals zusammengewesen, ich meine mit wirklich wunderbaren Musikern, durch Jerry, daß ich nicht halb so viel Schwierigkeiten hatte, akzeptiert zu werden, wie das viele andere Frauen hatten. Ich war von den Jungs wenigstens akzeptiert, wenn sie mich auch nicht engagierten für solche Jobs. Sie nahmen manchmal Schlagzeuger, die nicht halb so gut swingen konnten wie ich. So etwas tat natürlich weh. Einesteils litt ich darunter. andernteils konnte ich mit einigen Berufsmusikern spielen, da hätten manche Damen beide Arme dafür hergegeben, wenn sie mit denen hätten spielen dürfen. Ich habe mit den Großen gespielt, seit ich mich erinnern kann, da kam mir das nicht schwer vor - wenn man es konnte."

In den späten Fünfziger Jahren waren die Dodgions in L. A. Jerry war auf Tournee mit Benny Goodman, und Dottie spielte in der Stadt, als sie einen Anruf bekam, sie solle nach Las Vegas kommen für einen Job bei Carl Fontana und Gus Mancuso. "Das war die Gelegenheit. Ich bin ungefähr ein jahr in Vegas geblieben und habe jeden Tag und jede Nacht gespielt, und da hab ich meine Praxis gekriegt."

Zu der Zeit kannte Dottie nicht sehr viele andere Schlagzeugerinnen. Diejenigen, die in Frauengruppen spielten, waren unterwegs und bekamen verhältnismäßig wenig Publicity und Beachtung, und viele der Schlagzeugerinnen, die in den Vierziger Jahren aktiv gewesen waren, waren da schon ausgestiegen aus der Szene. "Gelegentlich kam mal eine Schöne aus Las Vegas rein, aber das waren keine Musikerinnen," sagt Dottie Dodgion. "Sie kamen an mit tief ausgeschnittenen Kleidern und spielten Barmusik und so pflaumenweiches Zeug. Aber es gab auch ein paar gute Schlagzeugerinnen in der Barmusik in Las Vegas, aber die spielten nie einen ganzen Set, und da hab ich mich immer dagegen gewehrt. Ich hatte mir geschworen, wenn ich nicht den ganzen Set spielen kann, dann lieber überhaupt nicht. Ich hab deswegen eine ganze Menge Jobs verloren, aber wenn ich in diese Falle gegangen wäre, dann hätte ich zwar eine Menge Geld gemacht, aber nie spielen können, was ich wirklich wollte."

"Man muß unbedingt spielen wollen. Dann kommt man sich auch nicht wie ein Opfer vor. Ich merke allmählich, daß die Leute das oft nicht begreifen. Man muß schon besessen sein, besonders im Jazz, denn mit Jazz macht man nicht das große Geld. Ich meine, es kommt schon mal in seltenen Fällen vor - Miles hat für einen Jazzmusiker ganz schön viel Geld verdient, er hat ihnen die Dollars aus der Nase gezogen - aber wenn man kein Superstar ist, dann ist da nicht viel drin. Also muß man es schon lieben. Man darf nicht über Nacht reich werden wollen."

1959 kehrte Jerry Dodgion nach Vegas zurück und arbeitete in der Goodman Band. Eines Tages spielten er und Dottie auf einer Jamsession und sie erzählt: "Benny kam rüber und fragte, ob er mal bei uns einsteigen dürfte, und das war alles." Als sie und Jerry einige Zeit später in New York ankamen zum Eröffnungsabend der Goodman Band im Basin Street East, lud Goodman sie wieder zu einer Jamsession ein. "Hast Du die richtigen Schuhe an?" fragte er sie, als sie eines Tages zur Probe kam. "Und ich sagte, 'Ja, hab ich.' 'Na, denn komm rauf und spiel mit.' Ich dachte, wir würden nur jammen, dabei hatte er den ganzen Tag schon Schlagzeuger ausprobiert und keinen gefunden, der ihm zusagte, also sagte er, 'Okey, Du fängst heute abend an.' Jerry sagt, 'Wie gefällt Dir New York soweit?' Am ersten Tag in New York, nicht wahr? Ich hatte ja noch nirgendwo hingehen können.

"Es war ein Erlebnis. Zoot war in der Band, John Bunch, Red Norvo, Jimmy Wyble, Carl Fontana, Buddy Childers. Die Sängerin wr Maria Marshall, der Sänger war der große Jimmy Rushing. Es war ungeheuerlich. Ich hab es sehr genossen."

Eines Abends vergaß Goodman, Dottie vorzustellen. Das Publikum bestand aber darauf, den Namen des Schlagzeugers zu erfahren, und als Goodman sie schließlich ansagte, gab es einen überwältigenden Applaus. "Als ich runterkam," erinnert sie sich, "sagt Bennys Manager zu mir nichts als 'Bye'. Am andern Tag wurde ich entlassen. Wie Gene Krupa mir einmal sagte, 'Denk immer dran, Baby, er hat schon die Allerbesten gefeuert.' "

In den frühen Siebziger Jahren hatten die Dodgions ihren Wohnsitz immer noch in New York, und Dottie bekam allmählich immer mehr Anrufe und Arbeitsangebote. "Das hat Jerry und mich so langsam auseinander gebracht. Bis dahin war ich immer dagewesen. Aber es wurde nun langsam Zeit, daß wir weitergingen zu anderem. Wir waren zwanzig Jahre zusammen und das ist eine ganz schön lange Zeit. Es wurde Zeit für uns, uns zu entwickeln und andere Menschen kennenzulernen, andere Dinge zu tun. Das hat mich für eine Weile nach L. A. gebracht, und L. A., das ist für mich die Wüste - es ist mir gleich, wenn das einer hört."

Was Dottie in der Übergangszeit geholfen hat, war ihre Musik. "Sie war mir alles," sagt sie. Sie erwischte einen Job in Lake Tahoe, wo sie bei ihrer Tochter wohnte, und ging zurück zu ihrer ursprünglichen Bestimmung - singen und spielen. "Es war die einzige Möglichkeit, den Gig zu bekommen. Da war ein Organist, Ron Rose, der klang wie eine ganze Bigband. Ich sang die alten Standards und spielte, und da blieb ich ein Jahr." Sie zog dann nach Washington, D.C., wo sie zweieinhalb Jahre als musikalische Leiterin eines Jazzclubs, The Rogue & Jar, verbrachte. Da holte sie solche Leute hin wie Lee Konitz, die Brecker Brothers, Thad Jones, Jimmy Rowles und Carol Sloane. Dann, 1979, ging sie nach New York zurück, nachdem sie bei Melba Liston and Company eingestiegen war. "Und ich habe immer weiter gespielt, gelernt und mich entwickelt."

"Wenn ich erst anfange, zu spielen, dann regiert nur noch die Musik. Ich habe das Gefühl, daß sie sich meiner bedient, nicht daß sie von mir ausgeht. Ich höre die Stelle, an der ich einen Schlag setze und könnte ihn nirgendwo anders anbringen, selbst wenn ich wollte.Ich meine damit, ich muß ihn da hinsetzen, weil da alles stimmt, das Feeling, der Sound, der Beat. Nun, woher diese ganz tief drinnen sitzende Gewißheit kommt - und daß sie funktioniert - das weiß ich nicht. Aber es gibt mir ein solches Gefühl der Freude, wenn alles stimmt. Melba hat mich sehr verändert, ich bin auch ein bißchen aggressiver geworden. Ich habe das Gefühl, ich bin stärker, als ich je gewesen bin. Man kann sich nur entwickeln, wenn man spielt. Man kann nicht nur an ein paar Abenden in der Woche spielen.."

Was ihre Situation als Frau auf diesem Gebiet angeht, so "habe ich nie Probleme gehabt mit wirklichen, professionellen Musikern," sagt Dottie Dodgion. "Man muß aber auch selbst sehr professionell sein. Mir ist es das wichtigste, daß einer wirklich spielen will, ob Mann oder Frau. Ich will alles hundertprozentig, weil ich selber ja auch bereit bin, alles zu geben."

Dorothy Ashby

(Harfe/Klavier/Komponistin)

Dorothy Ashby, eine versierte Pianistin, war auf der Harfe Autodidaktin und fing in den frühen Fünfziger Jahren in Detroit an, dem Beginn der "goldenen Jahre" des Jazz in dieser Stadt.

Im Plattentext zu Dorothy Ashbys Album von 1961 Soft Winds (Jazzland Records) schrieb Ira Gitler: "Dorothy Ashby mag nicht der erste Jazzharfenist (Caspar Reardon), noch die erste Jazzharfenistin (Adele Girard) sein, aber ihr Gefühl für Rhythmus und die Fähigkeit, melodiöse, gitarrenhafte Linien zu bilden, kennzeichnen sie als die fähigste moderne Jazzharfenistin. Apropos, was ihre Beziehung zur Gitarre betrifft, so hat ihr Orrin Keepnews ein großes Kompliment gemacht, als er sagte, sie erinnere ihn an Wes Montgomery."

1962 erhielt Dorothy Ashby den Kritiker- und Publikumspreis der Down Beat als beste Harfenistin. Ein Rezensent sagte über ihr Album 'The Fantastic World of Dorothy Ashby': "Dies ist keine Kuriosität, wie man wohl erwartet hätte. Diese Harfe hat eine unverfälschte Jazzstimme mit einer Resonanz und einer Synkopierung, die jede vertraute Jazzphrasierung auf den Kopf stellen."

Trotz des Lobes für ihre gesamte Leistung von seiten derer, die sich auskennen, hat Dorothy Ashby keine verbreitete Anerkennung für ihr Werk gefunden. Gerade weil es so wenige authentische Jazzharfenisten gibt, "wissen die Leute auch gar nicht, was man da macht," sagt sie. "Niemand von den andern weiß genug darüber, um zu begreifen, was die anderen machen."

Dorothy Ashbys Vater, Wiley Thompson, war Jazzgitarrist. "Als ich mit Klavier anfing," sagt sie, "habe ich das gespielt, was ich meinen Vater spielen hörte und spielte mit. Er hat mir mehr über Harmonien und Melodieführung beigebracht, als ich je in den Jahren auf der Highschool, dem College und im Privatunterricht gelernt habe und er hat mehr Zeit und Geld für meinen Musikunterricht und für Instrumente geopfert, als die Familie sich eigentlich hätte leisten können." (Vier Menschen, sagt Dorothy, haben "sich jahrelang aufgeopfert" für ihre Begabung - die Pflege, Unterstützung und die Anforderungen, die daran gestellt werden in Hinsicht auf das körperliche und geistige Wohl und Wehe" - das waren ihre Eltern, ihr Bruder und ihr Mann, der Musiker und Komponist John Ashby).

"Wenn Musiker zu meinem Vater zur Probe kamen, hatte ich die Möglichkeit, mit den Erwachsenen zusammen die Akkorde zu spielen und das fanden sie großartig. Ich fand das auch ganz wundervoll, ich war ja damals noch so jung. Ich glaube aber auch, von daher stammt mein vorherrschendes Interesse für den Jazz. Mein Vater hatte wahrscheinlich andere Ambitionen für mich. Er wollte nicht, daß ich in den Clubs landete und die harten Zeiten mitmachen mußte, die so viele von ihnen durchmachten. Ihr exzellentes Können stand in keinem Verhältnis zu dem Geld, das sie damit verdienten."

"Als ich zur Harfe überwechselte, versuchte ich einfach, das, was ich gehört hatte und das, was ich als Jazzmusiker spielen wollte, auf die Harfe zu übertragen. Niemand hatte mir je gasagt, das täte man nicht oder sowas spielte man im allgemeinen nicht auf der Harfe, ich hörte es nun mal nicht anders. Das einzige, was ich wollte, war, Jazz auf der Harfe spielen."

Dorothy Ashby ging auf die Cass Tech High School in Detroit, die Alma Mater vieler Jazzmusiker. "Es war ein ganz besonderer Ort, weil da so viele herangebildet wurden: Gerald Wilson, Donald Byrd und ich spielten in der Marching Band; auch Kenny Burrell war kurze Zeit da. Ich habe damals in der Marching Band Saxophon gespielt, und bestimmt nicht das Größte an Saxophon, denn die Leiterin der Band meinte, ihr wäre es lieber, wenn ich Bass spielte. Aber das waren aufregende Zeiten, und wir entwickelten uns allesamt. Und da gab es so viele talentierte Musiker."

"Ich glaube, wenn ich die Harfe regelrecht studiert hätte, wäre ich als Musiker nie so kühn gewesen. Als ich mit der Harfe anfing, waren im Klassenraum der Schule gewöhnlich ungefähr noch vierzehn Mitschülerinnen, und wir hatten fünf Harfen und übten abwechselnd. Wenn man Glück hatte, konnte man jeden Tag eine Stunde zum Üben erwischen. Wenn dann die Schule aus war, war es auch vorbei mit Harfespielen und Üben und allem, das dauerte also seine Zeit, aber in all dieser Zeit habe ich nicht aufgehört, mir meinen eigenen Weg vorzustellen und zu wünschen. Es gab auch Mädchen, die ihre eigenen Harfen hatten, aber das waren nur wenige, und bestimmt hatte keins von den schwarzen Mädchen seine eigene Harfe. Wir hatten ja noch nicht einmal eine Harfe gekannt, bevor wir da hinkamen"

Dorothy Ashby ging dann weiter zur Wayne University, wo sie Klavier studierte und sich auf den Lehrerberuf vorbereitete (den sie nie ausübte). "Als ich meinen Prüfungsvortrag halten mußte, spielte ich das Klavierkonzert von Rachmaninoff. Ein Orchester konnten wir uns nicht leisten, so spielte mein Lehrer den zweiten Klavierpart. Ich war also eine ganz tüchtige Pianistin. Harfe habe ich auf eigene Faust gelernt. Die Harfe war mir viel lieber."

Anfangs arbeitete Dorothy Ashby in Detroit als Pianistin, denn sie besaß nicht einmal eine Harfe. "Detroit war in jenen Jahren eine Brutstätte für den Jazz und sandte eine Anzahl seiner hervorragendsten Vertreter hinaus," erinnert sie sich. "Die meisten landeten in New York und anderen Städten, denn Detroit war kein Ort zum Reichwerden. Man konnte sehr bekannt und beliebt werden unter seinen Altersgenossen, aber Geld und Möglickeiten gab es wenige, besonders im Jazz...Da waren Paul Chambers, Doug Watkins, Milt Jackson, Kenny Burell, Roland Hanna, Tommy Flanagan, Pepper Adams, Barry Harris; Yusef Lateef. Miles Davis war viel in Detroit, obwohl er nicht aus Detroit war. Miles konnte man oft hören, oder da gab es die Auftritte von Sonny Stitt, der in Flint, Michigan, geboren war. Man konnte Saxophonbattles hören zwischen Frank Foster, Sonny Stitt und Billy Mitchell und all den Namen, die jetzt weltberühmt sind."

Zwei weitere hervorragende Musikerinnen in Detroit waren damals Terry Pollard (die auch auf Soft Winds zu hören ist) und Bess Bonnier. "Man konnte nicht einsteigen, wenn man nichts konnte," sagt Dorothy. "Die Jungs hätten das nicht zugelassen. Sie ließen einen einsteigen, aber lange blieb man nicht, wenn man nicht was Hörenswertes zustande brachte, das Niveau war also sehr hoch und Musikerinnen waren nicht häufig."

Um 1952 hatte Dorothy Ashby zwar eine eigene Harfe, aber die Wahl des Instrumentes verband sich noch mit den Schwierigkeiten, die man als weiblicher Musiker ohnehin hatte. "Oft waren die Harfenistinnen, die die Besprechungen bekamen und die breite Unterstützung der Medien, sehr hübsch, und das war anscheinend alles, was sie interessierte. Die Stärke der Detroiter war nicht das Aussehen, sondern das Talent, denn es gab da ja so viele talentierte Musiker. Wenn man kein Talent hatte, kam man gar nicht zum Spielen. Wenn man woanders an Harfenistinnen dachte, schien man immer das Bild eines zarten, schönen Mädchens vor Augen zu haben."

Aber selbst in Detroit, sagt Dorothy, sei es schwer für sie gewesen, einen Job zu bekommen. "Das Wort Harfe schien den Leuten schon Angst einzujagen. Wenn man erst mal angefangen hatte, zu spielen, dann gab einem das eine Spiel die Möglichkeit, zum nächsten zu kommen, aber es war sehr schwer. Die Clubchefs wollten nicht glauben, daß sie etwas anderes als Kammermusik bekamen. Die schickten mich fort, ehe ich mich dessen versah. Ich sagte dann immer, 'Kann ich nicht mal reinkommen und Ihnen was vorspielen?' 'Nichts zu machen, Sie können auch nicht vorspielen.' Das ging so eine ziemlich lange Zeit, und wir schufen uns unsere eigenen Gelegenheiten, indem wir bei Tanzabenden für die Jugend oder bei Collegebällen spielten, da fingen die Leute dann an, ein bißchen mehr Aufhebens von dem Sound und von der Gruppe zu machen, und dann haben wir wieder mit den Clubchefs gesprochen. Geglaubt haben sie es immer noch nicht, aber sie sagten, sie würden mal einen Abend vorbeikommen, wenn sie sich mal einen freien Abend mit ein bißchen Unterhaltung verschönern wollten oder so, aber das lief nur in Detroit. Sobald man aus Detroit herauskam, war es wieder die alte Geschichte: sie hatten einen nie gehört und konnten sich eine Harfe im Nachtclub schon gar nicht vorstellen."

Dorothy Ashby wurde gleich zu Anfang von dem Klang der Harfe angezogen, dem sie dann ganz verfiel, und von der Herausforderung, die es bedeutete, Dinge zu spielen, die auf der Harfe so viel schwerer waren als auf dem Klavier. "Wenn man eine chromatische Tonleiter auf dem Klavier spielen will, dann geht man immer den Halbtonschritt von den schwarzen zu den weißen Tasten und umgekehrt. Aber auf der Harfe, also ich habe noch von niemandem auf der Welt den 'Hummelflug,' gleich in welchem Tempo, gehört, denn der ist chromatisch sehr schwer zu spielen. Ich vermute, das ist der Grund, warum nicht allzu viele Harfenisten sich dem Jazz zuwenden. Sie spielen darauf Unterhaltungsmusik, aber Jazz spielen heißt spontane Improvisation, man muß sich jetzt überlegen, was man als Nächstes macht, damit man darauf vorbereitet ist. Ich sage es nur ungern, aber die Harfe ist für den Musiker ein äußerst kompliziertes Instrument. Selbst Arrangeure geben zu, daß sie oft nicht wissen, wie sie das, was sie schreiben wollen, schreiben sollen. Was sie für Harfe schreiben möchten, geht oft nicht, weil sie vom pianistischen Standpunkt ausgehen, oder von dem eines anderen Instrumentes, aber das geht auf der Harfe nicht, denn man kann auf der Harfe nur zwei Pedale gleichzeitig umstimmen und noch so verschiedene andere technische Dinge. Sie könnten zum Beispiel etwas schreiben, das in Bruchteilen eines Taktes die Vorzeichen ändert, und man kann mit den Fü ßen so schnell nicht folgen. Das Instrument würde auch gar nicht so schnell reagieren, um das möglich zu machen; das sind so die Komplikationen, die ein Musiker im Kopf schon übersehen muß und dabei spontan und kreativ Jazz spielen .Darum spielen auch die meisten vorarrangierte Soli, die sie üben und üben können, bis ihre Füße wissen, was sie zu tun haben. Das ist, als wenn man Wagner mit einem Symphonieorchester spielt. Man liest Wagner nicht vom Blatt, man übt, man wird damit groß, man weiß, was kommt. Da gibt es keine Überraschungen; Füße, Geist, Augen, alles ist schon im voraus auf alles eingestellt, was kommt – Monate, Jahre im voraus – und man macht es immer gleich, es ändert sich nie.

"Wenn man aber 'I Remember April' an zwanzig Abenden hintereinander spielt, dann wird es jeden Abend anders sein. Man mag sich einen Anfang oder ein Ende merken, damit sie alle gleichzeitig anfangen und aufhören, man mag sogar eine Ensemblepartie in sein Arrangement einbezogen haben, aber es geht nichts über den freien Raum, in dem man sein Ureigenstes ausdrücken kann. Ich nehme an, das war es, was mich so faszinierte, wenn ich meinen Vater spielen hörte oder die anderen. Ich hatte immer eine Vorliebe für den Jazz. Die Herausforderung ist so viel größer."

"Ich glaube, das amerikanische Publikum weiß gar nicht, was die Jazzmusiker da tun, wenn sie spielen. Das ist eine Fähigkeit, die sie über Jahre hinweg entwickelt haben, zu wissen, wie und wann man Akkorde spielt in einem bestimmten Zeitraum und in einem besonderen Rhythmus, der nicht ebenmäßig unterteilt ist, sondern sehr komplex, synkopiert, in geheimnisvollen Vorgängen in deinem Geist entstanden, während du deinen Weg gehst, und das macht es zu einer echten Kunstform, die von den Amerikanern nicht genutzt wird, die sie nicht angemessen propagieren. Ich meine, da gehen die Europäer mit ein bißchen mehr Verstand an die Dinge heran, begreifen wohl auch besser, was da eigentlich läuft. Das soll kein Vorwurf an den Geschmack der Amerikaner sein, es ist ein Vorwurf an die amerikanischen Förderer und Veranstalter, denn die amerikanischen Veranstalter fördern und unterstützen nur das, was die Massen anspricht, und die Massen konsumieren natürlich am liebsten die populäre, die weniger komplizierte Art von Musik."

Das Dorothy Ashby Trio ist die ganzen Sechziger Jahre herumgereist, und am Ende des Jahrzehnts befaßte sich Dorothys Mann, der der Schlagzeuger der Gruppe war, immer mehr mit dem Schreiben und Inszenieren von Musicals, die das Leben der Schwarzen in Amerika zum Gegenstand hatten. Er hatte ein schwarzes Theater in Detroit gegründet, die Ashby Players of Detroit, und Dorothy schrieb dafür die Arrangements und die Texte und trat auch in den Shows auf. In den frühen Siebziger Jahren gingen die Ashbys nach Kalifornien und nachdem sie mehrere Jahre herumgereist war, etablierte sich Dorothy fest in den Studios und arbeitete regelmäßig. Zwei Alben ihres frühen Materials, "The Best of Dorothy Ashbyund Music for Beautiful People", sind wiederveröffentlicht worden, und in den letzten Jahren hat sie an Alben mitgewirkt mit Earth, Wind, and Fire, Stanley Turrentine, Freddie Hubbard, Diana Ross, Helen Reddy, Natalie Cole, Barry Manilow, Dionne Warwick, Bill Withers, Stevie Wonder und anderen.

"Ich meine, in letzter Zeit hat man etwas mehr mit der Harfe in Poparrangements herumexperimentiert als früher," sagt Dorothy Ashby. "Bill Withers war einer der ersten, die mich hier engagiert haben, und er trat dann an Stevie Wonder heran, denn da waren ja noch andere Harfenisten, die nicht allzu scharf darauf waren, mich hier auftauchen zu sehen und ihnen ihren Job streitig zu machen. Und ich sehe sehr wohl, warum - es ist viel lukrativer als das Spielen in den Nachtclubs. Nicht ganz so befriedigend, aber das kann man ja für sich machen. Wenn ich nach Hause komme, dann spiele ich. Ich spiel gerne, wenn mir danach zumute ist, und dann macht es mir riesige Freude."

Corky Hale

(Harfe/Klavier/Orgel/Flöte/Pikkoloflöte/Cello)

Corky Hale begann ihre Karriere in den Fünfziger Jahren in Hollywood, wo sie in Plattenstudios, Clubs und im Fernsehen arbeitete. Sie spielte auch kurz mit einigen Frauenbands und nahm 1954 an der Plattensitzung Cats vs. Chicks teil.

Corky sah in den Fünfziger Jahren in einem Detroiter Club Dorothy Ashby Harfe spielen (bevor ihr klar geworden war, daß es noch jemand gab,der das machte, was sie auf ihrem Instrument machte). Corky Hale sagt: "Dorothy ist wunderbar. Ich will nicht behaupten, daß Dorothy und ich die einzigen Jazzharfenistinnen sind, aber Dorothy und ich sind die einzigen, die in eine Gruppe einsteigen, sich hinsetzen und eine Nummer improvisieren können wie ein Pianist."

Ungleich Dorothy Ashby, hat sich Corky Hale immer in erster Linie als Pianistin betrachtet. "Es ist für mich sehr frustrierend," sagt sie, "außerordentlich frustrierend, daß die Leute mich zuerst mal als Harfenistin ansehen und mich hauptsächlich deswegen rufen, weil ich auf der Harfe etwas machen kann." 198O trat sie im Universal Jazz Coalition's Salute to Women in Jazz auf und spielte Klavier und Harfe. In den letzten Jahren hat Corky Hale sich nur noch zu wenigen Club- oder Konzertauftritten entschließen können und findet es "amüsant", daß sie nach so vielen Jahren im Geschäft die Leute dauernd daran erinnern muß, daß sie keineswegs aufgehört hat oder gar "verstorben ist."

In eine Kindheit hineingeboren, die sie "wunderschön und glücklich" nennt, beschreibt Corky ihre frühen Jahre in einer ländlichen Ungebung in Illinois als so normal, wie man es sich nur vorstellen kann. Keiner in der Familie war besonders musikalisch, aber mit drei Jahren fing Corky (geb. Marilyn Hecht) an, sich auf dem Klavier Lieder zusammenzusuchen und ihre Mutter entschied, sie müsse Unterricht bekommen. Mit sieben ging sie zum Chicago Conservatory, 13O Meilen entfernt,wo sie einmal in der Woche zum Unterricht hingefahren wurde.

"Als ich so acht Jahre war, sah ich eine Frau im Chicago Conservatory Harfe spielen, und ich machte einen Aufstand und sagte, 'Ich muß so ein Ding haben.' Da kaufte mein Vater mir eine kleine, eine ganz kleine Harfe - ein Modell, das es leider heute nicht mehr gibt. Es war eine großartige kleine Harfe, und ich fing an, Harfenstunden zu nehmen. Mit zehn Jahren fing ich mit der Flöte an, mit zwölf mit dem Cello und die Pikkoloflöte mußte ich in der Marching Band spielen, ich hab also so ungefähr alles gemacht." Mit neun war sie die Jüngste im Interlochen Music Camp (in Michigan), wo sie auch ihre ersten Bigband-Erfahrungen sammelte.

Corky Hale wurde in ihren frühen Jahren zuerst und überwiegend mit der klassischen Musik konfrontiert. Was den Jazz anging, hörten einige Leute in der Gegend Mitte der Vierziger Jahre zwar Charlie Parker und Dizzy Gillespie, aber bis Freeport, Illinois, waren die Klänge des Bop noch nicht gedrungen. "Daß ich Stan

Kenton und Woody Herman hörte," sagt Corky, "wurde als geradezu überspannt angesehen."

Mit sechzehn verließ Corky Hale Freeport und ging auf ein kleines College in Missouri. "Es war direkt gegenüber der University of Missouri, und so nahm ich an allen möglichen Aktivitäten der Universität teil. Ich machte in den Shows mit und arrangierte Sachen für die Band. Ich wußte natürlich schon immer, daß ich nie auf eine Schule gehen würde. Ich wußte schon von klein auf, daß ich ins Musikgeschäft gehen wollte. So verkündete ich meinen Eltern, daß ich nach Hollywood gehen würde, um in die Musik hineinzukommen. Meine Eltern kriegten Schreikrämpfe und hörten nicht auf und sagten dann, ' Also, das einzige Mittel, dahin zu kommen ist, zur Schule zu gehen.' Ich hätte sonstwas getan, um dahin zu kommen. Ich sagte, 'Ja, okey, fein, UCLA; herrlich.' "Und meine Mutter fuhr mich hin und sah zu, daß ich auch gut untergebracht war in - was konnte es schon sein? - einem Studentenheim, und ich ging nicht ein einziges Mal in eine Klasse. Ich war so etwa zwei oder drei Wochen da, da sagte eines der Mädchen: 'oh, mein Vater hat doch die Fernsehshow hier am Ort. Sie heißt "Freddy Martin and His Orchestra" und der würde Dich bestimmt gerne da reinnehmen.' (Das war in der Frühzeit des Fernsehens)."

Corky Hale war also in der Show, und bald kamen die Angebote: Fernsehen, Tonnen von Filmdrehbüchern, Platten von allen und jedem. "Ich nahm jeden Job an, den man mir anbot. Ich war wie verrückt!" Einer ihrer ersten Jobs war in der Cocoanut Groove. "Ich war ein junges Ding von gerade neunzehn Jahren, verdiente eine Menge Geld und warf es genau so schnell wieder zum Fenster hinaus, wie ich es bekam. Ich hatte keinerlei Vorstellung davon. Ich kaufte mir ein weißes Buick-Kabriolett, ich drehte einfach durch. Alles Dinge, die ich heute im Traum nicht mehr machen würde." Dann kam ein Anruf von George Liberace, dessen Bruder, Walter, eine lokale TV-Show machen wollte, in der Corky Hale Harfe spielen sollte. Wir fingen an in einem Kino auf dem Wilshire Boulevard, das man in ein Fernsehstudio umgewandelt hatte. Die erste Woche kamen zehn Leute, die Woche drauf waren es fünfzig, und einen Monat später, nach sechs Wochen, standen Hunderte von Leuten die Straße entlang. Liberace war so etwas wie die Beatles von damals.Ich hatte eine herrliche Zeit. Ich gab sogar Autogramme.

"Ich kann kaum glauben, daß das mal Wirklichkeit gewesen ist. Aber das war eine aufregende Zeit für mich. Ich war immer noch das brave, gut erzogene, kleine jüdische Mädchen aus dem Norden von Illinois. Ich nehme an, das hat mich davon zurückgehalten, so völlig durchzudrehen, wie das viele meiner Freundinnen taten, die wirklich ausflippten." Was, glaubt Corky, hat sie davon zurückgehalten? "Hauptsächlich meine Mutter, die bei jeder Gelegenheit angeflogen kam und sagte, 'Was machst Du da?' Ich hatte eine sehr starke Mutter und ich schrie dann los, 'Laß mich mein Leben leben, laß mich in Ruhe,' nicht wahr? Und heute bin ich meiner Mutter näher als irgend einer anderen Frau, die ich kenne - und das schon lange Jahre. Was sie auch immer getan haben mag, ich sage ihr immer, es war offensichtlich das richtige."

In den Fünfziger Jahren hat Corky Hale viel im Fernsehen und mit Studiobands gearbeitet - Freddy Martin, Dave Rose, Harry James, Ray Anthony, Jerry Gray - und

1954 ein Album mit der Vokalistin Kitty White, auf dem sie ihre "außerordentlich moderne Art" demonstriert, "die Harfe zu behandeln," wie es Leonard Feather in der Encyclopedia of Jazz sagt. Sie arbeitete auch kurz mit Ada Leonard und Ina Ray Hutton. "Ada war unheimlich überlegen und selbstsicher und ich war ihr gegenüber vollkommen eingeschüchtert. Dann hat mich natürlich auch Phil Spitalny angerufen und wollte mich für eine Tournee mit seiner Frauenband haben. Ich bin nicht zu Phil gegangen und bin weder bei Ada noch bei Ina lange geblieben."

In einem Portrait von Hal Holly, betitelt "Corky, the All-Girl Harpist, Won't Talk on Gal Bands" (Corky, die Harfenistin, will nicht über Mädchenbands sprechen, Down Beat, 4. Juni 1952, S. 4), sprach Corky Hale das Problem der Frauenbands an. "Es ist so," sagte sie, "wenn ein Mädchen eine gute Musikerin ist, dann mag sie nicht in einer Frauenband arbeiten, weil das immer den Beigeschmack hat, daß sie da nur drin ist, weil sie ein Mädchen ist. Ein Mädchen hat nur dann das Gefühl, erfolgreich zu sein, wenn sie mit Männern arbeiten kann - ganz wie einer von ihnen. Sie möchte, daß man sie nicht engagiert, weil sie ein Mädchen ist, sondern weil sie spielen kann."

"Ich bin immer in der Welt der Männer gewesen," sagt Corky Hale. "Ich hab immer den Job eines Mannes gehabt. Nebenher habe ich aber merkwürdigerweise all die Dinge getan, die Frauensache sind. Nach der Arbeit, um zwei Uhr morgens, war es üblich, daß circa sechzehn, siebzehn Mann aus der Band zu mir nach Hause kamen und ich ihnen ein enormes Frühstück machte. Ich hab eigentlich immer für eine Riesenmeute von Leuten gekocht. Merkwürdig, wenn ich da so drüber nachdenke. Ich hab da eigentlich nie drüber nachgedacht, erst in letzter Zeit. Ich war immer eine von ihnen."

In den späten Fünfziger Jahren machten sich ihre Eltern, die in Chicago in der Bekleidungsindustrie waren, wieder mal Sorgen, ob sie in der Wildnis von Hollywood auch eine feste Basis habe. "Wieso feste Basis?" fragte sie sie. "Mir geht's doch großartig."

Sie schenkten ihr ein eigenes Textiliengeschäft auf dem Strip, direkt gegenüber von Schwab's Drugstore, und sie sagten ihr, sie könne ja das Geschäft leiten und gleichzeitig weiter ihre Musik machen. Das Geschäft florierte tatsächlich und Corky kam immer weniger und weniger dazu, Musik zu machen. Dann, 1958, traf sie einen Engländer - "der erste, der italienische Strickwaren ins Land brachte. Ich lernte ihn kennen, und da haben wir wieder das Kleinstadtmädchen, das sich mal mit Musikern trifft und netten jüdischen Doktoren und Rechtsanwälten, auch wohl mal James Dean dazwischen, eine Menge verrückter Manager und so weiter, und da kommt nun dieser schrecklich kultivierte, weitgereiste Engländer, und ich dachte, 'O Gott, das ist es! Das ist mein Märchenprinz!' So habe ich ihn geheiratet. Es war mein Unglück! Die meiste Zeit verbrachten wir in Europa, hin und zurück und hin und zurück, und natürlich litt mein Spiel darunter. Er ließ es nicht zu, daß ich mir eine Harfe oder ein Klavier in die Wohnung stellte! Wenn ich so zurückblicke und mir überlege, daß ich dieses Leben mitgemacht habe, dann kann ich es einfach nicht glauben! Schließlich hab ich mich von ihm scheiden lassen."

1961 zog Corky Hale nach Rom, trat da auch mal auf, unter anderem in einer Fernsehshow namens "Tempo di Jazz." 1963 kehrte sie für drei Jahre nach L. A.

zurück. "Das war genau so eine Katastrophe," sagt sie. "Ich war ganz unglücklich da. Ich wußte, ich hatte nie mehr in L. A. leben wollen " Anfang 1966 packte sie ihre Sachen zusammen, verfrachtete alles, inklusive ihrer Harfe, nach London und blieb bis zum Herbst des Jahres da, als sie wiederum ihre Sachen packte und zurückfuhr nach Amerika, um zu arbeiten. Bald nach ihrer Ankunft traf Corky den Texter Mike Stoller, und es war, wie sie sagt, "Liebe auf den ersten Blick." Vier Jahre später waren sie verheiratet.

Zurück im Hauptstrom von New Yorks professioneller Musikwelt, ging Corky wieder zum Fernsehen - zur Kraft-Show, wo sie "hinter den Stars sang, sie hinein geleitete und sie vorstellte." Clubengagements lehnte sie ab, weil die sie fünf oder sechs Abende in der Woche beansprucht hätten, und entschied sich statt dessen für Studioarbeit. "Und das mache ich nun schon die ganzen vergangenen Jahre," sagt sie. Sie hat sich auch an Unternehmungen außerhalb des Gebietes der Musik beteiligt (zum Beispiel hat sie Mitte der Siebziger Jahre einmal ein Restaurant gekauft und geleitet, später war sie auch Filmproduzentin). Das Ergebnis war, wie sie sagt, "daß die meisten Leute gar nicht wissen, daß es mich noch gibt, weil sie meinen Namen nirgendwo sehen. Ich kann aber auch in der Küche verschwinden und tagelang unsichtbar sein und dabei sehr glücklich, so ist es eigentlich immer mein Mann, der sagt, 'Hör mal, kein Mensch weiß noch etwas davon, daß Du spielen kannst!'

"Es bedeutet mir jetzt eine ziemliche Anstrengung," gibt Corky Hale zu. "Im Dezember und Januar <1979-8O> hab ich sechsmal montags abends im Knickerbocker im Village gespielt, das ist ein richtiger Raum für das Klavier. Da sind viele Leute gekommen. Das hat mir großen Spaß gemacht, hab auch gute Kritiken bekommen." Seitdem hat Corky Hale wiederholt in anderen New Yorker Clubs gespielt, 198O hat sie auch in London gearbeitet in Clubengagements und im Radio. Man bot ihr da einen Plattenvertrag an, und sie hat auch die Absicht, wieder Platten aufzunehmen, "damit die Leute wissen, ich bin noch da. Es ist naheliegend, daß ich etwas machen möchte, was ganz zeitnah ist, zusätzlich vielleicht zu einigen alten Jazznummern. Aber ich möchte natürlich etwas machen, was noch keiner vorher auf der Harfe gemacht hat.

"Die Leute kommen immer zu mir und erzählen mir, 'Ich war in Fort Wayne, Indiana, und da ist ein Jazzharfenist, der ist ganz fabelhaft...' 'Jazzharfenist' - das bezeichnet jemanden, der allein in einem Hotelrestaurant sitzt und einen Burt Bacharach-Titel spielt im Gegensatz zu einer Bourree von Bach. Die Leute meinen immer, jeder, der eine Popmelodie auf der Harfe spielen kann, ist ein Jazzharfenist. Als die Selby-Harfenhersteller letztes Jahr eine große Harfen-Tagung veranstalteten, wollten sie es die 'first national Jazz/Pop convention' nennen. Ich habe großen Stunk gemacht und gesagt, 'Wenn Sie das so nennen, komme ich nicht, denn Sie machen den Leuten was vor. Den Harfenisten machen Sie auch was vor. Es ist kein Jazz, wenn sich einer hinsetzt und Popsongs spielt.' "

Der Wettbewerb (veranstaltet und finanziert von der Tagung) setzte dem besten Popharfenisten Tausend Dollar aus, aber die Regeln verlangten, daß der Harfenist solo spielte. "Das ist genau der Grund, warum Harfenisten nie lernen, Jazz zu spielen," sagt Corky Hale. "Die können ihr Instrument nicht mit in einen Club nehmen, sich hinsetzen und jammen mit den anderen in der Band. Harfenisten werden mit klassischer Musik erzogen; die hören sich nie Jazz an und haben keine Möglichkeit, ihn zu spielen." Corky Hale meint, Harfenisten müßten lernen, mit Rhythmus (d.h. mit Schlagzeug) und Bass zu spielen. Sie müssen lernen, Akkorde zu spielen, im Gegensatz zu Arpeggios, und begleitende Akkorde hinter dem Bass."Ich bin zum Pianisten erzogen worden," sagt sie. "Ich spiele auf der Harfe, was ich auch auf dem Klavier spiele."

Die Kritiken nach Corky Hales Engagements in London waren einhellig überwältigend. Die Kritiker wiesen auf ihre Sensibilität hin, auf ihre Improvisationen und ihre einzigartige technische Fertigkeit auf der Harfe. "Ungleich den meisten Harfenisten, die ein bißchen in der populären Musik herumstümpern," schrieb einer, "spielt sie nicht nur Jazznummern auf der Harfe, sondern sie behandelt dieses schwerfällige, aber anmutige Instrument, als wäre es ein Klavier, verschmäht die plätschernden Glissandi und das Rhapsodieren und verkehrt es in eine swingende Maschine." Derselbe Rezensent bemerkt ihren harten, schneidigen Zugriff an den Tasten. "Gleichzeitig ist da sehr viel Sensibilität, und außerdem ist sie eine hervorragende Begleiterin." ("Ich atme mit den Sängern," erklärt Corky Hale. "Ich ahne alle ihre Phrasierungen voraus.") "Ob sie sanft mit den Tasten swingt," sagt ein anderer Kritiker, "oder ob sie demonstriert, daß die Harfe ein viel zu sehr vernachlässigtes Jazzinstrument ist (obwohl nur wenige ihren Einfallsreichtum und ihren unfehlbaren Sinn für Rhythmus haben), sie ist eine Interpretin, auf die man sehr achten sollte."

"Sehen Sie," sagt Corky, "das kommt davon, wenn man aus seiner Küche herausgeht."

Die Sechziger Jahre

Als sich die Apathie und der Konservatismus in der Gewalttätigkeit, der Zwietracht und der Zersplitterung der Sechziger Jahre entlud, begannen die Frauen - und andere Minderheiten - das Recht einzufordern, an dem Hauptstrom des amerikanischen Lebens teilzuhaben. 1963 gab John F. Kennedys Kommission über den Status der Frauen einen Bericht über die amerikanischen Frauen (Report on American Women) heraus, die erste von der Regierung in Auftrag gegebene Studie dieser Art. Dasselbe Jahr sah das Erscheinen von Betty Friedans The Feminine Mystique (Der Mythos Frau), der die Vorstellung, daß alles, was eine Frau zum Glücklichsein braucht, Ehe und Mutterschaft sei, auf das Strengste zurückwies (es aber versäumte, in Betracht zu ziehen, daß auch das wertvolle und sogar wichtige Rollen sind und daß es einer Frau freistehen sollte, sie zu wählen, wenn sie es wünscht). Der Neue Feminismus lenkte das Augenmerk hauptsächlich auf die Probleme der Frauen der weißen Mittelklasse, während in den schwarzen Gemeinden dieser Zeit die Frauen, wie Michele Wallace anmerkt, aus gutem Grund sich "erstaunlich sorgfältig" von der Bewegung fernhielten. (Ihre Alternative in der Welt der Schwarzen, hebt sie hervor, waren eine Bürgerrechtsbewegung und eine Bewegung der Schwarzen, die nicht nur die besonderen Bedürfnisse der Frauen nicht beachtete, sondern ihnen oft genug sogar die volle Teilnahme an dem gesamten Bereich des Kampfes versagte, eben weil sie Frauen waren).

In der schon sehr politisierten Neuen Linken spalteten sich inzwischen schwarze und weiße Frauen von den Männern ab, die sich, wie sich erwies, nicht bereit zeigten, ihnen die Unterstützung und die Gleichstellung zukommen zu lassen, die sie sich wünschten. 1964 wurde im Kongress eine Gesetzesvorlage zu den Bürgerrechten verabschiedet, in der unter Titel VII die Diskriminierung auf dem Arbeitsmarkt aufgrund von Rasse, Hautfarbe, Religion, Nationalität und Geschlecht als ungesetzlich erklärt wurden. (Ironischerweise versuchte ein Kongressmitglied aus Virginia, mit einer letzten Anstrengung zu verhindern, daß das Gesetz so durchging, indem er den Zusatz "des Geschlechtes" beanstandete. Als Grund gab er an, die Maßnahmen zur Gleichstellung der Frauen in bezug auf Arbeitsmöglichkeiten, seien für seine männlichen Kollegen so unannehmbar, daß darüber die gesamte Gesetzgebung zu den Bürgerrechten zu Fall kommen müßte).

In der Welt der Musik wurde das Land überschwemmt von Beatlemania, Folk- und Protestmusik und Soul, und mehr als je zuvor verwischten sich die Grenzen zwischen Musik, Politik und Jugendkultur. Auch im Jazz begannen die Musiker auf die Tragödien und die Gewalttätigkeit der Zeit zu reagieren - auf die Morde an John F. Kennedy, Martin Luther King, Medgar Evans, Malcolm X, den Krieg in Vietnam und die Eskalation der sozialen und der Rassenkämpfe. Charlie Haden's Liberation Music Orchestra, zum Teil komponiert und arrangiert von Carla Bley, machte einige der stärksten und direktesten Aussagen über politische Themen des Tages; in der übrigen Jazzwelt traten Zeichen von Rebellion und Veränderung zutage in der immer radikaleren Abwendung von der formalen Musiktradition der Vergangenheit, und die Musiker versuchten, neue Strukturen, ein neues Gefühl und neue technische Möglichkeiten zu erforschen. 1959 wurde Ornette Coleman der Hauptvertreter dessen, was später als "Free Jazz" bekannt wurde, eine Musik ohne Struktur, ohne vorgegebene Tonarten, ohne feste Tempi und ohne Starsolisten, statt dessen eine Form von kollektiver Improvisation, die den Einzelnen dem Ganzen unterordnete. Im Plattentext zu Sonny Simmons ' Manhattan Egos (Arhoolie) zitiert Ralph Gleason Albert Aylers Feststellung, daß es sich bei der "neuen" Musik "mehr um Gefühle als um Noten" handle. In seiner Interpretation der mächtigen Kraft hinter den neuen und ungewohnten Klängen merkt Gleason selber an, daß der kreative Akt "die einzige Waffe des Lebens gegen die Maschine " geworden ist. Kreativität wurde gleichgesetzt mit Religion.

Einige schwarze Musiker (bekannt als die "black nationalist musicians"), begannen nun, in Afrika, Asien, Südamerika und Indien Ausschau zu halten nach neuen Instrumenten, Strukturen, Klangfarben. Die "kleinen Instrumente" wurden eingeführt, die Musiker schufen "sound sheets" (Klangteppiche), und Hörner begannen, die menschliche Stimme nachzuahmen, als Musiker wie Sun Ra, Archie Shepp, Charlie Mingus, Cecil Taylor, Sonny Simmons, Barbara Donald, John Coltrane und Alice Coltrane in zunehmendem Maße versuchten, auf ihre eigene Weise zu kommunizieren.

Mehr und mehr nahmen die Musiker auch die geschäftlichen Angelegenheiten in die eigene Hand. 1964 organisierte Bill Dixon die "October Revolution" im Jazz, bei der die "free"-Musiker fünf Konzertabende in einem New Yorker Club veranstalteten, als niemand sonst ihnen ein Forum gab, auf dem sie ihre Musik vorstellen konnten. In Chicago wurde 1965 die Association for the Advancement of Creative Musicians (Vereinigigung zur Förderung der kreativen Musiker) gegründet, und um dieselbe Zeit half Carla Bley, die seit den späten Fünfziger Jahren komponierte, die Jazz Composers' Guild zu gründen, die Musikern, die für große Gruppen schreiben, dienen sollte.

In der zweiten Hälfte der Sechziger Jahre ergriff Miles Davis die Initiative bei der Erforschung der erweiterten Anwendung der Elektronik und in der Synthese von Elementen des Rock, der Soul- und Popmusik und des modernen Jazz zu einer Musik, die dann als "Fusion" bekannt wurde. Tony Williams, Wayne Shorter, Joe Zawinul, Chick Corea, John McLaughlin und Herbie Hancock waren in vorderster Linie dieser Fusionmusiker, die einen kommerziell lebensfähigeren - aber auch kontroverseren - Musikzweig schufen.

Zwei Frauen nahmen in bezeichnendem Maße an der "freien" Musik der Dekade teil, die Trompeterin Barbara Donald und die Pianistin Alice McLeod) Coltrane. Die in Detroit geborene Alice Coltrane studierte Klavier in Amerika und bei Bud Powell in Europa. Später arbeitete sie mit dem Vibraphonisten Terry Gibbs und nahm mit ihm auch Platten auf. Anfang der Sechziger Jahre heiratete sie John Coltrane und fing 1964 an, mit ihrer eigenen Gruppe zu arbeiten. Nach Coltranes Tod 1967 fuhr sie fort, in ihrer eigenen Musik die spirituellen Dimensionen, die sie in dem Werk ihres Mannes entdeckte, zu erforschen, erweiterte die tonalen und technischen Grenzen ihrer eigenen Kompositionen durch das Hinzufügen der Oud und der Tamboura und dadurch, daß sie sich solcher Mittel wie des barocken Basso ostinato bediente. Im Laufe der Siebziger Jahre zeigte ihr Werk einen immer stärker werdenden indischen Einfluß.

Zwei andere führende Frauen auf der Szene der Sechziger Jahre nennt Dizzy Gillespie in seiner Autographie To BE or not ..to BOP, die Pianistin Patti Bown und Melba Liston, die beide 1960 in der Bigband von Quincey Jones gespielt hatten. Gloria Coleman, die kraftvolle Organistin, die ihre Karriere in den Fünfziger Jahren mit dem Bass begonnen hatte, arbeitete mit Tiny Grimes, nahm Platten auf und leitete ihre eigene Gruppe mit Booker Ervin am Tenorsaxophon. Mary Lou Williams war ebenfalls zur Musik zurückgekehrt, komponierte für die katholische Kirche und gründete 1963 ihre eigene Plattenfirma, Mary Records, um sich damit ihre künstlerische Freiheit zu sichern. Mit dem Blues und Folk Revival des Jahrzehnts traten dann auch Frauen wie Alberta Hunter, Lucille Hegamin, Lil Hardin Armstrong, Lovie Austin, Sweet Emma Barrett und Billie Pierce wieder ins Rampenlicht (und in die Aufnahmestudios), und die Bluessängerin Victoria Spivey gründete ebenfalls 1967 ihre eigene Plattenfirma.

Als sich indessen die Musik von den früheren Traditionen des Swing und Bop entfernte und als die Geschäfte allmählich immer schlechter gingen - Unruhen hatten 1960 das Newport Jazz Festival zum vorzeitigen Abbruch gezwungen und das Konzept der Package-Tourneen (mit mehreren Gruppen von Musikern und Bands) war nicht mehr durchführbar - da erwiesen sich die Sechziger Jahre als ein im ganzen ziemlich schwieriges Jahrzehnt für den Jazz, besonders aber für die Frauen auf diesem Gebiet. Viele der Instrumentalistinnen, die in den vergangenen zwei Jahrzehnten ständig beschäftigt gewesen waren, waren von dem Zustand der Kunst so desillusioniert, daß sie ganz aus dem Geschäft ausstiegen; andere sahen sich gezwungen, eine Tagesarbeit anzunehmen und das Üben auf abends zu verschieben, das eigentliche Spielen hingegen auf das Wochenende. Frauen wie Norma Shepherd und Clora Bryant beschrieben das Jahrzehnt als “ganz normal,” es sei “nicht viel los gewesen.” Betty Carter gibt in der Rückschau eine ausführlichere - und dramatischere - Einschätzung der Flaute in den Sechziger Jahren: nachdem die Beatles aufgekommen waren, sagt sie, “ging das ganze Geschäft kaputt. Ich fand es beängstigend. Auf der einen Seite war der Free Jazz, der viele Schwarze aufrüttelte. Free Jazz hatte unter den Weißen viele Zuhörer, aber die Schwarzen erreichte er nicht. Auf der anderen Seite kam die Soulmusik ganz stark auf, also Free Jazz auf der weißen und Soul auf der schwarzen Seite. Ich war überwältigt.” Toshiko Akiyosho bestätigte kürzlich das allgemeine Gefühl in diesem Jahrzehnt, dem diese Frauen Ausdruck verliehen hatten. In den späten Sechziger Jahren, sagt sie, hätte sie “den Jazz beinahe ganz aufgegeben...Ganz plötzlich kam ich mir so unwichtig vor wie ein Sandkorn am Strand. Ich sah mir die Jazzszene an und sah, daß ich gar nichts verändert hatte.” Toshiko Akiyoshi hat jedoch nicht aufgegeben, und es war ihr Mann, Lew Tabackin, der ihr zugeredet hat, zurückzukehren und der sie überzeugte, daß sie immer noch etwas dazu beizutragen hatte.

Wenn man in den Sechziger Jahren auch immer mehr dazu überging, selber seine Interessen in künstlerischer Hinsicht zu vertreten, die Rechte der Minderheiten sich aber größtenteils nicht auf die Frauen im Jazz auswirkten noch sie einschlossen - deren Entfaltung und Fortschritt gemäß der Tradition in persönlichen Einzelkämpfen erstritten worden waren, statt in politischem oder ideologischem Engagement - so diente das alles doch dazu, die Aufmerksamkeit auf die Probleme zu lenken, mit denen Frauen im allgemeinen konfrontiert waren. Ebenso entstand dadurch eine Schwungkraft und ein soziales Klima, das den Siebziger Jahren die Basis gab, auf der zum ersten Mal, seit Ma Rainey mit den Rabbit Foots durch die Lande gezogen war oder Dolly Jones mit den Harlem Harlicans gespielt hatte, sich ein organisiertes Netz zu bilden begann, das den Frauen auf diesem Feld Unterstützung bieten konnte.

Es folgen hier die Portraits von vier Frauen, die einen bedeutenden Beitrag zum Jazz der Sechziger Jahre geleistet haben.

Carla Bley

(Komposition/Keyboards/Saxophon/Bandleader)

Carla Bley erschien in der New Yorker Jazzwelt in den späten Fünfziger Jahren und begann, für Musiker wie den kanadischen Pianisten Paul Bley, George Russell, Charlie Haden (Carla war Arrangeur und Komponistin für Teile des Liberation Music Orchestra) und Gary Burton (für den sie A Genuine Tong Funeral komponierte) zu schreiben. 1964 gründete sie mit Michael Mantler das Jazz Composer's Orchestra und kurz danach die Plattenfirma Jazz Composer's Orchestra Association (JCOA), ebenso das Watt Label, auf dem ihre eigene und Mantlers Musik erscheinen. Bis heute sind von Carla Bley die Alben Dinner Music, Tropic Appetites, Music Mechanique, European Tour 1977, 13:: 3/4 (mit Mantler), Social Studies, und - um die Behauptung zu widerlegen, Frauen könnten nicht in großem Stil arbeiten - ihre monumentale, aus drei Platten bestehende "Chronotransduction," Escalator over the Hill," eine Art frei-assoziatives Oratorium," eine Produktion, die sie vier Jahre Arbeit gekostet hatte.

Auch den geschäftlichen Aspekt der Musik haben Carla Bley und Mantler revolutioniert, indem sie Mitte der Sechziger Jahre den New Music Distribution Service gründeten, der den Künstlern die Möglichkeit gibt, ihr Werk ohne Kompromisse zu entwickeln und aufzunehmen und ihnen noch einen Absatzmarkt für den Vertrieb eröffnet. In den späten Siebziger Jahren hatte Carla Bley schon ihr eigenes Orchester, das die Grenzen zwischen Jazz, Rock und "neuer Musik" überschritt. "Die Musik ist in verschiedenen Stadien übermütig, nüchtern, nachdenklich und aggressiv," schrieb ein Rezensent, "aber immer ist sie durchaus persönlich." "Sie kreiert leuchtende, lyrische, aber auch zähe Stücke,"sagte Nat Hentoff, und "...ich bin ziemlich sicher, daß vieles in ihrem Werk eine längere Dauer haben wird als manches laute Geschrei ihrer Zeitgenossen."

Carla Bley gilt heute als eine der einflußreichsten Kräfte in der Musikwelt, die neue Gebiete erschlossen hat und die, wie ein Kritiker schreibt, "eine der wenigen Frauen ist, die als bedeutende Komponistinnen anerkannt werden.

"Carla (Borg) Bley wurde 1938 in Kalifornien geboren. Beide Eltern waren Musiker, und ihr Vater, Organist und Chorleiter ihrer Kirche, gab auch Klavierunterricht. Carla begann früh zu komponieren und war sehr stark von den Kirchenhymnen beeinflußt, aber auch von klassischer Musik und "schlecht gespielten Tonleitern und grundlegenden Klavierstücken für Anfänger," die die Schüler ihres Vaters in ihren Unterrichtsstunden spielten. Carla selbst hatte eine formelle musikalische Ausbildung angefangen, aber, sagt sie, nachdem sie ihren Vater total genervt und ihre Mutter in den Arm gebissen hatte, "gaben sie auf und ich entwickelte meine eigene, unvorschriftsmäßige Methode." Als ein Talentwettbewerb ihr die Augen öffnete "für die Mängel, die durch meinen Eigensinn in puncto Fingersatz und anderer langweiliger technischer Dinge entstanden waren," setzt sie hinzu, "hörte ich ganz mit dem Lernen auf."

Mit fünfzehn verließ Carla die Highschool, bekam einen Job als Notenverkäuferin und tat sich mit einem Folksänger zusammen, schrieb Songs und sang in Nachtclubs. Noch immer nicht vertraut mit Jazz oder Improvisation, nahm sie einige Jobs an, bei denen sie zwar wunderschön spielte, aber, nach ihren Worten, nur Standards "ohne jegliche Spontaneität," ging dann aus einem Impuls heraus mit einer Freundin nach New York, die von Kalifornien aus dorthin reiste. Ihre ersten Jobs bekamen sie im Birdland und im Basin Street - sie arbeiteten als Garderobenmädchen - und bald fing sie an, für Paul Bleys Gruppe zu schreiben. (Nach einer gewissen Zeit heirateten sie und Paul Bley - "eine der wenigen Möglichkeiten des Fortkommens für eine Frau," wie Carla Bley der Schriftstellerin Margo Jefferson sagte). Bald spielten auch andere Musiker ihr Werk und nahmen es auf - Jimmy Giuffre, Art Farmer, Charlie Haden, George Russell. Carla Bley selber spielte im Greenwich Village in Kaffehäusern und in Charles Moffetts Gruppe mit Pharaoh Sanders.

Mitte der Sechziger Jahre, frustriert durch die kommerziellen Aspekte der Musik, half Carla Bley bei der Gründung der kurzlebigen Jazz Composer's Guild. Obwohl ihre Bemühungen zu der Zeit fehlschlugen, war das Konzept gut, und 1964 gründete sie mit Michael Mantler - ihrem zweiten Mann, "einem Komponisten, dessen Musik genau so merkwürdig war wie meine eigene" - das Jazz Composer's Orchestra, das, genau wie die frühere Jazz Composer's Guild, ins Leben gerufen wurde, um den Komponisten eine Hilfe zu sein, die für große Ensembles schrieben. Kurz nachdem das JCO formiert war, half sie bei der Organisation der Jazz Composer's Orchestra Association (JCOA), einer gemeinnützigen Organisation zur Unterstützung des Orchesters und für Aufträge und Aufnahmen neuer Werke.

Als Carla Bley und Mantler die JCOA-Plattenfirma gründeten, hat Carla Bley gesagt, wollten die kommerziellen Vereinigungen nichts damit zu tun haben: "Die Plattenindustrie, wie alle großen Industrien, die vom Profitdenken bestimmt werden, verkamen immer schneller zu Vehikeln zur Herstellung immer billigerer und leichter zugänglicher Konsumware für den größtmöglichen Markt." "Verkauft sich das?" war die erste Überlegung. Als JCO an die großen Firmen herantrat, hatte es noch größere Probleme als die anderen Künstler: sie waren Neuerer, unbekannt und zahlreich, mit wenigstens zwanzig Musikern plus den bekannten Solisten, von denen alle hohe Gagen beanspruchten. Nach entmutigenden Versuchen, führende Leute der Plattenfirmen aufzutreiben, da die immer und unentwegt fort waren "zum Lunch," entschlossen sich Carla und Mantler, mit zwei Alben fertigen Materials, ihr eigenes Album herauszugeben. Im Herbst 1968 war The Jazz Composer's Orchestra fertig, komponiert und geleitet von Michael Mantler mit den Solisten Cecil Taylor, Roswell Rudd, Don Cherry, Gato Barbieri, Pharaoh Sanders und Larry Coryell.

Nun standen sie vor dem Problem des Vertriebs. Die Platte verkaufte sich in Europa und Japan gut, wo die Nachfrage nach solcher Musik ihr erlaubte, innerhalb der kommerziellen Struktur zu existieren; aber in Amerika waren sie abhängig von mündlichen Absprachen und schriftlichen Bestellungen, die nur eine geringe, aber intensive Reaktion hervorrief und den Verkauf gering und zögernd gestaltete. Zu dieser Zeit arbeitete Carla Bley auch an ihrem eigenen groß angelegten Werk, Escalator over the Hill. Carla Bley und Mantler waren sich wohl bewußt, daß sie keine "populäre Musik in irgendeiner herkömmlichen Form" schufen und entschieden sich daher, einen gemeinnützigen Vertriebsdienst ins Leben zu rufen, der sich an "alle Plattenfirmen mit unpopulärer Musik wie die unsere" wandte. So wurde der New Music Distribution Service geboren, und seine Dienste standen allen zur Verfügung, die "neue Musik" schrieben oder spielten, ohne daß Carla Bley oder Mantler ein Urteil darüber fällten, wessen Musik sie akzeptieren wollten.

"Anstatt ordentlich von der Bildfläche zu verschwinden," sagt Carla Bley, "wurden wir stur. Schritt für Schritt, ohne die leiseste Ahnung, wie weit wir zu gehen haben würden, stellten wir unser eigenes System zum Überleben auf. Wenn das, was wir wollten oder brauchten, nicht existierte, wurde es eben erschaffen." Gegen Ende der Siebziger Jahre enthielt der NMDS-Katalog über zweihundert Titel, von über fünfzig Plattenfirmen produziert. (Ihre erfolgreichsten Alben - Chick Coreas Return to Forever und Gil Scott-Herons Winter in America zum Beispiel - gingen mit der Zeit an ECM über). "Wir wurden gegenseitig durch unsre bloße Existenz inspiriert," schrieb Carla Bley von den Friendly Independant Music Makers, "und waren ergriffen davon, daß wir so viel Ausdauer in uns hatten, jeder von uns. Wir waren das Unkraut, die Wildblumen, die es auch ohne Pflege schafften, zu überleben."1977, nachdem sie in Europa mit der Jack Bruce Band gearbeitet hatte, fing Carla Bley an, sich mehr für Live Musik zu interessieren. JCO war immer zu groß und zu schwerfällig gewesen, um damit auf Tournee zu gehen, und so, sagt Carla, hat sie gelernt, sparsamer zu orchestrieren und kam dann auf die ideale Instrumentation und das entsprechende Material - eine zehnköpfige Band, die, wie die von Ellington und Akiyoshi, dazu da ist, die Musik ihrer Leiterin zu interpretieren.

Auf der Bühne ist Carla Bley eine quirlige, unberechenbare, charismatische Erscheinung, und ihre Band reagiert entsprechend, liest, spielt und improvisiert aber auch ihre Musik makellos. Sie nährt sich aus einer Vielzahl musikalischer Idiome und Einflüsse - Lieder aus dem spanischen Bürgerkreig, Marschmusik, indische Ragas (in westlichen Tonarten), der klassischen kammermusikalischen Spielart des 3/4-Taktes (die ein Kritiker eine "Orchesterphantasie über den Walzer" nannte), die Beatles, Kurt Weill und Ellington, unter anderen. Aber mit echter Originalität vereinigt Carla Bley alle diese verschiedenen Elemente in einzigartigen Aussagen und wunderlichen Gegenüberstellungen; sie will die "Tonalität kitzeln," nicht "abschaffen."

Mitte der Sechziger Jahre, sagte Carla Bley, war sie das "Geschrei" des Free Jazz leid und war wütend auf den Jazz. "Ich gebrauche das Wort 'Jazz' in bezug auf die Musiker, die gerne ellenlange Soli spielen, ob sie nun interessant sind oder nicht - das ist die Art von Jazz, gegen die ich etwas habe." Eines Nachts kam sie aus einem Pariser Jazzclub nach Hause und fing an, an A Genuine Tong Funeral zu arbeiten. "Da fing ich an zu leben. Ich hörte auf, nur ein Teilchen in dem Strom zu sein, in dem ich war und holte aus zu einem Protestschlag gegen diesen Strom. Ornette Coleman hatte die Musik davon befreit, daß die Modulationen der Melodie folgen", sagt Carla Bley, "aber dann haben wir den nächsten Schritt getan und versuchten, die Rhythmusgruppe davon zu befreien, der Melodie zu folgen und da haben wir alles durcheinander gebracht, denn das war das totale Chaos." Nach Coleman, sagt sie, hat sie aufgehört, zu hören. Heutzutage hört sie sich nur noch Musik an, die mindestens zwanzig Jahre alt ist und zieht ohne jede Ausnahme Rock und Klassik allem anderen vor. "Ich brauche viel Ordnung. Ich bin sehr konservativ, sagt sie.

Carla Bley diskutiert über ihren Zugang zur Musik mal mehr, mal weniger launig, mal mehr, mal weniger ernst. "Die kleinen Hörner kriegen die hohen Töne, die großen die tiefen," schrieb sie einmal. Sie will wohl zugeben, daß ihre Musik schwierig ist: "Sie verlangt ein gewisses Maß an künstlerischem Lesenkönnen und eine Naivität und Frische, die gerade daher kommen, daß man eben keine Noten lesen kann... Ich bin wahrscheinlich eine gute Komponistin. Ich glaube, das ist dann doch bei mir dabei herausgekommen, das ist jetzt mein eigenes Fetzchen wirklichen Selbstvertrauens. Das habe ich gelernt, und deswegen muß ich gar nicht so bescheiden sein. Ich bin eine gute Komponistin, und ich arbeite wirklich hart. Es fällt mir nicht leicht, aber ich kann hart genug arbeiten, um im Laufe von sechs Monaten mit einem guten Stück Musik herauszukommen. Das will ich wohl ohne Bescheidenheit sagen".

Barbara Donald

(Trompete/Komponistin/Bandleader)

> Von Miles Davis angefangen, der als junger Mann Charlie Parker wie ein treuer Hund gefolgt ist und in den Jahren seiner musikalischen Entwicklung an seiner Seite gespielt hat, kommt jeder Instrumentalist seit 1950 vom Parkerstil her. Die Liste enthält alle bedeutenden Namen im Jazz seit 195O: Sonny Rollins, Ornette Coleman, Eric Dolphy, Sonny Simmons, Clifford Brown, Red Rodney, Barbara Donald, Bud Powell, Hampton Hawes, John Lewis, Cecil Taylor, John Coltrane, Roland Kirk, Pharaoh Sanders, Albert Ayler und Archie Shepp. In ihrem Spiel ist mehr als nur die Grundlage von Parkers Jazzstil. In unterschiedlichen Graden hört man auch die religiöse Ekstase von Parkers Musik heraus.
>
> Ross Russell
> *Bird Lives!*

Während der Fünfziger Jahre, als noch die letzten Formationen der International Sweethearts of Rhythm unterwegs waren und Norma Carson, Terry Pollard, Beryl Booker, Corky Hale und Mary Osborne Cats vs. Chicks aufnahmen, wuchs Barbara Donald auf und hörte die Bigbandplattem ihrer Mutter, durch die sie Trompeter wie Harry James und Cat Anderson kennenlernte. Als sie 196O ihre Abschlußprüfung in der Highschool hinter sich hatte und die Musikerlaufbahn einschlagen wollte, fand sie es jedoch unmöglich, Zugang zu finden zu der Welt des Kommerzialismus. In den frühen Sechziger Jahren hatte sie ihren Platz in der Avantgarde des Jazz gefunden, wo sie, wie sie sagt, immer vollkommen akzeptiert und respektiert wurde.

Zwischen 1966 und 197O machte Barbara Donald Platten sowohl mit ihrem Mann, dem Tenoristen Sonny Simmons, als auch mit Burt Wilson, Ed Kelly und Smiley Winters (hat aber damals nie ein Album unter eigenem Namen gemacht). Auf Platten wie Staying on the Watch, Music of the Spheres und Manhattan Egos stellt sich ihre Arbeit mit Simmons in langen, genauen Unisono-Linien dar, und der Sound ihrer Soli ist kraftvoll und fließend. Sie kann Linien in blitzschnellem Tempo hervorbringen, die auch die Intensität des Blitzes haben oder sich mit klassischer Anmut über eine Ballade verbreiten.

Barbara hat seit kurzem ihre eigene Gruppe, Unity (mit Irvin Lovilette, Gary Peacock und Carter Jefferson) und erhielt 1978 eine NEA-Subvention für ausübende Kunst. Seit 1979 leben sie und ihre drei Kinder im Staat Washington, wohin Barbara Donald gezogen ist, um eine friedlichere Athmosphäre zu haben, in der sie schreiben kann. 1981 nahm sie ihr erstes Album unter eigenem Namen auf, mit Unity und Carter Jefferson.

Barbara Donald ist 1942 in Minneapolis, Minnesota, geboren. Ihre Mutter, sagt sie, war "sehr musikalisch" und hatte das absolute Gehör, außerdem noch eine Kollektion von Bigbandplatten. "Ich wollte ganz unbedingt ein Instrument spielen," sagt Barbara, die schon in der Schule anfing, Trompete zu spielen. "Ich wußte nicht genau, was ich bekommen würde. Ich dachte, sie würden mir eine Flöte geben, statt dessen gab man mir eine Trompete und die spielte ich dann. Ich fing auch an, die ganze Zeit Harry James zu hören und Cat Anderson, danach kam Maynard Ferguson. Ich ging die ganzen Bigband-Trompeter durch, hab ihnen wirklich zugehört, und das ging so, bis ich vierzehn Jahre war."

Mit vierzehn zog Barbara Donald nach Kalifornien. "Dann fing ich an, auch mal einen anderen Stil zu hören als nur Bigbandmusik. Ich hörte Art Farmer und Miles Davis - viel frühen Miles. Dann lernte ich Benny Harris kennen (der mit Charlie Parker spielte). Ich war so siebzehn, achtzehn, stieg da irgendwo in einer Jamsession ein und er fing dann an, mir so einiges zu zeigen. Da gingen mir ein bißchen mehr die Ohren auf, und ich hörte dann Clifford Brown und Fats Navarro und sogar manchmal Louis Armstrong. Dazu kam noch ein wirklich guter Studiolehrer, und so konnte ich neben dem Jazz auch Notenlesen lernen und bekam die Grundlagen der Musik beigebracht."

In der Tat hatte Barbara Donald schon eine Menge Grundlagen der Musik gelernt, hatte aber nie die Gelegenheit gehabt, sie anzuwenden. "Die nahmen mich einfach nicht an," sagt sie. "Es war ganz gleich, was ich machte." In der Highschool nahm der Leiter des Bühnenorchesters sie nicht, wie sie sich erinnert, weil sie eine Frau war. "Ich wurde echt wütend und machte dann meine eigene Band. Die Musiker hatten da nichts mit zu tun, das war nur der Lehrer. Da stellte ich denn meine eigene Band auf, nur daß die besser war, weil ich die besten Kinder aus all den Highschools holte und ging dann rum zu den Frauenclubs, Bällen und Hochzeiten, alles Jobs für die Band. Und der Lehrer kam an und war wütend, weil ich ihm alle seine Musiker weggenommen hatte und obendrein noch einige der Jobs, die er haben wollte für die Highschool-Band."

Barbara spielte in der Band erste Trompete und hatte die Satzführung, aber als die Prüfung vorbei war, stand sie vor dem gleichen Problem, das sie schon in der Highschool gehabt hatte: keine Frauen, während die anderen Musiker Angebote von Stan Kenton und Buddy Rich bekamen. "Ich konnte das gleiche, was sie auch konnten," sagt sie, "aber sie nahmen mich einfach nicht. – Die dachten noch nicht einmal daran, mich zu nehmen. Da hab ich dann versucht, in einer ganzen Reihe von blödsinnigen kommerziellen Bands zu arbeiten. Eine war auch tatsächlich eine Frauenband. Es war keine richtige Musik. Sie verlangten, daß man da oben stand in so lächerlichen Schuhen, in einem komischen Kleid voll mit Glitzerkram, und man mußte sein Horn hin und her wedeln und mal einen Tanzschritt machen und mal ein oder zwei Noten zu spielen versuchen und so eine komische Perücke tragen. Das hab ich zwei Wochen gemacht. Das war in Nevada, da bin ich ausgeflippt. Das war mehr oder weniger eine Showband. Sie waren keine Musikerinnen."

Nach diesem Mißgeschick ging Barbara Donald zurück nach L. A. und stellte eine eigene kleine Gruppe auf, mit der sie auf Tournee ging: "Wir spielten die alten

Schätzchen zum Tanz und all solches Zeug, in NCO-Clubs, und dann gingen wir in den Süden, oh, das war schrecklich! Damals unten im Süden, damit konnte ich nicht fertigwerden, besonders nicht, wenn ich hinten im Bus sitzen bleiben mußte. Wir haben nicht viel Geld verdient, aber wir hatten etwas zu tun. Dann kamen wir zurück."

Zu diesem Zeitpunkt traf und heiratete sie ihren ersten Mann, der bei Dexter Gordon Klavier spielte. "Ich konnte das kommerzielle Zeug einfach nicht ertragen," sagt sie. "Viel Geld war da auch nicht drin. Ich sagte, ich wollte doch lieber mehr studieren und dann richtigen, harten Jazz spielen. Und dann führte mich natürlich Benny Harris herum, zeigte mir alles und stellte mich allen vor. So hab ich Leute getroffen, die ich normalerweise nie kennengelernt hätte und er machte mich mit meinem lezten Mann bekannt, Sonny Simmons." (Barbara Donald und Simmons, die 1964 geheiratet hatten, zogen 1965 nach New York und blieben da bis in die späten Siebziger Jahre. "Es ist nicht völlig ausgeschlossen, daß wir auch mal wieder zusammen spielen," sagt Barbara).

Ihre Musik kam aus dem Bop, sagt sie, und ging dann über in "eine total avantgardistische Art, zu spielen. Ich versuchte, anders zu spielen. Ich kannte mein Horn ziemlich gut, ich kannte schon die Harmonien und besaß genügend Wissen. Viele Leute spielten zu der Zeit ganz nach dem Gefühl, nicht unbedingt den Fachkenntnissen gemäß, aber ich brauchte beides. Ich spielte mein Horn in allen Intervallen, allen Registern und schuf meine eigenen Melodien. Ich wollte immer mit Energie spielen und tue das auch heute noch. Ich vermute, da steckte bei mir auch noch eine ganze Menge Aufruhr drin, weil ich nie akzeptiert wurde. Jetzt mache ich alles, was ich damals machen wollte, denn ich habe mich weiter entwickelt." (Eines der Dinge, die Barbara Donald auf ihrer Trompete erreichen will, ist der weiche, fließende Sound des Saxophons). "Die Leute, mit denen ich zu tun gehabt hatte, viele von den Bandleadern, waren geschockt, wenn sie feststellten, daß ich akzeptiert wurde, und plötzlich wurden sie alle ganz schrecklich freundlich." Einer der Musiker, die sie "akzeptierten", war John Coltrane, bei dem sie eingeladen wurde, mal einzusteigen, zwei Wochen, nachdem ihr zweiter Sohn geboren worden war. "Wir sahen uns nur an und stiegen geschlossen in ein paar Phrasen ein, und da kamen Dinge aus meinem Horn, von denen ich nicht einmal wußte, daß ich sie spielen konnte," erinnert sie sich.

Seit 1979 hat Barbara Donald geschrieben und mit ihrer Gruppe in und um Tacoma, Washington, gespielt. "Wir gehen nach innen und wir gehen aus uns heraus. Wir bleiben aber voll Feuer, und wir halten die Leute in Bann." Im allgemeinen findet Barbara Donald, es seien momentan "nicht genug gute Musiker vorhanden. Viele von den jüngeren haben zwar eine ausgezeichnete Schulung, haben aber nicht das Feeling oder die emotionelle Kraft. Das muß man beides haben, eins taugt nichts ohne das andere. Viele Leute haben zwar viel Feeling, aber ihnen fehlt die Fachkenntnis, so gibt es hier also nur wenige, mit denen ich spielen kann.

Ich bin hier ziemlich isoliert, da kann ich klarer denken," sagt Barbara. "Und natürlich übe ich andauernd. Wenn ich nicht übe, dann höre ich. Neuerdings höre ich viel Cedar Walton - ich verkrieche mich wieder nach innen. Draußen gibt es nicht viel, woran ich Freude habe. Natürlich höre ich Trane. Ich höre immer noch unentwegt

Trane und Bird. Ich höre auch viel JoAnne (Brackeen). Die versteht ihr Geschäft wirklich.

Anscheinend hab ich schon, seit ich das Horn in die Hand genommen habe, einen großen Ton gehabt. Es ist ein natürlicher Ton. Das ist komisch, denn viele von den Leuten, mit denen ich aufgewachsen bin und die dann bei Stan Kenton gespielt haben, die haben immer noch den gleichen Ton. Er mag sich ein bißchen entwickelt haben, aber sie klingen immer noch genau so wie damals, als sie noch lernten. Ich habe meinen Ton hingegen entwickelt, daß er größer und größer wird. Das hat nichts mit dem Physischen zu tun, daß ich so einen großen Ton habe, das kommt mit Sicherheit aus dem Geistigen. Ich denke zurück an Bird, und ich denke zurück an Clifford Brown, und dann denke ich an Musik, wie stark und lebendig sie sein sollte. Hören Sie mal Freddie Hubbard, der hat einen großen Ton, und Clora Bryant hat einen großen Ton, und das ist wichtig, daß man das im Kopf behält. Das kommt über und packt die Menschen, dann müssen sie hören, ob man nun Mann, Frau, Kind oder was sonst ist. Man kann nicht anders, man muß zuhören.

"Ich hab mich neulich mit einigen Trompetern unterhalten, Männern, und sie hatten das Thema Mundstücke drauf. Sie wechseln dauernd die Mundstücke aus. Es ist nicht das Mundstück, es ist die Art, wie man sein Instrument angeht und es spielt. Mir wurde viel von diesen Dingen klar, als ich noch jünger war, ich hatte ja eine Menge guter Lehrer. Es ist völlig gleichgültig, wie groß man ist, welchen Geschlechtes man ist oder was immer. Das sollten sich die Frauen mal ruhig aus dem Kopf schlagen. Musik ist kein Football, kein Baseball und kein Boxen. Nicht, daß die Frauen das nicht auch könnten, ich will damit nur sagen, Musikmachen ist für jeden etwas. Ich würde mich freuen, wenn ich mehr Frauen ein Instrument spielen sähe. Es sieht so aus, als gäbe es für viele von ihnen tausend Gründe, es nicht zu tun. Es ist schwer, besonders in wirtschaftlicher Hinsicht. Aber ich würde es jederzeit wieder tun, bestimmt."

"Ich spiele jetzt besser als je. Ich könnte eine ganze Stunde mit extremer Energie spielen; ohne aufzuhören, weil ich nichts anderes tue als spielen. Es gibt viele Frauen, die spielen, aber die hat man völlig unterdrückt. Ich hatte Glück, wissen Sie: ich hab noch vor meinem Tode ein bißchen Anerkennung gefunden. Ich bin auch noch nicht weg - das ist noch lange hin.

Vi Redd

(Altsaxophon/Sopransaxophon/Vocals/Bandleader)

> Ich glaube, viele Frauen haben eine gewisse Begeisterung, aber es braucht mehr als das, denke ich, um sich an eine Kunstform zu hängen, die nie im großen unterstützt worden ist und ich glaube, es ist sehr hart für die Frauen, die Bläser sind und noch spielen, und das auf einem hohen Niveau. Sie müssen Opfer bringen, und dazu sind nicht viele Menschen bereit. Für Vi Redd nun erforderte das Spielen noch ein bißchen etwas extra. Nicht jeder hat diese unbedingte Hingabe.
>
> Janice Robinson

Vi Redd wurde in New Orleans geboren. Ihr Vater, der New Orleans Drummer Alton Redd, hat mit Les Hite, Kid Ory und vielen anderen Gruppen gearbeitet; ihr Bruder war Schlagzeuger, und ihre Mutter spielte Saxophon, wenn auch nicht beruflich. Ursprünglich hatte Vi Redd mit Klavier angefangen, aber als sie zehn war, gab ihr ihre Tante, Mrs. Alma Hightower (die Melba Liston unterrichtet hat) ein Saxophonmundstück und sagte, sie solle mal darauf blasen. Dann eröffnete sie ihr, daß sie von nun an Saxophon spielen werde.

Vi Redd wuchs mit Klassenkameraden wie Eric Dolphy und Martha Young auf und spielte Sessions in der Nachbarschaft mit Leuten wie Hampton Hawes. Obwohl sie weiter sang und spielte während ihrer Schulzeit im Los Angeles Community College, machte sie ihre Prüfung in Sozialwissenschaften. Nachdem sie das College 1954 verlassen hatte, arbeitete Vi die nächsten Jahre ausschließlich als Musikerin, 1957 nahm sie jedoch einen Job in der Bezirksverwaltung an und kam erst 1961 wieder ganz zur Musik zurück.

1962 schrieb Leonard Feather: "Wenige Altsaxophonisten der letzten Jahre haben einen Sound, der Bird so ähnlich ist und ein Feeling, das so tief im Blues verwurzelt ist, wie Vi Redd...Sie ist eine Sängerin mit einem beeindruckend klangvollen Timbre und schöner Intonation und Phrasierung." Indessen stellte Feather fest, trotz ihrer offensichtlichen Brillianz betrachte man sie wegen ihres Geschlechtes meist nicht "als eine verfügbare Saxophonistin, die frei und vom Blatt ausgezeichnet spielen kann und sich in jeder männlichen Bläsersektion behaupten könnte, sondern eher als eine Kuriosität, die so gut nicht sein kann." Trotzdem gab es im Verlauf der Sechziger Jahre in Vi Redds Laufbahn einige Höhepunkte. In der ersten Hälfte des Jahrzehnts nahm sie das Album auf Bird Call und später noch Lady Soul, die ihre melismatischen, vom Blues geprägten Vocals demonstrieren, aber auch, wie Feather im Plattentext sagt, die "rauhe, von elememtarer Kraft erfüllte Qualität" ihres Altsaxophons. Eine andere Plattensitzung, Al Greys Album Shades of Gray, enthält, was Vi

Redd für ihre beste Arbeit auf Platten hält, "Dinah" und "Puttin' on Mellow". Vi Redd trat auch auf dem Monterey Jazz Festival auf und war 1967 auf Tournee in Europa (sie war damals der einzige amerikanische Künstler, der zehn Wochen ununterbrochen im Ronnie Scott Club in London spielte), und 1968 war sie wieder auf Tournee in Europa, diesmal mit Count Basie.

Zur gleichen Zeit, als sie ihre musikalische Laufbahn weiter verfolgte, hatte sie den Schlagzeuger Richie Goldberg geheiratet und war nun damit beschäftigt, ihre Kinder aufzuziehen. In den frühen Siebziger Jahren, als ihre Söhne heranwuchsen, stellte sie ihre musikalischen Aktivitäten zurück und unterrichtete sieben Jahre lang geistig behinderte Kinder. Dann aber, um 1976, entschloß sie sich, wieder zur Musik zurückzukehren. "Ich hatte das Gefühl, ich habe etwas zu geben," sagte sie Shanta Nurullah in einem Interview. Die Botschaft, die sie versuchen will, zu übermitteln, ist Liebe, sagt sie. "Vergeben, Verständnis haben, einfach nur lieben."

Als Antwort auf die Frage, ob sie glaubt, angemessene Anerkennung für ihre Arbeit gefunden zu haben, sagt Vi: "O nein, nicht vom großen Publikum. Das interessiert mich auch gar nicht mehr. Ich bin mit mir selbst ganz glücklich. Ich weiß, wer ich bin. Ich kenne meine Möglichkeiten. Ich glaube, einige unter den Musikern wissen, daß ich einen gewissen Beitrag geleistet habe...

"Wenn ich so an Menschen wie Diz denke, was waren da für Opfer zu bringen für diese Musik. Und Sarah Vaughan - Dexter Gordon hat einmal gesagt, 'Man müßte ihr pro Abend 25.000 Dollar zahlen.' Vielleicht wäre das ein Ausgleich für die vielen Tage, die sie in Bussen verbringen mußte. Die Opfer, die diese Musiker gebracht haben - die auf der Straße umgekommenen Musiker, die schwarzen Musiker, denen man Bedienung, Unterkunft, medizinische Versorgung verweigerte...Sie haben sich vorwärts gekämpft, und sie haben dem Jazz Opfer gebracht, das ist nicht zu leugnen.

Vi Redd sprach auch darüber, was es heißt, ein weiblicher Bläser zu sein. "Ich bin so oft in der Vergangenheit vor den Kopf gestoßen worden," sagte sie. "Einige sind sogar rausgegangen, wenn ich kam. Ein ganz kleines Ressentiment gibt es immer noch, wenn sich einer unsicher fühlt. Ich hab den Leuten schon oft gesagt, und das ist die Wahrheit, wenn ich ein weibliches Wesen bin, ist das Gottes Werk und ich möchte nichts anderes sein. Ich bin gerne weiblich, ich bin gerne Mutter. Ich bin gerne eine Frau. Aber es war mir nie so recht zu Bewußtsein gekommen, daß ich dieses Horn spielte. Es sind die anderen, die davon besessen sind. Nun, das kümmert mich nicht weiter."

Patti Bown

(Klavier/Komponistin/Bandleader)

Man wurde auf Patti Bown aufmerksam, als sie 196O in der Quincey Jones Bigband spielte. Auch Platten machte sie mit der Jones Band sowie mit Künstlern wie Aretha Franklin, Benny Carter, Jimmy Rushing, Rashaan Roland Kirk, Duke Ellington und George Russel, unter vielen anderen.(In den späten Fünfziger und den Sechziger Jahren, als familiäre Verpflichtungen es ihr erschwerten, längere Zeit unterwegs zu sein, wurde sie zu einer der vielseitigsten Musikerinnen in den Plattenstudios und machte es sich dadurch möglich, in New York bei ihrer Familie zu bleiben und doch weiter ihren Lebensunterhalt mit Musik zu verdienen. "Frauen waren damals nicht so allgemein akzeptiert in den Aufnahmestudios, bemerkt sie, was ihren Erfolg auf diesem Gebiet um so auffallender macht)."

Ihr eigenes Plattenalbum von 1961, "Patti Bown Plays Big Piano",enthielt vier eigene Kompositionen - "G'wan Train," "Nothin' But the Truth," "Head Shakin' " und "Waltz de Funk." Patti war überdies musikalische Leiterin für Sarah Vaughan und Dinah Washington, spielte für Broadway- Shows, komponierte für Fernsehen und Film und unterrichtete am Bennington College. Neuerdings wurde sie, zusammen mit dem kenyanischen Dichter und Lyriker Japhet Okari, zur Mitbegründerin von Universal Arts and Folklore, einer "pan-artistischen" Organisation, die durch die Förderung menschlicher Begegnungen den Respekt, das Verständnis und die Entwicklung unter Menschen verschiedener Lebensalter, Rassen, Religionen und verschiedenen Geschlechtes zu fördern hofft. Sie hat das Gefühl, daß diese Gruppe sie auch dazu befähigen wird, den Jazz über das hinauszuführen, was ihr bereits bekannt ist, um so eine Verbindung musikalischer Elemente quer durch die Kulturen herbeizuführen.

John S. Wilson hat von Patti Bown gesagt, sie sei "eine ganz und gar eigenständige Frau - eine starke, überschäumende und farbenreiche Interpretin." Whitney Balliett hat, nachdem er sie John Coltranes "Giant Steps" spielen hörte, gesagt, dies sei eine "Acht-Minuten-Lektion darin, wie man ein Stück Improvisation so geschlossen und vielschichtig machen könne, daß ein Dutzend Solisten davon eine Woche zehren könnten." Aber, wie so viele Frauen, muß auch sie ihre Energie und ihre Aufmerksamkeit zwischen ihrer Familie und ihrer Arbeit aufteilen. Es hat Zeiten gegeben, sagt sie, in denen die Kritiker über sie geschrieben haben, ohne die Anforderungen zu kennen, die das Familienleben an sie stellt, was es ihr zeitweise unmöglich machte, so oft aufzutreten, wie sie es gerne getan hätte. "Der einzige Grund, warum ich aufgehört habe mit dem, was ich machte," sagt sie,"ist der, daß ich mich um meinen Sohn kümmern mußte, denn ich wurde mir klar darüber, daß ich stoppen mußte, wir hätten sonst keine Chance gehabt, uns kennzulernen. Man kann eben nicht alles haben, was man will und wann man es will. Manchmal ergibt es sich, wenn die Zeit dafür reif ist.

Patti Bown wuchs in Seattle, Washington, auf. Sie waren acht Kinder in der Familie, und vier davon, inklusive Patti, zeigten eine spezielle musikalische Begabung. Außerdem hatten alle das absolute Gehör. "Wir haben Jazz gespielt und klassische Musik," sagt Patti. "Ich hab nach dem Gehör gespielt. Wenn die anderen Stunden hatten, hieß es, ich sei zu jung; ich war ja erst zwei Jahre alt. Ich hab erst mit sechs Jahren angefangen, Klavier zu lernen. Das war das Beste, was mir je passiert ist, denn so ließ man mir über lange Zeit hinweg die Freiheit, alleine für mich zu spielen. Ich saß nur da und spielte eigene Sachen am Klavier, wann immer ich die Gelegenheit dazu hatte. Und ich glaube, das hat mir Freiheit gegeben und mich meine eigene musikalische Persönlichkeit entwickeln lassen. Zu der Zeit, als ich dann Unterricht bekam, da hatte ich mich schon sehr in das Jazzspielen vertieft. Ich versuchte auch, alles zu imitieren, was ich hörte, sogar Autohupen, die Feuerwehr und was sonst noch alles. Ich war allen Klängen gegenüber überempfindlich - das hat es mir manchmal unmöglich gemacht, ein verstimmtes Klavier zu spielen.

"Alle Arten von Musik hab ich gerne gehört. Einer meiner stärksten Einflüsse im Jazz war wahrscheinlich Duke Ellington. Ich erinnere mich, ich hörte einmal eine Aufnahme von 'Chelsea Bridge' und das warf mich um. Da war ich so zwei Jahre. Es war schwer, in Seattle an Jazzplatten zu kommen, und das war der erste Jazz auf Platten, an den ich mich erinnern kann. Ich war eine sehr unternehmungslustige Zweijährige, rannte durch das Haus, war voller Energie. Ich war der Schrecken der Familie, und sie waren froh, daß ich damals Duke Ellington entdeckte, denn das war das erste Mal, daß ich still saß. Ich konnte stundenlang dasitzen und mir Duke Ellington, Billie Holiday, Erroll Garner anhören und alle die Künstler, von denen wir Platten erwischen konnten."

Pattis Elternhaus war allen Menschen, aller Kunst, aller Kultur offen. "Meine Mutter malte, und sie nahm uns auch immer mit in die Museen und in alle möglichen Konzerte und versuchte, unsre Kreativität, so weit wie möglich anzuregen. Sie und mein Vater drängten uns immer in irgendeine Richtung. Mein Vater war der Sohn eines freigelassenen Sklaven. Er war erst im zweiten Schuljahr, da holte ihn sein Vater an sein Sterbebett und sagte ihm, er verließe sich darauf, daß er seine Mutter und die übrige Familie ernähre, da mußte er mit neun Jahren die Schule verlassen und arbeiten gehen. Meine Mutter, Tochter eines irischen Vaters und einer schwarzen Mutter, war schon mit zwölf Jahren Waise geworden, hatte es aber trotzdem fertiggebracht, mit harter Arbeit und unter vielen Opfern sich eine College-Erziehung zu verschaffen. Zu der Zeit, als sie sich kennenlernten und heirateten, hatten sie beide schon viel im Leben durchgemacht, und ihr wichtigstes Anliegen war, eine friedliche Umgebung zu finden, wo sie eine Familie gründen könnten. So bin ich mit sehr viel Liebe aufgewachsen. Ich glaube, dieses behütete und gesicherte Familienleben hat mir ohne Zweifel geholfen, alles zu überstehen, was mir in der Jazzwelt passieren sollte."

Als Patti alt genug war, nahm sie mit ihren Schwestern Klavierstunden. Sie studierten bei einer alten Dame, die, Patti zufolge, immer einschlief, wenn sie Unterricht gab. "Wir teilten die Stunde unter uns vier Schwestern." Zunächst einmal lernte Patti da überhaupt kein Notenlesen. Da sie so gut nach dem Gehör spielen konnte, holte sie sich ihre ältere Schwester heran (die lesen konnte) und ließ sich von ihr die Lektionen vorspielen, und so hat sie sie gelernt. "Ich spielte schnell meine zwei kleinen Übungen, bekam mein Sternchen und konnte raus und mit meinen Freunden Baseball spielen. Ich fürchte, ich war ein kleiner Gauner."

Pattis musikalische Erziehung wurde in der katholischen Schule, in die sie zwölf Jahre lang ging, fortgesetzt. "Die Nonne, die wir in Musik hatten, hatte ein langes Lineal. Wenn ich einen Fehler machte, kriegte ich eins über die Knöchel, daß sie bluteten. Später hat sie diese Erziehungsmethode aber aufgegeben und hat mich dann noch von der vierten Klasse an durch die ganze Highschool unterrichtet. Ich war fest entschlossen, auf jede Weise zu lernen. So ging ich denn in die Bibliothek und holte mir große, dicke Bücher über Musik. Eines Tages sagte ich ihr, ich würde die Musik aufgeben und sie wollte wissen, warum. Ich sagte, 'Wegen all dieser Vorträge, der Mutter Freude machen, sich alberne Kleidchen anziehen; ich will noch was anderes machen, etwas darüber hinaus. Ich möchte wissen, was da wirklich vorgeht innerhalb der Musik.' Da behielt sie mich nach der Schule da, und das war der Beginn meines Privatunterrichts bei ihr. Sie nahm sich extra Zeit für mich und lehrte mich spezielle Dinge. Ich begann, Harmonielehre zu studieren, ein bißchen Kontrapunkt und ein bißchen Kompositionslehre. Aber ich war mir wohl bewußt, daß das nur eine begrenzte Angelegenheit war, denn vom Jazz verstand sie nichts. Ich dachte immer noch in Improvisationen, so machte ich mir dann meine eigenen kleinen Songs. Nicht, daß ich in Clubs gearbeitet hätte, ich war ja noch minderjährig, aber ich spielte für Sänger, für Tanzklassen, für Messen in der katholischen Kirche und Programme in den schwarzen Kirchen. Es wurde zwar als Sünde betrachtet, wenn ein Katholik in einen anderen Gottesdienst ging, aber ich fand mich immer da wieder, wo die richtige Musik war. Wenn etwas wirklich gut war, fand ich auch einen Weg, dahin zu kommen. Ich mußte einfach gehen und Musik hören."

"Meine Eltern haben uns auch oft mitgenommen," erinnert sich Patti. "Wenn da irgendwo eine wirklich gute Band zum Tanz spielte, dann nahm uns mein Vater mit und parkte den Wagen direkt unter dem Fenster und ließ meine Schwester reingehen und das Fenster aufmachen, damit wir auch mit Gewißheit die Musik hörten, bevor wir einschliefen. Sie haben uns immer ermutigt, Musik zu hören und uns daran zu erfreuen." Patti begann eigentlich schon mit drei Jahren, professionell zu arbeiten und ihre Auftritte in der Kindheit brachten sie von der Villa des Gouverneurs zu den Sonntag-nachmittags-Tänzen im Offiziersclub. Es gab da in der Stadt auch einen Club, in dem Minderjährige, die sich mit Jazz befaßten, sich aufhalten konnten und Patti schaffte es immer, reinzukommen, wenn da etwas war, was sie unbedingt hören wollte. Für gewöhnlich war sie der einzige weibliche Musiker in dem Laden, aber niemand hat ihr deswegen etwas gesagt. "Ich wollte doch nur spielen. Mir war das egal. Wo immer ich etwas lernen konnte, da versuchte ich hinzugehen.

"Patti hatte fast die Highschool hinter sich, als eine ihrer Schwestern (eine klassisch geschulte Pianistin, Schützling von Orson Welles und Paul Robeson), die in Frankreich studiert hatte, nach Amerika zurückkam und in der Town Hall ein Konzert gab. "Ihr Sponsor war Sol Hurok," sagt Patti," und obwohl sie begeisterte Kritiken bekam, war es, politisch gesehen, der falsche Zeitpunkt in diesem Land, da sie schwarz, aber auch, weil sie eine Frau war. Sol Hurok sagte, es täte ihm sehr leid, aber das seien zwei große Nachteile, er könne nichts für sie tun, das beste, was er ihr bieten könne, sei eine Tour durch die schwarzen Colleges im Süden. Es war einfach kein Geld da, und sie könne nicht wirklich gesehen und bekannt gemacht werden. Das war die böse Lage vieler begabter schwarzer Künstler zu der Zeit, denen wegen des politischen Klimas nicht gestattet wurde, etwas zu werden, wozu sie ohne weiteres die Fähigkeit hatten."

Von ihrer Kinderzeit an hatte Patti selbst mehrere klassische Klavierwettbewerbe gewonnen, war aber immer noch ernsthaft damit beschäftigt, ihren eigenen Jazz zu kreieren. Ihre Eltern hingegen waren versessen darauf, daß sie eine Karriere in der Klassik einschlug. "Obwohl meiner Schwester der Erfolg versagt blieb, waren sie immer noch entschlossen, daß ich es schaffen und eine außergewöhnliche Konzertpianistin werden sollte. Meine Mutter kämpfte immer noch darum."

Als Patti die Prüfung an der Highschool hinter sich hatte, wurden ihr über fünfundvierzig College- und Komnservatoriumsstipendien angeboten und sie wurde zum "Mädchen mit der größten Aussicht auf Erfolg" gewählt. Aber keine dieser Schulen bot ihr, was sie sich vorstellte. "Die respektierten noch nicht einmal die Dinge, die ich in kreativer Hinsicht machte.," sagt sie. "Sie wollten aus mir eine Konzertpianistin machen. Ich ging ungefähr ein Jahr auf eine katholische Universität, dann ging ich weg auf eine konfessionslose Universität, aber das war genau so schlimm. So ließ ich mein Collegestipendium sausen und ging zurück auf die katholische Universität. Gearbeitet habe ich zu der Zeit auch, und mein Stundenplan war einfach zu ausgefüllt. Ich mußte mal Pause machen. Schließlich bestand ich mein Examen am Konservatorium, aber mir wurde langsam klar, daß es gar keine Literatur über die Musik gab, die ich spielen wollte. Ich mußte mich ohne Hilfe entwickeln, meine eigene Literatur schreiben und es genau so machen, wie ich es gemacht hatte, als ich zwei Jahre alt war. Ich wußte, das war der richtige Weg. Ich konnte nicht auf irgend jemand anderen hören, der mir sagte, was ich tun sollte."

Mitte der Fünfziger Jahre wurde es Patti klar, daß es aussichtslos war, "in Seattle irgendwo spielen und möglicherweise ein bißchen was verdienen zu wollen," also ging sie nach New York. "Ich hatte Dizzy Gillespie als Kind in Seattie kenngelernt und mit ihm gespielt," erinnert sie sich, "und er verschaffte mir ein paar Gigs, als ich zuerst in New York ankam. Damals gab es Agenten, die Musikerinnen in die sogenannten "besseren Gegenden" von New York vermittelten. Viele von ihnen erwarteten, daß man die Kunden unterhielt und oft wurde man von den Geschäftsleuten belästigt, die einem schmutzige Angebote machten. Manchmal stellte sich heraus, daß sie Freunde des Clubchefs oder des Agenten waren und wenn man sie abwies, wurde man gefeuert. Deswegen hab ich also auch ein paar Jobs verloren.

"Ich erinnere mich noch an einen ganz bestimmten Job, für den ich gebucht war - es war ganz unten am Ende der Flatbush Avenue in Brooklyn. Ich wohnte oben in Harlem zu der Zeit, und ich erinnere mich, daß ich immer mit der U-Bahn dahin fahren mußte und dann noch sieben oder acht Blocks laufen bei vereister Straße und wenn ich mein Geld bekam, aufpassen mußte, daß nicht irgendein Straßenräuber es mir wieder abnahm. Gewöhnlich gab ich dem Bartender zwanzig Dollar, damit er mich nach Hause fuhr, das hieß also, daß die Gage für einen Abend schon dafür draufging, daß ich sicher nach Hause kam und mein bißchen Geld behielt, damit mein Sohn und ich etwas zu essen hatten. Sie können sich vorstellen, wie frustrierend das war."

1960 holte Quincey Jones, der eine Bigband zusammenstellte, Patti ans Klavier. "Ich wuchs mit Quincey in Seattle auf," sagt sie, "und Quincey konnte jeden Pianisten haben, den er haben wollte, da war ich natürlich glücklich, daß er mich nahm. Er hatte noch eine andere Frau in der Band - Melba Liston." Ebenfalls in der Band waren Budd Johnson, Phil Woods, Benny Bailey und Sahib Shihab. Sie gingen mit Harold Arlens Free and Easy nach Europa, einer Blues-Oper, und obwohl die Show nach nur zwei Monaten Schluß machte, lief die Band noch weitere zehn. "Jedesmal wenn es eine Kritik gab, war es eine Kritik über Quincey und mich," sagt Patti. "Ich als Frau und daß ich ein ungewöhnlicher Solist war oder so etwas. Ich hab es nicht darauf abgelegt, aber so ging das immer. Die Leute kamen, um die Band zu sehen und sofort war ich diejenige, die ihnen auffiel, weil ich eben so auffallend war.. Das hat mich bei einigen der Bandmitglieder nicht gerade populär gemacht."

Als die Jones Band 1961 nach Amerika zurückkehrte, fing für Patti eine lange Periode an, in der sie wieder in Plattenstudios und auch im Orchstergraben am Broadway arbeitete. (Sie war zweieinhalb Jahre in der Hitshow Purlie Victorious). Seit kurzem tritt sie in einer Reihe von Clubs und anderen Umgebungen als Leiterin ihrer eigenen kleinen Gruppe auf und hat sich auch in zunehmendem Maße dem Komponieren gewidmet.

"Ich schreibe gerne meine eigenen Kompositionen," sagt Patti. "Ich hoffe, meine Musik hat sich entwickelt, so wie ich hoffe, daß ich mich auch als Person entwickelt habe. Aber im Grunde sehe ich in meiner Musik vieles, was meine frühesten musikalischen Instinkte widerspiegelt. Ich scheine in meinen Kompositionen zu Kürze und Einfachheit zu neigen. Es gibt Dinge, die man besser ungesagt läßt. Ich bin im Grunde ein Melodienschreiber. Ich meine, Melodien zu schreiben, ist eine angeborene Gabe, und das ist etwas, was man erkennt, wenn es einem passiert. Je mehr ich es tue, desto mehr Freude macht es mir und desto größer ist der Genuß, den ich daraus ziehe. Ich spiele gerne, und ich höre gerne andere Leute spielen."

Frauen haben seit Jahrzehnten gespielt, sagt Patti, und doch haben viele nie die Anerkennung gefunden, die sie verdient hätten. "Vielleicht heirateten sie, bekamen dann ein Baby, oder sie verschwanden irgendwo im Strom des Lebens. Sehr oft verlangten auch die Ehemänner, daß sie ihre Karriere aufgeben. Manche haben den Kampf einfach aufgegeben, weil es so schwer ist, sich durchzusetzen." Aber für Patti wäre es die schlimmste Wahl gewesen, wenn sie ohne ihre Musik hätte leben sollen.

"Andere mögen ihre eigenen Vorstellungen davon haben, wie das Leben eines Jazzpianisten ist," sagt sie, "ich versuche einfach nur, das Beste zu tun, was ich tun kann. Jedesmal, wenn ich auftrete, meditiere ich, dann gehe ich raus und versuche, alles zu geben, was ich habe."

Die Siebziger Jahre

Die vielleicht wichtigste Lehre, die sich aus dem Neuen Feminismus der Sechziger Jahre herausschälte, war die Erkenntnis, daß das Persönliche und das Politische ein und dasselbe sind - die "Probleme", die jede Frau als ihre ureigenen ansah, hatte sie tatsächlich mit allen anderen gemein. In den Siebziger Jahren, als die Frauen anfingen, ihre Ansichten über ihr Leben, ihre Arbeit und ihre Kunst einander mitzuteilen und ihr Erbe auf allen Gebieten zu erforschen und neu zu bewerten, fielen die alten Mythen und Stereotypen, von denen sie in ihrer ganzen Geschichte eingehüllt gewesen waren, allmählich von ihnen ab.

Dieses Jahrzehnt war für den Jazz mehr als alles andere eine Zeit des Übergangs und der Mannigfaltigkeit. Als die junge Generation und die Öffentlichkeit langsam den speziellen Wert des Professionalismus und der Erfahrung der älteren Künstler erkannte - und die Opfer, die sie gebracht hatten, indem sie den Weg bahnten - da wurde das Bild des Jazz zu einer Mischung von Frauen aus allen Jahrzehnten und Traditionen: Mainstream, Bop, Avantgarde, sogar "neue Musik" und "Fusion."

Auf dem Women's Jazz Festival in Kansas City (198O) wurden neun der originalen Sweethearts of Rhythm geehrt, und es trat die Frauenband von der Westküste Maiden Voyage auf. Die Vokalistinnen Sheila Jordan und Betty Carter, die sich kompromißlos durch mehrere Dekaden gekämpft hatten, waren nun auf der Höhe und erhielten endlich die verdiente Anerkennung. "Betty Carters Entwicklung in den letzten 35 Jahren," schrieb Stanley Crouch, "fand im Zentrum des Jazzgesangs statt. Heute ist sie eine völlig sichere Jazzsängerin und eine der zwei oder drei besten in der ganzen Welt." 197O begann Mary Lou Williams, die Cookery in New York dem Jazz zu öffnen, und 1975 gelang dort der Bluessängerin Alberta Hunter das wohl meistgefeierte Comeback des Jahrzehnts.

Die Siebziger Jahre sahen auch die Formierung von zwei der wichtigsten Bigbands: die Carla Bley Band und die Toshiko Akiyoshi/Lew Tabackin Band, (Gewinner von Jazzpolls hier und in Japan und viermaliger Grammy Award-Gewinner). Toshiko Akiyoshis Musik ist komplex, original und vielfarbig und nährt sich aus der japanischen Kultur und Tradition, die sie mit dem Jazz verbindet zu einer lebendigen neuen Musik. Toshiko Akiyoshi hat sich selbst "in erster Linie als ein Mitglied der Gesellschaft und erst in zweiter Linie als Musikerin" bezeichnet, und dieser Sinn für Verantwortung spiegelt sich in ihrer Musik: "Kogun" wurde dem japanischen Soldaten gewidmet, der dreißig Jahre nach dem Krieg noch auf den Philippinen entdeckt wurde; "Erzählungen einer Kurtisane" befaßt sich mit der fälschlich romantisierten westlichen Vorstellung von einer Kurtisane ("Meine Musik," sagt Toshiko Akiyoshi, "drückt den Gegensatz aus zwischen dem an der Oberfläche so luxuriösen Leben, das einige dieser Frauen führen und der tragischen Verweigerung der Menschenrechte, die diesen Frauen widerfährt"); dann noch "Minimata," eine Suite auf ihrem Album "Insights", ihre Reaktion auf die Tragödie eines kleinen japanischen Fischerdorfes, das von Industriegiften verseucht wurde. Manche ihrer Kompositionen haben ihre Wurzeln fest in der klassischen Tradition der Swingbands, während andere sich des der japanischen Musik eigenen Taktes ("arched beat") bedienen oder Motive aus den No-Spielen verwenden. "Ich versuche, mein eigenes Erbe einzubringen und die Jazztradition zu bereichern, ohne sie zu verändern," sagte Toshiko Akiyoshi einem Interviewer. "Ich füge dem Jazz etwas hinzu, ich nehme mir nicht nur etwas raus."

Unter den prominenten neueren Namen waren die innovative Gitarristin Monette Sudler, Fostina Dixon, Jane Ira Bloom, Erica Lindsay, Janice Robinson, Sharon Freeman (Klavier/Horn), Karen Borca (Fagott),Barbara Merjan (Schlagzeug), Chessie Tanksley (Klavier), Stacey Rowles (Trompete), Jane Fineberg (Tenorsaxophon), Ellen Seeling (Trompete und mit Jean Fineberg zusammen Leiterin des Quintetts Deuce), Mary Watkins (Klavier), Amina Claudine Myers (Klavier/Orgel/Vocalistin), die Flötistinnen Andrea Brachfield und Bobby Humphry, die Vokalistin Ursula Duziak, Jay Clayzon, Janet Lawson, Keyboardspielerin und Vokalistin Judy Roberts, die Frauengruppe Alive und die Steptänzerin Jane Goldberg.

Bei den Plattenstudios gab es einige kleine, unabhängige Firmen, die das Werk vieler historischer Frauen im Jazz wiederveröffentlichten. Eine Serie von Anthologien auf Stash machte Aufnahmen von Frauen wieder zugänglich, angefangen von Dolly Jones zu Mary Lou Williams, von Ina Ray Huttons Melodears zu den International Sweethearts of Rhythm, von den Hip Chicks zu den Arizona Dranes; Rosetta Records brachte zwei Anthologien von Bluessängerinnen heraus, Mean Mothers (Independant Women's Blues) und Women's Railroad Blues (Sorry But I Can't Take You); und Inner City Records bot eine "Women in Jazz"-Serie an mit Künstlerinnen wie Helen Humes, Ursula Dudziak, Helen Merrill, Irene Kral, Monette Sudler, Toshiko Akiyoshi und Judy Roberts, um nur einige zu nennen.

Da die großen Plattenfirmen sich mehr und mehr kommerziell ausrichteten, begannen die Frauen in den Siebziger Jahren, in zunehmendem Maße ihre eigenen Platten zu produzieren und folgten damit Mary Lou Williams' Beispiel von 1963. Unter diesen waren Marian McPartland, Jane Ira Bloom, Carla Bley (mit Michael Mantler), Toshiko Akiyoshi (mit Lew Tabackin) und Betty Carter. Betty Carter sagt: "Ich bin nicht auf Hitplatten aus, darum hab ich mein eigenes Label. Die unabhängige Plattenfirma ist heute noch wichtiger als je zuvor, denn da kann man seine eigenen Ideen dokumentieren, seine eigene Seele. Es handelt ausschließlich von dir.selber."

Die Siebziger Jahre waren auch Zeuge der Gründung zweier wichtiger gemeinnütziger Organisationen: das Women's Jazz Festival (in Kansas City von Dianne Gregg und Carol Comer gegründet) und die Universal Jazz Coalition mit Sitz in New York (gegründet von Cobi Narita). Etwas hat sie das Festival gelehrt, sagt Dianne Gregg, nämlich "wie viele Frauen es im Jazz rund um die Welt gibt. Und eins tritt in ihren Briefen beständig immer wieder in Erscheinung, daß sie es meist außerordentlich schwierig finden, ihre Kunst auszuüben, anerkannt zu werden."

Gregg, Comer und Narita sind sich einig darüber, daß sie nur auf den Zeitpunkt warten, wo man "alle Festivals abschaffen kann," weil das bedeuten würde, daß alle Frauen voll in die Jazzwelt integriert sind. Bis dahin wollen sie fortfahren, immer wieder ein Forum zu schaffen, auf dem Musikerinnen ihre Musik vorstellen können und in Workshops, Konzerten, Seminaren und Kliniken zusammenkommen können;

sie veröffentlichen auch Verzeichnisse der Frauen auf diesem Gebiet auf nationaler Basis. Ebenso hofft das WJF, mit der Zeit eine Plattenfirma zu haben, die das Werk der weiblichen Künstler herausgibt und ein Jazzcamp für Frauen unterstützt. ("Davon gibt es viele überall im Land," sagt Dianne Gregg,"aber es kommen nur wenige Frauen da hin, und weibliche Dozenten sind schwer zu finden.")

Die UJC - ein Drittel seiner 5.000 Mitglieder sind Frauen - ermutigt seine Mitglieder, etwas über die geschäftliche Seite der Musik zu lernen, und betont die Wichtigkeit von Autonomie und Führungsrollen. So werden die Frauen gewitzter in Geschäftsdingen und können ihre Karriere in weit höherem Maße in die eigenen Hände nehmen als je zuvor. Die UJC stellt seinen Mitgliedern auch Dienste zur Verfügung, die ihnen an anderen Orten nicht geleistet würden oder die sie sich nicht leisten können, wie Karrierenberatung, Druckeinrichtungen und billigen Versand.

Auf den New York Salutes to Women in Jazz (produziert ohne irgendwelche Hilfsgelder, wie Cobi Narita betont).gibt es drei Tage lang Konzerte unter freiem Himmel, Workshops, Konferenzen und sechs Abendkonzerte mit jeweils vier oder fünf Gruppen an jedem Abend. Seit 1978 sind beim UJC unter anderen aufgetreten: Patti Bown, Willene Barton, JoAnne Brackeen, Melba Liston, Sarah McLawler, Jane Ira Bloom, Revella Hughes, Corky Hale, Julie Gardner, Dakota Staton, Evelyn Blakey, Sheila Jordan, Jane Jarvis, Jean Davis, Bernardine Warren, Jay Clayton, Carline Ray, Keisha St.John, Jill McManus, Nina Sheldon und Sharon Freeman.

Seit den Anfängen der Kansas City und New Yorker Frauenfestivals sind ähnliche Projekte in Rome, Detroit, Boston, Chicago und anderen Städten verwirklicht worden. "Wir tuen alles, was wir können, jeder Organisation zu helfen, die ein Frauenfestival auf die Beine stellen will," sagt Dianne Gregg, "oder irgend etwas tun will, um die Frauen im Jazz zu fördern. Wir werden dabei mit jedem zusammenarbeiten, denn das ist unser einziges Anliegen. Viele Leute haben die gleichen Ideen und Absichten wie wir. Der einzige Unterschied zwischen uns und anderen Leuten ist der, daß wir hingegangen sind und haben es gemacht. Ich weiß genau, es gibt eine Menge Leute, die würden gerne das gleiche machen - ich wollte nur, sie täten es."

Bei der Besprechung eines Konzertes der Big Apple Jazzwomen schrieb der verstorbene Kritiker Jon Saunders mit Empörung, daß "wenn Frauen zusammen auftreten, die "sexistische Mentalität" mancher Männer immer noch darauf besteht, daß sie minderwertige Musiker sind. "Einige der Frauen, die seit zwanzig oder dreißig Jahren schon spielen, stellten fest, daß es eine Art Zurückschlagen gäbe: Männer, die vor zwanzig oder dreißig Jahren noch mit ihnen gespielt hätten, waren jetzt nicht mehr bereit, mit Frauen zu spielen. Die meisten Frauen machten inzwischen klar, daß sie in allererster Linie Musikerinnen waren: ihre Interessen lagen ausschließlich im musikalischen Bereich. In einem aber waren sich alle einig, nämlich das dies eine Zeit des Übergangs und des Wachstums war, eine Zeit, wie Betty Carter gesagt hatte, für die Frauen im Jazz, "ihre eigenen Seelen zu dokumentieren."

Als die Inhaber des Clubs, in dem der zweite New York Salute to Women in Jazz stattfinden sollte, der UJC am Abend des Konzertes die Türen verschloß, weil die Clubchefs ihr Geld im voraus haben wollten, ließ die unternehmungslustige Cobi Narita die Musikerinnen ihre Instrumente auspacken und das Konzert auf offener

Straße spielen. "Das kriegen die Frauen schon hin," sagte Cobi Narita. "Die werden damit fertig." Das wurden sie schon immer.

Im folgenden sprechen sechs der am höchsten angesehenen Frauen in der Jazzwelt der Siebziger Jahre über ihre Musik und ihre Karrieren.

Ann Patterson

(Holzbläser/Bandleader)

Ann Patterson ist die Leiterin der West Coast-Frauenband Maiden Voyage. Während einige Rezensenten die Band in die Tradition der Frauenbands der Vierziger Jahre stellen, weist Ann Patterson sehr schnell darauf hin, daß einige entscheidende Unterschiede bestehen zwischen ihrer Band und den früheren. In der Vergangenheit war der Zweck einer Frauenband ein rein kommerzieller. Sie erkennt wohl an, daß eine Band kommerziell gesund sein muß, wenn sie überleben will, aber das Ziel ihrer Maiden Voyage ist, zusätzlich zu der finanziellen Sicherheit, "Frauen, die ein unglaubliches Potential besitzen, die nötige Erfahrung zu vermitteln, Frauen, die ihre Arbeit machen und die sie gut machen, Auftrittsmöglichkeiten zu verschaffen und Musikerinnen einen Job zu geben. Alles das trägt dazu bei, die Haltung Musikerinnen gegenüber zu ändern. Aber mir ist das wichtigste, den Frauen die Möglichkeit zu geben, Praxis zu erwerben, denn nur damit können sie mit den Männern in Wettbewerb treten. Das gilt auch für das <Frauen->Jazz Festival in Kansas City. Da passieren noch einige Dinge, musikalisch gesehen, die nicht die übliche Qualität eines Festivals haben. Aber daß sie passieren, wird der Qualität im Lauf der Zeit zugute kommen, und darauf kommt es an. Die Erfahrung wird die Frauen konkurrenzfähig machen, denn der einzige Unterschied zwischen einigen der Frauen in der Band und den Männern, die Berufsmusiker sind und gute Jazzmusiker, ist die Zeit - Zeit und Erfahrung."

Ann Patterson wuchs in den Fünfziger Jahren in einer kleinen Stadt in Texas auf. Wie bei so vielen in der Maiden Voyage, fingen weder ihr Leben noch ihre Karriere damit an, daß sie Jazzmusikerin werden wollte. Ihre frühe Ausbildung war klassisch. Sie fing mit sieben mit Klavier an, mit elf in der Schulband mit Saxophon und ging zwei Jahre später zur Oboe über, weil der Leiter der Band eine Oboe brauchte. Ann Patterson hatte damals noch nicht viel Live Musik gehört und sagt, sie hätte nicht einmal gewußt, was Jazz ist.

"Aber ich spielte gerne Popnummern auf meinem Saxophon, und da war gerade in den Fünfziger Jahren der Rock aufgekommen und ich versuchte, die Töne so in etwa hinzubiegen und mit Seele zu spielen. Das war in den Fünfziger Jahren, und meine kleine Stadt war ziemlich segregiert. Ich war in eine der schwarzen Kirchen gegangen, um eine ganz spezielle Nummer auf dem Saxophon zu spielen - das war ganz am Anfang, und ich konnte kaum ein bißchen auf dem Horn spielen - und die Musik, die ich da hörte, hat sich sofort auf mein Spiel ausgewirkt. Ich glaube, da war etwas in mir, das wollte Jazz spielen, aber dafür gab es in den Fünfzigern anscheinend gar keine Möglichkeit. Ich wußte nicht, daß das etwas war, was Mädchen durchaus tun konnten. In der Schule ermutigte man die Mädchen, alles zu tun, was die Jungs auch tun. Aber das war ein bißchen verdreht, wissen Sie, denn wenn die Schule vorbei war, dann ging man entweder aufs College oder man heiratete und bekam Babies. In der Schulzeit taten die Mädchen Dinge, die sie im Traum nicht in einem späteren Beruf tun würden.

"Ich hatte noch nie von Vi Redd gehört oder von irgendeiner anderen Bläserin, obwohl ich irgendwann mal von Ella Fitzgerald und anderen berühmten Sängerinnen und Pianistinnen gehört haben muß. Als ich endlich aus der Schule kam, war ich so etwas wie ein Snob in puncto klassischer Musik geworden und ignorierte gewissermaßen alles, was mich zum Jazz hinzog, denn das kam ja für mich gar nicht in Frage.

"Mein Vater hat das auch alles mitgemacht. - 'Wenn Du schon unbedingt in die Musik gehen mußt, dann werde um Himmels willen Musiklehrerin; das ist wirklich die einzige akzeptable und sichere Sache für eine Frau in der Musik.' " Auf diesen Rat hin schrieb sich Ann an der North Texas University ein, wo sie weiter Oboe studierte, (aber den Ehrgeiz aufgab, eines Tages mit den New Yorker Philharmonikern zu spielen) hörte auch Jazzbands und wünschte, sie wäre ein Mann und könnte da mitspielen.

"Ich war mir selbst der schlimmste Feind," sagt sie. "Ich konnte es mir einfach nicht vorstellen. Ich hab da oft drüber nachgedacht. Ich bin zur Lady erzogen worden, zur Weiblichkeit etc. und das vertrug sich nicht mit Jazz. So konnte ich mir denn, da ich auch keine anderen Frauen so etwas tun sah, auch nicht vorstellen, daß ich dergleichen täte. Außerdem hatte ich auch gar nicht so arg viel Selbstvertrauen." Ann Patterson machte dann ihr Examen an der University of Illinois und lehrte ein Jahr an der Universität von Wisconsin. Danach ging sie nach Illinois zurück und heiratete. Während ihr Mann seinen Schulabschluß machte, machte sie ihr Examen in Musikerziehung. Sie dachte, sie könne eines Tages Leiterin der Highschool Band werden und spielte also in einer der Schulbands. 1973 bekam ihr Mann einen Job in Kalifornien, und so ging Ann Patterson nach L. A.

"So kam ich nach L. A.," sagt sie, "und verbrachte zwei elende Jahre damit, in der Grundschule Musikunterricht zu geben, außerdem noch ganz allein in Kalifornien, meine Ehe war auch nicht so ganz glücklich, und so drehte sich nach zwei Jahren mein Leben um hundertachtzig Grad. Ich ließ mich scheiden. Zu diesem Zeitpunkt wußte ich allerdings, was Jazz war und daß ich das spielen wollte. Ich war viel freier geworden und wußte, wenn ich das spielen wollte, gab es da Möglichkeiten, ich konnte das im Ernst angehen. Es war eigentlich nicht die Frage, ob ich Jazz spielen wollte, sondern wie man als Berufsmusiker seinen Lebensunterhalt verdient statt als Lehrer. Ich hatte darüber ja nie nachgedacht, daß ich, wenn ich schließlich Lehrerin war, nur noch so wenig spielen, daß es mich totunglücklich machen würde, denn in der Schule spielt man ja andauernd. Mir war nicht klar gewesen, wenn man mir das Musikmachen wegnahm, daß ich damit nicht fertig werden würde.

Ann Patterson ging nun zu Improvisationsworkshops und begann, ernsthaft Saxophon zu lernen, was sie noch nie gemacht hatte. Sie spielte, so viel sie konnte, in College Bands, Probenbands und zwei Jahre in Don Ellis' Band. Zu der Zeit war ihr stärkster Einfluß Charlie Parker, später dann Phil Woods. "Ich bin eine konservative Jazzmusikerin," sagt Ann. "Ich bin eine Bopperin." Im Moment kommt ihr Einkommen überwiegend aus kommerziellen Jobs, obwohl ihr Ziel ist, wie sie sagt, die beste Jazzmusikerin zu werden, die sie werden kann und eine Top-Studiomusikerin. "Ich habe mein Einkommen," sagt sie. Ich werde dabei zwar nicht reich, aber ich hab keine Sorgen, und die Arbeit, die ich bekomme, wird jedes Jahr besser.

Zu der gleichen Zeit, als Ann Patterson ihre Karriere als Musikerin im Hauptberuf anfing, gab es mehrere Unternehmungen mit Frauenbands an der Westküste, aber ihre Erfahrungen mit ihnen waren nicht sehr lohnend gewesen, weder finanziell noch musikalisch. Es kam so weit, daß sie einfach den Hörer auflegte, wenn wieder mal ein Anruf wegen eines kommerziellen Angebotes kam. "Die interessierte das gar nicht, ob man spielen konnte, solange man eine Frau war und einigermaßen attraktiv," sagt sie. Die eine Frauenband, die ziemlich regelmäßig spielte, hatte schon eine Altsaxophonistin, Roz Cron, früher bei den Sweethearts. Sie war auch Co-Leader (mit Schlagzeugerin Bonnie Janofsky), aber sobald das Altsaxophonpult frei war, wurde Ann Patterson geholt, und diesmal entschloß.sie sich, den Job anzunehmen "Ich war sehr angetan von der Ernsthaftigkeit einiger Musikerinnen," bemerkt sie. "Die Musikerinnen, mit denen ich bisher Kontakt hatte, nahmen das alles nicht sehr ernst oder hatten nicht genug Zutrauen. Ich nahm zwar wahr, daß es Gruppen gab, in denen einiges an Potential vorhanden war, ich hatte auch das Gefühl, daß daraus eine wirklich gute Frauenband hier draußen werden könnte." Ann Patterson brachte noch einige neue Musikerinnen und Arrrangements an und half bei der Herstellung des Demobandes, das der Band zum Auftritt beim Women's Jazz Festival in Kansas City verhalf. Nach dem Festival bekamen sie ein Angebot für die Johnny Carson Show. Nach diesem Auftritt verließ Ann Patterson die Band und stellte mit einigen ehemaligen Mitgliedern eine neue auf.

Die augenblickliche Maiden Voyage besteht aus Frauen zwischen den späten Teenagerjahren und Fünfzig. Bei der Auswahl achtet Ann Patterson auf das, was sie "innere Musikalität" nennt - "etwas, was man hat oder nicht, denn alles andere kann man lernen. Ich suche nach dem Potential. Einige Male habe ich auch richtige gute klassische Musikerinnen ausgewählt, die noch nie in einer Bigband gespielt hatten." Ihr Hauptanliegen ist es jetzt, der Band mehr Arbeit zu verschaffen. Ann Patterson wählt Musik aus, die sowohl dem Jazzfan zusagt, als auch das große Publikum anspricht - "aus finanziellen Gründen zunächst, aber auch, um nicht nur der Musikwelt zu zeigen, daß es uns ernst ist mit dem, was wir machen, das soll jeder wissen." Sie hat eine Mappe mit Tanzmusik zusammengestellt - "Glenn Miller und Tommy Dorsey und all das" - und versucht, Engagements auf Tanzabenden für die Band zu bekommen, denn das ist die einzige Möglichkeit, wie sie in L. A. Geld verdienen können. Sie hat auch zwei kleine Gruppen aus der Bigband zusammengestellt, die eine für Dixieland, die andere für Gelegenheitsjobs.

"Durch die Existenz der Band," sagt Ann, "hat sich auch das Verhalten der Musiker in einem kaum glaublichen Maße geändert. Sie sind viel aufnahmebereiter uns gegenüber geworden, denn sie sehen ja, wie ernst es uns ist, selbst wenn wir unsre Grenzen haben. Der größte Teil des Jazz in der Band ist nicht so anspruchsvoll wie der der besseren Musiker in Los Angeles - und die besseren Musiker in L. A. sind die besseren Musiker der Welt," sagt sie. "Die haben das ja auch ihr Leben lang gemacht. Dann gibt es da natürlich auch ein paar sagenhafte junge Kerlchen, die noch nicht so lange dabei sind, aber die wußten schon mit zwölf, daß es das war, was sie wollten und so haben sie sich da reingegraben. Bei vielen Frauen in der Band hat es eine Weile gedauert, bis sie genug Mut und Selbstvertrauen aufbrachten - Sie haben ja gehört, wie lange ich gebraucht habe! Wir haben beim Blech ein paar Schwierigkeiten mit dem Ansatz, da sind unsre Grenzen. Wir haben keinen Trompeter, der in den höchsten Höhen quietschen kann. Louise Burke ist eine sagenhafte "lead"-Trompete, ihr Umfang ist sehr gut, aber Maynard Ferguson Arrangements können wir nicht spielen.

"Wir bekommen immer mehr und mehr Jobs, weil die Leute das unwahrscheinlich interessant finden, daß da eine Frauenbigband auftritt, die erste seit den Vierziger Jahren, die gut spielt. Das kommt wirklich an bei den Leuten. Ich habe die Bigbands der Vierziger Jahre nie gehört. Ich habe eine Reihe Platten der Sweethearts of Rhythm - die klingen mir sehr gut. Leonard Feather sagt, die Maiden Voyage sei bei weitem die beste Frauenband, die je existiert hat, aber für mich ist sie etwas mehr. Sie ist nicht nur gut für eine Frauenband; es ist eine gute Band. Wichtig ist nur, daß wir es machen - und die Band wird immer besser."

JoAnne Brackeen

(Klavier/Komponistin)

Die Pianistin, auf die man in den Achtziger Jahren achten sollte, ist JoAnne Brackeen.

Leonard Feather

Seit JoAnne Brackeen in den späten Siebziger Jahren unter ihrem eigenen Namen auftrat und Platten machte, ist sie sehr schnell bekannt geworden als eine der originalsten und visionärsten Keyboardkünstlerinnen und als Interpretin mit wirklich brillianter und makelloser Technik. Sie erweitert unentwegt die Parameter ihres Spiels, entwickelt die Fülle ihrer Strukturen und Farben. "Wenn ich spiele, denke ich überhaupt nicht," sagt JoAnne Brackeen. "Es ist, als ob man einschläft, in einem Traum versinkt...oder dem kollektiven Unbewußten. Darum muß man sich über Tag Zeit nehmen zum Denken, damit es am Abend interessant wird. Halte dein Interesse wach. Man will ja auch nicht jeden Abend das gleiche essen. Nun ja, manche vielleicht, ich aber nicht."

JoAnne Brackeen fing in den späten Fünfziger Jahren in ihrer Heimat Kalifornien mit dem Klavierspiel an. Sie heiratete 196O den Saxophonisten Charles Brackeen und obwohl sie fortfuhr, zu studieren (oder zu üben) und zu schreiben, gab es nur unregelmäßige Auftritte, während sie ihre vier Kinder großzog. 1965 zogen sie nach New York, wo sie mit dem Vibraphonisten Freddy McCoy zu spielen begann. "Sie gehört der gleichen Generation an wie Jarrett und Corea," schrieb Jim Aikin, "und wenn sie sich nicht die Zeit genommen hätte, eine Familie zu gründen, wäre ihr Name wahrscheinlich genau so bekannt wie der der beiden anderen." Ein anderer Autor sagte, "Es ist üblich, von Brackeen als einem Ableger von Chick Corea und Herbie Hancock zu sprechen, aber da sie unentwegt besser spielt als beide zusammen, wollen wir das doch unterlassen."

JoAnne Brackeen ist 1938 in Ventura, Kalifornien, geboren. Sie wuchs auf mit den Melodien, die ihr Vater sang, wenn er die Kinder badete, und mit den Popnummern, die ihre Mutter sich im Radio anhörte. "Als ich so fünf oder sechs Jahre alt war," sagt sie, "fiel mir auf, daß einige der Melodien immer eine andere Wendung nahmen, als ich gehofft hatte. Da kam eine bestimmte Stelle, da sagte ich dann, 'oh jetzt geht es so weiter' und dann ging es auch, und dann erwartete ich, daß es woanders hinging, und das tat es dann nicht."

JoAnne nahm ein paar Stunden, als sie neun war, "aber die gaben mich schnell wieder auf, das waren alles die Schnulzen aus dem Radio, das mochte ich gar nicht, da hab ich eben nicht geübt. Ein paar Jahre später hatten meine Eltern die Platten von Frankie Carle, da hab ich mir die Platten genommen und mir sechs Wochen lang die Soli da rausgezogen, und so hab ich dann wirklich spielen gelernt."

In den späten Fünfziger Jahren spielte JoAnne in Kalifornien mit Musikern wie Dexter Gordon, Harold Land und Charles Lloyd. Aber damals dachte sie nicht an Karriere. "Ich spielte einfach - das hatte ich vor für den Rest meines Lebens. Ich weiß noch, wenn sie ankamen und mich zu einer Plattenaufnahme holen wollten und ich das Gefühl hatte, da ist nichts, was ich auf Platten festhalten möchte, dann rief ich einfach nicht zurück. Es war mir egal. Wichtig war mir nur, was ich spielte, wie ich spielte und mit wem ich spielte. Das war so ungefähr alles. So denken die Leute in Kalifornien. Wenn ich hier (in New York) gewesen wäre, da wäre mir das wohl nicht gestattet worden. Aber da läßt man sich einfach treiben. Es ist schön, einmal ein paar Jahre erlebt zu haben, in denen man nie wußte, was es für ein Tag oder wie spät es war."

1965 zog JoAnne Brackeen nach New York, und nach der Zusammenarbeit mit Freddy McCoy ging es "zur Sache" mit Art Blakey und den Jazz Messengers, wo sie dann "der einzige weibliche Messenger von gewisser Dauer in der fünfundzwanzigjährigen Geschichte der Jazz Messengers" war. Später hat sie mit dem Saxophonisten Joe Henderson zusammengearbeitet, zu dem sie immer noch eine wichtige musikalische Beziehung unterhält, dann zwei Jahre mit Stan Getz, bevor sie ab 1977 ihren eigenen Weg ging. JoAnne Brackeen hat als Leiterin sechs Alben aufgenommen: Keyed In, Prism, Snooze, Tring-a-Ling, Aft, Mythical Magic und Ancient Dynastie. Die meisten Kompositionen von JoAnne Brackeen entstehen am Klavier, Standards bringt sie selten. "Standards sind Melodien, die jemand anders geschrieben hat," sagt sie, "das war ihre Freiheit oder ihre Erfahrung, was in vielen Fällen eine große Hilfe ist, wenn man anfängt, spielen zu lernen, aber man will doch wissen, warum man selber auf diesen Planeten gekommen ist, und man will ja auch nicht immer da aufhören, wo der andere aufgehört hat. Sie mögen etwas gefunden haben, womit sie sehr zufrieden waren und es gefällt einem, aber man fühlt sich nicht ausgefüllt dadurch. Es reicht einem nicht."

"Die meisten Leute schreiben, weil irgend jemand anders eine Nummer geschrieben hat und nun wollen sie auch eine schreiben, nicht weil sie spüren, daß da etwas unbedingt ins Leben treten will. Das ist ja auch in Ordnung, nur ist das nichts so Ernstes, nichts, was man schon fast als etwas Religiöses bezeichnen könnte. Ich meine, etwas sehr Ernstes und Aufrichtiges...Die Leute fragen mich immer, wen ich mir anhöre und all das. Jahrelang habe ich gehört. Ich habe eine Plattensammlung, der ich in fünfzehn Jahren wahrscheinlich nichts hinzugefügt habe, die steht nur da. Ich weiß nicht, ich höre wohl Musik, aber nicht immer in der Form von Klängen - es ist mehr so eine Form von Feeling, ein schweigendes Feeling - aber es kommt in Tönen heraus,. wenn ich mich ans Klavier setze. Das ist das Faszinierende daran, wissen Sie. Es ist fast, als ob man ein Samenkorn sieht, und plötzlich ist das eine Pflanze. Es gibt kein visuelles Bild, aber ich spüre die Energie davon.Und es fühlt sich auch wie Energie an, wenn es herauskommt. Wenn man dann die Musik beendet, dann kann man sie hören, und wenn man sie hört, ist auch das visuelle Bild ganz deutlich."

Der Rhythmus ist die Basis all ihrer Arbeit, hat JoAnne Brackeen einmal gesagt, und sie ist allen Rhythmen des Universums offen. "Ich glaube, daß sie die Musik aus sehr viel verschiedenen Dingen entsteht. Wie letzte Nacht, als ich einschlafen wollte - ich möchte immer den Lebensstrom durch mich hindurchfließen fühlen, bevor ich einschlafe - da habe ich zum ersten Mal diesen Strom von Energie durch den Planeten Erde rinnen gefühlt. Es war ein Gefühl, als wenn die Erde...so zeitgebunden wäre, wie ein menschlicher Körper. Dies Gefühl wird wahrscheinlich später auftauchen in einem anderen Werk in einem anderen Jahr, und zu diesem Zeitpunkt werde ich es wirklich brauchen. Ich glaube, solche Dinge kommen zu jedem. Es kommt, und sie erkennen es nicht. Nicht daß ich anders wäre, aber ich merke eben einiges davon."

An den Tasten arbeiten JoAnne Brackeens Finger mit stählerner Präzision und Kontrolle und schaffen dichte Akkorde und rasende Arpeggios, die das Klavier fast zu spalten scheinen. Sie "studiert" am Klavier während des Tages, so daß alle Mittel der Kreativität ihr zur Verfügung stehen, wenn sie auftritt. "Wenn ich versuche, eine Idee in mein Spiel zu übertragen und sie kommt nicht genau so heraus, wie ich das möchte, dann überlege ich, was ich tun kann,,damit sie beim nächsten Mal richtig herauskommt. So wie man die Tasten sieht, so improvisiert man, so versuche ich,Wege zu finden, daß ich sie nie sehe. Das ist ein bißchen abstrakt. Dinge, die den Fingern schwer fallen würden, die man nie tun würde, wenn man darüber nachdächte, technisch immer so auf der Höhe sein, daß man Schritt halten kann mit den Dingen, die man im Kopf hat - das ist es; darum geht es. Wenn der Geist erst mal angerührt ist, kann man sich nicht mehr mit Minderem begnügen."

In einem Interview mit Nat Hentoff hat JoAnne Brackeen einmal gesagt: "Die meisten Frauen spielen nicht so gut wie die Männer, weil ihr Fühlen und Denken, wenn sie improvisieren, nicht so gut aufeinander abgestimmt sind. Aber da ist noch die Angelegenheit mit den Bedingungen, mit den Stereotypen der Männer über Musikerinnen, denen man zu entsprechen hat." Sie sieht ein große Chance kommen: "Nur weil man den Menschen eingeredet hat, es gäbe bis heute auf dem Planeten einen Unterschied," sagt sie, "muß das doch nicht so bleiben. Ich denke, es wird noch viel mehr weibliche Musiker geben - auf allen Instrumenten."

Seit 1977 ist JoAnne Brackeen von Helen Keane vermittelt worden, die Hentoff die "fabelhafteste Managerin im Jazz" genannt hat. "Sie ist nicht nur eine unnachsichtige Beschützerin ihrer Künstler gegen die herkömmlichen Verhaltensweisen der Agenten, Clubchefs und Plattenfirmen, sie ist außerdem erfahren in der Audiotechnik, sodaß sie den Kontrollraum völlig übernommen hat, was in der Vergangenheit schon vorgekommen ist."

Helen Keane, die auch Managerin des verstorbenen Bill Evans war, entschied vor achtzehn Jahren, daß er ihr einziger Pianistenschützling sein sollte, bis Evans selber ihr empfahl, JoAnne Brackeen zu nehmen. "Ich rufe ja schon genug überall an," sagt JoAnne Brackeen, "aber ohne sie würde ich das gar nicht schaffen." JoAnne hat zwölf Europatourneen gemacht und stellt fest, daß zu Hause und im Ausland das Publikum mit Enthusiasmus auf ihr Spiel reagiert. Der Unterschied liegt darin, daß man in Amerika in die großen Städte gehen muß, wenn man auftreten will, während in Europa selbst die Konzerthallen kleinerer Städte bei einem Jazzkonzert gefüllt sind.

"Im Moment ," sagt sie, "leben die Europäer ihr Leben, allgemein gesprochen, in sehr viel künstlerischerer Weise als wir hier. Wir haben Dinge, die sie nicht haben, aber ich glaube, von der Lebenskunst verstehen sie mehr als die Menschen hier im Lande. Ich meine damit, ich weiß, daß sie mehr von Lebenskunst verstehen. Ich finde das sehr faszinierend. Es gibt einem ein größeres Gefühl von Schönheit und Freude. Das ist eine Art zu leben, die mehr mit der Art von Musik im Einklang steht, die ich weiterhin machen möchte.

"Mir geschehen andauernd irgendwelche Dinge. Sie kommen einfach. Tatsächlich kommt da etwas jetzt auf mich zu, das ich gar nicht an mich heranlassen will, wenn es kommt, denn es kann manchmal erschreckend sein. Es ist mir jetzt noch zu hoch, ich will nur damit sagen, 'ich muß mal ein bißchen langsamer gehen lassen in all diesen Dingen,' denn ich brauch ein bißchen Bequemlichkeit, aber es ist etwas, was ich erleben möchte. Aber die Dinge kommen immerzu an mich heran, ganz wie die Musik. Sie wissen - Offenbarungen."

Fostina Dixon

(Holzbläser/Bandleader/Komponistin)

Seit sie 1973 angefangen hat, zuarbeiten, ist Fostina Dixon mit Marvin Gaye auf Tournee gewesen, an der Westküste in den besten Studio- unsd Gelegenheitsjobs, in New York mit Melba Liston and Company und mit einer Gruppe namens Folks. Außerdem leitete sie ihre eigene Gruppe, Collage, getragen zum Teil von einer NEA-Subvention.

Fostina Dixons musikalische "Kinder", wie sie sie nennt, bestehen aus Bariton-, Alt- und Sopransaxophon, Klarinette, Flöte und Bassklarinette. Sie ist eine Instrumentalistin von perfekter Kontrolle und makellosem Können, mit einem deutlich individuellen Sinn für musikalisches Zeitmaß, für den musikalischen Raum und mit höchst eigenwilligen Ideen. Fostina Dixon wurde in Delaware geboren. Sie bekam ihre früheste musikalische Inspiration durch die Kirche, in der ihre Großeltern Solosänger waren. In der fünften Klasse spielte sie bereits Klarinette, und in der Oberschule fing sie mit dem Baritonsaxophon an. Als dann die Zeit herankam, daß sie zum College gehen sollte, hatte man sie jedoch schon davon überzeugt, daß sich mit der Musik nicht viel verdienen läßt. So trug sie sich an der Boston University für das erste Semester zum Medizinstudium ein. Nach einem Jahr war ihr aber klar geworden, daß ihr oberstes Interesse der Musik galt. Sie wechselte also über zum Berklee College of Music in Boston, und nach einigen Jahren spielte sie bereits Klarinette, Bassklarinette, Baritonsaxophon und Flöte. Dann, während einer Reise nach Los Angeles im Sommer vor ihrem letzten Collegejahr, nahm sie einen Job an für eine Tournee mit der Marvin Gaye Band, bei der sie dann zweieinhalb Jahre blieb.

Nach der Tournee ließ sich Fostina Dixon in L. A. nieder und bekam gleich darauf die besten Engagements, Plattenaufnahmen und gelgentliche Jobs als Begleiterin von Künstlern wie Sammy Davis Jr., Teddy Pendergrass und Nancy Wilson. Außerdem formierte sie ihre eigene Gruppe, Collage, nicht so sehr, weil sie unbedingt ihre eigene Musik spielen wollte, sondern weil sie ein Umfeld brauchte, in dem sie ununterbrochen und hart arbeiten mußte, denn L. A. bot ihr diese Spielmöglichkeiten nicht.

"Die meinsten Leute sind nicht einmal besonders interessiert,"sagt sie. "Für die meisten jungen Leute ist der Begriff Erfolg gleichbedeutend mit der Anzahl der Plattenaufnahmen, die sie machen. Neunzig Prozent der jüngeren Musiker denken gar nicht an die Entwicklung der eigenen Persönlichkeit. Für sie ist es das Größte, wie Michael Brecker zu klingen. Das ist schon arg sonderbar, und ich sage, 'Moment mal, was soll mir eine Information aus vierter oder fünfter Hand? Wenn ich überhaupt wie irgend jemand klingen will, warum dann nicht zurückgehen zum Ursprung, nicht wahr? Warum sollte man klingen wie die Doobie Brothers? Warum geht man dann nicht in eine Baptistenkirche und nimmt es gleich aus der Baptistenkirche? Aus irgendeinem Grunde begreifen das die Leute nicht, vielleicht wegen des Geldes, das da ins Spiel kommt. Sie begreifen nicht, daß sie ihre eigene Persönlichkeit haben - ich meine damit, wenn man jemanden nehmen soll, dann muß der schon etwas Eigenes entwickeln."

In den Sechziger und Siebziger Jahren, als Fostina heranwuchs, hat sie sich weder Miles Davis' Fusion noch Chick Corea oder Herbie Hancock angehört. "Oh nein nein nein. Ich hab mir James Brown angehört, die Temptations, die Supremes, Martha and the Vandellas, die Four Tops. Ich hab erst vor kurzem angefangen, Jazz zu hören. Seit ich hier bin, (Fostina Dixon verbrachte die Jahre 1980-81 in New York) habe ich mehr Musik gehört als je zuvor in meinem Leben dadurch, daß ich immer zu meinen Freunden ging. Ich habe wirklich versucht, mich da hinein zu vertiefen, da es mir nun einmal zur Verfügung stand. Und um mich herum regt mich auch alles dazu an und sagt, 'Na los, hör nicht auf, mach weiter.' "

Fostina fügt ihrer instrumentalen "Familie" noch laufend etwas hinzu. In L: A. fing sie an, Altsaxophon zu spielen, weil das Bariton nur selten als Soloinstrument betrachtet wurde; in neunzig Prozent der Fälle ging das Solo an das Tenor oder das Alt. "Das Alt kommt meiner Stimme, meiner Sprechstimme am nächsten, so hab ich so ein bißchen das Gefühl, das Alt wäre mein Zwilling," sagt sie. "Und ich wollte höher rauf, mehr ins altissimo Register, (drei Oktaven über dem mittleren C). Ich behandle Alt und Bariton ganz unterschiedlich. Ich behandle mein Bariton, als wenn es mehr so ein verhalten-aggressives Instrument wäre. Ich spiele es vielleicht mehr so wie ein Löwe im Wald - sie sind ja äußerst gebieterische Kreaturen, aber auch sehr leise, sie wissen sich herein- und herauszuwinden - im Gegensatz zum riesigen Elephanten. Auf dem Alt hab ich noch nicht den Sound, den ich haben möchte, aber ich habe das Gefühl, ich bin darauf sehr aggressiv. Es tritt mehr hervor, es ist lauter, es ist mehr als Soloinstrument akzeptiert. Auf dem Alt denke ich an Feuer! Jemanden mit Steinen bewerfen oder so etwas. Wissen Sie, einfach nur vor jemanden hintreten und losbrüllen!"

Fostina arbeitet auch am Sopransaxophon. Sidney Bechet, der Altmeister des Instrumentes, hatte einen harschen, intensiv vibrierenden Sound. Fostina Dixons Ton ist weich und geschmeidig. "Ich mag den weichen Ton. Er hat so etwas Wellenhaftes. Jedesmal wenn ich es in die Hand nehme, fühle ich mich so durchgeistigt." Das Tenorsaxophon ist das einzige in der Familie, dem sich Fostina Dixon noch nicht so ergeben hat. "Ich habe noch nicht das richtige Gefühl für den Sound", sagt sie.

Fostina Dixon ist auch Sängerin, und mit dem Komponieren hat sie 1978 angefangen. "Ich liebe Worte sehr. Als ich noch ein kleines Mädchen war, wollte ich alle Wörter im Wörterbuch lernen und wissen, was sie bedeuten - ich hab immer noch das Verlangen danach. Ich nehme an, das ist es auch, was mich am Singen so lockt - diese Worte benutzen zu können." Sie beschreibt ihre Kompositionen als "melodisch, aber vorantreibend. Meine Musik würde nie so kompliziert oder so "free" sein, daß man sie nicht mehr singen könnte, denn ich liebe ja die Melodie. Wenn ich keine schöne Melodie habe, dann ist eine Nummer für mich nicht gut. Ich möchte, daß jeder sie singen kann, nicht nur ich, weil ich nun gerade mal die Kenntnisse hab und weiß, was ein Septimensprung ist und dann runter zur glatten Quarte und rauf zur übermäßigen Quinte. Ich möchte, daß jeder normale Durchschnittsmensch das singen oder empfinden kann.

"Ich mag Dionne Warwicks Stil, wenn es sich um Text und Melodie handelt, und Barbra Streisand. Ich versuche immer, möglichst locker zu sein. Darum werde ich es auch eines Tages damit zu etwas bringen, wenn ich meine Stimme weiter entwickle, denn ich hab ja das Konzept der Improvisation auf dem Instrument. Viele Vokalisten haben ihre Grenzen einfach, weil sie nichts darüber wissen, wie man um eine Phrase herumspielt, sich herein- und hinauswindet, darum, wenn man nicht gerade ein außerordentlich gutes Ohr oder ein bemerkenswertes Talent hat oder dergleichen - ich meine, man hört Tausende von Sängern und Sängerinnen, die alle auf die gleiche Weise ihr 'Feeling' singen, und dann hört man Sarah Vaughan - aber natürlich, sie hat Klavier gespielt."

Auf diesem Gebiet als Frau zu arbeiten, das gibt Fostina zu, kann "ein bißchen hart sein. Es ist so, wie man immer sagt, wenn man schwarz ist und irgend etwas macht, dann muß man es zehnmal so gut machen. Wenn man als Frau zu einer Jamsession geht, dann kann man ruhig die Hälfte der Jungs von der Bühne fegen, wenn man sich aber nur gerade so hält, dann gehen sie weg und reden über diese Nichtskönner von Frauen, aber nie über die Nichtskönner von Männern, die eine Frau an die Wand gespielt hat. Man muß entweder ganz unheimlich gut sein oder man ist nichts. Also muß man sehen, daß man das Beste ist, denn wir sind ja immer noch eine Minderheit, also sind wir immer noch ein bißchen unter Druck. Ich meine, die ganze Geschichte jetzt mit den Frauen ist gut so, aber auf Platten muß sich die Qualität erweisen...Ich versuche einfach mein Eigenes zu machen. Wenn Frauen da reinkommen, fein. Als ich Collage zusammenstellte (eine Männergruppe), hab ich nicht an Frauen gedacht. Ich wollte nur einen bestimmten Sound hören - außerdem widerstrebt mir die Idee 'Denen wollen wir es mal zeigen.' Ich bin nicht mit irgend jemand im Krieg. Ich suche die Musik aus - entweder suche ich sie aus, oder sie wird für mich ausgesucht - und ich werde versuchen, sie zu spielen. Warum sollte ich überhaupt einen Gedanken daran verschwenden, ob ich so stark wie ein Mann bin?"

"Manchmal geht mir das Lob, das wir bekommen, auch auf die Nerven. Das ist ein zweischneidiges Schwert, meine ich. Ich darf gar nicht sagen, daß ich Bariton spiele - 'Ein junges Mädchen wie Sie?' (fragen die Leute). Zunächst einmal hat die Größe nichts mit Kraft zu tun. Ich meine, Bruce Lee, Mohammed Ali, Sugar Ray Robinson, keiner von ihnen ist ein großer, dicker, stämmiger Typ. Man muß bestimmte Muskeln entwickeln, um seine Arbeit machen zu können. Ich kann es nicht ertragen, wenn ich von der Bühne komme und die Leute kommen angelaufen und die meisten wissen nichts Besseres zu sagen als 'Wie kann ein junges Mädchen...' Und wie ist es mit der Musik? Wie war die Musik? Für mich ist das einfach Dummheit, und darüber hinaus sehe ich nichts. Ich mag Aufmerksamkeit, aber nicht diese Art von Aufmerksamkeit.

"Ich vermute, je sicherer ich in meiner Musik werde, um so weniger unsicher werde ich solchen Leuten gegenüber sein, die für mich nur dumm sind. Also versuche ich, Sicherheit in mir selbst zu finden, und wenn ich dann wenigstens so halbwegs im Rennen liege, dann kann mich nichts mehr erschüttern...Ich bin gerne in der Führungsposition, weil ich mich nicht gerne an Grenzen halte, wie, daß ich nur dies oder nur das spielen soll. Allerdings, letzten Endes, wer kann schon alles gut spielen? Niemand. Aber man kann zum mindesten vielseitig genug sein – versuchen, so nahe wie möglich an den totalen Musiker heranzukommen."

Erica Lindsay

(Holzbläser/Bandleader/Komponistin)

Erica Lindsay wurde 1955 in San Francisco geboren und wuchs in Deutschland auf. Seit 1979 lebt sie in New York und arbeitet höchst bemerkenswert mit Melba Liston and Company. In Erica Lindsay, sagt Leonard Feather, "hat Melba Liston eine aufregende neue Solistin gefunden...deren Tenorsaxophon und deren Flöte eine starke Individualität verraten."

Mit fünf Jahren kam Erica Lindsay mit ihren Eltern nach München, wo ihr Vater Rektor und ihre Mutter Lehrerin an der amerikanischen Schule war. Ihre Eltern, sagt Erica Lindsay, mochten zwar Ray Charles und Ella Fitzgerald, aber ihre musikalische Richtung war hauptsächlich die Klassik. Ihre Mutter hatte Operngesang studiert, und ihre Großmutter war Konzertpianistin gewesen. Als sie elf Jahre alt war, fing Erica an, klassisches Klavier zu studieren., wollte aber nach einigen Jahren einen moderneren Lehrer haben. Man schickte sie zu Mal Waldron, dem amerikanischen Komponisten und Pianisten, der in München seinen Wohnsitz hatte und unter anderem mit Billie Holiday und Charlie Mingus gearbeitet hatte. Waldron hat Erica Lindsay sehr ermutigt, sagt sie, und Platten halfen auch, sie auf den Weg zu bringen. "Das war mein wesentlicher Einstieg, und das auf sehr starke Weise. Alles was ich zu tun hatte, war, eine Platte oder zwei zu hören und das war's, dann wußte ich bescheid. Ich erinnere mich, es waren Miles Davis und Wayne Shorter - Miles in the Sky. Ich habe das tatsächlich früher gehört als die älteren, die Bebop-Leute und das hat mich geprägt. Es gab mir mit Sicherheit die Richtung, denn ich war ja immer schon an Musik interessiert gewesen, aber ich wußte auch, eine klassische Pianistin würde ich nie sein."

Mit dreizehn Jahren fing Erica Lindsay an, Klarinette zu spielen in der "Anfängerband" der Schule. "Als ich fünfzehn oder sechzehn war," sagt sie, war das Schickste und Begehrteste in der Musikabteilung der Schule die Jazzband. Aber um darin zu spielen, mußte man Saxophon können, Klarinette reichte da nicht, also fing ich an, Alt zu spielen. Die ganzen Highschooljahre hindurch hab ich Alt gespielt, und im letzten Jahr fing ich mit Tenor an. Wie es so geht, ich nahm das Tenor in die Hand, und das war's dann. Es hatte wohl mit dem Sound zu tun." Ericas Musiklehrer ermutigte die Frauen genau so wie die Männer. Am Anfang gab es da keinen Unterschied. Das war bei meinen Eltern genau so. Die waren glücklich, daß ich mich irgendwie kreativ betätigte, so ließen sie mich einfach gehen."

Nach der Highschool ging Erica Lindsay nach Amerika zurück und studierte ein Jahr lang am Berklee College in Boston. Dann ging sie wieder nach München, wo sie sich ein paar Jahre in der Rolle der Hausfrau versuchte und nur nebenbei Musik machte. "Ich mußte nicht meinen Lebensunterhalt verdienen und all solche Dinge," sagt sie, "aber ich habe doch angefangen zu arbeiten. Als sie einundzwanzig war,

war sie schon wieder allein und begann ein Studium an der University of Maryland in München. "Damit fing meine berufliche Karriere richtig an. Abends habe ich gearbeitet, und am Tage ging ich zur Schule, studierte da aber Literatur, meine andere Vorliebe."

Am Tage Studentin, am Abend Jazzmusikerin, begann Erica Lindsay zu diesem Zeitpunkt in einer Vielzahl von Umgebungen zu arbeiten. Wenige der Musiker, mit denen sie spielte, waren Deutsche. Einige waren Polen, einige Jugoslawen, aber zumeist bestand die musikalische Gemeinde in München aus Amerikanern. Erica Lindsay spielte in einer Bigband, einem Sextett (in dem sie auch zu schreiben anfing), einer brasilianischen Gruppe, ihrem eigenen Quartett (das auch ihre eigenen Kompositionen spielte) und dem Unique Munich Saxophone Choir, der aus acht Saxophonen und einem Schlagzeug bestand. Diese Gruppe befaßte sich mehr mit "freien" Kompositionen, sagt sie, da jeder darin schrieb. "Das öffnete mir den Sinn immer mehr für die vielen Möglichkeiten. Sie glauben kaum, was man für Klänge da rausholen kann."

Im Februar 1980 beschloß Erica Lindsay, zurückzugehen in die Vereinigten Staaten. "Leute (wie die Schlagzeuger Art Blakey und Bob Moses) fingen an, mir zuzureden, ich solle meinen Hintern hier herüber bewegen. Besonders für einen jungen Musiker ist dies hier der Ort, wo man lernt und mit der Musik in ihrer besten Form konfrontiert wird." Ihr erster Lehrer nach ihrer Rückkehr war Andy McGee in Berklee. "Der war sehr gut für mich," sagt sie, denn der hat mich auf Vordermann gebracht. Ich machte alles mögliche falsch, denn sehen Sie, wenn man anfängt und hat keinen Lehrer, dann macht man alles falsch, Fingersatz und alles. Er hat mir viel Freiheit gegeben, denn ich bin noch nie so viel weitergekommen, (über die Technik). Jetzt komme ich langsam dahin, bisher hab ich nur viel gehört, auf Platten mitgespielt, und im ganzen gesehen mehr gespielt als studiert. Ich glaube, ich bin jetzt an dem Punkt angekommen, wo ich mehr studieren sollte."

McGee war ein besonders guter Lehrer, sagt Erica, weil er ihr erlaubte, sich auf ihre eigene Weise zu entfalten "und er gab mir mehr Zuversicht, was mir dringend nötig war. Er war sehr positiv. Tatsächlich war er es, der mir den Gig bei Melba verschaffte. Melba rief ihn an und sagte: 'Ich brauche einen Saxophonisten,' und ich hatte ihn gerade angerufen und ihm gesagt, daß ich in New York angekommen sei, so klappte das alles gut."

Erica Lindsay spielte vor bei Melba und der Bassistin Carline Ray, die damals in der Gruppe war, und sie wurde für Tenor, Alt und Flöte engagiert. "Nachdem ich in die Band gekommen war, spielte ich besser," sagt sie. "Sie (Melba) hat mich nur auf Andys Wort hin genommen. Für mich war das sehr schön, denn ich hatte ja noch nicht einmal angefangen, Verbindungen anzuknüpfen und Leute kennenzulernen. Ich bin sowieso kein extrovertierter Typ, so war das genau das richtige. Und seitdem sind auch noch andere Dinge gelaufen." Erica Lindsay hat noch in anderen Jobs in und um New York gespielt, ist mit der Melba Liston-Gruppe in Europa und im Fernen Osten auf Tournee gewesen und ist von Kritikern und anderen Musikern als Musikerin, auf die man achten sollte, herausgestellt worden.

Wenn sie nicht gerade spielt oder sonstwie arbeitet, schreibt Erica Lindsay an ihren

Kompositionen. Als Komponistin hält sie sich für einen "Harmonienfreak". "Der Sound," sagt sie. "Ich höre einen Sound, der bringt mich auf einen anderen, der dem ersten folgt. Es ist wie beim Schreiben. Manchmal ist es nur eine Melodie, aber es sind hauptsächlich Farben und der Versuch, die Farben in Töne umzusetzen. Kombinationen von Noten ergeben eine gewisse Stimmung, die eine Farbe trägt, da kann man dann versuchen, tiefer einzudringen oder diese Stimmung in eine andere zu verwandeln. Wenn man einmal an dem Punkt angekommen ist, wo man eine Ahnung davon bekommt, was für ein individuelles Konzept man hat, dann verbringt man den Rest seines Lebens damit, daran zu arbeiten und es zu formen und zu entwickeln."

Jane Ira Bloom

(Tenorsaxophon/Altsaxophon/Sopransaxophon/Bandleader/Komponistin)

Jane Ira Bloom ist eine der meistrespektierten Musikerinnen, die in den Siebziger Jahren zu arbeiten begonnen haben. Sie hat ihre eigenen Gruppen geleitet, hat auf den Women's Jazz Festivals in New York, Rome und Kansas City gespielt und ist in dem Broadway-Musical "The 194O's Radio Hour" aufgetreten. Jane Ira Blooms erste Platte, "We Are", die 1979 auf ihrem eigenen Label Outline erschienen ist, fand das Lob der Kritiker. "Mit ihrer ersten Platte als Leiterin," schrieb Nat Hentoff, "sollte sie die nationale Aufmerksamkeit des Jazz auf sich ziehen, die sie so unstreitig verdient." Ein anderer Kritiker sagte: "Ich bin fest überzeugt, daß ihre Stimme am Schnittpunkt zur Musik von morgen zu liegen bestimmt ist."

Seit der Veröffentlichung von "We Are" hat Jane Ira Bloom weiter mit ihrer eigenen und mit anderen Gruppen gearbeitet (erst kürzlich im Duo mit dem Bassisten Ratzo Harris und in einer Gruppe mit dem Vibraphonisten David Friedman) und hat außerdem ihr zweites Album auf Outline, Second Wind, herausgebracht.

In einem Vorort von Boston geboren und aufgewachsen, begann Jane Ira Bloom ihren Musikunterricht auf dem Altsaxophon, studierte dann Sopransaxophon bei Joe Viola in Boston. "Das Sopransaxophon wurde mir sehr wichtig," sagt Jane. "Joe spielt auch zwei Holzblasinstrumente. Zufällig hatte auch er eine besondere Beziehung zum Sopran, und ich bilde mir gerne ein, er habe das auf mich übertragen." Im Lauf der Zeit nahm sie noch das Tenorsaxophon dazu."Ich bin nicht in der Stadt großgeworden," sagt Jane. "Ich ging zwar, so oft ich konnte, nach Boston, aber ich ging nicht oft in Clubs, obwohl ich das schon gerne getan hätte. Aber da konnte ich nicht hinkommen. So habe ich wohl, wenn ich so zurückdenke, vieles von dem, was ich in meinem musikalischen Kopf habe, von Platten gelernt. Wenn mich überhaupt irgend etwas in meinem Hörgeschmack beeinflußt hat, meine Mutter hatte eine ziemlich vollständige Sammlung von Ella Fitzgerald- Alben, und ich erinnere mich, daß ich das American Songbook, wirklich, amerikanische Texte und die Showmusik-tradition, alles gelernt habe, indem ich (diese Platten) hörte. Und als ich mich dann mehr für Instrumentalisten zu interessieren anfing, da warfen mir meine Lehrer Charlie Parker in den Weg und Sonny Rollins, und bauten das so langsam auf. Das ist ein langsamer Prozess, aber ich glaube, diese Ella Fitzgerald-Platten waren schon da, bevor ich überhaupt von irgendwas wußte."

Jane Ira Bloom erwarb das Bakkalaureat und den Magistergrad in Yale, wo sie auch drei Jahre mit dem Bassisten Kent McLagan arbeitete und entwickelte dabei die Musik, die zum Material auf ihrer ersten Platte "We Are" werden sollte. "Im Lauf der Jahre hatten wir unsere eigenen Kompositionen entwickelt, und ich hatte das Gefühl, wenn ich das nicht festhalte, geht es verloren. So wurde es also Zeit, eine Platte zu machen." Die Sessions wurden 1978 aufgenommen; dann machte sich Jane auf, in einem langwierigen Prozess zu lernen, wie man seine eigene Platte produziert und vertreibt.

"Es ist ein Prozeß des Lernens durch die Praxis, mit etwas Hilfe von guten Freunden," erklärt sie. "Im Grunde war mein erster Schritt, daß ich etwas von künstlerischer Bedeutung hatte, was auf Platten festgehalten werden sollte. Glücklicherweise kannte ich ein paar Experten unter den Aufnahmeleuten und hatte mich schon entschieden, wie das Ganze vor sich gehen sollte. Wenn man erst einmal die Musik an sich auf dem Band und in der Büchse hat, dann fängt man an, etwas über die Plattenhersteller zu lernen, bei denen die elektronischen Impulse in eine Platte verwandelt werden und all diese Prozesse, die zum Schneiden, Reproduzieren und Verpacken nötig sind." Vieles davon ist ein langer, langsamer Prozess des Wartens, "denn unabhängige Plattenproduzenten werden von den Herstellern sehr nachlässig behandelt, die ja viel lieber mit großen Labels schnell und rationell arbeiten würden, dessen bin ich sicher.

"Wenn dann die Platten fertig sind "und man hat nun so, sagen wir, tausend Stück da liegen, dann muß man rausgehen zu den Großhändlern und mit denen reden. Da kommt eins zum andern. Wenn die Großhändler sie erst mal haben, die sie nur in Kommission nehmen, dann sieht man natürlich noch lange keinen Cent, erst wenn sie sie alle verkauft haben, und das kann Monate dauern. Dann mag man die Hoffnung haben, daß die Platte den wenigen Leuten in die Hände kommt, die man erreichen will, die deine Musik bei einem bloßen Auftritt nicht hören können. Darum macht man ja Platten."

Jane Ira Bloom bekam Hilfe beim Vertrieb durch den New Music Distribution Service in New York. Das Ergebnis dieser fachmännischen Behandlung der Platte war, daß die Platte überall im Lande herauskam und Jane Ira Bloom in den Kritikerumfragen sehr viel Anerkennung bekam. "Was bedeutet das schon?" fragt sie. "Ich weiß es nicht. Irgend jemand hat die Platte gehört, sie gefiel ihm, also wird es weitere Möglichkeiten für dich geben. So funktioniert das. Das ist die Geschichte vom Erfolg. Geld hab ich nicht gemacht damit. Ich hab nur viel investiert. Wieviel? Das hab ich nicht festgehalten. Vielleicht drei-, viertausend Dollar. Da gibt es Leute, die haben die Kosten noch niedriger gehalten, aber das ist dann die Marke Eigenbau."

Auf dem Album bemühte sich Jane, Wege zu erforschen, um den Kompositionen durch ihre Struktur den Klang größerer Spontaneität zu geben. Auf einem Saxophonworkshop, den sie auf den UJC Salutes leitete, betonte sie, wie wichtig es sei, seine Ideen in Kompositionen formal festzuhalten (ebenso wie in praktischen Übungen), ohne Rücksicht darauf, wie weit fortgeschritten man ist. Viele ihrer eigenen Stücke sind, wie sie sagt, nur ein Skelett, das den Rahmen darstellt - zum Beispiel ganze Töne in einer bestimmten Tonhöhe, oder vogelähnliche Figuren auf der Notenlinie, die Vogellaute im hohen Register des Horns andeuten - aber dem Spieler Raum zur Improvisation lassen.

"Eines unsrer wichtigsten Anliegen," schrieb sie in dem Plattentext zu "We Are", "war es, daß die Musik, ob improvisiert oder komponiert, immer Bewegung und Fluß in zwingender Weise enthält." Sie und McLagan haben die vielfältigsten musikalischen Quellen für ihre Ideen benutzt - von Billy Strayhorn und Miles Davis zu einer originalen, choralartigen Komposition, zu noch einer anderen, die auf dem Blues basiert. Nat Hentoff pries Jane Ira Blooms Meisterschaft auf dem "oft so widerspenstigen Sopran": "Ihr Ton ist kräftig, klar und singt tatsächlich. Darüber hinaus ist sie ungewöhnlich findig im Melodiösen, das sie schön zu binden weiß - wobei sie etwas schafft, was wie 'spontane Kompositionen' klingt."...Der Klang ist sauber und lebhaft wie Jane Ira Blooms Spiel. Wie sie selber, ist es ehrlich."

Vom Duo ging Jane über zu größeren Ensembles und komponierte für den zweiten New Yorker Salute to Women in Jazz ein Stück für dreizehn Instrumente. "Nicht daß meine Musik umfangreicher und größer würde,"sagt sie, "es ist einfach ein Gebiet, auf dem ich zusätzlich zu meinen Quartettsachen arbeiten möchte. Schreiben für ein Orchester, nur etwas, um mich zu beschäftigen. Ich vermute, wenn man als einzelner Komponist und Instrumentalist in der Stadt improvisierte Musik macht, da gibt es eigentlich kein festes Muster oder einen Plan, außer dem, was man in sich selbst beschlossen hat. Es ist also ein fortlaufender Prozeß von Versuchen, das Geld zusammen zu bekommen, ein Konzert zu veranstalten mit der wesentlichen Musik und den Ideen, die man hat, vielleicht so alle zwei, drei Monate, was manche ja machen, vielleicht noch ein Clubengagement zu bekommen, wo man sein eigenes Material in etwas umarbeiten kann, das ein bißchen mehr im kommerziellen Sinne lebensfähig ist. Vielleicht erwischt man mal einen gelegentlichen Gig. So hab ich mich so ungefähr ein Jahr lang durchgeschlagen. Ich kenne ja nicht so sehr viel Leute.

"Bei all den rigorosen Anforderungen, die dieser verrückte Lebensstil an einen stellt, ist man dauernd unterwegs von einem Ort zum andern. Wenn man mit einer Bigband arbeiten will, muß man diese Onenighters machen mit Bandbus und allen Musikern. Das ist hart. Es ist nur einfach so, wenn man in New York lebt, allein als Frau, dann muß man überlegen, wie komm ich heute abend überall rum? Was mach ich, um allein fertigzuwerden? Aber jeder findet so irgendwie seinen eigenen Weg...Deine Entwicklung hast du selbst in der Hand. Wenn man ein Mensch ist, der gerne alles mögliche macht, dann klappt das ganz von selbst. Aber natürlich hat es auch etwas mit der Art von Persönlichkeit zu tun, mit einer unbedingten Hingabe, wenn man mit diesem Lebensstil fertig werden will. Ich glaube, ich gehörte immer zu denen, die sich nie um das gekümmert haben, was die anderen dachten, inklusive meiner Eltern. Ich hab immer getan, was ich wollte."

Heute, sagt Jane, "stehen den Frauen Möglichkeiten offen, an die vor zehn Jahren noch niemand gedacht hätte: mögliche Gigs, Subventionen, selbst, daß Frauen hochkommen können und mit einigen der besseren männlichen Musikern spielen. Die Tatsache, daß man arbeiten kann und akzeptiert wird, ganz gleich, auf welchem Niveau man ist, ist etwas Neues."

Trotzdem, sagt Jane, "was man so durchmacht, immer und immer wieder, besonders mit den Musikern der älteren Generation, ist ein Initiationsritus. Wenn sie einen dann spielen hören, die Augen zumachen und nur noch zuhören, dann freundet man sich ein bißchen schneller an. Aber das liegt wohl in der menschlichen Natur. Da muß man sehr oft durch und das braucht eine Menge Stehvermögen. Es passiert einem übrigens mit Frauen genau so, da sie nicht gewöhnt sind, daß eine Frau wirklich spielen kann. Ich habe etwas herausgefunden, was wohl allen Frauen gemeinsam ist, die heute in der Musikwelt arbeiten, und das ist eine von Natur aus vorhandener Komplex von Abwehrmechanismen, der wie eine steinerne Mauer sein muß, die ich jedesmal aufrichte, wenn ich mit einem Clubchef spreche. Ich richte sie jedesmal auf, wenn ich auch nur eine Spur von Feindseligkeit merke. Vielleicht liegt es an dem Begriff 'männlich/weiblich', vielleicht sind es nur die Musiker, aber diese Abwehr muß da sein, um einen in seiner Persönlichkeit zu schützen, bei all den Härten, die das Musikgeschäft so mit sich bringt, das ja überhaupt nicht so schön ist.

"Ich erinnere mich noch an eines meiner ersten Erlebnisse, als ich nach New York kam. George Coleman, ein sehr bedeutender und etablierter Tenorist in der Stadt, war einer meiner Lehrer und verbrachte einen Abend damit, mich herumzuführen durch viele Clubs in der City. Ich glaube, wir waren in fünf oder sechs Clubs im Village, nur um mal die Szene kennen zu lernen. Aber was noch wichtiger war, er war sehr darauf bedacht, daß auch ein netter Mensch lernte, hart zu sein - um mit der ganzen Musikwelt fertig zu werden, wissen Sie - und das war eben seine Art, mir zu zeigen, wie ich mich ein bißchen verhärten konnte in dieser Ungebung. Ich sehe nicht aus wie ein Kumpel der Dallas Cowboys, wie es dieser Mann tut, und ich habe auch keine tiefe, volltönende Stimme wie Dexter Gordon. Also muß man etwas anderes haben, man muß eine gewisse Spannkraft und eine gewisse innere Kraft haben, damit diese Stärke sich mitteilt. Darüber denkt man nicht lange nach, aber in der Rückschau muß ich sagen, so muß es gewesen sein. Niemand will ein unangenehmer Mensch sein, aber zu Zeiten muß man das einfach mal rauskehren. Es wäre schön, wenn es nicht nötig wäre. Aber so ist das Leben wohl."

Das Wichtigste für sie war immer ihre Musik, sagt Jane Ira Bloom, - "die beste Musikerin zu werden, die ich werden kann. Daran hab ich immer gearbeitet, und ich hoffe, so wird es auch bleiben."

Janice Robinson

(Posaune/Bandleader/Komponistin)

1966, als Janice Robinson noch in der Highschool in Clairton, Pennsylvanien, (einer Vorstadt von Pittsburgh) war, trat sie bei der Ted Mack Amateur Hour auf einerlokalen Bezirksausstellung auf und war bald darauf in der ersten Bill Cosby-Fernsehshow. Mit einundzwanzig machte sie ihre Abschlußprüfung auf der Eastman School of Music, zog nach New York und wurde sofort zu einem Teil der New Yorker Musikwelt, absolvierte Probespiele, vertrat andere Musiker und stieg bei Sessions ein. Einer ihrer ersten Auftritte war mit Marian McPartland auf dem Youth and Jazz Day im Newport Festival. Dann arbeitete sie weiter in Broadwayshows, aber auch im Thad Jones/Mel Lewis Orchestra, Slide Hampton and His World of Trombones, der Jazzmobile Big Band, Clark Terrys Big Bad Band mit Marian McPartland, dem Janice Robinson-Sharon Freeman Quintet (das sich bildete, als die beiden Frauen im UJC-Konzert zusammen spielten), Im Collective Black Artists'Ensemble und Frank Foster's Loud Minority and Living Color-the Twelve Shades of Black. Sie arbeitete auch noch mit der National Orchestral Association, der Symphony of the New World, dem Dance Theater of Harlem und der American Symphony, dazu kam noch das Komponieren für ihre eigene Gruppe, die sie auch leitete. 1978 und 81 gewann sie ein Stipendium der NEA für Komposition.

"Wenn Sie mich vor ein oder zwei Jahren gehört hätten, ich glaube, ich spiele jetzt anders. Ich weiß, daß ich eine professionelle Musikerin bin, aber die Leute vergessen immer, wieviel Entwicklung da mit drin steckt. Manchmal hab ich mich nur auf alle die Dinge konzentriert, die ich in technischer Hinsicht machen möchte, habe mein Spiel entwickelt, mehr als das Geschäft, Platten machen und so. Das würde ich gelegentlich auch gerne mal machen. Diesen Weg hab ich noch nicht erforscht. Aber dazu werde ich wohl gezwungen sein, denn man bekommt nicht so viel Arbeit, wenn man keine Platte gemacht hat, oder wenigstens ein professionelles Band."

Währenddessen, sagt Janice Robinson, die von vielen Dingen im Musikgeschäft sehr ernüchtert ist, zerbricht sie sich den Kopf, "welche anderen Wege ein Musiker in den Achtziger Jahren noch beschreiten kann, ohne seine musikalische Integrität zu verlieren.

Janice Robinson ist 1951 in Pennsylvanien geboren. (Ihre Familie, deren Geschichte sie zurückverfolgt hat bis 1869, wanderte von South Carolina nach Norden aus). Es gab wenig Jazz im Hause, erinnert sie sich, mehr Fernsehen als Stereo, aber ihre Mutter, die in der Kirche sang, begann ihr Klavierstunden zu geben, als sie sieben Jahre war und schickte sie nach einiger Zeit zu einem Lehrer in der Nachbarschaft. Später, in der Schule, machte sie einen Eignungstest für Musik. "Wenn man etwas Talent hatte," sagt sie, "dann bekam man ein Instrument angeboten. Ich wollte eine Trompete oder ein Schlagzeug, aber meine Eltern sagten, Schlagzeug käme nicht in Frage, also blieb nur die Trompete. Da gab es gleich um die Ecke ein Mädchen, das in der Highschoolband Trompete gespielt hatte, so konnten wir leicht eine gebrauchte Trompete bekommen."

Janice Robinson hat mit dem Horn mehrere Jahre verbracht, bis die Leiter der Band meinten, sie könne nicht hoch genug spielen und sie an die Posaune setzten, etwas, sagt sie, was ihr "gar nicht gefiel. Ich mochte die (Posaunenpartien) nicht, die für die Schulband geschrieben wurden. (Sie) waren hübsch einfach und da ich Trompeterin sein wollte, wollte ich gar nichts anderes annehmen." Janice Robinson nahm schon Privatunterricht an der Trompete bei einem Lehrer in der Nachbarschaft.

"Derselbe Mann lehrte alle Instrumente," sagt sie, und als sie sich endlich entschloß, "das Programm einzuhalten," da blieb sie bei ihm und ging nur von der Trompete zur Posaune über.

Anfangs fand sie die Posaune "ziemlich leicht. Ich wollte beweisen, da ich ja nun einmal Trompeterin werden wollte, daß die Posaune ganz leicht war und irgendwie unter meiner Würde. So begegnete ich anfangs nicht vielen Problemen auf dem Instrument. Ich kann mich an keine besonderen Schwierigkeiten erinnern, bis ich schon ungefähr drei Jahre gespielt hatte und einige Musiksoli für Posaune spielen konnte, reguläre Bandmusik, 'Blue Bells of Scotland', eine Menge italienischer Sachen. Dann kamen mir ein paar Soli und Musik in die Hände, die ich interessant fand und die technische Ansprüche stellten und da hab ich wirklich angefangen, mit dem Instrument zu arbeiten. Ich ging zu einem speziellen Posaunenlehrer und fing an, kleine Wettbewerbe zu probieren und andere Dinge, die mich dazu ermutigten, mir mehr Fertigkeit anzueignen. "

In der Junior Highschool spielte Janice in der Marching Band. "Sie spielten da (bei der Ted Mack Amateur Hour) auf der Bezirksausstellung," sagt sie, "und da konnte man vorspielen. Ich ging zur Schule und sagte, 'Ich möchte da spielen, aber ich hab keine modernen Schlager und so drauf.' Einer der Lehrer, Joe Campus, war Arrangeur für Enzo Stuarti und er schrieb mir ein kleines Arrangement und ich spielte 'A Taste of Honey.' " Kurz danach trat sie im Bill Cosby Fernseh-Special in Kalifornien auf. "Ich hab sehr schnell sehr viel von der Musikwelt gesehen." sagt sie. "Das hat mich vieles gelehrt. Zu der Zeit hatte ich mich schon entschlossen, etwas in Musik zu machen." In der Gegend ihrer Heimatstadt fing sie an, kleine Gastspiele zu geben, in Marching Bands und in Bühnenbands in Ferienlagern, interessierte sich aber auch für die Arbeit in Orchestern. Bei einem Bandfestival erzählten ihr Musikerkollegen und Eastman-Absolventen von der Eastman School of Music, und Janice beschloß, da hinzugehen, "hauptsächlich weil sie so vielseitig war. Die starteten gerade ein Jazzprogramm. Natürlich hatten sie ein Orchester."

In der Eastman School trieb es Janice Robinson in alle Richtungen. "Ich mochte alle Arten von Musik...und ich wollte keine verpassen. Ich sang im Gregorianischen Kirchenchor, spielte im Jazzensemble, konnte da auch mal was für Jazzensemble schreiben und bereitete mich auf eine Orchesterlaufbahn vor." Da traf sie auch einige der Musiker und Komponisten, die ihr später in ihrer Karriere wichtig wurden: Oliver Nelson, Thad Jones, Mel Lewis, Clark Terry, Alec Wilder, Marian McPartland und Mary Lou Williams, (die ihr, wie sie sich erinnert, umgehend den Rat gab, nur schnell von der Schule abzugehen).

Am Tage ihrer Abschlußprüfung 1973 ging Janice nach New York. Einer ihrer ersten Auftritte war mit Marian McPartland auf dem Youth and Jazz Day im Newport Festival. "Ich balancierte das wieder mit anderer Musik aus. Ich ging nach Kalifornien und spielte an der Santa Barbara Music Academy, dann fuhr ich zurück und machte mit Marian McPartland 'What's My Line?' (Melba Liston und die Tubaspielerin Barbara Dreiwitz waren weitere Musikerinnen, die in 'What's My Line?' auftraten). Ich hab meine Miete mit dem Orchesterspiel verdient, in der National Orchestral Association." In Los Angeles arbeitete sie mit Oliver Nelson und in New York mit Thad Jones und Mel Lewis, erst nur mal mit Einsteigen, dann als Ersatz, dann fest für ein Jahr. Außerdem arbeitete, reiste und machte sie Plattenaufnahmen mit Clark Terrys Band.

"Das ist sehr wichtig," sagt Janice Robinson, "das Ensemblespiel; auch möglichst nah an die Komposition heranzukommen, auf diese Musiker zu hören." 1974 war sie bereits festes Mitglied der Thad Jones/Mel Lewis Band und entschied sich zu diesem Zeitpunkt, sich auf den Jazz zu konzentrieren. "Wenn man unter Musikern ist, die davon lebten und wirklich engagiert waren," sagt sie, " da sieht man eine Menge Dinge, die in der Musik passieren, die ich in der Schule gar nicht mitbekommen hatte. Sie halfen mir, eine Richtung zu finden. Damals ging ich noch zu Probespielen (für Orchesterarbeit). Ich glaube, mein letztes Probespiel absolvierte ich an der Metropolitan Opera. Ich war in Boston mit Thad und Mel und sollte zum Probespiel beim Boston Symphony gehen, und ich rief an, daß ich nicht kommen würde. So habe ich vermutlich in den letzten fünf Jahren ernsthaft angefangen zu improvisieren.

"Als ich in die Band kam, nahm ich (Quentin) Butter Jacksons Platz ein. Butter spielte mit dem Dämpfer, so mußte ich auch Dämpfer spielen, denn das wurde verlangt. Es war ein bißchen anders, aber mir gefiel es. Mir gefiel die Band. Der Dämpfer hat immer so ein bißchen was vom Entertainment mit drin. Aber seien Sie sicher, die andern in der Band, die konnten wirklich spielen. Die hatten eine große Leichtigkeit auf ihren Instrumenten und jeder klang anders und ich merkte bald, man muß schon etwas mitbringen, um unentwegt gut zu spielen. Das war eine Herausforderung. Man mußte sich was ausdenken, um nicht schal zu wirken."

"Manchmal sprachen sie über die verschiedenen Möglichkeiten, an die Akkorde heranzugehen, den unterschiedlichen Sound. Einer aus der Band, Billy Harper, sagte immer: 'Warum versuchst Du das nicht mal? Das machen Posaunisten immer. Versuch's mal, sieh mal zu, wie es klingt. Und übe, bis es perfekt klappt. Und das sind die Harmonien, die dazu gehören und das ist hier das Wichtige.' Je mehr ich dann in die Musik hineinkam, um so mehr sah ich, wie wichtig es war und wie es sich aufeinander bezog. Das war der richtige Ort für mich. Ich habe viel gelernt, wenn ich auch zu der Zeit noch nicht alles wiedergeben konnte. Ich fand immer, es sei eines, Musik zu hören und zu spielen und sie allgemein zu schätzen, aber es ist ganz etwas anderes, da ganz tief drin zu stecken mit all ihren Richtungen, die man in der Musik verfolgt.

"Als ich in die Stadt kam, hatte ich auch die Möglichkeit, einzuspringen für einige Leute, die furchtbar viel (in den Broadwayshows) beschäftigt waren. Die Unternehmer lernten einen kennen; das funktioniert meist durch Herumerzählen. Als Butter starb, stieg ich bei Guys and Dolls ein. Es ist wirklich hart. Es gab damals wohl noch andere Dinge, aber ich dachte immer daran, daß ich alles mitmachen wollte. Es hilft, man lernt und bereitet sich darauf vor, alles sofort vom Blatt zu lesen und Dinge ganz schnell aufzugreifen.

"Manchmal war ich auch müde," sagt Janice, auch nach Vorstellungen acht Tage hintereinander in irgendeinem Theater außerhalb der Stadt. "Man kannte die Musik auswendig. Große Änderungen gab es nicht. Während einer Broadway-Show rannte man den ganzen Tag mit der Show im Kopf herum; es war die einzige Musik, die man hören konnte, die Musik, die man jeden Abend spielte. Sie können sich vorstellen, daß das einen in Konflikte stürzte, wenn man improvisieren oder kreativ sein wollte, jedenfalls ging es mir damals so. Wie gesagt, jetzt werde ich etwas besser damit fertig. Aber das war nicht die Art von Musiker, die ich sein wollte. Ich hatte nicht diese spezielle Veranlagung. Es muß ein bißchen Freiheit dabei sein.

"Aber es ist für den Jazzmusiker auch nicht leicht, seine Miete zu bezahlen. Manche Leute gehen von Club zu Club, machen in jedem Club ein bißchen Geld, gerade so viel, daß sie rumkommen. Einige wenige, die eine gute Reputation haben, bringen eine kleine Tournee auf die Beine. Ich glaube, die Tourneearbeit ist für jeden hart. Zehrt an deinem Privatleben und allem." Was die organisierten 'Jamsessions' angeht, die von Loftinhabern oder Clubchefs organisiert werden, sagt Janice Robinson, sie "nehmen eine Lerngelegenheit und machen daraus ein Geschäft, um die Gage der Musiker zu drücken."

"Und dann das mit der Fusion - ich weiß nicht, ob denen das bewußt geworden ist, aber das hat bei den jüngeren Musikern eine ganz neue Denkrichtung bewirkt. Ich kann von mir selber sagen, wenn ich mich für eine andere Musikrichtung entscheiden sollte, brauchte ich mir um nichts mehr Sorgen zu machen. Diese Musik hat ihren Platz, man hat ihr einen Platz geschaffen. Ich weiß, jeder hat so seine finanziellen Verpflichtungen, aber wenn man ein Künstler ist und etwas Bestimmtes im Leben vorstellen soll, wenn dann ein Geschäftsmann von der Plattenfirma kommt und sagt, 'Mach mal sowas' und man macht das, das will nicht viel besagen. Wenn das einer macht, dann opfert er eine Kunstform, um seine Miete zu bezahlen. Dagegen sage ich nichts. Ich meine, die Menschen müssen so manches machen. Aber viele haben das gemacht, weil sie glaubten, damit viel Geld zu verdienen, dabei haben sie eine ganze Reihe Musiker nachgezogen, die nicht einmal wissen, wo sie herkommen. Wenn man sehr populär und sehr geachtet ist, dann muß man sehr vorsichtig sein. Vermutlich sind meine Vorstellungen davon, was ein Künstler ist und was ein Musiker sein sollte, sehr altmodisch. Ich habe mir dieses Jahr schon den Kopf zerbrochen, um einen anderen Weg zu finden, eine andere Richtung, die ich verfolgen könnte - Kunstausstellungen, Museen, Tanzkonzerte, Konzertsäle."

Als Janice Robinson noch in der Highschool war, war ihr Idol ein Posaunist aus Pittsburgh, Harold Betters. "Er war ein echter Barrelhouse. Er beeindruckte mich, weil er richtig eiserne "Chops" hatte, also einen ganz kräftigen Ansatz, gewissermaßen rauh. Ich hab dann auch angefangen, J. J. Johnson zu hören und später Slide Hampton, aber von allen war, glaube ich, Harold Betters derjenige, dem ich damals am meisten nachzueifern versuchte. An den anderen habe ich mich erfreut, und ich glaube auch, daß sie einen in gewisser Hinsicht beeinflussen, es ist schon wichtig, viel von ihnen zu lernen, aber dann seinen eigenen Stil zu entwickeln.

"Nachdem ich Harold Betters hinter mir hatte, wollte ich wie J. J. klingen. Er hat so eine Art sanften Sound, sehr beständig. Ich versuchte immer, richtig lange, ganz lange Töne zu spielen, ich versuchte, den ganzen Raum mit dem Klang zu füllen. Man hat sowas im Ohr, einen bestimmten Sound, den man wirklich gern mag, den man immer hört. Ich mag den reichen, vollen Ton, was immer das sein mag. Für mich verbindet sich der Sound mit Wärme. Für mich ist eben die Posaune das Instrument, um mich auszudrücken. Wenn ich aber spiele, denke ich nur an die Musik, wissen Sie. Hier bewegen wir uns weiter, und da ist eine andere Klangfarbe, die hier reinkommen kann, manchmal ist es ein Soloauftritt, und zu verschiedenen Zeiten hört man auf verschiedene Leute in der Band, und kreiert die Dinge aus all diesem heraus."

"Ich hab herausgefunden, wie schwierig es ist, als Frau in einer kleinen Gruppe zu sitzen. Irgendwie hab ich das Gefühl, da gibt es Leute, mit denen würde ich liebend gerne spielen und mit denen ich in New York auch gespielt habe, aber wenn man dann von einer ständigen Zusammenarbeit spricht und als Mitglied mit auf Tournee gehen möchte, dann tauchen auf einmal andere Probleme auf. Es gab Probleme mit Thad und Mel. Ich bin sicher, eine Menge Frauen haben eine Menge Geschichten darüber zu erzählen. Ich vermute, mit Sängerinnen ist es manchmal etwas anderes, weil sie den Status eines Stars haben. Es gibt auch Probleme in einer Bigband, aber ich bin mir nicht sicher, ob diese Probleme in einer kleinen Gruppe nicht noch größer sind. Kürzlich haben mir einige von den Jungs gesagt, 'Ja natürlich, Du kannst diesen Gig haben, aber der Bandleader flattert ein bißchen bei dem Gedanken, Frauen in der Gruppe zu haben.' Eigentlich hab ich darauf nie geachtet bis jetzt, weil ich ja immer irgendwelche Arbeit hatte. Aber jetzt, wenn ich mir das so ansehe, dann sehe ich bestimmte Probleme, die da auftauchen in der Situation, und so werde ich wahrscheinlich in die Lage kommen, mehr eigene Arbeit zu kreieren und mir ein Umfeld zu schaffen.

"Man muß seine persönlichen Prinzipien alle zusammen haben, denn die werden auf allen Ebenen ohne Unterlaß gefordert werden." Bei der Thad Jones/Mel Lewis Band, sagt Janice, ist sie "mit den Jungs rumgefallen, die nicht rauchten und nicht tranken und die sich für die Orte interessierten, an denen sie auf ihrer Tournee gerade waren. Mit denen gab es keine Probleme. Auf ihrer ersten Tour mit der Clark Terry Band war sie noch richtig naiv. Ich stellte eine Menge Fragen, und die Älteren paßten so ein bißchen auf mich auf. Das war so eine Art von brüderlichem Verhältnis für mich."

"Ich glaube schon, daß es so etwas wie Eifersucht unter den Menschen gibt. Manchmal bekommt eine Frau viel mehr Applaus, wenn sie vielleicht nicht einmal das Niveau erreicht - das ist oft passiert. Ich merke, der oder jener hat wirklich gespielt, aber die Leute wissen es nicht zu würdigen und wenn dann eine Frau gerade zwölf Takte spielen kann, dann ist das schon phantastisch. So meine ich, wenn ich wirklich etwas kann, dann um so besser. Aber ich sehe die Eifersucht bei den Männern, und ich meine, Männer müssen grundsätzlich damit fertig werden. Ich glaube, im Jazz besonders können die Männer einen Grad von Aufrichtigkeit erreichen, denn sie müssen ja ehrlich gegen sich selbst sein, wenn sie spielen. Ich glaube, wenn sie das Gefühl haben, du bist ehrlich zu dir selbst, wenn sie dich akzeptieren, wenn sie glauben, du machst deine Arbeit so, wie man es von dir erwartet, dann begreifen sie auch."

Was die Frauengruppen angeht, sagt Janice Robinson, das sei "immer schon eine gute kommerzielle Idee gewesen. Ich meine ja, die Musik sei das Wichtigste, wenn die Leute gut miteinander auskommen und gut spielen. Es ist nicht so einfach, eine Frauengruppe zu finden, bei der das der Fall ist. Zunächst einmal ist die Gruppe, aus der man auswählen kann, kleiner. Wenn man quer durch das Land zieht, dann könnte man wohl eine ideale Band von Frauen zusammenstellen, das ist bestimmt möglich. Daran hab ich selbst schon gedacht. Aber zugleich gibt es in der improvisierten Musik Dinge, die jeder bringt. Es gibt Musikerinnen, die nur in einer Umgebung von ausschließlich Frauen spielen wollen, und für mich ist das Leben nicht so, denke ich, da gibt es gewisse Dinge in der Musik, die die Männner da einbringen und die mir Freude machen."

"Ich glaube, das Gewicht, das der Lebensstil der Musiker hat, hat dazu beigetragen, daß nicht so viele Musikerinnen zu sehen sind. Aber ganz plötzlich sehe ich mich um und bringe alles in die Reihe - alle Aspekte des Lebens," sagt Janice. "Max Roach sagt, 'Also Du mußt doch mit Deiner Posaune verheiratet sein.' Ich liebe meine Posaune und ich bin gerne ganz in der Musik drin, aber es gibt noch andere Dinge im Leben. Die Leute deuten immer an, man sollte sich nicht darauf verlassen (auf das Familienleben), wenn man sich mit der Musik einläßt, denn es ist ganz etwas anderes, das einem viel abverlangt und einen seiner Hingabe an die Musik entzieht. So sehe ich das nicht. Gleichzeitig bin ich mir aber darüber klar, daß es große Anforderungen stellt - aber es ist eine bestimmte Art von Leben, das ich führen muß oder will, und ich bin bereit, dafür etwas zu tun, daß ich so leben kann."

"Ein Freund von mir, ein Streicher, der in den Shows spielt, wir haben gerade darüber nachgedacht und wir haben gesagt, 'Nenn mir mal eine schwarze Musikerin - Instrumentalistin - die eine Familie hat, die ganz normal wie eine typische amerikanische Familie lebt.' Da fielen uns nur zwei Namen ein. Es ist schwierig, aber es ist bestimmt möglich. Immerhin, die Musik ist immer noch das Wichtigste, sie bleibt das Zentrum, alles, was im Leben passiert, wird in ihr gespiegelt, in dem, was ich spiele und in dem, was ich schreibe. Für mich kann man das nicht trennen.

"Wenn ich mich hinsetze, um etwas zu schreiben, dann schwebt mir eine Form vor. Für ein Ensemble höre ich bestimmte Klangfarben, Farben, die ich dann auch herausbringen möchte. Gewöhnlich fange ich mit einer Melodie an, die schon eine Struktur hat." Unter Janice Robinsons Kompositionen befinden sich "Crying to Be" (ein Stück, das sie 1978 mit der Subvention der NEA komponierte), "Soul Music," "Gorre" und "The Sound of Light." Seit kurzem schreibt sie auch Texte. "Ich war immer der Meinung, daß mit Texten mehr getan werden könnte, um den Leuten den Zugang zu erleichtern. Ich hab viele meiner kreativen Ideen erdrückt, weil ich das Gefühl hatte, man sagt immer, wenn du spielen willst, dann spiele, und das ist das, was du ausschließlich tun solltest. Aber ich habe herausgefunden, wenn ich wirklich kreativ sein sollte und aktiv, dann muß ich wohl mehr tun als nur das eine. Also werde ich noch ein paar Somgs mit Texten machen, und die werde ich dann einigen Sängern und Komponisten präsentieren, dann werde ich versuchen, sie auf Platten aufnehmen zu lassen oder sie wenigstens aufzuführen."

Janice Robinsons Üben besteht jetzt überwiegend aus dem "Studium" ihrer selbst, sagt sie. "Ich versuche, einige von Birds Soli von den Platten aufzunehmen. Ich mag Bird und Trane. So viele Menschen haben etwas zu dieser Musik beigesteuert, aber einige sind darunter, die haben einen besonderen Weg eingeschlagen - John Coltrane, Dizzy Gillespie, Charlie Parker. Die haben da etwas aufgestellt, von dem man einfach nur ganz viel lernen kann. Es gibt bestimmte Nummern, die die Musiker einfach gut spielen können, wegen der Form, oder weil sie eine interessante harmonische Struktur haben oder eine gute Melodie. Das Üben kommt aus all diesen Ecken, und wenn die Zeit kommt, daß man spielen soll, dann soll man aus den Dingen schöpfen, mit denen man geübt hat. Das Wesentliche der Improvisation ist, daß sie im Augenblick gespielt wird.

"Je mehr ich über das Spielen lerne, desto mehr Richtungen sehe ich, in die ich gehen kann. Je mehr ich lerne, desto freier fühle ich mich. Manchmal ist es schwierig, genau das zu spielen, was ich höre, und ich denke, das ist der Sinn all meinen Übens. Es ist, als ob ich mir selbst diktiere. Wenn ich eine Nummer mit der Schallplatte durchspiele in dem Versuch, die Harmoniebewegung innerhalb der Nummer zu hören, dann stolpere ich plötzlich über einige Passagen. Ich versuche, anzuhalten, es nochmal zu hören und die Sache zu klären. Dann stellt man fest, da sind gewisse Klänge, die man die ganze Zeit hört, und das ist auch ein Gebiet, von wo man ausgehen kann. Sehen Sie - ich scheine diesen Klang besonders zu mögen und spiele ihn viel. Wie kann ich ihn entwickeln. Wenn man etwas von der Platte nimmt, das ist, als wenn man etwas diktiert bekommt. Es verbessert die Fähigkeit, zu hören, sodaß man nicht mehr hängen bleibt und imstande ist, genau das zu spielen, was man mit seinem inneren Ohr hört. Ich denke, alle wirklich Großen unter den Musikern konnten das. Darum ist der ganze Jazz für mich so aufregend. Manchmal können Musiker eine Melodie spielen, die sie nur einmal gehört haben, und sie spielen sie, als ob sie ihnen gehörte. Das ist etwas, woran ich arbeite.

"Und ich arbeite daran, mein Register zu erweitern; wenn ich übe, versuche ich, bis zum hohen F zu kommen...Ich übe, indem ich Quintensprünge spiele (II-V) - gewisse harmonische Bewegungen, Kadenzen, die oft vorkommen, besonders in der Bebop-Aera. Je mehr Möglichkeiten man kennt, da drüber weg und da durch zu kommen, um so besser ist es. Da gibt es noch etwas, was man üben muß, das ist, auf dem Instrument so flexibel wie möglich zu sein., sodaß man jede Idee, die man hat, ausführen kann. Improvisieren ist schwer. Es ist wie das Leben, wissen Sie. Man versucht, sich auf alle Eventualitäten des Lebens einzustellen."

Epilog

Als Mary Lou Williams in den späten Siebziger Jahren wieder vielfach öffentlich auftrat, begann sie, eine pianistische "History of Jazz" zu präsentieren, die vom Spiritual zu ihrer Art von Ragtime, zum Blues, zum Kansas City Stil, illustriert von ihrer eigenen Komposition "Night Life," die sie 193O aufnahm und die sich als so fruchtbar erweisen sollte. Wie sie jede Phase dieser Musik vortrug, war es, als gäbe sie kostbare Teile ihrer eigenen Seele fort- und füllte sie doch wieder.

"Was an dieser Musik so wunderbar ist," sagt der Choreograph Alvin Ailey, dessen Company nach Mary Lou's Mass tanzt, "ist, daß es die Summe der gesamten schwarzen Musik ist, eine Retrospektive." Mary Lou hat von ihrer Pianosolo-Aufnahme The History Of Jazz (Folkway Records) gesagt, "Es war mir eine Freude, Sie durch die Geschichte des Jazz zu führen. Sie mögen das nicht bemerkt haben, aber Sie haben Glück. Ich andererseits mußte durch Schmutz und Unrat gehen, um Ihnen diese Geschichte darbringen zu können."

1977 nahm Mary Lou Williams ein Album auf mit dem Titel My Mama Pinned a Rose on Me, und der Titelsong war der einzige, den sie je gesungen hat. Tom Piazza nennt das Album eine "Platte voll exquisiter Momente, zerbrechlich und stark zugleich...eine ihrer dauerhaftesten Aussagen."

Ein anderer Rezensent sagte: "Williams ist eine der drei großen Jazzpianisten, die noch unter uns sind und mit der Musik aufwuchsen, als sie erwachsen wurde. Es wird langsam Zeit, daß wir erkennen, daß von den dreien (die beiden anderen genannten sind Teddy Wilson und Earl Hines) sie in den letzten Jahren die kreativste und aesthetisch rigoroseste gewesen ist, die sich nie auf ihren Lorbeeren ausruht und nie mit der Nostalgie Geschäfte macht."

Wie Coleman Hawkins, ist auch Mary Lou Williams eine der wenigen Musiker, die aktiv, kreativ, inspiriert und inspirierend quer durch alle Generationen geblieben sind. Sie ist den Weg der Musik selbst gegangen , von den Lektionen von Liebe und Verlust der frühen Tage (wie sie einmal sagte," 'Sei niemals jemandem zu nahe, hat man mir gesagt, denn sonst, wenn jemand stirbt, dann kannst Du auf einmal nicht mehr spielen' "); von den Tagen des fröhlichen Swing über ihren eigenen "schönen Weg" zum Bop; vom Jazz in der Aera dessen, was sie als das "Übel" des Rock bezeichnet, bis zur Avantgarde, der sie sich als einzige von allen Pianisten, die in der Swing-Aera angefangen haben, zu stellen wagte und sie herauszufordern unter ihren eigenen Bedingungen. In den Sechziger Jahren fand sie einen neuen Glaubenshalt in der katholischen Kirche, die bald zum Hintergrund ihrer Jazzmessen wurde. Mary Lou Williams hat den ganzen Kreis ausgeschritten von der Kenntnis der Spirituals als der Wurzel des ganzen Jazz, bis zum Begreifen und Bestätigen der heilenden Kraft des Blues in ihrem ganzen Werk. Wenn sie mehr Gefühl in ihr Spiel legen wollte, sagte sie einmal, dann kehrte sie für ein oder zwei Nummern zum Blues zurück, um dann weiterzugehen. "Hört zu," pflegte sie unaufmerksame Zuhörer in einem Nachtclub zu beschwören, "Hört zu - das wird Euch heilen.

"Mary Lou Williams hat nicht nur gearbeitet, um die Wahrheit der Musik und ihrer Wurzeln in der Welt der Schwarzen zu bewahren und weiterzugeben, (in der letzten Dekade ihres Lebens lehrte sie ganztägig an der Duke University in Durham, South Carolina), sie hat auch in ihrem ganzen Leben diese Wahrheit mitgeschaffen.

Mary Lou Williams starb an Krebs am 29. Mai 1981. Ihr gesamtes Vermögen ging an die Mary Lou Williams Foundation, die sie 198O gegründet hatte, um begabten Kindern, von sechs bis zwölf Jahren, die Möglichkeit zu geben, bei professionellen Jazzmusikern zu studieren. Die Wahrheit der Musik, das wußte Mary Lou Williams, lag im Blues und in den frühen Wurzeln im Spiritual; ihre Hoffnung für die Zukunft lag darin, daß dieses Wissen weitergegeben werde an die ganz Jungen.

Ausgewählte Discographie

aus der Originalausgabe übernommen

Some records listed below were out of print and no longer available at the time this book went to press. They were nevertheless included, either because they were mentioned in the text or because they represent what in some cases may be the only recorded work by women discussed in the book. Interested scholars and listeners should refer to the Schwann catalogs 1 and 2, jazz-record specialty outlets, or archival collections for the most up-to-date information on availability of albums or reissues.*

TOSHIKO AKIYOSHI

Akiyoshi-Tabackin Big Band, *Insights*. RCA AFL1 2678.
Akiyoshi-Tabackin Big Band, *Kogun*. RCA AFL1 3019.
Akiyoshi-Tabackin Big Band, *Long Yellow Road*. RCA AFL1 1350.
Akiyoshi-Tabackin Big Band, *Road Time*. RCA CPL2 2242.
Akiyoshi-Tabackin Big Band, *Tales of a Courtesan*. RCA AFL1 0723.
Toshiko Akiyoshi Trio, *Dedications*. Inner City IC 6046.
Toshiko Akiyoshi Trio, *Finesse*. Concord Jazz CJ-69.
see *Women in Jazz: Pianists.*

ALIVE

(Barbara Borden, drums; Carolyn Brandy, congas/percussion; Rhiannon, vocals; Janet Small, keyboards; Susanne Vincenza, bass; Barbara Edwards, manager)

Alive! Urana STWWE 84.
Call It Jazz. Redwood RR 8484.

IVIE ANDERSON

Duke Ellington Presents Ivie Anderson. Columbia KG 32064.

* Records and cross references under the main entries of this discography are alphabetized according to the first major word. Thus a reference to an album titled *Dinah Washington,* for example, or a cross reference to the same artist would be alphabetized under the letter "D."

LIL HARDIN ARMSTRONG

on *Jazz, Vol. 5 (Chicago No. 1)*. Folkways 2805.
see *Jazz Women: A Feminist Retrospective.*
on *King Oliver and His Creole Jazz Band.* VJM VLP-49.
Lil Armstrong and Her Swing Band, 1936–'40. Gardenia 4005.
on *The Louis Armstrong Story, Vol. 1.* Columbia CL 851. Louis Armstrong's Hot Five.
———, *Vol. 2.* Columbia CL 852. Louis Armstrong's Hot Seven.
see *Mean Mothers: Independent Women's Blues.*
Satchmo and Me. Riverside RLP 12-120. Oral history by Lil Hardin Armstrong.
see *Women in Jazz: Pianists.*
on *Young Louis: "The Side Man."* MCA 1301. Lil's Hot Shots and Louis Armstrong's Hot Five.

DOROTHY ASHBY

Afro-Harping. Cadet 809.
The Best of Dorothy Ashby. Prestige PRS 7638.
Dorothy Ashby Plays for the Beautiful People. Prestige PRS 7639.
Dorothy's Harp. Cadet 825.
The Fantastic Jazz Harp of Dorothy Ashby. Atlantic ATC 1447.
The Rubiyat of Dorothy Ashby. Cadet 841.
Soft Winds: The Swinging Harp of Dorothy Ashby. Jazzland JLP 961. Also features Terry Pollard.

LOVIE AUSTIN

on *Alberta Hunter with Lovie Austin's Blues Serenaders.* Riverside RLP 418.
Lovie Austin 1924–26. Fountain FJ-105. With her Blues Serenaders.
see *Women in Jazz: Pianists.*

MILDRED BAILEY

All of Me. Monmouth-Evergreen MES 6814.
Mildred Bailey. Archive of Folk & Jazz 269.
Mildred Bailey: Her Greatest Performances, 1929–1946. Columbia Special Products P3L22.
Mildred Bailey, with Paul Baron's Orchestra, 1944. Hindsight HSR-133.
Radio Show 1944–45. Sunbeam 209.
see *Red, White & Blues: Women Sing of America.*

SWEET EMMA BARRETT

see *New Orleans: The Living Legends.*
Sweet Emma Barrett and Her New Orleans Music. GHB 141.
Sweet Emma Barrett at Disneyland. GHB 142.

GLADYS BENTLEY

on *Bertha "Chippie" Hill and Gladys Bentley.* Raretone RTR 24010.
see *Mean Mothers: Independent Women's Blues.*

BILLIE, ELLA, LENA, SARAH.

Columbia PC 36811.

CARLA BLEY

The Carla Bley Band European Tour 1977. Watt 8.
on *Charlie Haden's Liberation Music Orchestra*. Impulse AS 9183. Bley as composer and arranger.
Dinner Music. Watt 6.
Escalator over the Hill. JCOA 3LP-EOTH.
on Gary Burton, *A Genuine Tong Funeral*. RCA (French) PL 42766.
Social Studies. ECM-11.
on *13 & ¾*. Watt 3.
Tropical Appetites. Watt 1.

JANE IRA BLOOM

on David Friedman, *Of the Wind's Eye*. Enja 3089.
on Jay Clayton, *All Out*. Anima 1 J35.
Second Wind. Outline OTL-138.
We Are. Outline OTL-137.

BERYL BOOKER

see *Cats vs. Chicks*.
on *Don Byas*. Inner City IC 7081. Beryl Booker Trio (Elaine Leighton and Bonnie Wetzel).
see *Jazz Women: A Feminist Retrospective*.
on *Modern Jazz Piano*. RCA Victor LPT-31. 10" lp.
see *Women in Jazz: All-Women Groups*.
see *Women in Jazz: Pianists*.
see *Women in Jazz: Swingtime to Modern*.

BOSWELL SISTERS

The Boswell Sisters, 1932–1934. Biograph BLP-C3.
Nothing Was Sweeter Than the Boswell Sisters. Ace of Hearts AH 116.
On the Air. Totem 1025.

CONNEE BOSWELL

Bing and Connee. Decca DL 5390. 10" lp.
Bing and Connee. Spokane 18.
Connie [sic] Boswell: The Early Solos. 1931–35. Take Two TT 209.
Sand in My Shoes. MCA MCFM 2739.
Singing the Blues with Connee Boswell. Decca DL 5445. 10" lp.

PATTI BOWN

Patti Bown Plays Big Piano. Columbia CL 1379.

JOANNE BRACKEEN

Aft. Timeless/Muse TI 302.
Ancient Dynasty. Columbia JC 36593.
on Art Blakey, *Jazz Messengers 70*. Catalyst CAT 7902.
Keyed In. Tappan Zee JC 36075.
Mythical Magic. Pausa 7045.
New True Illusion. Timeless/Muse TI 103.

Prism. Choice CRS 1040.
Snooze. Choice CRS 1009.
on Stan Getz, *Getz Gold.* Inner City IC 1040-2.
Tring-a-Ling. Choice CRS 1016.
Trinkets and Things. Timeless/Muse TI 123.

CLEO BROWN

on *Kings & Queens of Ivory, Vol. 1.* MCA Jazz Heritage Series (S) 1329.
see *Women in Jazz: Pianists.*

CLORA BRYANT

Gal with the Horn. Mode LP 106.

VI BURNSIDE

see International Sweethearts of Rhythm.

ANN BURTON

By Myself Alone. Inner City IC 6026.
New York State of Mind. Inner City IC 1094.

JACKIE CAIN

on Charlie Ventura, *Euphoria.* Savoy SJL 2243.
on *Charlie Ventura and His Band in Concert.* GNP 1E.
Jackie and Roy: Concerts by the Sea. Studio 7 ST7-402. With Roy Kral.
Jackie and Roy, Star Sounds. Concord Jazz CJ-115. With Roy Kral.

BLANCHE CALLOWAY

Blanche Calloway and Her Joy Boys (1931). RCA (French) Black and White Series, Vol. 185, PM 42393. Also features Mary Lou Williams.

UNA MAE CARLISLE

see *Jazz Women: A Feminist Retrospective.*
see *Women in Jazz: Pianists.*
see *Women in Jazz: Swingtime to Modern.*

LODI CARR

Lady Bird. Laurie LLT-1007.

BARBARA CARROLL

At the Piano. Discovery DS-847.
Barbara Carroll. Blue Note BN-LA-645(G).
From the Beginning. United Artists UAR (S) LT-778.
see *Women in Jazz: Pianists.*

NORMA CARSON

see *Cats vs. Chicks.*
see *Jazz Women: A Feminist Retrospective.*
see *Women in Jazz: All-Women Groups.*

BETTY CARTER

Betty Carter. Bet-Car MK 1001.
———. Bet-Car MK 1002.
Betty Carter with the Audience. 2-Bet-Car 1003.
Finally. Roulette ROU (S) 5000.
Inside Betty Carter. United Artists UAR 5639.
Now It's My Turn. Roulette ROU (S) 5005.
on Ray Charles, *Ray Charles and Betty Carter*. ABC Paramount ABC (S) 385.
Round Midnight. Roulette ROU (S) 5001.
Social Call. Columbia (S) JC 36425.
What a Little Moonlight Can Do. ABC Impulse (ASH) 9321 (2).

CATS VS. CHICKS.

MGM E-255. Features Terry Pollard, Elaine Leighton, Bonnie Wetzel, Beryl Booker, Norma Carson, Mary Osborne, Corky Hale. 10″ lp.

ROSEMARY CLOONEY

Blue Rose. Rosemary Clooney and Duke Ellington and His Orchestra. Columbia Special Products P 13085.
Everything's Coming Up Rosie. Concord Jazz CJ 47.
Here's to My Lady. Concord Jazz CJ 81.
Rosemary Clooney and Harry James, *Hollywood's Best*. Columbia Special Products P 13083.

GLORIA COLEMAN

Gloria Coleman LTD. Sings and Swings Organ. Mainstream MRL 322.
Soul Sisters. Gloria Coleman Quartet. Impulse A 47.

ALICE COLTRANE

Cosmic Music. Impulse AS 9148.
Journey in Satchidananda. Impulse AS 9203.
Lord of Lords. Impulse AS 9224.
Transfiguration. Warner Brothers 3218.
Universal Consciousness. Impulse AS 9210.

IDA COX

Blues Ain't Nothin' Else But . . . Milestone MLP 2015.
Ida Cox, Vol. 1. Fountain FB-301.
———, *Vol. 2*. Fountain FB-304.
see *Mean Mothers: Independent Women's Blues*.
The Moanin' Groanin' Blues: Ida Cox. Riverside RLP 147. Accompanied by Lovie Austin and her Blues Serenaders.
on *Spirituals to Swing. The Legendary Carnegie Hall Concerts of 1938–9*. Vanguard VRS 8523/4.
on *Stars of the Apollo Theater*. Columbia KG 30788.
Wild Women Don't Have the Blues. Foremothers, Vol. 1. Rosetta RR 1304.

DARDANELLE

Colors of My Life. Stash ST 217.
see *Jazz Women: A Feminist Retrospective.*
on *New York, New York.* Stash ST 204.
Songs for New Lovers. Stash ST 202.

ERNESTINE "TINY" DAVIS

see International Sweethearts of Rhythm.

FOSTINA DIXON

on *Our Music Is Your Music: The Leslie Drayton Orchestra.* Esoteric ER 1001.

DOTTIE DODGION

see *Now Is the Time.*

BARBARA DONALD

Barbara Donald and Unity, Featuring Carter Jefferson. Live at the Gnu Delhi. Cadence CJR 1011. Also includes Cookie Marienco.
on Ed Townsend, *Townsend, Townsend, Townsend.* Casablanca CCLP 2007 DJ.
on Huey (Sonny) Simmons, *Burning Spirits.* Contemporary 7625/6.
on Smiley Winters, *Smiley ETC.* Arhoolie 8004/5.
on Smiley Winters, *That Nigger Music.* Touché TRL TPS 101.
on Sonny Simmons, *Manhattan Egos.* Arhoolie S-8003.
on Sonny Simmons, *Music of the Spheres.* ESP S-1043.
on Sonny Simmons, *Rumasuma.* Contemporary 7623.
on Sonny Simmons, *Staying on the Watch.* ESP S-1030.

DOROTHY DONEGAN

At the Best of Harlem. Four Leaf Clover 5006.
The Explosive. Progressive PRO 7056.
see *Jazz Women: A Feminist Retrospective.*
The Many Faces of Dorothy Donegan. Mahogany 558.101.

ARIZONA DRANES

She Shall Wear a Golden Crown. (Sanctified Pianist 1926–28). Herwin 210.
see *Women in Jazz: Pianists.*

URSZULA DUDZIAK

Future Talk. Inner City IC 1066.
Michal Urbaniak and Urszula Dudziak, *Heritage.* Pausa 7047.

ELLA FITZGERALD

on *The Best of Chick Webb.* MCA (S) 2-4107.
The Best of Ella Fitzgerald, Vol. 1. MCA (2)-4047.
———, *Vol. 2.* MCA (2)-4016.
see *Billie, Ella, Lena, Sarah.*

on *Chick Webb 4. Ella Swings the Band 1936–1939*. MCA 1327.
The Cole Porter Songbook. Verve VE2 2511.
The Duke Ellington Songbook. Verve VE 2-2535.
Ella & Duke at the Cote d'Azur. Verve V 6 4072.
Ella Fitzgerald Abaca Jobim. Pablo 263021.
Ella Fitzgerald at Carnegie Hall. Columbia PG 32557.
Ella Fitzgerald and Her Orchestra Live from the Roseland Ballroom, 1940. Sunbeam 205.
Ella & Louis. Verve 2V6S 8811.
Ella Sings, Chick Swings: Ella Fitzgerald and Chick Webb. Olympic 7119.
Ella Sings Gershwin. MCA 215 E. With Ellis Larkins.
The Gershwin Songbook. Verve VE 2-2525.
Lady Time. Pablo (S) 2310825.
Live in Berlin. Verve V6 4041.
Porgy & Bess. Verve VE 2-2507. With Louis Armstrong.
The Rodgers and Hart Songbook. Verve VE 2-2519.
Whisper Not. Verve UMV 2668.

FORTY YEARS OF WOMEN IN JAZZ.

Stash STB 001. (Five-record box set including Stash *Jazz Women* and *Women in Jazz* albums 109, 111, 112, 113, plus Frank Driggs's 24-page booklet, "Women in Jazz: A Survey.")

ADELE GIRARD

see *Jazz Women: A Feminist Retrospective*.
on *Joe Marsala and His Orchestra*. Aircheck 14.

ROSE GOTTESMAN

see Mary Lou Williams, "Harmony Grits."
see *Women in Jazz: All-Women Groups*.

DELLA GRIFFIN

Della Griffin Sings. Dobre 1009.

CORKY HALE

see *Cats vs. Chicks*.
Corky Hale Plays George Gershwin & Vernon Duke. GNP Crescendo 9035.
Kitty White–Corky Hale. Pacifica 2002.

LUCILLE HEGAMIN

Lucille Hegamin: Blue Flame. VJM VLP-50.
see *Songs We Taught Your Mother*.
see Victoria Spivey, *Basket of Blues*.

ROSA HENDERSON

see *Mean Mothers: Independent Women's Blues, Vol. 1*.
on *Rare & Hot! 1923–1926 Female Vocals with Accompaniment*. Historical HLP-14.

JUTTA HIPP

At the Hickory House, Vol. 1. Blue Note BLP 1515.
———, *Vol. 2.* Blue Note BLP 1516.
Jutta Hipp with Zoot Sims. Blue Note 1530.
see *Women in Jazz: Pianists.*

BILLIE HOLIDAY

All or Nothing at All. Verve VE 2-2529.
see *Billie, Ella, Lena, Sarah.*
Billie Holiday. Archive of Folk & Jazz 265.
———, *Vol. 2.* Archive of Folk & Jazz 310.
Billie Holiday/Ella Fitzgerald. MCA 4099.
Billie Holiday at Jazz at the Philharmonic. Verve UMV 2520.
Billie's Blues. Columbia (S) C-32080.
The Billie Holiday Story, Vol. 1. Columbia PG 32121.
———, *Vol. 2.* Columbia PG 32124.
———, *Vol. 3.* Columbia PG 32127.
The Billie Holiday Story. MCA (2) 4006E.
Body and Soul. Verve UMV 2597.
on *Count Basie: At the Savoy Ballroom.* Everest EVR (S) 318.
Fine and Mellow. Columbia Special Products Commodore Series XFL 14428.
The First Verve Sessions. Verve VE 2-2503.
Gallant Lady. Monmouth-Evergreen MES 7046.
God Bless the Child. Columbia CG 30782.
Greatest Hits. Columbia CL 2666.
Greatest Hits. MCA 275.
Guess Who?—Billie Holiday. Two Flats Disc TFD 5-006.
The History of the Real Billie Holiday. Verve 2-V6S-8816.
I'll Be Seeing You. Columbia Special Products Commodore Series XFL 15351. With Eddie Heywood.
on *Jazz at the Philharmonic: The Historic Recordings.* Verve VE 2-2504.
Lady Love. United Artists UA 5635. Accompanied by Beryl Booker and Elaine Leighton.
see *Mean Mothers: Independent Women's Blues.*
Lady Sings the Blues. Verve UMV 2047.
The Original Recordings. Columbia C-32060.
on *The Sound of Jazz—TV Soundtrack.* Columbia Special Products P 104.
Stormy Blues. Verve VE 2-2515.
Strange Fruit. Atlantic ATC (S) 1614.
Swing, Brother, Swing. Columbia Special Products P 14388.

LENA HORNE

see *Billie, Ella, Lena, Sarah.*
A Date with Lena Horne. 1944. Sunbeam 212. With Fletcher Henderson.
For Someone in Love. Stanyan 10138.
Lena & Gabor. Gryphon G 908. With Gabor Szabo.
Lena Horne: The Lady and Her Music. Qwest 2 QW 3597.
on *Stormy Weather.* Sandy Hook 2037. Sound track from the 1943 film.

HELEN HUMES

on *Black California, Vol. 1.* Savoy SJL 2215.
———, *Vol. 2.* Savoy SJL 2242.
Helen. Muse MR 5233.
Helen Humes. Audiophile AP 107.
Helen Humes & the Muse All-Stars. Muse MR 5217.
The Incomparable Helen Humes. Jazzology 55.
Let the Good Times Roll. Classic Jazz CJ 120.
see *Red, White & Blues: Women Sing of America.*
Sneakin' Around. Classic Jazz CJ 110.
Songs I Like to Sing! Contemporary (S) 7582.
"*'Tain't Nobody's Business If I Do.*" Contemporary (S) 7571.

BOBBI HUMPHRY

The Best of Bobbi Humphry. Epic EPC (S) JE 36368.
The Good Life. Epic EPC (S) JE 35607.

ALBERTA HUNTER

Alberta Hunter with Lovie Austin's Blues Serenaders. Riverside RLP 418.
Amtrak Blues. Columbia (S) JC 36430.
on *Chicago: The Living Legends.* Riverside RLP (9) 389/90. With Lil's Hot Shots.
Classic Alberta Hunter. The Thirties. Stash ST 115.
The Legendary Alberta Hunter: The London Sessions, 1934. DRG SL 5195.
Remember My Name. Columbia JS 35553. Sound track from the motion picture, for which Alberta Hunter wrote the songs.
see *Songs We Taught Your Mother.*
see *Women of the Blues.*

INA RAY HUTTON AND HER MELODEARS

see *Jazz Women: A Feminist Retrospective.*

MARJORIE HYAMS

on *The George Shearing Quintet: Lullabye of Birdland.* Verve (E) 2683/029.
see Mary Lou Williams, on *Cafe Society* and "Harmony Grits."
see *Women in Jazz: All-Women Groups.*
see *Women in Jazz: Swingtime to Modern.*
on *Woody Herman: The Greatest Hits.* Columbia CS 9291.

INTERNATIONAL SWEETHEARTS OF RHYTHM

"Hey—Mr. Postman." Magic 715-42. (Vocal by Mildred McIver Presented by the International Sweethearts of Rhythm.) 78 rpm.
see *Jazz Women: A Feminist Retrospective.*
"Temptation." Magic 715-13. (Vocal by Carline Ray Presented by the International Sweethearts of Rhythm.) 78 rpm.
see *Women in Jazz: All-Women Groups.*
see *Women in Jazz: Swingtime to Modern.*

JAZZ WOMEN: A FEMINIST RETROSPECTIVE.

Stash ST 109. Includes Dolly Jones, Lil Hardin Armstrong, Memphis Minnie, International Sweethearts of Rhythm, Ina Ray Hutton and Her Melodears, Dardanelle, Norma Teagarden, Billie Rogers, Sarah McLawler, Mary Lou Williams, Beryl Booker, Norma Carson, Dorothy Donegan, Valaida Snow, Una Mae Carlisle, Marian McPartland, Melba Liston, Adele Girard, Jewel Paige, and Kathy Stobart; see also *Forty Years of Women in Jazz.*

DOLLY JONES

see *Jazz Women: A Feminist Retrospective.*

ETTA JONES

Don't Go to Strangers. Prestige PRS (S) 7186.
Etta Jones' Greatest Hits. Prestige PRS (S) 7443.
If You Could See Me Now. Muse MR 5175.
Ms. Jones to You. Muse MR 5099.
My Mother's Eyes. Muse MR 5145.

SHEILA JORDAN

Confirmation. East Wind EW 8024.
on *George Russell: Outer Thoughts.* Milestone M 47027.
Home: Music by Steve Swallow to Poems by Robert Creeley. ECM 7-7760.
Portrait of Sheila. Blue Note 9002.
Sheila. Steeple Chase SCS 1081. With Arild Anderson.
The Steve Kuhn/Sheila Jordan Band, *Playground.* ECM-1-1159.

NORA LEE KING

(aka Lenore King, Lenore Kinsey, Susan King, Susan Lenore King)

on "Larry and Lenore," *Travelin' Guitars.* Request RLP 10037.
on Lawrence Lucie, *Cool and Warm Guitar.* Toy T-1001.
on Lawrence Lucie, *Mixed Emotions.* Toy T-1006.
on Lawrence Lucie, *Sophisticated Lady/After Sundown.* Toy T-1003.
on Lawrence Lucie, *This Is It.* Toy T-1003.
see Mary Lou Williams, *The Asch Recordings, 1944–'47.*
Nora and Delle, "Army Camp Blues." Decca DL 7852. 78 rpm.
Nora and Delle, "Get Away from My Window." Decca DL 7852. 78 rpm.
Nora and Delle, "You Ain't Been Doin' Right." Decca DL 7858. 78 rpm.
"Why Don't You Do Right?" Decca DL 7866. 78 rpm.
see *Women's Railroad Blues.*

TEDDI KING

Lovers and Losers. Audiophile AP 117.
Marian Remembers Teddi. Halcyon HAL 118. With Marian McPartland.
Someone to Light Up Your Life. Audiophile AP 150.
Teddi King Sings Ira Gershwin . . . this Is new. Inner City IC 1044.

JANET LAWSON

Janet Lawson Quintet. Inner City IC 1116.

BARBARA LEA

The Devil Is Afraid of Music. Audiophile AP 119.
Remembering Lee Wiley. Audiophile AP 125.

JEANNE LEE

on Gunter Hampel, Anthony Braxton, Jeanne Lee, *Familie.* (Concert in Paris, April 1, 1972.) Birth 008.
on Gunter Hampel, *The 8th of July 1969.* Birth 001.
on Gunter Hampel, *Spirits.* Birth 007.
on Gunter Hampel, *Waltz for Three Universes in a Corridor.* Birth 010.
on Gunter Hampel & His Galaxie Dream Band, *All the Things You Could Be If Charlie Mingus Was Your Daddy.* Birth 031.
on Gunter Hampel & His Galaxie Dream Band, *A Place to Be with Us.* Birth 032.
on Gunter Hampel and the Galaxie Dream Band, *Angel.* Birth 009.
on Gunter Hampel and the Galaxie Dream Band, *Life on This Planet 1981.* Birth 0033.
Gunter Hampel & Jeanne Lee, *Oasis.* Horo HDP 33-34.
Gunter Hampel-Jeanne Lee Duo, *Freedom of the Universe.* Birth 010.
The Newest Sound Around/Jeanne Lee and Ran Blake. RCA (French) PM 42863.

PEGGY LEE

on *Benny Goodman: All-Time Greatest Hits.* Columbia (S) PG 31547.
The Best of Peggy Lee. 2-MCA 4049E.

KATHERINE HANDY LEWIS

W. C. Handy Blues. Sung by His Daughter, Katherine Handy Lewis. Folkways FG 3540. Accompanied by James P. Johnson.

ABBEY LINCOLN

see Aminata Moseka

MELBA LISTON

on *Bebop Revisited, Vol. 1.* Xanadu 120.
see Dinah Washington, *The Jazz Sides.*
see *Jazz Women: A Feminist Retrospective.*
on Johnny Griffin, *White Gardenia. Johnny Griffin with Strings & Brass. A Tribute to Billie Holiday.* Riverside RLP (9) 387. Liston as arranger.
on Randy Weston, *Little Niles.* Blue Note BN-LA 5988 (112). Liston as arranger.

SARAH McLAWLER

see *Jazz Women: A Feminist Retrospective.*

MARIAN McPARTLAND

At the Festival. Concord Jazz CJ 118.
At the Hickory House. Savoy SJL 2248.
Elegant Piano. Halcyon HAL 106. With Teddy Wilson.
see *Jazz Women: A Feminist Retrospective*.
Live at the Carlyle. Halcyon HAL 117.
Marian and Jimmy McPartland and the All-Star Jazz Assassins. Improv 7122.
see *Now Is the Time*.
Portrait of Marian McPartland. Concord Jazz CJ 101.
see Teddi King, *Marian Remembers Teddi*.

CARMEN McRAE

After Glow. Decca DL 8583. McRae also on piano.
Blue Note Meets the L.A. Philharmonic. Blue Note BLN LKAO-870.
Carmen/Billie. Carmen McRae Sings "Lover Man" and Other Billie Holiday Classics. Columbia PC 37002.
Carmen McRae. Chiaroscuro CHI 2023.
Finest of Carmen McRae. Bethlehem BCP 6004.
At the Great American Music Hall. Blue Note LWB-709.
The Great American Songbook. Atlantic SD2-904 0996.
The Greatest of Carmen McRae. MCA 2-4111.
Here to Stay. Coral COR (S) 20018.
Take Five. Carmen McRae–Dave Brubeck Recorded Live at Basin Street East. Columbia Special Products P 9116.
Two for the Road. Carmen McRae/George Shearing. Concord Jazz CJ (S) 128.

MEAN MOTHERS: INDEPENDENT WOMEN'S BLUES, VOL. 1.

Rosetta RR 1300. Includes Bessie Brown, Martha Copeland, Maggie Jones, Susie Edwards, Bernice Edwards, Gladys Bentley, Mary Dixon, Bertha Idaho, Rosa Henderson, Harlem Hannah, Lil Hardin Armstrong, Blue Lou Barker, Rosetta Howard, Ida Cox, Lil Green, and Billie Holiday.

MEMPHIS MINNIE

Memphis Minnie. Blues Classics 1.
Early Recordings, Vol. 2. Blues Classics 13.
on *I'm Wild About My Lovin'*. Historical Jazz HJ 32. With Joe McCoy.
see *Jazz Women: A Feminist Retrospective*.

HELEN MERRILL

Autumn Love. Catalyst CAT 7912.
Chasin' the Bird. Inner City IC 1080.
Helen Merrill and Teddy Wilson: Sings, Swings. Catalyst CAT 7908.
The Nearness of You. EmArcy EXPR 1018.
Something Special. Inner City IC 1060.

LIZZIE MILES

Hot Songs My Mother Taught Me. Cook 1183.
Moans & Blues by Lizzie Miles. Cook. 1182.
Torchy Lullabies My Mother Sang Me. Cook 1184.

AMINATA MOSEKA (ABBEY LINCOLN)

Abbey Is Blue. Riverside (Japanese) SMJ 6088.
Golden Lady. Inner City IC 1117.
on Max Roach, *We Insist! Freedom Now Suite*. Columbia JC-36390.
People in Me. Inner City IC 6040.
Straight Ahead. Barnaby (the Candid Series) KZ 31037.
That's Him. Riverside (Japanese) SMJ 6155.
What It Is. Columbia JC 36581.

AMINA CLAUDINE MYERS

Poems for Piano. Sweet Earth SER-1005.
Salutes Bessie Smith. Leo LR 103.
Song for Mother E. Leo LR 100.

NEW ORLEANS: THE LIVING LEGENDS.

Riverside RLP 356/7. Sweet Emma Barrett and her Dixieland Boys; Billie and De De Pierce.

NOW IS THE TIME.

Halcyon HAL 115. Features Marian McPartland, Lynn Mylano, Vi Redd, Dottie Dodgion, and Mary Osborne.

ANITA O'DAY

Angel Eyes. Emily 13081.
Anita O'Day Sings the Winners. Verve UMV 2536.
The Big Band Sessions. Verve VE 2-2534.
Gene Krupa with Anita O'Day. Columbia JCL 753.
Live at the City. Emily 102479.
Live at Mingo's. Emily 11579.
Live in Tokyo. Emily 9578.
At Mister Kelly's. Verve UMV 2550.
My Ship. Emily 11279.

BRIDGET O'FLYNN

see Mary Lou Williams, on *Cafe Society*, "Humoresque," and "Waltz Boogie."
see *Women in Jazz: All-Women Groups*.

MARY OSBORNE

see *Cats vs. Chicks*.
on *The Complete Coleman Hawkins, Vol. 2, "Low Flame" (1941–'47)*. RCA (French) Black and White Series, Vol. 181, PM 42046.
see Mary Lou Williams, on *Cafe Society* and "Harmony Grits."
"Mary's Guitar Boogie." Mary Osborne Trio. Signature 15077. 78 rpm.
Now and Then. Stash ST 215.
see *Now Is the Time*.
see *Women in Jazz: All-Women Groups*.
"You're Gonna Get My Letter in the Morning." Mary Osborne Trio. Decca DL 74308. 78 rpm.

BILLIE PIERCE (WITH DE DE PIERCE)

Billie & De De Pierce: New Orleans Music. Arhoolie 2016.
Billie & De De Pierce: Vocal Blues & Cornet in the Classic Tradition. Riverside RLP 370.
on *Jazz at Preservation Hall.* Atlantic ATC (S) 1409.
At Luthjen's. Biograph CEN 15.
see *New Orleans: The Living Legends.*

TERRY POLLARD

on *Bethlehem's Finest, Vol. 2.* Bethlehem BET (S) FCP 4002.
see *Cats vs. Chicks.*
see Dorothy Ashby, *Soft Winds: The Swinging Harp of Dorothy Ashby.*
on Terry Gibbs, *Mallets-A-Plenty.* MRC MG 36075. Pollard on piano.
see *Women in Jazz: All-Women Groups.*
see *Women in Jazz: Swingtime to Modern.*

GERTRUDE "MA" RAINEY

"*Blame It on the Blues.*" Milestone MLP 2008.
Blues the World Forgot: Ma Rainey and Her Georgia Jazz Band, 1924–'28. Biograph BLP 12001.
Down in the Basement. Milestone MLP 2107.
Gertrude "Ma" Rainey: Queen of the Blues, Vol. 3, 1923–'24. Biograph BLP 12032.
The Immortal Ma Rainey: First of the Great Blues Singers. Milestone MLP 2001.
Ma Rainey. Milestone M-47021.
Oh My Babe Blues: Ma Rainey and Her Georgia Jazz Band, Vol. 2, 1924–'28. Biograph BLP 12011.

RARE AND HOT! 1923–1926, FEMALE VOCALS WITH ACCOMPANIMENT.

Historical HLP-14. Includes Rosa Henderson, Viola McCoy, and others.

RED, WHITE & BLUES: WOMEN SING OF AMERICA.

Rosetta RR 1302. Includes Bessie Smith, Helen Humes, Mildred Bailey, and others.

VI REDD

on Al Gray, *Shades of Gray.* Tangerine TRC (S) 1504.
Bird Call. United Artists UA 15016.
Lady Soul. Atco 33-157.
see *Now Is the Time.*
see *Women in Jazz: Swingtime to Modern.*

JUDY ROBERTS

The Judy Roberts Band. Inner City IC 1078.
Judy Roberts: The Other World. Inner City IC 1099.

JANICE ROBINSON

on The Clark Terry Big Band, *Live at the Wichita Jazz Festival.* Vanguard VSD 79355.
on Frank Foster's Living Color, *For All Intents and Purposes.* Leo 007.
on Frank Foster's Loud Minority, *Manhattan Fever.* Nippon Columbia YX 7521.
on Frank Foster's Loud Minority, *Shiny Stockings.* Nippon Columbia YX 7545.
on Thad Jones/Mel Lewis Orchestra, *New Life.* Horizon (ANM) SP701.
on Thad Jones/Mel Lewis Orchestra, *The Suite for Pops.* Horizon (ANM) SP707.

BILLIE ROGERS

see *Jazz Women: A Feminist Retrospective.*
One Night Stand with Billie Rogers. "Womens' Lib in 1944." Joyce LP-1018.

JUNE ROTENBERG

see Mary Lou Williams, "Harmony Grits," "Humoresque," and "Waltz Boogie."
see *Women in Jazz: All-Women Groups.*

JEANETTE SALVANT

on *Celestin's Original Tuxedo Jazz Orchestra. Recorded in New Orleans 1926–1928.* VJM VLP-33.

SHIRLEY SCOTT

The Best of Shirley Scott. Prestige PRS (S) 7773.
Blue Flames. Prestige PRS (S) 7338. With Stanley Turrentine.
Blue Seven. Prestige PRS (S) 7376.
Eddie's Function. Bethlehem BCP 6035.
Great Scott! Shirley Scott Trio. Impulse Mono A-67.
One for Me. Strata-East 7430.
Queen of the Organ. Impulse Mono A-81.
Satin Doll. Prestige PRS (S) 7283.
Soul Is Willing. Prestige PRS (S) 7845.
Soul Shouting. Prestige PRS (S) 7312. With Stanley Turrentine.
Soul Sister. Prestige PRS (S) 7392.
Sweet Soul. Prestige PRS (S) 7360.

CAROL SLOANE

Carol Sings (1978). Progressive 7047.
Carol Sloane and Ben Webster, *Carol & Ben.* Honeydew HD 6608.
Cottontail. Choice CRS 1025.

BESSIE SMITH

Any Woman's Blues. Columbia CG 30126.
on *Bessie Smith, Louis Armstrong, Cab Calloway (Legendary Jazz Stars in Their First Films).* Biograph BLP-M-3. Sound track from *St. Louis Blues.*

The Empress. Columbia CG 30818.
Empty Bed Blues. Columbia CG 30450.
Nobody's Blues But Mine. Columbia CG 31093.
see *Red, White & Blues: Women Sing of America*.
see *Women's Railroad Blues: Sorry But I Can't Take You*.
The World's Greatest Blues Singer. Columbia CG (S) 33.

CARRIE SMITH

Carrie Smith. West 54 8002.
Do Your Duty. Classic Jazz CJ 139.

CLARA SMITH

Clara Smith, Vol. 1, 1923. VJM VLP-15.

MAMIE SMITH

on *Jazz Odyssey, Vol. 3: The Sound of Harlem*. Columbia Jazz Archive Series C3L-33.
see *Women of the Blues*.

VALAIDA SNOW

on *Americans in Europe, Vol. 2*. Swingfan 1012.
Hot Snow: Valaida Snow, Queen of the Trumpet, Sings & Swings. Foremothers, Vol. 2. Rosetta RR 1305.
see *Jazz Women: A Feminist Retrospective*.
Swing Is the Thing. World (EMI) SH 354.
Valaida: High Hat, Trumpet and Rhythm. World (EMI) SH 309.

SONGS WE TAUGHT YOUR MOTHER.

Prestige/Bluesville 1052. Features Alberta Hunter, Lucille Hegamin, Victoria Spivey.

VICTORIA SPIVEY

Basket of Blues. Spivey LP 1001. Also features Lucille Hegamin and Hannah Sylvester.
The Blues Is Life. Folkways FS 3541.
The Queen and Her Knights (The Tops in Blues Royalty). Spivey LP 1006.
see *Songs We Taught Your Mother*.
Three Kings and the Queen. (Individualism, Artistry, and Longevity). Spivey LP 1004.
Three Kings and the Queen, Vol. 3. Spivey LP 1014.
Victoria and Her Blues. Spivey LP 1002.
Victoria Spivey's Recorded Legacy of the Blues, 1927–'37. Spivey LP 2001.
Woman Blues! Bluesville 1054. With Lonnie Johnson.
see *Women of the Blues*.

JEAN STARR

see *Women in Jazz: All-Women Groups*.
see *Women in Jazz: Swingtime to Modern* (Hip Chicks).

DAKOTA STATON

The George Shearing Quintet with Dakota Staton. In the Night. Capitol ST 1003.
The Late, Late Show. Capitol (T) 876.

MARY STRAINE

"Ain't Got Nothin' Blues." Black Swan 14155. 78 rpm.
"Chirpin' the Blues." Black Swan 14150. 78 rpm.
"Downhearted Blues." Black Swan 14150. 78 rpm.
"I Wish I Could Shimmy (Like My Sister Kate)." Black Swan 14123. 78 rpm.
"The Last Go Round Blues." Black Swan 14123. 78 rpm.

MONETTE SUDLER

Time for a Change. Inner City IC 2062.

MAXINE SULLIVAN

on *Cafe Society*. Onyx 210.
Earl Hines & Maxine Sullivan. Live at the Overseas Press Club. Chiaroscuro CHI 107.
Maxine Sullivan/Art Hodes Orchestra, *We Just Couldn't Say Goodbye*. Audiophile AP 128.
Maxine Sullivan/Bob Wilbur. Close as Pages in a Book. Monmouth-Evergreen MES 6919.
Maxine Sullivan/Jack Teagarden. Archive of Folk & Jazz 307.
Sullivan, Shakespeare, Hyman. Monmouth-Evergreen MES 7038.
on *Swing Street*. Columbia JSN 6042.

NORMA TEAGARDEN

on *Big T and the Condon Gang*. Pumpkin 106.
on *Big T and Mighty Max: Jack Teagarden and Max Kaminsky*. Columbia Special Products Commodore Series FL 14940.
on *Big T's Jazz*. Decca DL 8304.
see *Jazz Women: A Feminist Retrospective*.

VAUDEVILLE BLUES.

VJM VLP-30. Includes Mary Stafford, Susie Smith (Monette Moore), Laura Smith, Josie Miles, Julia Moody, Frankie and her Jazz Devils, Mandy Lee, and Helen Gross.

SARAH VAUGHAN

After Hours. Columbia Special Products 660.
on *Basie, Getz, & Vaughan Live at Birdland*. Roulette Echoes of an Era RE 126.
see *Billie, Ella, Lena, Sarah*.
Copacabana—Exclusivamente Brazil. Pablo 2312 125.
on *The Count Basie Vocal Years*. Roulette Echoes of an Era RE 107.
"The Divine Sarah." Sarah Vaughan/The Early Years. Musicraft MSV 504. With Tadd Dameron and Bud Powell.

Duke Ellington Songbook, Vol. 1. Pablo 2312 111.
———, *Vol. 2*. Pablo 2312 116.
Golden Hits. Mercury MER 60645.
How Long Has This Been Going On? Pablo 2310 821.
I Love Brazil. Pablo 2312 101.
In Hi-Fi. Columbia Encore Star Series P 13084.
Linger Awhile. Columbia Special Products P 14364.
Recorded Live. EmArcy EMS 2-412.
Sarah Vaughan. Roulette Echoes of an Era RE 103.
Sarah Vaughan. EmArcy EXPR 1009.
Sarah Vaughan, Vol. 1. Archive of Folk & Jazz 250.
———, *Vol. 2*. Archive of Folk & Jazz 271.
———, *Vol. 3*. Archive of Folk & Jazz 325.
Sarah Vaughan & Dizzy Gillespie. Ozone 17.
"Send in the Clowns." Sarah Vaughan and the Count Basie Orchestra. Pablo 2312 130.

HELEN WARD

on *The Complete Benny Goodman, Vol. 1*. RCA Bluebird AXM2-5505.
The Helen Ward Songbook, Vol. 1. Lyricon 101.

DINAH WASHINGTON

The Best of Dinah Washington. Roulette ROU (S) 42014.
Dinah Jams. EmArcy EXPR 1013 (mono).
Dinah Sings Bessie Smith. Trip TLP 5556.
Dinah '62. Roulette ROU (R) 25170.
Dinah Washington. Archive of Folk & Jazz 297.
Dinah Washington/Immortal. Roulette RE 125.
Discovered. Mercury MER 6119.
The Dinah Washington Years. Roulette Echoes of an Era RE 104.
The Jazz Sides. EmArcy EMS-2-401. Also features some Melba Liston arrangements.
The Queen of the Blues. Roulette RE 117.
Two of Us. Mercury MER (S) 60232. With Brook Benton.
Unforgettable. Mercury MER (S) 60232.
What a Difference a Day Makes. Mercury MER (S) 8006.

ETHEL WATERS

Ethel Waters' Greatest Years. Columbia KG 31571.
Ethel Waters 1938–'39. RCA (French) 741067.
Jazzin' Babies' Blues. Ethel Waters, 1921–'27, Vol. 2. Biograph BLP 12026.
Miss Ethel Waters. Monmouth-Evergreen MES 6812.
Oh Daddy. Ethel Waters, 1921–'24. Biograph BLP 12022. Accompanied by Lovie Austin's Serenaders.
On Stage & Screen. Columbia Special Products P 2792.

LEE WILEY

Back Home Again. Monmouth-Evergreen MES 7048.
Jess Stacy/Lee Wiley, and Friends. Columbia Special Products Commodore Series XFL 15358.
Lee Wiley. Early Recordings 1931–'37. Philomel 1000.

Lee Wiley Sings the Music of George Gershwin and Cole Porter. Monmouth-Evergreen MES 7034.
Lee Wiley Sings Rodgers and Hart and Harold Arlen. Monmouth-Evergreen MES 6807.
Night in Manhattan. Columbia Special Products P 656.
On the Air. Totem 1021.
———, *Vol. 2.* Totem 1033.

MARY LOU WILLIAMS

on *Andy Kirk and His Clouds of Joy: Instrumentally Speaking, 1936–1942.* MCA Jazz Heritage Series 1308.
Best of Mary Lou Williams. Pablo (S) 2310 856.
Black Christ of the Andes. Mary 101.
on *The Black Swing Tradition.* Savoy SJL 2246.
see Blanche Calloway, *Blanche Calloway and Her Joy Boys (1931).*
on *Cafe Society.* Onyx 210. With Mary Osborne, Marjorie Hyams, Bridget O'Flynn, and Bea Taylor (Billy Taylor).
on *Don Byas.* Inner City IC 7018.
First Lady of the Piano. Inner City IC 7006.
Footnotes to Jazz, Vol. 2. Rehearsal. Folkways FJ 2292. 10" lp.
Free Spirits. Inner City IC 2043.
From the Heart. Chiaroscuro CHI 103.
"Harmony Grits." Mary Lou Williams Girl Stars (Mary Osborne, Marjorie Hyams, June Rotenberg, and Rose Gottesman). RCA Victor VIC 20-2174. 78 rpm.
History of Jazz: Ragtime to Avant Garde (Solo Piano and Narration). Folkways FLK 2860.
"Humoresque." Mary Lou Williams Trio (June Rotenberg and Bridget O'Flynn). RCA Victor VIC 20-2025. 78 rpm.
on *Jazz Pioneers.* Prestige PR 7647.
see *Jazz Women: A Feminist Retrospective.*
on *Kings & Queens of Ivory, Vol. 1.* MCA Jazz Heritage Series (S) 1329.
Live at the Cookery. Chiaroscuro CHI 146. With Brian Torff.
In London. GNP Crescendo 9029.
Mary Lou's Mass. Mary 102.
Mary Lou Williams. Folkways 2843.
Mary Lou Williams. Stanyan 24.
Mary Lou Williams. The Asch Recordings, 1944–'47. Folkways FA 2966.
Mary Lou Williams Quartet. Crescendo CRS (S) 9030.
The Mary Lou Williams Quintet. GNP Crescendo 9030. Featuring Don Byas.
on *Modern Jazz Piano.* RCA Victor LPT-31. 10" lp.
My Mama Pinned a Rose on Me. Pablo 2310 819.
Praise the Lord in Many Voices, Vol. 2. Avant Garde AVD (S) 103.
Solo Recital/Montreux Jazz Festival 1978. Pablo L 2308 218.
"Waltz Boogie." Mary Lou Williams Trio (June Rotenberg and Bridget O'Flynn). RCA Victor VIC 20-2025.
see *Women in Jazz: Pianists.*
Zodiac Suite. Folkways 32844.
Zoning. Mary 103.

EDITH WILSON

He May Be Your Man but He Comes to See Me Sometimes. Delmark DEL 637.

WOMEN IN JAZZ: VOL. 1. ALL-WOMEN GROUPS.

Stash ST 111. Includes Jean Starr, Marjorie Hyams, Marian Gange, Rose Gottesman, Beryl Booker, Norma Carson, Mary Osborne, Bridget O'Flynn, Terry Pollard, Bonnie Wetzel, June Rotenberg, International Sweethearts of Rhythm, Ginger Smock, Edna Williams, Vivian Garry, and others; see also *Forty Years of Women in Jazz.*

WOMEN IN JAZZ: VOL. 2. PIANISTS.

Stash ST 112. Includes Arizona Dranes, Lovie Austin, Lil Hardin Armstrong, Mary Lou Williams, Rose Murphy, Una Mae Carlisle, Cleo Brown, Beryl Booker, Nellie Lutcher, Hazel Scott, Jutta Hipp, Toshiko Akiyoshi, Barbara Carroll, and others; see also *Forty Years of Women in Jazz.*

WOMEN IN JAZZ: VOL. 3. SWINGTIME TO MODERN.

Stash ST 113. Includes Mills Cavalcade Orchestra, Mike Riley and his Round and Round Boys (with L'Ana Webster), Una Mae Carlisle, International Sweethearts of Rhythm, Hip Chicks, Marjorie Hyams, Vi Redd, Terry Pollard, Beryl Booker, and others; see also *Forty Years of Women in Jazz.*

WOMEN OF THE BLUES.

RCA Victor Vintage Series LPV 534. Includes Mamie Smith, Victoria Spivey, Sweet Peas (Addie Spivey), Lizzie Miles, Alberta Hunter, Susie Smith (Monette Moore), Sippie Wallace, and Margaret Johnson.

WOMEN'S RAILROAD BLUES: SORRY BUT I CAN'T TAKE YOU.

Rosetta RR 1301. Includes Trixie Smith, Clara Smith, Bessie Smith, Bertha Chippie Hill, Ada Brown, Sippie Wallace, Martha Copeland, Bessie Jackson, Lucille Bogan, Blue Lou Barker, Sister Rosetta Tharpe, and Nora Lee King (Lenore King).

Ausgewählte Bibliographie

aus der Originalausgabe übernommen

Albertson, Chris. *Bessie.* New York: Stein & Day Publishers, 1972.

Balliett, Whitney. *American Singers.* New York: Oxford University Press, 1979.

Bechet, Sidney. *Treat It Gentle.* New York: Da Capo Press, Inc., 1975.

Bogle, Donald. *Brown Sugar: Eighty Years of America's Black Female Superstars.* New York: Harmony Books, 1980.

Chilton, John. *Billie's Blues: The Billie Holiday Story, 1933–1959.* New York: Stein & Day Publishers, 1975.

Driggs, Frank. "Women in Jazz: A Survey." © Stash Records Inc., 1977.

Ellington, Edward Kennedy (Duke). *Music Is My Mistress.* Garden City, N.Y.: Doubleday & Company, Inc., 1973.

Feather, Leonard. *Inside Jazz.* New York: Da Capo Press, Inc., 1977.

Forrest, Helen, and Libby, Bill. *I Had the Craziest Dream.* New York: Coward, McCann & Geoghegan, 1982.

Gleason, Ralph J. *Celebrating the Duke and Louis, Bessie, Billie, Bird, Carmen, Miles, Dizzy and Other Heroes.* New York: Delta Books, 1976.

Handy, D. Antoinette. *Black Women in American Bands and Orchestras.* Metuchen, N.J., and London: The Scarecrow Press, 1981.

Handy, W. C. *Father of the Blues.* New York: Collier Books, 1970.

Harris, Sheldon. *Blues Who's Who.* New Rochelle, N.Y.: Arlington House, 1979.

Holiday, Billie, and Dufty, William. *Lady Sings the Blues.* New York: Doubleday & Company, Inc., 1956.

Horne, Lena, and Schikel, Richard. *Lena.* Garden City, N.Y.: Doubleday & Company, 1965.

Hymowitz, Carol, and Weissman, Michaele. *A History of Women in America.* New York: Bantam Books, Inc., 1978.

Jones, LeRoi. *Blues People.* New York: William Morrow and Company, 1963.

Leib, Sandra R. *Mother of the Blues: A Study of Ma Rainey.* Massachusetts: University of Massachusetts Press, 1981.

Murray, Albert. *The Hero and the Blues.* Missouri: University of Missouri Press, 1973.

———. *Stomping the Blues.* New York: McGraw-Hill Book Company, 1976.

O'Day, Anita, and Eells, George. *High Times, Hard Times.* New York: G. P. Putnam's Sons, 1981.

Oliver, Paul. *Conversation with the Blues.* New York: Horizon Press, 1965.

Rich, Adrienne. "Disloyal to Civilization: Feminism, Racism, and Gynephobia," in *On Lies, Secrets, and Silence.* New York: W. W. Norton & Company, 1979.

Shapiro, Nat, and Hentoff, Nat, eds. *Hear Me Talkin' to Ya.* New York: Dover Publications, Inc., 1966.
Smith, Willie the Lion, with Hoefer, George. *Music on My Mind.* New York: Da Capo Press, Inc., 1975.
Southern, Eileen. *The Music of Black Americans.* New York: W. W. Norton & Company, Inc., 1971.
Stewart-Baxter, Derrick. *Ma Rainey and the Classic Blues Singers.* New York: Stein & Day Publishers, 1970.
Tallant, Robert. *Voodoo in New Orleans.* New York: Collier Books, 1974.
Walker, Alice. "In Search of Our Mothers' Gardens," in Ruddick, Sara, and Daniels, Pamela, eds., *Working It Out.* New York: Pantheon Books, 1977.
Wallace, Michele. *Black Macho and the Myth of the Superwoman.* New York: Warner Books, 1980.
Waters, Ethel, with Samuels, Charles. *His Eye Is on the Sparrow.* New York: Jove Publications, Inc., 1978.

MUSIC BOOKS

Bessie Smith, Empress of the Blues. Commentary by Chris Albertson and Gunther Schuller. New York: Schirmer Books, A Division of Macmillan Publishing Co., Inc., 1975.
The Best of Billie Holiday. New York: Edward B. Marks Music Corporation, 1962. Also includes songs by Irene Kitchings and Irene Higginbotham.
Billie Holiday, Anthology: Lady Sings the Blues. California: Creative Concepts Publishing Corp., 1976. Also includes songs by Ann Ronell and Irene Higginbotham.
The Music of Carla Bley. Indiana: Alrac Music, Studio P/R, Inc., 1981.